Siegfried Preiser
Pädagogische Psychologie

Grundlagentexte Pädagogik

Siegfried Preiser

Pädagogische Psychologie

Psychologische Grundlagen
von Erziehung und Unterricht

mit Beiträgen von
Markus Dresel, Andreas Gold, Margarete Imhof,
Hans-Peter Langfeldt, Dieter Schmidt, Heidrun Stöger,
Albert Ziegler

2. Auflage 2009

Juventa Verlag Weinheim und München

Der Autor

Siegfried Preiser, Jg. 1943, Dr. phil. habil., ist Professor für Pädagogische Psychologie am Institut für Psychologie der Johann Wolfgang Goethe-Universität Frankfurt am Main und Leiter eines Weiterbildungsprojekts an der Universität.

Seine Arbeitsschwerpunkte sind Kreativitätsförderung, politische und religiöse Sozialisation, Psychologie der Erwachsenenbildung.

Die Konzeption dieses Buches resultiert aus einer intensiven Teamarbeit bei der Entwicklung einer Einführungsveranstaltung für Studienanfänger und -anfängerinnen. Neben dem Hauptautor dieses Bandes waren daran die Institutskollegen Dieter Schmidt und Georg Schuchmann beteiligt. Meinem Kollegen Dieter Schmidt verdanke ich eine Vielzahl von Hinweisen, Anregungen und Informationen, insbesondere zu erzieherischen Alltagsüberzeugungen, Menschenbildern und Erziehungsideologien. Weitere, namentlich gekennzeichnete Beiträge zu diesem Buch stammen von Lehrenden des Instituts, die an der Gestaltung, Evaluierung und Optimierung der Einführungsveranstaltung beteiligt waren.

Bibliografische Information der Deutschen Nationalbibliothek

Die Deutsche Nationalbibliothek verzeichnet diese Publikation in der Deutschen Nationalbibliografie; detaillierte bibliografische Daten sind im Internet über http://dnb.d-nb.de abrufbar.

1. Auflage 2003
2. Auflage 2009

Das Werk einschließlich aller seiner Teile ist urheberrechtlich geschützt. Jede Verwertung außerhalb der engen Grenzen des Urheberrechtsgesetzes ist ohne Zustimmung des Verlags unzulässig und strafbar. Das gilt insbesondere für Vervielfältigungen, Übersetzungen, Mikroverfilmungen und die Einspeicherung und Verarbeitung in elektronischen Systemen.

© 2003 Juventa Verlag Weinheim und München
Umschlaggestaltung: Atelier Warminski, 63654 Büdingen
Umschlagabbildung: Lea Grundig-Langer, Sitzendes Mädchen, 1929
Printed in Germany

ISBN 978-3-7799-1522-5

Inhalt

Teil I: Aufgaben, Gegenstand und Arbeitsformen der Pädagogischen Psychologie

1. Das Arbeitsgebiet der Pädagogischen Psychologie 9
2. Grundfragen und Grundlagen von Erziehung und Unterricht 25
3. Arbeitsformen der Pädagogischen Psychologie 39

Teil II: Grundlegende Prozesse des Verhaltens und Erlebens

4. Gedächtnis und Wissen (Andreas Gold) 69
5. Lernen (Andreas Gold) 99
6. Motivation (Heidrun Stöger und Albert Ziegler) 125
7. Entwicklung als Veränderung im Lebenslauf 147
8. Soziale Beziehungen und Prozesse (mit einem Beitrag von Margarete Imhof) 181

Teil III: Innere und äußere Einflussfaktoren: Interaktion von Person und Umwelt

9. Persönliche Merkmale in pädagogischen Situationen 207
10. Lernumwelten – Der soziale und ökologische Kontext von Unterricht und Erziehung 237

Teil IV: Pädagogische Arbeitsfelder

11. Unterrichten (Albert Ziegler und Heidrun Stöger mit Beiträgen von Markus Dresel und Margarete Imhof) 271
12. Erziehen als Förderung der Persönlichkeit 321
13. Lern- und Verhaltensschwierigkeiten in der Schule (Hans-Peter Langfeldt) 343

Teil V: Wissenschaftliche Grundfragen

14. Methoden der Datengewinnung 365
15. Methoden der Datenauswertung 383
16. Theorie und Praxis in der Pädagogischen Psychologie (Dieter Schmidt) 407

Literatur 443
Sachregister 469

Teil I
Aufgaben, Gegenstand und Arbeitsformen der Pädagogischen Psychologie

1. Das Arbeitsgebiet der Pädagogischen Psychologie

Wann haben Sie zuletzt unterrichtet oder erzogen? – Sie brauchten dazu kein Praktikum in einem Kindergarten oder einer Schule! Schon als Kind haben Sie vielleicht jüngeren Geschwistern etwas beigebracht. Später haben Sie möglicherweise schwächeren Mitschülern beim Lernen und Verstehen geholfen, als Gruppenleiter eine Kindergruppe angeleitet oder als Trainerin Jugendliche sportlich gefördert.

Es gibt wohl kaum einen Menschen, der nicht vielfältige Erfahrungen mit Erziehungssituationen gemacht hätte, und zwar als „Täter" und als „Opfer". Etwa zwei Jahrzehnte befinden sich junge Menschen aus den Industriestaaten in Erziehungs-, Unterrichts- und Bildungsinstitutionen. Wirtschaftliche, technische und gesellschaftliche Veränderungen erfordern lebenslanges Lernen. Das bedeutet, dass auch Erwachsene bis ins hohe Alter hinein pädagogische Prozesse aus eigener unmittelbarer Anschauung kennen. Die meisten Menschen haben darüber hinaus Gelegenheiten, andere zu erziehen oder ihnen etwas beizubringen – als Onkel, Tante oder Eltern. Vieles lernen Kinder und Jugendliche von Gleichaltrigen. Allerdings sind der Wortschatz und Tonfall, den die Kinder vom Kindergarten mit nach Hause bringen, oft nicht im Sinne der Eltern. Selbst kleine Kinder „erziehen" ihre jüngeren Geschwister; sie sind Vorbild, Vorreiter beim Kampf um Freiräume oder konservative Hüter der elterlichen Grundsätze und Vorschriften.

Deshalb die Frage: Genügen nicht der gesunde Menschenverstand und eine Portion Lebenserfahrung, um erfolgreich unterrichten und erziehen zu können? Brauchen wir dazu eine Wissenschaft? Brauchen wir dazu Psychologie? Dieses Buch geht von der Tatsache aus, dass Alltagserfahrungen oft nicht ausreichen, um Erziehung und Unterricht erfolgreich gestalten zu können. Die Anforderungen der modernen Lebenswelt sind so vielfältig und komplex, dass Bildung und Erziehung wissenschaftliche Grundlagen und Unterstützung benötigen, um das Ergebnis zu optimieren und fatale Fehler zu vermeiden. Die Wissenschaft Pädagogische Psychologie befasst sich wie die Pädagogik mit Erziehung und Unterricht. Sie arbeitet mit einer spezifischen Perspektive, mit empirischen Forschungsmethoden, auf der Basis psychologischer Theorien. Sie bemüht sich darum, Erziehungs-, Unterrichts- und Bildungsprozesse systematisch zu beschreiben, wissenschaftlich zu erklären und Ansatzpunkte für eine optimale Gestaltung zu schaffen. Dieses Buch wird im Teil I die Aufgaben, den Gegenstand und die Arbeitsformen der Pädagogischen Psychologie vorstellen. Teil II befasst sich mit grundlegenden psychischen Prozessen wie Wissenserwerb und Denken, Lernen und Vergessen, Motivation, Entwicklung und sozialen Beziehungen. Teil III behandelt zwei Einflussbereiche auf Verhalten und Erziehung, nämlich die Person und ihre Umwelt. In Teil IV geht es um die beiden zentralen pädagogischen Arbeitsfelder Erziehen und Unterrichten. Im Teil V werden die wissenschaftlichen Grundfragen, die in allen Kapiteln angesprochen und beispielhaft behandelt wurden, noch einmal systematisch aufgegriffen und vertieft: Methoden der Informationsgewinnung und -auswertung, Theorien und deren Verhältnis zur Praxis.

In diesem Kapitel geht es nun um den Gegenstand der Pädagogischen Psychologie als anwendungs-orientierte Wissenschaft, um wissenschaftliche und praktische Fragestellungen, um das Verhältnis von Alltagsweisheiten zu wissenschaftlicher Erkenntnis.

1.1 Erziehung und Unterricht als Gegenstand von Alltagserfahrungen, Lebensweisheiten und Wissenschaft

1.1.1 Fragen und Themen der Pädagogischen Psychologie

Mit einer kleinen Liste von Fragestellungen (Beispiel 1-1) wollen wir das Aufgabengebiet der Pädagogischen Psychologie in einer ersten Annäherung beschreiben.

Beispiel 1-1: Fragestellungen der Pädagogischen Psychologie

- Wie unterstützen Eltern die Selbständigkeitsentwicklung ihrer Kinder?
- Wie planen und gestalten Lehrerinnen und Lehrer eine Unterrichtsstunde?
- Welche Methoden setzen Kursleiter in einem Verkaufstraining ein?
- Wie reagieren Kinder auf Belohnung und Bestrafung?
- Wie entwickeln und verfestigen sich Kenntnisse?
- Welche Befürchtungen und Hoffnungen beschäftigen Schüler vor einer Klassenarbeit?

Aus diesen Beispielen können wir drei Aspekte ableiten:

1. Es geht in der Pädagogischen Psychologie um *Erziehungs-, Unterrichts-, Trainings- und Bildungssituationen*.
2. Es geht um das *Verhalten* von Menschen, und zwar um das Verhalten der Lehrenden und der Lernenden, der Erziehenden und der Erzogenen.
3. Es geht aber auch um innere Prozesse wie subjektive Interpretationen, Absichten oder Befürchtungen, die als *Erleben* bezeichnet werden.

Kurz zusammengefasst: Pädagogische Psychologie befasst sich mit dem Verhalten und Erleben von Menschen in Erziehungs-, Unterrichts- und Bildungssituationen. Nähere Erläuterungen zum Gegenstandsbereich folgen in Abschnitt 1.2.

1.1.2 Alltagspsychologie und Lebensweisheiten

Pädagogische Psychologie behandelt Themen, mit denen alle Menschen vielfältige Erfahrungen haben: Als Erziehende und als Erzogene, als Lehrende und als Lernende. Sie machen dabei Erfahrungen mit eigenem und fremdem Verhalten, mit eigenen und fremden Motiven, Gefühlen und Gedanken. Deshalb nimmt es nicht wunder, wenn sich die meisten Menschen fast als Experten für Bildung und Erziehung fühlen. Wie schon unsere Großväter und Großmütter haben sie klare Vorstellungen über die Möglichkeiten und Grenzen der Erziehung, über erfolgversprechende Erziehungsmittel, über gute oder schlechte Unterrichtsgestaltung.

Alltagsüberzeugungen von Laien
Übung Vorwissen: Sie können im Folgenden Ihr eigenes Vorwissen zu Erziehungsfragen auf die Probe stellen: Bitte entscheiden Sie für alle Aussagen von Beispiel 1-2, ob sie Ihrer Meinung nach richtig oder falsch sind! Machen Sie ein Kreuz in die entsprechende Spalte!

Beispiel 1-2: Erfassung pädagogisch-psychologischer Vorkenntnisse und Einstellungen

	richtig	falsch
1. Auf Macht und Autorität kann man in der Erziehung nicht verzichten.	o	o
2. Lob und Belohnungen sind besonders geeignete Erziehungsmittel.	o	o
3. Praktische Erfahrungen sind für einen Erzieher viel wichtiger als theoretische Einsichten	o	o
4. Bei den meisten Kindern muss man von Zeit zu Zeit einmal hart durchgreifen.	o	o
5. Eine Ohrfeige zur rechten Zeit wirkt oft wie ein reinigendes Gewitter.	o	o
6. Eltern sind heute gewöhnlich zu nachgiebig.	o	o
7. Es ist manchmal notwendig, den Willen des Kindes zu brechen.	o	o
8. Inkonsequenz ist in der Erziehung immer schädlich.	o	o

Vielen Menschen fällt es leicht, sich bei derartigen Fragen für ein „richtig" oder „falsch" zu entscheiden – es sei denn, sie sagen aus Vorsicht immer „es kommt darauf an". Die meisten Menschen „wissen", was bei Erziehungs- und Lernsituationen zu beachten ist. Sie haben ja ihre langjährigen

Erfahrungen. Allerdings sind diese Erfahrungen nicht für alle Menschen gleich – und deshalb unterscheiden sich auch die subjektiven Überzeugungen. Wir haben diese Fragen in Elternseminaren und in Einführungsveranstaltungen zur Pädagogischen Psychologie gestellt. In Tabelle 1-3 können Sie nachschauen, welche Meinungen Eltern und Studierende vertreten haben. Sie sehen, die Zustimmungen und Ablehnungen aufgrund subjektiver Überzeugungen gehen bei allen Aussagen auseinander. Selbst ausgebildete Pädagogen und Erziehungswissenschaftler würden vielfach divergierende Antworten geben. Das heißt, die weitverbreiteten Überzeugungen bezüglich Erziehungsfragen sind nicht einheitlich.

Alltagserfahrungen und Alltagsüberzeugungen reichen nicht aus, um begründete Aussagen über menschliches Verhalten und über Erziehungsprozesse zu machen. Wie andere Wissenschaften versucht die Psychologie deshalb, ungeprüfte Annahmen in Frage zu stellen, gegebenenfalls als weitverbreitete Vorurteile zu entlarven, Gesetzmäßigkeiten exakt zu ermitteln und deren Geltungsbereich festzustellen.

Tab. 1-3: Pädagogisch-psychologische Annahmen und Einstellungen.
Häufigkeit von Zustimmungen und Ablehnungen gegenüber vorgegebenen Aussagen. Befragungsergebnisse von 120 Eltern aus 10 Elternseminaren und von 200 Studierenden in pädagogischen Studiengängen. Fehlende Häufigkeiten aufgrund unvollständiger Antworten.

	120 Eltern		200 Studierende	
	richtig	falsch	richtig	falsch
1. Auf Macht und Autorität kann man in der Erziehung nicht verzichten.	56	64	101	95
2. Lob und Belohnungen sind besonders geeignete Erziehungsmittel.	95	25	166	30
3. Erfahrungen sind für einen Erzieher viel wichtiger als theoretische Einsichten.	92	28	137	59
4. Bei den meisten Kindern muss man von Zeit zu Zeit einmal hart durchgreifen	61	59	107	6
5. Eine Ohrfeige zur rechten Zeit wirkt oft wie ein reinigendes Gewitter	43	77	32	167
6. Eltern sind heute gewöhnlich zu nachgiebig.	43	77	106	83
7. Es ist manchmal notwendig, den Willen des Kindes zu brechen.	40	80	98	99
8. Inkonsequenz ist in der Erziehung immer schädlich.	74	46	129	65

Natürlich machen auch Laien aufgrund ihrer Lebenserfahrung zutreffende Annahmen, die sich auch in wissenschaftlichen Untersuchungen bestätigen lassen. Unser Alltagswissen lehrt uns beispielsweise,

- dass Kinder Verhaltensweisen in Zukunft öfter zeigen, wenn sie dafür belohnt werden,
- dass Können ohne Anstrengungsbereitschaft ebenso wenig zum Erfolg führt wie hohe Motivation ohne entsprechende Fähigkeiten,
- dass Menschen sich selbst gern in einem guten Licht darstellen,
- dass arrogante Menschen oft leicht verletzlich und innerlich unsicher sind.

Aber selbst bei derartigen Selbstverständlichkeiten ist Vorsicht geboten. Nehmen wir die sehr plausible Annahme, dass Kinder Verhaltensweisen in Zukunft öfter zeigen, wenn sie dafür belohnt werden. Auch wenn Sie das Resultat des folgenden Forschungsbeispiels nachvollziehen können, sollte dieser Versuch doch ein Anstoß sein, ungeprüfte Überzeugungen kritisch zu hinterfragen und an Forschungsergebnissen zu messen.

Forschungsbeispiel Belohnung: In einem Experiment hat man Kindern im Kindergarten, die gerne mit attraktiven Buntstiften malten, für ihre Bilder eine kleine materielle Belohnung angekündigt und anschließend gegeben. In einer folgenden Beobachtungsphase verbrachten diese Kinder nur etwa halb so viel Zeit mit Malen als Kinder, die nicht belohnt worden waren oder die unangekündigt eine Belohnung erhalten hatten. Die belohnten Kinder verloren offenbar innerhalb kürzester Zeit das Interesse am Malen (Lepper, Greene & Nisbett 1973). Belohnung fördert also nicht unbedingt die Motivation für das belohnte Verhalten. Wenn es sich um ein Verhalten handelt, das Kinder aus einer inneren Motivation heraus zeigen, kann die Motivation durch äußere Belohnungen „korrumpiert" oder unterminiert werden. Mit dem Ende der Belohnungen erlischt auch das Interesse an der Tätigkeit, weil die so genannte „intrinsische" Motivation durch eine von außen kommende „extrinsische" Motivation ersetzt wurde. (Siehe auch Deci 1971; Deci & Ryan 1985; Kap. 6.3.1).

Populäre Lebensweisheiten
Auch in Sprichwörtern und Redensarten lassen sich verdichtete Lebensweisheiten entdecken. Schauen Sie sich Beispiel 1-4 an und suchen Sie selbst nach weiteren Beispielen!

Die ersten drei Gruppen von Sprichwörtern spiegeln kulturelle Grundüberzeugungen wieder. In den folgenden drei Gruppen lassen sich Strategien einer erfolgreichen Lebensbewältigung entdecken: Angemessene Ziele werden ausgewählt und entwickelt, die eigenen Kräfte optimiert, geeignete Handlungsmöglichkeiten genutzt, Einschränkungen durch verfügbare Alternativen kompensiert. Dies entspricht dem wissenschaftlich begründeten

Modell der „Selektiven Optimierung mit Kompensation" nach Baltes und Baltes (1990; Sprichwörterstudie von Riediger, Freund & Baltes 1999).

Beispiel 1-4:   Sprichwörter als verdichtete Lebensweisheiten

Der Apfel fällt nicht weit vom Stamm. (Annahme über den starken Einfluss des Elternhauses auf die kindliche Entwicklung)
Was Hänschen nicht lernt, lernt Hans nimmermehr. (Annahme über die große Bedeutung des Lernens in der Kindheit)
Der Mensch fürchtet sich davor, berühmt zu sein – ein Schwein davor, fett zu sein. Ein hoher Baum fängt viel Wind ein. (Chinesische Sprichwörter, die Bescheidenheit angesichts möglicher Misserfolge propagieren – nach Böger-Huang 1996)
Viele Handwerke verderben den Meister. Mit klarem Ziel erreicht man viel. (Hinweis, dass Zielbereiche eingeschränkt und Ziele spezifiziert werden müssen)
Wer den Kern essen will, muss die Nuss knacken. Man muss kaufen, wenn Markt ist. (Hinweis auf die Bedeutung eigener Anstrengungen und der Nutzung geeigneter Handlungssituationen)
Fehlt es am Winde, so greife zum Ruder. (Kompensation fehlender Handlungsmöglichkeiten durch verfügbare Alternativen).

Astrologische „Weisheiten":
Prägende Kräfte der Sterne oder Vorurteile?
Sogar in scheinbar unbegründeten, aus wissenschaftlicher Sicht absurden Überzeugungen kann ein „Körnchen Wahrheit" versteckt sein. Es entspricht einem alten Volksglauben, der sich in pseudowissenschaftlichen „Astro-Charakterologien" niedergeschlagen hat, dass die Sternkonstellation während der Geburt einen Einfluss auf die Persönlichkeit habe (vgl. Beispiel 1-5).

Beispiel 1-5: Charakter-Beschreibungen nach dem chinesischen Tierkreiskalender

Die „Ratte" gibt nicht nach, bis sie ganz vorn dran ist. Ehrgeiz, Unruhe und Angriffslust sind sehr groß, doch ebenso groß ist auch ihr Charme. Die Ratte versteht es glänzend, imponierend und sympathisch aufzutreten. ...
Die „Ziege" könnte das charmanteste aller Zeichen sein, wenn sie ein wenig optimistischer und schwungvoller und pünktlicher wäre. Denn sie ist fleißig, korrekt, ehrgeizig und in die Natur verliebt. Die Ziege meckert gern. ...

Forschungsbeispiel Sternzeichen: Überraschenderweise erbrachten empirische Untersuchungen statistisch gesicherte Beziehungen zwischen Sternkreiszeichen und Persönlichkeitsmerkmalen. Für die meisten Zusammenhänge zwischen Geburtsdatum und Persönlichkeitsmerkmalen lassen sich jedoch nicht etwa die Sterne und deren Gravitätsfelder verantwortlich machen, sondern – was viel nahe liegender ist – jahreszeitliche Bedingungen während Schwangerschaft, Geburt und früher Kindheit: Nahrungsangebot, Sonneneinstrahlung, Hell-Dunkel-Rhythmen, Umwelterfahrungen im Krabbelalter und das Einschulungsalter hängen beispielsweise mit dem Zeitpunkt der Geburt im Jahreslauf zusammen und können die körperliche, kognitive und soziale Entwicklung beeinflussen (Wendt 1977). Dennoch bleiben Übereinstimmungen zwischen Persönlichkeitsmerkmalen und Sternzeichen, die sich nicht mit jahreszeitlichen Bedingungen erklären lassen. Allerdings finden sich diese Zusammenhänge nur bei astrologiegläubigen Personen. Und so klärt sich der überraschende empirische Befund auf: Personen, die an die Astro-Charakterologie glauben und sich damit beschäftigen, schreiben sich selbst in Fragebögen diejenigen Verhaltensweisen, Einstellungen und Merkmale zu, die ihnen die Astrologie aufgrund ihres Sternbildes nahe legt. Wer dagegen die angeblichen Charakterzüge seines Sternbilds nicht kennt oder nicht daran glaubt, wird von den Sternen in keiner Weise beeinflusst (Pawlik & Buse 1979).

Selbst wer also an das glaubt, was er immer wieder in der Alltagserfahrung bestätigt bekommt, begeht einen entscheidenden Fehler. Die beobachteten Zusammenhänge zwischen Sternkreiszeichen und Persönlichkeit mögen für abergläubische Menschen der Tendenz nach stimmen. Aber die Erklärung ist falsch. Nicht die Sterne sind dafür verantwortlich, sondern die Vorurteile, die sich selbst immer wieder reproduzieren. Darin liegt die Verantwortungslosigkeit astrologiegläubiger Eltern: Statt ihren Kindern bestmögliche Entfaltungsmöglichkeiten zu geben, stecken sie diese in geistige Schubladen und engen dadurch deren Persönlichkeitsentwicklung ein.

Aberglaube, Vorurteile, Alltagstheorien und Lebensweisheit
Sprichwörter, Redensarten, Astrologie-Regeln, aber auch die oben als Beispiel 1-2 zusammengestellten pädagogischen Überzeugungen können als laienhafte Alltagstheorien aufgefasst werden. Sie unterstellen bestimmte Regelhaftigkeiten menschlichen Verhaltens und kindlicher Entwicklung. Und sie versuchen, diese Gesetzmäßigkeiten zu erklären. Wissenschaftliche Theorien haben die gleiche Funktion: Gesetzmäßigkeiten erkennen und erklären.

Viele populäre Redensarten haben durchaus ihre Berechtigung. Dennoch ist auch bei allgemein anerkannten Lebensweisheiten Vorsicht geboten: Sie beziehen sich auf die Vorstellungen vergangener Jahrhunderte und spiegeln – wie die chinesischen Sprichwörter – immer auch das kulturelle Umfeld wieder. Sie pauschalisieren zwangsläufig und werden deshalb der komplexen Wirklichkeit nicht gerecht. Und es gibt auch Sprichwörter, deren Kernaussage schlichtweg falsch ist: Dass der erwachsene Hans nichts mehr lernt, gilt allenfalls für einige spezifische Lerninhalte wie bestimmte Laute der Sprache. Ansonsten bleibt die Lernfähigkeit über die gesamte Lebensspanne erhalten. Die Warnung vor einer unkritischen Übernahme von Lebensweisheiten erweist sich also trotz der bisweilen frappierenden „Weisheit der Sprache" als berechtigt.

Denkanstoß: Überprüfen Sie selbst Ihr Alltagswissen auf abergläubische Vorurteile! Suchen Sie Beispiele dafür, wie sehr die pädagogischen Überzeugungen unserer Großeltern und Eltern, der sprichwörtlichen „Männer auf der Straße", ja sogar renommierter Bildungspolitiker die Realität verfehlen können.

Beispiel Klassengröße: Eine allgemein geteilte Grundüberzeugung von Eltern, Lehrern und Bildungspolitikern lautet, dass kleine Schulklassen bessere Lernergebnisse bringen als große. Diese Annahme ist zwar bisher nicht widerlegt. Aber Hunderte von empirischen Untersuchungen haben es bisher nicht geschafft, den Vorteil kleiner Klassen zweifelsfrei zu belegen. Der Lernerfolg hängt offenbar weniger von der Klassengröße als von der Unterrichtsqualität ab – und hier würde es sich eher lohnen, zu investieren (vgl. Kap. 10.4.3). Auch scheinbare Selbstverständlichkeiten, die von niemandem in Zweifel gezogen werden, bedürfen offenbar einer empirischen Überprüfung.

1.1.3 Alltagstheorien und wissenschaftliche Theorien

Alltagstheorien beruhen oft auf Verallgemeinerungen von persönlichen Erfahrungen. Zwei oder drei ähnliche Erlebnisse reichen in der Regel schon aus, um daraus eine Gesetzmäßigkeit mit hohem subjektiven Überzeugungsgrad zu konstruieren. Viele Alltagstheorien werden auch ungeprüft von anderen Personen übernommen, vor allem wenn sie sich – wie Sprichwörter und Redensarten – seriös und anspruchsvoll kleiden oder verkleiden.

Die Fehler der Laien liegen darin, dass Simplifizierungen und Verallgemeinerungen leichtfertig vorgenommen werden, ohne Alternativen zu prüfen. Meist hat man als Laie auch gar keine Chance, Alltagstheorien zu überprüfen. Wie will man feststellen, ob Aggressionen immer auf vorangegangenen Frustrationen beruhen, ob Inkonsequenz in der Erziehung immer schädlich ist, ob Kinder mit charakterlichen Mängeln erblich belastet sind oder ob „Brustkinder" tatsächlich bessere Entwicklungschancen haben als „Flaschenkinder"?

Was macht im Gegensatz dazu die Wissenschaftlichkeit von Forschung aus?

- Wissenschaftliche Theorien begründen ausdrücklich, mit welchen Forschungsmethoden ihre Aussagen gewonnen wurden.
- Auch in der wissenschaftlichen Forschung muss die Komplexität der Wirklichkeit reduziert werden; aber die Wissenschaft versucht eine Ein-

grenzung der Fehler, die durch Vereinfachungen und Verallgemeinerungen in Kauf genommen werden.
- Wissenschaftliche Theorien stellen sich der Kritik und der Überprüfung; sie werden ständig erweitert, differenziert, revidiert, gegebenenfalls auch verworfen und durch alternative Theorien ersetzt.

Wenn wir vermeiden wollen, dass Sprichwörter, Volksweisheiten und Vorurteile dominieren, müssen wir Erkenntnisse aufgrund von systematischen, wissenschaftlichen Analysen gewinnen – gerade in Bereichen, in denen alle mitreden können oder wollen.

1.2 Unterricht und Erziehung als Gegenstand der Pädagogischen Psychologie

Nachdem wir die Notwendigkeit wissenschaftlicher Analysen festgestellt haben, greifen wir die Frage nach dem Gegenstand der Pädagogischen Psychologie wieder auf. Einige weitere Fragestellungen sollen das Aufgabengebiet der Pädagogischen Psychologie verdeutlichen.

1.2.1 Fragestellungen

Mit Beispiel 1-6 wird das Gebiet der Pädagogischen Psychologie weiter beschrieben.

Beispiel 1-6: Fragestellungen der Pädagogischen Psychologie

- Welchen Einfluss übt Prüfungsangst auf das Prüfungsergebnis aus?
- Welche Möglichkeiten gibt es, mit Unterrichtsstörungen effektiv umzugehen?
- Wie wirken sich die Erziehungspraktiken von Eltern auf die Selbständigkeit ihrer Kinder aus?
- Welche Auswirkungen hat das Arbeitsklima im Kindergarten auf die kreativen Fähigkeiten der Kinder?
- Welche Motive und Ziele sind entscheidend für die Teilnahme an einer Weiterbildung?

Die am Anfang dieses Kapitels genannten Fragen richteten sich auf eine bloße Beschreibung von Erziehungs- und Bildungsprozessen (Beispiel 1-1). Jetzt kommen Fragen nach den Ursachen und Einflussfaktoren des Lernens, Verhaltens und Erlebens hinzu. Diese Faktoren können innerhalb der beteiligten Personen liegen, beispielsweise in Form von persönlichen Zielen oder Merkmalen wie Intelligenz und Prüfungsangst. Sie können aber auch in der äußeren Situation liegen, beispielsweise im Familien-, Schul- oder Arbeitsklima und in Erziehungsmaßnahmen.

Wir lokalisieren das Aufgabengebiet der Pädagogischen Psychologie auf mindestens zwei Ebenen:

1. Beobachtung und Beschreibung, das heißt Erfassung und Dokumentation von Verhaltensweisen und Vorgängen in pädagogischen Situationen. Hierfür werden „empirische", das heißt erfahrungsbezogene Forschungsmethoden benötigt, um Informationen systematisch und genau zu erfassen und zu dokumentieren.
2. Erklärung, das heißt Feststellung von Einflussfaktoren auf Verhaltensweisen und Vorgänge in pädagogischen Situationen. Erklärungen nehmen Bezug auf Modelle und Theorien, in denen Annahmen über die Wirkungsweise von Einflussfaktoren gemacht werden. Um Gültigkeit zu beanspruchen, müssen Theorien anhand von Beobachtungsdaten überprüft werden.

1.2.2 Eingrenzung des Gegenstands

(1) Pädagogische Psychologie befasst sich mit dem Verhalten und Erleben von Menschen in Erziehungs-, Unterrichts- und Bildungssituationen – oder kurz gefasst: in pädagogischen Situationen. – So hatten wir oben das Aufgabengebiet der Pädagogischen Psychologie beschrieben. Diese Aussage wollen wir etwas näher erläutern und ergänzen.

Pädagogische Situationen sind Erziehungs-, Unterrichts- und Bildungssituationen in Familie, Kindergarten, Schule und Ausbildung, am Arbeitsplatz, in der Freizeit und im Seniorenheim.

In *Erziehungssituationen* geht es um die pädagogische Beeinflussung von Einstellungen, Verhaltensweisen, Fähigkeiten und Persönlichkeitsmerkmalen. Beispielsweise sollen Kinder zu Toleranz und Kreativität erzogen werden. In *Unterrichts- und Bildungssituationen* geht es um die Vermittlung von Wissen und Verständnis. Schülerinnen und Schüler sollen beispielsweise die wichtigsten Wasserstraßen Europas kennen, den Satz des Pythagoras verstehen und sinnvoll anwenden können, sowie „Kulturtechniken" wie Lesen, Schreiben, Rechnen beherrschen.

Zum *Verhalten* zählen Bewegungen, Sprache und Mimik, Atmung und Herzschlag. Aber auch Verhaltensresultate wie Zeichnungen, schriftliche Prüfungsantworten oder Zerstörungen von Gegenständen werden zu dieser Kategorie gerechnet.

Zum *Erleben* gehören Wahrnehmungs- und Denkprozesse, Erinnerungen, Absichten und Gefühle – also innere Prozesse, die unmittelbar nur den betreffenden Personen zugänglich und von außen nicht direkt beobachtbar sind. Man kann das Erleben auch als subjektive innere Abbilder der äußeren Welt und der inneren Wirklichkeit bezeichnen.

(2) Pädagogische Psychologie als Wissenschaft beschreibt nicht nur. Sie beschäftigt sich auch mit den inneren und äußeren Bedingungen, die Verhalten und Erleben in pädagogischen Situationen beeinflussen.

Innere Bedingungen sind beispielsweise Motive, Absichten, Vermutungen, Einstellungen. Im Gegensatz zu äußeren Bedingungen sind sie nicht direkt beobachtbar, sondern nur indirekt aus dem Verhalten zu erschließen. Welche Ziele jemand hat, lässt sich beispielsweise daraus ableiten, wofür er sich mit Wort und Tat einsetzt. Innere Prozesse werden im Rahmen von theoretischen Modellen zur Erklärung von Verhaltensweisen herangezogen, beispielsweise wenn Leistungsstörungen mit Angstgefühlen bei Prüfungen erklärt werden. Zu den inneren Bedingungen gehören auch unbewusste und physiologische Prozesse, beispielsweise Schlaf-Wach-Rhythmen oder biologische Schwankungen der Leistungsfähigkeit, schließlich überdauernde Persönlichkeitsmerkmale wie Intelligenz. Innere Bedingungen umfassen also bewusstes Erleben, unbewusste Prozesse, physiologische Vorgänge und überdauernde Persönlichkeitsmerkmale.

Äußere Bedingungen sind andere Personen, Informationen, Räume und deren Ausstattung, das Klassenklima usw.

(3) Pädagogische Psychologie befasst sich weiterhin mit den Ergebnissen von Erziehungs- und Bildungsprozessen. Die *Ergebnisse* können auf der Ebene des Verhaltens liegen, beispielsweise sich am Unterricht beteiligen, eine Klassenarbeit mit einem bestimmten Resultat schreiben, sorgfältig mit Lehrbüchern umgehen. Sie können auch das Erleben betreffen, beispielsweise sich für ein bestimmtes Thema interessieren oder die eigene Impulsivität kontrollieren.

Zusammenfassend:

Pädagogische Psychologie befasst sich mit der Beschreibung des Verhaltens und Erlebens von Menschen in pädagogischen Situationen, d.h. in Unterrichts-, Bildungs- und Erziehungssituationen. Sie sucht weiterhin nach Erklärungen des Verhaltens und Erlebens in pädagogischen Situationen anhand von inneren und äußeren Bedingungen. Sie beschäftigt sich beschreibend und erklärend mit den Ergebnissen von Erziehungs- und Bildungsprozessen.

1.2.3 Pädagogische Psychologie als Anwendungsfach und als Grundlagenfach

Pädagogische Psychologie ist eine Wissenschaft mit unmittelbarem Anwendungsbezug, ein *Anwendungsfach* der Psychologie. Auch andere Wissenschaften werden in Grundlagenfächer und Anwendungsfächer unterschieden, beispielsweise Physik und Ingenieurwissenschaften, Biologie und Agrarwissenschaften, Biochemie und Pharmazie.

Unterricht und Erziehung als Gegenstand der Pädagogischen Psychologie beinhalten vielfältige Prozesse, die allgemein für Verhalten und Erleben charakteristisch sind: Denken, Motivation, soziale Beziehungen und Persönlichkeit. Diese Themen werden von psychologischen Grundlagenfächern bearbeitet. Sie werden jedoch auch zu Teilbereichen der Pädagogischen Psychologie, weil sie Ziele, Ergebnisse oder Bedingungen pädagogischer Prozesse betreffen. Die folgende Aufstellung zeigt beispielhaft, welche pädagogisch bedeutsamen Themen von verschiedenen psychologischen Teildisziplinen beigesteuert werden:

- Grundlegende Prozesse der Wahrnehmung, des Lernens und Erinnerns, des Denkens und der Motivation. Das zuständige wissenschaftliche Fach heißt *Allgemeine Psychologie*. Wir werden uns mit diesen Themen in den Kapiteln 4 bis 6 befassen.

- Individuelle Unterschiede von psychischen Prozessen und Merkmalen; Persönlichkeit und Fähigkeiten als Einflussfaktoren in Unterricht und Erziehung. Das zuständige Fach heißt *Persönlichkeitspsychologie*. Wir behandeln dieses Thema in Kapitel 9.

- Veränderungen von psychischen Prozessen und Merkmalen; Entwicklungsprozesse als Voraussetzung von Erziehung und Unterricht. Das zuständige wissenschaftliche Fach heißt *Entwicklungspsychologie*. Wir befassen uns mit diesen Themen in Kapitel 7.

- Soziale Einflüsse auf psychische Prozesse; Gruppenprozesse und soziale Beziehungen in Unterricht und Erziehung, Kommunikationsprozesse und Konflikte. Das zuständige Fach heißt *Sozialpsychologie*. Wir behandeln diese Themen in Kapitel 8.

- Störungen in den psychischen Prozessen, in der Persönlichkeitsentwicklung oder in den sozialen Beziehungen; Lern- und Verhaltensstörungen. Das zuständige wissenschaftliche Fach heißt Klinische Psychologie. Wir greifen diese Themen in Kapitel 13 auf.

Es gibt also eine Vielfalt von Beiträgen aus der Psychologie des Lernens, Denkens und der Motivation, aus der Entwicklungs-, Sozial- und Persönlichkeitspsychologie, aber auch aus anderen Teilbereichen, die zum Verständnis pädagogischer Prozesse beitragen können. Man könnte versucht sein, die Pädagogische Psychologie nur als Anwendungsfach zu betrachten, das Beiträge anderer psychologischer Forschungsgebiete sammelt, sichtet und für die Praxis aufbereitet. Pädagogische Psychologie betreibt jedoch auch eigenständige *Grundlagenforschung*. Sie formuliert Fragestellungen, z.B. zur effektiven Unterrichtsgestaltung. Sie etabliert eigene Forschungsmethoden, z.B. Analysesysteme für die Kommunikation zwischen Lehrkräften und Schülern. Sie entwickelt eigenständige Theorien zu Unterricht und Erziehung.

1.3 Merkmale pädagogischer Interaktion

Pädagogische Situationen sind grundsätzlich soziale Situationen. Erzieher und zu Erziehende stehen in einer pädagogischen Interaktionsbeziehung. Zur näheren Klärung wollen wir einige soziale Situationen vorstellen, um daran die Abgrenzung von pädagogischen gegenüber sonstigen Interaktionen zu verdeutlichen (Beispiel 1-7).

Beispiel 1-7: Soziale Situationen und pädagogische Interaktionen

1. Ein Ausbilder erklärt einer Gruppe von Auszubildenden die Bedienung einer Drehbank.
2. Ein Reisender lässt sich die Benutzung der automatischen Fahrplanauskunft erklären.
3. Die Zentrale für gesundheitliche Aufklärung verbreitet Sicherheitshinweise für den Schutz vor AIDS.
4. Ein Schüler lässt sich von einem anderen die Hausaufgaben erklären.
5. Ein Schüler nimmt bei einer Mitschülerin Nachhilfeunterricht.
6. Ein Bankangestellter versucht, Kunden zu einem banken-freundlichen Umgang mit Geld anzuleiten.
7. Jemand besucht einen Sprachkurs an der Volkshochschule, um soziale Kontakte zu knüpfen.
8. Eltern diskutieren mit ihren Kindern über moralische Aspekte der Abtreibung.
9. Ein Schüler sucht seinen Lehrer auf, um ihn für die Arbeit einer Umweltgruppe zu gewinnen.

Intendierte Förderung
Pädagogische Interaktionen sind weniger durch die beteiligten Personen als durch die soziale Situation abzugrenzen: Sie sind gekennzeichnet durch einen sozialen Kontext, in welchem mindestens eine Person die Absicht verfolgt, Einfluss auf das Wissen, das Verhalten, die Fähigkeiten und Fertigkeiten, die Einstellungen, die Persönlichkeit von anderen Personen zu nehmen. Diese Beschreibung reicht allerdings zur eindeutigen Abgrenzung nicht aus, denn Personen in sozialen Interaktionen versuchen eigentlich immer, Einfluss aufeinander zu nehmen. Mit einer pädagogischen Interaktion ist immer eine „positive" Zielsetzung für die zu Erziehenden verbunden: eine Förderung von wünschenswerten Verhaltensweisen, Eigenschaften oder Einstellungen, eine Optimierung von Fähigkeiten, Fertigkeiten oder Kenntnissen usw. Es geht um eine beabsichtigte Beeinflussung in Richtung auf Ziele, die als wertvoll oder wünschenswert angesehen werden (nach Mietzel 1998).

Welche der obigen Situationen sind als pädagogisch zu bezeichnen? – Gemeinsam ist ihnen allen, dass ein Wissenserwerb, eine Einstellungs- oder Verhaltensänderung intendiert ist. Aber in Situation 6 fehlt eine Förderungsabsicht für den betroffenen Kunden. Der Besuch des Sprachkurses, welcher soziale Kontakte ermöglichen soll (Situation 7), wird nur dann zur pädagogischen Situation, wenn sich der Teilnehmer auch auf das Bildungsangebot einlässt. Situation 8 ist dann eine pädagogische Situation, wenn die Eltern mit der Diskussion erzieherische Absichten verfolgen, nicht aber, wenn sie die Kinder als geistig und moralisch gleichberechtigte Diskussionspartner betrachten und eine gemeinsame Klärung von Werten suchen. Obwohl in der Situation 9 grundsätzlich eine pädagogische Beziehung besteht, spielt diese bei dem beschriebenen Beeinflussungsversuch des Lehrers durch den Schüler keine Rolle. Die Situationen Nr. 1 und 5 können wir eindeutig als direkte pädagogische Interaktionen bezeichnen. Bei den übrigen Beispielen lässt sich eine pädagogische Beziehung nicht eindeutig erkennen.

Die pädagogische Beziehung findet allerdings manchmal nur indirekt statt, beispielsweise bei der selbständigen Nutzung pädagogischer Medien: Die Autoren eines Lehrbuchs, Lehrgangs oder Lehrfilms produzieren für eine bestimmte Zielgruppe, die immer als potentielle Adressaten mitgedacht werden. Auch die Nutzer eines Unterrichtsmediums wissen, dass hinter dem Produkt Autoren stehen, die beispielsweise Anerkennung oder auch Ärger hervorrufen können. Die folgenden Situationen 10 bis 12 beinhalten indirekte, teilweise über Medien vermittelte, pädagogische Interaktionen ohne einen unmittelbaren persönlichen Bezug.

Beispiel 1-8: Indirekte pädagogische Interaktionen

10. Ein Student liest ein Lehrbuch.
11. Eltern schaffen ein Haustier an, um bei ihren Kindern Verantwortung für Lebendiges zu wecken.
12. Eltern gestalten das Kinderzimmer mit anregenden Bildern, um die Kreativität des Kindes zu fördern.

Asymmetrie
Zwischen den Beteiligten besteht ein Autoritäts- oder Kompetenzunterschied. Auch bei einer frei vereinbarten pädagogischen Relation besteht ein anerkanntes Kompetenzgefälle. Gleichzeitig kann jedoch ein Machtgefälle oder eine wirtschaftliche Abhängigkeit in umgekehrter Richtung bestehen – z.B. bei einem Privatmusiklehrer oder einer Managementtrainerin, die beide finanziell von ihren Auftraggebern abhängig sind. Der eigentliche Unterschied besteht im Bewusstsein eines pädagogischen Auftrags für eine der beiden Seiten. Ein solches Auftragsbewusstsein hat der zu Erziehende nicht.

Dreiecksbeziehung
Pädagogische Interaktionen lassen sich durch ein Dreiecksverhältnis zwischen den beteiligten Personen und den Zielen kennzeichnen (vgl. Abbildung 1-9).

Wenn jemand einen Computerkurs belegt, weil er sonst seinen Arbeitsplatz verlieren könnte, liegt für diese Person ein objektiver Lernbedarf vor. Wer aus Interesse einen Segelkurs bucht oder eine Veranstaltung zur politischen Bildung belegt, handelt aus einem subjektiven Lernbedürfnis. Ein pädagogischer Auftrag kann durch Gesetze, Verordnungen oder gesellschaftliche Normen festgelegt sein, beispielsweise für Institutionen wie Familie, Kindergarten, Schule, Berufsausbildung oder Einrichtungen zur Resozialisierung von straffälligen Jugendlichen.

Abb. 1-9: Pädagogische Situationen

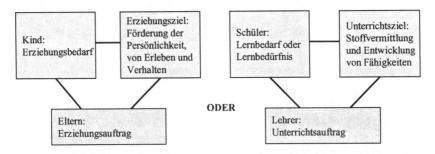

Zur Abgrenzung einer pädagogischen von einer sonstigen sozialen Interaktion scheinen zusammenfassend folgende Kriterien sinnvoll:

- Die *Notwendigkeit* oder der *Wunsch nach Förderung*, entweder als ein vorgegebener, von außen kommender „objektiver" Lern- oder Entwicklungsbedarf oder als ein subjektives Lern- oder Veränderungsbedürfnis.
- Eine daraus abgeleitete *Beeinflussungsabsicht* mit einer positiven Zielsetzung im Sinne einer Förderung. Die pädagogischen Interaktionen beziehen sich auf einen Lehr- und Lernstoff, auf Unterrichts- und Erziehungsziele.
- Ein beiden Seiten bewusster bzw. vereinbarter *pädagogischer Auftrag*, dessen Ziel die intendierte Beeinflussung ist.

1.4 Der Gegenstand der Pädagogischen Psychologie – Ein Resümee

Zur Beschreibung des Gegenstandes

1. Pädagogische Psychologie als Wissenschaft befasst sich mit psychologischen Grundlagen und Prozessen in Unterrichts-, Bildungs- und Erziehungssituationen, die zusammenfassend als pädagogische Situationen bezeichnet werden.

2. Pädagogische Psychologie befasst sich mit dem Verhalten und dem subjektiven Erleben von Menschen in pädagogischen Situationen sowie mit den äußeren und inneren Bedingungen dieses Verhaltens und Erlebens.
3. Pädagogische Situationen beinhalten immer direkte oder indirekte Interaktions- und Kommunikationsprozesse.
4. Eine soziale Beeinflussungssituation wird dadurch zur pädagogischen Situation, dass ein pädagogischer Auftrag im Sinne einer beabsichtigten positiven Einflussnahme oder Förderung vorgegeben, vereinbart oder zumindest anerkannt wird. Dabei besteht entweder ein objektiver Lern- oder Entwicklungsbedarf oder ein subjektives Lern- oder Veränderungsbedürfnis.
5. Pädagogische Situationen sind durch ein Dreiecksverhältnis zwischen Pädagogen als Akteuren, Erzogenen als Adressaten und den Zielen der pädagogischen Einflussnahme gekennzeichnet.
6. Erziehung und Unterricht sind nicht auf Kindheit und Jugendalter beschränkt, sondern sind lebenslange Aufgaben. Typische Erziehungs- und Bildungsinstanzen sind Familie, Kindergarten, Schule, berufliche Ausbildungsinstitutionen, Hochschule, außerschulische Bildungseinrichtungen, aber auch die berufliche Arbeit und Freizeiteinrichtungen.

Zum Verständnis von Pädagogischer Psychologie als Wissenschaft

1. Eine wissenschaftliche empirische Analyse pädagogischer Prozesse ist notwendig, um ungeprüfte Vorannahmen aus dem Alltag kritisch zu überprüfen.
2. Pädagogische Psychologie ist eine Grundlagen-Wissenschaft, auf Erkenntnis ausgerichtet, das heißt auf Beschreibung und Analyse pädagogischer Situationen.
3. Pädagogische Psychologie ist gleichzeitig eine Angewandte Wissenschaft, die Möglichkeiten zur pädagogischen Einflussnahme bereitstellt.
4. Erziehung und Unterricht sind unmittelbar auf konkrete Einflussnahmen ausgerichtet. Auch pädagogisches Handeln ist auf die Analyse und Erkenntnis des Prozesses, der Voraussetzungen und des Ergebnisses angewiesen.

2. Grundfragen und Grundlagen von Erziehung und Unterricht

Was tun Sie, wenn Sie die Aufgabe erhalten, Laien Skatregeln oder die Grundzüge der Chaostheorie beizubringen? Wie gehen Sie vor, wenn Sie um Rat gefragt werden, wie man mit einem hyperaktiven, unaufmerksamen und aggressiven Kind umgehen soll? – Sie fragen nach Vorkenntnissen der Laien bzw. lassen sich das Problemverhalten schildern. Sie klären, welches Ziel erreicht werden soll. Sie fragen, welche Mittel Sie zur Zielerreichung einsetzen sollten. Und Sie werden sich fragen, ob Sie Fachwissen über das jeweilige Gebiet haben und ob Sie ausreichende didaktische oder beraterische Kompetenz besitzen.

Damit sind drei Grundfragen der Erziehung angesprochen, mit denen wir uns in diesem Kapitel befassen. Außerdem geht es um grundlegende Charakteristika komplexer Erziehungssituationen.

2.1 Drei Grundfragen von Erziehung und Unterricht

Erziehende und Lehrende finden ihr Gegenüber in einem gewissen Ist-Zustand vor, mit bestimmten Fertigkeiten, Kenntnissen, Gewohnheiten und Ansichten. Auf der anderen Seite haben sie einen „Soll-Zustand" vor Augen, den die zu Erziehenden erreichen sollen. Pädagogen betrachten es als ihre Aufgabe, durch Erziehung und Unterricht den gegenwärtigen Ist-Zustand in einen künftigen Zustand zu überführen, der dem Soll-Zustand nahe kommt. Würde sich dieser Soll-Zustand auch ohne Eingreifen aufgrund innerer Entwicklungsprozesse von selbst ergeben, so wäre Erziehung unnötig.

Unterricht und Erziehung lassen sich also als zielgerichtete Prozesse auffassen. Um eine konkrete Unterrichts- oder Erziehungssituation beschreiben oder gestalten zu können, sind deshalb Informationen über die *Ausgangslage* erforderlich (1), eine Klärung der angestrebten *Ziele* (3) und der geeigneten *Mittel und Wege* (2).

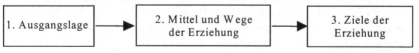

Diese Grundfragen sind in jeder konkreten pädagogischen Situation zu klären. Psychologische Theorien beinhalten jedoch auch generelle Annahmen über die Ausgangslage von Erziehung und Unterricht, das heißt über die Entwicklungsmöglichkeiten des Menschen, weiterhin Annahmen über allgemeine Ziele und über erfolgversprechende Wege von Erziehung und Unterricht. Die Grundfragen betreffen also einerseits allgemeine theoretische und programmatische Konzepte von Erziehung und Unterricht, andererseits die konkrete Praxis.

Die Frage nach der Ausgangslage und den Entwicklungsmöglichkeiten des Menschen: Was ist die „Natur" des Menschen? Was ist das Neugeborene für ein Wesen? Was kann es werden? Welche Lernmöglichkeiten und Entwicklungspotenziale haben Menschen vom Säuglings- bis zum Greisenalter? – Welchen Entwicklungsstand hat eine bestimmte Person erreicht? Welche Fähigkeiten hat sie bereits erworben? Welche Lern- und Entwicklungsziele hat sie selbst?

Die Frage nach den Zielen: Welche allgemeinen Ziele werden angestrebt? Welche Bedeutung wird der Erziehung zu Anpassung oder zu Eigenständigkeit beigemessen? Soll vor allem Wissen vermittelt oder Denkfähigkeit gefördert werden? Welchen Stellenwert hat die Erziehung zu Toleranz und Solidarität? – Welche konkreten Unterrichtsziele sind für eine bestimmte Schulklasse angemessen? Welche Persönlichkeitsmerkmale sollen konkret gefördert werden?

Die Frage nach den Mitteln und Wegen: Auf welchen Wegen lassen sich die angestrebten Ziele erreichen? Welchen Nutzen versprechen wir uns von Maßnahmen wie Belehren, Informieren, Loben, Bestrafen? – Welche Unterrichtsmethoden führen bei den gegebenen Vorkenntnissen zum angestrebten Lernerfolg? Welche Übungsaufgaben könnten einen bestimmten Schüler zum Mitarbeiten motivieren? Wie lassen sich die Disziplinschwierigkeiten in einer Schulklasse verringern? Wie lassen sich die kreativen Begabungen einer Schülerin optimal fördern?

2.1.1 Die Frage nach der Ausgangslage

Zur allgemeinen Ausgangslage: Menschenbilder

Die Ausgangslage, auf die es für die Erziehung ankommt, kann man dem Neugeborenen nicht ansehen. Hinsichtlich der „eigentlichen Natur" des Menschen sind deshalb in Philosophie, Religion, Pädagogik und Psychologie im Laufe der Zeit sehr unterschiedliche Auffassungen vertreten worden. Teils sind solche Menschenbilder explizit formuliert worden, z.B. in bestimmten Erziehungskonzeptionen, teils sind sie in theoretischen Konzepten implizit enthalten. Menschenbilder wandeln sich mit dem Zeitgeist und mit der wissenschaftlichen Entwicklung.

In manchen Theorien wird der sich entwickelnde Mensch als passiver Empfänger von Entwicklungsreizen gesehen. Das Bild der „tabula rasa", des unbeschriebenen Blattes, stammt von John Locke (1632-1704), dem Begründer der empiristischen Philosophie in England. Der Empirismus prägte die Psychologie der ersten Hälfte des 20. Jahrhunderts in den USA. Andere Theorien gehen davon aus, dass der Mensch nicht nur lernfähig und lernbedürftig ist, sondern von Beginn an ein „aktiver Gestalter", das heißt zur Selbststeuerung fähig. Menschenbilder werden oft in Form von polarisierenden Gegenüberstellungen diskutiert. Wie wird der Mensch gesehen,

- als bei der Geburt „unbeschriebenes Blatt" oder als genetisch vorprogrammiertes Wesen?
- als manipulierbares Erziehungsobjekt oder als aktiver Gestalter seines Lebens?
- als Egoist oder als soziales Wesen?
- als Informationsverarbeiter oder als irrationales Wesen?
- als Sünder oder als Abbild Gottes?
- als erziehungsbedürftiges Mängelwesen oder als Individuum, das zur autonomen Selbstverwirklichung berufen ist?

Menschenbilder lassen sich zu drei möglichen Grundpositionen zusammenfassen:

Das skeptische Menschenbild: Der Mensch ist von Natur aus „böse". Die Aufgabe der Erziehung ist es, aus dem ursprünglich destruktiven einen sozial verträglichen Menschen zu machen. Die Lehre von der „Erbsünde" in der jüdisch-christlichen Überlieferung geht beispielsweise davon aus, dass der Mensch seit dem Sündenfall von Geburt an zur Sünde neigt. Der Philosoph Thomas Hobbes (1588-1679) postuliert, dass der Mensch von Natur aus a-sozial ist und nur aus Vernunftgründen im „Gesellschaftsvertrag" seine destruktiven Tendenzen unter Kontrolle bringen kann. Bekannt ist sein Ausspruch „homo homini lupus – Der Mensch ist dem Menschen ein Wolf".

Das optimistische Menschenbild: Der Mensch kommt „gut" zur Welt, er ist von Natur sozial und kooperativ. Die Aufgabe der Erziehung besteht darin, die ursprüngliche Güte des Menschen zu erhalten, ihn vor den schädlichen Einflüssen der Gesellschaft und unnötigen Eingriffen zu bewahren. Der Erziehungsphilosoph Jean-Jacques Rousseau (1712-1778) fordert beispielsweise, die Selbstentfaltung durch Abschirmung des jungen Menschen von den verderblichen Einflüssen der Umgebung zu ermöglichen. „Zurück zur Natur" ist der dazugehörige griffige Slogan.

Das ambivalente Menschenbild: Die Entwicklungsrichtung ist nicht festgelegt, der Mensch ist am Beginn des Lebens weder gut noch böse. Die Erziehungsaufgabe besteht darin, den jungen Menschen auf die gute Seite zu lenken.

Zur Notwendigkeit von Erziehung
Aus dem skeptischen Menschenbild lässt sich die Aufgabe ableiten, die destruktiven Potentiale des Menschen in sozial verträgliche umzugestalten. Aus der optimistischen Position ergibt sich zwar, dass Erziehung im Sinne einer Persönlichkeitsformung überflüssig oder gar schädlich ist. Dennoch bleibt auch hier eine wesentliche Aufgabe: nämlich den sich entwickelnden Menschen von deformierenden Einflüssen frei zu halten und ihm ausreichend Freiräume zur Entfaltung zu gewähren.

Die meisten der heute vertretenen Grundpositionen zur Ausgangslage des Menschen stimmen darin überein, dass der neugeborene Mensch ein „Mängelwesen" ist, das heißt von Geburt an nur unvollständig mit Verhaltensweisen und Instinkten ausgestattet. Die Fähigkeit zur Lebensbewältigung ergibt sich nicht aufgrund innerer Entwicklungsimpulse von selbst. Deshalb genügt es nicht, Kinder nur wachsen und reifen zu lassen. Sie benötigen von außen kommende Anregungen und Förderungen. Der Mensch ist grundsätzlich erziehungsbedürftig – ein homo educandus. Die Erziehungsbedürftigkeit ist demnach eine grundlegende und übergeordnete Annahme in fast allen Menschenbildern. Andererseits werden durchaus Selbststeuerungs- und Selbstgestaltungskräfte gesehen, die Freiräume zur Entfaltung erfordern und die Notwendigkeit zum Eingreifen des Erziehers einschränken.

Das Menschenbild dieses Buches
Forschungsergebnisse der letzten Jahrzehnte legen es nahe, dem Menschen mehr Entwicklungspotentiale zuzubilligen, als es die mechanistischen und biologistischen Theorien der ersten Hälfte des letzten Jahrhunderts wahrhaben wollten. Das in diesem Buch vertretene Menschenbild lässt sich wie folgt formulieren (vgl. Preiser 1992; Schneewind & Pekrun 1994):

- Der Mensch ist von Geburt an aktiv darauf ausgerichtet, die Welt zu verstehen und Erfahrungen zu verarbeiten.
- Der Mensch konstruiert sich ein inneres Bild der Welt und seiner eigenen Person.
- Der Mensch ist auf soziale Kontakte angewiesen und sucht Geborgenheit und Unterstützung.
- Der Mensch ist darauf vorbereitet, selbst Kontakt mit seiner sozialen Umwelt aufzunehmen.
- Der Mensch kann lernen, mit Komplexität und Mehrdeutigkeit umzugehen.
- Der Mensch ist offen für Veränderungen.
- Der Mensch kann sein Bild von der Welt und seine eigenen Handlungsmöglichkeiten ständig weiter ausdifferenzieren.
- Der Mensch kann sich flexibel den Erfordernissen der jeweiligen Situation anpassen.

- Der Mensch setzt sich selbst Ziele mit unterschiedlichen Prioritäten und entwickelt Pläne zu deren Verwirklichung.
- Der Mensch ist in der Lage, sich selbst wahrzunehmen und reflektierend über sich selbst, über die eigenen Absichten, Gefühle, Gedanken und Handlungen nachzudenken.
- Der Mensch strebt nach Autonomie.
- Der Mensch ist bestrebt, sein eigenes Handeln und seine Umwelt aktiv und eigenständig zu gestalten.
- Der Mensch ist bereit, im Rahmen der gegebenen Handlungsfreiräume Verantwortung zu übernehmen.

Zusammenfassend:

Der Mensch ist ein aktives, soziales, komplexes, differenziertes, flexibles, zielorientiertes, reflexives, verantwortliches, autonomes Wesen, das selbst ein Bild der Realität subjektiv konstruiert, das sich ständig verändert und das einerseits auf soziale und erzieherische Unterstützung angewiesen ist, andererseits sein Leben aktiv und eigenständig gestaltet.

Unzulängliche Entwicklungsbedingungen tragen dazu bei, dass viele Menschen die Potenziale dieses Menschenbildes nicht ausschöpfen können. Insofern handelt es sich eher um eine erzieherische Zielperspektive als um eine Beschreibung der bereits vorfindlichen Realität.

Zur individuellen Ausgangslage: Entwicklungsstand und Lernvoraussetzungen

Neben allgemeinen Annahmen über die Handlungs- und Entwicklungsmöglichkeiten von Menschen stellt sich in pädagogischen Situationen bei jedem einzelnen Menschen die Frage nach der individuellen Ausgangslage. Man kann nicht jedem Kind auf allen Entwicklungsstufen Beliebiges beibringen. Wichtige Fragen sind: Was können Kinder bereits? Was können sie lernen? Was ist noch nicht möglich oder führt zu Überforderungen? Was ist altersangemessen? Welchen kognitiven und emotionalen Entwicklungsstand hat ein bestimmtes Kind? Mit welchen Unterweisungs- und Lernformen kann ein bestimmtes Individuum umgehen? – Entwicklungs- und persönlichkeitspsychologische Aspekte sind also zusätzlich zu den allgemeinen Grundannahmen zu berücksichtigen. Näheres zum beobachtbaren Entwicklungsstand und den Lernvoraussetzungen des einzelnen Kindes bzw. Schülers finden Sie in Kapitel 7, 9, 11 und 12.

2.1.2 Die Frage nach den Zielen

Zur allgemeinen Diskussion der Ziele
Bisweilen wird die These vertreten, eine empirische Wissenschaft könne bei der Festlegung von Erziehungszielen nichts beitragen. Der Philosoph

und Erziehungswissenschaftler Herbart postulierte beispielsweise 1835, die Ziele der Erziehung würden von der Ethik gesetzt. Eine empirisch zu ermittelnde Tatsache ist jedoch, dass in verschiedenen Gesellschaften unterschiedliche Ziele je nach vorherrschenden ethischen Auffassungen propagiert werden. Bestimmte Normen weisen dagegen über verschiedene Kulturen hinweg eine hohe Überzeugungskraft auf – wie beispielsweise die meisten der „10 Gebote" oder die allgemeinen Menschenrechte der Vereinten Nationen.

Gesellschaftswissenschaftler, Pädagogen oder verhaltensorientierte Psychologen haben häufig den Glauben an die Formbarkeit des Menschen durch die Gesellschaft und durch planmäßige Beeinflussung vertreten. Offenbar ist es aber auch totalitären Gesellschaften nicht möglich, beliebige Moralprinzipien und Erziehungsziele festzulegen und ihre Einhaltung zu erzwingen. Die Lernfähigkeit und Bildbarkeit des Menschen ist zwar erstaunlich groß. Dennoch zeigen sich auch klare Grenzen – wie beispielsweise in der wenig erfolgreichen internationalistischen und antifaschistischen Erziehung der DDR und anderer sozialistischer Länder. Diese Grenzen der Formbarkeit des Menschen zu erforschen, innerhalb derer sich die Festlegung von Erziehungs- und Lernzielen – bewegen muss, gehört zu den Aufgaben der Psychologie.

Welche Beiträge kann also die Psychologie bei der Zielklärung leisten? Beispielsweise

- Empirische Erforschung unerwünschter Folge- oder Begleiterscheinung beim Streben nach bestimmten Zielen: Widerstände, Konflikte und Störungen als Indikatoren für die Grenzen der Beeinflussbarkeit
- Frage nach den persönlichen Zielen von Erziehern und deren Bedeutung für die Praxis
- Erforschung impliziter Ziele bei der Anwendung spezifischer Erziehungsmethoden
- Konkretisierung von Zielen in beobachtbare Verhaltensweisen
- Entwicklung von Methoden zur Überprüfung der Zielerreichung.

Zu individuellen Lern- und Entwicklungszielen
Eltern, Erzieher und Lehrkräfte können auch ganz spezifische Erziehungsziele entwickeln. „Mein Sohn soll sich nicht unterkriegen lassen". „Dieses Kind soll erst einmal lernen, sich wie ein ordentlicher Mensch zu benehmen". „Klaus will ich die Grundregeln der Zeichensetzung beibringen." – Individuelle Entwicklungsziele gehen in der Regel von impliziten Annahmen über Begabungen, Entwicklungsmöglichkeiten oder über Lerndefizite aus. Nach dem Menschenbild, das dem Individuum Selbststeuerungskräfte zubilligt, stellen Individuen für sich selbst persönliche Ziele auf, z.B. „Ich will Tischtennis spielen lernen" oder „Ich will lernen, mich durchzusetzen".

2.1.3 Die Frage nach Mitteln und Wegen

Bei der Suche nach geeigneten Erziehungsmethoden steht die erwartete Wirksamkeit im Vordergrund. In Abhängigkeit von Menschenbildern und Erziehungszielen werden jedoch auch allgemeine Strategien wirksam:

- Abschirmen, Wachsen- und Reifenlassen
- Bedürfnisbefriedigung, Zuwendung und Liebesentzug gewähren
- Beeinflussen und Korrigieren, Kontrolle der Verhaltenskonsequenzen: Lob und Belohnung, Tadel und Bestrafung, Nicht-Beachtung
- Freiräume schaffen zur Entfaltung von Entwicklungs- und Lernchancen
- Unterstützen und Ermutigen.

Aus diesen Grundhaltungen lassen sich konkrete Maßnahmen ableiten, beispielsweise Informieren, Belehren, Fordern, Drohen, Belohnen. Nicht nur die eigenen Grundhaltungen sind für die Wahl bestimmter Maßnahmen verantwortlich. Die Besonderheiten des Einzelfalls, die Selbststeuerungskräfte des Individuums, die Aufgeschlossenheit für Argumentationen entscheiden mit über die gewählten Erziehungsmethoden. Näheres in den Kapiteln 11 und 12.

2.2 Erziehen und Unterrichten als komplexer Prozess

2.2.1 Erziehen und Unterrichten als Systemgeschehen

Anregungen aus der Systemtheorie tragen dazu bei, die Komplexität von pädagogischen Prozessen besser zu verstehen. Eine Grundannahme der Systemtheorie ist die wechselseitige Beeinflussung aller Prozesse. Manche Situationen erwecken den Eindruck, es gäbe eine einseitige Einflussnahme, beispielsweise beim Frontalunterricht in großen Hörsälen, beim Bearbeiten eines Fernlehrgangs, aber auch bei einer Anweisung, die keinen Widerspruch duldet. Beobachtet man aber Eltern-Kind- oder Lehrer-Schüler-Interaktionen, so fragt man sich manchmal, wer wen mehr beeinflusst oder „erzieht". Sind es tatsächlich vorwiegend die Erziehungsbemühungen von Eltern und Lehrern, die Verhalten und Persönlichkeit ihrer Kinder beeinflussen? Oder haben nicht häufig umgekehrt Eigenarten der Kinder großen Einfluss auf das Verhalten ihrer Eltern und Lehrer? Welche Erziehungsmittel Eltern oder Lehrer einsetzen, hängt auch davon ab, welche Erfolge oder Misserfolge sie damit bei ihren Kindern haben. Selbst in der Massenvorlesung registrieren die Hochschullehrer Unruhe oder gespannte Aufmerksamkeit im Auditorium und reagieren entsprechend darauf. Und sogar die Autoren von Fernstudientexten müssen ihre Materialien überarbeiten, wenn sich Beschwerden über veraltete Inhalte oder unverständliche Formulierungen häufen. Eine aktive Beeinflussung der Situationen erfolgt also auch von Seiten der Erzogenen bzw. Unterrichteten.

Das komplexe Zusammenwirken verschiedener psychischer Prozesse in pädagogischen Situationen zeigt sich auch in Zusammenhängen zwischen Wahrnehmung, Lernen, Denken, Lernen und Motivation. Lernprozesse sind nicht denkbar ohne Informationsaufnahme und Informationsverarbeitung. Wie jemand lernt, hängt von seiner geistigen Leistungsfähigkeit bei der Informationsverarbeitung, also vom Denken, ab. Denkprozesse werden von vorangegangenem Lernen beeinflusst. Interessen als ein Teilbereich der Motivation können durch Erfahrungen erworben oder verändert werden. Lernprozesse wiederum hängen von der Motivation ab. Weitere Kennzeichen komplexer Systeme werden wir in Kap. 10 vorstellen.

2.2.2 Erziehen und Unterrichten als Umgang mit lebendigen Systemen

Der Psychologe Wolfgang Metzger hat sich bereits in den Sechziger Jahren mit dem Verhältnis von potentiell einengender Erziehung und schöpferischer Freiheit des Individuums auseinander gesetzt. Seine Schlussfolgerungen aus dem Charakter des Lebendigen in der Erziehung sind auch heute noch aktuell. Die Darstellung dieses Abschnitts greift die Argumentationslinie Metzgers (1962; 1976) auf. Nach Metzger ist es notwendig, die Beeinflussung von Lebewesen grundsätzlich von der Bearbeitung unbelebter Materialien zu unterscheiden. So verwenden wir z.B. für die Bearbeitung eines Werkstücks Ausdrücke wie „machen" oder „herstellen", für den Umgang mit Lebewesen jedoch Bezeichnungen wie „pflegen", „betreuen", „anregen", „ermutigen" oder „fördern". Erziehung und Unterricht können als Prototypen des Umgangs mit Lebendigem angesehen werden. Diese Steuerungsprozesse lassen sich durch die folgenden Merkmale kennzeichnen.

1) Selbstregulation: Der Mensch ist ein sich selbst in vielen Aspekten regulierendes System. Viele Verhaltensweisen müssen nicht angeordnet werden, weil der Normalzustand sich von selbst einstellt. Die Einmischung des Erziehers kann dazu führen, die eigene Regulationsfähigkeit abzubauen. Kinder können beispielsweise meist selbst entscheiden, welche Nahrung ihnen gut tut, wie viel Schlaf sie brauchen, wann sie auf die Toilette müssen.

2) Nicht-Beliebigkeit des Resultats: Der Erzieher hat nicht die Möglichkeit, einen Menschen so „anzufertigen", wie er ihm vorschwebt. Es gibt zwar einen gewissen Formbarkeitsspielraum, aber man kann dem Kind auf Dauer nichts gegen seine „Natur" aufzwingen. Auch Dompteure wissen sehr genau, welche Kunststücke zu welchen Tierarten passen.

3) Gestaltung aus inneren Kräften: Gegenstände werden durch äußere Kräfte geformt. Dagegen haben die Antriebe, durch die ein Lebewesen sich entfaltet, ihren Ursprung in ihm selbst. Äußere Einflüsse sind noch am größten beim Erwerb von Kenntnissen und Fertigkeiten, aber nur sehr gering bei Temperamentsmerkmalen. Die vielfach nur vorübergehende Umformbarkeit menschlicher Merkmale zeigt sich beispielsweise darin, dass der relative Einfluss von Erbanlagen auf persönliche Eigenschaften im mittleren Erwachsenenalter stärker erkennbar ist als in der Jugend mit ihren vielfältigen erzieherischen Einflüssen.

4) Günstige Zeiten: Wann ein Handwerker an seinem Werkstück arbeiten will, steht in seinem Ermessen. Lebewesen haben dagegen bevorzugte Zeiten, in denen sie bestimmten Beeinflussungen zugänglich sind. Sie haben ihre eigenen Rhythmen der Sensibilität und Leistungsbereitschaft auf der einen und des Ruhebedürfnisses auf der anderen Seite. Schulstunden können beispielsweise nicht auf beliebige Tageszeiten gelegt werden, es gibt Zeiten größerer oder geringerer Aufnahmefähigkeit. Lernphasen können nicht willkürlich kurz oder lang gehalten werden. Der Beginn der Reinlichkeitserziehung, des Sprechenlernens, der Einführung in die Mathematik kann nicht beliebig festgelegt werden, vielmehr sind Reifungs- und Lernvoraussetzungen zu beachten. Lesenlernen im Vorschulalter ist zwar prinzipiell möglich, die Erfolge sind jedoch begrenzt.

5) Lern- und Entwicklungsgeschwindigkeit: Fertigungsgeschwindigkeiten lassen sich fast beliebig steigern. Demgegenüber hat jede lebendige Entwicklung ihre eigenen Geschwindigkeiten. Plötzliche Umstellungen bereiten Schwierigkeiten. Durch rechtzeitige Vorbereitung kann man dem Kind beim Übergang in eine neue Lage helfen. Beispielsweise ist es sinnvoll, Kinder auf einen Krankenhausaufenthalt oder auf die Ankunft eines Geschwisters vorzubereiten.

6) Duldung von Umwegen: Bisweilen muss man Umwege in Kauf nehmen – ähnlich wie die Metamorphosen im Tierreich. So können Kinder über Märchen und spielerische Phantasie den Weg zu einem kritischen Wirklichkeitsverständnis finden.

2.3 Zur Erklärung von Verhalten und Erleben – ein Rahmenmodell

Bereits in den Dreißiger Jahren hat der aus Berlin in die USA emigrierte Psychologe Kurt Lewin versucht, das Zusammenspiel von inneren und äußeren Bedingungen des Verhaltens mittels einer sogenannten Verhaltensformel darzustellen: $V = f (P, U)$. Verhalten (V) ist eine Funktion von Person (P) und Umwelt (U). Seinerzeit konzentrierte sich die Forschung in den USA auf äußere Reize als Auslöser von Verhalten und als Ursache für zukünftiges Verhalten. In der europäischen Psychologie stand dagegen die Frage nach Persönlichkeitsfaktoren als Bedingungen des Verhaltens im Vordergrund. Lewin lenkte mit seiner Verhaltensformel die Aufmerksamkeit auf das Zusammenspiel von Persönlichkeit und Umwelt. Dazu gehören Merkmale der aktuellen Situation ebenso wie kulturelle Rahmenbedingungen. Das Zusammenspiel innerer und äußerer Einflussfaktoren auf menschliches Verhalten wird in Abbildung 2-1 veranschaulicht.

Abb. 2-1: Innere und äußere Einflussfaktoren auf menschliches Verhalten

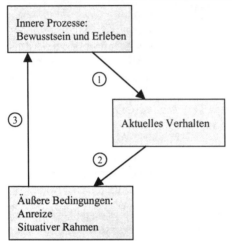

Verhalten ist abhängig von inneren Prozessen und Zuständen (1): Hoffnungen, Ängste, Selbstvertrauen usw. Verhalten ist auch abhängig von äußeren Anreizen (2): günstige Gelegenheiten, in Aussicht gestellte Belohnungen usw. Wie ausdauernd eine Schülerin beispielsweise für eine Klassenarbeit lernt, kann davon abhängen, ob ihr Schulerfolg überhaupt wichtig ist, ob sie aufgrund des intensiven Lernens einen Erfolg erwartet, ob sie eine Blamage befürchtet, welche Fähigkeiten sie sich selbst zutraut (innere Prozesse), ob sie Anleitungen und Unterstützung durch die Eltern erfährt, ob ihr für gute Leistungen eine attraktive Reise in Aussicht gestellt wird (äußere Anreize). Neben Anreizen können andere Rahmenbedingungen das Verhalten beeinflussen: Ablenkungen, verfügbare Arbeitsmittel, Hilfestellungen, Arbeitsatmosphäre. Erziehung und Unterricht beinhalten einerseits direkte Einflussnahmen, andererseits eine Gestaltung der Lernbedingungen.

Aktuelle innere Prozesse werden ebenfalls von den wahrgenommenen äußeren Anreizen beeinflusst. Man muss davon ausgehen, dass die äußeren Reize gar nicht direkt das Verhalten beeinflussen, sondern indirekt über die subjektive Verarbeitung (3). Wenn ein Lehrer z.B. wegen Disziplinproblemen den attraktiven Aufenthalt in der Jugendherberge in Frage stellt, wird diese Drohung einen Schüler nicht beeindrucken, der sie nicht ernst nimmt.

Forschungsbeispiel Erziehungsstile: Untersuchungen über die Wirkungen von Erziehungsstilen demonstrieren beispielsweise Zusammenhänge zwischen dem Erziehungsstil der Eltern und Verhaltenstendenzen der Kinder wie Ängstlichkeit oder Kreativität (vgl. Kap. 12). Der Erziehungsstil der Eltern wird durch Befragung der Eltern oder der Kinder erfasst. Es zeigt sich, dass die Merkmale der Kinder stärkere Zusammenhänge zum subjektiv erlebten Erziehungsstil aus der Sicht der Kinder als zum Erziehungsstil aus der Sicht der Eltern aufweisen.

In Abbildung 2-2 wird unser Modell erweitert: Innere Prozesse werden von überdauernden Merkmalen der Person beeinflusst (4). Persönliche Ziele und die Wahrnehmung der Situation werden unter anderem von Interessen und Einstellungen geleitet. Wer fremdenfeindliche Einstellungen hat, wird beispielsweise im Verhalten von Ausländern leicht bedrohliche Elemente bemerken. Wir erweitern deshalb die Verhaltensformel Lewins zu V+ E = f (P, U) – Verhalten (V) und Erleben (E) sind eine Funktion von Person und Umwelt.

Abb. 2-2: Zusammenwirken innerer und äußerer Einflussfaktoren auf menschliches Verhalten

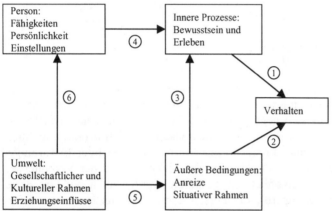

Welche Anreize in einer aktuellen Situation gegeben werden, hängt von gesellschaftlichen Rahmenbedingungen ab (5). In Schulordnungen ist beispielsweise festgelegt, welche Strafen oder sonstigen pädagogische Maßnahmen, aber auch welche Vergünstigungen möglich sind.

Wo aber kommen die Merkmale der Person her? Sie bilden sich auf der Basis angeborener Entwicklungsmöglichkeiten durch Erfahrungen im Prozess einer Entwicklungsgeschichte heraus. Umwelt- und Erziehungseinflüsse sind mitverantwortlich für die Charakteristika einer Person (6). Ein strenger und strafender Erziehungsstil beispielsweise kann die Ängstlichkeit von Kindern begünstigen (Krohne & Hock 1994)

Menschliches Verhalten hat nun wiederum bestimmte Effekte (vgl. Abbildung 2-3): Erfolg oder Misserfolg, unbeabsichtigte Wirkungen, Belohnungen oder Strafen (7). Diese Effekte werden ebenso wie das Verhalten selbst von der Person wahrgenommen (8), (9) und von ihr innerlich verarbeitet, insbesondere mit ihren Zielen verglichen (10). Diese subjektiv verarbeiteten Erfahrungen tragen zur Weiterentwicklung der Persönlichkeit bei (4). Die Annahme, dass Persönlichkeit sich direkt aufgrund von Umwelteinflüssen entwickelt und verändert (6), erweist sich also als zu vereinfacht. Umweltwirkungen auf menschliches Erleben und Verhalten basieren immer auf subjektiv verarbeiteten Erfahrungen dieser Umwelt.

Abb. 2-3: Rahmenmodell zur Erklärung von Verhalten und Erleben

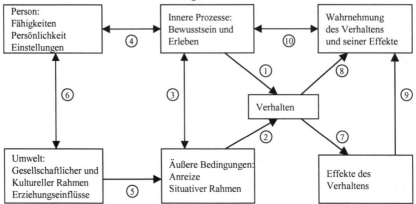

In dieser letzten Fassung dieses Modells haben wir einige Pfeile in Doppelpfeile verwandelt. Damit machen wir deutlich, dass die verschiedenen Elemente des Modells sich gegenseitig beeinflussen können. Situative Bedingungen (3) und wahrgenommene Verhaltenseffekte (10) beeinflussen nicht nur das Erleben; innere Prozesse wie Aufmerksamkeit oder Erwartungen können umgekehrt die Wahrnehmung der Situation oder der Verhaltenseffekte modifizieren. Persönlichkeitsmerkmale werden nicht nur von Erziehungseinflüssen geprägt (6); die Person kann ihrerseits Einfluss auf ihre Umwelt nehmen und diese mitgestalten. Dieses Grundmodell lässt sich sowohl auf das Verhalten und Lernen der zu erziehenden Kinder beziehen, als auch auf das pädagogische Handeln der Erzieher.

2.4 Psychologische Hilfen für die pädagogische Praxis

Wie erwähnt, empfinden sich die meisten Menschen aufgrund ihrer Erfahrung als Quasi-Experten in Fragen Erziehung. Eine wissenschaftliche Psychologie der Erziehung ist oft nicht gefragt, weil sie allenfalls auf umständlichem Wege beweisen kann, was man sowieso schon weiß. Kommt die Wissenschaft zu anderen Ergebnissen als die Alltagserfahrung, so gilt dies als Beweis für die Praxisferne der Wissenschaft. Wenn allerdings Erziehungsschwierigkeiten auftauchen, wächst die Bereitschaft, sich von der Wissenschaft Hilfe zu holen.

2.4.1 Erwartungen an die Psychologie

Häufig geäußerte Erwartungshaltungen gegenüber der Psychologie richten sich auf unmittelbare Hilfen bei der Lösung von Erziehungsschwierigkeiten. Man erhofft sich eine Sammlung von wissenschaftlich begründeten und praktikablen Handlungsanweisungen und Rezepten. Erwartet werden beispielsweise

- Hilfen, um Kinder und Erwachsene besser verstehen zu können: Frage nach bewussten und unbewussten Motiven, individuellen und sozialen Einflussfaktoren
- Hinweise auf effektive Erziehungsmethoden
- Vermittlung von Gesetzmäßigkeiten des Lernens und Lehrens. Dieses Interesse ist auf die praktische Frage gerichtet, was Lehrer tun können, damit Schüler gut lernen.

Psychologische Erkenntnisse sollen wissenschaftlich gesichert und praktisch anwendbar sein. Man mag darüber streiten, wieweit beide Forderungen gleichzeitig erfüllbar sind. Zweifellos gibt es Diskrepanzen zwischen der Erwartung nach unmittelbarer Anwendbarkeit und den theoretischen Konzepten, die ein theoretisches Verständnis und eine flexible Adaptation an die jeweilige konkrete Situation erforderlich machen.

2.4.2 Reflexions-, Entscheidungs- und Planungshilfe zu Problemlösungen

Anliegen unseres Buches ist es,

- Basiswissen und Verstehen von zentralen Fragestellungen, grundlegenden Fakten, methodischen Prinzipien und theoretischen Ansätze zu vermitteln und dabei zu zeigen, dass die Pädagogische Psychologie praxisrelevante Erkenntnisse vorzuweisen hat,
- gleichzeitig vor übertriebenen Erwartungen an eine rezeptartige Umsetzung von Forschungsergebnissen in die Praxis zu warnen,
- in die verschiedenen Grundlagen- und Anwendungsgebiete einzuführen und diese anhand ausgewählter Probleme exemplarisch zu vertiefen,
- theoretische und methodische Hilfestellungen zum Verständnis von pädagogischen Prozessen zu geben und dabei die Befähigung zur Analyse psychischer Sachverhalte zu entwickeln;
- Anregungen für die Planung des eigenen Handelns zu vermitteln und an Beispielen zu demonstrieren, wie psychologische Erkenntnisse auf Praxisprobleme übertragen werden.

2.5 Zusammenfassung: Grundfragen von Erziehung und Unterricht

1. Um Unterrichts- und Erziehungsprozesse planen und gestalten zu können, sind drei Grundfragen zu klären: die Ausgangslage mit ihren Entwicklungspotentialen, die Ziele und die Mittel.
2. Die Analyse der Ausgangslage beinhaltet eine explizite Klärung des allgemeinen Menschenbildes, verbunden mit der Frage nach der Notwendigkeit und der Möglichkeit von Erziehung. Außerdem sind die individuellen Entwicklungs- und Lernvoraussetzungen zu berücksichtigen.
3. Die Diskussion der Ziele beinhaltet die Frage nach der Beliebigkeit oder der Begrenztheit realistischer Erziehungs- und Bildungsziele. Außerdem sind Lehr- und Erziehungsziele im Einzelfall mit den individuellen Lern- und Entwicklungszielen der Betroffenen abzustimmen.
4. Die Suche nach geeigneten Erziehungsmethoden ist einerseits eine Frage nach der Effektivität. Andererseits werden die gewählten Mittel auch von pädagogischen Grundhaltungen und Menschenbildern beeinflusst.
5. Erziehung und Unterricht lässt sich als Systemgeschehen auffassen, bei dem komplexe Vernetztheit und wechselseitige Beeinflussungen die Planbarkeit und Machbarkeit begrenzen.
6. In einem Rahmenmodell menschlichen Verhaltens und Erlebens wird das Zusammenspiel von Person- und Umweltfaktoren im Prozess zielorientierten Handelns verdeutlicht.
7. Die Pädagogische Psychologie hält wissenschaftliche Grundlagen für die pädagogische Praxis bereit. Deren Umsetzung bedarf allerdings der systematischen und flexiblen Analyse der jeweiligen Handlungsbedingungen.

3. Arbeitsformen der Pädagogischen Psychologie

Stellen Sie sich vor, Sie sollten herausfinden, ob Musikhören bei schulischen Hausaufgaben die Lernleistung beeinträchtigt (wie viele Eltern glauben) oder steigert (wie Schülerinnen und Schüler überzeugt sind)? Wie würden Sie vorgehen?

Wie würden Sie vorgehen, wenn Sie einem Schüler mit Lernschwierigkeiten helfen sollten?

Wie kommen wir in der Pädagogischen Psychologie zu wissenschaftlicher Erkenntnis und zu wissenschaftlich begründeten Maßnahmen? Wie kommen Pädagoginnen und Pädagogen in der Praxis zu einem geplanten pädagogischen Handeln? – Diese beiden Fragen werden in diesem Kapitel gemeinsam behandelt. Denn wissenschaftliches und reflektiertes erzieherisches Handeln basieren auf vergleichbaren Erkenntnis- und Handlungsschritten. Wir betrachten Problemlöseprozesse in Forschung und Praxis (Abschnitt 3.1). Wir werden deutlich machen, dass am Anfang die Problemanalyse liegen muss, wenn man nicht ziellos agieren will. Es kommt darauf an, nicht aufgrund von Vermutungen und Vorurteilen zu handeln, sondern offen für die Realität zu sein. Deshalb werden wir auf Möglichkeiten des Beobachtens und Beschreibens der Wirklichkeit eingehen (Abschnitt 3.2). Über eine fachlich begründbare Erklärung der beobachteten Realität wird es auch möglich, Einfluss zu nehmen und eine unbefriedigende Situation zu verändern (Abschnitte 3.3 und 3.4).

In diesem Kapitel werden Fachbegriffe eingeführt, auf die wir immer wieder zurückgreifen werden. Deshalb finden Sie hier mehrfach Zwischenzusammenfassungen, in denen Begriffe und Konzepte festgehalten werden.

3.1 Forschung und pädagogische Praxis als Problemlösen

3.1.1 Die Notwendigkeit systematischen Handelns

Alltagsbeispiel elterliche Erziehung: Ein Kleinkind kleckert nach jedem Frühstück mit der Erde des Blumentopfes herum. Die Eltern wollen diese Gewohnheit abstellen. Wenn sie die Erfahrung gemacht haben, dass Schimpfen den gewünschten Effekt bringt, werden sie entsprechend handeln. Wenn Sie dagegen glauben, dass das Kind weder auf Ermahnungen noch auf Bestrafungen reagiert, werden sie es vielleicht nach dem Frühstück ablenken oder aber den Blumentopf auf ein unerreichbares Regal stellen. Die Eltern bemerken also brisante Verhaltensweisen und beobachten die Rahmenbedingungen. Dann entwickeln sie Vermutungen über die wahrscheinlichen Ursachen des Verhaltens und über die möglichen Auswirkungen ihrer erzieherischen Einflussnahme. Diese Hypothesen stammen entweder aus ihrer Erfahrung oder aus allgemeinen Annahmen über kindliches Verhalten. Sie stellen ein laienhaftes theoretisches Gerüst für die Erklärung der Welt dar. Schließlich werden die Eltern jene Maßnahmen ergreifen, die mit dem geringsten Aufwand den größten Erfolg erwarten lassen.

Auch Laien gehen im Alltag so vor, wie es von einem Wissenschaftler zu erwarten wäre: Sie beobachten die Realität. Sie analysieren die Ursachen des Geschehens, indem sie Zusammenhänge beobachten und Erklärungen aus theoretischen Annahmen ableiten. Sie ergreifen schließlich bestimmte Maßnahmen, um erwünschte Konsequenzen zu erreichen. Zu jedem Handeln gehören also Ziele, Informationen über die Situation und Annahmen über Einflussfaktoren und deren Wirkungen (vgl. Kap. 1.1.1).

3.1.2 Beispiele aus Forschung und Praxis

Professionelles pädagogisches Handeln und wissenschaftliche Forschung beruhen auf vergleichbaren Erkenntnis- und Handlungsschritten. Wir verdeutlichen dies an zwei Beispielen.

Fallbeispiel 1: Ein schulisches Alltagsproblem. Florian ist 12 Jahre alt. Er besucht die 6. Klasse einer Förderstufe und will im kommenden Jahr auf das Gymnasium wechseln. Seine bisherigen Zeugnisse waren recht erfreulich, doch ab dem Spätherbst werden die Leistungen deutlich schwächer. Frau Fink, die Klassenlehrerin, führt die anfangs festgestellten Leistungsschwankungen zunächst auf Pubertätsprobleme zurück und sieht keinen akuten Handlungsbedarf. Als die Eltern nach einem mäßig ausgefallenen Halbjahreszeugnis nicht zum Elternsprechtag kommen, ergreift sie jedoch die Initiative.

Frau Fink bemüht sich – trotz der großen Klasse mit 34 Kindern – zunächst, Florians Arbeitsverhalten im Unterricht zu beobachten. Dabei fällt ihr auf, dass Florian bei neuen Themen wie früher aktiv mitarbeitet, dass aber die häusliche Vorbereitung sehr zu wünschen übrig lässt. Außerdem bemerkt sie deutliche Konzentrationsschwächen am späten Vormittag. Einige Kollegen bestätigen ihre Beobachtungen. Hellhörig wird sie, als Florian zum vierten Mal erzählt, er hätte die Hausaufgaben nicht zu Hause machen können, sondern „woanders". Daraufhin spricht sie ihn außerhalb des Unterrichts direkt auf familiäre Probleme an. Florian murmelt etwas davon, dass es zu Hause manchmal unerträglich sei und er dann eben weg müsse. Er komme aber schon zurecht und brauche keine Hilfe.

Frau Fink vermutet nunmehr Eheprobleme der Eltern als Ursache für die Leistungsstörungen. Sie signalisiert Florian ihre mitleidige Anteilnahme. Nach weiteren schulischen Misserfolgen erscheint es ihr eindeutig, dass Florian nicht den Übergang in das Gymnasium schaffen wird. Sie spricht Florian nochmals an, woraufhin er erläutert, dass er zu Hause keine Ruhe mehr zum Arbeiten finde. Im letzten Sommer sei der schon etwas gebrechliche Opa in die Wohnung eingezogen. Er selbst habe seinen Raum hergeben müssen und teile sich jetzt das Zimmer mit seinem drei Jahre älteren Bruder, der ständig laute Musik höre und oft Besuch zu Hause habe. Dabei könne er sich kaum konzentrieren, deshalb mache er seine Aufgaben oft bei Freunden. Außerdem wolle der Opa sich oft mit ihm unterhalten oder er müsse zwischendurch Erledigungen für die Eltern übernehmen.

Frau Fink hat jetzt eine neue Erklärung für die Leistungsprobleme. Sie bittet die Eltern und Florian zu einem Gespräch; gemeinsam entwerfen sie einen Plan, der Florian zu Hause ungestörte Arbeitsphasen garantiert. Florian wird während der Hausaufgaben ein STOPP-Schild an seine Tür hängen. Nach einigen Tagen fragt sie bei Florian nach, wie gut die Umsetzung der geplanten Maßnahmen klappt.

Fallbeispiel 2: Ein Forschungs- und Anwendungsproblem. Ein Psychologe aus dem Institut für Pädagogische Psychologie interessiert sich für die Frage, ob das Schulklima Auswirkungen auf die Kreativität der Schülerinnen und Schüler hat. Grundlage für diese Fragestellung sind Forschungsergebnisse über den Einfluss kurz- und langfristiger Umwelteinflüsse auf originelle Einfälle und auf die Entwicklung von kreativen Fähigkeiten (vgl. die Forschungsübersichten in Preiser 1986; Preiser & Buchholz 2000). Er entwickelt je einen Fragebogen zur Erfassung eines kreativitäts- und innovationsfördernden Klimas für Lehrkräfte und für Schüler, mit dem verschiedene Aspekte des sozialen Schul- und Klassenklimas erfasst werden: Anregungs- und Motivierungsbedingungen, Freiräume, Offenheit und vertrauensvolle Atmosphäre.

Nach Genehmigung durch das Kultusministerium und die Schulkonferenzen wird der Fragebogen von Schülern und Lehrern in 48 Klassen bearbeitet. Weiterhin wird ein sprachlicher und ein zeichnerischer Originalitätstest angewandt. Schließlich werden ausgewählte Schülerzeichnungen und Aufsätze hinsichtlich ihrer Originalität von zwei unabhängigen Auswertern eingeschätzt. Die einzelnen Aspekte des Schul-, Klassen- und Unterrichtsklimas werden jetzt mit den Originalitätstestwerten verglichen. Dabei zeigt sich, dass bestimmte Klimaaspekte deutliche Beziehungen zur Originalität aufweisen. Je höher z.B. der Anregungsgrad, desto stärker ist auch im Durchschnitt die Originalität der Schülerinnen und Schüler ausgeprägt. Es ist zu vermuten, dass sich das Lernklima auf die Originalität des Schülerverhaltens auswirkt. Aus dieser Erklärung wird hypothetisch abgeleitet, dass die fördernde Wirkung des Klimas um so größer sein müsste, je länger die Einflüsse wirksam waren. Tatsächlich waren die statistischen Zusammenhänge in den höheren Klassen deutlicher als in den unteren.

Die Ergebnisse werden den beteiligten Schulen zurückgemeldet. Da Kreativität als wichtiges Erziehungsziel gilt, entschließen sich einige Schulen zu Veränderungsmaßnahmen. Unter Beteiligung des Forschers und der zuständigen Schulpsychologin werden Projektgruppen eingerichtet, in denen die jeweiligen Schwachstellen analysiert und mögliche Maßnahmen zur Veränderung erarbeitet werden. Diese Vorschläge werden von der Lehrer- und der Schulkonferenz diskutiert, gebilligt und schließlich sukzessive umgesetzt. Nach zwei Jahren wird in einer Folgeuntersuchung geprüft, ob sich in den beteiligten Schulen das soziale Klima und die beobachtbare Originalität positiv verändert haben (in Anlehnung an Preiser 1996).

3.1.3 Ein Prozess- und Handlungsmodell

Wo liegen die Gemeinsamkeiten zwischen den beiden Beispielen? In beiden Fällen handelt es sich um den Versuch einer Problemlösung. Wir unterteilen diesen Prozess pädagogischen und wissenschaftlichen Problemlösens in sieben Schritte.

Problemwahrnehmung
Am Anfang steht ein Problem. Irgend etwas ist unklar oder läuft nicht so, wie man es sich wünscht. Ein Vorgang weckt Aufmerksamkeit. Aufgrund von Praxisproblemen, Alltagsbeobachtungen oder wissenschaftlichem Literaturstudium erwächst in der gedanklichen Auseinandersetzung mit dem Thema ein Erkenntnis- und Handlungsinteresse.

Pädagogische Problemlösungen zielen auf wünschenswerte Veränderungen. Probleme können darin bestehen, dass der Weg zu den pädagogischen Zielen unklar ist („Wie kann man Kreativität fördern?") oder dass der Weg zum Ziel blockiert ist („Wodurch wird der Übertritt auf das Gymnasium gefährdet?"). Um ein Problem wahrzunehmen, muss man die aktuelle Situation erfassen und eine Vorstellung darüber haben, wie die Situation sein sollte. Wenn zwischen Ausgangssituation („Ist-Zustand") und der gewünschten Zielsituation („Soll-Zustand") eine Diskrepanz wahrgenommen wird, handelt es sich um eine Problemsituation. – Der erste Schritt pädagogischen oder wissenschaftlichen Handelns besteht also in der *Problemwahrnehmung*.

Klärung der Situation
Zur Bearbeitung pädagogischer Alltagsprobleme und psychologischer Fragestellungen werden empirisch fundierte Erkenntnisse benötigt. Niemand kann sich anmaßen, allein aufgrund intuitiver Überlegungen zu erkennen, was in den Köpfen anderer Menschen vor sich geht. Was andere Menschen subjektiv erleben und objektiv tun, lässt sich nur mit Hilfe von Befragungs-

und Beobachtungsmethoden erschließen. Lehrkräfte brauchen beispielsweise Informationen über den Kenntnisstand, das Lernverhalten und die häuslichen Arbeitsbedingungen einzelner Schüler, wenn sie durch individuelle Beratung helfen wollen. Forscher müssen über das Instrumentarium empirischer Methoden verfügen, um angemessene Untersuchungsmethoden zusammenzustellen. Eine empirische Klärung der Ausgangssituation (Ist-Analyse) basiert auf drei Schritten: Alle relevanten Informationen werden möglichst umfassend erfasst (Beobachtung), festgehalten (Beschreibung) und schließlich mit anderen Informationen, mit Erwartungen oder Maßstäben verglichen (Beurteilung).

Im obigen Fallbeispiel 1 werden beispielsweise Florians schlechte Leistungen einerseits mit seinen bisherigen guten Leistungen, andererseits mit den Anforderungen des Gymnasiums verglichen. Im Fallbeispiel 2 werden die Kreativitätsleistungen in den verschiedenen Klassen miteinander verglichen und die Unterschiede mit dem Kreativitätsklima in Beziehung gesetzt. – Der zweite Schritt einer Problembearbeitung ist also die *Klärung der Ausgangssituation* mit den Elementen *Beobachtung, Beschreibung und Beurteilung.*

Erklärung
In einem dritten Schritt wird versucht, die Beobachtungsergebnisse zu erklären. Systematische Beziehungen zwischen Autoritätsdruck und geringer Originalität der Schüler werden beispielsweise damit begründet, dass Angst komplexe Denkprozesse hemmen kann. Im pädagogischen Alltag bedeutet erklären, das beobachtete Verhalten auf schulische oder persönliche Bedingungen zurückzuführen. Auch vermutete Einflüsse der bisherigen Entwicklungsgeschichte einer Person werden herangezogen. Dies geschieht auf dem Niveau von Plausibilitätsüberlegungen. Persönliche Erfahrungen und angeeignete Kenntnisse werden zu subjektiven psychologischen Theorien verarbeitet und für Erklärungen herangezogen. Dass diese Erklärungen falsch sein können und deshalb laufender Überprüfungen bedürfen, wird im Fallbeispiel 1 deutlich. Die Forderung nach ständiger Überprüfung gilt aber auch für scheinbar objektive wissenschaftliche Erkenntnisse. – Der dritte Schritt der Problembearbeitung besteht also in laienhaften oder wissenschaftlich begründeten *Erklärungen* für die beobachteten Daten.

Prognose
Aus Erklärungen können Prognosen für die Zukunft abgeleitet werden. Aus bisherigen Leistungsmängeln werden z.B. zukünftige Lernschwierigkeiten vorhergesagt. Theoretisch begründete Vorhersagen über zu erwartende Forschungsergebnisse sind das wichtigste Instrument, um Theorien zu überprüfen. Treffen die Vorhersagen zu, so wird die Theorie gestützt. Andernfalls ist die Theorie in Zweifel zu ziehen. – Ein vierter Schritt im Prozess der zielorientierten Erkenntnisgewinnung oder pädagogischen Förderung ist also die *Prognose.*

Zielklärung
Zumindest für anwendungsorientierte Probleme gilt, dass der gegenwärtige und der vorhergesagte Zustand als weniger oder mehr erfreulich gelten können: Es findet eine Bewertung statt. Der Ist-Zustand wird mit einem wünschenswerten Soll-Zustand verglichen, Beurteilungen und Prognosen mit Hoffnungen und Zielen. Wenn der Besuch einer weiterführenden Schule geplant ist, die momentanen Leistungen dafür aber nicht ausreichen, besteht ein Anpassungsbedarf: Entweder müssen die Ziele den gegebenen Möglichkeiten angepasst werden oder es müssen die Voraussetzungen für die Zielerreichung geschaffen werden. Natürlich sind allgemeine Zielvorstellungen wie „ bestmöglicher Schulabschluss" oder „Toleranz und Friedfertigkeit" auch schon während der ersten Problemlösungsschritte vorhanden. Es handelt sich vielfach um unausgesprochene, „implizite" und unreflektierte Ziele. Es muss jedoch geklärt werden, welche Ziele realistisch sind, was konkret erreicht werden soll, wie wichtig die Ziele den Beteiligten sind, welche zeitlichen Vorstellungen für die Zielerreichung bestehen und schließlich, woran die erfolgreiche Zielerreichung überprüft werden soll (vgl. Preiser 1989). – Der fünfte Arbeitsschritt besteht also in einer *Vorausbewertung* der zukünftigen Ist-Situation und in einer *Klärung von Zielen*.

Einflussnahme
Wenn klar ist, wie der Ist-Zustand in den gewünschten Soll-Zustand überführt werden kann, und wenn die Mittel hierfür verfügbar sind, handelt es sich um eine normale *pädagogische Aufgabe*. Mangelhafte Kenntnisse können beispielsweise durch ein individuelles Lernprogramm ausgeglichen werden. Ein ineffektives Lernverhalten kann durch Veränderung der häuslichen Arbeitsbedingungen korrigiert werden. Wenn man weiß, dass mangelnde Gelegenheiten für informelle Gespräche ein Grund für fehlendes Vertrauen ist, kann man Abhilfe schaffen: durch Einrichtung von Kommunikationsecken, durch Angebote zur gemeinsamen Pausengestaltung, durch eine Klassenfahrt usw. Wenn dagegen Methoden zur Erreichung des Sollzustandes unbekannt oder nicht verfügbar sind, handelt es sich um ein *Problem*. Wenn Handlungsbedarf festgestellt wird, steht eine Einflussnahme oder „Intervention" an. Was muss getan werden, damit ein Zielzustand erreicht oder eine gewünschte Entwicklung in Gang gesetzt wird? Es lassen sich drei Teilschritte unterscheiden: Planung, Entscheidung und Durchführung. – Der sechste Schritt besteht also in gezielten *Einflussnahmen oder Interventionen*.

Erfolgskontrolle
In einem letzten Schritt ist festzustellen, inwieweit die Ziele erreicht wurden. Ist das Ergebnis unbefriedigend, müssen weitere Maßnahmen erfolgen und ggf. neue Wege gesucht werden. Die abschließende *Erfolgskontrolle* ist eine Form der Bewertung. In der Fachsprache wird sie Evaluation genannt.

Evaluation der eigenen Arbeit ist eine ständige Aufgabe für alle, die im pädagogischen Feld arbeiten. Evaluation von Programmen und Maßnahmen kann aber auch ein wissenschaftliches Aufgabenfeld sein. Dabei geht es um die Frage, welche allgemeinen Effekte bestimmte pädagogische Einflussnahmen haben.

3.1.4 Zusammenfassung: Problemlösen in sieben Schritten

Abschließend werden die sieben Schritte systematischen pädagogisch-psychologischen Handelns nochmals als Übersicht dargestellt (Abbildung 3-1). Ähnliche Modellvorstellungen wurden in der Fachliteratur für Problemlöseprozesse allgemein, aber auch speziell für kreatives Problemlösen entwickelt (vgl. Brauchlin 1990; Preiser & Buchholz 2000).

Abb. 3-1: Sieben Schritte systematischen pädagogisch-psychologischen Handelns

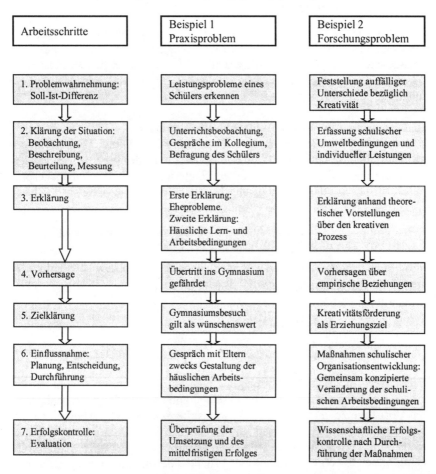

Die dargestellten Schritte werden meist nicht nur einmalig von oben bis unten durchlaufen. Vielmehr ist es oft notwendig, in „Schleifen" auf vorangegangene Schritte zurückzugreifen – beispielsweise wenn während der Einflussnahme bemerkt wird, dass zusätzliche Informationen beschafft werden müssen. Die ersten zwei Schritte lassen sich unter dem Aspekt des Beobachtens und Beschreibens zusammenfassen: Problem- und Situationsklärung. Die folgenden zwei Schritte dienen der Erklärung der beobachteten Vorgänge: Bedingungs- und Prozessanalyse. Die folgenden drei Schritte gehören zu einer gezielten pädagogischen Maßnahme: Zielklärung, Intervention, Erfolgskontrolle. Diese Schritte werden im Folgenden näher erläutert.

3.2 Beobachten und Beschreiben

3.2.1 Problemwahrnehmung

Meist sind es aktuelle Erfahrungen, die auf ein potentielles Problem aufmerksam machen. Die wissenschaftliche Neugier wird geweckt oder ein pädagogischer Handlungsimpuls erzeugt. Aus der gedanklichen Auseinandersetzung mit einem Thema wächst also ein Erkenntnis- oder Handlungsinteresse.

Pädagogische und wissenschaftliche Probleme
Pädagogische Problemlösungen streben wünschenswerte *Veränderungen* an. Ein pädagogisches Ziel soll erreicht werden oder eine drohende Verschlechterung soll vermieden werden. Ziele leiten entweder unausgesprochen („implizit") das pädagogische Handeln oder sie werden ausdrücklich („explizit") benannt. Dabei ergeben sich u.a. folgende Leitfragen:

- Wo gibt es Defizite bei der Verwirklichung von Erziehungs- und Lehrzielen?
- Wo gibt es Rückschritte oder Verschlechterungen?
- Welche Gefahren drohen aufgrund ungünstiger Umwelteinflüsse. Kann man ihnen vorbeugen?
- Welche Ziele sind erreicht? Welche weiterführenden Ziele schließen sich an?
- Welche besonderen Leistungen erfordern eine spezielle Förderung?

Wissenschaftliche Problemlösungen zielen auf *Erkenntnis*: Es geht darum, einen Wirklichkeitsbereich zu beschreiben und anschließend die beobachteten Vorgänge zu erklären. Ein Erkenntnisinteresse entsteht, wenn ein Wirklichkeitsbereich und die darin wirksamen Einflussfaktoren nicht bekannt sind. Ein wissenschaftlicher Problemlöseprozess kann auch dadurch in Gang gesetzt werden, dass Widersprüche oder Inkonsistenzen zwischen verschiedenen empirischen Befunden, zwischen verschiedenen theoretischen Annahmen oder zwischen Theorie und Wirklichkeit erkannt werden. Mit sogenannten heuristischen Fragen wird die Aufmerksamkeit auf mögliche Probleme gelenkt, z.B.:

- Über welche Wirklichkeitsbereiche liegen nur unvollständige Informationen vor?
- Wo gibt es Lücken, offene Fragen oder inkonsistente Annahmen in Theorien?
- Liegen widersprüchliche Alltagsbeobachtungen oder Forschungsbefunde vor?
- Gibt es Widersprüche zwischen Theorie und Realität, zwischen Erwartungen und Beobachtungen?

Problemsensibilität
Warum reagieren manche Pädagogen sensibel auf potentielle Probleme, während andere gar keinen Anlass zum Eingreifen bemerken? Voraussetzungen für eine erfolgreiche Problemwahrnehmung sind Offenheit und Aufgeschlossenheit für die Personen und die Einflussfaktoren der Umgebung sowie Problemsensibilität als die Fähigkeit, Widersprüche, Unstimmigkeiten und Verbesserungsmöglichkeiten zu entdecken. Voraussetzung für diese Fähigkeit ist eine offene, kritische Haltung, die Bestehendes in Frage stellen kann (nach Guilford 1973; Guilford & Hoepfner 1976).

Nicht nur fehlende Offenheit und Problemsensibilität verhindern ein Eingehen auf Probleme. Gerade wenn man persönlich involviert ist, fällt es schwer, Probleme offen zuzugeben. Bei Umfragen in Schulen zeigt sich beispielsweise, dass Drogen- und Gewaltprobleme in der eigenen Schule bestritten, aber dennoch als weitverbreitete Probleme angesehen werden, die aber offenbar immer nur bei „den anderen" vorkommen. Problemsensibilität ist kein unveränderliches Merkmal. Man kann lernen, mit offeneren Augen durch die Welt oder in ein Klassenzimmer zu gehen.

Übung Schulgelände: Denken Sie an die verschiedenen Schulen, die Sie kennen gelernt haben! Welche Problembereiche im Außengelände, im Eingangsbereich, in Gängen, Aufenthaltsräumen, in Klassen- und Fachräumen sind Ihnen aufgefallen? Wie sollte man die Schule umgestalten?

3.2.2 Klärung der Ausgangssituation

Nach der Problemwahrnehmung besteht der nächste Schritt in der Feststellung der Ausgangs- und Rahmenbedingungen, also des Ist-Zustands. Was dabei zu beachten ist, wird an einem praktischen Beispiel verdeutlicht.

Fallbeispiel 3: Ein Auftrag für die Schulpsychologin. Eine Schulpsychologin wird vom Klassenlehrer einer Grundschulklasse wegen verschiedener Probleme um Rat gebeten: Einige Schüler weisen in verschiedenen Fächern stark schwankende Leistungen auf; andere sind in ihren Leistungen insgesamt sehr schwach. Es herrscht ständig Unruhe im Klassenzimmer, einzelne Schüler stören den Unterricht absichtlich. Aggressionen werden häufig innerhalb des Unterrichts sowie in den Pausen beobachtet. Bei einer Kollegin macht die Klasse erheblich weniger Schwierigkeiten (Beispiel nach Preiser 1980).

Aufgaben der Ist-Analyse
Es geht um eine systematische Bestandsaufnahme: Welche Verhaltensweisen sind beobachtbar und unter welchen Bedingungen treten sie auf? Dabei geht es nicht nur um das Verhalten einzelner Individuen, sondern auch um die Interaktion der Beteiligten, die Aufeinanderfolge von Aktionen und Reaktionen. Man versucht zu erschließen, was in den Köpfen vor sich geht, welche Wahrnehmungs-, Beurteilungs- und Motivationsprozesse bei den Lehrkräften, Schülern und Schülerinnen ablaufen. Die Verhaltensweisen und die inneren Prozesse werden einerseits von Umweltbedingungen beeinflusst, andererseits von überdauernden Merkmalen der beteiligten Personen. Wenn persönliche Merkmale verändert werden sollen, dann ist es sinnvoll, deren Entstehungsbedingungen zu kennen (vgl. Kap. 2.3).

Neben der *Beobachtung* erfolgt die Ist-Analyse durch *Befragung* aller Beteiligten oder mittels Testverfahren. Die Beobachtungsergebnisse werden so aufgezeichnet, dass man sie anderen Personen mitteilen kann. Meist werden die Informationen möglichst genau mit Worten beschrieben. Neben qualitativ beschreibenden Äußerungen („gähnt") sind auch quantitative *Beschreibungen* möglich („hat seine Hausaufgaben nach 4 Zeilen abgebrochen"). Von *Beurteilungen* spricht man, wenn die Beobachtungen zu einem vergleichenden Urteil verarbeitet werden, wenn beispielsweise der Ausprägungsgrad eines Merkmals benannt wird. Erforderlich hierzu ist ein Vergleichsmaßstab, beispielsweise die Leistungsanforderungen oder das Leistungsspektrum der Mitschüler und Mitschülerinnen („Werner zeigt in der Klasse die zweitbeste Leistung bei analytischen Denkaufgaben"; „die Originalität der Zeichnungen in der Klasse 6c liegt weit unter dem Durchschnitt"). Die Beurteilung anhand eines Maßstabes wird auch *Messung* genannt.

Manche Menschen sträuben sich dagegen, den Begriff des Messens auf Menschen anzuwenden. Sind individuelle Persönlichkeiten einer Messung zugänglich? Ist Psychisches messbar? – Niemand erhebt den Anspruch, „die Person" zu messen. Es geht um einzelne Merkmale oder Prozesse, die empirisch erfasst werden. Wenn verschiedene qualitative oder quantitative Ausprägungen eines Merkmals miteinander oder mit einem Maßstab verglichen werden, handelt es sich um eine Messung. Niemand bestreitet, dass die Reaktionsgeschwindigkeit quantitativ erfasst werden kann. Ebenso kann man vergleichende Aussagen darüber machen, wer mehr Zeit für seine Hausaufgaben benötigt, wer mehr Zeit in die Vorbereitung eines Referates investiert, wer schwierigere Denkaufgaben bewältigt, wer mehr originelle

Einfälle hat, wer flüssiger lesen kann usw. In diesem Sinne sind also psychische Vorgänge und Merkmale messbar.

Vier Grundfragen der Ist-Analyse

1. WAS? Was soll erfasst werden? Welche Verhaltensweisen und Merkmale sind für das aktuelle Problem von Bedeutung?
2. WIE? Wie wird die Situation, in der Informationen gewonnen werden, gestaltet? Mit welcher Strategie werden die Daten erhoben?
3. WOHER? Woher kommen die entsprechenden Daten? Welche Informationsquellen stehen zur Verfügung?
4. WOMIT? Womit können die Daten erhoben werden? Welche Verfahren und Hilfsmittel werden genutzt?

Die Beantwortung dieser Fragen hängt von der Art des Problems ab (worum geht es?), von Erklärungsansätzen für die Entstehung des Problems (welche Informationen sind relevant?), von den Rahmenbedingungen (welche Quellen sind verfügbar?) und vom Kenntnisstand der handelnden Personen (welche Strategien und Verfahren sind vertraut?).

3.2.3 Merkmale in der Ausgangssituation – „WAS wird erfasst?"

Neben aktuellen Verhaltensweisen sind vielfach Gewohnheiten, Fähigkeiten und Persönlichkeitsmerkmale zu erfassen. Mit individuellen Merkmalen beschäftigt sich eine eigene Teildisziplin der Psychologie, die Differentielle Psychologie. Wir fragen in den folgenden Abschnitten, welche Hilfestellungen uns die Differentielle Psychologie für die Analyse pädagogischer Probleme geben kann (näheres s. Kap. 9).

Variablen
Jede Kultursprache enthält Tausende von Begriffen, die zur Charakterisierung individueller Unterschiede dienen. Allport und Odbert (1936) stellten aus Wörterbüchern nahezu 18000 Eigenschaftswörter zusammen, beispielsweise arrogant, cholerisch, eifersüchtig, geduldig, heiter, maßlos (nach Guilford 1971). Merkmale, die in mindestens zwei unterschiedlichen Ausprägungen vorkommen können, werden Variablen genannt. Personenvariablen sind beispielsweise Alter, Ausdauer, Motive. Für das obige Fallbeispiel 3 könnten vor allem von Interesse sein: Intelligenz, Konzentration, Motivation, Schulangst, Unterrichtsstil, Ausstattung des Klassenzimmers. Es geht also nicht nur um individuelle Merkmale der Schüler und Lehrkräfte, sondern auch um Umweltmerkmale. Grundlage für die Beachtung bestimmter Variablen sind explizite oder implizite Hypothesen darüber, dass die Berücksichtigung dieser Variablen einen Beitrag zur Problemlösung leisten könnte. Es sind also theoretische Annahmen, die uns sagen, was wir beobachten sollten.

Qualitative Variablen sind beispielsweise Geschlecht, Muttersprache, Lieblingsfach in der Schule, bevorzugte Sportart. Bei *quantitativen Variablen* lassen sich verschiedene Ausprägungsgrade zahlenmäßig festhalten, beispielsweise die Anzahl richtig gelöster Aufgaben bei einem Intelligenztest.

Konstrukte
Die Sitzordnung und die Ausstattung des Klassenzimmers lassen sich direkt beobachten, nicht aber die Leistungsmotivation. Persönlichkeitsmerkmale können nur indirekt aus Beobachtungen erschlossen werden. Es handelt sich um gedankliche Konstruktionen. Von den alltagssprachlichen Konstrukten (z.B. Faulpelz) lassen sich wissenschaftliche Konstrukte unterscheiden, die explizit in ein psychologisches Theoriensystem eingebettet sind, beispielsweise Kreativität oder Ängstlichkeit. Begriffe, mit denen Merkmale beschrieben werden, heißen *beschreibende oder deskriptive Konstrukte*.

Personenmerkmale: Interindividuelle und intraindividuelle Differenzen
Personenmerkmale verändern sich. Weitgehend konstant bei Erwachsenen sind beispielsweise Temperamentsmerkmale sowie bestimmte intellektuelle Fähigkeiten wie räumliches Vorstellungsvermögen. Mittelfristig veränderbar sind Einstellungen und Interessen. Kurzfristig verändern sich unter anderem die Aufmerksamkeit, soziale Beziehungen zu bestimmten Personen oder – wie im Fallbeispiel 3 – die Bereitschaft, bei einzelnen Lehrern im Unterricht mitzuarbeiten. Soweit Unterschiede zwischen Personen beschrieben werden, spricht man von *inter*individuellen Differenzen; bei Veränderungen innerhalb einer Person (Schwankungen, Entwicklungsfortschritte, Stagnation oder Rückschritte) handelt es sich um *intra*individuelle Differenzen.

Umweltmerkmale
Zu den Bedingungen für Verhalten und Erleben gehören auch Merkmale der Umwelt, beispielsweise Familienstruktur, Art des häuslichen Arbeitsplatzes, die Anordnung der Tische im Klassenzimmer (vgl. Kap. 10). Dass Menschen von ihrer Umwelt beeinflusst werden, ist allgemein bekannt. Darauf beruhen Erziehung, Unterricht, Führung und Therapie. Sogar die Alltagssprache charakterisiert Personen bisweilen über deren Umweltbedingungen, beispielsweise als Einzelkind, als Mittelschichtkind, als Flaschenkind, als Stadtmensch.

Definition von Variablen und Konstrukten
Was man erfassen will, ist genau einzugrenzen. Auch bei unmittelbar beobachtbaren oder erfragbaren Variablen lohnt es sich, klare Erfassungsregeln aufzustellen: Wenn ich beispielsweise die Geschwisterzahl eines Schülers erfassen will, muss ich klären, ob auch bereits verstorbene Geschwister oder Pflegekinder berücksichtigt werden sollen. Wenn ich den Beruf des Va-

ters erfrage, muss ich wissen, ob der erlernte oder der derzeit ausgeübte Beruf gemeint ist.

Noch wichtiger ist diese Klärung bei Konstrukten, die indirekt erschlossen werden. Wenn Eltern ein „stark lenkender Erziehungsstil" attestiert wird, muss geklärt sein, auf welche Beobachtungen oder Befragungen (beispielsweise anhand eines Fragebogens über Erziehungseinstellungen und -praktiken) sich ein solches Urteil bezieht. Wenn ein Schüler als hyperaktiv bezeichnet wird, sollte klar sein, ob damit lediglich ein subjektives Urteil eines gestressten Lehrers vorliegt oder aber eine Klassifikation aufgrund eines systematischen Beobachtungsverfahrens (vgl. Beispiel 3-2).

Beispiel 3-2: Conners-Skala zur Beurteilung des Aufmerksamkeits-Defizit-Syndroms ADS – Ausschnitt (nach Conners 1973)

Bitte beurteilen Sie, in welchem Ausmaß folgende Verhaltensweisen auf Ihr Kind zutreffen:				
Beobachtung	überhaupt nicht	ein wenig	ziemlich viel	sehr viel
• ist unruhig oder übermäßig aktiv	❏	❏	❏	❏
• stört andere Kinder	❏	❏	❏	❏
• ist unaufmerksam, leicht abgelenkt	❏	❏	❏	❏
• kann nicht warten, leicht frustriert	❏	❏	❏	❏
• hat Wutausbrüche, explosives Verhalten	❏	❏	❏	❏

Definitionen können in unserer Alltagssprache verankert werden (z.B. „Hyperaktivität zeigt sich durch ständiges Herumzappeln auf dem Stuhl"). Sie können sich auch an wissenschaftlichen Konzeptionen orientieren („Hyperaktivität zeigt sich in übermäßig starken Bewegungsimpulsen bei gleichzeitigem Fehlen einer Selbstkontrolle"). Um derartige Definitionen jedoch für die Beobachtungspraxis handhabbar zu machen, ist eine genaue Anweisung zur Feststellung von Merkmalen erforderlich. Man spricht von *operationalen Definitionen*, wenn diese Definition über eine Messoperation erfolgt.

Beispiel operationale Definition: Als Reaktionszeit einer Person definieren wir die durchschnittliche Zeit, die benötigt wird, um auf ein Lichtsignal eines 50 cm vom Auge entfernten 3-Watt-Lämpchens eine Taste zu drücken, die 25 cm von der Fingerspitze des Zeigefingers entfernt ist.

Scheinbar trivial sind operationale Definitionen, die sich auf ein bestimmtes Testinstrument beziehen, z.B. „Intelligenz ist das, was mit dem HAWIK-Intelligenztest gemessen wird". Natürlich klärt eine solche Definition nicht, was unter dem theoretischen Konzept der Intelligenz zu verstehen ist. Aber jeder Empfänger eines Gutachtens, in dem neben obiger Definition ein quantifiziertes Intelligenzmaß angegeben ist, kann die Bedeutung dieses Maßes einschätzen, wenn ihm der Test bekannt ist.

3.2.4 Formen der Informationssammlung

Weil die Beobachtung, Beschreibung und Beurteilung von Personen und Situationen für eine empirische Wissenschaft, aber auch für den Arbeitsalltag von Lehrkräften, Erzieherinnen und Erziehern von großer Bedeutung sind, werden wir uns in diesem Abschnitt und nochmals am Ende des Buches mit den Möglichkeiten der Informationssammlung beschäftigen (Kap. 14).

Die Strategien der Informationsgewinnung – WIE?
Mit welcher Strategie werden die Daten erhoben? – Manche Informationen fallen uns ungeplant zu. Wir schnappen Gesprächsfetzen auf und werden hellhörig. Uns fallen Verhaltensweisen einzelner Schüler während des Unterrichts oder auf dem Pausenhof auf. Mehrere Lehrer berichten übereinstimmend über die Zunahme bestimmter Verhaltensauffälligkeiten. Derartige *Gelegenheitsbeobachtungen* können unser Problembewusstsein wecken und Handlungsbedarf signalisieren. Sie können auch Ausgangspunkt wissenschaftlicher Fragestellungen sein.

Wenn dagegen ein Problem bereits im Blickfeld ist, sucht man gezielter nach Informationen: Verhaltensweisen können ebenso wie Umweltbedingungen durch *systematische Beobachtung* erfasst werden. Man beobachtet beispielsweise, ob körperliche Aggressionen zwischen Schülern nach dem Sportunterricht abnehmen (weil sich die Schüler abreagiert haben) oder ob sie zunehmen (weil Rivalitäten aus Wettkämpfen nachwirken). *In Befragungen* werden Personen interviewt oder ihnen werden Fragebögen vorgelegt.

Psychologische Tests sind Routineverfahren, mit deren Hilfe Kenntnisse, Fähigkeiten und Persönlichkeitsmerkmale erfasst werden. Die untersuchten Personen werden mit standardisierten Fragen oder Anforderungen unter genau festgelegten Untersuchungsbedingungen konfrontiert. Deshalb sind die Antworten oder Leistungen verschiedener Personen miteinander vergleichbar. Durch Vergleich mit den Ergebnissen einer Vergleichsgruppe lassen sich die Ausprägungsgrade der Merkmale feststellen.

In *Experimenten* werden die Bedingungen, unter denen ein bestimmtes Verhalten auftritt, absichtlich hergestellt. Dabei werden die Auswirkungen dieser Bedingungen analysiert. Datenerhebung in Experimenten dient demnach nicht nur der Beobachtung und Beschreibung, sondern auch der Erklärung. Deshalb greifen wir diese Methode im Abschnitt 3.3 wieder auf.

Die Informationsquellen – WOHER?
Woher stammen die Informationen, die Schulpsychologinnen, Lehrkräfte und Erzieher zur Problemlösung brauchen? Welche Quellen stehen zur Verfügung? Es kommen beispielsweise folgende Zugangswege in Frage:

- Gespräche mit dem Klassenlehrer und dessen Kolleginnen und Kollegen führen
- die Lehrer bezüglich ihrer Unterrichtsziele und Erziehungseinstellungen befragen
- die Eltern zu einem Gespräch bitten
- das Verhalten in der Pause und während des Unterrichts beobachten
- mit den Schülern über die Situation sprechen
- das Klassenbuch, Aufzeichnungen über Noten, schriftliche Arbeiten der Schüler auswerten
- Persönlichkeits- und Leistungstests oder standardisierte Schulleistungsproben durchführen
- mittels eines Fragebogens das Klassen- und Schulklima beurteilen lassen.
- den Klassenraum und seine Ausstattung besichtigen.

Mögliche Informationsquellen sind also das spontane Verhalten der beteiligten Personen, Verhaltensproben in Testsituationen, Auskünfte der Personen über sich selbst, über andere und über die von ihnen wahrgenommene Situation, schließlich Dokumente und Aufzeichnungen.

Hilfsmittel der Informationssammlung – WOMIT?
Womit werden die Daten erhoben? Welche Verfahren werden genutzt? – Die Nutzung von Informationsquellen, der Zugang zu den Daten und das Festhalten der Informationen werden beispielsweise durch Beobachtungsanweisungen, Protokollbögen oder Interviewleitfäden erleichtert. Beispiele finden sich in Kapitel 14.

Kriterien brauchbarer Erhebungsverfahren (Gütekriterien)
Nicht alle Informationen über menschliche Merkmale und Verhaltensweisen sind in gleicher Weise geeignet, weitreichende Folgerungen daraus abzuleiten. Jede Datensammlung muss bestimmten Qualitäts- oder Gütekriterien genügen (siehe z.B. Lienert & Raatz 1998). Wir wollen die wichtigsten Gütekriterien anhand eines Beispiels kurz einführen. Eine ausführlichere Darstellung folgt in Kapitel 14.

Fallbeispiel 4: Eine Unterrichtsbeobachtung. Es soll untersucht werden, ob die Unterrichtsbeteiligung von Schulklassen mit dem Frageverhalten der Lehrkräfte zusammenhängt. Es werden die Häufigkeiten verschiedener Fragearten der Lehrer erfasst (geschlossene Fragen, offene Fragen, Suggestivfragen, rhetorische Fragen), außerdem die Wartezeit nach einer Lehrerfrage, bevor weitere Fragen oder Informationen gegeben werden. Zwei Beobachter besuchen den Unterricht und registrieren alle Fragen, getrennt für unterschiedliche Fragearten; mittels Stoppuhr messen sie die jeweilige Wartezeit.

Objektivität ist dann gegeben, wenn beide Beobachter zu annähernd gleichen Ergebnissen kommen. Andernfalls sind die Informationen kaum brauchbar.

Zuverlässigkeit: Die Ergebnisse der Unterrichtsbeobachtung dürfen nicht von zufälligen Umständen abhängen. Nur wenn Beobachtungen zu verschiedenen Zeitpunkten zu vergleichbaren Ergebnissen führen, lassen sich allgemeine Aussagen über das Verhalten der Lehrer machen.

Gültigkeit: Die Daten sind dann brauchbar, wenn sie tatsächlich als Hinweise auf aktivierende Lehreraktivitäten gelten können, wenn also Frageart und Wartezeit als empirische Indikatoren den „richtigen" Inhalt erfassen. Man kann auch sagen, ein Erhebungsverfahren ist dann gültig wenn es das misst, was es messen soll.

3.2.5 Grundzüge der statistischen Informationsverarbeitung

Die Sammlung und Auswertung von Informationen ist eine Aufgabe für Lehrkräfte und Erzieher ebenso wie für Forscherinnen und Forscher. Bereits beim Erstellen eines Notenspiegels wenden Lehrkräfte einfache statistische Verfahren an: Sie ermitteln eine Häufigkeitsverteilung und berechnen als statistischen Kennwert den Durchschnitt. Deshalb sind nicht nur Methoden der Datenerhebung, sondern auch der Datenauswertung grundlegende Themen der Pädagogischen Psychologie.

Zu den Aufgaben der statistischen Methodik gehört es, größere Informationsmengen übersichtlich aufzubereiten und zu vereinfachen, damit sie handhabbar werden. Dies geschieht beispielsweise durch tabellarische Übersichten, grafische Schaubilder und statistische Kennwerte. Statistische Methoden, die der übersichtlichen Darstellung und Beschreibung von Beobachtungsergebnissen dienen, werden unter der Bezeichnung „*Deskriptive Statistik*" zusammengefasst.

Mittels statistischer Methoden lässt sich jedoch auch abschätzen, inwieweit Beobachtungen aus einer Stichprobe verallgemeinert werden können. Es lässt sich wahrscheinlichkeitstheoretisch absichern, ob bestimmte Effekte möglicherweise dem Zufall zu verdanken sind oder aber als systematische Auswirkungen bestimmter Bedingungen zu betrachten sind. Die entsprechenden Prüfmethoden fallen unter das Gebiet der „*Schlussfolgernden Statistik*".

Wenn wir uns in diesem Buch näher mit statistischen Auswertungsmethoden befassen, so dient dies nicht nur dazu, elementare Techniken „für den

Hausgebrauch" in der Schule zu vermitteln. Uns geht es darum, unsere Leser misstrauisch gegen unzulässige Vereinfachungen und Verallgemeinerungen werden zu lassen. Denn unseriöse statistische Darstellungen können auch für Täuschungen missbraucht werden. Deshalb wollen wir ein Verständnis dafür vermitteln, wie verlässliche Erkenntnisse der Wissenschaft statistisch abgesichert werden. Wir wollen aber auch eine selbstkritische Haltung gegenüber eigenen Datenerhebungen, Auswertungen und möglichen Irrtümern fördern. Dazu soll das Kapitel 15 dienen. Soweit in vorangehenden Kapiteln statistische Methoden zur Sprache kommen, werden wir entsprechende Vorausverweise geben. Bereits an dieser Stelle sollen aber einige statistische Begriffe und Kenngrößen eingeführt werden, die in den folgenden Kapiteln immer wieder auftauchen:

- Das *arithmetische Mittel* (auch Mittelwert, in der Fachliteratur abgekürzt mit „M") ist jedem Schüler bekannt: Es ist der Durchschnitt aus einer Reihe von Messwerten. Mathematisch ist er definiert als die Summe aller Messwerte einer Variablen, dividiert durch die Anzahl der Messwerte. Das arithmetische Mittel wird beispielsweise angewandt, um mit dem Notendurchschnitt für eine Klassenarbeit anzugeben, wie gut oder schlecht sie ausgefallen ist.

- *Streuungsmaße* sind Kennwerte für die Unterschiedlichkeit oder Variabilität der erfassten Messwerte. Sie geben an, wie breit die Werte über die Skala verteilt sind. Je homogener eine Gruppe von Personen bezüglich eines Merkmals ist, desto kleiner sind die Streuungsmaße. Wenn allen Personen der selbe Messwert zugeordnet werden kann, ist die Streuung gleich Null. Die gebräuchlichsten Maße für die Variabilität sind die *Varianz* (symbolisiert durch s^2) und die *Standardabweichung* (symbolisiert durch SD nach dem englischen „standard deviation"). Zur Berechnung s. Kap. 15.2.3.

- *Korrelationen* bezeichnen systematische Beziehungen zwischen zwei Variablen. Beispielsweise sind die Schulleistungen im Durchschnitt um so besser, je höher die Intelligenz der Kinder ist. Der *Korrelationskoeffizient* ist ein statistischer Kennwert für die Größe des Zusammenhangs (vgl. Kap. 3.3.2 und 15.2.4).

- *Stichproben* sind eine Auswahl von Personen aus der Bevölkerungsgruppe, für die eine wissenschaftlich begründete Aussage gemacht werden soll. Da man z.B. nicht alle Schulabgänger untersuchen kann, wählt man für eine Untersuchung eine gewisse Anzahl als Stichprobe aus (z.B. 800 Schulabgänger aus 40 verschiedenen Schulen). Stichproben sind repräsentativ, wenn sie in allen wesentlichen Merkmalen der gesamten Bevölkerungsgruppe entsprechen.

- *Häufigkeitsverteilungen* zeigen an, wie häufig bestimmte Messwerte in einer Stichprobe vorkommen. Der sogenannte „Notenspiegel" ist ein Beispiel für eine tabellarische Häufigkeitsverteilung. Bei einer grafischen

Häufigkeitsverteilung werden die Häufigkeiten in ein Diagramm eingetragen: In der Horizontalen (mathematisch: Abszisse) werden die Messwerte oder Ausprägungen angeordnet. In der Senkrechten (mathematisch: Ordinate) werden für jeden Ausprägungsgrad die Häufigkeiten eingetragen (vgl. Abbildung 3-3).

Abb. 3-3: Notenspiegel tabellarisch und grafisch

Häufigkeit	3	7	15	6	3	1
Note	1	2	3	4	5	6

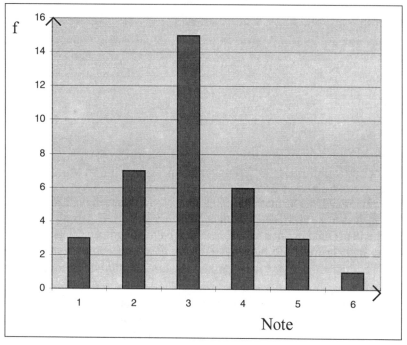

Abb. 3-4: Ausschnitt aus einem 10 DM-Schein mit Normalverteilung

Die *Normalverteilung* (oder Gauß'sche Glockenkurve) ist eine bei biologischen, psychologischen und soziologischen Variablen häufig zu beobachtende Idealform einer Häufigkeitsverteilung. Sie ist dadurch gekennzeichnet, dass mittlere Ausprägungen einer Variable am häufigsten vorkommen, während extreme Merkmalsausprägungen sehr selten sind. Grafisch dargestellte Normalverteilungen sind symmetrisch und haben einen glockenförmigen Verlauf. Eine Normalverteilung ist dann zu erwarten, wenn eine Variable von zahlreichen Faktoren beeinflusst wird, die voneinander unabhängig sind und additiv zusammenwirken. Dies gilt beispielsweise für Schulleistungen oder Intelligenz. Die von dem Mathematiker Carl Friedrich Gauß entwickelte Normalverteilung war auf dem bis 2001 gültigen 10 DM-Schein abgebildet (siehe Abbildung 3-4).

3.2.6 Zusammenfassung: Grundlagen der empirischen Analyse

1. *Problemwahrnehmung* bedeutet das Entdecken von wissenschaftlichen und praktischen Problemen. Ausgangspunkt für die Problemwahrnehmung sind Alltagsbeobachtungen und Alltagstheorien oder systematische Beobachtungen und wissenschaftliche Theorien.
2. *Erkenntnisprobleme* resultieren bei Wissenschaftlern und Praktikern gleichermaßen aus Informationslücken, aus Lücken und Inkonsistenzen in Theorien, aus widersprüchlichen Befunden, aus Widersprüchen zwischen Theorie und Wirklichkeit beziehungsweise zwischen Erwartungen und Beobachtungen.
3. *Anwendungsprobleme* basieren auf Defiziten bei der Zielerreichung mit der Notwendigkeit der Kompensation, auf gefährdeter Zielerreichung mit der Notwendigkeit der Vorbeugung und auf besonderen Fähigkeiten mit der Möglichkeit der speziellen Förderung.
4. Problemwahrnehmung wird durch *Problemsensibilität* als persönlicher Grundhaltung und durch *heuristische Fragen* als Strategien der Problemklärung erleichtert.
5. Unter *Ist-Analyse* verstehen wir die Klärung der Ausgangslage in einer Problemsituation.
6. Die Ist-Analyse beinhaltet *Beobachtung*, d.h. Erfassung von Informationen über Personen und äußere Einflüsse, *Beschreibung*, d.h. Aufzeichnung der Beobachtungsergebnisse, und *Beurteilung*, d.h. Vergleich der Ergebnisse mit einem Maßstab.
7. Bei der Ist-Analyse sind vier Grundfragen zu beantworten: *(1) Was?* – Welche Informationen sollen erfasst werden? *(2) Wie?* – Mit welcher Strategie werden die Daten erhoben? *(3) Woher?* – Welche Informationsquellen stehen zur Verfügung? *(4) Womit?* – Welche Verfahren und Hilfsmittel werden genutzt?

8. Merkmale, die in unterschiedlichen Ausprägungen vorkommen können, heißen Variablen. Wir unterscheiden *qualitative und quantitative Variablen.*
9. Weiterhin können wir Verhaltens- und Erlebnisvariablen als *Personenvariablen* sowie *Umweltvariablen* unterscheiden.
10. Die *Differentielle Psychologie* als psychologisches Teilgebiet befasst sich mit Merkmalen, die bei verschiedenen Personen unterschiedliche Ausprägungen aufweisen (*interindividuelle Differenzen*) oder die bei einer Person zu verschiedenen Zeitpunkten und in verschiedenen Situationen unterschiedliche Ausprägungen aufweisen (*intraindividuelle Differenzen*).
11. *Konstrukte* sind Variablen, die nicht direkt beobachtbar sind, sondern aus Verhaltens- oder Umweltbeobachtungen erschlossen werden.
12. *Deskriptive Konstrukte* dienen der Beschreibung von unterschiedlichen Personen- und Umweltmerkmalen und deren Ausprägungen.
13. *Operationale Definitionen* grenzen eine Variable dadurch ein, dass sie die Messoperation zur Erfassung dieser Variablen benennen.
14. *Formen der Beobachtung* oder Informationssammlung sind Gelegenheits- und systematische Beobachtung, Befragung, Test und Experiment.
15. *Informationsquellen* der Beobachtung können das spontane Verhalten von Personen sein, Selbstauskünfte in Fragebögen oder Gesprächen, Tests und die beobachtbare Umwelt.
16. Für die genannten Informationsquellen gibt es jeweils spezifische Verfahren und *Hilfsmittel der Datenerhebung*.
17. Jede Datenerhebung muss bestimmten Standards genügen. Die wichtigsten Gütekriterien sind Objektivität, Zuverlässigkeit und Gültigkeit.
18. Methoden der *Deskriptiven Statistik* dienen dazu, Informationen übersichtlich aufzubereiten und in Kennwerten zusammenzufassen.
19. Die *Schlussfolgernde Statistik* dient dazu, von einer Stichprobe auf die Gesamtheit von Personen zu schließen und Forschungsergebnisse daraufhin zu überprüfen, inwieweit sie verlässlich sind und nicht allein durch Zufall zustande gekommen sein können.

3.3 Erklären und Vorhersagen

3.3.1 Ursachen und Einflussfaktoren

Um in einer konkreten pädagogischen Situation handlungsfähig zu sein, sollte man erklären können, wie es zur Ausgangslage gekommen ist und welche Einflüsse derzeit wirksam sind. Aus diesen Erklärungen lassen sich mögliche Maßnahmen zur pädagogischen Einflussnahme ableiten. Eine Prognose darüber, wie sich eine Person weiterentwickeln wird, erlaubt eine Entscheidung darüber, welche Maßnahmen überhaupt notwendig sind.

Alle psychologischen Teildisziplinen befassen sich mit der Frage nach den Bedingungen menschlichen Verhaltens und Erlebens. Die Entwicklungspsychologie fragt nach Entwicklungsbedingungen, die Sozialpsychologie nach sozialen Einflussfaktoren. Die Differentielle Psychologie sucht nach Ursachen für individuelle Merkmale. Beispielsweise werden Geschlecht, Intelligenzanlagen, Erziehungsstil und Klassenklima herangezogen, um Unterschiede zwischen Personen zu erklären. Soweit derartige Variablen nicht direkt beobachtbar, sondern nur indirekt erschließbar sind, handelt es sich um *erklärende oder explikative Konstrukte.*

Es geht aber auch um Auswirkungen individueller Merkmale. So fragt man beispielsweise, wie Intelligenz und Leistungsmotivation sich auf schulische Leistungen auswirken, welche Folgen die sozialen Einstellungen der Schüler für das Kassenklima oder für das Ausmaß vandalistischer Zerstörungen haben oder wie sich das Umweltbewusstsein auf die Verschmutzung des Schulgeländes auswirkt (für vandalistisches Verhalten vgl. Klockhaus & Habermann-Morbey 1986).

Ob differentiell-psychologische Konstrukte deskriptiv oder explikativ sind, wird durch die jeweilige Fragestellung bestimmt. Erziehungsstile sind beispielsweise deskriptive Konstrukte, wenn sie zur Beschreibung des individuellen Erzieherverhaltens dienen. Werden die Auswirkungen der Erziehung auf die kindliche Selbständigkeit untersucht, so wird der Erziehungsstil zum explikativen Konstrukt, das die Entstehung individueller Unterschiede erklären soll.

3.3.2 Gesetzmäßige Beziehungen

Um Hinweise auf mögliche Bedingungen des Erlebens und Verhaltens zu erhalten, werden gesetzmäßige Beziehungen analysiert. Je größer beispielsweise die Intelligenztestleistungen von Schülerinnen und Schülern sind, desto besser sind im Normalfall auch ihre Schulleistungen. Intelligenz und Schulleistungen stehen in einer gesetzmäßigen Beziehung zueinander, sie „korrelieren" miteinander.

Korrelationen
Die Beziehungen zwischen Intelligenz und Schulleistung lassen sich grafisch verdeutlichen: In einer zweidimensionalen Darstellung werden auf der horizontalen Achse die verschiedenen Ausprägungsgrade der Intelligenz eingetragen, auf der vertikalen Achse die Schulleistungen, z.B. in Form eines Notendurchschnitts. Jede Person wird nun als Punkt so eingetragen, dass ihre Merkmalsausprägungen auf den beiden Achsen abzulesen sind. Schüler A in der Abbildung 3-5 hat beispielsweise einen Intelligenzwert (IQ) von 92 und einen Notendurchschnitt von 5,2. Schüler B hat einen IQ von 119 und einen Notendurchschnitt von 1,2. Aus der Abbildung lässt sich ablesen, dass höhere Intelligenzwerte mit besseren Schulleistungen einher-

gehen, allerdings nur als genereller Trend, von dem es Abweichungen gibt. Wie eng die Beziehung zwischen Intelligenz und Schulleistung ist, lässt sich durch einen statistischen Kennwert ausdrücken, den Korrelationskoeffizienten. Dieser kann einen Wert zwischen -1 und +1 annehmen. Ein Wert von 1.00 zwischen zwei Variablen ergibt sich, wenn die beiden Variablen vollständig voneinander abhängig sind. Ein Wert von -1.00 ergibt sich, wenn beide Variablen umgekehrt proportional sind (je größer die eine, desto geringer die andere Variable). Wenn zwischen zwei Variablen keine gesetzmäßige Beziehung besteht, ist der Korrelationskoeffizient gleich 0. Je mehr der Koeffizient von 0 abweicht, desto enger ist der Zusammenhang zwischen den beiden Variablen (vgl. Kap. 15.2.4).

Abb. 3-5: Korrelation zwischen Intelligenz und Schulleistung

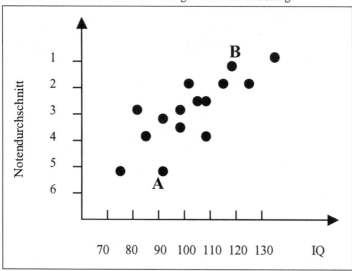

Unabhängige und abhängige Variablen

Korrelationen zwischen Schulleistungen und Intelligenz liegen meist bei etwa 0.50. Aus derartigen Beziehungen wird geschlossen, dass Intelligenz die Schulleistungen beeinflusst. Die Intelligenz wird als unabhängige Variable bezeichnet, die von ihr hypothetisch beeinflusste Schulleistung als abhängige Variable. Systematische Beziehungen zwischen zwei Variablen sagen jedoch nichts darüber aus, welche Variable die andere Variable beeinflusst.

Praxisbeispiel Videokonsum: Wenn festgestellt wird, dass Kinder, die durch aggressives Verhalten in der Schule auffallen, überdurchschnittlich viel Gewaltvideos sehen, so wird meist die „nahe liegende" Erklärung geliefert, Gewaltvideos machten aggressiv. Der Videokonsum wird als unabhängige Variable interpretiert, die einen kausalen Einfluss auf die Aggressivität ausübt. Dabei könnte es genauso gut umgekehrt sein: Aggressive Kinder bevorzugen Gewaltvideos; die Aggressivität ist die unabhängige Variable, der Videokonsum dagegen die abhängige Variable. Außerdem könnte der statistische Zusammenhang zwischen Videokonsum und Aggressivität durch eine dritte Variable bedingt sein, die beide Variablen beeinflusst, beispielsweise ein durch Gewalt und Vernachlässigung gekennzeichneter Erziehungsstil der Eltern. Zwei Variablen können sich auch gegenseitig beeinflussen und ggf. „aufschaukeln": Ein autoritärer Erziehungsstil kann im Jugendalter Widerstand auslösen; diese Reaktionen führen zu noch strengerem Verhalten der Eltern, was wiederum noch mehr Trotzreaktionen bewirkt. Solche Prozesse der gegenseitigen Beeinflussung werden „zirkuläre Kausalität" genannt (vgl. Kap. 10.1.4).

Praxisbeispiel Teufelskreis: Schulleistungen und Selbstvertrauen korrelieren miteinander. Leistungsschwache Schüler haben berechtigterweise ein reduziertes Vertrauen in ihre Leistungsfähigkeit. Ein geringes Selbstvertrauen lähmt aber die Anstrengungsbereitschaft, begünstigt Denkblockaden und Leistungsmängel. Schlechte Leistungsergebnisse führen zu einer weiteren Schwächung des Selbstvertrauens und damit zu neuen Blockaden. Man spricht von einem „Teufelskreis" der Lernstörungen (Betz & Breuninger 1996).

3.3.3 Theoretische Erklärung

Um von einer Gesetzmäßigkeit zu einer wissenschaftlichen Erklärung zu kommen, brauchen wir eine plausible Theorie. Die Annahmen dieser Theorie müssen in sich widerspruchsfrei sein; sie sollten auch mit bewährten anderen Theorien kompatibel sein; und sie dürfen nicht im Widerspruch zu beobachtbaren Fakten stehen. Eine ernst zu nehmende Erklärung liegt erst dann vor, wenn die zugrunde liegende Theorie umfassende „Bewährungsproben" bestanden hat. Sie muss alle Versuche, sie durch Fakten zu widerlegen, unbeschadet überstanden haben. Mittels Theorien lassen sich empirisch gefundene Beziehungen kausal erklären. Will man Auswirkungen von Bedingungen auf das Verhalten von Menschen nachweisen, müssen diese möglichen Verhaltensursachen in einem *Experiment* systematisch variiert werden.

Forschungsbeispiel Leistungsdruck: Es ist eine offene Frage, ob Leistungsdruck Prüfungsleistungen verbessert (weil sich die Schüler mehr anstrengen) oder verschlechtert (weil die Schüler unter Stress leiden). Die Schüler von mehreren Schulklassen werden per Zufall drei Stichproben zugeordnet und mit den gleichen Prüfungsaufgaben konfrontiert. Variiert wird das Ausmaß des Leistungsdrucks: In der einen Stichprobe wird die Aufgabe als reine Übungssituation deklariert, in der zweiten Stichprobe als normale Leistungsprobe; in der dritten Stichprobe werden die Schüler nachdrücklich darauf hingewiesen, dass die Zeugnisnote und damit die Versetzung von den Ergebnissen dieses Tests abhingen. Wenn sich die Ergebnisse der drei Gruppen systematisch voneinander unterscheiden, muss dies als Beleg für die Wirksamkeit des Leistungsdrucks angesehen werden, da alle anderen Bedingungen vergleichbar sind.

Merkmale, die durch experimentelle oder pädagogische Maßnahmen beeinflusst werden sollen, nennt man „Abhängige Variablen" (AV), weil sie von den Einflussfaktoren abhängig sind. Merkmale oder Bedingungen, die nach freiem Ermessen der Wissenschaftler oder Pädagogen gestaltet werden, heißen „Unabhängige Variablen" (UV). In obigem Beispiel ist der Leistungsdruck die UV, die Prüfungsleistung die AV. Wenn in einem Experiment nur einzelne Bedingungen isoliert variiert werden, dann lassen sich Unterschiede in den Ergebnissen nur auf diese Bedingungen zurückführen. Deshalb erlauben Experimente Kausalerklärungen. Das Verhältnis von Experiment und Theorie wird im folgenden Beispiel verdeutlicht.

Forschungsbeispiel Musik: Die Eingangsfrage dieses Kapitels ließe sich dadurch beantworten, dass ein bestimmter Lernstoff (z.B. Vokabeln) in zwei gleich schwere Hälften geteilt wird. Eine repräsentativ zusammengestellte Gruppe von Schülerinnen und Schülern bekommt die Aufgabe, den Stoff zu lernen, und zwar teils mit und teils ohne Musik. Wenn sich die durchschnittliche Lernleistung mit Musik von der durchschnittlichen Lernleistung in der Kontrollbedingung ohne Musik stärker unterscheidet, als nach dem Zufall zu erwarten wäre, dann muss die Musik einen fördernden oder einen hemmenden Einfluss ausgeübt haben. Erst zusammen mit einer Theorie der menschlichen Informationsverarbeitung ließe sich erklären, warum Musik einen bestimmten Einfluss ausübt. Es ist theoretisch zu erwarten, dass leichte Musik zu einer Aktivierung des Nervensystems führt und dadurch die Lernleistung verbessert, während künstlerisch anspruchsvolle oder rhythmisch aufdringliche Musikstücke ablenken und wegen der begrenzten Verarbeitungskapazität des Gehirns die Lernleistung beeinträchtigen.

Viele Einflussfaktoren auf menschliches Verhalten lassen sich nicht experimentell variieren, beispielsweise das Alter, das Geschlecht, Erbanlagen oder der Beruf der Eltern. Bei anderen potentiellen Einflüssen verbietet sich die experimentelle Herstellung aus ethischen Gründen: Man kann Kinder nicht mit Horrorvideos berieseln, um herauszufinden, ob dadurch die Gewaltbereitschaft gesteigert wird. In diesen Fällen sind wir darauf angewiesen, plausible Kausalannahmen aus Theorien abzuleiten – ohne dass wir sie endgültig beweisen können. Theoretische Annahmen, die noch nicht geprüft sind, heißen *Hypothesen*; sie haben den Stellenwert plausibler Vermutungen.

Viele Theorien machen Annahmen über Prozesse oder Bedingungen, die nicht beobachtbar sind und auch nicht direkt aus Beobachtungen erschlossen werden können. Menschen zeigen beispielsweise verstärkt solche Verhaltensweisen, für die sie in der Vergangenheit belohnt wurden. Der Verhaltensforscher Tolman (1951) nimmt an, dass die Belohnungen nicht einfach ein bestimmtes Verhalten „programmieren", sondern dass die lernenden Individuen Hypothesen über zu erwartende Belohnungen entwickeln (vgl. Kap. 5). Diese theoretisch postulierte Hypothesenbildung ist eine *„intervenierende* *(vermittelnde) Variable"* – sie vermittelt zwischen erhaltener Belohnung als äußerem Reiz und der Verhaltensänderung. Äußere Reize und Verhaltensweisen lassen sich beobachten; intervenierende Variablen werden dagegen theoretisch postuliert und indirekt aus gesetzmäßigen Beziehungen erschlossen. Sie werden auch als „*theoretische Konstrukte*" bezeichnet.

Wenn eine abhängige Variable von einem einzigen Einflussfaktor abhängt, handelt es sich um eine *monokausale* Beziehung. Eine bestimmte Form der Rotgrünblindheit wird beispielsweise durch ein einziges Gen hervorgerufen. Die meisten pädagogisch und psychologisch relevanten Merkmale wie Ängstlichkeit oder Kooperationsbereitschaft werden durch das Zusammenwirken mehrerer Einflussfaktoren determiniert. Deshalb spricht man von *multikausalen Beziehungen* (vgl. Kap. 10.1.4).

3.3.4 Zusammenfassung: Möglichkeiten der Erklärung

1. *Explikative Konstrukte* in der Differentiellen Psychologie dienen der Erklärung von Verhaltensweisen und Prozessen. Sie sollen auch erklären, wie unterschiedliche Ausprägungen von überdauernden Personenmerkmalen zustande kommen.
2. *Korrelationen* sind systematische Beziehungen zwischen zwei Variablen. Sie drücken eine gegenseitige statistische Abhängigkeit der Variablen aus, erlauben jedoch keine Aussage über Kausalwirkungen.
3. Eine *Kausalbeziehung* liegt vor, wenn eine bestimmte Bedingung die Ursache für eine bestimmte Wirkung ist.
4. Die Feststellung einer Abhängigkeit in Form einer Korrelation oder Kausalbeziehung wird auch als Gesetzmäßigkeit oder *Gesetz* bezeichnet.
5. *Theorien* sind Systeme von in sich widerspruchsfreien Annahmen über Ursachen und Wirkungen.
6. *Hypothesen* sind noch ungeprüfte bzw. unbestätigte theoretische Annahmen.
7. In *Experimenten* werden bestimmte Bedingungen hergestellt und variiert. Wenn sich in Abhängigkeit von den Bedingungen unterschiedliche Auswirkungen ergeben, dann wird geschlossen, dass die beobachteten Effekte durch die Bedingungen verursacht wurden.
8. Bei Experimenten und systematischen Beobachtungen unterscheidet man *Unabhängige Variablen (UV)*, das sind vorgefundene oder absichtlich hergestellte Bedingungen, und *Abhängige Variablen (AV)*, das sind Variablen, deren Auftreten und deren Ausprägungsgrad von den UV verursacht oder beeinflusst werden soll.
9. *Intervenierende Variablen (IV)* sind theoretische Konstrukte, d.h. nicht direkt beobachtbare Bedingungen, die aus gesetzmäßigen Beziehungen erschlossen werden.

3.4 Beeinflussen und Evaluieren: Planung, Entscheidung, Durchführung und Erfolgskontrolle

3.4.1 Planung und Entscheidung

Zur *Planungsphase* gehört es, nach Mitteln und Wegen für die Zielerreichung zu suchen und diese systematisch vorzubereiten. Beispielsweise wird ein individuelles Förderprogramm für einen aufmerksamkeitsgestörten Schüler zusammengestellt. Dabei sind der Aufwand, die Kosten, die Erfolgsaussichten und mögliche Nebenwirkungen zu kalkulieren. Stehen mehrere Wege und Methoden zur Auswahl, so sind die Alternativen vergleichend zu bewerten. Man muss abwägen, ob im Konfliktfall die Einübung von Normen oder die freie Entfaltung der Person als wichtiger angesehen wird. Erziehungspersonen müssen berücksichtigen, welche Einflüsse aus der sonstigen Umgebung zu erwarten sind und welche Entwicklungen ein Kind von sich aus nehmen wird.

Praxisbeispiel Störungen: Nehmen wir an, ein Kind stört ständig den Unterricht. Die Lehrerin könnte (a) das störende Verhalten einfach ignorieren, (b) das störende Verhalten durch Ermahnung oder durch unangenehme Konsequenzen „bestrafen", (c) alternative Verhaltensweisen wie konstruktive Mitarbeit durch Lob oder angenehme Konsequenzen unterstützen. Bevor die Lehrerin eine dieser Strategien einsetzt, muss sie abschätzen, wie das Kind (und die Klassenkameraden) vermutlich darauf reagieren werden. Sie wird dann diejenige Strategie wählen, die den gewünschten Erfolg mit hoher Wahrscheinlichkeit, geringen negativen Nebenwirkungen und mit möglichst wenig Aufwand verspricht.

Aus der Analyse der Bedingungen und Einflussfaktoren werden Planungen für pädagogische Maßnahmen abgeleitet. Am Ende dieser Bewertungen steht eine *Entscheidung* darüber, ob die geplante Maßnahme bzw. eine mögliche Alternative verwirklicht werden soll. Im Falle einer positiven Entscheidung folgt schließlich die praktische *Durchführung*. Um ein Ziel zu erreichen, ist oft ein ganzes Maßnahmenbündel erforderlich, beispielsweise ein Programm zur Verringerung von Gewalt an Schulen.

3.4.2 Formen der Einflussnahme

Es gibt verschiedene Formen pädagogischer Maßnahmen: Freiräume gewähren, Entfaltung von Fähigkeiten und Interessen unterstützen, direkt beeinflussen, zur Stabilisierung von Kompetenzen und Haltungen beitragen. Je nach Stellung im Entwicklungsprozess unterscheiden wir drei Typen: Erstens *Prävention*, das heißt vorbeugende Maßnahmen gegenüber unerwünschten Entwicklungen, beispielsweise Drogen- oder Kriminalitätsprävention. Zweitens *Korrektur*, das heißt Abbau störender Merkmale oder Verhaltensweisen, beispielsweise ein Nachhilfeprogramm für lese-rechtschreibschwache Schüler oder ein Programm zur Verringerung von körperlicher Gewalt. Drittens *Förderung*, das heißt Unterstützung positiver Merkmale, beispielsweise ein Förderkurs für hochbegabte Kinder oder ein Kooperationstraining. Prävention, Korrektur und Förderung können sich auf einzelne Personen richten, auf besondere Risiko- oder Problemgruppen, können aber auch unspezifisch auf die Schülerschaft insgesamt ausgerichtet sein. Die Einflussnahme kann in einer direkten Einwirkung auf Personen bestehen, beispielsweise in Form eines Trainings. Ebenso besteht auch die Möglichkeit einer *indirekten Einflussnahme*, beispielsweise durch Aufklärung, Beratung oder Training von Erziehern oder Lehrerinnen, durch Gestaltung der Lernumgebung, also durch Bereitstellung von Lernbedingungen, Freiräumen und Entwicklungschancen.

3.4.3 Evaluation

Evaluation bedeutet Bewertung. Die Ergebnisse von Unterricht und Erziehung werden an bestimmten Maßstäben gemessen, und diese Maßstäbe lassen sich aus Zielen ableiten. Ohne Ziele ist Evaluation unmöglich. Die entscheidende Frage lautet: „Woran lässt sich erkennen, wie erfolgreich ein Unterricht oder die Erziehung war?". Die Evaluationskriterien müssen sich auf beobachtbare Verhaltensweisen oder Resultate beziehen. Wir wollen dies beispielhaft bei verschiedenen *Gegenständen* der Evaluation verdeutlichen:

Handlungen und Entscheidungen von einzelnen Personen: Wenn beispielsweise gefragt wird, wie „gut" die Empfehlungen einer Grundschullehrerin bezüglich der weiteren Schullaufbahn ihrer Schülerinnen und Schüler sind, so kann geprüft werden, wie viele Schüler auf der weiterführenden Schule versagen oder nachträglich die Schulart wechseln.

Die Unterrichtsqualität einer Lehrkraft lässt sich daran messen, wie groß der Lernfortschritt ihrer Schüler bei einem bestimmten Unterrichtsthema in einer festgelegten Unterrichtszeit ist. Ein Vergleich mit den Unterrichtserfolgen anderer Lehrkräfte ist allerdings nur dann gerechtfertigt, wenn die Vorkenntnisse sowie das Fähigkeits- und Motivationsniveau der Klassen vergleichbar sind.

Unterrichts- und Erziehungstechniken: Wenn beispielsweise die Wirksamkeit offener Fragen bewertet werden soll, so muss zunächst geklärt werden, was mit offenen Fragen erreicht werden soll – zum Beispiel eine erhöhte Unterrichtsbeteiligung aller Schüler. Man wird nun Unterrichtsphasen mit offenen Fragen durchführen („Wie funktioniert das? Wie kam es dazu? Welche Folgen kann das haben?") und Phasen mit geschlossenen Fragen („Wann war das? Wer hat entschieden? Wurde dies im Parlament beschlossen?"). In beiden Unterrichtsarten wird als abhängige Variable die Unterrichtsbeteiligung der Schüler erfasst: Anzahl von Meldungen, Ausführlichkeit der Beiträge, gleichmäßige Beteiligung. Der Nutzen offener im Vergleich zu geschlossenen Fragen ließe sich an höheren Werten der genannten Indikatoren ablesen.

Programme: Wenn die Wirksamkeit eines Führungskräftetrainings im öffentlichen Dienst zum Thema „Mitarbeiterbeurteilung" evaluiert werden soll, muss zunächst geklärt werden, was durch dieses Trainings erreicht und wie dieser Erfolg erfasst werden soll. Zum Beispiel könnte als Ziel formuliert werden, dass Beschwerden über ungerechte Beurteilungen seltener werden. Ein Jahr nach dem Training wird nun die Anzahl der offiziellen Einsprüche gegen Vorgesetztenurteile statistisch erfasst. Das Führungskräftetraining war dann ein Erfolg, wenn das Kriterium bei den trainierten Vorgesetzten wesentlich günstiger ausfällt als bei Vorgesetzten, die an diesem Training (noch) nicht teilgenommen haben.

Systeme: Wenn beispielsweise die Gesamtschule mit dem traditionellen dreigliedrigen Schulsystem verglichen werden soll, muss ebenfalls zunächst nach den Zielen und deren Gewichtung gefragt werden: Geht es vorwiegend um die Menge abfragbaren Wissens? Geht es um Denkfähigkeiten und andere kognitive Kompetenzen? Geht es auch um Kommunikations- und Konfliktfähigkeit? Soll auch berücksichtigt werden, wie wohl sich die Schüler in der Schule fühlen?

3.4.4 Zusammenfassung: Maßnahmen planen und evaluieren

1. Die *Planung* von pädagogischen Maßnahmen zielt auf einen größtmöglichen Erfolg.
2. *Typen von Maßnahmen* betreffen Prävention, Korrektur, Förderung und indirekte Einflussnahmen.
3. *Evaluationen* überprüfen, in welchem Ausmaß die angestrebten Ziele erreicht wurden.
4. *Gegenstände der Evaluation* sind beispielsweise einzelne Handlungen, Unterrichts- und Erziehungstechniken, Programme und Systeme wie die Gesamtschule.

Teil II:
Grundlegende Prozesse des Verhaltens und Erlebens

4. Gedächtnis und Wissen
(Andreas Gold)

Die kleine Anna (5) kommt aus dem Kindergarten nach Hause und beklagt sich, dass ihr ein Junge die Mütze vom Kopf gerissen und in den Schmutz geworfen hat. Am nächsten Morgen möchte sie nicht in die Spielgruppe gehen. Schließlich lässt sie sich überreden; eine Mütze will sie aber nicht mehr aufsetzen. Vor längerer Zeit ist der Vater beim Ausparken unachtsam gewesen und hat ein rückwärtig stehendes Auto dabei angestoßen. Es hat nur ein paar Kratzer auf den Stoßstangen gegeben, aber Anna hat den Ruck und ein knirschendes Geräusch wahrgenommen. Von diesem Tag an ist sie eine aufmerksame, fast ängstliche Mitfahrerin. Beim Ein- und Ausparken schaut sie immer zurück und weist vorsorglich auf tatsächliche und mögliche Hindernisse und Gefahren hin.

Helene (4) lernt Fahrradfahren. Auf dem Tretroller kam sie im vergangenen Jahr bereits gut voran, vor allem hat sie gemerkt, dass sie in Bewegung bleiben muss, um das Gleichgewicht zu halten. Jetzt hat sie ihre größere Schwester beim Radeln beobachtet. Sie will das auch können. Nachdem sie sich dazu entschlossen hat, geht alles sehr schnell. Eine Weile benötigt sie noch eine Anschubhilfe, aber dann braust sie unsicher und wackelig, aber stolz davon.

Franz (15) bereitet sich auf eine Französischarbeit vor. Es geht um die Anwendung der Vergangenheitsformen. Aus Erfahrung weiß er, wie er dabei am besten vorgeht. Erst stellt er sich vor, was genau gefragt sein könnte. Dann überlegt er, auf welche Fragen er Antworten geben kann. Was er schon weiß, überfliegt er noch mal. Nachdem er seine Kenntnislücken identifiziert hat, geht er sie an – vorausgesetzt, es bleibt noch genügend Zeit. Um neue Inhalte zu verstehen, aktiviert er das bereits gefestigte Vorwissen aus ähnlichen Bereichen und versucht, Verknüpfungen zwischen neuen und alten Wissenselementen herzustellen. Zum Beispiel erinnert er sich an die Zeitenfolge im Lateinunterricht. Wenn er nicht weiterkommt, fragt er vielleicht seinen älteren Bruder um Rat. Wenn er etwas verstanden hat, dann weiß er, dass es damit noch nicht getan ist. Er muss das neue Wissen im Hinblick auf seinen Anwendungs- und Geltungsbereich prüfen. Um sicherzustellen, dass das Verstandene auch behalten wird, festigt er sein Wissen durch gezieltes Wiederholen und Üben. Wahrscheinlich lässt er sich von seinem Bruder abfragen, oder er versucht, seiner Mutter zu erklären, was er gelernt hat. Ein Teil des Gelernten ist kurz nach der Klassenarbeit wieder vergessen, anderes überdauert.

Die Beispiele kennzeichnen Phänomene des Lernens und Behaltens, die in den beiden nachfolgenden Kapiteln 4 (Gedächtnis und Wissen) und 5 (Lernen) in der Sprache der Wissenschaft analysiert und erklärt werden sollen. Es geht um den Erwerb neuer Verhaltensweisen und Angewohnheiten durch Beobachtung und durch „Konditionierung", um den Aufbau von Wissensstrukturen durch „kognitive Prozesse" und um den „Lerntransfer". Der individuelle und der soziale Charakter von Lernprozessen wird betrachtet. Es geht um den Erwerb motorischer Fertigkeiten, um die Ausbildung „prozeduralen" und „deklarativen" Wissens und um das kurzzeitige oder längerfristige Behalten des Gelernten. In unserem Rahmenmodell des Verhaltens und Erlebens (Kap. 2.3) sind Lern- und Gedächtnisphänomene den inneren Prozessen zuzuordnen, die in Wechselwirkung mit äußeren Bedingungen das Verhalten beeinflussen.

Die Kapitel 4 und 5 sind als Einheit konzipiert. Dabei wird eine Sichtweise eingenommen, die die grundlegenden Prozesse des Lernens und Behaltens sowohl in ihrem Zusammenwirken als auch in ihrer jeweiligen Aspekthaftigkeit beschreibt. Diese Sichtweise geht davon aus, dass Menschen über interne (mentale) Repräsentationen äußerer Gegebenheiten verfügen und dass sich diese Repräsentationen über Prozesse des Lernens und Behaltens aufbauen und modifizieren lassen. Die Prozesse sind so genannte kognitive (geistige) Prozesse, in deren Verlauf eine abstrakte Größe – die so genannte Information – „verarbeitet" wird. Die Prozesse der Informationsverarbeitung sind zwar nicht direkt beobachtbar, es gibt aber gute Gründe dafür anzunehmen, dass sie die beobachtbaren kognitiven Leistungen des Erinnerns und Vergessens hervorbringen.

Die Abfolge, in der die Themen Lernen, Gedächtnis und Wissen behandelt werden, entspricht nicht der in vielen anderen Darstellungen üblichen. Sie ist aber nur scheinbar „auf den Kopf gestellt", denn Lernen setzt Erinnerung voraus. Dass zuerst über das Gedächtnis und über die Gedächtnisinhalte (das Wissen) gesprochen wird, erklärt sich auch aus der leichteren Erfahrbarkeit von Behaltens- und Vergessensphänomenen, die jedem von uns intuitiv und unmittelbar zugänglich sind. Dass erst in einem zweiten Schritt nach den Bedingungen und Gesetzmäßigkeiten des Lernens gefragt wird, die die Information zum Wissen werden ließen, entspricht der funktionalistischen Betrachtungsweise der Kognitiven Psychologie: vom Ergebnis ausgehend werden die Prozesse erforscht, die es hervorgebracht haben.

Im Einzelnen sind die Kapitel 4 und 5 wie folgt aufgebaut: Einleitend (4.1) wird auf die Macht und auf die Anfälligkeit des menschlichen Gedächtnisses hingewiesen. In der Folge wird anhand eines konkreten Beispiels aus der entwicklungspsychologischen Gedächtnisforschung auf Besonderheiten der Gedächtnisleistungen bei Kindern und Erwachsenen eingegangen (4.2), bevor in systematischer Form eine Einführung in Gedächtnisarten (4.3) und Gedächtnisprozesse (4.4) gegeben wird. Ein wichtiger Aspekt des Prozessmodells zielt auf die Frage, wie Wissen und Können langfristig und dauerhaft im Gedächtnis gespeichert werden (4.5). Gedächtnisinhalte sind das Endprodukt von Lernprozessen. Zu Beginn des 5. Kapitels wird Lernen als Aufbau von Wissen und Können definiert. Dieser Sichtweise folgend wird die kognitionspsychologische Theorie der Informationsverarbeitung in ihrer „konstruktivistischen" Ausgestaltung ausführlicher vorgestellt (5.1). Eine ganz andere Gruppe von Lerntheorien begreift Lernen als (sichtbare) Veränderung von Verhalten und von Gewohnheiten (5.2). In dieser Tradition stehen insbesondere die Konditionierungstheorien. Mit der Darstellung der sozial-kognitiven Lerntheorie wird abschließend wieder ein Bogen von den verhaltens- zu den kognitionspsychologischen Ansätzen geschlagen.

Sowohl aus allgemein-psychologischer wie aus pädagogisch-psychologischer Perspektive sind die Themen Lernen, Gedächtnis und Wissen ebenso umfassend wie erschöpfend in vorliegenden Lehrbüchern und Sammelwerken behandelt worden. Hier sind in erster Linie die Monographien von Anderson (2000; 2001), Baddeley (1999), Parkin (2000), Schacter (1999), Steiner (2001a), Seel (2000), Edelmann (2000) sowie von Squire und Kandel (1999) zu nennen oder die entsprechenden Abschnitte in den Lehrbüchern von Mietzel (1998), Krapp und Weidenmann (2001), Spada (1990) sowie Zimbardo und Gerrig (1999). In der dort geleisteten Ausführlichkeit und Vollständigkeit kann die Thematik hier nicht dargestellt werden. Stattdessen wird eine Auswahl getroffen, die im Rahmen einer Einführung in die Pädagogische Psychologie hilfreich scheint. Sie lässt notwendigerweise Lücken, die sich unter Zurhandnahme der genannten Werke jedoch schließen lassen.

4.1 Erinnern und Vergessen

Das Erinnern und das Nicht-Erinnern-Können sind allgegenwärtige Phänomene menschlichen Daseins. Das im Gedächtnis gespeicherte Wissen ermöglicht es uns, vergangene Erfahrungen zur Bewältigung gegenwärtiger und zukünftiger Anforderungen zu nutzen. Das Erinnern beruht auf Prozessen des Abrufs von Informationen, die zuvor eingeprägt worden waren. Jeder von uns hat schon vielfach erfahren, dass nicht alles, was vormals eingeprägt und behalten wurde, zu jedem beliebigen Zeitpunkt wieder abgerufen werden kann. So kann man manchmal den Namen einer Person nicht erinnern – man erkennt ihn aber wieder, wenn er genannt wird. Manches bleibt scheinbar auf ewig vergessen, anderes fällt uns zu einem anderen Zeitpunkt spontan oder aufgrund von Hinweisen wieder ein. Zugleich haben wir die Erfahrung gemacht, dass wir einige Dinge behalten und erinnern können, die wir uns gar nicht bewusst eingeprägt haben und die wir vielleicht lieber wieder vergessen würden. Und dann gibt es noch das Phänomen der so genannten „falschen Erinnerungen", nämlich die Tatsache, dass wir manches erinnern, was so nie stattgefunden hat.

Das Erinnern verleiht dem Menschen Identität, Individualität und Kontinuität. Indem die Erinnerung Erfahrungen aus vergangenen Lebensepisoden mit dem gegenwärtigen Denken, Fühlen und Handeln verknüpft, vermittelt sie die Gewissheit, überdauernder Akteur einer eigenen Geschichte zu sein, die von der Vergangenheit in die Zukunft reicht und die zugleich die vielen Episoden zu einem einheitlichen und identitätsstiftenden Ganzen bindet. Schwere Gedächtnisstörungen, die mit einem dauerhaften Gedächtnisverlust einhergehen, bedrohen diese Sicherheit. Wenn neue Informationen nicht mehr eingespeichert und bleibend behalten werden können (anterograde Amnesie), kann Lernen und Entwicklung kaum noch stattfinden. Solche Beeinträchtigungen der Neugedächtnisbildung können auf Hirnschädigungen, vor allem in der Folge von Krankheiten oder Unfällen, zurückgehen. Wenn früher gespeicherte Informationen aus dem „Altgedächtnis" nicht mehr abgerufen werden können (retrograde Amnesie), verliert das Individuum einen Teil seiner Identität und seiner Geschichte. Auch hierfür können hirnorganische Schädigungen, aber auch eine Reihe von psychogenen Faktoren verantwortlich sein.

Auf der anderen Seite hat auch das Vergessen eine wichtige und zugleich systemerhaltende Funktion – wer erinnert, muss auch vergessen können. Nicht, weil aus Kapazitätsgründen für die jeweils neue Informationsablage wieder Speicherplatz geschaffen werden muss. Vielmehr verfälschen oder verdrängen wir vielfach unsere Erinnerung im Dienste einer an Kohärenz und Stimmigkeit orientierten Ökonomie der Informationsverarbeitung. Daniel Schacter (1999) hat darauf hingewiesen, dass sich die Macht und die Anfälligkeit des menschlichen Gedächtnisses spiegelbildlich ergänzen. So sind autobiographische Erinnerungen an Sachverhalte, die schon lange zurückliegen, stets eine Mixtur aus dem „wie es wirklich war" und dem „wie es gut hätte sein können". In die spezifische Erinnerungsleistung gehen verzerrende Einflüsse des Vorwissens und der allgemeinen Grundeinstellungen ebenso ein wie die Wirkungen nachträglicher Ereignisse und die Effekte aktueller Bedürfnis- und Befindlichkeitslagen des jeweiligen Abrufkontexts. Insofern ist Erinnerung konstruiert und nicht einfach Abbild dessen, was wir uns eingeprägt haben. Harald Weinrich (1997) hat der Kunst des Vergessens aus kulturgeschichtlicher Sicht ein ganzes Buch gewidmet. Er macht dabei auf die wichtigen Funktionen des Vergessens und Vergebens, des trostspendenden und heilenden Vergessens aufmerksam. Auf die moderne Informationsgesellschaft bezogen spricht er sogar von der Notwendigkeit des schnellen Vergessens, um durch das überquellende Informationsangebot nicht denk- und handlungsunfähig zu werden. Vor dem Vergessen steht aber das Einprägen und Behalten. Im Folgenden soll gezeigt werden, unter welchen Bedingungen Behaltensleistungen zustande kommen.

4.2 Gedächtnisleistungen bei Kindern und Erwachsenen

Wichtige Merkmale des menschlichen Gedächtnisses kann man im Selbstversuch erkennen. Auch die Geschichte der wissenschaftlichen Gedächtnisforschung beginnt mit solchen Selbststudien. Die Pionierarbeit hat Hermann Ebbinghaus gegen Ende des 19. Jahrhunderts geleistet und dabei mit großem Erfolg die experimentelle Methode in die Gedächtnispsychologie eingeführt. Ebbinghaus hat seine eigenen Gedächtnisleistungen unter kontrollierten Bedingungen untersucht. Als Testverfahren, mit dem er sein Erinnerungsvermögen überprüfte, wählte er ein neuartiges Untersuchungsmaterial – sinnfreie dreibuchstabige Silben (z.B. ZIV, LAF, WOP). Ebbinghaus lernte umfangreiche Reihen solcher Silben im Selbstversuch auswendig, und es gelang ihm auf diese Weise, grundlegende Prinzipien des Behaltens und Vergessens zu entdecken.

Auch wir wollen mit einem Selbstversuch beginnen, unser Gedächtnis näher kennen zu lernen.

Übung Wortlisten: Im nachfolgenden Kasten (bitte decken Sie diesen Kasten sogleich durch ein Blatt ab!) finden Sie zwei Wortlisten mit jeweils 24 Wörtern. Sie sollen versuchen, möglichst viele Wörter aus diesen Listen zu behalten. Beginnen Sie mit den Wörtern der ersten Liste. Lesen Sie sich die Wörter der Liste 1 in zügigem Tempo in der angegebenen Reihenfolge einmal laut vor. Decken Sie danach die Liste wieder ab und sagen Sie anschließend die Buchstaben des Alphabets auf. Wenn Sie damit fertig sind, schreiben Sie auf ein Blatt, welche Wörter der Liste Ihnen noch einfallen. Die Reihenfolge spielt dabei keine Rolle. Überprüfen Sie anschließend Ihre Leistung, indem Sie die notierten Wörter mit der Wortliste 1 im Kasten vergleichen. Für jeden Treffer geben Sie sich einen Punkt – Fehltreffer werden nicht durch Punktabzug bestraft. Danach verfahren Sie mit den Wörtern der zweiten Liste genauso.

Wortliste 1
Elefant, Forelle, Hornisse, Kamel, Kuckuck, Karpfen, Motte, Schwalbe, Tiger, Hummel, Aal, Nashorn, Mücke, Hecht, Spatz, Meise, Giraffe, Rotkehlchen, Barsch, Libelle, Schleie, Löwe, Glühwürmchen, Amsel.

Wortliste 2
Benzin, Arzt, Berg, Tennis, Regen, Eis, Fenster, Klavier, Pfennig, Wasser, Auto, Meter, Bohne, Mücke, Susanne, Rose, Masern, Boot, Uhr, Fisch, Zelt, Holz, Wolle, Garten.

Normalerweise sollte Ihre Behaltensleistung bei den Wörtern der ersten Liste besser ausfallen, und das, obwohl die Wörter der zweiten Liste insgesamt weniger Buchstaben aufweisen. Der Grund ist, dass sich je sechs Wörter der ersten Liste leicht in vier Kategorien ordnen lassen (Fische, Vögel, Fluginsekten, Landsäugetiere). Gut geordnetes oder leicht organisierbares Lernmaterial lässt sich leichter einprägen und besser wiedergeben. Die

Wirksamkeit dieses kategorialen Organisierens kann man im Übrigen auch daraus ersehen, dass die Abfolge der auf Ihrem Blatt reproduzierten Wörter der Liste 1 zumindest teilweise die kategoriale Struktur dieser Liste widerspiegeln wird.

Unser Selbstversuch charakterisiert ein übliches Vorgehen in der experimentellen Gedächtnisforschung: Es soll verbales Lernmaterial (hier Wortlisten) eingeprägt werden und die unmittelbare Wiedergabe des Gelernten soll in freier Form, d.h. ohne Beachtung der Darbietungsreihenfolge, erfolgen. Das freie Erinnern ist eine „mittelschwierige" Methode der Behaltensprüfung. Leichter wäre das Wiedererkennen der „richtigen" Wörter aus einer größeren Wörtermenge gewesen. Schwieriger wäre das so genannte serielle Listenlernen, wobei die Wörter in der ursprünglichen Darbietungsreihenfolge zu reproduzieren sind.

Durch den Selbstversuch sollte gezeigt werden, dass Kategorisierungsprozesse – wenn sie möglich sind – offenbar das Behalten erleichtern. Wolfgang Schneider und Christhild Uhl (1990) sind der Frage nachgegangen, ob dies für Kinder, für jüngere und für ältere Erwachsene in gleichem Maße gilt. Ausgangspunkt der Studie war die Beobachtung, dass Grundschulkinder zwar bereits über ein breites kategoriales Wissen verfügen, beim Einprägen und Erinnern kategorisierbaren Materials dieses Wissen jedoch kaum nutzen. Erwachsene Lerner gehen hingegen häufig strategisch vor, um kategoriales Wissen beim Bearbeiten von Gedächtnisaufgaben einzusetzen. Sie wissen, dass das kategoriale Organisieren das Lernen erleichtert. Bei älteren Erwachsenen scheint der strategische Einsatz des kategorialen Organisierens wieder rückläufig zu sein. Schneider und Uhl haben in ihrer Studie untersucht, ob sich Drittklässler, jüngere Erwachsene und ältere Erwachsene in ihrer Gedächtnisleistung beim Einprägen semantisch kategorisierbaren Lernmaterials voneinander unterscheiden. Sie gingen davon aus, dass die jüngeren Erwachsenen den beiden anderen Gruppen überlegen sein würden. Diese Überlegenheit sollte zum großen Teil auf der Anwendung kategorialer Organisationsstrategien beruhen.

Die Ergebnisse bestätigten diese Erwartungen: Jüngere Erwachsene erinnern besser als die Kinder und die älteren Erwachsenen. Zudem ist ihr Organisationsverhalten sowohl in der Sortierphase (also beim Einprägen des Materials) als auch in der Reproduktionsphase (also beim Abrufen) in höherem Maße strategisch als in den beiden Vergleichsgruppen (vgl. Forschungsbeispiel Kategorisieren).

Die hier betrachteten Gedächtnisphänomene sind exemplarisch für das absichtliche und strategische Einprägen von Informationen und für den Bereich des expliziten Lernens. Sie betreffen den auf eine konkrete Erinnerungsepisode bezogenen Informationsabruf aus einem wichtigen Teilbereich des Gedächtnisses. Dass es noch andere Gedächtnisphänomene, andere Teilsysteme des Gedächtnisses und andere Methoden der Gedächtnisprüfung gibt, soll der nun folgende Abschnitt vermitteln.

Forschungsbeispiel Kategorisieren: Untersuchung von Schneider und Uhl (1990)

Hypothesen

- Jüngere Erwachsene zeigen beim freien Erinnern kategorisierbaren Lernmaterials bessere Behaltensleistungen als Kinder und ältere Erwachsene
- Jüngere Erwachsene zeigen beim Einprägen und beim Erinnern in höherem Maße strategisches Verhalten im Sinne eines Sortierens nach Oberbegriffen (Kategorisieren)

Versuchsplanung (Design)

Stichprobe
24 Drittklässler, 24 jüngere Erwachsene und 24 ältere Erwachsene

Aufgabenmaterialien
24 Bildkärtchen mit Items, die nach vier Kategorien gruppiert werden können (Tiere, Fahrzeuge, Möbel, Kleidung).

Versuchsablauf
Es werden Einzelversuche durchgeführt. Die Versuchsteilnehmer bekommen Bildkärtchen vorgelegt mit der Anweisung, innerhalb von drei Minuten alles mit den Bildkärtchen zu tun, was ihnen beim Einprägen behilflich sein könnte. Zur Erfassung der Sortierleistung wird die endgültige Anordnung der Bildkärtchen fotografiert. Nach einiger Zeit erfolgt die freie Reproduktion der Items.

Abhängige und Unabhängige Variablen
In einem quasi-experimentellen Design wird untersucht, ob das Lebensalter (unabhängige Variable) mit den erwarteten Unterschieden in der Gedächtnisleistung und im Sortierverhalten (abhängige Variablen) zusammenhängt. Das Ausmaß der semantischen Organisation wird als abhängige Variable sowohl in der Lernphase, also beim Sortieren, als auch in der Reproduktionsphase bestimmt. Als Maß für das Ausmaß des Organisierens werden so genannte Clusterindices definiert – wobei ein Koeffizient von 1.0 eine perfekte Organisation nach den kategorialen Oberbegriffen indiziert.

Ergebnisse

Tabelle: Mittelwerte und Standardabweichungen (in Klammern) für die Strategiemaße und die Gedächtnisleistung

	Altersgruppe		
Merkmal	Kinder	Jüngere Erwachsene	Ältere Erwachsene
Semantische Organisation (Sortieren)	0.39 (0.35)	0.87 (0.20)	0.51 (0.43)
Semantische Organisation (Reproduktion)	0.32 (0.16)	0.82 (0.16)	0.51 (0.22)
Gedächtnisleistung	10.91 (2.95)	16.80 (2.65)	13.48 (3.71)

4.3 Gedächtnisarten und Gedächtnissysteme

Gedächtnis ist das Endprodukt von Lernprozessen. Zugleich ist Gedächtnis der Prozess der Einspeicherung von Informationen und Erfahrungen mit der Option, diese zu einem zukünftigen Zeitpunkt wieder abrufen und nutzen zu können. Auf das Prozesshafte des Gedächtnisses werden wir später zu sprechen kommen (4.4). Hier soll zunächst ein Zugang über die beobachtbaren Gedächtnisphänomene versucht werden.

Der wissenschaftliche Gedächtnisbegriff ist umfassender als der alltagssprachlich gebrauchte. Er schließt Phänomene mit ein, die über das absichtliche und bewusste Erinnern von Sachverhalten hinausgehen. Er umfasst auch Gedächtnisleistungen, die mit dem Erwerb motorischer Fertigkeiten und anderer Handlungsroutinen zu tun haben. Der Vielschichtigkeit des Betrachtungsgegenstandes angemessen, spricht man von mehreren Gedächtnisarten. Die Notwendigkeit, zwischen unterschiedlichen Gedächtnisarten mit je unterschiedlichen Funktionsweisen zu unterscheiden, ist interessanterweise auf den unterschiedlichsten Zugangswegen psychologischer Erkenntnis gesehen worden. William James, erkenntnistheoretisch der Methode der Introspektion verpflichtet, hat schon gegen Ende des 19. Jahrhunderts im Hinblick auf die Abfolge bei der Speicherung von Gedächtnisinhalten ein Primär- von einem Sekundärgedächtnis unterschieden. In den 60er und 70er Jahren des vergangenen Jahrhunderts wurden in der Kognitiven Psychologie, experimentalpsychologischer Methodik folgend, Vorstellungen entwickelt, die im Hinblick auf die Informationsaufnahme und -verarbeitung ebenfalls von mehreren Gedächtnisarten ausgingen. Mit dem Aufkommen der neurowissenschaftlichen Forschungsansätze in den vergangenen zwei Jahrzehnten sind wichtige Erkenntnisse auf der hirnorganischen Ebene hinzu gekommen, die die unterschiedlichen Verarbeitungs- und Repräsentationsformen von Informationen und Wissen betreffen. Auch diese Erkenntnisse stützen die Annahme unterschiedlicher Gedächtnisarten und -systeme. Inzwischen ist es üblich, das Gedächtnis sowohl inhaltsbezogen als auch bezogen auf den zeitlichen Verlauf der Informationsaufnahme und -verarbeitung, in mehrere Gedächtnisarten zu unterteilen.

Unterteilung des Gedächtnisses nach Inhalten

Eine wichtige Unterscheidung ist die zwischen impliziter und expliziter Erinnerung. Sie geht auf den kanadischen Psychologen Endel Tulving zurück und unterteilt die Gedächtnisinhalte nach dem Ausmaß an bewusster Erfahrung. Nur die Inhalte des *expliziten* Gedächtnisses können bewusst und willentlich erinnert werden, so wie die Wörter aus den Wortlisten in Abschnitt 4.2 oder die Begriffe auf den Bildkärtchen in der Untersuchung von Schneider und Uhl. Diese Erinnerungen sind aufgrund eines absichtlichen und gegebenenfalls strategischen Einprägens von Informationen zustande gekommen. Aber auch andere Ereignisse aus dem persönlichen Leben sind Leben sind explizit im Gedächtnis repräsentiert und willentlich abrufbar. Sie sind als konkrete Erlebnisepisoden gespeichert und damit Teil des expliziten Gedächtnisses einer Person (*episodisches* Gedächtnis). Ebenfalls Teil des expliziten Gedächtnisses einer Person sind so genannte Wissenssysteme; das sind generalisierte Kenntnisse über Sachverhalte. Diese Wissenssysteme bezeichnet man in ihrer Gesamtheit als das *semantische* Gedächtnis einer Person. Wie das episodische ist also auch das semantische Gedächtnis explizit und zugleich *deklarativ*: der Informationsabruf geschieht bewusst und intentional, und man kann die Gedächtnisinhalte prinzipiell deklarieren, d.h. ausdrücken und näher bezeichnen. Anders als beim episodischen Erinnern wird beim Abruf aus dem semantischen Gedächtnis allerdings der Kontext des Gedächtniseintrags nicht mit erinnert – wann und wo die Information erworben wurde, ist nicht mehr ersichtlich. Das semantische Gedächtnis umfasst den großen Bereich jener Wissensinhalte, die zwar über konkrete Lernepisoden in der Vergangenheit erworben wurden, deren späteres Erinnern jedoch ohne Bezug auf die einstige Erwerbsquelle bleibt. Dass Helsinki die Hauptstadt von Finnland ist, werden Sie wahrscheinlich wissen; es ist Bestandteil Ihres semantischen Gedächtnisses. An die konkrete Lernepisode, an die genauen Begleitumstände, die bei Ihnen persönlich zur Einspeicherung dieser Information geführt haben, können Sie sich wahrscheinlich nicht erinnern.

Bei einem großen Teil der Informationen, die verarbeitet und gespeichert werden, geschieht dies ohne Kontrolle durch das Bewusstsein. Die Inhalte des *impliziten* (unbewussten) Gedächtnisses werden auch als *nichtdeklarative* Gedächtnisinhalte bezeichnet. Diese Gedächtnisinhalte lassen sich zwar nicht verbal ausdrücken, sie werden aber im Handeln sichtbar. Dabei kommt dem so genannten prozeduralen Gedächtnis für motorische Fertigkeiten und Handlungsabläufe sowie dem so genannten perzeptuellen Gedächtnis für die reiznahe Informationsverarbeitung eine besondere Bedeutung zu. Das *prozedurale* Gedächtnis enthält Regeln und Handlungssysteme zur Ausführung mechanischer, motorischer und kognitiver Fertigkeiten. Die Aufeinanderfolge der Bewegungsabläufe beim Fahrradfahren oder beim Tanzen, das Spielen von Musikinstrumenten oder das routinierte Durchführen von Erste-Hilfe-Maßnahmen am Unfallort sind – wenn zuvor hinreichend geübt und vollständig automatisiert – Beispiele für Leistungen des prozeduralen nicht-deklarativen Gedächtnisses. Sie können prinzipiell unbewusst erfolgen. Neben den genannten motorischen Handlungsketten sind auch automatisierte kognitive Fertigkeiten und assoziative Konditionierungsvorgänge dem Bereich des impliziten prozeduralen Gedächtnisses zuzuordnen. Das *perzeptuelle* Gedächtnis kennzeichnet Bahnungs- oder Prägungsvorgänge assoziativer Art (Priming), die ein schnelleres Erkennen „vorgebahnter" Reize bewirken. Man spricht in diesem Zusammenhang auch von einem Aktivierungs- oder Vorwärmeffekt. Etwas, was man zu einem früheren Zeitpunkt bewusst oder unbewusst wahrgenommen hat, erleichtert oder beschleunigt das spätere Entdecken oder Assoziieren von Inhalten, die damit zu tun haben. Die wesentliche Funktion des *Priming* ist vorbereiten (to prime = vorbereiten). Reizinformationen, denen man zuvor ausgesetzt war, bereiten das Gedächtnis auf eine schnellere Wahrnehmung für Reize oder Konfigurationen ähnlicher Art vor. Um in Anlehnung an klassische Priming-Experimente ein Beispiel zu geben: Im vorigen Textabschnitt wurden zwei geographische Begriffe „gebahnt" (Finnland und Helsinki). Wenn man nun einen Wortidentifikationstest durchführte, bei dem viele Wörter nur wenige Millisekunden lang optisch dargeboten werden, und wenn sich unter den dargebotenen Wörtern eines der gebahnten befände, dann würde es im Vergleich zu anderen mit großer Wahrscheinlichkeit schneller erkannt. Aber auch indirektes assoziatives oder semantisches Priming gibt es: Wenn „Finnland" und „Helsinki" gebahnt waren, können bei Wortidentifikations- oder Wortergänzungstests auch „Schweden" und „Norwegen" oder „Stockholm" und „Oslo" schneller erkannt oder häufiger ergänzt werden.

In der Abbildung 4-1 ist die beschriebene Unterteilung des Gedächtnisses nach Inhalten zusammengefasst. Sie lehnt sich in der Form der Darstellung an Hans Markowitsch (1999) an. Im Kern spiegelt sie die ursprünglich von Endel Tulving eingeführte Aufgliederung wider. Markowitsch weist auch auf die hirnanatomischen Befunde hin, die für die Nützlichkeit solcher Unterscheidungen sprechen. Für eine Vertiefung der neurowissenschaftlichen Perspektive sei insbesondere auf die zahlreichen Publikationen von Markowitsch, aber auch auf das Buch von Squire und Kandel (1999) verwiesen.

Abb. 4-1: Unterteilung des Gedächtnisses nach Inhalten

EXPLIZITES GEDÄCHTNIS (DEKLARATIV)		IMPLIZITES GEDÄCHTNIS (NICHT-DEKLARATIV)	
EPISODISCHES GEDÄCHTNIS	SEMANTISCHES GEDÄCHTNIS	PROZEDURALES GEDÄCHTNIS	PERZEPTUELLES GEDÄCHTNIS
Mein erster Kuss	H_2O = Wasser $\sqrt{16} = 4$ Helsinki liegt in Finnland		

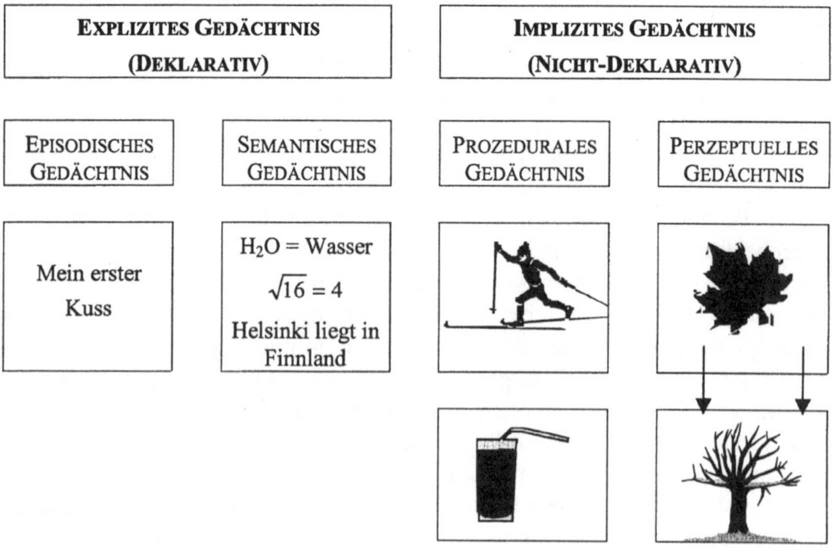

Unterteilung des Gedächtnisses nach der Zeit

Manches können wir uns gar nicht einprägen, anderes behalten wir nur für kurze Zeit, wiederum anderes ein Leben lang. Aus der Erfahrung der unterschiedlichen zeitlichen Erstreckung von Gedächtnisinhalten und geleitet von der Vorstellung einer seriellen Abfolge bei der Informationsaufnahme, -verarbeitung und -speicherung sind Modelle zur Funktionsweise des menschlichen Gedächtnisses entstanden, die von einem zeitabhängigen Informationsfluss durch mehrere Speichersysteme ausgehen. Demnach vollzieht sich der Aufbau von Gedächtnisinhalten in einer zeitlichen Sequenz von Informationsaufnahme, -einspeicherung und -konsolidierung. Der Erkenntniswert dieser Modelle, die vor allem aus der experimentellen Gedächtnispsychologie hervorgegangen sind, erfährt durch neuropsychologische Befunde, insbesondere durch die Erforschung von Gedächtnisstörungen, eine eindrucksvolle Bestätigung (Markowitsch 1999; Parkin 2000).

Grundsätzlich unterscheidet man zwischen drei Gedächtnisspeichern, die nacheinander mit den über die Sinnesorgane eingehenden Informationen befasst sind: Ultrakurzzeit-, Kurzzeit- und Langzeitgedächtnis. Bei allen drei Speichern weist schon die adjektivische Wortergänzung auf die Besonderheit hin. Im Ultrakurzzeitspeicher wird die Information (der Reiz) nur sehr kurze Zeit aufbewahrt (weniger als eine Sekunde lang). Für diese Zeitdauer bleibt die aktuelle Erregung innerhalb der Sinnesrezeptoren bestehen, und es bleibt – für einen optischen Reiz – so etwas wie ein Nachbild (Ikon) zurück. Das ist für akustische Reize ganz ähnlich, nur ist die Zerfallsdauer des Nachhalls (Echo) etwas länger. Die optischen und die akustischen Reize zusammen sind für einen Großteil der sensorischen Informationsaufnahme verantwortlich. Für das Ultrakurzzeitgedächtnis ist auch der Begriff „sensorisches Register", unterteilt in ein ikonisches (für die optischen Reize) und ein echoisches Teilsystem (für die akustischen Reize), gebräuchlich geworden.

Für das Kurzzeitgedächtnis wird eine Zeitspanne von bis zu 30 Sekunden angenommen. Innerhalb dieser Zeitspanne kann eine begrenzte Informationsmenge bewusst „festgehalten" werden, immer vorausgesetzt, der Vorgang wird nicht durch neue, „von außen" hinzukommende Informationen gestört. Gelingt die Abschirmung gegenüber potentiellen Störreizen, so kann die Behaltensdauer auch in den Minutenbereich ausgedehnt werden. Wird der Kurzzeitspeicher zu sehr mit Information überladen, dann sind auch die genannten 30 Sekunden schon zu hoch gegriffen. Das kritische Merkmal des Kurzzeitspeichers ist allerdings weniger die kurze Behaltensdauer als vielmehr seine begrenzte Kapazität. Aus vielen Experimenten weiß man, dass nur etwa sieben Informationseinheiten zur gleichen Zeit im Kurzzeitspeicher behalten werden können. Durch Bündelungsprozesse (Chunking), von denen später noch die Rede sein wird, lassen sich die einzelnen Informationseinheiten allerdings sehr umfangreich gestalten. Auch das in Abschnitt 4.2 beschriebene kategoriale Organisieren des Lernmaterials (Clustering) ist eine Maßnahme, die die Informationsverarbeitung im Kurzzeitspeicher im Hinblick auf dessen begrenzte Kapazität optimiert. Für das Kurzzeitgedächtnis ist auch der Begriff Arbeitsgedächtnis gebräuchlich geworden. Dies vor allem, um auf das Prozesshafte des Speichers hinzuweisen, und darauf, dass es sich nicht um eine Dauerablage, sondern nur um eine temporäre Zwischenstation zur Aufbereitung der zu behaltenden Inhalte handelt.

Informationen, die den Kurzzeitspeicher verlassen haben, sind entweder vergessen oder im Langzeitgedächtnis angekommen. Das Langzeitgedächtnis enthält die überdauernden Einträge der Informationsverarbeitung. In ihm sind alle bleibenden Erfahrungen enthalten. Die zeitliche Erstreckung des Langzeitgedächtnisses ist ebenso wenig begrenzt wie seine Kapazität. Die oben beschriebene Aufgliederung nach Gedächtnisinhalten bezieht sich auf die Inhalte des Langzeitspeichers. Neurowissenschaftliche Befunde weisen darauf hin, dass an den Gedächtnisleistungen der vier Inhaltsbereiche des Langzeitspeichers jeweils unterschiedliche Hirnstrukturen beteiligt sind. Ebenso sind in den unterschiedlichen Phasen der Informationsaufnahme und -speicherung und des Informationsabrufs unterschiedliche cortikale und subcorticale Strukturen und Bereiche von Bedeutung.

Anhand der eingeführten Unterscheidungen können wir nochmals auf die besonderen Gedächtnisleistungen, die unserem Selbstversuch in Abschnitt 4.2 und der Behaltensaufgabe in der Untersuchung von Schneider und Uhl zugrunde liegen, zurückkommen. In beiden Fällen handelt es sich um einen Informationsabruf aus dem deklarativen Teil des Langzeitgedächtnisses, und es ist jeweils eine Leistung des episodischen Gedächtnisses, die zu erbringen ist. Im Falle der laut vorgelesenen Wortlisten ist die Eingangsinformation primär über das echoische Teilsystem des sensorischen Registers erfasst worden. Im Falle der vorgelegten Bildkärtchen ist die Eingangsinformation zunächst visuell über das ikonische Teilsystem des sensorischen Registers erfahren worden. Entscheidend für die Güte der Behaltensleistung ist aber, in welcher Weise diese Informationen im nachfolgenden Arbeitsspeicher „gebündelt" und für das Langzeitbehalten vorbereitet werden. Im Abschnitt 4.4 werden wir uns mit dieser Frage ausführlicher befassen.

4.4 Mehrspeicher- und andere Prozessmodelle

Die inhaltsbezogene Einteilung der Gedächtnisarten fokussiert vor allem die Frage, welche Arten von Wissen im Langzeitgedächtnis repräsentiert sind. Die zeitabhängige Einteilung zielt zusätzlich auf die Stationen der Informationsverarbeitung, die zum Langzeitwissen geführt haben. Im Folgenden soll die letztgenannte Betrachtungsebene wieder aufgegriffen werden. Dabei werden die strukturellen Gesichtspunkte, wie sie in der Drei-Speicher-Architektur ihren Ausdruck gefunden haben, um eine prozessuale

Komponente erweitert. Das heißt, dass wir uns eingehender mit den kognitiven Prozessen befassen wollen, die innerhalb der Gedächtnisspeicher die Informationsverarbeitung bewirken und kontrollieren.

Was ist eigentlich eine Information? In der mathematischen Informationstheorie ein formal-quantitativ definierter Begriff, der sich auf den Gehalt oder Neuigkeitswert einer Nachricht oder Aussage bezieht. Information reduziert Unsicherheit. Der Informationsgehalt einer Aussage oder eines Zeichens ist umso höher, je größer zuvor die diesbezügliche Unsicherheit war. Je wahrscheinlicher auf der anderen Seite eine Aussage oder ein Ereignis ist, desto geringer ist der Informationsgehalt dieser Aussage oder des Eintretens dieses Ereignisses. In der Kognitiven Psychologie wird die Funktionsweise des menschlichen Geistes in Analogie zur Funktionsweise eines Rechners (Computers) betrachtet. Wie beim Rechner wird dabei von einer Zergliederung des Verarbeitungsprozesses in Abfolgen des Aufnehmens, Speicherns und Abrufens von Informationen ausgegangen. Informationsverarbeitung ist eigentlich eine „Verrechnung" von Informationen. In der Computermetapher vom menschlichen Denken wird wie beim Rechner von Kodierungsprozessen, von Prozessen des Vergleichens, von Arbeits- und Langzeitspeichern und von unterschiedlichen Speicherkapazitäten dieser Medien gesprochen.

Abb. 4-2: Mehr-Speicher-Modell nach Atkinson und Shiffrin (1968)

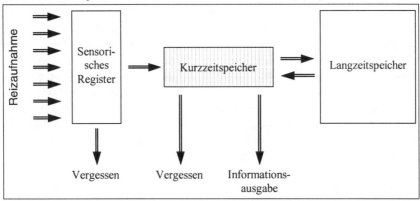

Unendlich viele Reize wirken auf die Sinnesorgane des Menschen ein. Mit diesen Reizen sind potentiell riesige Informationsmengen verbunden. Die Informationen werden zunächst in den modalitätsspezifischen sensorischen Speichern registriert. Die weitaus meisten Spuren der Informationen gehen jedoch im sensorischen Register wieder verloren. Nur ein kleiner Teil der Information gelangt durch Aufmerksamkeitszuwendung in den Kurzzeitspeicher. Wiederum nur ein Teil dieser Informationseinheiten lässt sich in den Langzeitspeicher übertragen. Diese Vorstellung vom Fluss der menschlichen Informationsverarbeitung wurde von zwei amerikanischen Psychologen, Richard Atkinson und Richard Shiffrin, im Jahr 1968 als Mehrspeichermodell des Gedächtnisses populär gemacht (Abb. 4-2). Es hat sich als wegweisend für die experimentelle Gedächtnisforschung erwiesen, weil es den Erklärungsrahmen für eine Vielzahl von empirischen Befunden bereitstellt.

Von zentraler Bedeutung ist die Annahme, dass alle Informationen den Kurzzeitspeicher durchlaufen müssen, um dauerhaft eingeprägt zu werden. Allerdings sind der Kurzzeitspeicherung so genannte reiznahe Identifikationsprozesse vorgeschaltet – unter Einbeziehung des im Langzeitspeicher vorhandenen Wissens. Innerhalb des Kurzzeitspeichers werden eine Reihe von bewussten mentalen Prozessen (Kontrollprozesse) angenommen, die den eigentlichen Kern der Informationsverarbeitung ausmachen. Dazu gehört insbesondere das Wiederholen (Memorieren), aber auch das strategische Enkodieren (Einprägen) von Informationen. Atkinson und Shiffrin haben das Wiederholen für besonders wichtig gehalten: Es bewirkt eine längere Verweildauer von Informationen im Kurzzeitspeicher und erleichtert dadurch den Übertrag in den Langzeitspeicher.

Andere Forscher haben den Prozesscharakter der Informationsverarbeitung in ihren Modellen noch deutlicher hervorgehoben. So Fergus Craik und Robert Lockhart (1972), die anzweifeln, dass das reine Wiederholen ein längerfristiges Behalten begünstigt. In einigen amerikanischen Lehrbüchern wird in diesem Zusammenhang auf das illustrative Beispiel des bedauernswerten Professors Sanford hingewiesen, der etwa 5000 mal in 25 Jahren das Tischgebet beim häuslichen Essen vorgelesen hatte, ohne dass die große Anzahl von Wiederholungen dazu geführt hätte, dass er das Gebet auswendig aus dem Gedächtnis hätte aufsagen können. Craik und Lockhart argumentieren, dass es die Tiefe der Informationsverarbeitung sei, auf die es ankomme, und nicht die Dauer des Memorierens. In Abbildung 4-3 ist diese Auffassung illustriert (Die ursprüngliche Annahme, nach der jede Information sequentiell zunächst oberflächliche und erst danach tiefere Verarbeitungsebenen durchlaufen müsse, wurde später zugunsten einer Theorie der simultanen Enkodierung fallengelassen).

Abb. 4-3: Modell mehrerer Verarbeitungsebenen nach Craik und Lockhart (1972)

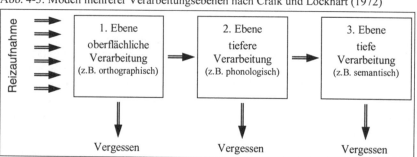

Je bewusster die Verarbeitung einer Information verläuft, desto reichhaltiger kann die Speicherung erfolgen und um so wahrscheinlicher wird es, dass wir uns an sie erinnern können. Oberflächliche Informationsverarbeitung führt hingegen zu schnellerem Vergessen. Alle Reizinformationen weisen grundsätzlich Dimensionen oberflächlicher *und* tiefer Verarbeitungsebenen auf. Craik und Lockhart haben, bezogen auf verbale Gedächtnisleistungen, drei mögliche Tiefenebenen der Verarbeitung unterschieden, sie steigern sich im Ausmaß ihrer Bewusstheitsbeteiligung. So können geschriebene Wörter, die man sich einprägen will, auf einer orthographischen, einer phonologischen und auf einer semantischen Ebene verarbeitet werden. Auf der orthographischen Ebene wird vor allem das oberflächliche Erscheinungsbild der geschriebenen Wörter beachtet (Schreibweise, Größe, Schrifttyp), auf der phonologischen Ebene der Wortklang (Laute, Reime) und auf der semantischen Ebene die Wortbedeutung.

Auch Alan Baddeley (1986) hat sich um eine Weiterentwicklung des ursprünglichen Drei-Speicher-Modells verdient gemacht. Wie Craik und Lockhart hat er sich in erster Linie für die kognitiven Prozesse interessiert, die auf der Ebene des Kurzzeitspeichers ablaufen. Baddeley bezeichnet den Kurzzeitspeicher als Arbeitsspeicher, der aus drei Komponenten besteht: einer zentralen Exekutiv-Einheit, einer artikulatorischen Schleife und einem visuell-räumlichen Notizblock (Abb. 4-4).

Abb. 4-4: Modell des Arbeitsgedächtnisses nach Baddeley (1986)

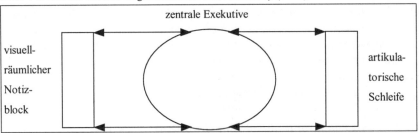

Die zentrale Exekutive kontrolliert den Einsatz der beiden anderen Komponenten. Die artikulatorische Schleife hält sprachliche Informationen durch Memorieren verfügbar. In ihr werden Phoneme und gesprochene Wörter zeitweilig gespeichert. So kann man eine Telefonnummer im Kopf behalten, während man sie wählt. Im räumlich-visuellen Notizblock werden bildhafte Informationen, z.B. Gesichter oder die Lage von Objekten, memoriert. Anders als bei Atkinson und Shiffrin sind die beiden Komponenten aber nicht als „Flaschenhals" mechanischen Memorierens auf dem Weg zum Langzeitbehalten konzipiert. Sie sind eher hilfreiche und modalitätsspezifische „Arbeitsmittel", um Informationen zur weiteren Behandlung präsent zu halten. Um es an einem Beispiel zu illustrieren: Multiplizieren Sie bitte einmal 23 x 7 im Kopf und denken Sie gleichzeitig über das Modell von Baddeley nach.

Was haben Sie genau getan? Es kann sein, dass Sie die Aufgabe innerlich verbal memoriert haben, um sie nicht zu vergessen (23 x 7). Die Aufgabe zu behalten, ist nicht schwer, auch wenn man dabei an etwas anderes denkt. Damit sind wir aber der Lösung noch nicht näher gekommen. Vielleicht haben Sie einen Anfang dergestalt gemacht, dass Sie 20 x 7 ausgerechnet haben (20 x 7 = 140). Dieses Zwischenergebnis haben Sie geistig notiert. Was fehlt jetzt noch? Wie war die Aufgabe? Ach so, 23 x 7. Zwanzig mal sieben habe ich schon, das ist 140. Fehlt noch 3 x 7. Drei mal sieben ist einundzwanzig. Hundertvierzig und einundzwanzig muss ich addieren. Das gibt 161.

Das war das Arbeitsgedächtnis in Funktion. In der artikulatorischen Schleife ist die Aufgabe memoriert worden. Das hat nur wenig Kapazität erfordert, so dass man zeitgleich noch über anderes nachdenken konnte und trotzdem immer noch wusste, was gefragt war. Dann wurden einfache Rechenoperationen durchgeführt. Die Teilergebnisse wurden wiederum im Arbeitsspeicher abgelegt und bereitgehalten, bis sie wieder gebraucht wurden. Vielleicht haben Sie auch den visuell-räumlichen Notizblock benötigt, um sich Ergebnisse oder Operationen bildhaft vorzustellen. Mit Sicherheit war die zentrale Exekutive im Einsatz, um Entscheidungen über weitere Rechenschritte zu treffen. Nur in einem Fall wäre die Multiplikationsaufgabe kein gutes Beispiel für die Funktionsweise des Arbeitsspeichers gewesen: wenn Sie die Lösung (23 x 7 = 161) direkt und überlernt („auswendig") aus dem Langzeitspeicher hätten abrufen können.

Wir haben in Abschnitt 4.4 das so genannte Mehrspeichermodell des menschlichen Gedächtnisses und seine Weiterentwicklungen kennen gelernt. Im Folgenden werden drei Aspekte der Informationsverarbeitung ausführlicher betrachtet: Prozesse der Wahrnehmung und der Aufmerksamkeit (4.4.1), Prozesse der temporären Informationsaufbewahrung (4.4.2) und Prozesse überdauernder Informationsspeicherung (4.4.3).

4.4.1 Wahrnehmung und Aufmerksamkeit

Wie wird ein physikalischer (Außen-)Reiz zu einer subjektiven Erfahrung? Indem dieser Reiz über Sensoren aufgenommen und in Signale aus Nervenimpulsen übersetzt wird und indem diese Signale eine mentale Repräsentation finden, die eine Wahrnehmungsempfindung konstituiert. Auf der einen Seite werden physikalische Reize, z.B. über das Auge oder über das Ohr, empfangen, auf der anderen Seite werden Qualitäten dieser Reize (z.B. Farben oder Töne) wahrgenommen. Die grundlegenden Prinzipien der Wahrnehmung beruhen auf einer Verschlüsselung und Weiterleitung von Sinnesreizen, die so zu Informationen und letztendlich zu Empfindungen werden. Dabei wirken reiz- und konzeptgeleitete Prozesse zusammen. Wahrnehmung ist nämlich immer auch ein konstruktiver Prozess, der nicht nur auf den erfahrenen Reizqualitäten beruht (bottom-up), sondern auch vom bereits vorhandenen Wissen und Können des Wahrnehmenden abhängt (top-down).

Während Sie diesen Text lesen, bleibt Ihr Auge auf die schwarzen Buchstaben und auf den weißen Rand gerichtet. Aber nicht nur darauf. Während Sie lesen, sehen Sie auch einen Teil der Tischplatte, auf der das Buch aufliegt oder die Finger der Hand, die es hält. Zwar spricht niemand, aber das Gebläse des Computers ist zu hören, vor allem dann, wenn während des Lesens die Gedanken abschweifen. Vielleicht tickt auch die Armbanduhr oder der Schuh drückt, möglicherweise sitzt die Hose zu eng und Sie spüren das an den Hüften. Irgendwie riecht es hier angebrannt. Das kann aber eigentlich gar nicht sein – das ist nur eingebildet. Vielleicht die Erinnerung an eine andere Situation. Aber warum fällt mir das gerade jetzt ein? Hat es etwas mit dem Text zu tun? Ach, der Text! Worum geht es da eigentlich gerade?

So oder ähnlich mag es sein, wenn die modalitätsspezifischen Speicher des sensorischen Registers mit Informationen überschwemmt werden. Dennoch gelingt es Ihnen, mehr oder weniger konzentriert dem Text zu folgen, ihm Informationen zu entnehmen und das Gelesene möglicherweise sogar zu behalten. Im Beispiel kann man sehen, dass die Informationen in den sensorischen Systemen zunächst simultan und parallel verarbeitet werden können. Damit es zur weiterführenden, zur tieferen Verarbeitung und schließlich zum längerfristigen Behalten der Informationen kommen kann, muss die Parallelität (Gleichzeitigkeit) dem Prinzip der Seriation (Aufeinanderfolge) weichen. Der „serielle Flaschenhals" bei der menschlichen Informationsverarbeitung ist da anzusetzen, wo durch Auswahlprozesse einigen Informationen besondere Beachtung geschenkt wird, während andere ignoriert (abgedämpft) werden. Solche Selektionsprozesse werden unter den Begriff der Aufmerksamkeit gefasst. Es gibt unterschiedliche Vorstellungen darüber, ob der Informationsfilter vor oder nach der semantischen Identifikationsanalyse der Reize greift, entsprechend wird in einigen Modellen von einem Wahrnehmungsfilter (früh), in anderen von einem Reaktionsfilter (spät) gesprochen. In beiden Fällen gilt, dass die Informationsfilterung der notwendigen Aufmerksamkeitsbündelung dient, die das bewusste Weiterverarbeiten der mit Aufmerksamkeit bedachten Informationen erst ermöglicht.

Die auditive Aufmerksamkeit bezieht sich auf die mit gesprochener Sprache und dem Gehör verbundene Reizaufnahme, die visuelle Aufmerksamkeit auf die optische. Die visuelle Aufmerksamkeit besteht in einer Fixierung auf jenen Teil des visuellen Feldes, der weiterverarbeitet werden soll. Nach einer sehr kurzen Zeitspanne bleiben nur jene Elemente des visuellen Feldes verfügbar, auf die während dieser Zeit die Aufmerksamkeit gelenkt wurde. Für das echoische Teilsystem gilt das gleiche. Die wesentliche Funktion beider Teilsysteme besteht darin, in einer kritischen Zeitspanne den Zugriff von Aufmerksamkeitsprozessen zu ermöglichen. Nur die durch Aufmerksamkeitszuwendung bewusst gemachte Information ist der weiteren Verarbeitung in den nachfolgenden Gedächtnisspeichern zugänglich.

Es gibt unterschiedliche Faktoren, die die Steuerung der Aufmerksamkeit auf die eine oder andere Reizgegebenheit ursächlich bedingen. Zum einen sind das Merkmale der (externen) Reize, wie deren Intensität, Dauer oder Neuartigkeit. Zum anderen sind es Bedingungen, die in der Person des Informationsaufnehmenden selbst liegen, wie die Bedürfnislage, die Gefühle, das Interesse oder die Voreinstellung. Aus pädagogisch-psychologischer Perspektive sind insbesondere jene Bedingungen interessant, die das Aufrechterhalten der Aufmerksamkeit während des Lernens befördern können. Vor allem beim selbstgesteuerten Lernen kommt es darauf an, äußere und innere Störungen der Konzentration möglichst zu vermeiden oder zielführend zu bewältigen.

Praxisbeispiel: Mit Störungen der Aufmerksamkeit umgehen

Äußere Störungen

- Lärmquellen und visuelle Ablenkungen entfernen oder sich selbst von diesen Ablenkungen entfernen
- Notwendige Arbeitsmaterialien vor Arbeitsbeginn greifbar bereitlegen, so dass unterbrechende Suchaktivitäten unterbleiben können
- Anrufe und andere Arten der nicht lernbezogenen Kontaktaufnahme rasch abfertigen oder terminlich verschieben

Innere Störungen

- Körperlichen Bedürfnissen ausreichend Rechnung tragen (Essen, Trinken, Schlafen)
- Regelmäßige Pausen einplanen, um Ermüdung und Konzentrationsschwächen nicht aufkommen zu lassen
- Negative Emotionen vermeiden. Störende Gedanken „beiseite legen" und auf später verschieben
- Konzentrations- und Entspannungsübungen durchführen

In der einschlägigen Ratgeberliteratur finden Sie diese und weitere Empfehlungen zum Umgang mit Störungen während des Lernens. Die hier vorgenommene Auswahl orientiert sich an Metzger (1999).

4.4.2 Temporäre Speicher

Im Mehrspeichermodell des menschlichen Gedächtnisses wird von zwei temporären Übergangsspeichern ausgegangen, dem Ultrakurzzeit- und dem Kurzzeitgedächtnis (vgl. Abb. 4-2). Beide Speicher zeichnet aus, dass die Verweildauer der Informationen nur gering ist. Auf die besondere Funktion der modalitätsspezifischen sensorischen Register des Ultrakurzzeitgedächtnisses ist bereits hingewiesen worden. Sie besteht vor allem darin, durch kurzzeitiges Bereithalten Aufmerksamkeits- und Identifikationsprozesse zuzulassen. Repräsentationen, die durch Aufmerksamkeitszuwendung dem

„sensorischen Zerfall" entgangen sind, werden in einer ersten Form der Enkodierung zu Informationseinheiten des nachfolgenden temporären Systemspeichers, des Kurzzeitgedächtnisses. Es sei daran erinnert, dass schon hier die Wissensstrukturen des Langzeitspeichers eine Rolle spielen: Was im Kurzzeitspeicher der bewussten Informationsverarbeitung zugeführt wird, ist bereits die mit Bedeutung versehene Interpretation einer Reizkonfiguration. In diesem Sinne können wir nur wahrnehmen, was wir (wieder-)erkennen.

Kurzzeit-Gedächtnis und Arbeitsgedächtnis
Die Grundidee des Mehrspeichermodells war, dass das Kurzzeitgedächtnis – im Sinne einer notwendigen Zwischenstation – jedem Langzeitbehalten vorgeschaltet sei. Vor allem das ständige Wiederholen (Memorieren) von Informationseinheiten sollte deren Transport in den Langzeitspeicher bewirken. In den Weiterentwicklungen des Mehrspeichermodells hat man sowohl die Flaschenhalsfunktion als auch die alleinige Wirksamkeit des Memorierens in Frage gestellt. Stattdessen wird auf die besondere Bedeutung des strategisches Enkodierens im Sinne einer Tiefenverarbeitung von Informationen hingewiesen. Wie kann man sich ein strategisches Enkodieren vorstellen?

Die kognitiven Prozesse des Enkodierens können durch strategische Maßnahmen des Lernenden kontrolliert und optimiert werden. Diese Lernstrategien zielen zum einen auf eine vereinfachende Organisation, zum anderen auf eine anreichernde „Elaboration" der einzuprägenden Informationen, z.B. durch Hinzufügen weiterer Gesichtspunkte und Details oder durch das Ausdrücken in eigenen Worten. Elaborativ geht man auch vor, indem man neue Informationen mit bereits bekannten verknüpft, um sie besser zu verstehen. Sowohl beim Organisieren als auch beim Elaborieren werden zugleich die relevanten Inhalte des Langzeitwissens aktiviert, um eine auf vorhandene Konzepte bezogene und reichhaltige Enkodierung der Neuinformation zu ermöglichen. Je bedeutungshaltiger die Enkodierung gelingt, desto leichter fällt das Einprägen. Das Arbeitsgedächtnis ist der Ort, an dem eine Begegnung bereits vorhandener mit neuartigen Wissenselementen erfolgt.

Auf die Wirksamkeit kategorialer Organisationsprozesse war am Beispiel einer verbalen Gedächtnisaufgabe bereits hingewiesen worden (vgl. 4.2). In vielen anderen Studien ist gezeigt worden, dass auch die vorwissensbasierte Informationsverdichtung (Chunking) ein mächtiges Werkzeug des kognitiven Systems darstellt. Besonders bekannt geworden sind die von William Chase und Herbert Simon (1973) durchgeführten Untersuchungen zur Gedächtnisleistung von Schachspielern. Dabei zeigte sich, dass Schachexperten in der Lage sind, ihnen zuvor nicht bekannte komplexe Schachstellungen, die sie nur fünf Sekunden lang betrachten durften, nahezu fehlerfrei aus dem Gedächtnis wieder aufzustellen. Gelegenheitsspieler können nur fünf oder sechs Figuren richtig platzieren. Die Reproduktionsleistungen von Experten und Gelegenheitsspielern unterscheiden sich nicht, wenn die präsentierte Stellung aus zufällig auf dem Brett angeordneten Spielfiguren besteht. Die Erklärung der überlegenen Gedächtnisleistung läuft darauf hinaus, dass die Experten beim Enkodieren einer sinnvollen Stellungsvorlage jeweils Muster (Chunks) aus vier oder fünf Figuren bilden, für die sie eine gemeinsame Bezeichnung finden (z.B. Königsstellung). Die Experten merken sich also nicht einzelne Figuren, sondern ganze Figurenmuster bzw. deren Bezeichnung. Bei der Zufallsanordnung können sie diese Muster nicht finden, deshalb sind sie hier nicht besser als die Laien. In anderen Untersuchungen konnte zudem gezeigt werden, dass die (größeren) Chunks von Schachexperten vor allem so genannte bereichsspezifische Tiefenstrukturen abbilden, die (kleineren) Chunks der Novizen hingegen auf oberflächlichen Besonderheiten, wie der räumlichen Nähe von Figuren, basieren (Gold & Opwis 1992).

Die Wirksamkeit des Organisierens und Elaborierens lässt sich nicht nur an Studien der experimentellen Gedächtnisforschung illustrieren. Jedes Lernen aus Texten profitiert von elaborativer Verarbeitung. Elaborative Verarbeitung führt übrigens auch dann zu besserem Behalten, wenn die Elaborationen „weit hergeholt" erscheinen (wie das bei den so genannten Mnemotechniken der Fall ist). Das Einprägen und das Abrufen von Informationen wird auch erleichtert, wenn sich das Lernmaterial durch Organisationsprozesse in eine Ordnung bringen lässt. Es ist dabei unerheblich, ob die Relationen dieser Ordnung eher in visuell-räumlicher Form oder sprachlich-kategorialer Weise ausgedrückt werden. Es gibt eine Reihe von Vorschlägen, wie sich durch elaborative und organisierende Lerntechniken die Informationsaufnahme aus Lehrtexten erleichtern lässt.

Praxisbeispiel: Lerntechniken für Textmaterial

Vorstrukturieren

- Sich Fragen zum Text stellen: Wozu will ich das lesen? Worin besteht die Aufgabe?
- Sich an der äußeren Struktur orientieren oder den Text selbst anhand einer Fragestellung strukturieren
- Was kommt in dem Text vor? Sich einen Überblick verschaffen. Den Text kursorisch lesen

Information reduzieren

- Wichtige Begriffe unterstreichen, markieren oder herausschreiben
- Eigene Überschriften formulieren
- Schemata oder Kategoriensysteme skizzenhaft entwickeln
- Wichtiges in eigenen Worten zusammenfassen

> Information elaborieren
> - Nach Anwendungsbeispielen suchen
> - Nach Analogien zu bereits vorhandenem Wissen Ausschau halten
> - Widersprüche beachten. Textaussagen bewerten und kritisieren
> - Sich Fragen zum Text stellen
>
> Verständnis überprüfen
> - Was habe ich nicht verstanden?
> - Kann ich Fragen zum Text aus dem Gedächtnis beantworten?
>
> In der einschlägigen Ratgeberliteratur finden Sie eine Reihe weiterer Empfehlungen sowie spezifische Programme zum Lernen aus Texten (z.B. Metzig & Schuster 2000; Metzger 1999).

4.4.3 Überdauernde Speicher

Überdauernde Speicher sind die Speichersysteme des Langzeitgedächtnisses. Vielleicht hilft es, zur leichteren Verständlichkeit dieser Modellannahme des Mehrspeicheransatzes die Analogie zur elektronischen Datenverarbeitung nochmals zu bemühen. Die Computermetapher des Langzeitspeichers verweist auf die Festplatte eines Rechners. Diese besitzt wie das Langzeitgedächtnis eine sehr große Kapazität, die sich zudem unter Hinzuziehung von Hilfssystemen nahezu beliebig erweitern lässt. Wenn man von unvorhergesehenen Hardwarefehlern einmal absieht, bleiben die einmal auf der Festplatte gespeicherten Informationen prinzipiell für unbegrenzte Zeit erhalten – es kann aber sein, dass sie nach einiger Zeit nicht mehr zugänglich sind. Ein gestörter Zugriff wird dann wahrscheinlicher, wenn sich die Adressierung der Informationen nicht mehr hinreichend gut rekonstruieren lässt. Die Computermetapher ist übrigens nur hinsichtlich der kapazitativen Aspekte des Langzeitspeichers tragfähig. Sie gilt nicht für die Modellvorstellungen zur Art der Wissensrepräsentation, zum Wissenszugriff und zur Rekonstruktion gespeicherter Informationseinheiten. Insbesondere gelten die Inhalte des Langzeitspeichers nicht als fest und unveränderbar, sie sind vielmehr ständigen Verformungen unterworfen.

Die konkreten Gedächtnisinhalte des Langzeitspeichers haben keinen festen Ort, auch wenn wir ziemlich genaue Vorstellungen darüber haben, welche Hirnstrukturen im Einzelnen an ihrer Ausbildung beteiligt sind. Offenbar werden Teilaspekte von Informationen in jenen unterschiedlichen Hirnarealen gespeichert, die während der ursprünglichen Informationsverarbeitung an den Prozessen der Reizidentifikation und -weiterverarbeitung beteiligt waren. Sie sind auch entscheidend am späteren Abruf beteiligt. Die Erinnerungsleistung lässt sich als Versuch einer synchronen Rekonstruktion dieses Geschehens auffassen. Die neurowissenschaftlichen Befunde sprechen im Übrigen dafür, dass es in den an der Informationsverarbeitung beteiligten

Hirnarealen zu dauerhaften Veränderungen hinsichtlich der neuronalen Verbindungen kommt (Langzeitpotenzierung).

Wissenssysteme des Langzeitgedächtnisses
Die inhaltsbezogene Einteilung des Langzeitgedächtnisses (vgl. 4.3) unterscheidet vier Gedächtnis- oder Wissensarten: Das explizite Gedächtnis mit den beiden Teilsystemen des deklarativen Wissens über Episoden und über generalisierte Sachverhalte sowie das implizite Gedächtnis mit den nichtdeklarativen Instanzen des prozeduralen und des perzeptuellen Wissensspeichers. Es gibt unterschiedliche Vorstellungen darüber, in welcher Form die Inhalte dieser Wissenssysteme organisiert sind und wie das Zusammenspiel von bereits vorhandenen Gedächtnisinhalten und Neuinformationen funktioniert. Wie wird die Information zum Wissen? Wie wird das Wissen zum Können?

Für das *episodische* Teilsystem des deklarativen Gedächtnisses wird von einem hohen Maß an Bewusstseinsbeteiligung ausgegangen. Zugleich bleiben viele Details der Originalerlebnisse erhalten, die Quelle der Erfahrung wird quasi mit eingetragen. Sich an den roten Kinderwagen zu erinnern, in welchem man das erste Kind in den Schlaf geschaukelt hat, erfordert die Zusammenführung von Einzelinformationen zum Aussehen dieses Objekts. Zugleich werden assoziativ Erlebensepisoden erinnert, die das konkrete Aussehen des Objekts wieder in den Hintergrund treten lassen: wann und wie man das Gefährt erstanden hat, welche Vor- und Nachteile ihm anhafteten, wie man es zusammenklappen und im Auto verstauen konnte, wie das Kind sich dann irgendwann darin aufsetzte und der Wagen gegen einen Sportwagen umgetauscht werden musste. Erinnern ist in diesem Sinne das rekonstruktive Zusammenführen von Teilaspekten. Nicht verwunderlich, dass dieses Rekonstruieren auch fehlerhaft verlaufen kann.

Bei der bedeutungsbezogenen Enkodierung im *semantischen* Teilsystem des deklarativen Gedächtnisses wird der Quellenbezug nicht aufbewahrt. Man weiß und kann gut beschreiben, wie ein Spaten aussieht und wofür man ihn benutzen kann. Man kann sich aber nicht mehr erinnern, an welchem konkreten Exemplar eines solchen Geräts und anlässlich welcher Gelegenheit dieses Wissen sich ausgebildet hat. Ein wichtiges Merkmal der deklarativen Gedächtnisinhalte ist ihre Nutzungsflexibilität. Das heißt, dass die mentalen Repräsentationen immer wieder in neuartiger Weise verknüpft werden können und dass so neues Wissen entstehen kann, auch ohne das Zutun „äußerer" Informationen. Eine entscheidende Frage ist, in welcher Weise die Inhalte des Langzeitgedächtnisses aktiviert werden können. John Anderson (2000) geht davon aus, dass überdauernde Gedächtnisinhalte aus einer vernetzten Menge von „Einträgen" bestehen. Ein spezifischer Eintrag wird genau dann aktiviert, wenn ihm assoziierte Konzepte im Arbeitsspeicher verarbeitet werden. Nach der Netzwerktheorie der Aktivationsausbreitung ist es vor allem die Stärke der Gedächtnisinhalte, die das Ausmaß und die Geschwindigkeit der assoziativen Verbreitung bestimmt. Im Abschnitt 4.5 werden diese und andere Aspekte der Wissens- und Repräsentationsformen des Langzeitspeichers und ihre Funktionsweisen aufgegriffen.

4.5 Wissen und Können als Inhalte des Langzeitgedächtnisses

Das Gedächtnis umfasst das gesamte Wissen und Können einer Person, und dieses Wissen ist in einer Weise repräsentiert, die Aktualisierungen und Anwendungen jederzeit möglich macht. Kognitionspsychologische Modelle postulieren, dass es sowohl wahrnehmungsbasierte (analoge) als auch bedeutungsbasierte (abstrakte) Formen der Wissensrepräsentation gibt. Bei der wahrnehmungsbasierten Form der Wissensrepräsentation geht man von der Existenz interner mentaler Vorstellungen im Sinne mentaler Bilder aus. Die Struktur der bildlichen Vorstellungen wird als analog zu den sensorisch-perzeptuellen Qualitäten der abzubildenden Objekte betrachtet. Bei der bedeutungsbasierten Repräsentation von Wissenseinheiten werden nur bestimmte Aspekte von Ereignissen oder Sachverhalten enkodiert, beispielsweise typische Eigenschaften, Besonderheiten oder Gemeinsamkeiten.

Wissen was und wissen wie

Als Wissen bezeichnet man eine interne Repräsentation von Sachverhalten der externen Welt. Mit „Wissen was" wird das Wissen um Fakten und Ereignisse bezeichnet, das als deklaratives Wissen der expliziten Erinnerung zugänglich ist. In der Kognitiven Psychologie werden zwei bedeutungsbezogene Repräsentationsformen des deklarativen Wissens diskutiert: „propositionale Strukturen" sowie „semantische Netzwerke" bzw. „Schemata" (s.u.). In beiden Fällen sind Begriffe (Konzepte) die Bausteine des Wissens. Mit „Wissen wie" sind die nicht-deklarativen prozeduralen Gedächtnisinhalte gemeint, die in hohem Maße automatisiert und reflexartig zur Anwendung kommen. Die Fähigkeit, motorische und kognitive Fertigkeiten (Können) auch ohne Bewusstseinskontrolle zur Anwendung zu bringen, wird auch als prozedurales Lernen bezeichnet.

Begriffe als Bausteine des Wissens

Begriffe sind Abstraktionsleistungen des Geistes (mentale Repräsentationen), die durch das Wahrnehmen, Vergleichen, Zusammenfassen und Abstrahieren der Merkmale von Objekten entstehen. In diesem Sinne sind Begriffe „neuartige" geistige Leistungen, die über die Einzelmerkmale eines konkret wahrgenommenen Objekts hinausgehen. Sie sind die bedeutungshaltigen Abstraktionen unserer konkreten Erfahrungen im Umgang mit Dingen, Personen oder Ereignissen. Begriffe sind nicht unbedingt an Wörter gebunden und nicht immer verweist der Wortgebrauch auf seinen begrifflichen Gehalt. Um es mit Mephistopheles aus Goethes Faust spöttisch zu formulieren: „Denn eben wo Begriffe fehlen, da stellt ein Wort zur rechten Zeit sich ein." Damit ein Wort jedoch eine Bedeutung erhält, muss es zum Begriff werden.

In der Entwicklungspsychologie beschäftigt man sich mit der Frage, wie Kinder einen Begriff erwerben. Vereinfacht gesagt, vollzieht sich dies über das Vergleichen und Klassifizieren von Objekten und Erfahrungen anhand der Ähnlichkeit oder Verschiedenheit ihrer Merkmale. Der Begriff „Gummibärchen" repräsentiert konkrete Erfahrungen eines Einjährigen um Umgang mit weichem, klebrigem, süßlichem und essbarem Material, das in unterschiedlichen Farben, Formen und Größen auftreten kann – schon bevor dieser Begriff sprachlich benannt werden kann. Erwachsene mögen mit dem Begriff zusätzlich Vorstellungen über Gelatine, Zucker und Farbstoffe, einen bekannten TV-Unterhalter und die Markennamen einschlägiger Produkte verbinden.

Begriffe haben einen (subjektiven) Bedeutungsgehalt und spezifische Eigenschaften (Attribute), die regelhaft, d.h. durch Relationen miteinander verknüpft sein können. Neue Begriffe entstehen nicht aus dem Nichts, sondern aus dem Zusammenwirken von neuartigen Erfahrungen mit bereits vorhandenen anderen Begriffen. Über kognitive Operationen der Merkmalsverknüpfung und der Merkmalszerlegung sowie des Komprimierens und Differenzierens können Begriffshierarchien und Wissensschemata gebildet werden. Begriffe sind die Einheiten des Geistes und die Werkzeuge zugleich, mit denen wir denken, Ereignisse und Objekte ordnen und „die Welt verstehen". Hans Aebli hat dies in seiner Allgemeinen Didaktik an vielen Beispielen anschaulich dargestellt (Aebli 1983; vgl. auch Steiner 2001b).

Manche Eigenschaften (Attribute) sind zentral für einen Begriff oder für ein Konzept, andere peripher. In der Prototypentheorie der Begriffsbildung wird davon ausgegangen, dass auch einzelne Exemplare einer begrifflichen Kategorie als mehr oder weniger typisch für ein Konzept gelten. Begriffe würden demnach besonders ökonomisch in Form ihrer besten Beispiele, d.h. anhand der typischsten Vertreter ihrer Art, gespeichert. Nehmen wir das Konzept „Flasche". Flaschen haben Eigenschaften oder Attribute, die zum Konzeptkern gehören und solche, die mehr oder weniger randständig sind. Zum Konzeptkern gehören Eigenschaften, die auf die Funktion einer Flasche verweisen (Behälter mit verschließbarer Öffnung; geeignet zur Aufnahme von Flüssigkeiten). Nicht zum Konzeptkern gehören Attribute, die auf das Aussehen (Farbe, Größe, Form) verweisen oder die Spezifität ihres Inhalts und ihres Materials betreffen. Dennoch gibt es auch für diese Attribute mehr oder weniger charakteristische Ausprägungen. Obgleich die Eigenschaft „aus Glas" nicht notwendigerweise auf alle Exemplare des Begriffs „Flasche" zutreffen muss (PET-Flasche, Alu-Flasche), ist sie doch besonders typisch für die genannte Kategorie. Zugleich wird man mit höherer Wahrscheinlichkeit an eine Bier-, Wein- oder Wasserflasche denken als an Milch- oder Ölflaschen. Je nach Nähe und Ähnlichkeit zum Prototypen eines Begriffs lassen sich die Exemplare einer semantischen Kategorie mehr oder weniger schnell und eindeutig zuordnen oder identifizieren. Im Folgenden werden zwei unterschiedliche Modellvorstellungen für die Organisation von Wissen im Langzeitspeicher beschrieben. Sie stehen übrigens nur scheinbar in Konkurrenz, da theoretische Modelle nicht eigentlich wahr oder falsch sein können, sondern eher mehr oder weniger hilfreich und angemessen sind, um bestimmte Aspekte der Wirklichkeit abzubilden.

Propositionale Wissensrepräsentation

Propositionen sind Aussagen. Das Modell der propositionalen Darstellung von Wissen geht davon aus, dass der Bedeutungsgehalt von Ereignissen und Sachverhalten aussagenartig in abstrakter Form gespeichert wird. Nicht der genaue Wortlaut sondern der Inhalt einer Erzählung oder der Sinn einer Erklärung wird im semantischen Gedächtnis (im Bedeutungsgedächtnis) gespeichert. Propositionen sind die modellhaft angenommenen kleinstmöglichen Wissenseinheiten, die Aussagen über Sachverhalte enthalten. Nicht der Begriff „Banane" ist bereits eine Proposition, sondern die Episode „Esther gibt Judith eine Banane" lässt sich propositional darstellen. Die Propositionen sind nicht unbedingt sprachlich gebunden; um aber eine Vorstellung ihrer Funktionsweise zu ermöglichen, werden im Folgenden sprachgebundene Beispiele gewählt. Der Sachverhalt: „Esther gibt Judith eine Banane" lässt sich propositional in Form von logischen Relationen (Prädikaten) zwischen Nomen (Argumenten) wie folgt beschreiben: Geben (Esther, Judith, Banane). Meist entsprechen die Relationen den Verben (Geben), Adjektiven oder adverbialen Konkretisierungen einer Sprachäußerung und die Argumente den Nomina. In der Beispielnotation ist Esther (als erstgenanntes Argument) das handelnde Subjekt.

Propositional repräsentiertes Wissen ist abstraktes, in kleine, voneinander unabhängige und überprüfbare Einheiten (Aussagen) zerlegtes Wissen über Ereignisse und Sachverhalte. Das soll jedoch nicht heißen, dass die Wissenseinheiten isoliert blieben. Im Gegenteil: die Propositionen stehen netzartig miteinander in Beziehung. John Anderson, Walter Kintsch und andere Autoren haben Notationen vorgeschlagen, die dem Netzwerkcharakter von Propositionen Rechnung tragen sollen. In der propositionalen Darstellung sind die Propositionen durch Ellipsen dargestellt, die durch Pfeile mit ihren Argumenten (Nomen) und Prädikaten bzw. Relationen (Eigenschaften) verbunden sind. Diese Argumente und Prädikate nennt man auch Knoten. Sie sind ihrerseits wieder mit den Argumenten und Prädikaten anderer Propositionen verbunden (Abb. 4-5).

Abb. 4-5: Ein propositionales Netzwerk

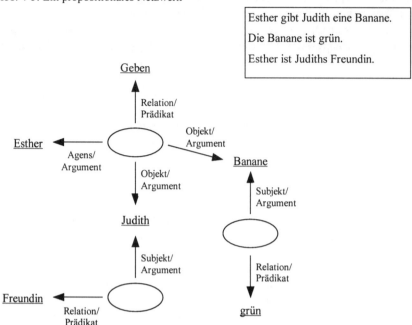

Semantische Netzwerke und Schemata

Wenn es um größere sprachlich-begriffliche Wissenseinheiten geht, ist die Vorstellung von semantischen Netzen gebräuchlich geworden. Begriffliches konzeptuelles Wissen lässt sich mannigfaltig in hierarchischer Form anordnen. So kann ein umfassender Begriff wie „Unterrichtsmedien" in der Pädagogischen Psychologie in mehrfacher Hinsicht ausgebreitet werden, z.B. in personale und nicht personale Medien, in visuelle, auditive, audiovisuelle und haptische Medien, in Medien, die sprachliche oder nicht sprachlich gebundene Kodiersysteme verwenden. Für jede dieser Unterkategorien sind weitere Unterteilungen und Eigenschaftszuschreibungen denkbar (so kann man bei den nicht personalen Medien unterschiedliche technische Geräte aufführen, aber auch Bücher, Bilder, Landkarten, Tafeln und Präparate). Auch die Repräsentationsformen des deklarativen Wissens lassen sich übersichtlich in hierarchischer Form darstellen (Abb. 4-6).

Im Sinne einer kognitiven Ökonomie werden die für ein Konzept zutreffenden Eigenschaften auf der höchstmöglichen Hierarchieebene eines Bedeutungsnetzes – und auch nur dort – abgelegt. Ob das Tafelbild oder das Stück Kreide im Sinne des Medienkonzepts noch ein Medium ist, muss durch Verifikationsprozesse erschlossen werden. Besonders bekannt geworden ist in diesem Zusammenhang die Auffassung, wonach die Informationsausbreitung in semantischen Netzen proportional von der Anzahl der Knotenpunkte abhängt, die durchsucht bzw. durchlaufen werden müssen (vgl. Anderson 2001). Dass ein Kanarienvogel gelb ist, wird in Reaktionszeitexperimenten schneller bestätigt als die Frage, ob ein Kanarienvogel eine Haut hat. Mit anderen Worten: Es dauert länger, Wissenselemente zu aktivieren, die nicht direkt bei einem Konzept oder Begriff gespeichert sind, sondern erst erschlossen werden müssen.

Abb. 4-6: Eine Begriffshierarchie

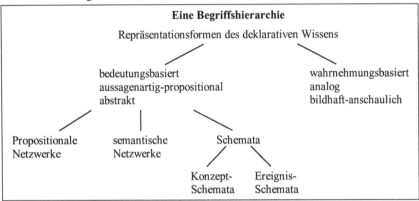

Für eine flexiblere Vorstellung von der Repräsentation kategorialen Wissens sind Modelle der schema-orientierten Wissensrepräsentation vorgeschlagen worden. Schemata sind Rahmen, die beliebig gefüllt werden können. Eine wichtige Eigenschaft eines Schemas ist, dass es eine Reihe von Leerstellen (Variablen) enthält. So lange sie nicht spezifisch gefüllt werden, enthalten Leerstellen eines Schemas so genannte Default-Werte, das sind Voreinstellungen. Die Default-Werte bleiben bestehen, bis sie durch explizite andersartige Erfahrungen ersetzt werden. Der Begriff „Korkenzieher" könnte schematheoretisch wie folgt repräsentiert sein:

Beispiel: Ein kategoriales Schema

Der Korkenzieher	
Gehört zur Oberkategorie:	Hilfsmittel, Küchengeräte
Funktion:	Entfernen eines Flaschenverschlusses aus Kork
Unterteilung:	Griff, Spindel
Material:	Griff (Holz, Metall, Kunststoff), Spindel (Metall)
Form:	Griff (variabel), Spindel (gewunden)
Größe:	Griff (variabel), Spindel (5-10 cm)

Das Korkenzieher-Schema fasst die bedeutsamen Merkmale des Begriffs „Korkenzieher" in abstrakter und geordneter Form zusammen und lässt dennoch Raum für spezifische Ausgestaltungen. Konzeptschemata sind stets insoweit abstrakt, als sie nur das allgemein Zutreffende einer Variable benennen und nicht, was für ein spezifisches Exemplar eines kategorialen Begriffs zutreffen muss.

Schemata von Ereignisabfolgen nennt man auch Skripten. Skripten-Wissen erleichtert und steuert das Behalten und Bewältigen stereotyper Handlungssequenzen. Ein illustratives Beispiel ist das Schema eines typischen Restaurantbesuchs, das sich in Anweisungen eines Handlungsskripts übertragen lässt (vgl. Anderson 2001). Als typisch für einen Restaurantbesuch kann demnach die Ereignisabfolge „Platz nehmen, Speisekarte lesen, Bestellen, Essen, Bezahlen, Gehen" gelten. Ist das Skripten-Wissen durch Lernen erworben worden, wird es uns möglich sein, in jedem beliebigen Restaurant in dieser Weise erfolgreich zu sein. Es wird auch deutlich, dass besondere Restaurants Modifikationen des Handlungsskripts notwendig werden lassen: so wird man in Selbstbedienungsrestaurants amerikanischer Bulettenketten die Erfahrung machen, dass man vor dem Platz nehmen bestellen und vor dem Essen bezahlen muss.

Ein weiteres Beispiel für die Kulturabhängigkeit von Handlungsskripts ist einer klassischen Monographie zur Psychologie der menschlichen Kommunikation entnommen:

Unter den während des Krieges in England stationierten amerikanischen Soldaten war die Ansicht weit verbreitet, die englischen Mädchen seien sexuell überaus leicht zugänglich. Merkwürdigerweise behaupteten die Mädchen ihrerseits, die amerikanischen Soldaten seien übertrieben stürmisch. Eine Untersuchung, an der u.a. Margaret Mead teilnahm, führte zu einer interessanten Lösung dieses Widerspruchs. Es stellte sich heraus, dass das Paarungsverhalten (courtship pattern) – vom Kennenlernen der Partner bis zum Geschlechtsverkehr – in England wie in Amerika ungefähr dreißig verschiedene Verhaltensformen durchläuft, dass aber die Reihenfolge dieser Verhaltensformen in den beiden Kulturbereichen verschieden ist. Während z.B. das Küssen in Amerika relativ früh kommt, etwa auf Stufe 5, tritt es im typischen Paarungsverhalten der Engländer relativ spät auf, etwa auf Stufe 25. Praktisch bedeutet dies, dass eine Engländerin, die von ihrem Soldaten geküsst wurde, sich nicht nur um einen Großteil des für sie intuitiv <richtigen> Paarungsverhaltens (Stufe 5-24) betrogen fühlte, sondern zu entscheiden hatte, ob sie die Beziehung an diesem Punkt abbrechen oder sich dem Partner sexuell hingeben sollte. Entschied sie sich für die letztere Alternative, so fand sich der Amerikaner einem Verhalten gegenüber, das für ihn durchaus nicht in dieses Frühstadium der Beziehung passte und nur als schamlos zu bezeichnen war. Die Lösung eines solchen Beziehungskonflikts durch die beiden Partner selbst ist natürlich deswegen praktisch unmöglich, weil derartige kulturbedingte Verhaltensformen und -abläufe meist völlig außerbewusste sind. Ins Bewusstsein dringt nur das undeutliche

Gefühl: der andere benimmt sich falsch (Watzlawick, Beavin & Jackson 2000, S. 20).

4.6 Zusammenfassung

1. Grundlage kognitiver Leistungen ist die Fähigkeit des kognitiven Systems zur Erfahrungsbildung und zur mentalen Repräsentation äußerer Gegebenheiten. Innere Vorgänge der Informationsverarbeitung gewährleisten dabei das Einprägen neuer und das Erinnern vergangener Erfahrungen.
2. Das Gedächtnis ist zugleich Ort und Prozess dieser Informationsverarbeitung. Die Gedächtnisphänomene des Erinnerns und Vergessens lassen sich leichter verstehen, wenn man die unterschiedlichen Gedächtnisarten und -systeme separat betrachtet: Nur die Inhalte des expliziten Gedächtnisses können willentlich, bewusst und explizit erinnert werden. Sie lassen sich sprachlich ausdrücken.
3. Die Inhalte des impliziten Gedächtnisses werden dagegen vor allem im Handeln sichtbar. Die Ausführung von Bewegungsabläufen aber auch routinierte kognitive Fertigkeiten beruhen auf Leistungen des impliziten Gedächtnissystems. Sie können prinzipiell unbewusst erfolgen.
4. Neben der inhaltlichen Unterscheidung expliziter und impliziter Erinnerung lassen sich Gedächtniszustände anhand ihrer Dauerhaftigkeit und zeitlichen Erstreckung einteilen. Die bekannteste Einteilung geht von einer Abfolge von Ultrakurzzeit-, Kurzzeit- und Langzeitspeicherung aus, wobei die drei Speicher jeweils unterschiedliche Vorzüge und Begrenzungen aufweisen. Während das Ultrakurzzeit- und das Kurzzeitgedächtnis temporäre und vergängliche Übergangsspeicher sind, ist der Verweildauer der Informationen im Langzeitspeicher prinzipiell unbegrenzt.
5. Es gibt unterschiedliche Vorstellungen darüber, in welcher Form die Wissensinhalte im Langzeitspeicher repräsentiert sind. Die bedeutungsbasierte, abstrakte Form der Wissensrepräsentation, wird häufig im Sinne einer propositionalen Darstellung beschrieben oder als semantisches Netzwerk. Gebräuchlich sind auch Modelle der schema-orientierten Wissensrepräsentation, nicht nur für konzeptuelles Wissen, sondern insbesondere zur Abbildung von Ereignisfolgen oder Handlungssequenzen.

5. Lernen
(Andreas Gold)

Lernen und Gedächtnis gehören eng zusammen. John Anderson (2000) vertritt die Auffassung, man könne die beiden Themen überhaupt nicht getrennt voneinander behandeln und es sei allein der gewachsenen Forschungshistorie der vergangenen 100 Jahre geschuldet, dass die eher verhaltensorientierte Lernpsychologie und die eher kognitiv orientierte Gedächtnispsychologie in den Lehrbüchern meist separat dargestellt werden. In der wissenschaftlichen Lernpsychologie spielten Tierversuche („animal learning") eine größere Rolle, während in der Gedächtnispsychologie von Anfang an vor allem die Funktionsweise des menschlichen Gedächtnisses („human memory") untersucht wurde. Das letztendliche Erkenntnisinteresse ist in beiden Forschungstraditionen auf das gleiche Ziel gerichtet: Wie funktioniert menschliches Lernen, und wie wird das Gelernte dauerhaft behalten? Denn erst wenn die Gesetzmäßigkeiten des Lernens bekannt sind, kann man Lernprozesse in pädagogischen Situationen gezielt beeinflussen.

Aus der Sicht der Kognitiven Psychologie werden Lernen und Gedächtnis als zwei Seiten einer Medaille, als Prozess und als Produkt der Verarbeitung von Informationen verstanden. Aufgrund dieser inneren Einheit von Lernen und Gedächtnis wurden zentrale Begriffe des kognitiven Lernens bereits an mehreren Stellen im Abschnitt über das Gedächtnis eingeführt und verwendet (Abschnitte 4.4 und 4.5). Einige davon werden hier aus der Prozessperspektive des Wissenserwerbs erneut aufgegriffen. Lernen ist aber nicht nur Wissenserwerb, sondern auch Verhaltensänderung. Neu hinzu kommt deshalb die Darstellung von Ansätzen aus der verhaltenspsychologischen Tradition.

Menschen müssen fast alles lernen. Die Erstausstattung des Neugeborenen enthält im Unterschied zu vielen anderen Lebewesen nur wenige angeborene Reflexe oder Instinkte. Dafür ist es in besonders hohem Maße lernfähig. Die grundlegende Funktion des Lernens besteht darin, durch vielfältige Orientierungs- und Anpassungsprozesse dauerhaft und adaptiv auf aktuelle, sich stetig ändernde Umweltereignisse zu reagieren. Lernen geht also stets mit Veränderungen einher: Es wird durch Umweltveränderungen initiiert, und es hat Veränderungen im lernenden Individuum zur Folge. Die theoretischen Vorstellungen über Lernen unterscheiden sich vor allem darin, welchen Begriff von Veränderung sie zugrunde legen: Veränderungen des sichtbaren Verhaltens oder des Verhaltenspotentials oder Veränderungen der Wissensbestände und kognitiven Strukturen? Lerntheorien unterscheiden sich auch darin, ob sie dem Lernenden eher eine aktive oder passive Rolle im Lernprozess zuschreiben.

Wenn Menschen etwas gelernt haben, dann haben sie sich damit die Möglichkeit eröffnet, ihr Verhalten zu verändern. Es kann aber auch zu Verhaltensänderungen kommen, ohne dass Lernen stattgefunden hat, z.B. aufgrund von Müdigkeit oder Erschöpfung oder infolge körperlicher Reifungs- oder Abbauprozesse. Von Lernen spricht man nur dann, wenn sich eine Verhaltensänderung auf eine Erfahrung zurückführen lässt. Eine weit verbreitet Definition von Lernen ist die folgende:

> „Lernen bezieht sich auf die Veränderung im Verhalten oder im Verhaltenspotential eines Organismus hinsichtlich einer bestimmten Situation, die auf wiederholte Erfahrungen des Organismus in dieser Situation zurückgeht, vorausgesetzt, dass diese Verhaltensänderung nicht auf angeborene Reaktionstendenzen oder vorübergehende Zustände (wie etwa Müdigkeit, Trunkenheit, Triebzustände, usw.) zurückgeführt werden kann" (Bower & Hilgard 1981, S. 31).

Oder kürzer:

> „Lernen ist als derjenige Prozess zu verstehen, der ein Individuum – aufgrund eigener, meist wiederholter Aktivität – zu relativ überdauernden Verhaltensveränderungen führt" (Steiner 2001b, S. 140).

Lernen als Verhaltensänderung, d.h. als Aufbau und Veränderung von Verhaltensweisen, ist das grundlegende Paradigma der Konditionierungstheorien des assoziativen Lernens. Die Konditionierungstheorien werden auch als behavioristische oder verhaltenspsychologische Lerntheorien bezeichnet, weil sie sich in ihrem Erklärungsanspruch allein auf das sichtbare Verhalten (behavior) beziehen und weil sie das Lernen vom Lernergebnis her definieren. Die verhaltenspsychologischen Theorien betonen die Außensteuerung des Lernens durch die Lernumwelt (z.B. durch den Erzieher oder durch die Lehrerin). Als wesentliches Lernprinzip gilt die Verknüpfung (Assoziation) zwischen Reizen und/oder zwischen Reizen und Reaktionen. Die Theorien der operanten und der klassischen Konditionierung (vgl. Abschnitt 5.2.2) sind Beispiele für verhaltenspsychologische Theorien; die Theorie des Beobachtungslernens vereint verhaltens- und kognitionspsychologische Ideen.

Um der Gesamtheit des menschlichen Lernens gerecht zu werden, reicht eine allein am Verhalten orientierte Definition nicht aus. Denn Lernen kann auch stattgefunden haben, ohne dass es zu (sichtbaren) Verhaltensänderungen kommt. Die nachfolgende Definition zielt auf die „inneren" Prozesse des Lernens:

> „Lernen im Sinne von Wissenserwerb kann als der Aufbau und die fortlaufende Modifikation von Wissensrepräsentationen definiert werden. [Es] ist

ein bereichsspezifischer, komplexer und mehrstufiger Prozess, der die Teilprozesse des Verstehens, Speicherns und Abrufens einschließt" (Steiner 2001b, S. 164).

Lernen als Wissenserwerb ist das grundlegende Paradigma der kognitiven und konstruktivistischen Lerntheorien. Kognitionspsychologische Theorien betonen die Bedeutsamkeit kognitiver Strukturen und mentaler Prozesse beim Lernen. Sie verlassen die mechanistische, nur am beobachtbaren Verhalten orientierte Sichtweise und fragen danach, wie der eigentliche Lernprozess im Individuum vonstatten geht. Lernen wird in dieser Tradition als Prozess der Informationsverarbeitung aufgefasst, in dessen Verlauf Wissensstrukturen aufgebaut und verändert werden. In neuerer Zeit hat der kognitionspsychologische Ansatz eine konstruktivistische Einkleidung erfahren. Die so genannten kognitiv-konstruktivistischen Theorien des Lernens heben insbesondere den Aspekt der Eigentätigkeit des Lerners bei der Informationsverarbeitung sowie die Komplexität und die Situativität von Lernprozessen hervor (individueller Konstruktivismus). Die sozialkonstruktivistischen Theorien betonen zusätzlich den sozialen Charakter von Lernprozessen und die Bedeutung sozialer Unterstützung beim Erwerb individuellen Wissens. Lernen wird aus konstruktivistischer Sicht stets als selbstgesteuerte Aktivität des Lernenden verstanden, in deren Verlauf Wissen nicht einfach erworben, sondern individuell (re)konstruiert bzw. sozial ausgehandelt wird.

5.1 Lernen als Informationsverarbeitung und Wissenserwerb

Kognitionen oder kognitive Prozesse sind mentale Vorgänge, durch die ein lernender Organismus Kenntnis von seiner Umgebung erlangt. Die Grundidee des kognitiven Lernens besagt, dass die Aufnahme und Verarbeitung von Informationen zum Wissenserwerb, d.h. zu mentalen Repräsentationen dieser Informationen führt. Der Prozess des Wissenserwerbs beinhaltet zugleich eine fortlaufende Modifikation von bereits vorhandenen Wissensrepräsentationen sowie die wichtige Option zum Gebrauch und zum Transfer des erworbenen Wissens.

In Abbildung 5-1 ist in Anlehnung an eine von Mayer (1992) gewählte Darstellungsweise der isolierte Lernakt als Prozess der Informationsverarbeitung illustriert – im Kern entspricht dies der schon bekannten Darstellung des Dreispeichermodells aus Abschnitt 4.4. Der Informationsfluss zwischen den drei Speichern des Modells ist durch Pfeile symbolisiert. Die kognitiven Prozesse des Selegierens, Organisierens, Integrierens und Speicherns sollen seine Abfolge inhaltlich beschreiben. Diesen Prozessen lassen sich vier sukzessive Phasen der Informationsverarbeitung zuordnen.

Abb. 5-1: Lernen als Informationsverarbeitung

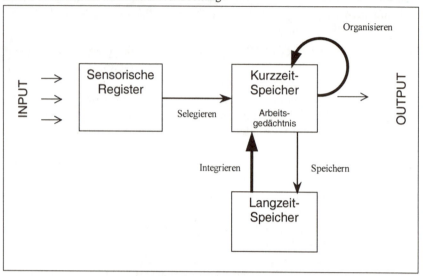

In der ersten, der Selektionsphase, werden Informationen aus den Sensorischen Registern gezielt für den Arbeitsspeicher ausgewählt. Die Aufmerksamkeitszuweisung entscheidet darüber, welche Informationen bewusst weiter verarbeitet werden. In der zweiten, der Konstruktionsphase, werden die neuen Informationen im Arbeitsspeicher untereinander verknüpft und verdichtet. In der Integrationsphase werden sie in die bereits vorhandenen Wissensbestände eingeordnet. In der vierten, der Erwerbsphase (Speichern), werden die neuen Informationen dauerhaft in den Langzeitspeicher übertragen.

Das kognitive Lernen wird gefördert, indem der Informationsfluss durch regulative Maßnahmen des Lerners (selbstgesteuertes Lernen) und durch unterstützende Maßnahmen des Lehrers (fremdgesteuertes Lernen) begleitet und beeinflusst wird. Maßnahmen zur Selbststeuerung des Lernens sind in allen Phasen der Informationsverarbeitung möglich. Man kann sich dies am Beispiel des Lernens aus Texten klarmachen: Durch die kognitiven Strategien des Reduzierens und Zusammenfassens von Informationen (Organisieren) lässt sich die Informationsmenge im Kurzzeit-Speicher in behaltensförderlicher Weise komprimieren. Hier spielen auch die so genannten Chunking-Prozesse (s. Abschnitt 4.4.2) eine wichtige Rolle. Durch die elaborativen Techniken des bildhaften Vorstellens, des argumentativen Verknüpfens und des Erarbeitens von Anwendungsbeispielen (Integrieren) können neue Informationen leichter verstanden und besser an das Vorwissen angebunden werden. Durch Wiederholen und Üben können neue Informationen dauerhaft eingeprägt und gefestigt werden (Speichern). Gute Informationsverarbeiter steuern in diesem Sinne ihre Informationsverarbeitung und kontrollieren bzw. überwachen ihren Verlauf. Aus instruktionspsychologischer Sicht lassen sich die genannten Selbststeuerungsmaßnahmen unterstützend begleiten, vor allem, indem der Erwerb und die Anwendung kognitiver Lernstrategien eingeübt und gefördert wird, indem flankierende Maßnahmen zur Aufmerksamkeitssteuerung eingesetzt werden und indem die Präsentation des Lernmaterials an die Verarbeitungskapazitäten und Vorwissensbestände der Lerner angepasst wird.

5.1.1 Kognitiv-konstruktivistische Lerntheorien

Auch in der kognitiv-konstruktivistischen Sichtweise wird Lernen als Informationsverarbeitung verstanden. Zugleich wird jedoch der individuelle und konstruktive Charakter des Wissensaufbaus hervorgehoben. Wissen wird demzufolge nicht aufgenommen oder erworben, sondern aktiv konstruiert. Durch seine Eigenaktivität konstruiert ein Lerner eine mentale (und notwendigerweise subjektive) Repräsentation der neuen Informationen. Subjektiv ist diese Wissenskonstruktion insofern, als es sich dabei stets um eine Interpretation und Bedeutungszuschreibung auf der Basis bereits bestehender Wissenselemente und Lernintentionen handelt. Die Hervorhebung des konstruktiven Elements lässt den Unterschied zu den frühen kognitionspsychologischen Lerntheorien deutlich werden: Dort wird Wissenserwerb eher im Sinne einer passiv-rezeptiven Aufzeichnung oder als kumulative Anhäufung von Informationsbausteinen verstanden. Gemäß der kognitiv-konstruktivistischen Vorstellung von Lernprozessen ist der Wissensaufbau viel eher ein aktiver Prozess, in dessen Verlauf Informationen interpretiert und akzentuiert werden. Subjektive Vorerfahrungen und Intentionen von Lernern sind deshalb wesentliche Rahmenbedingungen des Wissensaufbaus.

Ein zentraler Begriff ist die kognitive Elaboration. Die elaborative Informationsverarbeitung besteht in einer (subjektiven) Anreicherung oder Erweiterung vorgegebenen Lernmaterials um zusätzliche Informationen. Neues Wissen wird aufgebaut, indem neue Informationen in vorhandene Vorwissensbestände integriert werden. Dies wird entscheidend erleichtert, wenn zu Beginn des Lernaktes die relevanten Vorwissensschemata aktiviert werden. Ein klassisches Beispiel für die Wirksamkeit solcher Schemata geht auf eine Studie von Bransford und Johnson (1972) zurück.

Forschungsbeispiel Vorwissen: Die an der Untersuchung teilnehmenden Oberstufenschüler wurden in zwei Gruppen aufgeteilt, in beiden Gruppen wurde ein identischer Text vorgelesen, anschließend wurde nach der Verständlichkeit des Textes gefragt, und es wurde eine Behaltensprüfung der Textinhalte durchgeführt. Der einzige Unterschied zwischen den beiden Untersuchungsgruppen war, dass in der einen Gruppe dem Text eine Überschrift vorangestellt war. Wenn Sie sich den nachfolgenden (leicht veränderten) Text einmal durchlesen, können Sie sich selbst ein Urteil über seine Verständlichkeit bilden.

> Eigentlich ist es ganz einfach. Man bildet zunächst aus sämtlichen Stücken mehrere Haufen. Manchmal ist das auch nicht notwendig; das hängt ganz davon ab, wie viel zu tun ist. Wenn man die für die Arbeit notwendigen Hilfsmittel oder Zutaten nicht zur Hand hat, ist der nächste Schritt, sie zu besorgen. Ansonsten kann man sich sofort an die Arbeit machen. Es ist wichtig, dass man nicht zu viel auf einmal macht. Das heißt, man sollte nur diejenigen Stücke zusammen behandeln, die zueinander passen. Zunächst mag man diese Notwendigkeit nicht einsehen, aber es können im anderen Fall leicht Komplikationen auftreten. Vor allem können Unachtsamkeiten bei den Vorbereitungen teuer zu stehen kommen. Sind die Vorbereitungen abgeschlossen, so setzt man den ganzen Mechanismus in Gang, aber das erklärt sich fast von selbst, so dass wir darauf nicht eingehen müssen. Zu Anfang mag uns der ganze Vorgang etwas kompliziert erscheinen. Sehr bald wird er jedoch zu den Erfordernissen des alltäglichen Lebens gehören. Wenn alles erledigt ist, wird man die Stücke wieder nach Kategorien ordnen. Man kann sie dann an den dafür vorgesehenen Platz bringen. Irgendwann wird man dann alle Stücke wieder benutzen und dann beginnt bald der ganze Zyklus wieder von vorne. Aber so ist das Leben. (Text nach Bransford & Johnson 1972, S. 722)

Die Untersuchungsteilnehmer der ersten Gruppe (Text ohne Überschrift) fanden den Text recht unverständlich und konnten nur wenige Textinhalte behalten. In der zweiten Gruppe war der Text zusammen mit einer Überschrift präsentiert worden, die darauf hinweist, worum es geht: „Wäschewaschen". Unter dieser Bedingung wurde die Verständlichkeit des Textes höher eingeschätzt und die Behaltensleistungen waren deutlich besser.

Das Beispiel illustriert, dass Lernen als Konstruktion von Bedeutung ganz entscheidend davon abhängt, welches begriffliche Vorverständnis bereits vorhanden bzw. aktuell aktiviert ist. Können die neuen Informationen nicht in ein Vorwissensschema integriert werden, dann ist es weitaus schwieriger, sie zu verarbeiten. Sie lassen sich um so leichter integrieren, je mehr Anknüpfungspunkte sie bieten. Um es in der Sprache der Netzwerktheorie des deklarativen Wissens (s. Abschnitt 4.5) zu formulieren: eine neue Proposition kann dann aufgebaut werden, wenn „benachbarte" und bereits vorhandene Propositionen durch Aktivationsausbreitung bereits aktiviert sind und wenn über eine schlussfolgernde Elaboration eine neue Verknüpfung (Relation) entsteht. Lernen findet statt, wenn bereits vorhandene semantische Netzwerke oder Schemata durch das Hinzufügen neuer Relationen modifiziert und erweitert werden. Das heißt aber auch, dass jeder Lernvorgang die vorhandenen Wissensstrukturen nicht nur ergänzt, sondern auch verändert.

Für das Lernen aus Texten ist es förderlich, wenn die Inhalte gut geordnet, mit Überschriften versehen, durch Abbildungen veranschaulicht und durch vorangestellte Einordnungshilfen (sog. advance organizer) vorbereitet dargeboten werden. Das sind instruktionale Maßnahmen, die die Informationsaufnahme grundsätzlich erleichtern. Sie können nicht gewährleisten, dass Wissen aufgebaut wird, weil die subjektive Konstruktion von Bedeutung dem Lernenden selbst obliegt und weil die Wissenskonstruktion von außen zwar angeregt, nicht aber gesteuert werden kann. Eine weitere Begrenztheit des kognitiv-konstruktivistischen Ansatzes ist zu nennen: Zwar wird auf emotionale und motivationale Bedingungen von Lernen immer wieder hingewiesen, doch bleiben im Modell die „heißen" Emotionen im Unterschied zu den „kalten" Kognitionen meist außen vor (vgl. dazu Pekrun & Schiefele 1996).

5.1.2 Sozial-konstruktivistische Lerntheorien

In der sozial-konstruktivistischen Sichtweise wird hervorgehoben, dass die individuelle Wissenskonstruktion stets in einem bestimmten Handlungskontext vollzogen wird und dass dieser Kontext meist von mehreren Individuen geteilt wird. In diesem Sinne ist der Wissensaufbau nicht nur ein aktiver, sondern auch ein sozialer Prozess, in dessen Verlauf Bedeutungszuschreibungen gemeinsam entwickelt und ausgehandelt werden. In Ergänzung zur kognitiv-konstruktivistischen Tradition, die bereits die Eigenaktivität des Lerners sowie die Kontextgebundenheit von Lernprozessen hervorhob, betont die sozial-konstruktivistische Theorie also zusätzlich die Einbettung des Lernens in soziale Kontexte. Dabei wird davon ausgegangen, dass die kognitiven Prozesse vom interaktiven Austausch mit Mitlernern, Lehrern und Erziehern stimuliert werden und dass der Aufbau neuer Kenntnisse und Fertigkeiten einer sozialen Gemeinschaft von Lernern bedarf. In der sozialkonstruktivistischen Theorie verbinden sich die Individuumszentrierung der kognitionspsychologischen und die Umweltzentrierung der verhaltenspsychologischen Traditionen: erst die Interaktion von sozialer Umwelt und individuellen kognitiven Strukturen macht den Wissensaufbau möglich.

Eine historische Wurzel des sozial-konstruktivistischen Ansatzes sind die Schriften des russischen Psychologen Lew Wygotski (1896-1934). Wygotski hat darauf hingewiesen, dass den individuellen Lernprozessen stets soziale Austauschprozesse vorausgehen. Lernen ohne Interaktion mit anderen Personen sei nicht denkbar, entscheidend mithin, in welcher sozialen Umgebung und unter welchen Bedingungen Lernen stattfindet. Die Hauptrichtung der Entwicklung des kindlichen Denkens, so Wygotski in seinem Buch „Denken und Sprechen" (1934) am Beispiel der Sprachentwicklung, sei eine andere, als bei Piaget, einem später sehr einflussreichen Entwicklungspsychologen, dargestellt. Insbesondere liege das Soziale nicht am Ende der Entwicklung, sondern sei deren Beginn. „Die Entwicklung des kindlichen Denkens verläuft nicht vom Individuellen zum Sozialisierten, sondern vom Sozialen zum Individuellen" (Wygotski 1977, S. 44). Kennzeichnend für den sozialen Interaktionismus Wygotskis ist also eine Umkehrung der kognitivistischen Individuumszentrierung. Der Aufbau individuellen

Wissens ist demnach die Folge nachahmenden sozialen Lernens im Rahmen arrangierter Lehrer-Schüler- bzw. Schüler-Schüler-Interaktionen.

Wenn man davon ausgeht, dass soziale Interaktionen der Veränderung kognitiver Strukturen vorausgehen, dann kommt den Lehrern und Erziehern eine weitaus größere Bedeutung und eine aktivere Rolle zu. Ihre besondere Verantwortung als „bereits Wissende" liegt darin, solche Lerngelegenheiten und -anforderungen bereit zu stellen, die eine optimale Balance zwischen einer Unter- und Überforderung des Lerners herstellen. Als Lernpartner müssen sie während des Lernprozesses notwendige Hilfen anbieten, diese aber – sobald möglich – wieder ausblenden. Der amerikanische Entwicklungspsychologe Jerome Bruner hat dies in ähnlicher Weise formuliert und die anzubietenden Hilfen mit der Funktion eines „Lerngerüsts" verglichen (scaffolding). Zwei Lehr-Lern-Modelle, die den sozialen Charakter des Wissenserwerbs auf je unterschiedliche Weise betonen, sind die „kognitive Meisterlehre" und das „kooperative Lernen".

Kognitive Meisterlehre
Der Ansatz geht auf Überlegungen von Collins, Brown und Newman (1989) zum problem- bzw. praxisorientierten Lernen zurück und besagt, dass der Aufbau von Wissen ähnlich wie der Erwerb manueller Fertigkeiten durch einen beständigen Austausch zwischen Experten und Novizen (Meistern und Lehrlingen) befördert wird. In den traditionellen Handwerksberufen gilt das Prinzip, dass ein Meister vormacht und vorzeigt, wie etwas ausgeführt werden soll. Ein Lehrling versucht sich dann in nachahmender Weise und wird – wo notwendig – durch den Meister korrigiert. Übertragen auf das kognitive Lernen heißt das, dass der „kognitive Meister" durch lautes Denken seine Überlegungen und Vermutungen äußert, während er ein Problem angeht oder eine Aufgabe bearbeitet. Damit zeigt er modellhaft, wie er als Experte das Problem löst. Wichtig für den Zuschauer ist also das „Sichtbarmachen" der kognitiven Prozesse über ein begleitendes Verbalisieren. Dann wird sich der „kognitive Lehrling" selbst mit einem ähnlichen Problem befassen, und er wird dabei durch notwendige Hilfen und Hinweise unterstützt und korrigiert – es wird ein Lerngerüst aufgebaut. Die Anschubhilfen werden, sobald möglich, wieder zurückgezogen, und der Lerner wird seinerseits aufgefordert, seine Denkprozesse während der Aufgabenbearbeitung durch lautes Denken zu verbalisieren. Auf diese Weise kann der Lehrende die Angemessenheit der entstehenden Wissensstrukturen kontrollieren. Eine weiter führende Phase der Wissenskonsolidierung schließt sich an, in welcher durch das Artikulieren der neu erworbenen Denk- und Lösungsprozeduren ein Vergleich und eine Auseinandersetzung mit dem Vorgehen anderer Lerner möglich wird.

Die hier geschilderte Vorgehensweise wird in wesentlichen Teilen auch in anderen Zusammenhängen empfohlen, wenn es um den Erwerb oder die Förderung kognitiver Fertigkeiten geht (vgl. z.B. Klauer 2001a). Die Kernprozesse des Modellierens, angeleiteten Trainierens und begleitenden Verbalisierens beinhalten eine stärkere Anleitungskomponente, als sie in den konstruktivistischen Ansätzen sonst vertreten wird. Im Verlauf des Lernprozesses wird das Maß an Außensteuerung allerdings zunehmend geringer und der Lerner selbst wird zum eigenverantwortlichen Problemlöser. Der hohe Stellenwert der sozialen Unterstützung ist für das Modell der kognitiven Meisterlehre ebenso zentral wie eine größtmögliche Praxisnähe und Authentizität der Lerninhalte. Aus der sozial-konstruktivistischen Perspektive wird jedoch vor allem dem kommunikativen Kontext von Lernprozessen eine entscheidende Rolle für den individuellen Wissensaufbau zugeschrieben. Es ist die besondere Kommunikation mit den Experten (z.B. den Lehrern), also das allmähliche Hineinwachsen in eine Expertenkultur, die die sozialen Interaktionen der Lernenden qualifiziert. Im nun folgenden Modell wird die Kommunikation mit den Mitlernern zum Medium der Wissenskonstruktion.

Kooperatives Lernen
Eine andere Form der sozialen Interaktion findet im Diskurs der Lernenden untereinander statt. Auf das kognitive Lernen bezogen, werden von diesen Schüler-Schüler-Interaktionen Vorteile im Hinblick auf die Qualität des Wissensaufbaus, die Entwicklung der kooperativen und kommunikativen Fertigkeiten und hinsichtlich der Lernmotivation erwartet.

Dass durch erfolgreiches kooperatives Lernen die kooperativen und kommunikativen Fertigkeiten der Lerngruppenmitglieder gefördert werden, bedarf keiner weiteren Begründung. Dass ein qualitativ höherwertiges, transferierbares und anwendungsbezogenes Wissen aufgebaut werden kann, wird aus der Perspektive der kognitiven Elaboration begründet: Durch die Auseinandersetzung mit unterschiedlichen Sichtweisen und durch die Notwendigkeit, den eigenen Standpunkt zu begründen und gegebenenfalls zu überdenken, werden sozio-kognitive Konflikte ausgelöst, die ein tieferes Verständnis der Lerninhalte bewirken. Die Vorteile hinsichtlich der Lernmotivation werden in den kooperativen Zielstrukturen dieser Lernform gesehen (Johnson & Johnson 1994; Slavin 1995). Kooperative Zielstrukturen sind durch eine positive Ziel-Interdependenz gekennzeichnet. Jeder Lerner ist für seinen eigenen Beitrag verantwortlich, zugleich aber von den Beiträgen und Zuarbeiten der jeweils anderen Mitglieder einer Lerngruppe abhängig: Nur gemeinsam kann das Ziel erreicht werden. Mit anderen Worten: Die Gruppe muss erfolgreich sein, wenn der einzelne erfolgreich sein will. Dem stehen die individualisierten oder gar kompetitiven Zielstrukturen des herkömmlichen schulischen Lernens gegenüber. Eine individualisierte Zielstruktur bedeutet, dass Lernaufgaben individuell bearbeitet werden und dass die Zielerreichung des einzelnen vom Erfolg oder Misserfolg der anderen nicht berührt wird. Eine kompetitive Zielstruktur ist gegeben, wenn ein Lernziel im Wettbewerb mit anderen Lernern anzustreben ist

(„wer weiß es zuerst?") und wenn demzufolge der Erfolg des einen zugleich den Misserfolg des anderen nach sich zieht.

Wenn kooperative Zielstrukturen vorliegen, wird die Selbstverantwortung und die individuelle Verantwortlichkeit für das eigene Lernen gefördert. Weitere förderliche Bedingungen für die Effektivität kooperativen Lernens sind Anreizstrukturen, die das Zusammenarbeiten der leistungsstärkeren mit den -schwächeren Lernern belohnen (eine Kombination aus teambezogenen und individuellen Belohnungen), die Auswahl von Lernaufgaben, die kooperatives Lernverhalten überhaupt erforderlich machen (aufgabenbezogene Interdependenz) und die Formulierung von Lernzielen, die auf die besondere Qualität des erworbenen Wissens abheben (z.b. multiple Perspektiven einnehmen können, den eigenen Standpunkt verteidigen können u.Ä.). Erst die Notwendigkeit zur Zusammenarbeit verhindert, dass abwechselnd und rein additiv gearbeitet wird. Probleme bei der Gestaltung kooperativer Lernarrangements können aus unzureichenden kooperativen Grundfertigkeiten der Lerner, aus der zeitweiligen Verfestigung inhaltlicher Fehlkonzepte und aus unerwünschten gruppendynamischen Effekten erwachsen. Besonders bekannt geworden sind die kooperativen Methoden des Gruppen-Puzzle nach Aronson und belohnungsorientierte Methoden nach Slavin. Aus der Arbeitsgruppe von Heinz Giesen sind einige Studien veröffentlicht worden, die die Wirksamkeit des Gruppen-Puzzle in schulischen und universitären Lernumgebungen belegen (Jürgen-Lohmann, Borsch & Giesen 2001; Borsch, Jürgen-Lohmann & Giesen 2002).

5.1.3 Problemlösen und Transfer

Lernen durch schlussfolgerndes Denken und zielgerichtetes Handeln lässt sich auch als Problemlösen auffassen. Probleme initiieren Lernprozesse. Ein Problem mag beispielsweise darin bestehen, einen Kuchen zu backen, ohne Backpulver zuhause zu haben, einen Fahrkartenautomaten in einer fremden Stadt zu bedienen oder herauszufinden, welches Adjektiv sich hinter der „vertauschten" Buchstabenkombination „ACLFH" verbirgt. Ganz allgemein liegt ein Problem dann vor, wenn es eine zu überbrückende Diskrepanz zwischen einem erwünschten Zielzustand und einem unbefriedigenden Ausgangszustand gibt. Diese Diskrepanz wird auch als Hindernis oder Barriere bezeichnet.

Es lassen sich drei theoretische Perspektiven zum Problemlösen unterscheiden. Aus verhaltenstheoretischer Sicht kann Problemlösen als Lernen durch „Versuch und Irrtum", also als das Ausprobieren von Verhaltensweisen dargestellt werden. Aus der Sicht der Gestaltpsychologie werden Probleme durch eine mentale Umstrukturierung der Wahrnehmung gelöst, indem die „schlechte Gestalt" des unbefriedigenden Ausgangszustandes über ein Erlebnis der Einsicht in die „gute Gestalt" der Problemlösung transformiert wird. Aus der Sichtweise der Kognitiven Psychologie werden Probleme analytisch gelöst, indem mentale Problemräume durch geeignete Operatoren abgesucht werden. Dabei können entweder feste Lösungsregeln (Algorithmen) oder allgemeine und spezielle Suchverfahren (Heuristiken) zum Einsatz kommen.

Einsichtiges Lernen
Auf die gestaltpsychologische Schule in der ersten Hälfte des 20. Jahrhunderts geht die Vorstellung zurück, dass man Lernen auch als Problemlösen verstehen kann. Als Problemlösen bezeichnet man dabei den (mentalen) Vorgang der Umstrukturierung von Wissenselementen aufgrund von Erfahrungen oder Überlegungen, wobei sich die Erkenntnis im Sinne einer (plötzlichen) Einsicht in zuvor nicht Gesehenes einstellt. Entscheidend ist bereits die Wahrnehmung eines Problems – sie birgt die Lösung bereits in sich, kann sie aber auch „verstellen". Die Lösung eines Problems wird leicht einsichtig, wenn es gelingt, den Wahrnehmungsraum als Problemraum neu zu gestalten bzw. umzustrukturieren. Auf die Gestaltpsychologen Max Wertheimer und Karl Duncker gehen viele, zum Teil klassisch gewordene Denksportaufgaben zurück, an denen sich das einsichtige Lernen illustrieren lässt. Ein ungelöstes Problem erzeugt stets Lösungsdruck. Erst durch die Problemlösung wird er aufgehoben. Die folgende Aufgabe (sie taucht in unterschiedlicher Einkleidung in vielen Lehrbüchern auf) ist auf den ersten Blick recht schwierig. Sie lässt sich aber durch eine geeignete Umstrukturierung leicht lösen.

Problembeispiel: Ein Wanderer und seine Frau möchten auf einen hohen Berg steigen. Sie gehen im Tal um 7 Uhr morgens los, laufen mal schneller, mal langsamer, machen nur eine einzige Pause und zwar zwischen 12 und 13 Uhr und kommen um 17 Uhr auf der Bergspitze an. Dort übernachten sie in ihrem Zelt. Am nächsten Morgen wiederum um 7 Uhr beginnen sie mit dem Abstieg auf dem gleichen Weg. Sie haben es nicht so eilig und der Abstieg ist bei weitem nicht so anstrengend. Sie machen mehrere ausgedehnte Pausen und erreichen deshalb das Tal erst um 17 Uhr am Nachmittag. Gibt es einen Punkt auf der Strecke, den die beiden Wanderer an beiden Tagen zur gleichen Uhrzeit erreichen?

Es gibt einen solchen Punkt. Die einfache (aber zulässige) Umstrukturierung des Problemraums besteht darin, dass man den Auf- und den Abstieg auf den gleichen Tag legt und dass um 7 Uhr morgens einer der beiden mit dem Aufstieg und der andere mit dem Abstieg beginnt. Wenn sie beide den gleichen Weg benutzen, dann gibt es immer einen Punkt auf der Strecke, den die Wanderer zur gleichen Uhrzeit erreichen.

Aus der Umstrukturierung resultiert über eine plötzliche Einsicht neues Wissen. Hinderlich für den Vorgang des Umstrukturierens können sich Voreinstellungen, so genannte „response sets" auswirken, die den Problemlöser von vornherein auf ein bestimmten Vorgehen fixieren. Auch können funktionale Gebundenheiten von Objekten hinderlich sein, etwa wenn man meint, einen Kronkorken könne man nur mit einem Flaschenöffner entfernen.

Analytisches Problemlösen
Aus kognitionspsychologischer Sicht sind die kognitiven Prozesse und Strategien in den unterschiedlichen Phasen des Problemlösens von Interesse. Durch die Methode des Lauten Denkens versucht man, diese Prozesse sichtbar zu machen, um näheres über sie zu erfahren. Auf Allen Newell und Herbert Simon geht die Vorstellung zurück, menschliches Problemlösen als regelbasiertes Vorgehen aufzufassen. Eine Grundannahme ist, dass menschliche Problemlöser analytisch vorgehen und nicht ganzheitlich – wie die Gestaltpsychologen meinten. Das analytische Problemlösen ist stets ein schrittweises Vorgehen. Es beginnt mit der Auswahl von Teilzielen und besteht im Wesentlichen aus der Verknüpfung dieser Ziele bzw. Funktionen mit den Mitteln bzw. Handlungsschritten, die zu ihrer Erreichung notwendig sind. Dabei kommen spezielle Methoden zur Anwendung, z.B. die so genannte Mittel-Ziel-Analyse. Bei der Mittel-Ziel-Analyse werden fortwährend durch geeignete Operatoren (Handlungen) Transformationen am jeweiligen Zustand des (mentalen) Problemraums vorgenommen, so dass sich der Ausgangszustand eines Problemraums zunehmend in Richtung Zielzustand verändert.

Das Absuchen des mentalen Problemraums folgt bestimmten allgemeinen Regeln. Eine Möglichkeit, ein Problem zu lösen, besteht darin, einen feststehenden Algorithmus anzuwenden, d.h. bei der Formulierung und dem Abarbeiten von Teilzielen streng systematisch vorzugehen. Ein Algorithmus führt – wenn er bekannt ist – in jedem Fall zur Lösung eines Problems. Für die zuvor genannte Anagrammaufgabe ACLFH ließe sich der Problemraum in Kenntnis der theoretisch möglichen Kombinationen aus fünf Buchstaben ($5 \times 4 \times 3 \times 2 \times 1 = 120$) leicht ermitteln, aber nur mit großem Zeitaufwand darstellen und absuchen. Sicher ist jedoch, dass das algorithmische Vorgehen zur gesuchten Lösung führt. Schneller käme man in diesem wie in anderen Problemfällen mit einer heuristischen Lösungsstrategie zum Erfolg. Bei einer Heuristik ist die Folge der Handlungsschritte nicht am vollständigen Absuchen des Problemraums orientiert, sondern von vorwissensbasierten Vermutungen (Hypothesen) und bekannten Wahrscheinlichkeiten geleitet. Insofern sind Heuristiken so etwas wie Abkürzungen oder Faustregeln, die zwar nicht immer, aber häufig zum Ziel führen, im Erfolgsfall vor allem aber schneller sind. Am Beispiel des Anagramms ACLFH lässt sich das illustrieren: In der deutschen Sprache kommt die Abfolge CH häufig vor (HC hingegen gar nicht). Wenn man den Vokal A nach den beiden Konsonanten CH platziert, lässt sich auf Anhieb kein Wort bilden; vorangestellt – also ACH – ergibt sich schon einmal eine Silbe. Setzen wir doch einmal die beiden verbleibenden Konsonanten davor!

In Anlehnung an das in einem Roman von Tolkien geschilderte Hobbits-und-Orcs-Problem (in anderen Zusammenhängen auch als Missionare-und-Kannibalen- oder Ziegen-und-Kohlköpfe-Problem bezeichnet) lässt sich das analytische Problemlösen als Vorgang der Suche in einem begrenzten Problemraum und als Abfolge von Lösungsschritten sehr anschaulich illustrieren (zur Auflösung dieses Problems vgl. z.B. Anderson 2001; zur Modellierung von Lösungsprozessen mit dem Computer vgl. Opwis & Plötzner 1996).

Problembeispiel: Am Ufer eines Flusses befinden sich drei Hobbits und drei Orcs. Sie besitzen ein Boot, mit dem man jeweils zwei Passagiere auf einmal über den Fluss befördern kann. Die Aufgabe besteht darin, mit einer möglichst geringen Anzahl von Überfahrten alle sechs zum anderen Ufer zu bringen. Zu keinem Zeitpunkt dürfen aber die Orcs an einem der Ufer in der Überzahl sein, sonst würden sie die Hobbits auffressen.

Lerntransfer
Durch Transfer wird Gelerntes auf neue Situationen übertragen. Die Möglichkeit solcher Übertragungen ist ein wichtiger Bestandteil aller Lerntheorien. Sie drückt aus, dass vorangegangenes Lernen anhand einer Aufgabe oder Problemsituation den nachfolgenden Erwerb von Kenntnissen und Fertigkeiten bei anderen Aufgaben positiv beeinflusst. Gäbe es keinen Lerntransfer und keine Form der Generalisierung über Aufgaben und Situationen hinweg, dann müssten unendlich viele hochspezifische Verhaltensweisen erlernt werden. In der Pädagogischen Psychologie hat man seit jeher hohe Erwartungen mit dem Transferkonzept verbunden: dem Lateinunterricht oder der Mathematik wurden transferförderliche Qualitäten zugesprochen, die das Erlernen anderer Sprachen oder das logische Denken insgesamt erleichtern sollten. Der Nachweis von Transfereffekten gilt auch als eines der wichtigsten Wirksamkeitskriterien für ein kognitives Training.

Es gibt unterschiedliche Theorien darüber, wie Lerntransfer zustande kommt. Thorndikes Theorie der identischen Elemente ist die älteste. Sie repräsentiert den assoziationstheoretischen Zugang zu Beginn des 20. Jahrhunderts. Im Kern besagt Thorndikes Theorie, dass bestimmte Elemente aus der ursprünglichen Lernsituation (Basisaufgabe) aufgrund ihrer Ähnlichkeit zu Elementen in der Anwendungssituation (Zielaufgabe) geeignet sind, identische Reaktionen auszulösen. Soll Lerntransfer über Aufgaben hinweg stattfinden, dann muss jede neue Lernsituation also genügend Gemeinsamkeiten mit der ursprünglichen Lernsituation aufweisen – zumindest müssen so genannte identische Elemente von den Lernern als solche wahrgenommen werden. Durch entsprechende Hinweisreize lässt sich die Ähnlichkeit von Aufgaben im Unterricht hervorheben. Eine andere Theorie versteht unter Lerntransfer in erster Linie die Übertragung von erlernten Prinzipien. Lerntransfer kann stattfinden, wenn eine Basisaufgabe und eine Zielaufgabe die Anwendung gleicher Teilprozesse zu ihrer Lösung erfordern. In der ursprünglichen Lernphase – so die Annahme – werden nicht nur spezifische, sondern auch allgemeine Lösungsprinzipien oder Regeln erworben, die dann als Abstraktionen für eine ganze Klasse von Fällen anwendbar sind. In der Anwendungssituation wird dieses allgemeine Regelwissen aktiviert. Auch einer dritten Auffassung zufolge sind es eher allgemeine und bereichsübergreifende Prozeduren, die den Lerntransfer ermöglichen. Als Transfer durch metakognitive Kontrolle bezeichnet man in diesem Sinne den Aufbau sehr allgemeiner Schlüsselqualifikationen der Lernsteuerung zur Bewältigung ganz unterschiedlicher Klassen von Aufgaben. Der Lernende wird somit zum strategischen Experten für Lernen und Problemlösen, darin geübt, die Problemanforderungen rasch und vollständig zu erfassen, einen Problemlöseplan aufzustellen und abzuarbeiten, die eigenen Lernprozesse zu überwachen und zu bewerten.

Steiner (2001b, S. 200ff.) hat Bedingungen aufgezählt, die den Lerntransfer begünstigen. Vor allem betont er, dass es die Qualität der früheren Lernprozesse sei, die in entscheidender Weise die Transferierbarkeit des Basiswissens bedinge. Wichtige Qualitätsmerkmale sind die *Konsolidierung* und Flexibilisierung der Wissensstrukturen, der Aufbau multipler Wissensrepräsentationen und die Dekontextualisierung von Wissen. Eine erste Voraussetzung ist, dass das Basiswissen durch beständiges „Durcharbeiten" (im Sinne von Hans Aebli) hinreichend konsolidiert ist. Hierzu dient das Variieren der Aufbaureihenfolge beim Wissenserwerb, das Einnehmen unterschiedlicher Perspektiven während des Lernens oder das Lernen unter unterschiedlichen Zielsetzungen und Rahmenbedingungen. Die *Flexibilisierung* von Wissensstrukturen lässt sich vor allem durch Aufgabenvielfalt und variiertes Üben erreichen. Sie hat zum Ziel, dass Ähnlichkeiten zwischen Basis- und Zielaufgaben leichter erkannt werden. Auch der *Aufbau multipler Wissensrepräsentationen* erleichtert den Transfer. In der Terminologie von Aebli entspricht dies dem Dreischritt von der Handlung über die Operation zum Begriff; andere Autoren sprechen in anderen Zusammenhängen von enaktiven (handlungsbezogenen), ikonischen (bildhaften) und symbolischen (abstrakten) Repräsentationen. Wissen wird häufig in einem spezifischen situativen Kontext erworben (s. Abschnitt 5.1.2). Soll dieses Wissen transferierbar sein, so muss es dekontextualisiert, d.h. von seiner kontextgebundenen Repräsentationsform befreit werden. Erst das abstrahierende Herauslösen aus dem Erwerbskontext ermöglicht seine flexible und transferförderliche Nutzung.

Andere pädagogisch-psychologisch wichtige Ausgestaltungen des Transferkonzepts betonen die Rolle von bereits gelösten „ausgearbeiteten" Übungsbeispielen (worked examples), die explizite Verwendung analoger Modelle während des Lernens oder die Förderung metakognitiven Transfers durch Instruktion. Karl Josef Klauer (1989) hat ein Denktraining für 5-8-jährige entwickelt, das auf dem Grundgedanken des analogen Transfers durch paradigmatisches Training aufbaut. Klauers weitgehender Anspruch besteht darin, formale Denkstrukturen, die in vielen verschiedenen Bereichen anwendbar sind, zu vermitteln. Als Inhaltsbereich wird das induktive Denken gewählt. Das Training ist mehrstufig konzipiert. Zunächst geht es darum, in den unterschiedlichen Übungsaufgaben die formalen Grundstrukturen des induktiven Denkens (das Erkennen von Gemeinsamkeiten und Unterschieden) zu entdecken. In einem zweiten Schritt werden dazu passende Prinzipien oder Lösungsschemata vermittelt. In einer Übungs- und Anwendungsphase werden Aufgaben unterschiedlicher Schwierigkeit und Einkleidung bearbeitet, so dass die Grundstrukturen induktiver Aufgaben wiedererkannt und die dazu passenden Lösungsstrategien abgerufen werden können.

5.2 Lernen von Verhalten und Gewohnheiten

Die Inhalte des nicht-deklarativen (impliziten) Gedächtnisses werden durch andere Formen des Lernens erworben. Für den perzeptuellen Teilbereich des impliziten Gedächtnisses sind das vor allem Bahnungs- und Prägungsvorgänge assoziativer Art. Für den prozeduralen Teilbereich, also für den Erwerb motorischer und kognitiver Fertigkeiten sowie für den Aufbau verhaltensbezogener Angewohnheiten und emotionaler Reaktionen, sind neben den assoziationstheoretischen Reiz-Reaktions-Theorien auch kognitionspsychologische Erklärungsmodelle formuliert worden. Grundsätzlich wird für die impliziten Gedächtnisinhalte davon ausgegangen, dass die perzeptuellen, motorischen oder kognitiven Prozesse entweder von vornherein oder im Anschluss an Stadien der Übung und der Automatisierung ohne bewusste Kontrolle ausgeführt werden.

In der behavioristischen Tradition geht man davon aus, dass neue Verhaltensweisen und Gewohnheiten durch assoziative Verknüpfungen zustande kommen – das Herstellen einer solchen Verknüpfung ist zugleich die Bedingung (lat. conditio) für Lernen. Bei der *Klassischen Konditionierung* kommt das bedingte Lernen dadurch zustande, dass eine bereits vorhandene Reiz-Reaktions-Verbindung durch räumlich-zeitliche Koppelung auf eine neue Auslösebedingung eingestellt wird. Beim Kontiguitätslernen geht man in ganz ähnlicher Weise davon aus, dass Reize und Reaktionen, die gemeinsam auftreten, in ihrer Verbindung assoziativ gefestigt werden. Bei der *operanten Konditionierung* besteht das bedingte Lernen darin, dass eine Bekräftigung (Verstärkung) unmittelbar nach einer erfolgreichen/erwünschten Reaktion verabreicht wird. Das Verhalten wird hier durch Verknüpfung mit den Verhaltensfolgen bedingt. In allen diesen Fällen sind es außerhalb des Lerners liegende Gegebenheiten, die den Lernprozess initiieren und steuern.

Aus der Sicht der Kognitiven Psychologie ist der Erwerb von Verhaltensweisen durch Assoziationsbildung nur unvollständig beschrieben. Zwar wird auch in den kognitionspsychologischen Modellen von einer so genannten „assoziativen Phase" beim Aufbau von Fertigkeiten gesprochen, jedoch werden – ihr vor- bzw. nachgeordnet – die Phasen des bewussten

Verstehens und des übenden Automatisierens angenommen. Aus kognitionspsychologischer Sicht wird von einem einheitlichen prozeduralen Lernmechanismus ausgegangen, der für den Erwerb der motorischen und der kognitiven Fertigkeiten und Verhaltensweisen Gültigkeit besitzt.

5.2.1 Assoziative Bahnung

Perzeptuelle Prozesse sind ein Teil des nicht-deklarativen Gedächtnisses (s. Abschnitt 4.3). Ihre besondere Funktion besteht darin, durch Bahnungs- oder Prägungsvorgänge assoziativer Art (Priming) die Schnelligkeit und Genauigkeit, mit der bestimmte Reize erkannt und bewertet werden, zu erhöhen. Dieser veränderten Reaktionsbereitschaft liegt ein basaler Lernvorgang zugrunde – Lernen durch assoziative Bahnung.

Als Priming (Bahnung) bezeichnet man das Phänomen, dass eine vorangegangene unbewusste Wahrnehmung auf einen nachfolgenden Reiz „vorbereitet", um eine schnellere und leichtere Informationsaufnahme zu ermöglichen. Priming-Phänomene unterliegen nicht der bewussten Kontrolle des Lernenden (eine Tatsache, die das hartnäckige Überdauern einiger Mythen über das Ausnutzen unterschwelliger Wahrnehmungsphänomene zu Propaganda- und Kommerzzwecken begünstigt hat). Priming repräsentiert bereits auf der perzeptuellen Ebene den unsichtbaren, aber allgegenwärtigen Einfluss des zuvor Gelernten auf die Informationsverarbeitung. Gerade weil dieser Einfluss implizit und nicht bewusstseinspflichtig ist, „führt [er] uns nachdrücklich die anfällige Macht des menschlichen Gedächtnisses vor Augen" (Schacter 1999, S. 311). Priming-Phänomene bleiben nicht auf den perzeptiven Bereich begrenzt – das so genannte konzeptuelle oder semantische Priming operiert auf den Inhalten des semantischen Gedächtnisses. Über Priming-Prozesse können im Bereich der sozialen Wahrnehmung das Entstehen oder Verfestigen von Vorlieben, aber auch von Vorurteilen und Stereotypen erklärt werden. Daniel Schacter (1999) berichtet über mehrere Fälle unbewussten (unwissentlichen) künstlerischen und wissenschaftlichen Plagiierens, die sich ebenfalls als Priming-Effekte interpretieren lassen; einer davon betrifft den im Dezember 2001 verstorbenen Ex-Beatle George Harrison.

Beispiel Plagiat: Dem im Dezember 2001 verstorbenen Ex-Beatle George Harrison war in den siebziger Jahren mit dem Song „My Sweet Lord" ein großer Hit gelungen. Text und Musik, so das Plattencover damals: George Harrison. Für den eher einsilbigen Text, der die religiös-spirituelle Ausrichtung Harrisons widerspiegelt, wurde die Urheberschaft nie bestritten. Leider war aber die Melodie nahezu identisch mit einem in den sechziger Jahren aufgenommenen Titel der mittlerweile in Vergessenheit geratenen „Chiffons" („He's so Fine"). Harrison wies vor Gericht den gegen ihn erhobenen Plagiatsvorwurf zurück und bestritt, die Melodie wissentlich übernommen zu haben. Er gab allerdings zu, „He's so Fine" vor dem Komponieren bereits gekannt zu haben – so wie er unendlich viele Melodien kenne. Das Gericht befand den Plagiatsvorwurf als berechtigt, aber nicht vorsätzlich begangen. Die Komposition sei eine „unbeabsichtigte Übernahme von Inhalten, die sich in Harrisons unbewusstem Gedächtnis befunden hatten" (zitiert und geschildert nach Schacter 1999, S. 272 und unter Bezugnahme auf die dort angegebenen Quellen).

Wie kommen Priming-Phänomene zustande? Squire und Kandel (1999) und Schacter (1999) berichten eine Reihe von experimentellen und klinischen Studien, in denen funktional-bildgebende Verfahren der kognitiven Neurowissenschaft zum Einsatz kamen (z.B. die Positronen-Emissions-Tomographie und die funktionelle Kernspintomographie). Visuelles perzeptives Priming tritt demnach in einem sehr frühen Verarbeitungsstadium auf und zwar innerhalb jener Neuronenverbände der sensorischen Hirnrinde (Cortex), die an der visuellen Wahrnehmung beteiligt sind. Werden zuvor geprimte Objekte oder Wörter erneut dargeboten, dann findet sich in der Sehrinde des Cortex weniger neuronale Aktivität als üblicherweise. Dort ist durch die frühere Reizung offenbar eine Art Wahrnehmungsbereitschaft erzeugt worden, indem ohne Beteiligung des deklarativen Gedächtnisses eine prä-semantische, relativ starre, reaktions- und modalitätsspezifische Informationsverarbeitung induziert wurde, die für einen gewissen Zeitraum eine Bahn oder Spur hinterlässt, in welcher eine nachfolgende Reizidentifikation schneller und effizienter stattfinden kann. Auch aus Untersuchungen mit Amnestikern, die beispielsweise aufgrund eines Unfalls eine schwere Kopfverletzung erlitten haben, weiß man, dass die cortikale Bahnung unabhängig von der Funktionstüchtigkeit des deklarativen Gedächtnissystems möglich ist (funktionale Dissoziation).

Auch Formen des emotionalen und affektiven Lernens fallen unter die nicht-deklarativen Gedächtnisfähigkeiten. Sie lassen sich einerseits im Kontext der Konditionierungstheorien, andererseits als Resultat unbewusster Lernprozesse erklären. Wie beim Priming kann die Aufnahme und die Bewertung nachfolgender Reizgegebenheiten dadurch beeinflusst werden, dass zuvor (unbewusst) gebahnt wurde. Bahnungen aufgrund positiver oder negativer Erlebnisse können das Entstehen von Präferenzen und Abneigungen im Hinblick auf Objekte, Personen oder Situationen beeinflussen. Aus der neurowissenschaftlichen Forschung ist bekannt, dass erlernte Angstreaktionen grundsätzlich eine neuronale Verschaltung zu Strukturen des limbischen Systems im Zwischenhirn (Amygdala) beinhalten. Über die Amygdala-Strukturen scheinen Gefühle der Zu- und Abneigung beim Lernen gespeichert und in ähnlichen Situationen erinnert zu werden.

5.2.2 Konditionierungstheorien

Die Bildung von Assoziationen zwischen Reizen (Klassische Konditionierung) oder zwischen Reaktionen und ihren Folgen (Operante Konditionierung) kann man ebenfalls als Beispiele des nicht-deklarativen Systems und damit als implizites Lernen auffassen – dies gilt zumindest für die einfachen Formen des Konditionierens, wie sie aus der tierexperimentellen Forschungstradition des Behaviorismus bekannt geworden sind. Komplexere Formen des Konditionierens – etwa der Aufbau von Verhaltensketten oder das verbale Lernen – bedürfen hingegen bewusstseinsfähiger Lernprozesse und resultieren in deklarativen Erinnerungsinhalten.

Klassische Konditionierung
Schon Aristoteles war der Meinung, dass die Assoziation von Gedanken die Grundlage des Lernens sei. Iwan Pawlow (1849-1936) hat diese Annahme überprüfbar gemacht, indem er die Assoziation von Reizen (Stimuli) in einer experimentellen Untersuchungsanordnung variierte und im Hinblick auf ihre Verhaltenswirksamkeit betrachtete. Das Grundelement der von Pawlow beschriebenen Klassischen Konditionierung ist die Verknüpfung zweier Reize, eines ursprünglich neutralen, der schließlich zum bedingten (konditionierten) Stimulus wird, mit einem so genannten unbedingten (unkonditionierten). Der unbedingte Stimulus löst normalerweise eine unbedingte, immer wiederkehrende und reflexartige Reaktion aus (z.B. einen Lidschlag nach einem Lufthauch oder die Produktion von Speichelfluss nach der Darbietung von Nahrung). Diese Verbindung zwischen unbedingtem (unkonditioniertem) Stimulus und unbedingter (unkonditionierter), reflexartiger Reaktion ist nicht gelernt, sondern angeboren. Wird nun ein so genannter neutraler Stimulus (etwa ein Lichtreiz oder ein Tonsignal) des öfteren mit dem unkonditionierten Stimulus gekoppelt, so erwirbt er im Hinblick auf das Auslösen der reflexartigen Reaktion den Status eines so genannten konditionierten Stimulus. Der nun bedingte, ursprünglich neutrale Stimulus, hat die Fähigkeit erworben, die Reaktion auch dann auszulösen, wenn der unbedingte Reiz gar nicht mehr vorhanden ist. Mit anderen Worten: die reflexartige Reaktion ist neu konditioniert worden. Der wesentliche Lernmechanismus besteht darin, dass eine bereits vorhandene Verhaltensweise nun durch eine andere Bedingung als zuvor ausgelöst wird.

Forschungsbeispiel Speichelfluss: Pawlow hat dieses Prinzip am Beispiel eines Hundes illustriert, der zunächst reflexartig auf die Präsentation von Futter (unbedingter Stimulus) mit Speichelfluss reagierte (unbedingte Reaktion). Nach wiederholter Koppelung mit dem Klang einer Glocke (ursprünglich neutraler Stimulus) wird dieser Glockenton zum bedingten Stimulus, der nunmehr auch in Abwesenheit des Futters die Fähigkeit besitzt, die ursprünglich unbedingte Reaktion auszulösen. Um deutlich zu machen, dass am Ende des Konditionierungsvorgangs zwar das gleiche Zielverhalten vorhanden ist (Speichelfluss), dieses aber auf eine neue Auslösebedingung eingestellt wurde, wird die Reaktion nun als konditionierte (durch den Glockenton bedingte) bezeichnet. Lernen durch Klassische Konditionierung lässt sich nicht nur bei Säugetieren, sondern auch bei niederen Wirbeltieren und sogar bei wirbellosen Tieren nachweisen.

Auf die Bedeutung der Klassischen Konditionierung für das Erlernen emotionaler Reaktionen beim Menschen haben erstmals John Watson und Rosalie Rayner (1920) in einer ebenso berühmten wie umstrittenen Fallstudie hingewiesen. Watson und Rayner haben ein elf Monate altes Kind (Albert) mit Erfolg auf Furcht- und Fluchtreaktionen konditioniert. Die bereits vorhandene Verhaltensweise, die sie nutzten, war das reflexartige Erschrecken und Weinen von Albert (unbedingte Reaktion), wenn in seiner unmittelbaren Umgebung überraschend ein sehr lautes, schmerzhaftes Geräusch dargeboten wurde (unbedingter Stimulus). Die Darbietung eines weißen Ratte (neutraler Stimulus), der sich Albert freudig zuwandte, um sie zu streicheln, wurde nun mehrfach mit der Erzeugung des lauten Geräuschs gekoppelt, mit dem Erfolg, dass Albert bald auf die weiße Ratte, aber auch in generalisierender Weise auf ähnliche Reize mit Furcht reagierte. Das Tier hatte mithin den Status eines konditionierten Stimulus erworben. Die Autoren selbst haben Maßnahmen zur Gegenkonditionierung, d.h. zum Abbau der erlernten Furchtreaktionen, leider nicht durchgeführt. Sie haben aber Vorschläge gemacht, wie dies geschehen könnte. Erfolgreiche Methoden der Angstbehandlung in der Klinischen Psychologie – etwa die Technik der systematischen Desensibilisierung oder die Methode der direkten Konfrontation – sind in Anlehnung an das Paradigma der Klassischen Konditionierung entwickelt worden.

Der von Pawlow angenommene Erklärungsmechanismus beruht auf dem Prinzip der Reizsubstitution durch Kontiguität, d.h. durch räumlich-zeitliche Nähe von unkonditioniertem und neutralem (später konditioniertem) Reiz. Allein die Gleichzeitigkeit und Überlagerung der beiden Stimuli reiche aus, um vorhandenes Verhalten auf eine neue Auslösebedingung einzustellen, ganz gleich, ob der Lernende sich dessen bewusst ist oder nicht. Eine neuere, kognitionspsychologische Interpretation des Phänomens hebt hervor, dass nicht die Gleichzeitigkeit zweier Reize, sondern der Informations- und Hinweischarakter, den der eine Reiz über den anderen bereitstelle, das kritische Merkmal sei (vgl. Anderson 2000; Steiner 2001b). Wesentlich ist demnach, dass der konditionierte Stimulus informativ ist im Hinblick auf die Art seiner Beziehung zum unkonditionierten.

Operante Konditionierung
Burrhus F. Skinner (1904-1990) hat die auf Edward L. Thorndike (1874-1949) zurückgehende Reiz-Reaktions-Theorie des Lernens (auch: Lernen am Erfolg; instrumentelles Lernen; Lernen durch Versuch und Irrtum) aufgegriffen und weiterentwickelt. Schon Thorndike hatte in Abgrenzung zu Pawlows Reflexologie auf die Bedeutsamkeit der dem Verhalten nachfolgenden Ereignisse hingewiesen. Gelernt wird, so Thorndike, was erfolgreich und nützlich ist, und nützlich sind letztendlich jene Verhaltensweisen,

die nachfolgend einen „angenehmen Zustand" herbeiführen oder bewahren. Skinner hat den Begriff des Wirkverhaltens (operant behavior) hervorgebracht, um seine Theorie der operanten Konditionierung zu beschreiben. Als Wirkverhalten bezeichnet man Tätigkeiten oder Verhaltensweisen, die um ihrer Wirkung willen ausgeführt oder gezeigt werden. Ein Feuer wird angezündet, damit es warm wird. Ein Roman wird gelesen, damit man sich daran erfreut oder damit die Zeit vergeht oder damit man mit jemandem darüber reden kann. Welche Gründe es auch immer sein mögen, sie sind in der Erinnerung an bereits früher erfahrene Verhaltensfolgen oder -effekte zu suchen. Man zündet nicht einfach ein Feuer an, nur weil man gerade ein Streichholz und einen Ofen zur Hand hat, sondern weil man aus vergangener Lernerfahrung weiß, dass dadurch angenehme Wärme entsteht. Es sind die Verhaltensfolgen oder -konsequenzen, die ein Wirkverhalten bedingen und festigen. Mit anderen Worten: das Wirkverhalten hat Konsequenzen zur Folge, die die künftige Auftretenshäufigkeit dieses Wirkverhaltens erhöhen.

Eine wichtige Voraussetzung für das Wirksamwerden von Reaktions-Konsequenz-Verbindungen ist die so genannte Kontingenz. Damit ist die unmittelbare und verlässliche Aufeinanderfolge von Wirkverhalten und Verhaltensfolge gemeint. Da der eigentliche Lernprozess von außen gesteuert wird, liegt es in der Verantwortlichkeit des Lehrers oder Erziehers, über das Setzen von Verhaltenskontingenzen die erwünschten und zielführenden Verhaltensweisen zu stärken (Verhaltenskontrolle). Das Prinzip der operanten Konditionierung besteht in diesem Sinne in der systematischen Bereitstellung von Verhaltenskonsequenzen. Ob ein beliebiges operantes Verhalten beibehalten oder wieder gelöscht wird, hängt von den auf das Verhalten folgenden Bedingungen ab. Sind sie in systematischer Weise durch das Hinzufügen positiver Reize (positive Verstärkung) oder durch das Entfernen unangenehmer Reize (negative Verstärkung) charakterisiert, so ist mit größerer Wahrscheinlichkeit davon auszugehen, dass das Wirkverhalten erneut gezeigt wird. Werden in Folge eines Verhaltens aversive, d.h. unangenehme Reize hinzugefügt (Typ I Bestrafung) oder werden die normalerweise vorhandenen positiven Reize entzogen (Typ II Bestrafung), dann wird dieses Verhalten seltener gezeigt werden. Ungeachtet einer ethisch-moralischen Bewertung von Strafe ist in diesem Zusammenhang darauf hinzuweisen, dass Strafe effektiv sein kann, wenn sie in der richtigen Weise appliziert wird (z.B. unmittelbar) und wenn sie mit Informationen darüber gekoppelt ist, auf welchem Wege sich der Gestrafte jene (erwünschten) Verhaltensweisen aneignen kann, die nicht sanktioniert werden.

Skinner hat gezeigt, dass sich Verhaltensweisen am besten über positive Verstärkung aufbauen lassen. Es gibt mehrere Möglichkeiten, Verhalten positiv zu verstärken: durch Lob und Zuwendung, durch Nahrung, durch Geschenke, durch Gutscheine (Tokens). Wenn man als Zuhörer nach einem erzählten Witz lacht oder wenn man sich nach einer Dia-Vorführung von

Urlaubsphotos anerkennend und zustimmend äußert, dann werden die in beiden Fällen verstärkten Akteure auch künftig dazu neigen, dieses Verhalten zu zeigen. Auch der Entzug negativer Verstärker ist wirksam. Als negative Verstärker können z B die folgenden Maßnahmen in Frage kommen: Erlassen einer langweiligen Hausaufgabe, Erlöschen eines Warntons, nachdem man ein Gerät ordnungsgemäß ausgeschaltet hat (z.b. die Lichtanlage eines Autos bei abgezogenem Zündschlüssel).

Verstärkungen müssen kontingent und systematisch erfolgen. Das heißt aber nicht unbedingt, dass jede korrekte Verhaltensweise verstärkt werden muss. Eine Alternative zur kontinuierlichen Verstärkung ist die so genannte intermittierende Verstärkung, bei der nicht jedesmal, sondern bewusst nur hin und wieder Verstärker gesetzt werden. Für die konkrete Ausgestaltung der intermittierenden Verstärkung sind so genannte Verstärkungspläne entwickelt worden, die entweder auf der Basis von Zeitintervallen (z.B. wird die erste richtige Reaktion nach einem Zwei-Minuten-Intervall verstärkt) oder auf der Basis von Reaktionsquoten (z.B. wird jede 15. richtige Reaktion verstärkt) aufbauen. Um dem dabei auftretenden Problem der Gewöhnungen und den unerwünschten Reaktionspausen direkt nach einer Verstärkung („Lorbeereffekt": sich auf den erreichten Erfolgen ausruhen) und kurz vor der erwarteten nächsten Verstärkung („Saisonarbeit": erst unmittelbar vor der Prüfungsperiode mit dem Lernen anfangen) zu begegnen, ist man bei der Intervall- und bei der Quotenverstärkung zu variablen Plänen übergegangen (z.B. wird im Mittel jede 15. richtige Reaktion verstärkt). Die intermittierenden Verstärkungspläne haben gegenüber der kontinuierlichen Verstärkung den Vorteil, dass neues Verhalten stabil und löschungsresistent aufgebaut wird. Das heißt, eine Verhaltensweise wird auch dann aufrecht erhalten, wenn sie eine Zeitlang nicht verstärkt worden ist. Die kontinuierliche Verstärkung hat den Vorteil, dass neues Verhalten schnell aufgebaut wird, weil die Verhaltenskontingenz rasch wirksam wird. Ihr Nachteil liegt in der geringen Löschungsresistenz. Bleiben die verstärkenden Bedingungen aus, so geht die Verhaltenswahrscheinlichkeit wieder zurück. Deshalb wird empfohlen, zu Beginn eines Lernprozesses einen kontinuierlichen Verstärkungsmodus zu wählen und dann allmählich zu variablen Formen der intermittierenden Verstärkung überzugehen.

Die Methoden der operanten Konditionierung werden angewandt, um ganze Verhaltenssequenzen zu formen. Insbesondere für den Verhaltensaufbau bei Tieren (Dressur) aber auch für die Verhaltenssteuerung beim Menschen hat Skinner das Prinzip der systematischen Verhaltensausformung (Shaping) entwickelt. Dabei werden Verhaltenssequenzen in kleine, aufeinanderfolgende Schritte zerlegt, wobei jeder dieser Schritte eine Annäherung an die erwünschte Verhaltensleistung darstellt. Zu Beginn des Lernprozesses wird noch jede Reaktion verstärkt, die ein Element der erwünschten Zielhandlung enthält. Später werden sukzessiv nur noch solche Reaktionen verstärkt, die dem Zielverhalten immer ähnlicher sehen.

Im Hinblick auf erzieherische und unterrichtliche Kontexte ist der Begriff der Pädagogischen Verhaltensmodifikation von großer Bedeutung. Damit sind pädagogische Interventionsmaßnahmen gemeint, die auf den Prinzipien der operanten Konditionierung beruhen (z.B. so genannte Token-Systeme oder Kontingenzverträge). Gemeinsam ist den unterschiedlichen Methoden ein hohes Maß an Außensteuerung und Lernkontrolle. Zunächst werden das aktuelle Problem- und das erwünschte Zielverhalten genau beschrieben und definiert. Anschließend werden Dauer, Intensität und Häufigkeit des Problemverhaltens präzise ermittelt. Über die systematische Veränderung der situativen Rahmenbedingungen und der Verhaltenskonsequenzen soll schließlich eine Annäherung an das Zielverhalten erreicht werden. Wenn während des Lernprozesses so genannte Token-Systeme eingesetzt werden, so können die Tokens (Gutscheine) nach bestimmten Regeln später gegen andere Verstärker eingetauscht werden. Häufig werden zwischen den „Partnern" des Modifikationsprozesses zu Beginn der Intervention Übereinkommen, so genannte Kontingenzverträge, geschlossen. Interventionsprogramme bei Kindern mit Aufmerksamkeits- und Hyperaktivitätsstörungen beruhen auf solchen operanten Methoden (z.B. Döpfner, Schürmann & Frölich 2002), häufig ergänzt um Techniken der so genannten Kognitiven Selbstinstruktion (z.B. Lauth & Schlottke 2002).

Auf Skinners Theorie der operanten Konditionierung geht auch die Konzeption des Programmierten (computerunterstützten) Unterrichts zurück. Dabei wird der Lernstoff in kleine Einheiten zerlegt. Jede dieser Lerneinheiten endet mit einer Frage, auf die jeder Lerner mit einer Reaktion antworten muss. Richtige Antworten werden unmittelbar verstärkt, bei fehlerhaften Reaktionen wird zurückverwiesen. Von Vorteil ist, dass jeder einzelne Lerner einzeln mit dem Lernprogramm interagieren kann und dass ein individuelles Lerntempo ermöglicht wird. Im Unterschied zum traditionellen Frontalunterricht kann das Interaktionsgeschehen differentiell an den Unterstützungsbedarf der Lerner angepasst werden, und es kann ein hohes Maß an äußerer Kontrolle über den Lernvorgang erreicht werden.

5.2.3 Prozedurales Lernen

Kognitivistisch orientierte Autoren halten externe Verstärkungen nicht für notwendig, um Fertigkeiten oder Verhaltensweisen auszubilden. Allenfalls komme Belohnungen und Bekräftigungen eine Bedeutung dahingehend zu, ob Gelerntes auch tatsächlich ausgeführt, d.h. offen gezeigt wird. In einer neo-behavioristischen Perspektive sind schon in den 60er Jahren Vorstellungen entwickelt worden, nach denen sich der Erwerb von motorischen und kognitiven Fertigkeiten weniger durch Außensteuerung als vielmehr durch interne Prozesse und Bedingungen erklären lasse.

Anderson hat eine Theorie des Erwerbs von Fertigkeiten aufgestellt, die als Phasen- oder Stadienmodell konzipiert ist (für eine zusammenfassende Darstellung vgl. Anderson 2000 2001). Die zu erlernende Fertigkeit (z.B. Fahrradfahren, Schach spielen, Krawatte binden) muss in der ersten, der kognitiven Phase, in ihren Grundzügen erkannt und verstanden werden. Dies führt zu einer deklarativen Wissensrepräsentation insofern, als konzeptuelles Wissen über die zu erlernende Bewegungs- oder Handlungsabfolge aufgebaut wird. Zudem wird eine Vorstellung des korrekten Zielverhaltens ausgebildet. In dieser Phase wird erkannt, auf welche Weise eine kognitive oder motorische Fertigkeit auszuführen wäre. Man kann das auch als mentales Problemlösen im Sinne einer Annäherung von Ausgangs- und Zielzustand auffassen. Am Ende der kognitiven Phase steht verbalisierbares deklaratives Wissen. In einer zweiten, der assoziativen Phase, wird dieses Wissen zu Verfahrenswissen umgewandelt. Anderson verwendet hier auch den Begriff der Prozeduralisierung oder der Wissenskompilierung. Damit ist gemeint, dass die konzeptuellen und die motorischen Wissenskomponenten zunehmend miteinander verknüpft werden und dass ein prozedural repräsentiertes Wissen (z.B. im Sinne von Wenn-Dann-Produktionsregeln) aufgebaut wird. Am Ende der assoziativen Phase steht die Fähigkeit, die zu erlernende Fertigkeit prinzipiell erfolgreich ausführen zu können. Das Ausführen der Fertigkeit steht häufig noch unter der bewussten Kontrolle des konzeptuellen Wissens. In der dritten, der autonomen Phase, wird die Fertigkeit zunehmend automatisiert, sicherer, schneller und genauer. Anderson verwendet hier auch den Begriff der Feinabstimmung (Tuning). Charakteristisch ist, dass nun kognitive Ressourcen wieder frei werden, die während der Erwerbsphasen gebunden waren. Insbesondere muss das konzeptuelle (deklarative) Wissen nicht mehr aktiviert werden, um die Fertigkeit auszuführen.

So verstanden lässt sich der Erwerb von Fertigkeiten als Aufbau prozeduralen Wissens beschreiben. Gelernt wird, wie man etwas macht. Wichtig ist, dass das wiederholte Üben und abschließende Automatisieren am Ende und nicht am Anfang des prozeduralen Lernens stehen. Zu Beginn des Lernprozesses erwerben Lerner konzeptuelles Verständniswissen über die auszuführende Fertigkeit. Erst am Ende des Lernprozesses sind sie in der Lage, kognitive oder motorische Handlungsschritte auszuführen, ohne sie bewusst zu kontrollieren. Seel (2000) hat zu Recht darauf hingewiesen, dass der Begriff des prozeduralen Wissens in diesem Zusammenhang nicht unproblematisch ist, geht man doch davon aus, dass Wissen normalerweise bewusstseinspflichtig ist, dass aber das prozedurale Wissen gerade das unbewusste Ausführen von Fertigkeiten ermöglichen und gewährleisten soll. In Andersons Verständnis sind es aber gerade der wechselseitige Austausch und die Überschneidung von deklarativem und prozeduralem Wissen, die den Kern des prozeduralen Lernens ausmacht. Auch das deklarative Handlungswissen beinhaltet Wissen über die handlungsrelevanten Operationen – es ist nur noch nicht prozeduralisiert. Auch lässt sich das prozedurale Wissen wieder der bewussten Verarbeitung zugänglich machen.

5.2.4 Sozial-kognitive Theorie des selbstgesteuerten Lernens

Nicht alle Verhaltensweisen werden durch eigenes Tun gelernt und nicht immer sind unmittelbare Verstärkungen notwendig, damit etwas gelernt wird. Albert Banduras sozial-kognitive Lerntheorie trägt dieser Tatsache Rechnung. Viele Verhaltensweisen lernen wir durch Beobachtung und Nachahmung anderer. Mit der Formulierung der sozial-kognitiven Lerntheorie hat Bandura das Paradigma der behavioristischen Lerntheorien im kognitivistischen Sinne erweitert, denn sie enthält Annahmen über kognitive (geistige) Prozesse. Reizkonfigurationen wirken sich nicht zwangsläufig im Sinne einer veränderten Reaktionsbereitschaft aus, sondern sie werden subjektiv interpretiert. Damit findet ein Paradigmenwechsel vom passiven zum aktiven Lerner statt. Beibehalten wird zwar das verhaltenstheoretische Prinzip der Verstärkung als ein grundlegender Mechanismus des Verhaltensaufbaus. Allerdings – so Bandura – kann diese Verstärkung auch stellvertretend, quasi modellhaft wirksam werden.

Forschungsbeispiel Beobachtungslernen: Mit einer inzwischen klassischen Experimentalreihe hat Bandura in den 60er Jahren aufgezeigt, wie Kinder aus der Beobachtung ihrer sozialen Umgebung lernen: Die Kinder sahen in einem Film, wie ein Erwachsener (ein Modell) eine große Plastikpuppe physisch und verbal attackierte. Je nach experimenteller Bedingung wurde das Modell für sein aggressives Verhalten von einem anderen Erwachsenen entweder belohnt oder bestraft. In einer dritten Experimentalgruppe blieb das Verhalten unkommentiert. Nach der Filmvorführung hatte jedes Kind die Gelegenheit, in einem Spielzimmer mit einer Reihe von Gegenständen zu spielen, darunter war auch die in der Filmvorführung geprügelte und gescholtene Puppe. Aufgefordert nachzumachen, was sie im Film gesehen hätten, waren die Kinder aus jener Versuchsbedingung, in der das Modell für sein aggressives Verhalten bestraft wurde, wesentlich zurückhaltender, was ihre Aktivitäten anging. Gemäß dem Prinzip der stellvertretenden Verstärkung (hier eigentlich: Bestrafung) hatten sie offenbar bereits aus einer Beobachtung gelernt und nicht erst an den selbst erfahrenen Verhaltensfolgen. Zumindest hatte sie der strafende Filmausgang dazu bewegt, das aggressive Verhalten nicht aktiv zu imitieren. Dass sie es dennoch gelernt und kognitiv repräsentiert haben, wurde deutlich, als der Versuchsleiter seinerseits Belohnungen für jede noch erinnerliche aggressive Verhaltensweise aus dem Film anbot. Jetzt entsprachen die „Leistungen" denen der Kinder in den beiden anderen Experimentalgruppen.

Es sind vier Teilprozesse des Beobachtungslernens, die dem Lernmechanismus zugrunde liegen: Prozesse der Aufmerksamkeit, des Kodierens und Behaltens, der motorischen Reproduktion sowie der Verstärkung und Motivation. Lernen durch Beobachtung setzt zunächst einmal voraus, dass das Modellverhalten überhaupt die *Aufmerksamkeit* des Lerners erregt. Aufmerksamkeitsanreize einer Lernsituation können durch Lehrerinnen und

Erzieher gezielt gesetzt werden, um Lernprozesse zu initiieren. Das Beobachtete muss anschließend *enkodiert* und sprachlich oder bildhaft als (deklaratives) Wissen repräsentiert und *behalten* werden. Im Modell des prozeduralen Lernens nach Anderson entspricht dies der kognitiven Phase. Prozesse der *motorischen Reproduktion* folgen denen des Enkodierens und Behaltens – ähnlich wie in der assoziativen Phase bei Anderson werden die konzeptuell repräsentierten Abläufe prozeduralisiert. Dabei können Unzulänglichkeiten erkannt und durch Übung und Training korrigiert werden. Ob das durch Beobachtung gelernte Verhalten auch tatsächlich ausgeführt wird, ist nicht gewiss. Unterschiedliche soziale Situationen motivieren den Lerner in ganz unterschiedlicher Weise dazu, das neu Erlernte auch tatsächlich zu zeigen. Bandura hat in diesem Zusammenhang auf notwendige Maßnahmen der externen *Verstärkung* aber auch auf Möglichkeiten der Selbst-Verstärkung hingewiesen.

Im Kern handelt es sich beim Beobachtungslernen um einen Akt der Informationsverarbeitung. Er ist angereichert um das der operanten Konditionierung entlehnte Verstärkungsprinzip, und zwar in zweifacher Hinsicht. In der Lernphase spielt die stellvertretende Verstärkung des Modells eine wichtige Rolle, wenn es um die Ausführung des Gelernten geht, kommen Anreize der direkten Verstärkung hinzu. Lernen besteht zunächst einmal in der kognitiven Repräsentation des Beobachteten. Ob Lernen in Leistung – in wiederum beobachtbares Verhalten – mündet, ist von Rahmenbedingungen bzw. von deren subjektiver Interpretation abhängig. Auf der Grundlage von Banduras Theorie sind von ihm selbst, aber auch von anderen, wichtige Weiterentwicklungen in der Pädagogischen Psychologie angestoßen worden. Dazu gehören das bereits an anderer Stelle angesprochene kognitive Modellieren (s. Abschnitt 5.1.2) und andere Varianten der kognitiven Selbstinstruktion. Auf Bandura selbst gehen Überlegungen zur Selbststeuerung des Lernens zurück.

Die Fähigkeit zur *Selbstregulation* des eigenen Lernens ist in den motivationalen und (selbst)-verstärkenden Prozesskomponenten des Beobachtungslernens bereits angedeutet. Wird die Beobachtung auf das eigene Lernverhalten gerichtet, so kann die Steuerung und Überwachung dieses Lernverhaltens zu seiner Optimierung beitragen. Zur Selbststeuerung gehört neben der Verhaltensbeobachtung die Verhaltensbewertung oder -beurteilung und die Selbstverstärkung nach Zielerreichung. In anderen Zusammenhängen werden die Prozesse der Selbstregulation des Lernens auch als „metakognitive Kontrollprozesse" bezeichnet. Durch Techniken der Selbststeuerung gewinnen Lerner zunehmend Kontrolle über das eigene Lernverhalten (kognitive Verhaltensmodifikation). Es müssen also nicht external gesetzte Verhaltenskontingenzen sein, die den Erwerb von Fertigkeiten bedingen.

Die selbststeuernden Prozesse des Lernens setzen voraus, dass es sich der Lernende überhaupt zutraut, „das Heft in die Hand zu nehmen". Bandura spricht hier von *Selbstwirksamkeitsüberzeugungen*, die eine Voraussetzung für den Einsatz selbstregulierender Lerntechniken darstellen. Nur wer glaubt, dass er Kontrolle über die eigenen Gedanken und Handlungen ausüben kann, und nur wer der Auffassung ist, aufgrund eigener Lernhandlungen die Lernergebnisse beeinflussen zu können, wird sich auf die aufwendigen Selbststeuerungsprozesse einlassen. Solche Kompetenzerwartungen lassen sich am ehesten auf der Grundlage vorangegangener Lernerfolge aufbauen.

5.3 Zusammenfassung

1. Durch Lernen wird aus Informationen und Erfahrungen Wissen und Können. Lernen ist Wissenserwerb und Verhaltensänderung zugleich. Menschen lernen, indem sie sich handelnd überdauernd und adaptiv auf veränderte Umweltbedingungen einstellen und indem sie ihre bereits vorhandenen Wissensstrukturen fortlaufend modifizieren.
2. Als kognitives Lernen bezeichnet man den Prozess der Aufnahme und Verarbeitung von Informationen, der zum Wissenserwerb, d.h. zur mentalen Repräsentation dieser Informationen führt. In ihrer konstruktivistischen Ausgestaltung heben die kognitionspsychologischen Lerntheorien Aspekte der Eigentätigkeit des Lernenden und die Individualität von Lernprozessen hervor. Zugleich wird auf die Bedeutung sozialer Unterstützung beim Erwerb individuellen Wissens verwiesen. Ein wichtiges Kriterium des Lernerfolgs ist das Ausmaß des Lerntransfers auf neue Aufgaben und Situationen.
3. Theorien des verknüpfenden oder assoziativen Lernens beschreiben den Aufbau von Gewohnheiten und Verhaltensweisen durch außengesteuerte Maßnahmen der Koppelung zwischen Reizen und/oder zwischen Reizen und Reaktionen. In der verhaltenspsychologischen Theorie der operanten Konditionierung wird der Aufbau neuer (erwünschter) Verhaltensweisen in pädagogischen Situationen über das systematische und kontrollierte Bereitstellen von Verhaltenskonsequenzen beschrieben.
4. In der sozial-kognitiven Theorie des selbstgesteuerten Lernens finden sowohl das Verstärkungsprinzip der operanten Konditionierung als auch das Paradigma der Informationsverarbeitung Berücksichtigung.

6. Motivation

(Heidrun Stöger und Albert Ziegler)

Sie sind früher nicht jeden Tag gleich gerne zur Schule gegangen, nicht jede Unterrichtsstunde hat damals gleich viel Spaß bereitet. Warum nicht? Was zeichnete Unterrichtsstunden aus, die Ihnen mehr Spaß bereiteten? Können Sie sich erinnern, dass Sie sich in manchen Fächern über die normalen Unterrichtsanforderungen hinaus mit interessanten Themen beschäftigten, während Sie in anderen Fächern nur mit Widerwillen das Pflichtpensum erledigten? Lag das nur daran, dass Sie bestimmte Fächer attraktiver fanden? Doch warum bereitete Ihnen dann das gleiche Fach bei verschiedenen Lehrkräften unterschiedlich viel Spaß?

Ziel dieses Kapitels ist es, einen Überblick über die zentralen Prinzipien und Konstrukte der Motivationspsychologie zu geben, die dazu beitragen, Unterschiede in der Motivation von Schülerinnen und Schülern zu verstehen. Zunächst wird auf grundlegende Konzepte der Motivationsforschung eingegangen. Anschließend erfolgt eine Darstellung verschiedener – für die Leistungsmotivation relevanter – Konstrukte, und zwar

- Ursachenerklärungen von Leistungsergebnissen,
- Zielorientierungen,
- intrinsische vs. extrinsische Motivation und
- Interesse.

Um Wege zur Motivationsförderung im schulischen Leistungskontext aufzuzeigen, werden verschiedene Einflussmöglichkeiten der Lehrkraft dargestellt, wie etwa ihre Modellwirkung, ihre Unterrichtsgestaltung, die Wahl der Aufgaben, verschiedene Arten des Feedbacks sowie die Wirkung von Belohnung, Lob und Kritik. Darüber hinaus wird auf den Einfluss, den bestimmte Klassenraumstrukturen und die Schule als Ganzes auf die Motivation ausüben, eingegangen. In unserem Rahmenmodell des Verhaltens- und Erlebens (Kap. 2.3) sind Motivationsphänomene den inneren Prozessen zugeordnet, die insbesondere von Merkmalen der Person, Anreizen als äußeren Bedingungen und den wahrgenommenen Effekten des eigenen Verhaltens beeinflusst werden.

6.1 Basale Konzepte der Motivationsforschung

Viele Definitionsversuche des Begriffs *Motivation,* der auf das lateinische Verb *movere* (bewegen) zurückgeht, identifizieren Motivation als Antriebskraft menschlichen Handelns. Schneider und Schmalt (2000) schreiben der Motivation neben einer Antriebskraft auch eine Steuerungsfunktion zu:

Definition: Motivation ist ein prozesshaftes Geschehen, in dem Handlungsziele herausgebildet und das Verhalten und Erleben auf diese Ziele ausgerichtet werden (S. 34).

Neben situativen Einflüssen aus der Umwelt kommt den *Motiven* eine wichtige Bedeutung zu. Motive stellen stabile Bewertungsdispositionen dar, denen inhaltlich abgrenzbare Klassen von Zielen zugeordnet werden (z.B. Machtmotiv, Leistungsmotiv). Sie drängen zu Handlungen, bedingen Zielsetzungen und legen Bewertungsmaßstäbe für die angestrebten Ziele und andere handlungsrelevante Momente fest, wie etwa die Realisierungschance einer Zielsetzung. Unterschiede in den Motiven können auf Unterschieden in den genetischen Grundlagen oder auf unterschiedlichen Lernerfahrungen der Individuen beruhen. Unabhängig von diesen Faktoren bedarf es einer *situativen Anregung,* damit Motive verhaltenswirksam werden.

Motivation oder motiviertes Verhalten entsteht durch das Zusammenwirken von Motiven und situativen Anreizen.

Die situativen Momente, die Motive ansprechen und damit motiviertes Verhalten bedingen, werden als *Anreize* bezeichnet. Als *Werte* wiederum werden die durch ein Motiv bewerteten Anreize bezeichnet. Während Anreize also in der Situation liegen, sind Werte psychologische Konstrukte. Werte spielen insbesondere eine große Rolle bei der Zielbildung. Eine Zielerreichung oder Zielvermeidung in Folge motivierten Verhaltens ist häufig mit einem *Affektwechsel* verbunden. Dieser stellt gegenüber der momentanen Affektlage eine relative Verbesserung oder Verschlechterung der Lust-Unlust-Bilanz dar. Die Antizipation dieses Affektwechsels bei Zielerreichung wirkt motivierend und bildet den Kern einer Motivierung vom Typ des Aufsuchens oder Meidens.

Die Übernahme und Verfolgung bestimmter Ziele wird aber nicht nur durch den Wert, sondern auch durch die *Erwartung* der Zielerreichung beeinflusst (Atkinson 1964). In sogenannten *Erwartungs-Wert-Modellen* müssen „Wünschbarkeit" (Wert, Attraktivität) und „Machbarkeit" (Erwartung, Wahrscheinlichkeit) gewissermaßen einen Kompromiss eingehen (vgl. Schmalt 1986): Beide Komponenten werden als theoretische Konstrukte aufgefasst, die meist nicht bewusst sind und somit sowohl zur Erklärung der Motivation von Menschen als auch von Tieren geeignet erscheinen. Bewusstes, willentliches Handeln wird hingegen vorrangig dem Menschen zugeschrieben (vgl. Schneider & Schmalt 2000) und hat in der Erforschung menschlicher Motivation in den letzten Jahrzehnten an Bedeutung gewonnen. *Willens- oder Volitionsprozesse* (vgl. Heckhausen, Gollwitzer & Weinert 1987) kommen vor allem dann zum Tragen, wenn Individuen innere oder äußere Widerstände, Hemmungen, Schwierigkeiten oder Motivationsdefizite zu überwinden haben.

6.2 Leistungsmotivation

Die Leistungsmotivation stellt mit Abstand den am besten untersuchten Bereich der Motivationsforschung dar. Als Urväter der Leistungsmotivationsforschung gelten McClelland und Atkinson (McClelland, Atkinson, Clark & Lowell 1953). Sie griffen die Idee Murrays (1938) auf, dass sich allgemeine Klassen von Person-Umweltbezügen jeweils durch bestimmte Themen definieren lassen. Nachdem der Schwerpunkt zunächst auf das personseitige Konstrukt des Leistungsmotivs sowie dessen definitorische Eingrenzung und Abgrenzung gegen andere Motivthematiken gelegt wurde, betrachteten sie später menschliches Leistungsverhalten im Sinne der Erwartungs-Wert-Modelle als Wechselwirkungsprodukt von Person und Situation. In dieser Tradition steht auch das *Risiko-Wahl-Modell* (Atkinson 1964),, das leistungsmotiviertes Handeln und die Wahl unterschiedlich schwieriger Aufgaben durch vier Situations- und zwei Personvariablen theoretisch rekonstruiert. Zu den Situationsvariablen zählen Erwartung von Erfolg und Misserfolg sowie Anreiz von Erfolg und Misserfolg. Die Motive, Erfolg aufzusuchen (Erfolgsmotiv) und Misserfolg zu meiden (Misserfolgsmotiv), bilden die Personvariablen. Aus der Interaktion dieser Variablen lassen sich Vorhersagen über Leistungs-, Ausdauer-, Aufgabenwahl- und Zielsetzungsverhalten in Abhängigkeit der Aufgabenschwierigkeit ableiten.

6.2.1 Attributionen von Leistungsergebnissen

Attributionen sind subjektive Erklärungen der Ursachen von Handlungsergebnissen.

Auch der im Rahmen der kognitiven Wende (vgl. Kap. 4 und 16) entstandene attributionstheoretische Ansatz (Weiner 1974) hält grundsätzlich an den Vorstellungen der Erwartungs-Wert-Modelle fest, bringt die einzelnen Modellkomponenten (Motive, Anreize, Erfolgswahrscheinlichkeiten) jedoch mit Ursachenerklärungen (Attributionen) in Zusammenhang. Einerseits geht man davon aus, dass Motive mit unterschiedlichen Präferenzen für bestimmte Ursachenzuschreibungen einhergehen, andererseits wird postuliert, dass die subjektiven Anreize und Erwartungen von diesen Ursachenzuschreibungen abhängen.

Attributionen lassen sich nach Weiner (1986) unter anderem danach unterscheiden, ob der Grund für ein Handlungsergebnis eher

- innerhalb der eigenen Person (internal) oder außerhalb der eigenen Person (external) liegend
- als stabil oder veränderbar (variabel)
- nur für dieses Handlungsergebnis (spezifisch) oder auch für andere Handlungsergebnisse (global) zutreffend
- kontrollierbar oder unkontrollierbar

eingeschätzt wird. Diese vier Dimensionen von Attributionen werden als Lokation, Stabilität, Globalität und Kontrollierbarkeit bezeichnet. Weiner, Frieze, Kukla, Reed, Rest und Rosenbaum (1971) haben jedoch ein für die Unterrichtspraxis vereinfachtes Schema erstellt, in dem die in Leistungssituationen typischerweise herangezogenen Ursachenerklärungen von Erfolg und Misserfolg lediglich nach Lokalität und Stabilität klassifiziert werden (vgl. Tabelle 6-1).

Tab. 6-1: Schema zur Klassifikation der Ursachen von Leistungsergebnissen (modifiziert nach Weiner et al. 1971)

		Lokation der Ursache	
		in der eigenen Person (internal)	in der Umwelt (external)
Zeit-stabilität	stabil	Fähigkeit	Aufgabenschwierigkeit
	variabel	Lernverhalten, Anstrengung	Zufall (Glück, Pech)

Wie sich Leistungserfahrungen auswirken, hängt entscheidend davon ab, welche Ursachen man für das Leistungsergebnis verantwortlich macht. Sieht ein Schüler oder eine Schülerin einen Misserfolg beispielsweise durch mangelnde Anstrengung verursacht, so hat dies andere Konsequenzen für das zukünftige Lernverhalten (etwa gesteigerte Anstrengung), als wenn er bzw. sie Pech oder mangelnde Fähigkeiten als Erklärung heranzieht. Um feststellen zu können, welche Attributionen wünschenswert sind, muss zum einen zwischen Attributionen von Erfolg und Misserfolg unterschieden werden, zum anderen zwischen motivationsförderlichen und selbstwertdienlichen Attributionen. Selbstwertdienliche Attributionen helfen, das subjektive Bild der eigenen Person möglichst positiv zu gestalten. Generell ist es günstig, Erfolge internal und Misserfolge variabel zu erklären. Abbildung 6-2 veranschaulicht selbstwertdienliche und motivationsförderliche Attributionen von Erfolg und Misserfolg.

Die Attribution von Erfolgen auf die eigene Fähigkeit oder Begabung und von Misserfolgen auf den Zufall oder Pech ist selbstwertdienlich. Allerdings sind diese Ursachenzuschreibungen nicht unbedingt motivationsförderlich. Ein Schüler, der eine gute Note in der letzten Mathematikarbeit auf seine mathematische Begabung attribuiert, wird weniger bereit sein, für die nächste Klassenarbeit zu lernen als ein Schüler, der seine Leistung auf die aufgewandte Lernzeit zurückführt. Attributionen von Erfolgen und Misserfolgen auf die eigene Anstrengung wirken hingegen motivationsförderlich. In Abschnitt 6.3.1 folgen einige Hinweise zur Förderung eines motivationsförderlichen und selbstwertdienlichen Attributionsstils.

Abb. 6-2: Selbstwertdienliche und motivationsförderliche Attributionen

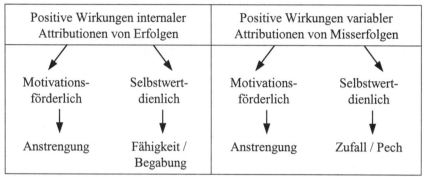

In der attributionstheoretischen Fassung der Leistungsmotivationstheorie (Weiner 1974, 1985) spielen die Ursachenzuschreibungen von Erfolg und Misserfolg eine wichtige Rolle. Die Erkenntnis, dass es bei der Attribuierung von Misserfolgen große interindividuelle Unterschiede gibt, trug beträchtlich zur Entwicklung der leistungsthematischen Zieltheorie bei. Manche Individuen neigen dazu, ihre Misserfolge auf mangelnde Anstrengung zu attribuieren, andere sehen sie eher durch mangelnde Begabung verursacht. Die Misserfolgsattribuierung auf mangelnde Anstrengung geht mit hohen Erwartungen, hoher Ausdauer und guten Leistungen einher, während eine Misserfolgsattribuierung auf mangelnde Begabung mit negativen Emotionen wie Angst, geringeren Leistungserwartungen, weniger Ausdauer und schlechteren Leistungen verbunden ist (vgl. Pintrich & Schunk 1996).

6.2.2 Zielorientierungen

Dweck und Elliot (1983) vermuteten, dass unterschiedliche Attributionen durch die Verfolgung unterschiedlicher Ziele zustande kommen, nämlich einerseits durch die Verfolgung von Lernzielen, andererseits durch die Verfolgung von Performanzzielen (für einen Überblick vgl. Pintrich & Schunk 1996).

- Personen mit einer *Lernzielorientierung* sind in Lern- und Leistungssituationen in erster Linie bestrebt, ihre Kompetenz, ihr Wissen und ihre Fähigkeiten zu steigern.

- Personen mit einer *Performanzzielorientierung* geht es hingegen vorrangig darum, eine vorteilhafte Beurteilung der eigenen Kompetenz zu erlangen und besser zu sein als die anderen. Die Performanzzielorientierung lässt sich noch in eine *Annäherungs-* und eine *Vermeidungskomponente* untergliedern (vgl. Elliot & Harackiewicz 1996), je nachdem, ob das zur Schau stellen eigener Fähigkeiten und Fertigkeiten oder das Kaschieren der eigenen Misserfolge im Vordergrund steht.

Tab. 6-3: Zielorientierungen und andere motivationale und kognitive Ergebnisse (angepasst nach Pintrich & Schunk 1996)

Definitionen/ Ergebnisse	Lernziele	Performanzziele
Zieldefinitionen		
Erfolg definiert als:	Verbesserung, Fortschritt, Bewältigung einer herausfordernden Lernaufgabe, Kreativität, Innovation, Kompetenzerweiterung	Gute Noten, bessere Leistungen erzielen als andere, bei standardisierten Tests besser abschneiden, um jeden Preis gewinnen
Wertlegung auf:	Anstrengung, Bearbeitung herausfordernder Aufgaben	Zur Schau stellen von Erfolgen
Grund für aufgebrachte Anstrengung:	Intrinsische und persönliche Bedeutung der Aktivität	Den eigenen Wert demonstrieren
Evaluationskriterien:	Absolute Kriterien, individueller Fortschritt	Normen, soziale Vergleiche mit anderen
Bewertung von Fehlern als:	Information, Teil des Lernens	Misserfolg, Hinweis auf mangelnde Fähigkeit oder niedrigen Wert
Mit den Zielen verbundene Ergebnisse		
Attributionsstil	Adaptiv, Misserfolge auf mangelnde Anstrengung, Ergebnisse kontingent auf eigene Anstrengung	Maladaptiv, Misserfolge auf mangelnde Fähigkeiten
Affekte	Stolz und Zufriedenheit für mühevollen Erfolg, Schuld bei fehlendem Erfolg, positive Einstellung zum Lernen, intrinsisches Interesse am Lernen	negative Affekte nach Misserfolgen
Kognitionen	Verwendung tieferer Lern- und selbstregulierter Strategien, wie Planen, „Selfmonitoring"	Verwendung von Oberflächenstrategien und Auswendiglernen
Verhalten	Wahl persönlich herausfordernder Aufgaben, höhere Risikobereitschaft, bessere Leistungen	Wahl leichter Aufgaben, weniger Bereitschaft, Risiken einzugehen und Neues auszuprobieren, schlechtere Leistungen

Zielorientierungen üben einen großen Einfluss auf Kognitionen, Affekte und das Verhalten von Schülerinnen und Schülern aus. Im allgemeinen geht eine Lernzielorientierung mit adaptivem (vorteilhaftem) Leistungsverhalten, eine Performanzzielorientierung (im Speziellen deren Vermeidungskomponente) hingegen eher mit maladaptivem (ungünstigem) Leistungsverhalten einher. Beispielsweise weisen lernzielorientierte Schülerinnen und Schüler für gewöhnlich einen günstigeren (motivationsförderlichen, selbstwertdienlichen) Attributionsstil auf (Dweck & Leggett 1988), berichten positivere Affekte (weniger Angst und Hilflosigkeit, Ames 1992) und zeigen qualitativ (Verwendung von tiefenorientierten Lernstrategien, z.B. Elaborations- und Organisationsstrategien; vgl. Kap. 4) und quantitativ (Noten) hochwertigeres Leistungsverhalten (Butler 1987). Tabelle 6-3 gibt einen zusammenfassenden Überblick über die Bedeutung motivationaler Zielorientierungen für das Leistungsverhalten.

Zielorientierungen können im Rahmen der Erwartungs-Wert-Modelle als Wertkonzeptionen aufgefasst werden, die beeinflussen, welche Ziele und Zielzustände als wertvoll und erstrebenswert erachtet werden (Köller 1998). Während viele Konzepte in der Motivationsforschung versuchen, das menschliche Verhalten und die Motivation ganz global und allgemein zu erfassen, ist die Zielorientierungstheorie auf das Verhalten in Leistungssituationen beschränkt, wobei sie aber sehr spezifische Zusammenhänge zu den oben erwähnten Konstrukten beinhaltet (siehe Tabelle 6-3 sowie Köller 1998; Pintrich & Schunk 1996).

6.2.3 Intrinsische versus extrinsische Motivation und Interesse

Die Konstrukte der extrinsischen bzw. intrinsischen Motivation und des Interesses sind – wie oben bereits erwähnt – konzeptuell nicht auf den Leistungskontext eingeschränkt, spielen jedoch gerade für das schulische Lern- und Leistungsverhalten eine überragende Rolle.

- Ein Verhalten wird dann als *intrinsisch motiviert* bezeichnet, wenn es um seiner selbst Willen geschieht. Intrinsisch motivierte Schülerinnen und Schüler befassen sich nach dieser Definition also mit einer Aufgabe, weil sie Freude bereitet. Die Aufgabe wird zum Selbstzweck, sie wird als sinnvoll und belohnend empfunden und es bedarf keines äußeren Anreizes und keiner Belohnung, um sich mit ihr zu beschäftigen.
- Im Gegensatz dazu wird ein Verhalten als *extrinsisch motiviert* bezeichnet, wenn der Beweggrund des Verhaltens außerhalb der eigentlichen Handlung liegt, bzw. wenn die Handlung von außen gesteuert wird. Extrinsisch motivierte Schülerinnen und Schüler lernen demzufolge nicht um der Handlung bzw. der Sache selbst willen, sondern weil sie mit Hilfe ihres Lernens bzw. ihrer Leistung etwas Bestimmtes – z.B. Lob, gute Noten, Anerkennung oder Belohnung – erreichen wollen.

Intrinsische Motivation beim Lernen ist nicht nur mit mehr Spaß während des Lernens sondern auch mit besseren Leistungen verbunden (vgl. Gottfried 1985). Schülerinnen und Schüler, die intrinsisch motiviert sind, gehen häufiger Aktivitäten nach, die lernförderlich sind. Sie sind offener für Lerntipps, wiederholen Gelerntes selbstständig, organisieren und elaborieren neue Lerninhalte, verknüpfen sie mit bekannten Sachverhalten und wenden sie in unterschiedlichen Kontexten an. Andererseits kann Lernen auch intrinsische Motivation bedingen. Je mehr Fähigkeiten Schülerinnen und Schüler erwerben, desto mehr Erfolge erzielen sie und desto selbstwirksamer erleben sie sich, d.h. sie führen Erfolge vorwiegend auf die eigene Person und ihre Kompetenzen zurück. Gesteigertes Selbstwirksamkeitserleben und gute Leistungen (vgl. Pintrich & Schunk 1996) bedingen ihrerseits intrinsische Motivation und weiteres Lernen (Bandura 1993).

Nach Deci und Ryan (1987) gilt ein Verhalten dann als intrinsisch motiviert, wenn es selbstbestimmt und autonom (statt von außen kontrolliert) ist. Dem selbstbestimmten Verhalten liegt zudem ein Bedürfnis nach Kompetenz und Wirksamkeit zugrunde (vgl. auch White 1959). In einer Erweiterung ihres Konzeptes nehmen Deci und Ryan (1993) mit dem Bedürfnis nach sozialer Eingebundenheit und Zugehörigkeit eine dritte Größe in ihre Überlegungen auf. In verschiedenen Studien konnten sie zeigen, dass Lernen in Lerngemeinschaften intrinsisch motivierender ist.

Das Konzept der intrinsischen Motivation wird oft in der Nähe der Pädagogischen Interessentheorie (Schiefele, Hausser & Schneider 1997) angesiedelt. Beim *Interessenkonstrukt* ist allerdings ein spezifischer Gegenstandsbereich entscheidend. Es geht also nicht in erster Linie um die angestrebten Zustände (z.B. Stärke des Leistungsmotivs, erzielte Note, Kompetenzsteigerung), sondern um bevorzugte Gegenstandsfelder (z.B. Mathematik, Geschichte). Solche Gegenstandsbevorzugungen werden Interessen genannt. Auch das Interesse weist Zusammenhänge zu verschiedenen kognitiven und leistungsbezogenen Ausgängen auf: Schülerinnen und Schüler, die sich für bestimmte Lerninhalte interessieren, zeigen beispielsweise größeres Erinnerungsvermögen, bessere Aufmerksamkeit, tieferes Verständnis, gesteigerte Anstrengungsbereitschaft und verwenden verstärkt tiefenorientierte Lernstrategien (Tobias 1994).

6.3 Möglichkeiten zur Förderung der Motivation

Die Lehrkraft kann die Motivation der Lernenden nicht nur durch ihre Modellwirkung verändern, sie übt auch über ihre Unterrichtsgestaltung, die Wahl der Aufgaben, die bewusste Verwendung verschiedener Arten motivationsförderlichen Feedbacks und aufgrund von Belohnungen, Lob und Tadel einen Einfluss auf die Motivation aus. Ebenso haben die im Klassenzimmer vorherrschenden Strukturen und die Schule als übergeordnete Einheit eine motivationspsychologische Bedeutung.

6.3.1 Einflüsse der Lehrkraft und ihrer Unterrichtsgestaltung

In früheren psychologischen Ansätzen wurde der Lehrkraft zwar ein bedeutender Einfluss auf die Motivation zugestanden, allerdings in erster Linie vermittelt über jegliche Art der Belohnung (z.B. gute Noten, Lob, Aufkleber) und Bestrafung (z.B. schlechte Noten, Tadel, Nacharbeiten). Mittlerweile weiß man, dass nahezu jegliche Verhaltensweise der Lehrkraft die Motivation der Schülerinnen und Schüler potentiell beeinflusst (Pintrich & Schunk 1996). Nicht nur offensichtliche Motivationsversuche, wie das Setzen expliziter Ziele oder die Belohnung guter Leistungen, sondern auch allgemeinere Verhaltensweisen, wie die Bildung von Arbeitsgruppen, die Art der Fragestellung oder die allgemeine Unterrichtsgestaltung und der Umgang mit Disziplinschwierigkeiten spielen eine Rolle. Im Folgenden wird aufgrund ihrer überragenden Bedeutung zunächst die Modellwirkung der Lehrkraft für die Motivation der Schülerinnen und Schüler genauer dargestellt.

Modellwirkung der Lehrkraft
Nach Bandura (1969) umfasst Modelllernen verhaltensbezogene, kognitive und affektive Veränderungen, die aus der Beobachtung eines oder mehrerer Modelle resultieren. Nachweislich werden vor allem solche Modelle nachgeahmt, die einen hohen sozialen Status inne haben und als kompetent eingestuft werden. Da diese beiden Attribute auf Lehrkräfte zutreffen, üben diese vermittelt über ihre Modellwirkung einen wichtigen motivationalen Einfluss aus (vgl. Schunk 1987). Es ist jedoch auch zu bedenken, dass Modelllernen mit größerer Wahrscheinlichkeit dann stattfindet, wenn sich die Schülerinnen und Schüler mit dem Modell identifizieren können. Um dies zu erreichen, kann man gemeinsame Merkmale von Modell (Lehrkraft) und Schülern herausstellen, beispielsweise gemeinsame Interessen oder Erfahrungen.

Als Modell für das Lern- und Leistungsverhalten agiert eine Lehrkraft, indem sie die Lösung einer Aufgabe oder bestimmte Lernstrategien demonstriert, diese genau erklärt und die Gründe für ihre eigenen Vorgehensweisen formuliert (Meichenbaum 1977). Die modellhafte Vermittlung positiven Lernverhaltens übt vermittelt über erlebte Erfolge der Schülerinnen und Schüler einen Einfluss auf die Motivation aus. Werden die Schüler durch die Beobachtung ihrer Lehrkraft in die Lage versetzt, den Stoff bzw. die Lernstrategie schrittweise zu erwerben, so steigert dies ihr Selbstwirksamkeitserleben und sie nehmen sich als erfolgreich wahr, was zu einer Steigerung der Motivation beiträgt.

Die Modellierung von Coping-Strategien – also des Umgangs mit Schwierigkeiten im Lernprozess – hat eine ähnlich indirekte motivationsförderliche Wirkung. Beispielsweise kann eine Lehrkraft demonstrieren, wie sie durch Anstrengung und die Verwendung metakognitiver Strategien (vgl. Kap. 4) Schwierigkeiten bei der Bearbeitung einer Aufgabe überwindet. Gerade die

Demonstration des Umgangs mit Schwierigkeiten bei einer Lernaufgabe trägt zu günstigen Lerneffekten aufgrund wahrgenommener Ähnlichkeit bei und führt zu gesteigertem Selbstwirksamkeitserleben, ist somit also motivationsförderlich.

Andererseits übt die Lehrkraft eine direkte Modellwirkung auf die Motivation der Schülerinnen und Schüler aus, wenn sie ihre eigene Begeisterung für das unterrichtete Fach demonstriert, von interessanten Lesefrüchten berichtet und zeigt, wie wertvoll und interessant sie die Inhalte des unterrichteten Faches findet. Die Verfolgung einer Lernzielorientierung kann gefördert werden, wenn die Lehrkraft klar macht, dass sie ihr eigenes Lernen in erster Linie als Möglichkeit zur Kompetenzsteigerung sieht und sie Misserfolge nicht als Beweis ihrer Unfähigkeit sondern vielmehr als Lerngelegenheit wahrnimmt.

Auch bei der Vermittlung erwünschter Attributionen spielen Modellierungstechniken eine bedeutende Rolle (vgl. z.B. Perry & Penner 1990). Die Lehrkraft verbalisiert stellvertretend für die Schülerinnen und Schüler, deren Attributionsstil verändert werden soll, motivationsförderliche Ursachenzuschreibungen oder klärt sie über erwünschte Attributionsstile auf. Wichtig bei diesen Modellierungstechniken ist, dass die verwendeten Attributionen realistisch sind, sich Erfolgsattributionen auf internale Ursachen, Misserfolgsattributionen hingegen auf variable Ursachen beziehen. Eine Modellierungsmöglichkeit der Lehrkraft besteht darin, einen eigenen Erfolg bzw. Misserfolg zu berichten und dabei die Bedeutung der Attributionen für das weitere Verhalten hervorzuheben. Eine interaktive Form der Modellierung stellen Diskussionen bzw. Gespräche dar. Allerdings muss die Lehrkraft zur Demonstration des gewünschten Attributionsmusters eine passende Gelegenheit abwarten. Auch sollte sie darauf achten, ungünstige Ursachenerklärungen der Schülerinnen und Schüler keinesfalls unkommentiert zu lassen.

Unterrichtsgestaltung
Rosenshine und Stevens (1986) haben unter Berücksichtigung der Lern- und Lehrforschung einen Leitfaden zur motivationsfördernden Unterrichtsgestaltung aufgestellt, der sechs Schritte umfasst:

1. Wiederholung des Stoffes der vorhergehenden Schulstunde und falls nötig erneute Erarbeitung des Stoffes
2. Präsentation des neuen Stoffes
3. Übungsmöglichkeiten unter fachlicher Anleitung, Überprüfung des Verständnisses des neuen Stoffes
4. Feedback, falls nötig erneute Erarbeitung bzw. Erklärung des Stoffes
5. Von der Lehrkraft unabhängige Übung des Stoffes
6. Wiederholung des Stoffes in (wöchentlichen, monatlichen) Abständen.

Eine Unterrichtsgestaltung, die die genannten Punkte berücksichtigt, sollte sowohl die Leistung als auch die Motivation der Schülerinnen und Schüler positiv beeinflussen. Die Wiederholung des Stoffs der vorangegangenen Stunde bereitet die Schüler optimal auf neuen Stoff vor und erhöht – aufgrund der optimalen Anknüpfung an das Vorwissen – deren Selbstwirksamkeitserleben. Die Erarbeitung neuen Stoffes in kleinen Schritten und die Integration von Übungs- und Wiederholungsphasen gewährleistet Erfolge, welche wiederum zu einer Steigerung der Motivation beitragen (vgl. Schunk 1991).

Die Beschreibung des Leitfadens soll keinesfalls den Eindruck erwecken, dass den Lernenden keine Freiräume zuzugestehen sind. Zur Förderung der intrinsischen Motivation und einer Lernzielorientierung ist es vielmehr von großer Bedeutung, ihnen Autonomie sowie Kontroll- und Wahlmöglichkeiten einzuräumen, was jedoch ein allgemeines Unterrichtskonzept der Lehrkraft nicht ausschließt. Beispielsweise kann eine generelle Thematik vorgegeben werden, zu der sich die Schülerinnen und Schüler entsprechend ihres Vorwissens und ihrer Interessen Referatethemen wählen.

Einfluss der Aufgabe
Bei der Gestaltung des Unterrichts spielt natürlich auch die Lernaufgabe, deren Auswahl und Gestaltung eine wichtige Rolle bei der Förderung und Aufrechterhaltung einer Lernzielorientierung, der intrinsischen Motivation und des Interesses. Lernzielorientierte Schülerinnen und Schüler sind in erster Linie bestrebt, ihre Kompetenz zu steigern, weshalb vor allem solche Aufgaben für sie attraktiv sind, die Kompetenzerweiterung und Lernfortschritt ermöglichen. Deshalb sollte die Lehrkraft *herausfordernde* und an die *Vorkenntnisse* der Schülerinnen und Schüler angepasste Aufgaben wählen, die individuelle Fortschritte zulassen (Ames 1992). Aufgrund der Unterrichtsgegebenheiten ist es zwar vermutlich nicht möglich, an die Vorkenntnisse jedes einzelnen Lernenden anzuknüpfen, doch sollten zumindest Aufgaben mit unterschiedlichen Schwierigkeitsgraden bereit gestellt werden. Zusätzlich zu einer gewissen *Differenzierung* bei der Aufgabengestaltung erweisen sich Aufgaben mit einem *Lebensbezug* als besonders motivationsförderlich. Die Lehrkraft sollte die Lernenden auf die Bedeutsamkeit des erarbeiteten Stoffs für das reale Leben hinweisen und – falls irgendwie möglich – einen direkten Bezug zu deren Lebenswelt herstellen. Für diese Art der Unterrichtsgestaltung eigenen sich vor allem Projektarbeiten. Beispielsweise kann eine Lehrkraft im Rahmen des Biologieunterrichts, bei dem es um die Bestimmung von Wasserqualität geht, mit ihren Schülerinnen und Schüler das Wasser eines lokalen Sees oder Flusses untersuchen. Soweit die Möglichkeit zu Projektarbeiten nicht gegeben ist, sollten Unterrichtsinhalte zumindest mit den Erfahrungen und kleinen Geschichten aus der Lebenswelt der Schülerinnen und Schüler in Beziehung gesetzt werden, die aufzeigen, welche Bedeutung die vermittelten Inhalte für ihr Leben oder

das Leben bestimmter Menschen hat (Brophy 1987). Auch Aufgaben, die einen *Neuigkeitsgehalt* haben, die für *Abwechslung* sorgen und an *Interessen* anknüpfen, erweisen sich als motivationsförderlich (Maehr & Midgley 1991). Lehrkräfte sollten deshalb versuchen, eine Vielfalt von Aufgaben zur Verfügung zu stellen, so dass für jeden Lernenden neue, überraschende, interessante und herausfordernde Aufgaben enthalten sind.

Feedback
Auch mit Hilfe unterschiedlicher Formen des Feedbacks, das auf das Lern- und Leistungsverhalten der jeweiligen Schülerinnen und Schüler zugeschnitten ist, kann die Lehrkraft einen Einfluss auf die Motivation ausüben. Generell lassen sich vier verschiedene Arten von Feedback unterscheiden, die direkt oder indirekt einen Einfluss ausüben: Leistungsfeedback, motivationales, attributionales und Strategiefeedback.

Leistungsfeedback informiert über die Korrektheit einer Arbeit bzw. Leistung und kann Verbesserungsvorschläge beinhalten. Ein Beispiel für diese Art des Feedbacks wäre die Aussage der Lehrkraft: „Der erste Teil der Aufgabe ist richtig, beim zweiten Teil musst du darauf achten, die Multiplikationsregeln beim Bruchrechnen richtig anzuwenden." Leistungsfeedback mit der Information, dass eine Aufgabe richtig gelöst wurde, motiviert, weil es dem Lernenden eine Kompetenzsteigerung und die Fähigkeit weiterführenden Lernens bestätigt (Schunk 1989). Leistungsfeedback, das auf einen Fehler hinweist, kann ebenfalls motivationsförderlich sein, wenn es Verbesserungsvorschläge beinhaltet und dem Lernenden Informationen liefert, dass er seine Kompetenz mit Hilfe seines Lernverhaltens steigern kann.

Motivationales Feedback soll Lernende für einen Lerngegenstand motivieren. Es gibt verschiedene Arten: *überzeugendes Feedback*, das den Lernenden anspornen soll, eine Leistungshandlung zu beginnen oder aufrechtzuerhalten (z.B. „Ich weiß, dass du das schaffen kannst."), *sozial vergleichendes Feedback*, bei dem die Leistungen des Lernenden mit denen anderer Personen verglichen werden (z.B. „Schau mal, wie gut Martin war, warum versuchst du nicht genauso gut zu werden wie er?") und *individuell vergleichendes Feedback*, das über Lern- und Leistungsfortschritte informiert (z.B. „Du wirst immer besser, diesmal hast du 3 Fehler weniger als beim letzten Diktat."). Obwohl auch die ersten beiden Feedbackarten eine indirekte Information über die Kompetenz des Lernenden beinhalten, dienen sie vorrangig dazu, ihn zu aktivieren, an einer Aufgabe zu arbeiten und engagiert bei der Sache zu bleiben. Zur Förderung eines günstigen Attributionsstils und einer Lernzielorientierung sollte jedoch vor allem individuell vergleichendes Feedback verwendet werden.

Soziales und individuell vergleichendes Feedback hängen eng mit der Bezugsnorm zusammen. Bei einer *sozialen Bezugsnorm* nehmen Lehrkräfte einen sozialen Vergleich vor, während bei einer *individuellen Bezugsnorm* die aktuelle Leistung eines Lernenden in Bezug zu seinen eigenen vorangegangenen Leistungen gesetzt wird (Rheinberg 1980). Die Verwendung einer individuellen Bezugsnormorientierung (nach Möller & Köller 1998 auch autonome Vergleiche genannt) trägt dazu bei, dass Schülerinnen und Schülern – durch einen zeitlichen Längsschnittvergleich ihrer eigenen Leistungen – Lernfortschritte bewusst werden und sie Zusammenhänge zwischen Kompetenzveränderungen und der beim Lernen aufgewandten eigenen Anstrengung feststellen. Diese Erkenntnis fördert einen günstigeren Attributionsstil und eine Lernzielorientierung (vgl. Pintrich & Schunk 1996). Eine Möglichkeit der Lehrkraft, bei ihren Schülerinnen und Schülern günstige Attributionen und die Verfolgung von Lernzielen zu bewirken, besteht also darin, bei Leistungsrückmeldungen auf die individuellen Lernfortschritte, das Lernverhalten und die Kompetenzsteigerung der Lernenden zu fokussieren.

Attributionales Feedback verbindet eine Leistungsrückmeldung mit ein oder mehreren Ursachenerklärungen (z.B. „Du hast dich angestrengt.", „Diesmal hattest du Pech, wer weiß, vielleicht hast du beim nächsten Mal ja mehr Glück."). Wie in Abschnitt 6.2.1 bereits erwähnt, erweisen sich internale und variable Erfolgs- und Misserfolgsattributionen auf die eigene Anstrengung als besonders motivationsförderlich. Sieht ein Schüler eine schlechte Leistung in einer Klassenarbeit durch niedrige Fähigkeiten verursacht, so wird er zukünftig vermutlich wenig Anstrengung in die Vorbereitung investieren. Attribuiert er seine schlechte Leistung hingegen auf mangelhafte Vorbereitung, kann dies zu gesteigerter Anstrengung führen, weil das Leistungsergebnis als beeinflussbar wahrgenommen wird. Die Lehrkraft kann mit Hilfe geeigneten attributionalen Feedbacks dazu beitragen, dass ihre Schülerinnen und Schüler einen günstigen, motivationsförderlichen und selbstwertdienlichen Attributionsstil verwenden (vgl. Andrews & Debus 1978; Ziegler & Schober 2000).

Kommentierungstechniken stellen im weitesten Sinne eine bewusst geplante Form des Lehrerfeedbacks dar. Die drei wichtigsten Formen sind verbale und schriftliche Kommentierungstechniken sowie die operante Methode. Die gebräuchlichste Form stellt die *verbale Kommentierungstechnik* dar. Die Lehrkraft versieht die Handlungen bzw. das Lernverhalten ihrer Schülerinnen und Schüler mit Kommentaren, die motivationsförderliche Attributionen beinhalten (z.B. „Wenn du das durcharbeitest, wird es beim nächsten Mal bestimmt klappen"). Um tatsächlich eine Wirkung zu erzielen, ist es jedoch wichtig, die Kommentierungstechnik relativ häufig und vor allem zeitlich unmittelbar an Leistungsergebnisse gekoppelt zu verwenden (vgl. Craven, Marsh & Debus 1991).

Bei *schriftlichen Kommentierungstechniken* schreibt die Lehrkraft beispielsweise unter Schul- oder Hausaufgaben Erklärungen für die Leistungsergebnisse. Dazu muss sie sich zunächst in den betreffenden Lernenden hineinversetzen, um festzustellen, ob die erzielte Leistung einen Erfolg oder Misserfolg darstellt. Der jeweiligen Leistung (erfolgreich, durchschnittlich, wenig erfolgreich) angepasst sollte dann eine schriftliche Attribution erfolgen, die die eigene Anstrengung als Grund für das Leistungsergebnis kennzeichnet. Einen Erfolg könnte die Lehrkraft beispielsweise mit der Aussage „Du hast dich sehr gut auf das Thema vorbereitet und originelle Ideen eingebracht" kommentieren. In einer zehnwöchigen Studie von Supersaxo, Perrez und Kramis (1986), bei der Lehrkräfte diese Feedbackmethode anwendeten, konnte eine vorteilhafte Veränderung des Attributionsstils nachgewiesen werden.

Bei der *operanten Methode* (vgl. z.B. Andrews & Debus 1978) verstärkt die Lehrkraft erwünschte Attributionen ihrer Schülerinnen und Schüler. Als Verstärkung können neben Lob auch kleine Belohnungen eingeführt werden (vgl. Abschnitt 6.3.1). Ebenso wie bei der verbalen und der schriftlichen Kommentierungstechnik sollen realistische Attributionen vermittelt werden. Falls Schülerinnen und Schüler ihre Leistungen stark unterschätzen, sollten anstelle motivationsförderlicher Attributionen zunächst selbstwertdienliche Ursachenerklärungen verstärkt werden. Tabelle 6-4 gibt einen Überblick über Rückmeldungen mit einem Selbstwert- bzw. Motivationsfokus (vgl. auch Abbildung 6-2).

Tab. 6-4: Rückmeldungen mit Selbstwert- bzw. Motivationsfokus (modifiziert nach Ziegler & Schober 2000).

Rückmeldungen mit Motivationsfokus	Rückmeldungen mit Selbstwertfokus
Im Falle eines Erfolges:	**Im Falle eines Erfolges:**
• Du hast diese Sache wirklich gut gelernt. • Du hast geschickt gelernt. • Siehst du, wenn du aufpasst und dich konzentrierst, schaffst du es.	• Du bringst viel Verständnis für diese Fragestellung mit. • Auch diesmal hast du die Aufgaben prima gelöst, du hast das im Griff. • Siehst du, welche Fähigkeiten in dir stecken?
Im Falle eines Misserfolges:	**Im Falle eines Misserfolges:**
• Du hast zu schnell aufgegeben, eigentlich kannst du das. • Du hast diesmal zu flüchtig gerechnet. • Wenn du dir das noch mal genauer anschaust, wird es beim nächsten mal bestimmt klappen.	• Die Aufgabe war diesmal wirklich schwer und hat Vielen Probleme gemacht. • Du hattest diesmal leider ein bisschen Pech. • Du hattest wohl einen schlechten Tag.

Strategiefeedback: Die Verwendung von Lernstrategien hilft Schülerinnen und Schülern, aufmerksam bei der Sache zu bleiben, auf wichtige Lerninhalte zu fokussieren, das Lernmaterial sinnvoll zu organisieren und produktiv zu lernen (Weinstein & Mayer 1986). Da eine effektive Nutzung von Lernstrategien zu besseren Leistungen führt, trägt Strategiefeedback zu gesteigertem Selbstwirksamkeitserleben und günstiger Motivation bei (Zimmerman & Martinez-Pons 1992). Allerdings reicht die Vermittlung von Lernstrategien alleine meist nicht aus, um deren Anwendung zu sichern. Besonders wichtig ist die Erkenntnis der Schülerinnen und Schüler, dass die Verwendung einer bestimmten Lernstrategie tatsächlich erfolgversprechend und nützlich ist. Lehrkräfte, die ihre Schüler über die Nützlichkeit und die Bedeutung von Lernstrategien für ihr Lernen und ihre Leistungen informieren, erhöhen deren Selbstwirksamkeitserleben und steigern die Bereitschaft, Lernstrategien anzuwenden (Schunk 1989). Strategiefeedback ist eng mit attributionalem Feedback verwandt, da es Leistungsergebnisse auf die Verwendung von Lernstrategien attribuiert. Es kann mit Anstrengungsattributionen kombiniert werden, z.B. „Die Lösung ist richtig. Du hast dich sehr angestrengt und die einzelnen Schritte der Lernstrategie richtig angewandt."

Belohnung, Lob und Kritik
Auch *Belohnungen* in Form von Noten, Privilegien, Lob, Freizeit, Punkten oder „Token" (Chips oder Spielmarken, die gegen andere Dinge wie etwa kleine Spielsachen eingetauscht werden können) üben einen Einfluss auf das Leistungsverhalten und die Motivation von Lernenden aus. Nach Skinner (1953) sollte eine Belohnung (im Sinne der operanten Konditionierung) die Auftretenswahrscheinlichkeit einer bestimmten Handlung erhöhen. Bandura (1993) ergänzt diese Sichtweise durch die Annahme, dass nicht die Belohnung an sich motivierend wirkt, sondern das Wissen des Lernenden, durch ein bestimmtes Handeln gewisse Konsequenzen erreichen zu können. Dieses Wissen kombiniert mit der wahrgenommenen Wichtigkeit und dem der Belohnung beigemessenen Wert bringt Lernende dazu, sich so zu verhalten, dass sie die erwartete Belohnung erhalten.

Belohnungen wirken sich dann besonders vorteilhaft auf die Motivation aus, wenn sie den Lernenden über seine Kompetenzfortschritte informieren. Durch die planmäßige und transparente Erteilung von Belohungen für Lernfortschritte steigt das Selbstwirksamkeitserleben und die Motivation. Werden (performanzzielorientierte) Schülerinnen und Schüler hingegen unabhängig von ihren Leistungsergebnissen lediglich für ihre Anstrengung belohnt, so kann sich dies ungünstig auf ihr Selbstvertrauen auswirken – vor allem dann, wenn es sich um sehr leichte Aufgaben handelt. Dieser Sachverhalt ist wie folgt zu erklären: Ab einem bestimmten Alter verfügen Kinder über das Wissen, dass mangelnde Begabung über gesteigerte Anstrengung ausgeglichen werden kann (Kun & Weiner 1973). Erteilt die Lehrkraft nun für die Bearbeitung einer relativ leichten Aufgabe eine Belohnung und verknüpft diese mit einer Anstrengungsattribution, so kann für die Lernenden der Eindruck entstehen, dass die Lehrkraft ihnen relativ geringe Fähigkeiten zuschreibt. Diese Überzeugung hat wiederum negative Auswirkungen auf den Selbstwert.

Belohnungen, die nicht mit Kompetenzinformationen verknüpft werden, wirken teilweise auch ungünstig auf die intrinsische Motivation der Schülerinnen und Schüler. Lepper, Greene & Nisbert (1973) konnten in einem Experiment mit Kindern im Vorschulalter eindrucksvoll demonstrieren, dass Kinder, die für ein gemaltes Bild eine (angekündigte) Belohnung erhalten hatten, später das Interesse am Malen verloren (vgl. Kap. 1.1.2). Die intrinsische Motivation war durch die Belohnung offenbar beeinträchtigt (unterminiert) worden. Das verminderte Interesse der Kinder wurde mit dem *Überlegitimierungseffekt* erklärt, wonach eine extrinsische Belohnung die intrinsische Motivation mindert, wenn die gezeigte Leistung mit der Belohnung in Verbindung gebracht wird.

Der Überlegitimierungseffekt muss allerdings nicht unter allen Umständen eintreten; Belohnungen sind nicht generell negativ zu bewerten (vgl. Tang & Hall 1995). Nach Deci sollte die intrinsische Motivation durch externe Verstärker dann nicht unterminiert werden, wenn man die Voraussetzungen zur Entstehung von Motivation berücksichtigt und Lernende Kompetenz erleben und Kontrolle ausüben können. Zudem konnten Deci, Nezlek und Sheinman (1981) zeigen, dass Individuen Belohnungen sehr unterschiedlich wahrnehmen. Werden Belohnungen nicht als Kontrolle sondern als Information über die eigenen Kompetenzsteigerungen eingestuft, so sollten sie der intrinsischen Motivation nicht abträglich sein. Allerdings wird es für die Lehrkraft oft schwierig sein zu erkennen, ob ihre Schülerinnen und Schüler Belohnungen motivationsförderlich als Kompetenzinformation oder motivationsabträglich als Kontrolle bewerten. Lediglich bei Schülerinnen und Schülern, die sich selbst nur sehr geringe Fähigkeiten zuschreiben und kein Interesse für den Lernstoff zeigen, kann davon ausgegangen werden, dass jegliche Form der Belohnung motivierend wirkt, da nicht vorhandene intrinsische Motivation ja kaum unterminiert werden kann.

In vielen Fällen ist eine materielle Belohnung jedoch weniger wichtig als das verbale *Lob*. Es bildet von den Motivierungsmitteln, die eine Lehrkraft zur Verfügung hat, wohl das natürlichste und am leichtesten anwendbare. Lob stellt eine Art positiven Feedbacks dar, geht allerdings insofern über einfaches Feedback hinaus, als es zusätzlich zu einer Korrektheitsauskunft positive Lehreraffekte und eine Wertschätzung der Leistungen umfasst (Brophy 1981). Grundsätzlich dient Lob dazu, eine bestimmte Verhaltensweise zu verstärken und ihre zukünftige Auftretenswahrscheinlichkeit zu erhöhen (Skinner 1953). Allerdings ist dabei zu beachten, dass bei der Erteilung von Lob bestimmte Regeln berücksichtigt werden sollten. In Tabelle 6-5 werden einige Leitgedanken zum effektiven Einsatz von Lob wiedergegeben, die Brophy (1981) aufgrund seiner Untersuchungen zur Auswirkung von Lob im Unterricht zusammengestellt hat.

Tab. 6-5: Zwölf Leitgedanken zum effektiven Einsatz von Lob (modifiziert nach Brophy 1981)

Effektives Lob ...
1. wird planmäßig erteilt.
2. folgt unmittelbar auf ein Leistungsverhalten.
3. spezifiziert die Einzelheiten des Erreichten.
4. äußert sich in Variabilität und Glaubwürdigkeit.
5. belohnt das Erreichen spezifizierter Leistungskriterien.
6. informiert Lernende über ihre Kompetenz oder den Wert ihrer Leistungen.
7. ist für Schülerinnen und Schüler eine Orientierungshilfe, um ihr aufgabenbezogenes Verhalten und ihr Problemlösungsverhalten besser einzustufen.
8. wendet eine individuelle Bezugsnorm an.
9. erkennt die Anstrengung und den Erfolg bei schwierigen Aufgaben an.
10. attribuiert Erfolge auf Anstrengung (und Fähigkeit).
11. fördert internale Attributionen.
12. zentriert die Aufmerksamkeit der Schülerinnen und Schüler auf ihr eigenes aufgabenbezogenes Verhalten und fördert die eigene Anerkennung von aufgabenbezogenem Verhalten.

Generell ist zu beachten, dass es bei zu viel Lob zu einer Übersättigung kommen kann. Zudem nimmt die Bedeutung des Lobes mit dem Einsatz von Noten als Leistungsrückmeldung und ab einem bestimmten Alter ab (Brophy 1981). Bis zum Alter von etwa acht Jahren verfolgen Schülerinnen und Schüler im Unterricht verstärkt das Ziel, ihren Lehrerinnen und Lehrern mit guten Leistungen eine Freude zu machen, weshalb sich Lob auf dieser Altersstufe als besonders wirkungsvoll erweist. Teilweise übt Lob auch unerwartete Effekte aus. Da es die Einstellung der Lehrkraft hinsichtlich der Fähigkeiten der Schülerinnen und Schüler wiederspiegelt, kann es passieren, dass Lehrkräfte, die Schüler für sehr leichte Aufgaben loben, diesen den Eindruck der Unfähigkeit vermitteln, was sich negativ auf die Motivation auswirkt (vgl. Pintrich & Schunk 1996).

Kritik verdeutlicht die Missbilligung der Lehrkraft hinsichtlich eines bestimmten Schülerverhaltens mit Hilfe verbalen Feedbacks, der Mimik oder Gestik (vgl. Pintrich & Schunk 1996). Sie unterscheidet sich insofern von Leistungsfeedback, als sie Informationen über die Unerwünschtheit eines bestimmten Verhaltens umfasst (z.B. „Ich bin enttäuscht, dass du keine bessere Note erreicht hast."). Die Forschungsergebnisse zur Wirkung von Kritik auf die Leistung und Motivation von Lernenden sind recht uneinheitlich. Einige Studien legen nahe, dass Kritik einen negativen Einfluss ausübt, in anderen Arbeiten ließen sich keine Zusammenhänge nachweisen. Wieder andere Studien zeigen kurvilineare Zusammenhänge, also eine motivations- und leistungsdienliche Wirkung moderater Kritik, die allerdings verschwindet, wenn zu viel oder zu wenig kritisiert wird (Dunkin & Biddle 1974).

Fest steht, dass nicht nur das Ausmaß der Kritik eine Rolle spielt, sondern vor allem deren Qualität. Kritik sollte konstruktive Verbesserungsvorschläge enthalten und mit positiven motivationalen Aussagen verknüpft sein, die dem Lernenden eine künftige Verbesserung nahe legen (z.b. „Ich bin enttäuscht von diesem Leistungsergebnis. Ich weiß, dass du das eigentlich besser kannst, wenn du dich anstrengst.").

6.3.2 Einfluss der Klassenraumstruktur

Die Bedeutung von Klassenraumfaktoren für die Motivation wird erst seit relativ kurzer Zeit genauer untersucht. Marshall und Weinstein (1984) gehen davon aus, dass Klassenräume komplexe Strukturen darstellen, innerhalb derer verschiedenste Faktoren beachtet werden müssen, um die Motivation verstehen und fördern zu können. Dabei ist zu beachten, dass die einzelnen Faktoren interagieren und die Veränderung des einen Faktors zur Steigerung oder Abschwächung des anderen Faktors führen kann. Beispielsweise kann die Verwendung einer sozialen Bezugsnorm ungünstig für das Selbstwirksamkeitserleben und die Motivation der Schülerinnen und Schüler sein, andererseits machen soziale Vergleiche jedoch auch offensichtlich, welche Schülerinnen und Schüler in welchen Bereichen besonders kompetent sind und an wen man sich mit eventuellen Fragen richten kann. Bei Maßnahmen zur Motivationsförderung sollte somit darauf geachtet werden, ob es unerwünschte Nebeneffekte gibt und wie mit diesen umzugehen ist. Im oben genannten Beispiel könnte etwa ein Tutorensystem eingeführt werden, um trotz fehlender sozialer Vergleiche Hilfesuchverhalten zu erleichtern.

Die Möglichkeiten mittels der Gestaltung von Klassenraumfaktoren einen Einfluss auf die Motivation auszuüben, sind zahlreich. Im Folgenden wird eine Variante vorgestellt, deren Bedeutung für die Motivation von Schülerinnen und Schüler empirisch nachweisbar ist. Es handelt sich dabei um die aus der Schülerperspektive wahrgenommenen Zielstrukturen. Diese spielen eine wichtige Rolle für die Adaptivität des Leistungsverhaltens und die Motivation, im Speziellen die motivationalen Orientierungen (vgl. Anderman & Anderman 1999). Häufig wird zwischen kompetitiven, kooperativen und individualistischen Zielstrukturen unterschieden (Ames 1984). In Klassenräumen mit *kompetitiven* Strukturen werden Schülerinnen und Schüler nur dann anerkannt, wenn sie besser abschneiden als ihre Klassenkameraden. Es werden vorwiegend soziale Bezugsnormen angelegt, was dazu führt, dass Lernende gegeneinander arbeiten und versuchen, ihre Mitschüler zu übertrumpfen. Gefördert werden diese Strukturen beispielsweise dadurch, dass Lehrkräfte bei Gruppenarbeiten Schüler mit gleichem Leistungsniveau zusammenführen, sie die Leistungen der Schüler öffentlich machen (z.B. die Schulaufgaben nach Noten geordnet austeilen), gute Schülerinnen und Schüler besonders hervorheben oder die Bedeutung von Noten extrem betonen. *Kooperative* Strukturen sind durch Lernsituationen gekennzeichnet, in denen die Wahrscheinlichkeit eines Erfolges oder einer Belohnung durch die Anwesenheit anderer Lernender erhöht wird. Bei dieser Klassenraumstruktur trägt jedes der Mitglieder einer Gruppe Verantwortung für das Leistungsergebnis. Eine Betonung der Wichtigkeit des Beitrags der einzelnen Gruppenmitglieder für das Leistungsergebnis, positive Sanktionen für hilfsbereites Verhalten und negative Sanktionen für eine Vernachlässigung des Beitrages Einzelner zur Gesamtleistung sind dieser Klassenraumstruktur förderlich. In Klassenräumen mit *individualistischen* Zielstrukturen wird die Wahrscheinlichkeit, ein Ziel zu erreichen oder eine Belohnung zu erlangen, weder durch die An- noch durch die Abwesenheit anderer Lernender beeinflusst. Nach Veroff (1980) bildet in diesem Fall die Bearbeitung der Aufgabe selbst das Ziel. Die Lernenden setzen sich also weniger mit der Frage auseinander, besser zu sein als Andere, als mit Komponenten der Lernaufgabe und ihrem individuellen Lernfortschritt. Individualistische Zielstrukturen kommen vor allem dann zum Tragen, wenn Lernende ermutigt werden, ihr Bestes zu geben (Ames 1992), ihnen verschiedenste Verbesserungsmöglichkeiten eingeräumt werden, sie aufgefordert werden, ihre eigenen Lernfortschritte zu evaluieren oder sich Ziele zu setzen, die ihren bisherigen Leistungen optimal angepasst sind.

Nach Ames (1984) bedingen kompetitive Klassenraumstrukturen eine Performanzzielorientierung, da Lernende aufgrund der sozialen Vergleiche vor allem auf ihre Fähigkeiten und deren Demonstration fokussiert sind. Individuelle Zielstrukturen sollten hingegen wegen der Schwerpunktsetzung auf Faktoren der Aufgabe und die eigene Kompetenzsteigerung mit einer Lernzielorientierung einhergehen, sich also als besonders vorteilhaft erweisen. Kooperative Strukturen sind einer Orientierung an sozialen Zielen zuträglich. Soziale Ziele beziehen sich auf die sozialen Aspekte des Klassenraums, wie etwa Anderen eine Freude bereiten. Insgesamt lässt sich festhalten, dass Lernende in verschiedenen Klassenräumen eine unterschiedliche Orientierung an Lern- und Performanzzielen ausprägen, je nachdem, ob sie diese eher als lernziel- oder performanzzielbetonend wahrnehmen. In diesem Sinne sollten im Rahmen des Unterrichts vor allem individuelle und in eingeschränktem Maße kooperative Strukturen gefördert werden, da diese ein günstiges Klassenklima bedingen und zu effektivem und lernzielorientiertem Lern- und Leistungsverhalten beitragen.

6.3.3 Einfluss der Schule

Zusätzlich zu den Klassenraumstrukturen übt auch die Schule als Ganzes einen Einfluss auf die Motivation und die Zielorientierungen der Lernenden aus (Kaplan & Maehr 1997). Beispielsweise konnte gezeigt werden, dass die Verfolgung von Lern- und Performanzzielen eng mit der Schulpolitik und der Schulpraxis zusammenhängt und Veränderungen innerhalb der Schulorganisation mit einer veränderten Wahrnehmung und Verfolgung von Zielorientierungen der Schülerinnen und Schüler einhergehen. Pintrich und Schunk (1996) schlagen aufgrund verschiedener empirischer Forschungsbefunde folgende Maßnahmen zur Gestaltung einer motivationsförderlichen Schule vor:

- Erarbeitung gemeinsamer Normen, Werte und Überzeugungen.
- Entwicklung eines persönlichen und kollegialen Schulklimas.
- Entwurf von Aufgaben- und Arbeitsstrukturen, die Engagement fordern und fördern.
- Initiierung von Autoritäts- und Managementstrukturen, die Kontrollmöglichkeiten zulassen.
- Schaffung von Anerkennungs- und Belohnungsstrukturen, die alle Schülerinnen und Schüler einbeziehen.
- Ermöglichung verschiedenster Schülerinteraktionen.
- Einführung von Bewertungsmethoden, die auf Fortschritt und Verbesserung fokussieren.

Schulentwicklung stellt einen schwierigen und aufwändigen Prozess dar, der ebenso wie die Veränderung von Klassenraumstrukturen großes Engagement aller Beteiligter voraussetzt. Eine genaue Ausführung der oben genannten Vorschläge würde im Rahmen dieses Kapitels zu weit führen, die genannten Punkte können jedoch als Leitfaden für einen angedachten Schulentwicklungsprozess herangezogen werden (für einen detaillierten Überblick vgl. Pintrich & Schunk 1996).

6.4 Zusammenfassung

1. Motivation ist ein prozesshaftes Geschehen, in dem Handlungsziele herausgebildet und das Verhalten und Erleben auf diese Ziele ausgerichtet werden. Motivation oder motiviertes Verhalten entsteht durch das Zusammenwirken von Motiven und situativen Anreizen.
2. Erwartungs-Wert-Modelle postulieren, dass die Verfolgung bestimmter Ziele durch die subjektive Erwartung einer Zielerreichung und durch den subjektiven Wert der Anreize (d.h. der erwarteten Folgen) bestimmt wird.
3. Leistungsmotivation beruht ebenfalls auf Erwartungen und Anreizen. Sie beinhaltet zwei Teilkomponenten: Erfolg aufzusuchen und Misserfolg zu vermeiden.
4. Leistungsergebnisse werden auf stabile oder variable, innere oder äußere Ursachen zurückgeführt (attribuiert). Die Art der subjektiven Attributionen hat Auswirkungen auf das Selbstwerterleben und auf die Motivation im Sinne einer Anstrengungsbereitschaft.
5. Schülerinnen und Schüler lassen sich danach unterscheiden, ob sie eher an Kompetenzsteigerung oder an sozialer Anerkennung orientiert sind,

ob sie eher aus der Aufgabe heraus intrinsisch oder aufgrund von äußeren positiven Folgen extrinsisch motiviert sind.

6. Lehrkräfte können die Motivation der Schülerinnen und Schüler durch ihren Unterricht, durch Feedback, Lob, Belohnung und Kritik sowie durch die Gestaltung der sozialen Klassenraumstruktur (kooperativ, kompetitiv oder individualistisch) beeinflussen.

7. Entwicklung als Veränderung im Lebenslauf

Was ist das früheste Kindheitserlebnis, an das Sie sich erinnern? War es ein Ereignis zum Staunen, zum Fürchten oder zum Freuen? Wie alt waren Sie damals?

Unsere frühe Kindheit erscheint uns als wichtiger Bestandteil unserer Identität. Bei den meisten Menschen reichen Kindheitserinnerungen allerdings nur bis zum Alter von etwa 3 Jahren zurück. Was davor war, wissen wir nur aus Erzählungen der Eltern, der Geschwister und aufgrund von Fotos. Auch an spätere Erfahrungen erinnern wir uns aus der Sicht des Erwachsenen. Unsere erinnerte Lebensgeschichte ist das Ergebnis einer Rekonstruktion, die sich ständig verändert (vgl. Kap. 4). Wollen wir etwas über Kinder erfahren, dürfen wir uns nicht allein auf die subjektiven Konstruktionen der Erwachsenen stützen, wie es der Psychoanalytiker Sigmund Freud getan hat. Wir müssen die Kinder selbst beobachten und aus den Beobachtungen erschließen, was die Kinder wahrnehmen, fühlen und denken.

Kinder sehen die Welt mit ihren Augen. Sie haben spezifische Denkformen, die für die Bewältigung der kindlichen Lebensaufgaben geeignet sind. Kinder können deshalb nicht wie kleine Erwachsene behandelt werden. Wer Kinder erziehen oder unterrichten will, muss über die Lernbedingungen jeder Altersstufe Bescheid wissen. Dann können altersangemessene Formen der Förderung eingesetzt werden. Bildungs- und Förderungsmaßnahmen für Erwachsene und Ältere müssen ebenfalls auf die Besonderheiten dieser Altersgruppen Rücksicht nehmen, um die Menschen weder zu über- noch zu unterfordern. Deshalb sind Erkenntnisse der Entwicklungspsychologie für die pädagogische Praxis unverzichtbar.

Dieses Kapitel befasst sich zunächst mit dem Gegenstand der Entwicklungspsychologie und ihrer Bedeutung für die Pädagogische Psychologie. Es werden Grundprinzipien und theoretische Ansätze behandelt. Nach einem kurzen Überblick über Methoden werden Möglichkeiten zur Ordnung von Entwicklungsprozessen vorgestellt. Ein Thema wird exemplarisch herausgegriffen und vertieft: Das Jugendalter als ein Abschnitt, in dem körperliche, kognitive, emotionale und soziale Aspekte zusammenwirken. In unserem Rahmenmodell des Verhaltens- und Erlebens (Kap. 2.3) sind Entwicklungsphänomene den Wechselwirkungen zwischen Person- und Umweltbedingungen und deren Auswirkungen auf Merkmale der Person zuzuordnen.

7.1 Das Verhältnis von Entwicklungspsychologie und Pädagogischer Psychologie

Inwieweit müssen Entwicklungsprozesse bei der Gestaltung von Unterricht und Erziehung berücksichtigt werden? Wie wirken sich Erziehung und Unterricht auf die menschliche Entwicklung aus? Entwicklungspsychologie und Pädagogische Psychologie sind wechselseitig aufeinander angewiesen. Ihre Beziehungen werden durch Beispiel 7-1 verdeutlicht.

7.1.1 Die Schnittmenge entwicklungspsychologischer und pädagogischer Fragestellungen

Beispiel 7-1: Entwicklungspsychologische Fragen mit pädagogischem Bezug

- Lässt sich die geistige Entwicklung durch bestimmte Lehr- und Lernformen stimulieren?
- Wie wirken sich Erziehungsstile der Eltern auf die Entwicklung der kindlichen Selbständigkeit aus?
- Inwieweit können Persönlichkeitsmerkmale wie Konformität oder Verantwortungsbewusstsein durch Weiterbildungsseminare oder durch Fördermaßnahmen der Vorgesetzten beeinflusst werden?
- Ab welchem Alter sind Kinder in der Lage, im Klassenverband Lesen und Rechnen zu lernen?
- Altersgemischte oder altershomogene Kindergartengruppen – wo werden Kinder mehr gefördert?
- Wie verändert sich die Lern- und Weiterbildungsmotivation im Lebenslauf?

Die ersten drei Fragen betreffen potentielle Einflüsse von Unterricht und Erziehung auf die Entwicklung. Die anderen Fragestellungen weisen auf die Bedeutung der Entwicklung für pädagogische Maßnahmen hin. Allerdings können der angemessene Einschulungstermin oder bildungspolitische Ziele nicht nur unter wissenschaftlichen Gesichtspunkten geklärt werden. Vielmehr sind dabei gesellschaftliche, wirtschaftliche und politische Wertungen beteiligt.

Beispiel Gesamtschule: Der bildungspolitische Streit um die Gesamtschule und um die Förder- oder Orientierungsstufe im Übergang zwischen Grundschule und weiterführender Schule sollte primär ein Thema entwicklungs- und pädagogisch-psychologischer Forschung sein. Doch ist hier das Ineinanderwirken von Forschungsergebnissen mit parteipolitischen Interessen zu beobachten. Die Feststellung, dass altersgemäß entwickelte Kinder mit hohem Leistungsniveau den Anforderung des Gymnasiums bereits mit 10 Jahren entsprechen, ließ die Befürworter einer optimalen Begabtenförderung zu einer positiven Bewertung des traditionellen dreigliedrigen Schulsystems

(Hauptschule, Realschule, Gymnasium) kommen. Die Feststellung, dass viele Kinder ihre schulische Leistungsfähigkeit erst mit etwa 12 Jahren voll entwickeln, ließ die Befürworter einer optimalen Förderung für alle Kinder Förderstufen- und Gesamtschulsysteme bevorzugen. Intensive Fördermaßnahmen tragen dabei zu einer größeren Durchlässigkeit zwischen verschiedenen Schulzweigen bei; die endgültige Zuordnung wird zeitlich hinausgeschoben (vgl. Kap. 10.5.2).

7.1.2 Gegenstand der Entwicklungspsychologie

Entwicklungspsychologie beschäftigt sich mit Veränderungen von psychischen Prozessen, Verhaltensweisen und Merkmalen im Lebenslauf. Ihr Forschungsgegenstand lässt sich durch vier Aussagen beschreiben (vgl. Montada 1998a):

1. In der Entwicklungspsychologie geht es um *Veränderungen*, die auf die Zeitdimension Lebensalter bezogen werden können. Der explizite *Lebenslaufbezug* grenzt Entwicklung von anderen Veränderungen wie Lernen und Vergessen, Gewöhnung, Sensibilisierung oder Abstumpfung ab.
2. Entwicklungspsychologie befasst sich mit Veränderungen, die *nachhaltige* Auswirkungen auf den weiteren Lebenslauf haben, nicht dagegen mit kurzfristigen Schwankungen.
3. Die Analyse von Entwicklungsprozessen berücksichtigt deren *Kontinuität*. Es wird gefragt, inwieweit Veränderung durch vorausgegangene Erfahrungen ermöglicht wurden. Die Bewältigung einer aktuellen Lebenskrise wird beispielsweise davon beeinflusst, ob Erfahrungen mit ähnlichen Krisen vorliegen und welche Fähigkeiten dabei erworben wurden.
4. In der Auseinandersetzung mit möglichen oder erwarteten Veränderungen befasst sich die Entwicklungspsychologie auch mit *Stabilität und Stagnation*. Schließlich geht es auch um Verluste von bereits erworbenen Fähigkeiten und um „Regressionen", das sind Rückschritte auf frühere Entwicklungsniveaus.

Veränderungen mit Bezug zum Lebenslauf, Nachhaltigkeit, Kontinuität, aber auch Stabilität sind also vier wesentliche Kriterien, mit denen sich Entwicklungsprozesse beschreiben lassen. Weit verbreitete Vorstellungen gehen weiterhin davon aus,

- dass Entwicklung in Richtung auf einen definierbaren Endzustand erfolgt,
- der höherwertig ist als vorangegangene Zustände,
- der unumkehrbar ist;
- dass Entwicklung in Form einer qualitativen, strukturellen Veränderung stattfindet,
- bei der frühere Schritte Voraussetzungen für spätere sind;

- dass Entwicklung mit dem Lebensalter fest verbunden ist und
- universell, d.h. nicht kulturgebunden erfolgt (Montada 1998a).

Alle diese traditionellen Vorstellungen können jedoch auch in Zweifel gezogen werden:

- Einen eindeutigen Endzustand menschlicher Entwicklung können wir nicht definieren. Es gibt individuelle Entwicklungen mit sehr unterschiedlichen Zielrichtungen.
- Gesellschaftliche, weltanschauliche und individuelle Wertvorstellungen entscheiden darüber, ob ein Entwicklungsstand als hochwertig gilt.
- Nicht erst beim Nachlassen der Leistungsfähigkeit im Greisenalter, sondern schon bei Kindern lassen sich Einschränkungen feststellen, beispielsweise bezüglich Spontaneität und Kreativität. Zu jedem Zeitpunkt des Lebens gibt es Gewinne und Verluste.
- Neben qualitativen Veränderungen finden wir auch quantitatives Wachstum, bei der Körpergröße beispielsweise ebenso wie beim Wortschatz.
- Nicht alle Entwicklungen bauen systematisch auf vorausgegangenen Schritten auf.
- Nachhaltige Veränderungen sind zwar klar dem Lebenslauf zuzuordnen, wie der Beginn einer Partnerschaft, der Aufbau der Beziehungen zum eigenen Kind, die Verarbeitung von Arbeitslosigkeit. Aber viele Entwicklungen sind nicht an ein bestimmtes Lebensalter gebunden, sondern an „kritische Lebensereignisse", die nicht gleichermaßen alle Menschen treffen.
- Es gibt kulturspezifische Entwicklungsprozesse. Ein „natürlicher", fest vorgegebener Reifungsplan für die gesamte Entwicklung existiert also nicht.

Die oben genannten idealtypischen Kennzeichen von Entwicklung werden also in ihrem universellen Geltungsanspruch in Frage gestellt. Dennoch können wir zusammenfassend festhalten:

Die Entwicklungspsychologie befasst sich mit zeitüberdauernden und nachhaltigen quantitativen und strukturellen Veränderungen von Merkmalen und Prozessen, die auf die Zeitdimension des gesamten individuellen Lebenslaufes bezogen werden können, die vielfach aufeinander aufbauen, in der Regel geordnet stattfinden und einer gesetzmäßigen „Entwicklungslogik" entsprechen.

Während die Entwicklungspsychologie in der ersten Hälfte des 20. Jahrhunderts sich bis auf wenige Ausnahmen vorwiegend mit dem Kindes- und Jugendalter beschäftigte, befasst sich die moderne Forschung mit der gesamten Lebensspanne. Veränderungen im Erwachsenenalter und im höheren Lebensalter geraten zunehmend mehr in den Blickpunkt. Pioniere dieser übergreifenden Betrachtung waren insbesondere Charlotte Bühler (1933) und Erik H. Erikson (1950/1982; 1959/1980). Dass sich auch die Öffentlichkeit mehr für die Entwicklung über die gesamte Lebensspanne interessiert, hängt sicherlich mit der Notwendigkeit lebenslanger Anpassungsprozesse im Arbeitsleben zusammen, aber auch mit dem zunehmenden Anteil älterer Menschen an der Bevölkerung.

7.1.3 Aufgaben der Entwicklungspsychologie

Drei zentrale Fragen der Entwicklungspsychologie lassen sich formulieren:

- Was verändert sich? Wie lassen sich die wichtigsten Inhalte der Veränderung ordnen und überschaubar machen? – Eine Übersicht über Entwicklungsbereiche bringen wir in Abschnitt 7.3
- Wie verändert es sich? Wie lassen sich die Veränderungsprozesse beschreiben? – Einige Grundformen und Modelle der Veränderung stellen wir in Abschnitt 7.4 vor.
- Warum verändert es sich? Was sind die Kräfte und Einflussfaktoren, die Veränderungen bewirken und gestalten? – Erklärungsmodelle diskutieren wir in Abschnitt 7.5.

Etwas genauer lassen sich die Aufgaben aus den allgemeinen Arbeitsformen der Psychologie ableiten, wie wir sie im Kapitel 3 vorgestellt haben. Einige Gesichtspunkte sollen beispielhaft angesprochen werden:

Problemwahrnehmung: Wo gibt es Klärungs- und Handlungsbedarf? Hängen Erziehungsprobleme mit Entwicklungsprozessen zusammen? – Sind beispielsweise Leistungseinbußen und Verhaltensauffälligkeiten bei 14-Jährigen als Pubertätsprobleme aufzufassen?

Beschreibung: Welche Verhaltensweisen und Merkmale verändern sich systematisch? Wann? Wie? – Wie verändern sich beispielsweise Denkprozesse?

Erklärung: Warum gibt es Veränderungen? Aufgrund welcher Einflüsse? – Wie wirkt sich beispielsweise das Erziehungsklima auf die Entwicklung der Kreativität aus?

Prognose: Was lässt sich über die zukünftige Entwicklung einer Person vorhersagen? – Gibt es beispielsweise Indikatoren, die frühzeitig auf Aufmerksamkeitsstörungen hinweisen und so vorbeugende Maßnahmen ermöglichen?

Zielklärung: Welche Unterrichts- und Erziehungsziele sind aufgrund allgemeiner Entwicklungsgesetzmäßigkeiten und aufgrund des individuellen Entwicklungsstandes realistisch? – Erscheinen beispielsweise Frühleseprogramme erfolgversprechend?

Einflussnahme: Wie können Entwicklungsprozesse durch Prävention oder Förderung positiv beeinflusst werden? Welche Lerninhalte und Lehrmethoden sind „altersgemäß"? – Wie können beispielsweise Entwicklungsdefizite bei Kindern mit dem Down-Syndrom (einer Chromosomenstörung) durch Frühförderung gemindert werden?

Evaluation: Welchen Entwicklungsstand haben Kinder erreicht? Welche Erfolge bieten Fördermaßnahmen? – Erreicht beispielsweise die „kompensatorische Vorschulerziehung" ihr Ziel, die Startchancen für gesellschaftlich benachteiligte Kinder zu verbessern?

7.1.4 Entwicklung als Voraussetzung und Ergebnis pädagogischer Prozesse

Für alle Unterrichtsinhalte und -methoden muss zunächst geklärt werden, ob die kognitiven Voraussetzungen bereits gegeben sind. Analoges gilt auch für die häusliche Erziehung. Beispielsweise kann durch eine frühe „Reinlichkeitserziehung" allenfalls ein Reflexverhalten andressiert werden, jedoch keine absichtsvolle Kontrolle über die Ausscheidungsorgane erreicht werden, solange die dafür benötigten Nervenfunktionen nicht ausgereift sind.

Beispiel Schulreife: Die Beachtung von Lern- und Entwicklungsvoraussetzungen ist allgemein bekannt geworden am Beispiel der „Schulreife". In manchen Bundesländern wird von einer entsprechenden Schuleingangsdiagnose die Aufnahme in die Schule oder die Zurückstellung für ein Jahr abhängig gemacht. Auch unter Eltern hat sich die Überzeugung breitgemacht, bei der Schulreife handele es sich um ein reifungsabhängiges Merkmal, das eine eindeutige Prognose über den Schulerfolg und eine begründete Entscheidung über den angemessenen Einschulungstermin ermöglicht. Die Treffsicherheit der Schulreifediagnostik ist allerdings begrenzt, da sich die erforderlichen Lernvoraussetzungen auch noch nach dem Einschulungstermin herausbilden können. Der Begriff Schulreife impliziert fälschlicherweise einen allein aus dem Kind kommenden Reifungsprozess, den es abzuwarten gilt. Die Entwicklung der Schulfähigkeit hängt jedoch stark von familiären Entwicklungsbedingungen ab, so dass bei „zurückgebliebenen" Kindern eine gezielte Förderung anstelle einer bloßen Zurückstellung in ihr bisheriges Milieu angezeigt erscheint.

Mit dem Konzept der *sensiblen Phasen* wird unterstellt, dass es in bestimmten Entwicklungsabschnitten eine genetisch vorprogrammierte Bereitschaft gibt, Entwicklungsreize optimal zu verarbeiten. Dabei bezieht man sich auf Befunde der Verhaltensforschung an Tieren, die beispielsweise zeigen, dass junge Graugänse dem Tier nachlaufen, das sie als frisch geschlüpfte Küken während einer kurzen „kritischen Periode" (Lorenz 1935) gesehen haben. Das ist normalerweise die Mutter; im Experiment kann man die Nachlaufreaktion aber auch auf Menschen, Katzen oder sogar Gießkannen „prägen".

Auch beim Menschen setzen Lernvorgänge einen bestimmten Entwicklungsstand voraus. Andererseits werden manche Lernvorgänge ab einem bestimmten Alter zunehmend schwieriger, beispielsweise der Erwerb des Lautspektrums der Sprache. Jedoch gibt es keine festen Grenzen, außerhalb derer bestimmte Entwicklungsmöglichkeiten völlig ausgeschlossen sind. Die Annahme sensibler Phasen kann dazu führen, dass man Fördermaßnahmen außerhalb dieser Phasen als wenig aussichtsreich vernachlässigt. Deshalb plädieren manche Autoren dafür, dieses Konzept nicht weiter zu verfolgen (Gruber, Prenzel & Schiefele 2001).

Entwicklung ist also Basis und Voraussetzung für Erziehung und Bildung. Entwicklung ist aber auch deren Ergebnis, da sie in pädagogischen Kontexten stattfindet. Schulfähigkeit kann z.B. das Resultat einer Förderung in Kindergärten sein. Die Entwicklung von Phantasie wird durch ein kreativitätsförderndes Erziehungsklima unterstützt.

7.2 Methoden der Entwicklungspsychologie

7.2.1 Das Methodenspektrum:
Beobachtung, Experiment, Test und Dokumente

Entwicklungspsychologische Forschung bedient sich aller psychologischer Erhebungs- und Auswertungsverfahren (vgl. Kap. 3 und 14), die für die jeweiligen Fragestellungen adaptiert oder neu konzipiert werden.

Die Kleinkindforschung arbeitet vorwiegend mit *Beobachtungsmethoden* und mit experimentellen Untersuchungsanordnungen. In der Jugendforschung werden *Tagebücher* genutzt. Das sind verlaufsbezogene Dokumente, in denen sich die subjektive Realitätsverarbeitung der Menschen widerspiegelt. Viele Jugendliche führen persönliche Tagebücher, die nachträglich wissenschaftlich ausgewertet werden. In geplanten Tagebuchstudien dokumentieren Personen systematisch ihre Erfahrungen aufgrund eines gezielten Auftrags zur Selbstbeobachtung.

Es gibt Versuche, Entwicklungsverläufe durch systematische *Retrospektion* (Rückerinnerungen) zu rekonstruieren. Man fragt Jugendliche beispielsweise, wie weit sie sich allein von zu Hause entfernt haben oder wie viele Freunde sie hatten, als sie 3, 6, 9 und 12 Jahre alt waren. Neben der Ungenauigkeit der Erinnerungen erweist sich vor allem als Problem, dass Menschen ihre Erinnerungen nachträglich ordnen. Die Antworten werden nicht nur von den Erfahrungen, sondern auch von subjektiven Entwicklungstheorien beeinflusst, welche die Erinnerungsspuren überlagern.

Entwicklungstests sind standardisierte Untersuchungsverfahren. Charlotte Bühler und Hildegard Hetzer (1961; Hetzer 1971) haben den ersten umfassenden Entwicklungstest entwickelt, der von der Geburt bis zum 13. Lebensjahr reicht. Mit diesem Test wird geprüft, inwieweit ein Kind die für sein Alter angemessenen Leistungen erbringt. Beispiel 7-2 zeigt einige Aufgaben:

Beispiel 7-2: Entwicklungstestaufgaben nach Bühler und Hetzer (Auswahl)

Blickreaktion auf Beschattung	1. Monat
Der Glocke lauschen	2. Monat
Lächelnd oder lallend den Blick erwidern	3. Monat
Mit Wasser gefülltes Gefäß tragen	4. Lebensjahr
Drei Aufträge nacheinander ausführen	5. Lebensjahr
Durch Herablassen einer Schnur über eine Rolle einen Gegenstand holen	6. Lebensjahr

Während der Bühler-Hetzer-Test intuitiv zusammengestellte Aufgaben beinhaltet, wurden neuere Tests für spezifische Bereiche auf expliziter theoretischer Basis konzipiert, z.B.

- Test zur motorischen und perzeptuellen Entwicklung für 1- bis 7-Jährige (Holle 1987)
- Heidelberger Sprachentwicklungstest für 3- bis 9-Jährige (Grimm & Schöler 1991)
- Testbatterie zur Entwicklung kognitiver Operationen für 5- bis 8-Jährige (Winkelmann 1975).

Weitere Beispiele werden von Rennen-Allhoff und Allhoff (1987) dokumentiert.

7.2.2 Untersuchungspläne: Querschnitt, Längsschnitt, Kohortenanalyse

Querschnittsuntersuchungen erfassen bestimmte Verhaltensweisen oder Merkmale bei Menschen verschiedener Altersstufen. Es wird also ein Querschnitt durch die interessierende Altersspanne gelegt und vergleichend analysiert.

Beispiel Freundschaften: In allen Jahrgängen einer Schule wird die Intensität von freundschaftlichen Kontakten erfasst. Die Schülerinnen und Schüler aller Klassen werden gefragt, wie viele Freunde und Freundinnen sie haben, wie häufig sie sich pro Woche treffen und wie lange diese Treffen im Durchschnitt dauern. Alternativ könnte man die Schülerinnen und Schüler auch bitten, eine Woche lang alle Kontakte mit Freundinnen und Freunden mit Zeitpunkt und Dauer zu notieren. Die Ergebnisse zeigen den Altersverlauf von Sozialbeziehungen von Jungen und Mädchen.

Querschnittserhebungen sind relativ einfach durchzuführen, haben dafür jedoch einige Einschränkungen: Erstens ergibt sich ein fiktiver Verlauf über die Mittelwerte der einzelnen Altersstufen; möglicherweise entspricht jedoch kein einziger individueller Verlauf dieser Durchschnittskurve. Zweitens sind Querschnittsuntersuchungen für Selektionseffekte anfällig: Wenn aus den untersuchten Schulen systematisch Schüler mit bestimmten Merkmalen in weiterführende Schulen oder Privatschulen abwandern, sind die verschiedenen Altersgruppen in ihrer Zusammensetzung nicht mehr vergleichbar. Drittens gehören die zu einem Zeitpunkt untersuchten Altersgruppen unterschiedlichen Geburtsjahrgängen (so genannten „Kohorten") an. Die Freundschaftsbeziehungen der Jüngeren sind möglicherweise durch die verbreitete Verfügbarkeit von Computerspielen geprägt, während die Neuntklässler im entsprechenden Alter noch ganz andere Freizeiterfahrungen hatten. Die historischen Entwicklungsbedingungen verschiedener Jahrgänge sind sehr unterschiedlich, beispielsweise was die Anregungen durch Spielmaterialien, Medien und Freizeitaktivitäten betrifft. Scheinbar altersbedingte Unterschiede der Intelligenz hängen zum Teil mit unterschiedlichen Kindheitserfahrungen zusammen.

Längsschnittuntersuchungen sind zwar aufwendig, korrigieren aber etliche Mängel der Querschnittsuntersuchung. Eine Personengruppe wird über einen bestimmten Lebensabschnitt hinweg wiederholt untersucht. Dabei werden individuelle Verläufe erfasst. Selektionseffekte bei der Stichprobenzusammenstellung werden vermieden, andererseits gibt es Ausfälle durch Tod oder Umzug.

Kohorten-Sequenz-Untersuchungen sind die anspruchsvollsten und aussagekräftigsten Untersuchungspläne. Mehrere Jahrgänge werden nacheinander in Längsschnittstudien aufgenommen und in regelmäßigen Abständen untersucht. Beispielsweise werden Schulanfänger in den Jahren 2000, 2002, 2004 und 2006 über ihren Medienkonsum befragt; außerdem wird jeweils ein Konzentrationstest durchgeführt. Diese Untersuchungen werden alle zwei Jahre bis zum achten Schuljahr wiederholt. Aus den Daten lassen sich Veränderungen des Medienkonsums und der Konzentration über einen Zeitraum von acht Jahren ableiten. Mögliche systematische Beziehungen zwischen den beiden Veränderungsreihen können ebenfalls erkannt werden. Außerdem lässt sich prüfen, ob innerhalb eines Zeitraums von 6 Jahren Ansätze für zeitgeschichtliche Veränderungen zu beobachten sind, die sich als Kohortenunterschiede deuten lassen. Es ist offensichtlich, dass ein derartig komplexer Untersuchungsplan viel Geld und Geduld erfordert.

7.3 Die Ordnung von Entwicklungsprozessen und Entwicklungsaufgaben

Es ist schwierig, die Vielfalt von Veränderungen übersichtlich darzustellen. Einerseits bietet sich die Zeitachse als Ordnungsgesichtspunkt an: Man beschreibt die vorgeburtliche Entwicklung, das Verhalten des Neugeborenen, Lernprozesse des Säuglings usw. Andererseits verfolgt man spezifische Verläufe, beispielsweise die Entwicklung der Motorik oder der Sprache. Der Nachteil bereichsbezogener Darstellungen ist, dass Zusammenhänge zwischen den Bereichen verloren gehen können. Manche Lehrbücher (z.B. Oerter & Montada 1998) gehen deshalb einen doppelten Weg: Einerseits stellen sie die Entwicklung nach Lebensabschnitten dar, andererseits die Entwicklung einzelner Funktionsbereiche.

7.3.1 Entwicklungsbereiche

Welche Bereiche lassen sich sinnvollerweise unterscheiden? Wir geben einen Überblick über häufig untersuchte Aspekte:

- *Körperliche Entwicklung:* Längenwachstum, Nervenreifung, hormonale Veränderungen
- *Motorische Entwicklung:* Entwicklung der Kopf-, Hand-, Bein- und Rumpfbewegungen, des Krabbelns, Gehens, Springens usw.
- *Sensorische Entwicklung:* Veränderungen der Wahrnehmungsorgane und -funktionen
- *Sensumotorische Entwicklung:* Zusammenspiel von Sensorik und Motorik; Entwicklung des Blickkontakts, Greifens, Balancierens usw.
- *Kognitive Entwicklung:* Entwicklung des Denkens, des Gedächtnisses, des Weltbildes
- *Entwicklung der Sprache:* Entwicklung erster Lautäußerungen, Verwendung von Worten und Verständnis für gesprochene Worte, Aufbau des Wortschatzes und der Grammatik, Erlernen der Schriftsprache
- *Sozial-emotionale Entwicklung:* Entwicklung sozialer Bindungen, Differenzierung von Gefühlen, Entwicklung der Fähigkeit, sich in Gedanken, Gefühle und Absichten anderer Personen hineinzuversetzen
- *Motivationale Entwicklung:* Differenzierung von Motiven und Zielen, beispielsweise der Neugier- und Leistungsmotivation, Aufbau und Veränderung von Interessen, Entwicklung der Handlungssteuerung und Selbstkontrolle.
- *Moralische Entwicklung:* Entwicklung von Bewertungsstrukturen, Aufbau von Werthaltungen.
- *Spezifische Entwicklungsbereiche:* In Abhängigkeit von praktisch-erzieherischen Aufgaben lassen sich noch engere Bereiche unterscheiden:

Nahrungsaufnahme und Schlaf-Wach-Rhythmus im ersten Lebensjahr, Kinderspiel und Kinderzeichnung, Zahlbegriff und geographische Vorstellungen, Politikverständnis und Religiosität.

7.3.2 Lebensabschnitte: Stufen und Phasen

Es gibt viele Gliederungsversuche der menschlichen Entwicklung. Die Lebenstreppe mit einem aufsteigenden Abschnitt bis zu den „besten Jahren" und einem absteigenden Teil des Altersabbaus ist seit Jahrhunderten ein Sinnbild des Lebenslaufes. Auf alte römische Quellen geht eine Fünf-Teilung zurück, die nur Männer betraf: pueritia (Kindheit), adolescentia (Jugendzeit), juventus (jugendliches Mannesalter), virilitas (reifes Mannesalter), senectus (Greisenalter). Nach traditioneller Auffassung dauert jede dieser Stufen 14 Jahre. Der Psychologe Willy Hellpach dagegen versucht ebenso wie der Anthroposoph Rudolf Steiner, den Lebenslauf in einen 7-Jahreszyklus zu gliedern (nach Remplein 1958). Neuere Einteilungen sind differenzierter (siehe Tabelle 7.3). Weder die Altersgrenzen noch die Bezeichnungen werden in der Fachliteratur einheitlich verwendet.

Tab. 7-3: Unterteilung der Lebensspanne in Altersabschnitte (in Anlehnung an Dollase 1985; Havighurst 1956)

Pränatale Zeit	Empfängnis bis Geburt
Frühe Kindheit	0-6 Jahre
Neugeborene	0-2 Monate
Säugling	2-6 Monate
Krabbelkind	6-12 Monate
Kleinstkind	1-3 Jahre
Kleinkind	3-6 Jahre
Mittlere Kindheit	6-12 Jahre
Pubertät und Jugendalter	12-18 Jahre
Erwachsenenalter	18 Jahre und älter
Frühes Erwachsenenalter	18-30 Jahre
Mittleres Erwachsenenalter	30-60 Jahre
Spätes Erwachsenenalter	60 Jahre und älter

Einzelne Abschnitte sind als plakative Kurzbeschreibung populär geworden, beispielsweise

- das Fragealter: „Was ist das?" mit etwa 1½ Jahren; „Warum?" mit etwa 2½ Jahren
- das Trotzalter mit etwa 3 Jahren

- die Ödipus-Phase zwischen 3 und 6 Jahren
- die Pubertät mit etwa 11-16 Jahren
- die Midlife-crisis
- die Wechseljahre (Klimakterium).

Entwicklungsaufgaben
Um Entwicklungsabschnitte zu charakterisieren, ist das von Havighurst (1956; 1982) formulierte Konzept der Entwicklungsaufgaben hilfreich. Entwicklung besteht vielfach in der Bewältigung von Herausforderungen. Problemsituationen sind Gelegenheiten, neue Verhaltens- und Sichtweisen zu entwickeln und bisherige Denk- und Handlungsmuster neu zu strukturieren. Entwicklungsaufgaben sind Herausforderungen, die sich dem Individuum in einer bestimmten Entwicklungsperiode stellen. Sie verlangen zielorientiertes Handeln und die Bewältigung von Anforderungen und Krisen.

„Eine Entwicklungsaufgabe ist eine Aufgabe, die sich in einer bestimmten Lebensperiode des Individuums stellt. Ihre erfolgreiche Bewältigung führt zu Glück und Erfolg, während Versagen das Individuum unglücklich macht, auf Ablehnung durch die Gesellschaft stößt und zu Schwierigkeiten bei der Bewältigung späterer Aufgaben führt." (Havighurst 1982; zitiert nach Oerter 1998, S. 121).

Entwicklungsaufgaben unterliegen dem kulturellen Wandel. Insofern sind die von Havighurst zusammengestellten Beispiele auch ein Spiegel seiner Zeit. Es mag sein, dass heutzutage allgemeingültige Entwicklungsaufgaben (z.B. Heirat, Kinder aufziehen, berufliche Karriere) zugunsten individueller Entwicklungsziele stärker zurücktreten. Tabelle 7-4 zeigt einige Beispiele.

Tab. 7-4: Entwicklungsaufgaben nach Havighurst (Beispiele nach Oerter 1998, S. 124)

Entwicklungsperiode	Entwicklungsaufgabe
Frühe Kindheit (0-2 Jahre)	1. Anhänglichkeit 2. Objektpermanenz, d.h. Wissen um die dauerhafte Existenz von Gegenständen und Personen, auch wenn man sie nicht sieht
Kindheit (2-4 Jahre)	1. Selbstkontrolle (v.a. motorisch) 2. Sprachentwicklung 3. Phantasie und Spiel
Frühes Erwachsenenalter (23-30 Jahre)	1. Heirat 2. Geburt von Kindern 3. Arbeit/Beruf 4. Lebensstil finden

7.4 Beschreibende Modelle der Entwicklung

7.4.1 Formen der Veränderung

Bei der Beschreibung von Entwicklung werden verschiedene Veränderungsformen unterschieden, die mit unterschiedlichem Gewicht als Bausteine in Modelle und Theorien der Entwicklung eingehen (teilweise nach Flavell 1972).

Zunahme und Abnahme: Körpergröße, Muskelkraft, die Lautstärke der Stimme, die nutzbare Speicherkapazität des Gedächtnisses nehmen zu. Im höheren Lebensalter sterben Gehirnzellen ab, Sexualhormone werden weniger, die Kapazität des Kurzzeitgedächtnisses wird reduziert. Auch in der Kindheit gibt es Prozesse der Abnahme, beispielsweise bei den Schlafzeiten, beim Bedürfnis nach fürsorglicher Betreuung und – bei den meisten Menschen – bei der Häufigkeit unkontrollierter Wutanfälle.

Beschleunigung und Verlangsamung: Die Geschwindigkeit neuronaler und psychischer Prozesse verändert sich. Beispielsweise nimmt die Reaktionsgeschwindigkeit in der frühen Kindheit zu, im höheren Lebensalter dagegen wieder ab.

Addition: Neue Erlebnis- oder Verhaltensweisen kommen hinzu, beispielsweise etwa in der sechsten Woche das Lächeln.

Substitution: Verhaltensweisen werden durch neuere ersetzt, beispielsweise das „Robben" als Fortbewegungsart durch das Krabbeln.

Modifikation: Verhaltensweisen werden qualitativ verändert. Beispielsweise lernen Kinder eine zunehmend bessere Aussprache von Wörtern.

Differenzierung: Verhaltensweisen, Erlebnisformen oder Wissen werden differenzierter. Beispielsweise erlernen Kinder verschiedene Bewegungsarten wie kriechen, hüpfen, sich herumwälzen. Sie lernen, verschiedene Gefühle wie Trauer, Ärger und Wut voneinander zu unterscheiden.

Integration: Verschiedene Prozesse werden in eine Ordnung gebracht und miteinander vernetzt. Beispielsweise lernen Kinder, unterschiedliche Bewegungen koordiniert auszuführen, beispielsweise beim Gehen den CD-Player einzustellen und aus der Coladose zu trinken.

7.4.2 Universelle Grundprinzipien der Entwicklung

Sofern Veränderungen nicht nur zufälliger – und damit meist vorübergehender – Art sind, bestimmen zwei Prinzipien deren Richtung: Anpassung und Ordnung. Eine kognitive Ordnung beinhaltet Prozesse der Differenzierung und der Integration. Da Anpassung und Ordnung Charakteristika aller biologischen Vorgänge sind, wurden sie von dem Biologen und Entwicklungspsychologen Jean Piaget als „invariante Funktionen" bezeichnet. Der Entwicklung liegen offenbar Veränderungsprinzipien zugrunde, die auch dem Lernen, Denken und zielorientierten Handeln gemeinsam sind und sich als universelle Lebensprinzipien auffassen lassen:

- Anpassung oder Adaptation
- Kognitive Ordnung und Organisation sowie
- Differenzierung und Integration.

Anpassung oder Adaptation
Lebewesen passen sich ihrer Umwelt an – ein Gedanke, der von Charles Darwin auch zur Erklärung der Evolution herangezogen wurde. Menschen verändern ihr Wissen und ihr Verhalten aufgrund von Erfahrungen. Sie gleichen ihre Vorstellungen und Handlungen den Erfordernissen der Realität an (vgl. Kap. 4 und 5). Menschen passen ihre Umwelt aber auch der eigenen Person an. Sie machen sich ein subjektives Bild von sich selbst und von der Welt. Sie gestalten die Welt in ihrem Bewusstsein aufgrund ihrer Vorkenntnisse, Erfahrungen und Erwartungen Sie machen ihre subjektive Umwelt passend für sich selbst und für ihre Absichten.

Kognitive Ordnung und Organisation
Erfolgreiche Anpassungsprozesse sind nur in einer geordneten Welt denkbar. Ohne Regelhaftigkeit in der Umwelt wären Erkennen, Lernen und Denken unmöglich. Anpassungsleistungen basieren im Wesentlichen auf dem Erkennen von Ordnungen in der Umwelt, auf dem Herstellen von kognitiver Ordnung in Form von subjektiven Interpretationen und auf dem Herstellen von realer Ordnung zwecks besserer Überschaubarkeit. Der Aufbau subjektiver oder realer Ordnungen wird als Organisation bezeichnet (vgl. Kap. 4).

Beispiele kognitiver Organisation: Wenn ein Kleinkind merkt, dass Gegenstände aus der Hand auf den Boden fallen, sobald es die Hand öffnet, handelt es sich um das Erkennen einer bestehenden Ordnung. Wenn ein Kind Materialien nach ihrer Brennbarkeit unterscheidet, erzeugt es eine kognitive Ordnung. Das gleiche gilt, wenn Schüler das Verhalten ihres Lehrers als „Bosheit" zu erklären suchen oder ihre eigenen schulischen Misserfolge mit mangelnder Begabung begründen. Wenn eine Schülerin ihre Unterrichtsmitschriften auf Karteikarten notiert und diese thematisch sortiert, organisiert sie ihre Informationen in einem realen Ordnungssystem. Auch Assoziationen, d.h. gedankliche Verknüpfungen zwischen zwei oder mehr Erfahrungsinhalten, beinhalten die Herstellung einer Ordnung. Ein Kleinkind verknüpft beispielsweise eine Kerzenflamme mit der Empfindung „heiß". Oder eine Schülerin assoziiert mit einem strengen Lehrer die Angst, bloßgestellt zu werden. Diese innere Ordnung entspricht der Realität, wie sie subjektiv erfahren oder konstruiert wurde.

Menschen versuchen ständig, eigenes und fremdes Verhalten kausal zu erklären, um sich ein klares Bild machen und auf zukünftiges Verhalten einstellen zu können. Selbst ein unvorhersehbares Verhalten können wir noch einordnen, wenn wir unser Gegenüber kurzerhand als „unberechenbar" bezeichnen und auf diesem Wege zumindest eine Scheinerklärung bereitstellen. Der Glaube an die Existenz objektiver Ordnungen und an die Fähigkeit des Menschen, diese zu durchschauen, kennzeichnet die Philosophie des Rationalismus.

Differenzierung und Integration
Die Umwelt ist komplexer als die meist vereinfachenden Vorstellungen der Menschen. Deshalb bleiben Widersprüche zwischen unseren Annahmen und der Realität nicht aus. Diese Diskrepanzen erfordern eine Neuorganisation von Erfahrungen – in der Regel in Form einer differenzierten Unterscheidung von Umweltaspekten. So lernen Kinder, dass nicht alle Tiere „Wauwau" sind, sondern dass es auch „Ffff" (fliegende Lebewesen) gibt. Sie erfahren später, dass es nicht nur Vögel und Insekten gibt, sondern auch fliegende Fische und Säugetiere. Sie entdecken, dass sich Hunde nach verschiedenen Rassen unterscheiden lassen. Allmählich entwickelt sich eine differenzierte Ordnung der belebten Welt.

Die zunehmende Differenzierung würde jedoch zu einer Überforderung führen, wenn nicht die Möglichkeit bestünde, die Erfahrungen wieder integrierend zusammenzufassen. Bei der ordnenden Integration unserer Erfahrungen können wir uns an vorhandene Systeme anlehnen, beispielsweise an die von Carl von Linné (1735) aufgestellte Taxonomie von Lebewesen. Oder wir müssen unsere Ordnung selbst entwickeln. Zunehmende Differenzierung und gleichzeitige Integration können wir nicht nur für die Organisation unseres Wissens feststellen, sondern auch für motorische und emotionale Prozesse. Auch angeborene Reflexe und Instinkte basieren auf Anpassung und Organisation, allerdings nicht aufgrund individueller Veränderungen, sondern aufgrund phylogenetischer Programmierungen. Das Zusammenspiel von Anpassung und Organisation, Differenzierung und Integration bewirkt zielorientierte Veränderungsprozesse.

7.4.2 Veränderungsmodelle: Wachstum, Verfestigung, Sequenz, Strukturierung

Veränderungsmodelle versuchen, Entwicklungsprozesse in ein stimmiges Gesamtkonzept zu integrieren. In diesen Modellen werden die oben genannten Entwicklungsprinzipien und Formen der Veränderung unterschiedlich gewichtet.

Quantitatives und qualitatives Wachstum
Entwicklung kann unter dem Aspekt *quantitativen* Wachstums betrachtet werden, z.B. bei Veränderungen der Körpergröße, des Wortschatzes oder des Wissens. Wachstumsprozesse lassen sich auch *qualitativ* betrachten: Neuartige Verhaltensweisen und Ausdrucksmöglichkeiten werden in das individuelle Repertoire aufgenommen.

Beispiel Kinderspiel: Das schon im ersten Lebensjahr beobachtbare Funktionsspiel, das spielerische Einüben von Körperfunktionen, bleibt als Bewegungsspiel erhalten, wenn etwa ab dem dritten Lebensjahr das Symbolspiel hinzukommt, die symbolische Ausführung von Handlungen wie Autofahren, Einkaufen, Unterrichten. Auch Rollen-, Konstruktions- und Regelspiele verdrängen nicht frühere Spielformen vollständig, sondern kommen als qualitativ neuartige Spielformen hinzu.

Verfestigung
Wenn Erfahrungen die Vielfalt von Verhaltensmöglichkeiten einengen, finden Prozesse der Verfestigung statt. Der Säugling hat beispielsweise noch alle denkbaren Lautäußerungen in seinem Repertoire. Hat sich das Kleinkind aber sein muttersprachliches Lautspektrum angeeignet, kann es bestimmte fremdsprachliche Laute kaum mehr erlernen. Beim Verlust einer Gehirnhälfte in der Kindheit kann die verbliebene Seite alle psychischen Funktionen übernehmen. Nach der Pubertät können dagegen wegen der zunehmenden Spezialisierung der Hirnareale organische Schädigungen nicht mehr vollständig kompensiert werden. Auch die Entwicklung von Normen und Gewohnheiten ist ein Prozess der Verfestigung von Möglichkeiten und der Einengung von Freiräumen – allerdings werden ständig auch neue Freiräume gewonnen.

Strukturierung und Umstrukturierung
Neben Wachstumsprozessen sind auch strukturelle Veränderungen zu beobachten: Das Robben auf dem Boden wird durch das Krabbeln auf Händen und Knien ersetzt. Der zunehmende Wortschatz wird nach inhaltlichen Gesichtspunkten ständig neu geordnet. Informationen werden nicht nur schneller, sondern auch komplexer verarbeitet, d.h. untereinander vernetzt. Wenn im höheren Lebensalter die Geschwindigkeit der Informationsverarbeitung zurückgeht, ist es immer noch möglich, vielfältige Erfahrungen zu integrieren und dadurch eine höhere Komplexität des Denkens und „Lebensweisheit" zu erreichen. Umstrukturierungen basieren auf allen genannten Grundprinzipien der Adaptation, Organisation, Differenzierung und Integration.

Sequenz
Vielfältig sind die Versuche, menschliche Entwicklung anhand von Stufen oder Phasen überschaubar zu machen. Verschiedene Modelle kommen zu unterschiedlichen, sich überlappenden Einteilungen. Es ist deshalb eine Frage

pragmatischer Brauchbarkeit, welche Einteilung bevorzugt wird. Der Begriff der *Stufe* bezieht sich auf die Erfahrung, dass bestimmte Entwicklungsvorgänge in sehr kurzer Zeit vonstatten gehen, während davor und danach nur geringfügige Veränderungen feststellbar sind – so beispielsweise beim Längenwachstum während der Pubertät.

Beispiel Schulreife: Die körperlichen Veränderungen der Sechsjährigen sind sehr auffällig: Verlust der ersten Milchzähne, Ausbildung einer Taille, Längenwachstum des Rumpfes, der Arme und Beine. Etwa gleichzeitig vollziehen sich auch geistige, emotionale und soziale Veränderungen: Die Voraussetzungen für einen Schulbesuch bilden sich heraus. Diese zeitliche Nähe von körperlichen und psychischen Veränderungen verführte dazu, die körperliche Entwicklung als Indikator der Schulreife zu verwenden. Der sogenannte Philippinentest prüft beispielsweise, ob das Kind mit dem rechten Arm über den Kopf das linke Ohr berühren kann – was erst nach entsprechendem Längenwachstum möglich ist. Wenn dabei unterstellt wird, dass mit den körperlichen Veränderungen synchrone psychische Veränderungen einhergehen und wenn diese psychischen Veränderungen auch noch als Folge biologischer Reifungsprozesse interpretiert werden, dann handelt es sich jedoch um eine unzulässige Vereinfachung.

Von *Phasen* der Entwicklung wird gesprochen, wenn man periodische Veränderungen postuliert, wenn also Entwicklung als Wechsel von Erregungs- und Beruhigungsphasen, von Krisen und deren Bewältigung interpretiert wird. Auch bei dieser Sichtweise besteht die Gefahr, die Vielfalt von Entwicklungsprozessen vereinfacht durch die Brille eines spezifischen Musters zu sehen.

7.5 Erklärende Modelle der Entwicklung

Modelle bieten ein ordnendes Gerüst für die Beschreibung von Entwicklungsprozessen. Theorien wollen Entwicklungsvorgänge erklären, d.h. deren Bedingungen analysieren.

7.5.1 Einflussfaktoren der Entwicklung

Es wäre ein Trugschluss, das biologische Alter als Ursache für Veränderungen anzunehmen. Verantwortlich sind allenfalls innere Prozesse und Erfahrungen, die in einem bestimmten Lebensalter wirksam werden.

Anlage oder Umwelt?
Die Geschichte der Entwicklungspsychologie ist geprägt durch die Streitfrage, ob genetische Anlagen oder Umweltfaktoren die Entwicklung und die Ausbildung individueller Unterschiede (vgl. Kap. 9) bedingen. Dieser Streit war lange Zeit politisch-ideologisch geprägt: Der Nationalsozialismus

betonte die rassen- und erbbiologischen Grundlagen; der Sozialismus setzte auf die prägenden Kräfte der materiellen und gesellschaftlichen Umwelt.

Forschungsmethoden zur Ermittlung genetischer Einflüsse sind z.B. (vgl. Wendt 1997):

1. *Stammbaumanalysen und Verwandtschaftsähnlichkeit:* Die Dokumentation von psychischen Erkrankungen oder besonderen Begabungen über eine weit verzweigte Verwandtschaft erlaubt Hinweise auf mögliche Erbgänge.
2. *Zwillingsuntersuchungen:* Eineiige Zwillinge haben identisches Erbgut. Das Erbgut zweieiiger Zwillinge ist dagegen nur so ähnlich wie bei leiblichen Geschwistern. Wird nun die Ähnlichkeit von Zwillingen untersucht, die nach der Geburt getrennt wurden und in verschiedenen familiären Umwelten aufgewachsen sind, so lässt sich der Einfluss gemeinsamer Anlagen auf die Entwicklung individueller Merkmale nachweisen. Andererseits lassen sich Einflüsse der sozialen Schichtzugehörigkeit, der elterlichen Erziehungsstile usw. auf die Entwicklung von Persönlichkeitsmerkmalen demonstrieren.
3. *Adoptionen:* Adoptivkinder weisen keine genetische Gemeinsamkeit mit ihren Adoptiveltern und -geschwistern auf. Übereinstimmende Merkmale mit der Adoptivfamilie sprechen für Umweltwirkungen, Ähnlichkeiten mit den leiblichen Eltern und Geschwistern weisen auf genetische Einflüsse hin.

Individuelle Merkmale sind sowohl von Erbanlagen als auch von Umwelteinflüssen abhängig. Die Frage, ob Anlagen oder Umweltbedingungen die Entwicklung determinieren, wurde deshalb ersetzt durch die Frage, zu welchem Prozentsatz individuelle Unterschiede durch Erbanlagen bestimmt werden. Aus empirischen Studien über die Ähnlichkeit von genetisch verwandten und nicht-verwandten Personen, die entweder zusammen oder getrennt aufgewachsen sind, lässt sich das Ausmaß der Erblichkeit bestimmter Merkmale mittels statistischer Berechnungen ermitteln. Der Erblichkeitskoeffizient gibt an, zu welchem Anteil die Unterschiedlichkeit der Merkmale (die „Varianz") von den Erbanlagen determiniert wird.

Varianzbegriff: Die Varianz ist ein Kennwert der Unterschiedlichkeit eines Merkmals in der Bevölkerung, also der Bandbreite und der Streuung der Merkmalsausprägungen. Wenn die Menschen sehr ähnliche Merkmalsausprägungen haben, ist die Varianz klein. Wenn sich die Menschen stark voneinander unterscheiden, ist die Varianz groß. Beispielsweise ist die Varianz des Kurzzeitgedächtnisses gering, die Varianz der nutzbaren Kapazität des Langzeitgedächtnisses dagegen recht hoch. Wie die Varianz berechnet wird, finden Sie in Kapitel 15.

Wenn für bestimmte Aspekte der Intelligenz ein Erblichkeitskoeffizient von 0.80 festgestellt wurde, heißt das allerdings nicht, dass die individuelle

Merkmalsausprägung zu 80% von Erbanlagen determiniert wird. Ohne entsprechende Anlagen wäre Entwicklung undenkbar, genauso aber auch ohne materielle und soziale Umwelteinflüsse. Es kommt auf deren Zusammenwirken an.

Denkexperiment: Der Erblichkeitskoeffizient als Kennwert hängt von der Verschiedenartigkeit der Umweltbedingungen und der Erbanlagen ab: In Gesellschaften, in denen alle Kinder unter einheitlichen Lebensbedingungen aufwachsen, ist der relative Einfluss von Erbanlagen auf die Entstehung individueller Unterschiede groß. Wo die Entwicklungsbedingungen sehr unterschiedlich sind, wird die Varianz der Merkmale in einem höheren Maße durch die Umwelt determiniert. In einer fiktiven Gesellschaft mit homogenen Erbanlagen müssten die verbleibenden Unterschiede auf unterschiedliche Umweltbedingungen zurückzuführen sein.

Der Erblichkeitskoeffizient besagt also, in welchem Ausmaß die Unterschiedlichkeit eines Merkmals in einer bestimmten Gesellschaft durch die Verschiedenartigkeit der genetischen Ausstattung bedingt ist. Die quantitative Frage nach dem relativen Einfluss von Anlage und Umwelt erweist sich jedoch als wenig hilfreich. Für die pädagogischen Wissenschaften sind dagegen folgende Fragen von Bedeutung:

- Inwieweit legen die Erbanlagen die Spielräume für die Entwicklung individueller Merkmale fest? Erziehungsbemühungen könnten darauf gerichtet werden, sich der individuellen Obergrenze für erwünschte Merkmale möglichst weit zu nähern.
- Welche spezifischen Umweltbedingungen tragen zur Ausbildung der Merkmale – im Rahmen der genetisch festgelegten Grenzen – bei? Erziehungsbemühungen könnten darauf gerichtet werden, günstige Umweltbedingungen bereitzustellen.

Mit derartigen Fragen, ihrer wissenschaftlichen Beantwortung und schließlich der pädagogischen Umsetzung wird die alte Anlage-Umwelt-Kontroverse ergiebig.

Umwelteinflüsse – die ökologische Perspektive
„Die" Erbanlage gibt es nicht. Das menschliche Erbgut besteht aus fast 50000 Genen, deren chemische Struktur im Jahre 2000 fast vollständig entschlüsselt wurde. Die Bedeutung aller Gene für die körperliche und psychische Entwicklung wird sich erst allmählich erschließen. Genetiker schätzen, dass über die Hälfte der menschlichen Gene an Gehirnfunktionen beteiligt sind (Hameister 2001). Auch „die" Umwelt gibt es nicht. Die Vielfalt möglicher Umwelteinflüsse ist sicherlich noch höher als die der Gene. Umweltbedingungen sind auch leichter veränderbar. Das macht sie so interessant für die Pädagogische Psychologie. Im Gegensatz zu den Genen wurde die Umwelt der sich entwickelnden Kinder seit Jahrtausenden gestaltet und „manipuliert", von den Eltern, der Sippe, den Erziehungsinstitutionen. Ähn-

lich wie bei der Genmanipulation sind die ethischen Implikationen zu bedenken, wenn durch erzieherische Eingriffe Entwicklungschancen von Kindern gewährt, gefördert oder aber eingeschränkt werden. Da Umwelteinflüsse vorwiegend über Lernprozesse wirksam werden, wurde der Begriff „Lernumwelt" geprägt. Wegen seiner Bedeutung werden wir das Thema in Kapitel 10 vertiefen. Als Beispiel 7-5 demonstrieren wir einige Zusammenhänge zwischen Lernumwelten und Verhalten.

Beispiel 7-5: Einflüsse der Lernumwelt

- Alltagserfahrungen lehren uns, dass die Spielzeugausstattung sich auf das Spielverhalten auswirkt.
- Erziehungs- und Unterrichtsstile von Eltern und Lehrkräften haben Effekte auf kindliche Selbständigkeit und Kreativität (s. z.B. Schneewind, Beckmann & Engfer 1983).
- Familiäre Umwelten fördern oder hemmen die Entwicklung der Leistungsmotivation (Trudewind 1975).
- Spezifische häusliche Lernumwelten, z.B. elterliches Interesse an der Schule, Diskussionen sowie Gebrauch von Literatur, begünstigen intellektuelle Leistungen (Marjoribanks 1973).
- Zeitlich begrenzte „kritische Lebensereignisse" beeinflussen einen längeren Lebensabschnitt: Manche Ereignisse sind mit fortdauernden Veränderungen verbunden, z.B. Arbeitsplatzverlust, Geburt eines Kindes. Andere Erfahrungen haben zwar keine längerfristigen direkten Folgen, lösen aber kognitive Umstrukturierungen aus, z.B. religiöse Schlüsselerfahrungen, ein lebensbedrohlicher Unfall.

Entwicklungskräfte
Was treibt die Entwicklung an? Die Anlage-Umwelt-Debatte wurde unter der Perspektive der dominanten Entwicklungskräfte weitergeführt. Je nach theoretischer Grundorientierung werden diese Kräfte unterschiedlich akzentuiert:

Reifung: Reifungstheorien sehen den Motor der Entwicklung in den biologisch festgelegten Anlagen des Individuums und der menschlichen Art.

Lernen: Lerntheorien sehen in Umweltbedingungen die Ursachen für individuelle Veränderungen. Die Person, die bestimmten Reizen ausgesetzt ist, passt ihr Verhalten in sinnvoller Weise ihrer Umgebung an.

Selbstgestaltung und Selbststeuerung: Selbststeuerungstheorien billigen Personen eigene Gestaltungskräfte zu. Innere Kräfte und selbstgesetzte Ziele legen die Richtung von Entwicklungsprozessen fest. Die Person wählt aus der Umwelt spezifische Erfahrungsmöglichkeiten aus, strukturiert ihre Erfahrungen kognitiv, gestaltet ihre Umgebung aktiv mit. Auch wenn Selbststeuerungskräfte aus dem Zusammenspiel von Anlage und Umwelt hervorgegangen sind, werden sie als eigenständiger Faktor betrachtet.

Reifung, Lernen und Selbstgestaltung als drei zentrale Entwicklungskräfte basieren auf den Einflussfaktoren Anlage, Umwelt und Person. Sie interagieren in einem komplexen Zusammenspiel. Wie bestimmte Umweltreize verarbeitet werden, hängt von der genetischen Ausstattung und dem aktuellen Reifungszustand ab, aber auch von Interessen, Lern- und Lebenszielen. Inwieweit sich genetisch vorgegebene Entwicklungschancen und -risiken tatsächlich manifestieren, wird auch von Fördermaßnahmen beeinflusst, vom Anregungsgehalt der Umwelt sowie von eigenen Bemühungen der Person. Inwieweit sich Lebens- und Entwicklungsziele eines Menschen realisieren lassen, hängt von genetischen Potentialen, von Widrigkeiten und glücklichen Umständen, von Widerständen und Unterstützungen seitens der Umwelt ab. – Die Betonung einer komplexen *Person-Umwelt-Interaktion* ist deshalb ein vierter theoretischer Ansatz zur Erklärung von Entwicklungsprozessen.

Ressourcen und Risikofaktoren
Die Bewältigung von Entwicklungsaufgaben gelingt nur dann optimal, wenn sie durch innere und äußere Ressourcen unterstützt wird (vgl. Fend 1990; Petermann 2000). Ein für die Entwicklung günstiges Persönlichkeitsmerkmal wird als *Ich-Stärke* bezeichnet. Gemeint ist damit ein positives Verhältnis zu sich selbst, das sich in einer relativ stabilen Gefühlslage äußert. Weitere innere Ressourcen sind *kognitive und soziale Kompetenzen*, das heißt geistige und soziale Fähigkeiten und Fertigkeiten wie beispielsweise Denkfähigkeit, Kreativität, Bindungsfähigkeit, soziale Sensibilität, Durchsetzungsfähigkeit.

Weiterhin gehört zu den inneren Ressourcen die Überzeugung, handlungsfähig zu sein: Man muss die Situationsbedingungen durchschauen, Handlungsalternativen kennen oder entwickeln können, sich die erforderlichen Handlungen auch zutrauen und einen Erfolg erwarten. Entwicklungsförderlich sind also subjektive Handlungskompetenzen, die so genannte *Selbstwirksamkeit* („self-efficacy" nach Bandura 1997) und subjektive *Erfolgserwartungen*.

Beispiel Unterrichtsbeteiligung: Ein schüchternes Kind, das vor der Herausforderung steht, sich in der Schule intensiver zu beteiligen, muss zunächst erkennen, wann eine aktive Beteiligung erwünscht ist und wann sie von der Lehrkraft als störend erlebt wird. Es muss weiterhin Möglichkeiten kennen, sich durch Fragen oder Antworten angemessen in den Unterricht einzubringen. Es muss sich selbst zutrauen, inhaltlich passende Ideen laut und verständlich zu formulieren. Es muss überzeugt sein, mit einer ausreichenden Wahrscheinlichkeit von der Lehrerin aufgerufen zu werden und für seinen Beitrag anerkannt zu werden.

Zu den äußeren Ressourcen gehören Handlungsgelegenheiten und -anreize, geeignete Räume und deren Ausstattung. Man kann sie zusammenfassend als *entwicklungs-förderliche Lernumwelt* bezeichnen. Günstig ist weiterhin *soziale Unterstützung*. Diese beinhaltet sowohl emotionale Unterstützung als auch faktische Hilfestellungen bei der Problembewältigung. Ein möglichst dichtes *soziales Netz* von Beziehungen und Ansprechpartnern erleichtert die Bewältigung von Anforderungen und Schwierigkeiten. Schließlich wird noch die Vermittlung klarer *Wertorientierungen* als Schutzfaktor gegen Entwicklungsstörungen genannt.

Den Ressourcen stehen *Risikofaktoren* gegenüber, die eine angemessene Bewältigung von Entwicklungsaufgaben stören und im Extremfall zu psychischen Störungen führen können. Einige bedeutsame Beispiele (nach Petermann 2000) sind in Tabelle 7-6 zusammen mit den Ressourcen zusammengestellt.

Tab. 7-6: Ressourcen und Risikofaktoren der Entwicklung (Beispiele)

Persönliche Ressourcen: Ich-Stärke Kognitive und soziale Kompetenzen Selbstwirksamkeitsüberzeugungen und Erfolgserwartungen *Äußere Ressourcen:* Entwicklungs-förderliche Lernumwelt Sozial-emotionale Unterstützung Soziale Netzwerke Klare Wertorientierungen	*Persönliche Risikofaktoren:* Geburtskomplikationen Unruhiges Temperament und Impulsivität *Äußere Risikofaktoren:* Psychische Störungen und Konflikte der Eltern Störungen der Eltern-Kind-Beziehung Inkonsequentes Erziehungsverhalten vorwiegend strafendes Erziehungsverhalten Gewalt und Misshandlung in der Familie niedriger sozioökonomischer Status

7.5.2 Spezifische Entwicklungstheorien

Entwicklungstheorien machen teilweise sehr spezifische Annahmen über den Prozess der Entwicklung. Sigmund Freud beispielsweise sah die psychische Entwicklung vorwiegend als „Libidoentwicklung", d.h. als Entwicklung von – im weitesten Sinne sexuellen – Bedürfnissen und deren Befriedigung. Erik H. Erikson griff Freuds Modell auf, erweiterte es auf die gesamte Lebensspanne und betonte die Auseinandersetzung mit der gesellschaftlichen Umwelt und deren Anforderungen. Erikson postulierte als zentrale Lebensaufgabe die Identitätsentwicklung, die in der Kindheit vorbereitet wird, im Jugendalter ihren Schwerpunkt hat, aber erst im hohen Lebensalter mit der Gewinnung von „Integrität" abgeschlossen wird (vgl. Abschnitt 7.6).

Jean Piaget betrachtete die geistige Entwicklung als Prozess der kognitiven Adaptation an innere und äußere Anforderungen. Sein Schüler Lawrence

Kohlberg untersuchte die Moralentwicklung als Veränderung von Urteilsstrukturen; in ähnlicher Weise analysierte Fritz Oser Stufen des religiösen Urteils. Robbie Case sah Entwicklung unter der Perspektive des Problemlösens: Personen haben ihre Entwicklungsprobleme zu lösen; gleichzeitig lassen sich zunehmend komplexer werdende Stufen des Problemlösens feststellen. Urie Bronfenbrenner formulierte eine „Ökologische Entwicklungstheorie", eine Rahmentheorie, in der systemische Beziehungen des Individuums mit verschiedenen Aspekten seiner Umwelt im Mittelpunkt stehen. Diese Hinweise auf spezifische Theorien der Entwicklung müssen genügen. Ausführlichere Darstellungen finden sich in Lehrbüchern und Einführungen in Entwicklungstheorien (z.b. Flammer 1996; Miller 1993; Oerter & Montada 1998).

7.5.3 Resümee: Grundannahmen der modernen Entwicklungspsychologie

- Entwicklung ist ein lebenslanger Prozess.
- Entwicklung vollzieht sich in der Interaktion von Anlagen, Person- und Umweltsystemen.
- Entwicklung basiert auch auf Selbststeuerung, auf bewusstem, zielorientierten Handeln.
- Entwicklung ist abhängig von inneren und äußeren Ressourcen und Risikofaktoren.
- Verschiedene Merkmale haben unterschiedliche Entwicklungsverläufe.
- Entwicklung weist interindividuell unterschiedliche Verläufe auf.
- Es gibt Spielräume und Grenzen für die Entwicklungsförderung.
- Zu jedem Zeitpunkt der Entwicklung gibt es Gewinne und Verluste.
- Verluste können ausgeglichen werden.
- Entwicklung vollzieht sich in Interaktion mit kulturellen Kontexten und unterliegt historischem Wandel.

7.6 Exemplarische Vertiefung: Das Jugendalter

An einem Entwicklungsabschnitt wollen wir die Bewältigung von Entwicklungsaufgaben beispielhaft aufzeigen. Das Jugendalter ist der Lebensabschnitt vom Beginn der Geschlechtsreifung bis zum frühen Erwachsenenalter, eine Übergangsperiode zwischen Kindheit und Erwachsenenalter. Die übergreifende Leitidee ist „Erwachsenwerden".

7.6.1 Körperliche und psychosexuelle Entwicklung

Am Beginn des Jugendalters steht die Pubertät mit ihren körperlich sichtbaren Anzeichen: Das Längenwachstum beschleunigt sich, zunächst bei Armen und Beinen. Bedingt durch die vermehrte Ausschüttung von Sexualhormonen wachsen die primären Geschlechtsmerkmale: Penis, Hoden, Schamlippen und Vagina. Die sekundären Geschlechtsmerkmale bilden sich aus: Schamhaare, bei Jungen der Bart, bei Mädchen die Brüste. Außerdem reifen Ei- und Samenzellen und damit die Empfängnis- und Zeugungsfähigkeit.

Mädchen sind den Jungen in der körperlich-sexuellen Entwicklung im Durchschnitt zwei Jahre voraus. Die Bandbreite ist allerdings bei beiden Geschlechtern erheblich. Obwohl die körperliche Entwicklung auf biologischen Reifungsvorgängen beruht, ist sie auch von der Umwelt beeinflusst: In den letzten 150 Jahren hat sich der Zeitpunkt der Geschlechtsreife in Europa um etwa 4 Jahre vorverlegt (bei Mädchen von durchschnittlich 17 Jahren auf etwa 13 Jahre) – ein Prozess, den man *säkulare Akzeleration* nennt. Für diesen Prozess werden unterschiedlichste Faktoren verantwortlich gemacht: Ernährungsfaktoren ebenso wie stimulierende Reize aus der Umwelt. Vor wenigen Jahrzehnten war noch ein deutlicher Unterschied zwischen Stadt und Land zu beobachten, der mit der Angleichung der Lebensbedingungen verschwunden ist.

Umwelterfahrungen beeinflussen also die körperliche Reifung. Andererseits wirken sich die körperlichen Veränderungen auf das Erleben und Verhalten aus: Jugendliche nehmen einen erwachenden Geschlechtstrieb wahr. Es wächst das Interesse am anderen Geschlecht. Kontakte unterschiedlichster Art werden aufgenommen, bis schließlich – wiederum mit einer sehr großen Altersbandbreite – der erste Geschlechtsverkehr erfolgt, vielfach verbunden mit länger dauernden Partnerbeziehungen. Man ist versucht, eine einfache Kausalkette anzunehmen: Sexuelle Reifung – Geschlechtstrieb – Sexualverhalten. Die Verhältnisse sind jedoch wesentlich komplizierter: Die Altersbandbreite von körperlicher Reifung, Entwicklung des Sexualtriebs und Beginn des manifesten Sexualverhaltens ist sehr groß – und diese drei Variablen hängen nur lose miteinander zusammen. Sexuelle Lust lässt sich schon bei Kindern – lange vor der sexuellen Reifung – feststellen. Ob der Sexualtrieb unterdrückt oder durch andere Lebensäußerungen kompensiert wird, ob er durch Selbstbefriedigung oder durch Partnerbeziehungen befriedigt wird, das hängt weniger von der Triebstärke ab als vielmehr von familiären, gesellschaftlichen und religiösen Normen, von persönlichen Wertvorstellungen, aber auch von erotischen Stimulierungen, Gelegenheiten und Verführungen. Deutlich wird das Auseinanderklaffen der drei Aspekte im Geschlechtervergleich: Die körperliche Reifung der Mädchen beginnt etwa zwei Jahre früher als bei Jungen; der Geschlechtstrieb führt jedoch bei Jungen im Durchschnitt zwei Jahre früher als bei Mädchen zur

Masturbation. Mädchen haben andererseits meist früher als Jungen Koituserfahrungen. (vgl. Oerter & Dreher 1998).

Die körperliche Entwicklung beeinflusst nicht nur auf hormonellem Wege psychische Prozesse. Entscheidend ist, wie Heranwachsende körperliche Veränderungen wahrnehmen. Das Längenwachstum der Arme und Beine führt dazu, dass die Koordination von Körperbewegungen nicht mehr wie gewohnt funktioniert und deshalb neu reguliert werden muss. Die Bewegungen werden „schlaksig". Die Veränderung der Stimmlage ist als „Stimmbruch" bei Jungen besonders auffällig. Ein „Überschlagen" der Stimme, der plötzliche Wechsel zwischen hoher und tiefer Lage, sorgt bei den Zuhörern oft für Heiterkeit, bei den Betroffenen dagegen für Verunsicherung oder Scham.

Ein verstärkter Fettansatz zu Beginn der Pubertät ist bei beiden Geschlechtern häufig, dann folgt oft eine Verschlankung, die vor allem bei schnellem Längenwachstum den Eindruck „dürr" vermittelt. Bei Mädchen finden sich auch Körperzonen mit vermehrtem Fettansatz. Insbesondere Mädchen sind während der Pubertät häufig unzufrieden mit ihrem Aussehen.

Beispiel Magersucht: Die „Anorexia nervosa" ist keine Modeerscheinung, sondern eine ernsthafte psychische Erkrankung, die immerhin bei jeder 20. Betroffenen zum Tode führt. Magersüchtige halten sich entgegen jedem Augenschein und jeder Waage für übergewichtig, vermeiden Nahrungsaufnahme, kontrollieren ständig ihr Aussehen im Spiegel und ihr Gewicht. Sie leiden an spezifischen Mangelerscheinungen von Mineralien, Vitaminen und Eiweiß. Insbesondere Mädchen während der Pubertät sind betroffen (bis zu 3% der besonders gefährdeten 15- bis 19-Jährigen; Fichter & Warschburger 2000). Ihr Auftreten ist historischen Wandlungen unterworfen. Das Zusammentreffen von reichlichem Nahrungsangebot mit einem betont schlanken Schönheitsideal, das über Massenmedien propagiert wird, ist vermutlich für die Verbreitung dieser Essstörung verantwortlich. Magersucht verhindert das Wachstum der Brüste und verlangsamt die sexuelle Reifung; Monatsblutungen bleiben vielfach aus. Daraus hat man aus tiefenpsychologischer Sicht geschlossen, Magersucht sei die Folge einer unbewussten Verweigerung der weiblichen Rolle; möglicherweise hätten die Mädchen Angst vor der Sexualität und wollten lieber noch Kind bleiben. Es wurde sogar vermutet, Magersucht sei die Folge sexuellen Missbrauchs; das Mädchen wolle sich körperlich unattraktiv machen. Diese Interpretationen sind allerdings nur Spekulationen, für die empirische Beweise fehlen.

Die Haltung der Heranwachsenden zum eigenen Körper wird durch subjektive Wahrnehmungen und Bewertungen geprägt: Wie nimmt der Jugendliche seinen Körper wahr? Welche Idealvorstellungen hat er? Wie bewertet er Abweichungen zwischen Idealbild und realem Selbstbild? Wie wirken sich diese Bewertungen auf das Selbstvertrauen und auf das Verhalten in sozialen Beziehungen aus? Persönliche Wahrnehmungen und Bewertungen sind von Äußerungen der Eltern, Lehrkräfte und der Gleichaltrigen beeinflusst. Ironische und verletzende Kommentare beeinträchtigen das Selbstwertgefühl. Mögliche Reaktionen sind Rückzug (z.B. Vermeidung von Öffentlichkeit und sozialen Kontakten), trotziger Widerstand (z.B. provokante Haartracht und Kleidung) oder kritiklose Anpassung (z.B. Übernahme elterlicher Vorschriften oder Akzeptanz von Modeströmungen). Pädagogische Unterstützungsmaßnahmen sollten darauf gerichtet sein, Verletzungen des Körperselbstbildes zu vermeiden und zu einem akzeptierenden und verantwortungsvollen Umgang mit dem eigenen Körper und der Sexualität beizutragen.

7.6.2 Geistige Entwicklung

Die geistige Entwicklung im Jugendalter können wir unter vier zentralen Aspekten beschreiben: Zunahme an Komplexität, Verständnis für Komplementarität, formale Operationen, moralisches und religiöses Urteil.

Zunahme an Komplexität
Jugendliche entwickeln komplexere Weltbilder. Vier Aspekte der Komplexität lassen sich am Beispiel der Beurteilung von Personen verdeutlichen, jedoch auch auf andere Sachverhalte übertragen (nach Preiser 1979; Schroder, Driver & Streufert 1975):

Zunahme der Diskriminationsfähigkeit bedeutet, dass immer genauere Abstufungen wahrgenommen werden können. Nicht mehr nur „dumm oder schlau", „fleißig oder faul", „lieb oder böse" werden unterschieden, sondern feinere Nuancierungen. Allerdings fällt es auch Erwachsenen schwer, mehr als sieben Abstufungen zu unterscheiden.

Zunahme der Differenziertheit bedeutet, dass immer mehr unabhängige Merkmalsdimensionen zur Beschreibung anderer Menschen herangezogen werden. Nicht mehr nur „Fähigkeit, Vitalität und Sympathie", sondern zahlreiche kognitive und motorische Fähigkeiten, Persönlichkeitsmerkmale, Motivationen, soziale Haltungen und Gefühle. Allerdings ist es wegen der Begrenztheit des Arbeitsgedächtnisses kaum möglich, gleichzeitig den Überblick über mehr als sieben zu beurteilende Merkmale zu behalten.

Flexibilität im Urteil bedeutet, die Maßstäbe der jeweiligen Situation anzupassen. Beispielsweise werden die differenzierten Sachkenntnisse eines Mitschülers bei einem Referat bewundert; wenn er jedoch in der Arbeitsgruppe nicht auf den Punkt kommt, wird das gleiche Merkmal als störend erlebt.

Integration bedeutet, mehrere Beurteilungsaspekte zu einem stimmigen Gesamturteil verbinden zu können, beispielsweise zu der Frage, ob man eine bestimmte Schülerin in seine Lerngruppe aufnehmen möchte.

Verständnis für Komplementarität
Komplementarität beinhaltet die Erkenntnis, dass zwei sich scheinbar ausschließende Erklärungen nur unterschiedliche Perspektiven widerspiegeln und gleichzeitig gültig sein könnten. Ein naturwissenschaftliches Beispiel ist das Licht, das sowohl als elektromagnetische Welle als auch als Teilchen betrachtet werden kann. Um komplementäres Denken entwickeln zu können, braucht man das Verständnis dafür, dass Theorien und Modelle nicht die Wirklichkeit selbst darstellen, sondern sie nur kognitiv repräsentieren. Dann kann man z.B. verstehen, dass Bewusstsein sowohl als erlebbare kognitive Prozesse als auch als hirnphysiologische Vorgänge beschrieben werden kann.

Zwei komplementäre Ansatzpunkte gibt es auch, wenn man menschliches Verhalten verstehen und erklären soll: Die Suche nach Ursachen und nach Gründen (Gergen & Gergen 1978). Man kann fragen, warum jemand etwas getan hat, wie es dazu gekommen ist. Man kann aber auch fragen, wozu jemand etwas getan hat, welche Ziele und Absichten er dabei hatte. Die subjektive Zuschreibung von Ursachen für ein Verhalten heißt Kausalattribution, die Nennung von Zielen wird dagegen als Finalattribution bezeichnet (Preiser 1988). Während Kinder sich auf eine der beiden Fragestellungen konzentrieren, lernen Jugendliche, beide Ansatzpunkte zu berücksichtigen. Diese umfassendere, komplementäre Sicht scheint soziales und politisches Engagement zu begünstigen. Wer sein Handeln gleichzeitig mit inneren und äußeren Kausaleinflüssen und mit finalen Zielsetzungen begründet, zeigt insgesamt ein intensiveres Engagement als Personen, die nur kausal denken (Preiser & Wannenmacher 1983).

Reich (1987) hat komplementäres Denken in der religiösen Entwicklung beschrieben: Vor-komplementäre Kinder (und Erwachsene) sehen einen unauflösbaren Widerspruch zwischen dem Glauben an Gott als Schöpfer auf der einen Seite, Theorien des Urknalls und der Evolution auf der anderen Seite. Erst mit der Entwicklung komplementären Denkens können der Glaube an einen Schöpfergott und das naturwissenschaftliche Weltbild als zwei unterschiedliche, sich nicht ausschließende Betrachtungsebenen angesehen werden. Als Ergebnis der Entwicklung von Komplementarität können junge Erwachsene eine eigene „Supertheorie" erarbeiten.

Formale Operationen
Nach Piaget (1973; vgl. auch Montada 1998b) entwickelt sich in der Regel nicht vor dem 10. Lebensjahr die Fähigkeit zu formalen Denkoperationen. Dabei kommt es darauf an, abstrakte logische Schlüsse aus Prämissen ableiten zu können. Formales Denken wird auch benötigt, um Hypothesen in einem komplexen Versuchsplan zu prüfen. Piaget verwendete beispielsweise die Aufgabe, herauszufinden, von welchen Faktoren die Geschwindigkeit eines Pendels abhängt, vom Gewicht, von der Länge oder vom Impuls beim Anstoßen.

Moralisches und religiöses Urteil
Parallel zur kognitiven Entwicklung in Richtung formaler Operationen, aber nicht unbedingt synchron dazu, entwickelt sich das *moralische Urteil*. Lawrence Kohlberg unterscheidet drei Stadien:

- das präkonventionelle Stadium, gekennzeichnet durch Orientierung an Autorität, Strafe, Nutzen und Gehorsam,
- das konventionelle Stadium, gekennzeichnet durch Orientierung an den Erwartungen anderer Personen, an gesellschaftlichen Konventionen, an Rechten und Pflichten,
- das postkonventionelle Stadium, gekennzeichnet durch Orientierung an sozialen Vereinbarungen oder an universell gültigen Prinzipien wie Gerechtigkeit.

Jedes Stadium wird nochmals in zwei Stufen unterteilt, so dass sich insgesamt sechs Stufen der Moralentwicklung ergeben. Frühestens im Jugendalter eröffnet sich die Möglichkeit, von der konventionellen zur postkonventionellen Moral zu gelangen (kurze Einführung s. Oser 2001; weiterführend Kohlberg 1995; Lind 2000).

Nach Oser und Gmünder (1984) lässt sich auch die *religiöse Entwicklung* als eine Stufenfolge von Urteilsniveaus beschreiben:

- Stufe 1: Gott wird als allmächtige Instanz erlebt, der ein Mensch vollständig ausgeliefert ist.
- Stufe 2: Dem Menschen wird die Möglichkeit zugeschrieben, das göttliche Handeln durch gute Taten oder Gebet zu beeinflussen.
- Stufe 3: Der Mensch wird im Alltag als autonom angesehen; nur in Grenzsituationen wie höchster Lebensgefahr wird ein Eingreifen Gottes für möglich gehalten.
- Stufe 4: Nach Gottes Willen sollen sich Menschen optimal entfalten und Verantwortung übernehmen. Das Göttliche erschließt dem Individuum die Möglichkeiten autonomen Handelns.
- Stufe 5: Göttliches und menschliches Handeln durchdringen sich. Das Göttliche ereignet sich im Gelingen des menschlichen Daseins und Miteinanders.

Stufe 5 beschreibt wohl die persönliche theologische Position der Autoren. Das Stufenmodell lässt sich nach Auffassung der Autoren auch außerhalb monotheistischer Auffassungen anwenden, weil jeder Mensch eine „letztgültige Instanz" annimmt. Charakteristisch für das Stufenmodell sind – analog zur Moralentwicklung – eine Entwicklung von Abhängigkeit zu Autonomie, eine zunehmende Abstraktheit des Urteilens sowie eine Integration unterschiedlicher Betrachtungsebenen. Jugendliche befinden sich bevorzugt auf den Stufen 2 und 3 und können sich in Richtung der Stufe 4 bewegen.

Sowohl für das moralische als auch für das religiöse Urteil gilt, dass die höheren Stufen sich nicht von selbst einstellen und bei weitem nicht von allen Menschen erreicht werden. Sie sind das Ergebnis eines aktiven Verarbeitungsprozesses, in dem der Mensch sich mit inneren Konflikten auseinandersetzt. Durch eine offene Gesprächsatmosphäre, durch dosierte Konfrontation mit Widersprüchen und durch Anregung zu selbständigem Urteilen wird die Entwicklung pädagogisch unterstützt. Die Konfrontation der Jugendlichen mit einer komplexen Wirklichkeit und der Verzicht auf vorgegebene Lösungen oder vorschnelle Bewertungen liefern Impulse zur geistigen Weiterentwicklung.

7.6.3 Autonomie, Loslösung vom Elternhaus und Orientierung an Gleichaltrigen

Jugendliche lösen sich während der Pubertät aus der engen Abhängigkeit von der Familie. Am Ende dieses Prozesses muss nicht der Bruch mit verwandtschaftlichen Beziehungen stehen. Erwachsenwerden war auch unter den Bedingungen der unter einem Dach lebenden Mehr-Generationen-Familie möglich. Jugendliche entwickeln berufliche Perspektiven, Ansätze eines Lebensstils, eigenständige Interessenschwerpunkte, moralische, politische und religiöse Überzeugungen. Dabei werden Lebensperspektiven und Grundüberzeugungen auch durch Eltern, Großeltern und andere Vorbilder beeinflusst. Aber die Übernahme, Modifikation oder Zurückweisung muss aufgrund eigener Verarbeitungsprozesse erfolgen, wenn am Ende eine reife Person stehen soll. Wenn pubertierende Jugendliche sich in „aufsässiger" und provokativer Weise gegen elterliche Vorgaben zur Wehr setzen, ist dies ein Versuch, Eigenständigkeit zu entwickeln. Es würde den Entwicklungsprozess gefährden, die unkritische Übernahme elterlicher Vorstellungen durch autoritären Druck zu erzwingen. Andererseits würde es dem Jugendlichen Entwicklungschancen nehmen, wenn Eltern oder Lehrer, um Konflikte zu vermeiden, ihre eigenen Überzeugungen verstecken und eine alles akzeptierende, gleich-gültige Haltung demonstrieren würden. Die kritische, argumentative Auseinandersetzung mit Meinungen ist also ein Weg zum Erwachsenwerden.

Es erscheint als innerer Widerspruch, dass gleichzeitig mit dem Kampf um Eigenständigkeit eine erhöhte Konformität mit Gleichaltrigen zu beobachten ist, ein scheinbar kritikloses Mitmachen bei Modeströmungen, eine Unterwerfung unter Normen der Jugendkultur. Die Gleichaltrigen vermitteln den Jugendlichen ein Gefühl der Sicherheit und Geborgenheit, das sie in der Familie nicht mehr annehmen wollen, das ihnen die Familie manchmal auch nicht mehr gegeben hat. Ein abrupter Verlust von Bindungen und Gewissheiten könnte die Jugendlichen überfordern. Deshalb suchen sich Jugendliche bei Gleichaltrigen einen Schutzraum, in dem sie sich Orientierungen holen, ohne sich hilflos und abhängig zu fühlen. Es können Probleme auftauchen, wenn gleichzeitig alle Orientierungspunkte verloren gehen und wesentliche Wertvorstellungen religiöser, kultureller und moralischer Art in Frage gestellt werden. Eine Überforderung der Jugendlichen durch zu abrupte Ansprüche an Eigenständigkeit und Individualität begünstigt Konformität, Unterwerfung unter neue Autoritäten, ggf. auch Extremismus und Gruppengewalt. Pädagogisch hilfreich ist deshalb die Möglichkeit, vielfältige Auffassungen kennenzulernen, sich an konträren Meinungen zu „reiben", nicht zu vorschnellen Bewertungen getrieben zu werden.

7.6.4 Identität

Die Identität einer Person wird durch ihre unverwechselbaren Kennzeichen gebildet. Dazu gehören Name, Geburtsdatum und Geschlecht. Schon Vorschulkinder reagieren empört, wenn ihr Name verkehrt ausgesprochen oder wenn ihr Geschlecht falsch wahrgenommen wird. Im psychologischen Sinne wird die Identität einer Person durch die einzigartige Konstellation ihrer Persönlichkeitsmerkmale gebildet. Identität bezieht sich nicht auf die objektive Entwicklung von persönlichen Merkmalen, sondern auf die subjektive Konstruktion der eigenen Person. Die zentrale Frage lautet „Wer bin ich?", und in die individuelle Antwort gehen ein

- eine Einschätzung der eigenen Person und ihrer bisherigen Entwicklung (Selbstkonzept)
- eine Einschätzung, welches Bild andere Menschen von der eigenen Person haben und welche berechtigten Erwartungen sie entwickeln (wahrgenommenes Fremdbild)
- Erwartungen und Zielvorstellungen für die eigene Weiterentwicklung, insbesondere für zentrale Fragen wie Partnerbeziehungen, berufliche Zukunft, politische, moralische und religiöse Grundpositionen.

Identitätsentwicklung bedeutet also einerseits Selbsterkenntnis (unter Berücksichtigung der Perspektive anderer) und andererseits Selbstgestaltung (unter Berücksichtigung der legitimen Ansprüche der Gesellschaft). Das Jugendalter ist aus verschiedenen Gründen ein zentraler Lebensabschnitt für die Identitätsentwicklung:

- Die kognitive Komplexität ermöglicht eine gedankliche Integration auch widersprüchlicher persönlicher Merkmale.
- Die Möglichkeit hypothetischen Denkens erlaubt es, unterschiedliche Zukunftsperspektiven gegeneinander abzuwägen.
- Die Loslösung von der Familie und die Orientierung an Gleichaltrigen begünstigt eine intensivere Berücksichtigung sozialer Perspektiven auf die eigene Person.

- Ein zunehmendes Verständnis für gesellschaftliche Prozesse provoziert die kritische Auseinandersetzung mit schulischen, beruflichen und gesellschaftlichen Anforderungen.
- Die Beschäftigung mit beruflichen Möglichkeiten sowie partnerschaftliche Bindungen begünstigen die Auseinandersetzung mit Zukunftsperspektiven und eigenen Gestaltungsmöglichkeiten.

Identität kann man beschreiben als subjektive Vergewisserung darüber, wer man ist, woher man kommt und wohin man geht, verbunden mit der Erwartung, die weitere Entwicklung selbst gestalten zu können. Diese Identität zu gewinnen ist eine Entwicklungsaufgabe, die Anstrengung erfordert und durch Krisen hindurch führt. Im Anschluss an Vorstellungen Eriksons (1966/1988) wurde dieser Prozess von Marcia (1980) näher analysiert. Die Kernaussagen lauten: Krisen sind gekennzeichnet durch Unsicherheit, Beunruhigung und Rebellion. Die Auseinandersetzung mit Identitätsfragen erfolgt über Exploration, d.h. die aktive Erkundung eines Lebensbereiches zum Zwecke einer besseren Orientierung. Erfolgreiche Identitätsentwicklung in einem Lebensbereich wie Beruf, Politik oder Partnerschaft führt zu einer persönlichen Verpflichtung. Marcia unterscheidet vier Identitätszustände:

- Diffuse Identität: Keine Festlegung auf Ziele oder Werte in einem bestimmten Lebensbereich
- Moratorium: Gegenwärtige Auseinandersetzung mit dem fraglichen Lebensbereich
- Übernommene Identität: Übernahme von Vorgaben seitens der Eltern
- Erarbeitete Identität: Selbst ausgewählte Zielperspektiven und Wertvorstellungen, verbunden mit einem hohen Grad an Selbstverpflichtung.

Die erarbeitete Identität ist das Ziel einer erfolgreichen Identitätsentwicklung. Eine pädagogische Unterstützung dieses Prozesses kann darin bestehen, eine kritische Auseinandersetzung mit verschiedenen Lebensbereichen anzuregen, in Diskussionen den gegenseitigen Austausch über verschiedene Perspektiven zu ermöglichen und gleichzeitig direkte Beeinflussungsversuche zu vermeiden.

7.6.5 Politisches Bewusstsein und politisches Handeln

Spätestens mit dem Erreichen des Wahlalters sollen junge Erwachsene sich für Politik interessieren, politische Sachverhalte differenziert beurteilen und kompetent politische Ziele verfolgen können. Zwar entwickeln schon Kinder einfache Vorstellungen über gesellschaftliche Institutionen wie Polizei und Gericht. Sie übernehmen von ihren Eltern affektive Bindungen an Nation und Parteien. Sie entwickeln persönliche und soziale Basiskompetenzen, die sie später auf die Politik übertragen können. Aber die zentralen Entwicklungsaufgaben der politischen Sozialisation werden erst im Jugendalter bearbeitet (vgl. Fend 2000). Jetzt werden politische Themen verstärkt beachtet, und dafür gibt es mehrere Gründe (vgl. Preiser 2002):

- Die kognitive Entwicklung ermöglicht abstraktes und hypothetisches Denken und das Verständnis für komplexere politische Prozesse.
- Die moralische Entwicklung führt zu einer stärkeren Beachtung gesellschaftlicher Normen und der ihnen zugrunde liegenden Prinzipien.
- Politik ist ein möglicher Bereich der Identitätsentwicklung.
- Über die Schule, Jugendgruppen und Verbände, Gleichaltrige und Medien werden Jugendliche mit politischen Themen und Anforderungen konfrontiert.
- Die Strafmündigkeit und das herannahende Wahlalter lenken die Aufmerksamkeit auf das Rechts- und Gesellschaftssystem.

Die Resultate der politischen Sozialisation können sehr unterschiedlich sein:

1. Verbleiben im Desinteresse an Politik
2. unreflektierte Übernahme politischer Positionen von den Eltern und anderen Bezugspersonen, Anpassung an gesellschaftliche Vorgaben
3. politisches Engagement mit dem Anspruch auf Mitbestimmung und Mitgestaltung
4. Ablehnung der politischen Verhältnisse
5. Politikverdrossenheit als resignativer Rückzug aus der Politik.

Ziele der politischen Bildung und Erziehung sind Verständnis für politischen Sachverhalte, politische Handlungsfähigkeit und Partizipation sowie die Überwindung von Politikverdrossenheit und die Prävention von destruktiver Gewaltbereitschaft. Pädagogische Beiträge zur Förderung der Handlungsfähigkeit und Partizipationsbereitschaft im politischen Bereich bestehen unter anderem darin,

- Wissen über politische Sachverhalte zu vermitteln,
- analytisches Verständnis für politische Prozesse und Urteilsfähigkeit zu fördern,
- komplexe Denkprozesse anzuregen,
- Interesse für politische Themen zu wecken,
- Prinzipien von Demokratie, Gerechtigkeit und Menschenrechten als Werte zu verankern,
- Orientierungen in Sinn-, Wert- und Zukunftsfragen anzubieten und eine eigenverantwortliche Aneignung zu ermöglichen,
- Freiräume für politisches Engagement transparent zu machen und entsprechende Handlungskompetenzen aufzubauen,
- subjektive Überzeugungen der politischen Urteils- und Handlungsfähigkeit bei den Jugendlichen zu ermöglichen (nach Preiser 1982, 2002).

7.7 Zusammenfassung

1. Entwicklungspsychologie befasst sich beschreibend und erklärend mit zeitüberdauernden und nachhaltigen Veränderungen im individuellen Lebenslauf, aber auch mit der Stabilität und Kontinuität von Merkmalen und Prozessen.
2. Entwicklungs-, Erziehungs- und Bildungsprozesse wirken zusammen und beeinflussen sich gegenseitig.
3. Entwicklungspsychologische Forschung bedient sich des gesamten Methodenspektrums der Psychologie, hat aber auch eigene Untersuchungsansätze und Untersuchungspläne wie Querschnitt-, Längsschnitt- und Kohortenanalysen entwickelt.
4. Die Beschreibung von Entwicklungsprozessen erfolgt nach Lebensabschnitten und nach Entwicklungsbereichen. Beschreibende Modelle berücksichtigen zahlreiche Grundformen und drei universelle Grundprinzipien der Entwicklung: Anpassung oder Adaptation, kognitive Ordnung und Organisation sowie Differenzierung und Integration.
5. Entwicklung lässt sich unter der Perspektive von Wachstum, Verfestigung, Strukturierung und Sequenz von Stufen oder Phasen beschreiben.
6. Als erklärende Einflussfaktoren werden Anlagen, Umwelt und Selbststeuerungskräfte der Person sowie die Interaktion dieser Faktoren genannt.
7. Entwicklungsförderliche Ressourcen und Risiken können in der Person und in ihrer Umwelt liegen.
8. Als exemplarische Vertiefung wird das Jugendalter mit seinen Entwicklungsprozessen und -aufgaben näher beleuchtet.

8. Soziale Beziehungen und Prozesse
(mit einem Beitrag von Margarete Imhof)

Erinnern Sie sich an einen Konflikt, in dem Sie selbst körperliche Gewalt angewandt haben. Wie kam es dazu? – Schildern Sie kurz den Vorfall!

Erinnern Sie sich an einen Konflikt, in dem Sie selbst Opfer körperlicher Gewalt geworden sind! Wie kam es dazu?

Erinnern Sie sich an einen Konflikt mit körperlicher Gewaltanwendung, den Sie als Beobachter erlebt haben! Wie kam es dazu?

Wahrscheinlich fallen Ihre Schilderungen unterschiedlich aus, je nachdem, aus welcher sozialen Situation heraus Sie sich erinnern – als Täter, als Opfer oder als Beobachter. Vermutlich haben Sie nicht nur reine Vorgänge geschildert, sondern auch subjektive Bewertungen und Interpretationen einfließen lassen. In diesem Kapitel zeigen wir, dass selbst elementare kognitive Prozesse wie Wahrnehmung und Lernen von sozialen Situationen beeinflusst sind. Wir geben einen kurzen Überblick über sozialpsychologische Themen, die für Unterricht und Erziehung bedeutsam sind, und greifen insbesondere die Themen Kommunikation und Gruppenprozesse heraus. In einem Vertiefungstext geht es um die Bedeutung der nicht-sprachlichen Kommunikation im Unterricht. In unserem Rahmenmodell des Verhaltens- und Erlebens (Kap. 2.3) sind soziale Beziehungen bevorzugt den äußeren Bedingungen und dem auf die soziale Umwelt gerichteten Verhalten zuzuordnen.

8.1 Der Mensch im sozialen Kontext

Der Mensch ist von Geburt an auf soziale Zuwendung angewiesen. Er sucht Beziehungen, strebt nach Anerkennung und versucht, andere zu beeinflussen. Der soziale Kontext wiederum beeinflusst das Verhalten und psychische Prozesse des Einzelnen.

Praxisbeispiel Sandkasten: Ein Kleinkind spielt im Sandkasten. Sobald ein anderes Kind auftaucht, ändert sich sein Verhalten: Es sucht Blickkontakt zur Mutter oder läuft zu ihr hin. Es holt seine Spielsachen zu sich heran. Es zieht durch Geräusche die Aufmerksamkeit des Neuankömmlings auf sich. Es spricht das andere Kind an.

Verhalten ändert sich, sobald andere Personen ins Spiel kommen. Selbst wer allein ist, denkt an das soziale Umfeld. Versuchsteilnehmer erhöhen ihre Anstrengung bei Leistungsaufgaben, sobald ihnen gesagt wird, im Nachbarraum würden andere Personen die gleichen Aufgaben bearbeiten. Die Sozialpsychologie beschäftigt sich mit der Bedeutung sozialer Beziehungen auf menschliches Verhalten und Erleben. Ihr zentrales Thema ist „der Mensch im sozialen Kontext". Dazu gehören

1. Einflüsse von anderen Personen und gesellschaftlichen Bedingungen auf das Individuum
2. Einwirkungen von Individuen auf andere Personen
3. Interaktionen zwischen Personen und Gruppen.

Pädagogische Prozesse stehen immer in einem sozialen Kontext (vgl. Abschnitt 1.3). Erzieher, Lehrkräfte oder die Organisationsstruktur des Kindergartens nehmen Einfluss auf die Lernenden. Kinder wirken auf Geschwister, Eltern, Mitschüler und Lehrer ein. Zwischen Erziehern und Erzogenen, aber auch innerhalb der Schulklasse entwickeln sich Beziehungen. Im Folgenden wollen wir anhand ausgewählter Befunde verdeutlichen, wie der soziale Kontext sich auf elementare psychische Prozesse auswirken kann.

8.1.1 Soziale Einflüsse auf menschliches Verhalten und Erleben

Wahrnehmung und Erinnerung: In sozialen Situationen ziehen andere Menschen unsere Aufmerksamkeit auf sich, ihre äußere Erscheinung und ihr Verhalten werden beachtet und bewertet. Wahrnehmung ist dabei nicht eine objektive Abbildung von Realität, sondern eine subjektive Konstruktion. Unsere Wahrnehmungen und Erinnerungen hängen vom sozialen Kontext ab, von Erfahrungen, Erwartungen und anderen Personen. Wenn beispielsweise mehrere Zeugen ihre Beobachtungen schildern, tendieren sie dazu, sich den Berichten der anderen anzuschließen, das heißt, die eigenen Erinnerungen zu modifizieren. Konformitätstendenzen in der Wahrnehmung zeigen sich sogar bei einfachen Urteilsaufgaben, bei denen die Längen verschiedener Striche miteinander zu vergleichen sind. Wenn mehrere anwesende Versuchsteilnehmer ein offensichtlich falsches Urteil abgeben (weil sie dazu heimlich instruiert wurden), übernimmt die nicht eingeweihte Versuchsperson vielfach dieses falsche Urteil (Asch 1956).

Forschungsbeispiel Autokinetisches Phänomen: Wenn man in einem dunklen Raum einen feststehenden Lichtpunkt betrachtet, scheint sich dieser – aufgrund unwillkürlicher Augenbewegungen – zu bewegen. Verschiedene Personen sehen unterschiedlich große Bewegungen. Wenn die Personen jedoch in einer Gruppe ihre Schätzungen laut äußern, nähern sich ihre Urteile einander an. Wenn die Personen nach der Gruppensituation wieder allein im dunklen Raum sitzen und Bewegungen schätzen sollen, orientieren sie sich an der zuvor entwickelten Gruppennorm (Sherif 1936).

Praxisbeispiel Schülerurteil: Eine Schulklasse hat ein Gedicht auswendig gelernt. Der Lehrer gibt einem guten und einem schlechten Schüler je ein Textblatt mit eingebauten Fehlern und lässt diese Texte hinter einer Tafel angeblich auswendig aufsagen. Die übrigen Schülerinnen und Schüler sollen etwaige Fehler notieren. Die Mitschüler bemerken bei dem schlechten Schüler wesentlich mehr Fehler als bei dem guten Schüler, obwohl die objektive Leistung gleich war.

Praxis- und Forschungsbeispiel Lehrerurteil: Zwei Aufsätze werden über 90 Lehrerinnen und Lehrern zur Benotung vorgelegt; vorangestellt wird die Bemerkung: „Der erste stammt von einem sprachlich begabten Buben (Vater Redakteur bei einer großen Linzer Tageszeitung), der zweite von einem durchschnittlichen Schüler (beide Eltern berufstätig, liest gerne Schundhefte)". Die Reihenfolge der Zuordnung wird willkürlich variiert. Es zeigt sich, dass der Aufsatz des angeblich begabten Jungen im Durchschnitt um eine Notenstufe besser bewertet wird als der Aufsatz des angeblich durchschnittlichen Schülers (Weiss 1965).

Motivation: Wenn Leistungsaufgaben in der Gruppe bearbeitet werden, erhöht sich die Anstrengungsbereitschaft aufgrund der Wettbewerbssituation. Interessen können durch Vorbilder angeregt werden. Motive werden vom sozialen Umfeld beeinflusst. Wenn wir jemand essen sehen, bekommen wir Appetit. Mit anderen gemeinsam zu lernen, hält unsere Lernmotivation aufrecht. Welche Kleidung Jugendliche bevorzugen, hängt auch von den Meinungen ihrer Altersgenossen ab.

Lernen und Handeln: Belohnung und Bestrafung sind Einflüsse, die das Verhalten steuern, weil Menschen Unlust vermeiden und angenehme Erfahrungen machen wollen. Belohnung und Bestrafung informieren aber auch darüber, welches Verhalten erwünscht ist. Deshalb reicht ein Lob oder ein unwilliger Blick manchmal aus, um das Verhalten zu ändern. Menschen können auch durch Verführung, Überredung oder Zwang zu Handlungen veranlasst werden, die sie ohne soziale Einflussnahme nicht ausgeführt hätten.

Denken: Einfache Denkaufgaben können durch Wettbewerbssituationen stimuliert werden. Bei komplexen Problemlöseaufgaben führt sozialer Druck vor allem bei ängstlichen Menschen leicht zu Leistungseinbußen.

8.1.2 Einwirkungen von Menschen auf andere Personen oder Gruppen

Motive: Menschen haben soziale Bedürfnisse: Kontaktsuche und -vermeidung, Hilfsbereitschaft, Aggressivität, Suche nach Bindung, Anerkennung, Zugehörigkeit.

Macht: Machtausübung bietet die Möglichkeit, Kontrolle über die eigene Lebenssituation zu erhalten. Schon im Vorschulalter sagen Kinder „Ich bin der Bestimmer", versuchen ihre Wünsche durchzusetzen, teilweise auch durch körperliche oder stimmliche Gewalt.

Beeinflussung: Meinungen, Absichten und Handlungen anderer sind auch durch Überzeugungsarbeit zu beeinflussen. Erziehung ist auf Dauer erfolgversprechender, wenn sie auf Einsicht anstelle von Zwang setzt.

8.1.3 Interaktionen zwischen Personen und Gruppen

Kommunikation: In sozialen Interaktionen werden Informationen ausgetauscht. Gleichzeitig sagt die Art der Kommunikation auch etwas über die Qualität der Beziehung aus.

Gruppenprozesse: Interaktionen im Kindergarten oder in der Schulklasse führen dazu, dass aus einer Ansammlung von Kindern eine Gruppe wird, in der sich eine Rollenverteilung und ein Zugehörigkeitsbewusstseins entwickeln.

Konflikte zwischen Personen können darauf beruhen, dass sie die Realität unterschiedlich wahrnehmen und einschätzen, dass sie Ereignisse, Handlungen und deren Folgen unterschiedlich bewerten, oder dass sie unvereinbare Ziele haben, beispielsweise knappe Mittel für sich selbst beanspruchen (Beurteilungs-, Bewertungs- und Verteilungskonflikte). Beurteilungskonflikte zwischen Lehrer und Schüler können darin bestehen, dass der Schüler eine vom Lehrer monierte Verständnislücke bestreitet. Bewertungskonflikte liegen vor, wenn der Schüler nicht einsieht, dass seine Rechtschreibfehler zu einem Punktabzug in der Physikarbeit führen sollen. Verteilungskonflikte zwischen Schülern werden dadurch provoziert, dass sich der Lehrer bei der Notenvergabe an der Normalverteilung orientiert und dadurch bei den Schülern einen Konkurrenzkampf um die guten Noten auslöst.

Wahrnehmung und Attribution: Menschen wollen Ereignisse und Handlungen erklären, d.h. ihnen Ursachen oder Absichten zuschreiben. Man nennt diesen Vorgang Kausal- und Finalattribution. Bei der Schilderung der am Anfang dieses Kapitels angesprochenen Vorfälle betont man als Handelnder kaum die eigene Aggressivität, sondern achtet vorwiegend auf Bedingungen der Situation und Verhaltensweisen der anderen, die als Rechtfertigung für das eigene Verhalten dienen (vgl. Preiser 1997). Beobachter oder Opfer führen dagegen den Vorfall eher auf Eigenschaften der handelnden Person zurück. Bei subjektiven Attributionen werden zwei Effekte wirksam: erstens der Versuch, die eigene Person in ein möglichst gutes Licht zu rücken (Selbstwertdienlichkeit); zweitens die Tendenz, eigenes Handeln eher mittels situativer Bedingungen zu erklären, beobachtetes Verhalten dagegen mittels persönlicher Eigenschaften (Perspektivenfehler).

8.2 Kommunikation in pädagogischen Situationen

8.2.1 Grundmodell der Kommunikation

Kommunikation ist die Vermittlung einer Nachricht oder „Botschaft" von einem „Sender" über ein „Medium" an einen „Empfänger". Dabei erfolgt eine Codierung in ein Zeichensystem; der Empfänger muss die Botschaft entschlüsseln. Diese Beschreibung von Kommunikation entstammt der Nachrichtentechnik. In sozialen Interaktionen macht die Trennung von Sender und Empfänger keinen Sinn: Kommunikationsprozesse sind wechselseitig. Die Bestandteile des Modells werden in Abbildung 8-1 verdeutlicht.

Abb. 8-1:

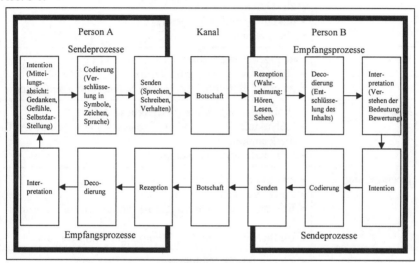

Mit diesem Modell kann man mögliche Hindernisse in der zwischenmenschlichen Kommunikation erfassen und ihnen vorbeugen (vgl. Tabelle 8-2).

Tab. 8-2: Störeinflüsse im Kommunikationsprozess
(Nach Althof & Thielepape 1995)

Störungsquelle	Beispiele für Störungen
Mitteilungsabsicht	• Unklarheit über die eigene Mitteilungsabsicht • absichtliches Verfälschen • Filtern von Informationen (taktisches Informieren)
Codierung	• Fehler beim Umsetzen von Ideen und Gefühlen in Worte und Gesten (z.B. Formulierungsschwierigkeiten) • (un)gewollt provokative Formulierungen • Fremdwörter, unverständliche Begriffe • unübersichtliche, verworrene Gestaltung
Senden	• undeutliche Sprache oder Schrift • zu schnelles Sprechen • unklare Mimik oder Gestik • Versprecher
Kanal	• unangemessenes Medium • „Rauschen" (Hintergrundlärm) • zu große Entfernung zwischen Sender und Empfänger
Rezeption	• Wahrnehmungsfehler (verhören, verlesen) • Ablenkung durch andere Ereignisse, mangelnde Aufmerksamkeit • begrenzte Aufnahmekapazität
Decodierung	• anderes Sprachverständnis des Empfängers • Selektive Wahrnehmung • Einfluss von Erwartungen, Einstellungen und Vorurteilen • Einfluss von Gefühlen, Stimmungen und Motiven
Interpretation	• Ziehen falscher Schlüsse • Fehldeutung nichtverbalen Verhaltens (z.B. Schwitzen aus Angst oder aufgrund hoher Raumtemperatur) • falsche Beurteilungsmaßstäbe

8.2.2 Kommunikationsformen

Menschliche Kommunikation erfolgt bevorzugt über die gesprochene oder die geschriebene Sprache. Es gibt jedoch auch vielfältige nonverbale Formen: Mimik, Gesten, Gebärden, Geräusche usw. Kommunikation kann in einer direkten Interaktion erfolgen oder indirekt, vermittelt über ein Medium wie Brief oder E-Mail. Abbildung 8-3 gibt einen Überblick über Interaktions- und Kommunikationsformen.

Abb. 8-3: Kommunikationsformen

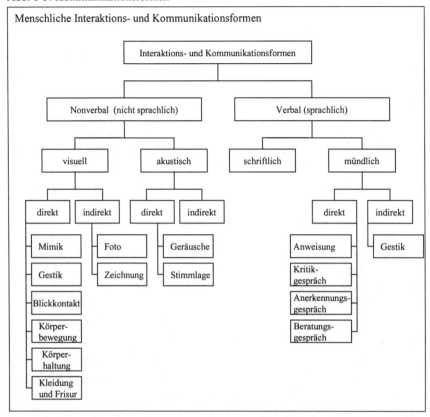

8.2.3 Grundannahmen der Kommunikationspsychologie

Aus einer systemtheoretischen Perspektive heraus hat der Paartherapeut Paul Watzlawick einige Grundannahmen formuliert, die er wegen ihrer nicht hinterfragbaren Selbstverständlichkeit „Axiome" nennt. Drei Axiome greifen wir exemplarisch heraus (Watzlawick, Beavin & Jackson 2000):

1. „Man kann nicht nicht kommunizieren." – Es ist unmöglich, sich nicht zu verhalten. Jedes Verhalten – auch das Sich-Abwenden oder Schweigen – hat aber Mitteilungscharakter. Wenn beispielsweise jemand eine Äußerung seines Partners übergeht, so wird auch dieses Nichtreagieren vom anderen registriert und gedeutet.

2. „Zwischenmenschliche Kommunikationsabläufe sind entweder symmetrisch oder komplementär, je nachdem, ob die Beziehung zwischen den Partnern auf Gleichheit oder Unterschiedlichkeit beruht." – Bei symmetrischer Kommunikation verhalten sich die beiden Partner spiegelbildlich zueinander, z.B. reden beide gleich viel oder einer reagiert auf Kritik des anderen mit ebenso massiver Kritik. Komplementäre Kommunikation beruht

dagegen auf sich gegenseitig ergänzenden Positionen der beiden Partner. Typische Beispiele hierfür sind die Interaktionen zwischen Eltern und Kindern, Lehrern und Schülern, Vorgesetzten und Mitarbeitern.

3. „Jede Kommunikation hat einen Inhalts- und einen Beziehungsaspekt." – Über den Inhaltsaspekt hinaus enthält jede Mitteilung eine Information darüber, wie der Sender seine Beziehung zum Kommunikationspartner sieht. Dieser Beziehungsaspekt ist dem Inhalt übergeordnet, denn von der Beziehungsdefinition hängt es ab, wie eine inhaltliche Information verstanden wird. So kann z.B. die Frage „Können Sie mir das näher erklären?" eine ganz unterschiedliche Bedeutung haben, je nachdem, ob der Fragende dem Sender misstrauisch oder vertrauensvoll gegenüber tritt.

Der bekannte Kommunikationstrainer Schulz von Thun (2002) unterscheidet neben dem *Inhalts- und Beziehungsaspekt* noch zwei weitere Teile einer Botschaft: Jede Äußerung sagt auch etwas über den jeweiligen „Sender" aus (*Selbstoffenbarungsaspekt*): Welchen Eindruck will die Person erzeugen und was will sie verbergen? Auch eine verweigerte Kommunikation transportiert eine Botschaft über den Verweigerer. Schließlich beabsichtigt jede Nachricht auch eine Wirkung beim Empfänger (*Appellaspekt*): Was soll der Adressat denken oder tun?

8.2.4 Kommunikationsprobleme

Die Regeln der Kommunikation erlauben ein Verständnis für Störungen. Wir greifen aus den Regelverstößen nach Watzlawick, Beavin und Jackson das Beispiel der Kommunikationsverweigerung heraus.

Praxisbeispiel Kommunikationsverweigerung: Menschen machen vor allem dann den Versuch, mit anderen nicht zu kommunizieren, wenn sie Stellungnahmen vermeiden möchten. Sie nutzen beispielsweise die folgenden Strategien:

Abweisung: Man kann anderen mehr oder minder unmissverständlich (z.B. durch Abwenden, Schweigen, einsilbige Antworten) klarmachen, dass man an einem Gespräch nicht interessiert ist. Dies ist allerdings unhöflich und hat Störungen auf der Beziehungsebene zur Folge.

Entwertung: Manchmal sind Personen zwar scheinbar bereit zu kommunizieren oder sie können sich einem Gespräch nicht entziehen, möchten aber offenen Antworten und der Verantwortung für ihre Äußerungen ausweichen. Sie können sich dann dadurch schützen, dass sie – absichtlich oder unabsichtlich – die eigenen Aussagen oder die des Partners „entwerten". Durch unverständliche, mehrdeutige oder widersprüchliche Äußerungen, durch Ungereimtheiten, Themenwechsel, unvollständige Sätze, absichtliches Missverstehen usw. lässt sich eine bestimmte Auslegung durch den Partner jederzeit dementieren („So habe ich das nicht gemeint.").

Symptombildung: Eine andere Vermeidungsstrategie besteht darin, irgendeine persönliche Schwäche oder Unfähigkeit (z.B. Müdigkeit, Unkenntnis der deutschen Sprache) vorzutäuschen. Dies kann zu Beziehungsstörungen führen. Bei der Ausbildung neurotischer oder psychosomatischer Symptome sind die Betreffenden jedoch selbst davon überzeugt, unkontrollierten Einflüssen zu unterliegen, die sie daran hindern, sich irgendwelchen Aufgaben zu stellen. Dies schützt sie gleichzeitig vor schlechtem Gewissen und dem Tadel der anderen.

Dass auch gut gemeinte Kommunikationsformen Blockaden aufbauen können, demonstriert der Kommunikationstrainer Thomas Gordon (1991):

Praxisbeispiel Kommunikationssperren: In den nachstehenden Botschaften drückt sich der Wunsch aus, dass sich der Adressat verändern – anders denken, fühlen oder handeln – soll. Da sich der Empfänger unverstanden und nicht akzeptiert fühlt, reagiert er häufig mit Abwehr und Widerstand.

Beraten, Vorschläge machen, Lösungen geben: dem Gesprächspartner Ratschläge erteilen, konkrete Vorschläge machen oder fertige Lösungen liefern („Wenn Sie mich fragen, so wäre es am besten für Sie, wenn ...!", „Warum versuchst Du es nicht mal auf eine andere Art?").

Belehren, durch Logik überzeugen: dem Gesprächspartner unter Hinweis auf Fakten und Argumente die eigene Meinung aufzwingen wollen („Bist Du Dir darüber im klaren, dass ...?", „Es wäre richtig, wenn ...", „Die Erfahrung sagt uns, dass ...!").

Loben, zustimmen, schmeicheln: Person und Verhalten des Gesprächspartners positiv bewerten, ihm nach dem Mund reden („In der Regel haben Sie ein sicheres Urteil!", „Du bist ein intelligenter Mensch!").

Interpretieren, analysieren, diagnostizieren: dem Gesprächspartner sagen, welche Ziele und Motive er hat; ihn wissen lassen, dass Sie ihn durchschauen („Das sagst Du, weil Du ärgerlich bist!", „Du hast Autoritätsprobleme!").

Beruhigen, bemitleiden, trösten: dem Gesprächspartner seine negativen Gefühle und Empfindungen ausreden, seine Besorgnisse zerstreuen wollen („Morgen wirst Du anders darüber denken!", „Es wird schon besser werden!", „Nehmen Sie sich das doch nicht so zu Herzen!").

8.3 Die Schulklasse als Gruppe

Jede Schulklasse ist zunächst ein Zwangsaggregat ohne innere Struktur. Einzig die herausgehobene Stelle der Lehrerin oder des Lehrers steht fest. Eine weitergehende formale Struktur der Klasse wird etabliert, wenn die Sitzordnung festgelegt wird und Aufgaben verteilt werden: Wer wischt die Tafel, wer leert die Papierkörbe, wer gießt die Blumen? Schon bald aber bilden sich informelle Beziehungen innerhalb der Klasse – und ab diesem Moment wird aus der Ansammlung von Schülerinnen und Schülern eine Gruppe. Gruppen bilden eine innere Struktur aus, es gibt in der Regel Untergruppen. Einzelne Mitglieder haben aufgrund ihrer Beliebtheit oder ihrer Kompetenz eine hervorgehobene Position mit erhöhtem Einfluss; andere müssen sich mit einer Außenseiterposition begnügen.

8.3.1 Gruppenstrukturen und Positionen in der Gruppe

Beziehungsstrukturen in einer Gruppe lassen sich über konkrete Interaktionen erfassen: Wer redet mit wem? Welche Kinder stehen auf dem Pausenhof zusammen? Wer macht zusammen Partnerarbeit? Beziehungen können aber auch erfragt werden: Mit wem möchtest Du zusammen Sport machen? Wer soll in Deiner Arbeitsgruppe mitmachen? Die systematische Anwendung von Beobachtung und Befragung, um Gruppenstrukturen zu erkennen, heißt Soziometrie (vgl. Abschnitt 8.3.4). In der Auswertung lassen sich Beziehungs- oder Kommunikationsstrukturen und Positionen sichtbar machen, beispielsweise:

Paar und Dreieck: Zwei oder drei Personen stehen in einer wechselseitigen Beziehung.

Kette: Jede Person kommuniziert nur mit zwei Personen, beispielsweise ihren Sitznachbarn.

Netz: Jeder kommuniziert mit jedem (was nur in kleineren Gruppen möglich ist).

Tüchtigkeitsführer: Eine Person wird bei Leistungsaufgaben von vielen in die Arbeitsgruppe gewünscht.

Beliebtheitsführer oder „Star": Eine Person wird bei Kontaktwünschen von vielen genannt.

8.3.2 Wahrnehmungsprozesse in und zwischen Gruppen

Personen ziehen in allen Lebenssituationen unsere Aufmerksamkeit auf sich, weil von ihnen unser Wohlergehen abhängig ist: Wer bedroht mich? Wer ist mir freundlich gesinnt? Wer kann mich unterstützen? Die Wahrnehmung anderer Menschen gerät unvermittelt zu einer bewertenden Beurteilung. Ein flüchtiger Kontakt reicht aus, in einem „ersten Eindruck" ein weitreichendes Bild von unserem Gegenüber zu konstruieren. Voreinstellungen, situative Rahmenbedingungen und assoziative Erinnerungen an andere Personen tragen bei einer minimalen Informationsbasis in Sekundenschnelle zu einem umfassenden Urteil bei und erzeugen eine positive oder negative Haltung. Diese Einstellung wiederum beeinflusst unser Verhalten, unseren Kontakt und damit auch die Reaktion des anderen. So brauchen wir uns nicht zu wundern, dass sich ein ungünstiger erster Eindruck nachfolgend durch distanzierte oder gar feindselige Verhaltensweisen bestätigen lässt. Der erste Eindruck und ein stabiles (Vor-)Urteil über andere Menschen ermöglichen uns eine Orientierung, subjektive Sicherheit und Handlungsfähigkeit in ansonsten unklaren Situationen. Wenn wir allerdings falsche Sicherheit und Fehlurteile vermeiden wollen, müssen wir aktiv gegen Verfälschungstendenzen angehen. Ein Schritt dazu ist die bewusste Trennung von Beobachtung und Beschreibung, interpretierender Beurteilung und Bewertung.

Menschen entwickeln auch über die Mitglieder ihrer eigenen Gruppe ein pauschalisierendes Gesamturteil, das als *Autostereotyp* bezeichnet wird und meist stark positiv gefärbt ist. Damit verbunden ist eine gefühlsmäßige Bindung an die Gruppe, ein „Wir-Gefühl". Andere Gruppen, vor allem wenn sie in einer Konkurrenzbeziehung stehen, erhalten oft eine ungünstigere Einschätzung, ein negatives *Heterostereotyp*. Da Stereotype auf ungeprüften Annahmen und Einstellungen beruhen, handelt es sich um Vorurteile. Negative Vorurteile gegenüber gegnerischen Gruppen (aber auch Völkern) werden auch als Feindbilder bezeichnet.

8.3.3 Gruppenvorteile und -nachteile

In Gruppen können die Fähigkeiten der einzelnen Mitglieder gebündelt werden; man spricht von „Synergie". Mehrere Personen entwickeln zusammen mehr Kraft als jeder einzelne; sie können größere Gewichte heben oder tragen. Mehrere Personen finden mit erhöhter Wahrscheinlichkeit einen verlorenen Gegenstand oder eine Aufgabenlösung. In einer Gruppe ist mehr Allgemein- und Fachwissen vertreten als bei jedem einzelnen Mitglied. Subjektive Schätzfehler können sich ausgleichen; bei schwierigen Sachverhalten liegt das Gruppenurteil oft näher an der Realität als jedes Einzelurteil. In undurchschaubaren Situationen kann sich die Gruppe auf eine gemeinsame Interpretation einigen und dadurch dem einzelnen emotionale Sicherheit vermitteln (vgl. autokinetisches Phänomen, Abschnitt 8.1.1).

Gleichzeitig beeinträchtigen aber auch Reibungsverluste das optimale Ergebnis. Beim gemeinsamen Ziehen an einem Seil ist zwar die Gesamtkraft größer als die Kraft jedes Einzelnen; aber sie ist geringer als deren Summe, weil nicht alle Personen genau in die gleiche Richtung ziehen. Das gemeinsame Suchen bringt nur Vorteile, wenn die Mitglieder nicht hintereinander herlaufen, sondern sich absprechen. Der Schätzfehlerausgleich wird leicht zunichte, wenn sich die Gruppe voreilig auf ein gemeinsames Urteil einigt. Auch die Zusammenarbeit beim kreativen Problemlösen ist nicht zwangsläufig optimal: Gruppenmitglieder können ihre unterschiedlichen Kenntnisse und Einfälle zusammentragen und sich gegenseitig zu unkonventionellen Einfällen stimulieren. Aber Konformität, Konflikte oder Kommunikationsstörungen vereiteln ein Optimalergebnis (Zysno 1998).

Wenn Vorteile durch Zusammenarbeit erzielt werden sollen, müssen also die Rahmenbedingungen sorgfältig gestaltet werden. Im Bereich des Unterrichts wurden ausgeklügelte Formen kooperativen Lernens entwickeln, die nachweisbare Vorteile erbringen (Slavin 1995). Beim „Gruppenpuzzle" werden Schüler in Stammgruppen eingeteilt, die dann Delegierte in verschiedene Expertengruppen mit unterschiedlichen Themenschwerpunkten entsenden. Dort erarbeiten sich die Schüler Spezialwissen, das sie anschließend in ihre Stammgruppen zurückbringen und zu einem Gesamtpuzzle zusammensetzen. Das Gruppenziel wird nur erreicht, wenn jedes Mitglied einen effektiven Beitrag einbringt. Dass Gruppenpuzzles als kooperative Lernformen auch an der Hochschule effektiv sein können, haben Julia Jürgen-Lohmann, Frank Borsch und Heinz Giesen (2001) in Seminaren der Pädagogischen Psychologie nachweisen können.

8.3.4 Erfassung sozialer Interaktionen

Beobachtungssysteme

Beobachtungssysteme beinhalten Kategorien oder Indikatoren, nach denen Verhaltensweisen klassifiziert oder in ihrem Ausprägungsgrad eingeschätzt werden (vgl. Kap. 11.5). Beispielsweise ordnen Beobachter alle Verhaltensweisen der Lehrer und Schüler jeweils einer der vorgegebenen Kategorien zu, die Flanders (1970) für Zwecke der Unterrichtsforschung zusammengestellt hat (vgl. Beispiel 8-4; deutsche Fassung bei Hanke, Mandl & Prell 1974).

Beispiel 8-4: Kategorien für Lehrer- und Schülerverhaltensweisen nach Flanders (1970)

Lehrerverhalten:	Schülerverhalten:
1. Gefühle akzeptieren	8. Antworten
2. loben oder ermutigen	9. freiwillig, aus eigener Initiative sprechen
3. auf Gedanken und Ideen von Schülern eingehen	10. Restkategorie, Schweigen oder Lärmen.
4. Fragen stellen	
5. neuen Stoff einführen	
6. Anweisungen geben	
7. kritisieren oder Maßnahmen rechtfertigen.	

Im Rahmen eines Trainingsprogramms zur Bewältigung aggressiver Situationen wurde ein „Beobachtungsverfahren zur Analyse von aggressionsbezogenen Interaktionen im Schulunterricht" (BAVIS; Humpert & Dann 1988) entwickelt. Es beinhaltet 10 Schülerkategorien und 11 Lehrerkategorien für Reaktionen der Lehrkräfte auf aggressive Störungen (vgl. Beispiel 8-5).

Beispiel 8-5: Schüler- und Lehrerkategorien des Beobachtungssystems BAVIS
– Ausschnitt

Schülerkategorien:	Lehrerkategorien:
1. Beschädigung von Sachen	1. Beobachten/Ignorieren
2. Physische Auseinandersetzung	2. Abbrechen
3. Besitzergreifen von Sachen	3. Mahnen
4. Drohen und Erpressen ...	4. Drohen ...

Für jede Kategorie gibt es klare Beschreibungen und Beispiele, z.B.: „Beschädigung von Sachen:
Allgemeine Beschreibung: Gegenstände werden *zerstört* (nicht reversibel), *beschädigt* (teilweise reversibel), *beschmutzt* (reversibel), *funktionsuntüchtig* gemacht oder *wertgemindert*. Der Beobachter hat deutliche Hinweise (Mimik, Gestik, Sprache), dass der Akteur *absichtlich* handelt. ...
Allgemeine Beispiele: etwas zerreißen; zerbrechen; zerstören; zerkratzen ...
Spezifische Beispiele: Papier von Mitschülern zerschneiden...Füllerpatronen zerbrechen". (Humpert & Dann 1988, S. 54).

Soziometrie und Soziogramm
Soziometrie ist die systematische Erfassung sozialer Beziehungen und Strukturen in Gruppen. Im engeren Sinne versteht man unter Soziometrie die Datenerhebung mittels des von Moreno (1934 / 1996) entwickelten „soziometrischen Tests" sowie die theoretischen Erkenntnisse aus der Anwendung dieser Methode (vgl. Dollase 1973; 2001). In pädagogischen Kontexten werden Kinder oder Jugendliche meist nach ihren sozialen Präferenzen und Ablehnungen unter einer bestimmten Themenstellung gefragt.

Anwendungsbeispiel Schulklasse: Den Kindern wird die Frage gestellt: „Neben wem möchtest Du sitzen?", „Wenn würdest Du gerne zu einer Party einladen?", „Mit wem möchtest Du gemeinsam in eine Arbeitsgruppe gehen?", aber auch „ Neben wem möchtest Du nicht sitzen?", „Wen möchtest Du nicht in Deiner Gruppe haben?". Sympathiebezogene Fragen liefern ganz andere Ergebnisse als leistungsbezogene Fragen. Die Wahlen und Ablehnungen lassen sich tabellarisch in einer Matrix darstellen.

Die Ergebnisse der Befragung und ihrer Auswertung liefern Hinweise auf die Struktur der Gruppe und auf die Position ihrer Mitglieder. Mögliche Auswertungsgesichtspunkte sind:

- Überwiegen die positiven Wahlen im Vergleich zu den Ablehnungen?
- Lassen sich Untergruppen feststellen?
- Gibt es Cliquen, die untereinander einen starken Zusammenhalt haben (jeder wählt jeden), die aber von den anderen isoliert sind?
- Aufgrund welcher Merkmale bilden sich Untergruppen (Geschlecht, Nationalität, Leistungsstand)?

- Wie hoch ist der Anteil gegenseitiger Wahlen?
- Wie ist die Gruppenintegration? Wie viele Gruppenmitglieder werden im Vergleich zu Außenstehenden gewählt (falls Wahlen auch außerhalb der Gruppe möglich sind)?
- Wer ist das „schwarze Schaf", das von vielen abgelehnt wird?
- Wer ist „Außenseiter", der kaum beachtet wird?

Das Soziogramm ist die grafische Darstellung der Gruppenbeziehungen. Dabei werden Personen durch geometrische Figuren gekennzeichnet. Durch unterschiedliche Symbole können Geschlechter oder Nationalitäten sichtbar gemacht werden. Wahlen werden durch einen Pfeil von einer Person zu einer anderen gekennzeichnet, Ablehnungen durch einen gestrichelten Pfeil. Man sieht auf einen Blick, wer viele Wahlen und wer viele Ablehnungen erhält, welche „Paare" sich gegenseitig wählen, welche „Gegner" sich gegenseitig ablehnen. Auch Untergruppen und isolierte Personen werden erkennbar (vgl. Abbildung 8-6).

Abb. 8-6: Beispiel eines Soziogramms (aus Petillon 1980)

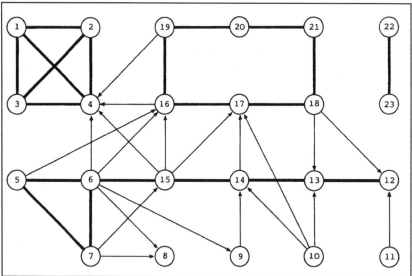

Der pädagogische Nutzen: Soziometrie und Soziogramm geben Hinweise auf Untergruppen- und Cliquenbildung, auf Außenseiter und Abgelehnte; dadurch werden Maßnahmen zur Integration und zur Verbesserung der Kooperation angeregt. Bei der Bildung von Lerngruppen oder bei der Einteilung von Kursen kann eine optimale Beziehungsstruktur erreicht werden, die das Lernklima verbessert und die Zufriedenheit erhöht. Lehrkräfte können die Genauigkeit ihrer Beziehungswahrnehmungen überprüfen und verbessern. Die Ergebnisse können anonymisiert an die Gruppe zurückgemeldet werden, um soziale Lernprozesse anzustoßen. Soziometrische Ergebnisse dienen dazu, den Erfolg von pädagogischen Fördermaßnahmen – beispielsweise zur Integration von Ausländern – zu überprüfen (vgl. Dollase 2001).

Gefahren: Eine ungeschickte Anwendung kann sich negativ auf die Gruppe auswirken. Es führt zu Enttäuschungen, wenn es viele unerwiderte Wahlen gibt und wenn es nicht möglich ist, die Wahlen von Kindern bei der Gruppeneinteilung zu berücksichtigen. Fragen nach Ablehnungen können latente Konflikte manifest machen und verschärfen, falls sie nicht pädagogisch aufgearbeitet werden. Man sollte also sehr sensibel mit soziometrischen Befragungen umgehen.

8.4 Vertiefung: Nonverbale Kommunikation im Unterricht

(Margarete Imhof)

Stellen Sie sich vor, im Unterricht säßen die Schüler und Schülerinnen völlig reglos mit versteinerten Mienen vor Ihnen und Sie selbst würden als Lehrer oder Lehrerin in gleichbleibender Stimmlage ohne jede gestische oder mimische Aktionen vortragen (vgl. Rosenbusch 2000a, S. 166)! Weiter muss man das Szenarium in diesem Gedankenexperiment gar nicht ausmalen, um die körpersprachlichen Ausdrucksformen als einen notwendigen, sinnstiftenden Bestandteil von Kommunikation zu erkennen.

In der menschlichen Kommunikation unterscheidet man mit Watzlawick und seinen Mitarbeitern (1996) digitale und analoge Formen. Unter digitaler Kommunikation wird die Übermittlung von Botschaften verstanden, die verbal oder formal verschlüsselt sind. Die Entschlüsselung dieser Botschaften durch den Empfänger geschieht relativ zuverlässig nach einem gemeinsam benutzten Sprachkode, sofern die Sprache nicht aufgrund von Störungen undeutlich wird oder sich ein Sprecher bewusst mehrdeutig ausdrückt. Analoge Mitteilungen hingegen werden kontinuierlich mit oder neben der verbalen Botschaft produziert, sind aber nicht eindeutig verschlüsselt. Zur Entschlüsselung der analogen Zeichen gibt es keine „Grammatik" und keinen verbindlichen Kode. Die Interpretation ist daher noch offener als die Interpretation von Sprache. Analoge Mitteilungen können die verbalen unterstreichen und verstärken (z.B. die Zeigefingergeste zusammen mit einer Ermahnung), ihnen widersprechen (z.B. ein mit verheultem Gesicht gesprochenes „Mir geht es gut.") oder eine unabhängige Aussage beinhalten (z.B. jemand redet über Wale und spielt dabei mit dem Bleistift).

Der Satz „Das hast du aber fein gemacht!" ist von der Wortbedeutung her zunächst als Lob aufzufassen. Derselbe Text kann aber genau das Gegenteil bedeuten, z.B. wenn dieser Satz mit einem bestimmten Unterton gesprochen und von einem breiten Lächeln begleitet wird. Eine Botschaft wird offenbar erst dann vollständig verstanden, wenn der Zuhörer neben den digitalen Inhalten auch die analogen Botschaften mit erfassen kann. Analoge Botschaften übermitteln u.a. Einstellungen des Sprechers oder des Zuhörers, innere Beteiligung, emotionale Befindlichkeit und Beziehungsbotschaften. Um die Bedeutung der nonverbalen Kommunikation für den Unterricht zu erschließen, wollen wir die folgenden Fragen bearbeiten:

(1) Welche Formen nonverbaler Kommunikation unterscheiden wir?
(2) Welche Funktionen erfüllt nonverbale Kommunikation im Unterricht?
(3) Kann man die „richtige" Körpersprache lernen?

8.4.1 Welche Formen nonverbaler Kommunikation unterscheiden wir?

Ellgring (2000) unterscheidet zwischen nonverbalen-vokalen Signalen und nonverbalen-nonvokalen Signalen. Nonverbale-vokale Signale sind „die inhaltsunabhängigen Aspekte des Sprechens und der Sprache" (S. 40), also alle relativ überdauernden stimmlichen und sprachlichen Eigenschaften (behauchte, knarrende Stimme, Akzent) und die aktuell beim Sprechen realisierten Merkmale (Lautstärke, Tonhöhe, Sprechgeschwindigkeit, Sprechpausen, Intonation). Auch sogenannte quasi-linguistische Äußerungen, wie Pfeifen, Räuspern, Hüsteln und Verlegenheitsäußerungen („äh...", „hmmja...") gehören hierzu. Die stimmlichen Merkmale eines Sprechers lösen bei den Zuhörern bestimmte Einschätzungen aus. So werden z.B. Personen mit einer „piepsigen" Telefonstimme leicht unterschätzt oder so kann mit einer behauchten Stimme das Verlesen von Wasserstandsmeldungen im Radio zu einer Attraktion werden (vgl. Eckert & Laver 1994). Schnellen und flüssigen Sprechern wird eher Kompetenz zugebilligt und sie werden günstiger bewertet, als Personen, die langsam und stockend sprechen. Pausen werden als Zeichen für Unsicherheit interpretiert. Schweigen kann aber auch dort, wo es befremdlich erscheint, wie etwa im Unterricht, ein starkes nonverbales Ausdrucksmittel sein (vgl. Rosenbusch 2000b).

Zu den nonvokalen Ausdrucksmitteln zählen Mimik, Gestik, Blickkontakt, aber auch die Körperhaltung insgesamt, die Bewegung im Raum, Distanz und Körperkontakt in der Interaktion, das Abgrenzen und Besetzen von Räumen einschließlich zugehöriger Gebietsmarkierungen, aber auch autonome Körperreaktionen wie Erröten oder Schwitzen sowie Geruchssignale (von deren Herstellung bzw. Vermeidung ein ganzer Industriezweig lebt). Zu Elementen nonvokaler Kommunikation können stellvertretend für Körperreaktionen auch Kleidung, Haartracht, Schmuck oder zur Schau gestellte Prestige-Objekte werden (z.B. der auffällig angebrachte Autoschlüssel eines Automobilherstellers aus dem Schwäbischen oder das am Gürtel befestigte Mobiltelefon).

Der mimische Ausdruck ist möglicherweise dasjenige Element nonverbaler Kommunikation, für dessen Verständnis über alle Kulturen hinweg noch am ehesten ein gemeinsamer Nenner (möglicherweise biologisch begründet) zu finden ist. Untersuchungen in verschiedenen Kulturen haben ergeben, dass mimische Ausdrucksweisen für bestimmte Grundgefühle (Freude, Ärger, Furcht, Ekel, Trauer, Aggression, Überheblichkeit) überall verstanden werden (vgl. Argyle 1972; Forgas 1999). Die meisten anderen Elemente nonverbaler Kommunikation werden erst verständlich, wenn man die Konventionen eines kulturellen und historischen Kontextes kennt (vgl. Knapp & Hall 1997). Beispielsweise kann Kopfnicken je nach Kulturkreis Zustimmung oder Ablehnung bedeuten; ein und dieselbe Geste wird je nach Land sehr unterschiedlich verstanden, wie etwa die Ringgeste, die wir für „alles in Ordnung" kennen (vgl. Apeltauer 2000; Axtell 1994). Die Angemessenheit von Gerüchen unterliegt einem historischen und gesellschaftlichen Wandel; nicht immer war es Männern „erlaubt", Parfüm zu benutzen. Es finden sich auch geschlechtsspezifische Unterschiede in den nonverbalen Ausdrucksformen. So halten Frauen im Vergleich zu Männern länger Blickkontakt beim Sprechen und Zuhören. Die Art des körpersprachlichen Ausdrucks, der Frauen und Mädchen zugestanden wird, unterscheidet sich von dem, der bei Männern und Jungen als angemessen beurteilt wird (vgl. Mühlen-Achs 1993). Auch zeigen Untersuchungen, dass Frauen zumeist über eine höhere Sensibilität gegenüber nonverbalen Signalen ihrer Gesprächspartner verfügen (vgl. Ellgring 2000).

Der körpersprachliche Ausdruck führt in Sekundenschnelle dazu, dass man sich einen Eindruck von anderen Menschen bildet (vgl. Forgas 1999). Variationen in der Kopfhaltung, gewisse Eigenheiten der Gestik und Mimik führen zu bedeutsamen Unterschieden in der Einschätzung beispielsweise der Kompetenz, Sympathie, Intelligenz, Ehrlichkeit und Attraktivität eines Menschen, was Frey (1999) am Beispiel von Urteilen über Politiker nach ihren Auftritten im Fernsehen illustriert.

8.4.2 Welche Funktionen erfüllt nonverbale Kommunikation im Unterricht?

Rosenbusch (2000a) unterscheidet drei Aspekte unterrichtlicher Kommunikation, nämlich a) Vermittlung von Sachinhalten („Der Wal ist ein Säugetier."), b) Steuerung von Prozessen („Bitte setzt Euch an den Gruppentischen zusammen!"; „Passt jetzt genau auf!") und c) Vermittlung von Beziehungsbotschaften („Ich bin sauer auf dich!"; „Ich habe Angst vor Ihnen."). Hinzuzufügen wären noch d) die Selbstdarstellungsfunktion (Kleidung, Gestaltung des eigenen Territoriums) und e) die Funktion des nonverbalen Ausdrucks als eigenständiger Lerninhalt (z.B. Gesten als Ersatz für verbale Äußerungen, aber auch Erwerb von Wissen über nonverbalen Ausdruck).

a) Vermittlung von Sachinhalten durch körpersprachliche Mittel: Nonverbale Anteile spielen bei der Vermittlung von Sachinhalten oft eine unterstützende Rolle. Durch gezielte Gesten (Zeigen) und stimmliche Variationen (Lautstärke, Sprechgeschwindigkeit, Pausen) kann die Aufmerksamkeit der Zuhörer auf bestimmte Sachaspekte gelenkt werden. Mit Gesten kann man den gemeinten Sachverhalt visualisieren (z.B. das Anzeigen einer Länge zu dem Satz: „Ich habe einen soo großen Fisch gefangen."). Nonverbale Elemente dienen auch der Strukturierung der Information, z.B. werden gestisch hörerlenkende Signale wiederholt („Ich werde auf drei Punkte eingehen." und dabei drei Finger heben) oder durch einen Wechsel in der Tonlage Neben- und Hauptgedanken unterschieden. Manche Inhalte lassen sich aber überhaupt leichter durch Gesten als durch Worte darstellen, was man schnell merkt, wenn man nur mit Worten erklären wollte, was eine Wendeltreppe ist.

Nonverbale Signale vermitteln vor allem auch die Einstellungen, die der Sprecher gegenüber dem vorgetragenen Inhalt und gegenüber seinem Publikum hat. Eine lasche, undeutliche, wenig engagierte Vortragsweise kann der Zuhörerschaft Desinteresse und Missachtung signalisieren. Das Sprechen mit einem ironischen Unterton, mit einem Augenzwinkern, mit großen Gesten oder ehrfürchtig leiser Stimme vermittelt dem Zuhörer die Wertigkeit, mit der der Sprecher die Inhalte betrachtet oder betrachtet wissen will.

b) Steuerung des Unterrichtsprozesses durch nonverbale Kommunikation: Die Steuerung der sozialen Prozesse im Unterricht (Rosenbusch 2000a) umfasst beispielsweise: Anfangspunkt setzen, Aktivitäten anstoßen und abbremsen, ermutigen, loben, um Ruhe bitten, Rückmeldungen geben, Impulse zum Denken und Handeln setzen, Aufmerksamkeit steuern, Aufgaben instruieren (vgl. Meyer 1999). Statt mit wortreichen Formulierungen noch mehr Redezeit zu beanspruchen, als der Lehrer oder die Lehrerin ohnehin schon verbraucht, sind körpersprachliche Zeichen für die Prozessregulierung vorzuziehen. Neben der schnellen Vermittelbarkeit haben nonverbale Botschaften den Vorteil, dass sie mehr Freiräume zum eigenen Handeln eröffnen. Während eine Lehrerfrage das Denken der Schülerinnen und Schüler in eine recht enge Bahn lenkt, kann ein Impuls in Form eines körpersprachlichen Signals (z.B. Schweigen, Wiegen des Kopfes, Stirnrunzeln) die Eigenaktivität der Schüler und Schülerinnen konstruktiv fördern.

Meyer (1999) vergleicht die nonverbalen Signale mit „Regieanweisungen", die im Unterricht Akzente setzen sollen. Durch Körperhaltung, Bewegung im Raum, Gestik oder Stimmausdruck kann ein Lehrer oder eine Lehrerin der Klasse mitteilen, dass nun etwas Wichtiges (z.B. durch Präzisierungsgesten), etwas Neues (z.B. durch Veränderung der Position im Raum), etwas Ernstes (z.B. durch Gesichtsausdruck) oder Entspannendes (z.B. durch Körperhaltung) zu erwarten ist.

Körpersprachliche Signale können zum ritualisierten Kürzel für lange Instruktionen werden. So kann z.b. ein Handzeichen anzeigen, dass nun die Gruppenarbeit begonnen werden soll, dass hierfür Tische und Stühle umgestellt und Materialien bereitgestellt werden sollen. Rituale in der Klasse geben Verhaltenssicherheit für beide Seiten. Das Ritual der Stundeneröffnung definiert nicht nur den Fokus der Aufmerksamkeit, sondern auch das Verhältnis zwischen dem Lehrer oder der Lehrerin und den Schülern und Schülerinnen. Ein Zeichen an den Anfang zu setzen, heißt eben auch, dass sich die Lehrkraft in einer bestimmten Weise präsentiert und der Klasse deutlich macht, was sie von ihr erwartet. Für die Schüler und Schülerinnen ist es ebenso wichtig zu wissen, wann die Spannung wieder nachlassen kann. Wenn z.B. das Stellen von Hausaufgaben ein eingespieltes Ritual ist, bei dem nicht viele Worte gemacht werden müssen, dann sind belastende Situationen, wie etwa das verspätete hektische Ansagen von Hausaufgaben mit dem Stundenzeichen oder gar danach leichter zu vermeiden.

Körpersprachliche Ausdrucksformen können auch eine disziplinierende Rolle übernehmen. Ein Blick kann Unbehagen ausdrücken, eine Mahnung, einen Wunsch, ohne dass der angesprochene Schüler vor der Klasse durch eine für alle hörbare Mahnung exponiert ist. Standortwechsel im Klassenraum oder ein Handzeichen können Hinweise für die Schulklasse sein, dass der Lehrer oder die Lehrerin eine Störung wahrgenommen hat und dass eine Toleranzgrenze überschritten worden ist. Wenn die nonverbale Form der Meldung zwischen einer Klasse und dem Lehrer oder der Lehrerin etabliert ist, dann erspart dies beiden Seiten ausufernde Wortgefechte und verbale Mahnungen, die vielleicht einen viel größeren Unmut erzeugen und die Arbeit nachhaltiger unterbrechen würden.

c) Vermittlung von Beziehungsbotschaften: Jede Nachricht enthält eine Beziehungsbotschaft, die vornehmlich nonverbal vermittelt wird (vgl. Schulz von Thun 2002). In vielen Untersuchungen konnte gezeigt werden, dass das nonverbale Verhalten der Lehrer und Lehrerinnen gegenüber Schülern und Schülerinnen mit den wahrgenommenen oder unterstellten Schülereigenschaften variiert. Dabei spielen Geschlecht, Leistungsstand, Lehrererwartungen, evtl. auch Schichtzugehörigkeit (vgl. Brunner 2001; Good & Brophy 1997) eine besondere Rolle. Guten Schülern werden z.B. oft aufmunternde Signale gegeben, zum Beispiel ein ermutigender Blick, Kopfnicken oder eine annehmende Geste. Schülern, von denen man nicht so viel erwartet, wird das gezeigt, indem beispielsweise der Blickkontakt schnell abgebrochen wird, sich der Lehrer abwendet oder eine abfällige oder antreibende Handbewegung macht. Signale, die der Lehrer oder die Lehrerin aussendet, werden von den Adressaten vielfach als Bewertungen ihrer Person aufgefasst: Hand- oder Kopfbewegungen, die ungeduldiges Warten signalisieren, Zusammenziehen der Brauen, skeptische Blicke, Verständnislosigkeit signalisierende Laute, entsprechende Hand- oder Kopfbewegungen, alle diese Ausdrucksformen lassen die Schüler wissen, was man von ihnen hält und erwartet. Beziehungsbotschaften gerinnen zu der Schlussfolgerung: „So einer bin ich also!" (Schulz von Thun 2002, S. 187f.) und prägen damit das Selbstbild. Schulz von Thun zeichnet nach, wie Beziehungsbotschaften das Selbstkonzept der Kinder und Jugendlichen beeinflussen und stabilisieren, was sich schließlich auch auf die Leistungen in einem Fach niederschlagen kann (vgl. Helmke 1992).

Auch die Lehrkraft erfährt von den Schülern und Schülerinnen, wofür man sie hält. Die Schüler und Schülerinnen signalisieren dem Lehrer Aufmerksamkeit, Verständnis oder aber Langeweile (vgl. Neill 1991). Als Signale für Langeweile gelten z.B. das Zurücklehnen im Stuhl, das Aufstützen des Kopfes auf die Hand, das Ausstrecken der Beine nach vorn; als Ausdruck interessierten Zuhörens werden Körperhaltungen wie Nachvornbeugen und Zurücknehmen der Beine wahrgenommen (Bull 1987). Lehrer und Lehrerinnen scheinen für negative körpersprachliche Mitteilungen in höherem Maß sensibel zu sein als für positive Signale (Kaiser 1998), zumindest geben sie über die störenden Signale mehr Auskunft. Dies könnte daran liegen, dass angemessenes nonverbales Verhalten nicht auffällt und nicht bewusst wahrgenommen wird.

d) Selbstdarstellung durch Elemente nonverbaler Kommunikation: Der Körper „spricht" ständig durch sein Äußeres. Schauspieler legen sich Kleider und Accessoires an, um inhaltliche Aussagen zu unterstreichen. So ähnlich verhält es sich bei der Inszenierung von Unterricht (vgl. Meyer 1999). Das Erscheinungsbild des Lehrers oder der Lehrerin hat unweigerlich Einfluss auf die Kommunikation in der Klasse und umgekehrt natürlich genauso: Eine Lehrerin reagiert wahrscheinlich ganz anders, wenn ein Kind nett, adrett, niedlich, sauber gekämmt in die Schule kommt, als wenn sie ein Kind vor sich hat, das leicht angeschmutzte, eher altmodische und abgetragene Kleider trägt, einen nicht sonderlich angenehmen Körpergeruch entfaltet und fettige Haare hat. Menschen, die attraktiv wirken, werden in vielerlei Hinsicht bevorzugt behandelt („Schön ist gut"-Hypothese; vgl. Forgas 1999; Rost & Schilling 2001).

Die äußere Erscheinung gilt auch als Ausdruck von Einstellungen, etwa bei der Bevorzugung bestimmter Kleidungsstücke (Birkenstocksandalen oder Springerstiefel). Durch äußere Merkmale werden nachhaltige Voreinstellungen erzeugt. Auch der Lehrer oder die Lehrerin kann bei Schülern und Schülerinnen schnell „unten durch" sein, weil bestimmte Merkmale der äußeren Erscheinung unangenehme Eigenschaften signalisieren, z.B. Strenge oder Kälte.

Körpersprachliche Elemente dienen einer Person auch dazu, ihre Definition der Situation zu demonstrieren. Ein Schüler hat auf seinem Tisch einen größeren Stapel von ungeordneten Papieren liegen; ein Lehrer empfängt die Eltern in der Sprechstunde hinter einem mit Büchern vollgetürmten Tisch; ein Schulleiter hat die Möbel so arrangiert, dass jeder Besucher zu seinem

Schreibtisch eine große Distanz ungeschützt überwinden muss; die Tische im Klassenzimmer sind so aufgestellt, dass die Lehrerin die ganze Klasse im Blick hat, aber die Schüler und Schülerinnen sich gegenseitig nicht alle sehen können. Das Arrangement der Situation, die Verwendung von hierarchischen Signalen und Statussymbolen, die Abgrenzung von Territorien, geben Hinweise darauf, wie die soziale Situation definiert wird und welche Verhaltenserwartungen damit verbunden sind. Sicher würde kaum ein Schüler auf die Idee kommen, dem Lehrer von hinten über die Schulter auf die Arbeit zu schauen oder gar aus dem „Hinterhalt" mit dem Finger auf sein Blatt zu fahren.

e) Nonverbaler Ausdruck als eigenständiger Lerninhalt: Die Körpersprache kann auch Lernprozesse und -inhalte beeinflussen. Das Tätigwerden des Lernenden, und sei es nur als pantomimische Begleitbewegung, verändert die Art und Weise, wie Information verarbeitet wird (Tu-Effekt). Engelkamp (1991) geht aufgrund von entsprechenden Untersuchungen davon aus, dass motorische Information in einer eigenständigen Gedächtnisstruktur abgespeichert wird, die unabhängig und ergänzend zu verbalen Gedächtnisinhalten abgerufen werden können. So zeigt sich z.B. im Bereich des Fremdsprachenlernens, dass diejenigen, die eine in der fremden Sprache gegebene Anweisung auch tatsächlich ausführen oder die Ausführung bildlich vorstellen, bei der Abfrage denen überlegen sind, die sich die Anweisungen nur verbal einprägen.

Die Körpersprache ist wahrscheinlich ein viel zu selten systematisch genutzter Kanal zur Vermittlung von Lerninhalten. Neuere Untersuchungen machen deutlich, dass es zu Störungen des Lernprozesses kommen kann, wenn Gesten und verbaler Ausdruck nicht kongruent sind, z.B. wenn der Lehrer davon spricht, dass etwas „kontinuierlich größer" wird und dazu gestisch ein stufenweises Wachstum zeigt (vgl. Goldin-Meadow, Kim & Singer 1999). Umgekehrt können Lehrer und Lehrerinnen an sprachbegleitenden Gesten ihrer Schüler und Schülerinnen Auffassungsfehler erkennen, z.B. wenn sie verbal eine bestimmte Vorgehensweise beschreiben, aber gestisch eine ganz andere Prozedur ausführen (vgl. Alibali, Flevares & Goldin-Meadow 1997).

8.4.3 Kann man „richtige" Körpersprache lernen? –
Zur Bedeutung von Kommunikationshygiene im Unterricht

Ist der körpersprachliche Ausdruck ein unveränderlicher Bestandteil der Persönlichkeit, oder kann man Körpersprache lernen wie eine Fremdsprache? Diese Frage ist durchaus umstritten. Wer hätte nicht schon die Lächerlichkeit eines Menschen erlebt, der mit in einem Rhetorikkurs antrainierten Gesten seine Überzeugungskraft erhöhen wollte? Dennoch scheint es sinnvoll, sich mit dem nonverbalen Ausdrucksverhalten auseinander zu setzen und auf die Wirkungen zu achten. Es geht dabei weniger um das Eintrainieren von einzelnen Elementen, sondern darum, sich der Vielfalt der nonverbalen Ausdrucksmöglichkeiten bewusst zu werden und diese neben der Sprache kontrolliert einzusetzen, auch wenn es keine normierte Meßlatte für „gutes" nonverbales Verhalten gibt (vgl. Heidemann 1996). Rosenbusch (2000a, S. 170) plädiert für Kommunikationshygiene im Unterricht und versteht darunter „das Bemühen um Kommunikation ohne vermeidbare Unverständlichkeiten, Verzerrungen und Störungen." Dazu dienen die folgenden Regeln für nonverbale Kommunikation:

1. Nonverbaler Ausdruck sollte adressatenspezifisch ausgerichtet sein.

Auch der nonverbale Ausdruck muss an den Entwicklungsstand, die Erwartungen, die Sprachfähigkeiten sowie an die erkennbare aktuelle Befindlichkeit der Zuhörer angepasst sein. Vor allem jüngere Schüler müssen erst noch die Fähigkeit erlernen, nonverbale Signale zu deuten, besonders dann, wenn sie der verbalen Nachricht widersprechen (vgl. Neill 1991). So verstehen jüngere Schüler und Schülerinnen noch kaum einen ironischen Unterton, schon gar nicht von einer Person, die sie als Autorität wahrnehmen. Die Fähigkeit, nonverbale Signale selber als Täuschung einzusetzen, entwickelt sich erst im Laufe der Schulzeit, ebenso die reziproke Fähigkeit, bei anderen Täuschungen zu entdecken. In Belastungssituationen nimmt die Sensibilität für nonverbale Signale bei allen Menschen ab. Auch Erwachsene, die Ironie ansonsten heraushören können, lassen sich von einer ironischen Bemerkung eines Prüfers im Staatsexamen verunsichern.

2. Nonverbale Signale sollten kontrolliert eingesetzt werden.

Gestische Illustratoren können eine unterstützende Wirkung für die Lern- und Denkprozesse der Schüler und Schülerinnen haben (McNeill 1992). Daher wäre es sinnvoll, wenn Lehrer und Lehrerinnen bei der Vorbereitung von Unterrichtsvorträgen mitbedenken, wie sie diesen gestisch untermalen könnten. Gleichzeitig sollten überflüssige Gesten („Herumfuchteln") vermieden werden, um Ablenkungen und Störungen zu vermeiden.

Zur Ökonomisierung der Kommunikation im Klassenzimmer ist zu überlegen, inwieweit Prozessregulierung mit Hilfe nonverbaler Zeichen ausgeführt werden kann. Man könnte bestimmte Abläufe routinisieren und damit die für die inhaltlichen Aufgaben verfügbare Arbeitszeit verlängern. Eine systematische Reflexion des eigenen nonverbalen Ausdrucksverhaltens kann auch Aufschluss über die eigenen Beziehungsbotschaften geben. Wo in der Klasse hält man sich auf? Werden bestimmte Schülertische vernachlässigt? Welche stimmlichen und gestischen Mittel benutzt man, um den Unterricht zu gestalten, z.B. um Aufmerksamkeit und Spannung zu erzeugen, um Wichtiges von Unwichtigem zu unterscheiden, um Schüler und Schülerinnen zu ermutigen, zu tadeln und zu loben? Welche Alternativen gäbe es dazu und was könnte damit erreicht werden?

3. Interkulturelle Variationen müssen berücksichtigt werden.

In Klassen mit Kindern aus unterschiedlichen sozialen und kulturellen

Umwelten ist es wichtig zu verstehen, dass auch die körpersprachlichen Ausdrucksgewohnheiten und die Interpretation nonverbaler Signale stark variieren (vgl. Sebastian & Ryan 1985). Da gibt es das Beispiel des Schulleiters, der ein Puerto-Ricanisches Mädchen für einen Vorfall bestrafte, an dem es gar nicht beteiligt war, weil er ihr Schweigen und das Vermeiden von Blickkontakt als Schuldeingeständnis gewertet hat – ohne zu wissen, dass die Kinder in dieser Umgebung dazu erzogen werden, Autoritätspersonen nicht zu widersprechen und ihnen möglichst nicht ins Gesicht zu sehen (Fast 1979). In einem multikulturellen Klassenzimmer ist es nicht einfach, die nonverbalen Ausdrucksformen der Kinder zu erkennen. Neben dem Blickverhalten dürften Unterschiede in räumlichen Distanzen, in der Mimik und Gestik sowie in der Akzeptanz von Körperkontakt zu erwarten sein. Dabei ist zu berücksichtigen, dass Menschen, die eine Fremdsprache gelernt haben, nonverbal noch die „Muttersprache" sprechen. Umgekehrt muss man annehmen, dass Menschen, die eine Fremdsprache verbal verstehen, nicht unbedingt auch die dazugehörigen nonverbalen Ausdrucksweisen korrekt entschlüsseln können.

4. Lehrer und Lehrerinnen sollten nonverbale Reaktionen differenziert wahrnehmen lernen.

Befragt man Lehrer und Lehrerinnen zu nonverbalen Ausdrucksformen ihrer Schüler und Schülerinnen, so fallen ihnen zuerst störende, lästige, negativ bewertete Ausdrucksformen ein, wie motorische Unruhe, „Herumfläzen", Flunsch ziehen (vgl. Kaiser 1998). Lehrer und Lehrerinnen reagieren auf nonverbale Signale ihrer Schüler und Schülerinnen, z.B. auf Aufmerksamkeitssignale, aber auch auf Ausdruck von Bestätigung, Akzeptanz oder Engagement. Mimische oder gestische Zeichen, aber auch die Ausstrahlung der Körperhaltung der Schüler können Lehrer und Lehrerinnen als Bewertung ihrer Person oder ihres Unterrichts auffassen. Da die Wahrnehmung körpersprachlicher Signale eher unbewusst geschieht, kann sich leicht ein Ärgergefühl aufstauen, das dann in einer unvermittelten, scharfen Reaktion seinen Ausdruck findet. Das ist oft der Anfang einer Eskalation.

Um ein klares Ausdrucksverhalten zu erlernen und um das Verständnis von nonverbalen Mitteilungen anderer zu erwerben, wäre es ideal, sich in möglichst vielen Situationen Rückmeldungen über die Wirkungen des eigenen nonverbalen Verhaltens und die eigenen Interpretationen nonverbaler Signale anderer zu erbitten oder über Video-Feedback selbst einzuholen und über den Kommunikationsverlauf gemeinsam mit den Kommunikationspartnern zu reflektieren (vgl. Schulz von Thun 2002). Diese Arbeit müsste systematisch in Ausbildungs- oder Fortbildungsveranstaltungen (vgl. Heidemann 1996) integriert werden und sollte angesichts der Bedeutung einer gelungenen nonverbalen Verständigung für die menschliche Kommunikation nicht nur dem „guten Willen" überlassen bleiben.

8.5 Zusammenfassung

1. Thema der Sozialpsychologie ist der Mensch im sozialen Kontext. Menschen werden von sozialen Bedingungen beeinflusst, nehmen selbst Einfluss auf andere Menschen und stehen mit diesen in Interaktionsbeziehungen. Alle Prozesse menschlichen Verhaltens und Erlebens werden vom sozialen Kontext beeinflusst, Wahrnehmung, Erinnerung, Motivation, Lernen und Handeln.
2. Der Kommunikationsprozess als zentrales Element sozialer Interaktionen bietet viele Ansatzpunkte für Störungen und Probleme, die sich anhand eines allgemeinen Kommunikationsmodells beim „Sender", im Kanal oder beim „Empfänger" lokalisieren lassen.
3. An jeder Botschaft lassen sich vier Teilaspekte unterscheiden: Inhalts-, Beziehungs-, Selbstoffenbarungs- und Appellaspekt.
4. Am Beispiel der Schulklasse werden Wahrnehmungsprozesse in Gruppen, Gruppenvorteile und -nachteile, Gruppenstrukturen sowie Möglichkeiten der Erfassung sozialer Interaktionen demonstriert.
5. In einem Vertiefungstext werden Erscheinungsformen und Funktionen nonverbaler Kommunikation im Unterricht und Möglichkeiten zu deren optimaler Gestaltung behandelt.

Teil III:
Innere und äußere Einflussfaktoren: Interaktion von Person und Umwelt

9. Persönliche Merkmale in pädagogischen Situationen

Welche Fähigkeiten und welche Persönlichkeitsmerkmale haben in Ihrer Schulzeit dazu beigetragen, die Schule erfolgreich zu durchlaufen? Welche persönlichen Eigenschaften waren dafür verantwortlich, wenn Sie Schwierigkeiten hatten?

Welche Eigenschaften von Lehrerinnen und Lehrern empfinden Sie als hilfreich für Ihre schulische Entwicklung? Welche Merkmale haben Sie gestört?

Individuelle Eigenschaften von Kindern und Lernenden beeinflussen das Erziehungs- und das Lernergebnis. Ebenso wirken sich die Merkmale der Erziehenden und der Lehrenden auf ihre pädagogischen Erfolge und Misserfolge aus. Individuelle Merkmale sind aber auch das Ziel und Ergebnis von pädagogischen Maßnahmen. Erziehung und Unterricht sollen zu einer Weiterentwicklung von Fähigkeiten, Wissen und Persönlichkeit führen.

Unterschiede zwischen Personen und Veränderungen innerhalb einer Person sind das Arbeitsgebiet der Differentiellen Psychologie. Aufgabe dieser psychologischen Teildisziplin ist es, Unterschiede zu beschreiben und die Bedingungen ihrer Entstehung und Veränderung zu erklären. Dieses Kapitel will den Beitrag der Differentiellen Psychologie für das Verständnis und die Beeinflussung pädagogischer Prozesse verdeutlichen. In drei exemplarischen Vertiefungen werden sodann pädagogisch bedeutsame Themen der Differentiellen Psychologie näher beleuchtet: Ängstlichkeit, Intelligenz und Kreativität. In unserem Rahmenmodell des Verhaltens- und Erlebens (Kap. 2.3) stellt die Person mit ihren Fähigkeiten, Persönlichkeitsmerkmalen und Einstellungen einen wesentlichen Einflussfaktor dar.

9.1 Die Persönlichkeit in pädagogischen Interaktionen

9.1.1 Grundbegriffe

Unter Persönlichkeit verstehen wir die individuelle Konstellation von Eigenschaften, beispielsweise die Ausprägung von Geselligkeit, Ängstlichkeit und Konzentrationsfähigkeit. Davon zu unterscheiden sind aktuelle Zustände wie momentane Kontaktbereitschaft, Angst oder Aufmerksamkeit. Es geht also um *interindividuelle Differenzen*, um Unterschiede zwischen Individuen, und um *intraindividuelle Differenzen*, um Unterschiede innerhalb einer Person zu verschiedenen Zeitpunkten. Wenn ein Merkmal verschiedene qualitative oder quantitative Ausprägungen aufweist, handelt es sich um eine *Variable*. Variablen, die nicht direkt beobachtet, sondern nur indirekt erschlossen werden, heißen *Konstrukte*. Wenn Merkmale als Voraussetzung oder als Ergebnis von Erziehung und Unterricht beschrieben werden, handelt es sich um *deskriptive Konstrukte*. Wenn sie zur Erklärung von Erziehungsprozessen und Veränderungen dienen, werden sie als *explikative Konstrukte* bezeichnet (vgl. Kap. 3).

Anstelle des umgangssprachlichen Begriffs der Eigenschaft sprechen wir auch von *Dispositionen*, das heißt von Bereitschaften, sich in einer bestimmten Art zu verhalten. Ängstlichkeit ist beispielsweise die Disposition, in bedrohlichen Situationen mit manifester Angst zu reagieren. Dispositionen sind nicht jederzeit beobachtbare Merkmale, sondern eher Möglichkeiten und Bereitschaften. Um es mit einer Analogie zu verdeutlichen: Form und Farbe eines Glases sind als Eigenschaften jederzeit erkennbar; seine Hitzebeständigkeit oder Zerbrechlichkeit sind dagegen Dispositionen, die erst unter bestimmten Umständen zu erkennbaren Folgen führen.

Der Begriff *Begabung* war lange Zeit umstritten, weil er mit angeborenen Anlagen gleichgesetzt wurde. Der Verweis auf angeborenen Begabungen erschien jedoch im pädagogischen Kontext nicht opportun, erstens weil die Annahme von Anlagen die Möglichkeiten pädagogischer Einflussnahmen scheinbar einschränkte, zweitens weil die Betonung von Erbeinflüssen durch rassistische Ideologien diskreditiert war. Die emanzipatorischen Tendenzen in der Pädagogik der 70er und 80er Jahre postulierten, dass Begabung das Ergebnis eines Begabungsprozesses, also erzieherischer Bemühungen, sei. Damit wurde klargestellt, dass die jeweils vorfindliche Leistungsfähigkeit veränderbar ist. Unter dem Stichwort „Hochbegabung" ist das Thema seit Beginn der 80er Jahre auch in Deutschland wieder für Forschung und Praxis aktuell, wobei die Fragen nach angeborenen Anlagen für Hochbegabungen nicht im Mittelpunkt des Interesses stehen.

9.1.2 Individuelle Merkmale als Bedingung und als Ergebnis pädagogischer Prozesse

Eltern, Erzieher, Lehrkräfte und Kursleiterinnen unterscheiden sich in ihren erzieherischen Fähigkeiten, ihrem Temperament, ihren Einstellungen, ihren Bildungszielen. Und diese persönlichen Unterschiede beeinflussen ihr pädagogisches Handeln. Kinder und Jugendliche, Schülerinnen und Teilnehmer von Fortbildungskursen kommen mit unterschiedlichen Begabungen und Fähigkeiten, Lernstrategien und Vorkenntnissen, Erwartungen, Befürchtungen und Interessen in Erziehungs- und Bildungssituationen. Auch diese Unterschiede beeinflussen die persönliche Weiterentwicklung, das Lernverhalten und den Lernerfolg.

Erziehungs-, Unterrichts- und Bildungsprozesse wirken sich auch auf die Veränderung individueller Merkmale aus. Fähigkeiten, Persönlichkeitsmerkmale und Einstellungen etablieren und verändern sich im Zusammenspiel von Entwicklung und Erziehung. Sie sind das beabsichtige Resultat von Erziehungsbemühungen, manchmal allerdings auch deren unerwünschte Nebenwirkungen. Denken wir beispielsweise an die Entstehung von Prüfungsangst oder an den Rückgang kreativer Phantasie nach der Einschulung!

Erfahrungen in pädagogischen Situationen verändern auch deren Akteure: Lehrkräfte verbessern ihre didaktischen Qualitäten; sie entwickeln Abneigungen gegen bestimmte Fächer oder Klassenstufen; sie verändern ihre Einstellungen; manche entwickeln aufgrund von Enttäuschungen das Gefühl, „ausgebrannt" zu sein (Burn-out-Syndrom).

Ziel von Erziehung kann es sein, interindividuelle Unterschiede zu vergrößern, um beispielsweise eine möglichst freie Entfaltung zu ermöglichen oder besondere Begabungen zu fördern. Ziel kann auch sein, interindividuelle Unterschiede zu verringern, beispielsweise durch kompensatorische Förderung von bildungsmäßig benachteiligten Kindern, durch einen Unterricht, der alle Schüler auf den gleichen Wissens- und Fähigkeitsstand heben will. Ob Erziehung Unterschiede vergrößern oder verringern will, ist eine Frage der Wertvorstellungen von Bildungspolitikern und Pädagogen. Inwieweit es gelingt, Unterschiede zwischen Menschen im Sinne einer individuellen Entfaltung oder einer Spezialistenbildung zu vergrößern oder aber zu minimieren, ist dagegen empirisch zu klären.

Individuelle Unterschiede sind also Bedingung und Ergebnis von Erziehungs- und Bildungsprozessen.

9.1.3 Personenmerkmale in der Kulturgeschichte

Personenmerkmale werden schon seit Urzeiten psychologischen Denkens beachtet. Auf den ersten Seiten der Bibel werden die ungleichen Brüder Kain und Abel beschrieben (1. Mose 4). Seit Menschen über sich und andere nachdenken, fragen sie nach individuellen Unterschieden, nach deren Bedingungen und Auswirkungen. So finden sich Intelligenztests in Form von Rätseln bereits im altindischen Rig-Veda (um 1000 v. Chr.), als Rätsel der Sphinx, in der altgermanischen Edda, in der Heiligen Schrift als Rätsel des Simson (Richter 14, 12ff. – Beispiele nach Hofstätter 1977). Selbst Verhaltensproben, vermutlich zur Erfassung triebhafter Spontaneität im Rahmen einer Wehrtauglichkeitsdiagnose, werden bereits im Alten Testament beschrieben.

Beispiel Verhaltensprobe: „Der Herr sprach zu Gideon: ...Führe sie hinab ans Wasser, daselbst will ich sie dir prüfen. ...Wer mit seiner Zunge Wasser leckt, wie ein Hund leckt, den stelle besonders; desgleichen, wer auf seine Knie fällt, zu trinken. Da war die Zahl derer, die geleckt hatten..., dreihundert Mann; das andere Volk hatte kniend getrunken. Und der Herr sprach zu Gideon: Durch die dreihundert Mann, die geleckt haben, will ich euch erlösen." (Richter 7, 2ff.).

Charaktertypologien wurden von dem griechischen Arzt Hippokrates (460-377 v.Chr.) und von der mittelalterlichen Äbtissin Hildegard von Bingen entwickelt. Eine systematische Analyse individueller Merkmale findet sich seit dem Beginn der Neuzeit. Huarte (1575) entwarf beispielsweise Tests zur Prüfung von Intelligenz und moralischer Verantwortlichkeit zum Zwecke der Berufsberatung und Auslese von Beamten und Politikern. Pionier auf dem Gebiet der systematischen empirischen Persönlichkeitsforschung mit statistischen Methoden war Sir Francis Galton (1822-1911). Er untersuchte die Vererbung intellektueller Begabungen, führte Familien- und Zwillingsuntersuchungen durch und formulierte die heute noch gebräuchliche Unterscheidung „nature versus nurture" (Vererbung versus Umwelt); er wandte die mathematische Wahrscheinlichkeitsrechnung bei der Untersuchung interindividueller Differenzen an und entwickelte Geräte zur Erfassung psychischer Funktionen. Schon 1882 konnten sich Interessenten gegen eine kleine Gebühr in seinem Londoner Laboratorium einer psychologischen Untersuchung unterziehen (vgl. Preiser 1976).

9.1.4 Klassifikation von Persönlichkeitsmerkmalen

In der Kulturgeschichte der Menschheit haben sich viele tausend Bezeichnungen für Eigenschaften etabliert. Wie lassen sich diese sinnvoll ordnen? Nicht nur die „impliziten Persönlichkeitstheorien" von Laien unterscheiden sich voneinander, sondern auch die expliziten Beschreibungssysteme der Fachleute. Individuelle Merkmale lassen sich nicht wie das periodische System der Elemente als ein durchstrukturierter Wirklichkeitsbereich darstellen. Wir greifen im Folgenden beispielhaft eine anschauliche, umfassende und überschaubare Klassifikation aus der Tradition der Persönlichkeitsforschung heraus.

Das Modell der Persönlichkeit von Guilford
Guilford (1971) betrachtet die Persönlichkeit als einzigartige Struktur von „Wesenszügen" (traits), die im Prinzip bei allen Menschen vergleichend beurteilt werden können. Einzigartig ist nur die jeweilige Konstellation der Ausprägungsgrade. Guilford unterscheidet sieben Persönlichkeitsaspekte (vgl. Abbildung 9-1).

Morphologische Merkmale bzw. *körperliche Erscheinungsformen* sind beispielsweise Körperbau, Struktur des Gehirns, Sinnesbehinderungen. Sie sind über die Zeit hinweg recht stabil. Hinzu kommen veränderliche Merkmale wie der Verlust der Milchzähne oder der Stimmbruch. Körperliche Merkmale wirken sich indirekt auf das Erleben aus, beispielsweise wenn Jugendliche unter ihren Pickeln leiden.

Abb. 9-1: Sieben Persönlichkeitsaspekte nach Guilford (1971, S. 9)

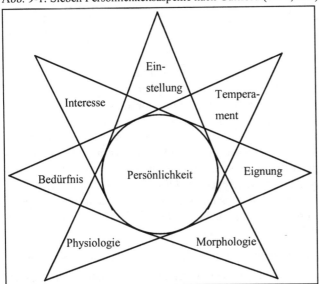

Physiologische Merkmale, in der Zeit variable körperliche Merkmale, sind teilweise Begleiterscheinungen von psychischen Prozessen. Zu ihnen gehören Blutdruck, Atemfrequenz, Speichelsekretion, Hormonausschüttung, elektrische Aktivität des Gehirns. Prüfungsangst kann sich beispielsweise durch Erröten, sichtbares Herzklopfen oder Schweißausbruch bemerkbar machen. Zusammenhänge zwischen physiologischen Prozessen und Persönlichkeit sind das Thema der Psychophysiologischen Persönlichkeitsforschung (knappe Übersichten bei Fahrenberg 1995; Schandry 1996).

Bedürfnisse sind relativ stabile Wünsche nach bestimmten Zuständen, beispielsweise nach Sättigung, Geborgenheit, Gerechtigkeit, Macht, Erfolg, persönlicher Weiterentwicklung. *Motive* sind durchgängige oder regelmäßig wiederkehrende Anliegen einer Person. Sie beziehen sich entweder auf einen Zustand (z.B. satt sein), ein Ereignis (gelobt werden) oder eine Tätigkeit (Denkaufgaben lösen). In der Schule spielen vor allem Kontaktbedürfnisse und das Leistungsmotiv eine Rolle. *Ziele* richten sich auf eine angestrebte Soll-Situation, wobei die Person erwartet, dass sie selbst einen Beitrag zur Zielerreichung leisten kann. Im pädagogischen Kontext sind vor allem Erziehungs- und Unterrichtsziele bedeutsam, auf Seiten der Schüler individuelle Entwicklungs-, Lern- und Berufsziele.

Interessen sind relativ konstante Wünsche nach Aktivitäten mit einer bestimmten thematischen Ausrichtung, beispielsweise nach beruflichen Tätigkeiten, Freizeitaktivitäten, künstlerischer Produktivität oder einer aktiven Beschäftigung mit bestimmten Fächern.

Einstellungen sind gefühlsmäßige und kognitive Haltungen gegenüber bestimmten Themen. Inhalte von Einstellungen sind beispielsweise Nationen, Religionen, Lehrer, Senioren, Frauen, Musikgruppen, Parteien, einzelne Gesetzesvorhaben, das Lernen, Gruppenarbeit.

Eignungen sind Merkmale, die es einer Person ermöglichen, bestimmte Aufgaben zu bewältigen. Es gibt einerseits allgemeine *Fähigkeiten* wie Intelligenz und Kreativität, Konzentration, Feinmotorik, Sehschärfe, andererseits spezifische, meist komplex zusammengesetzte Fähigkeiten wie die Eignung zum Autofahren oder zum Unterrichten. *Fertigkeiten* sind durch Übung erworbene Verhaltenskompetenzen, z.B. Virtuosität auf einem Musikinstrument, handwerkliche Leistungen, Lesen und Schreiben. Aus der beruflichen Bildung stammt der Begriff *Schlüsselqualifikationen* (Mertens 1974), das sind grundlegende Kompetenzen als Basis für den Erwerb spezifischer Fähigkeiten und Fertigkeiten. In der beruflichen Aus- und Weiterbildung werden vier Qualifikationsbereiche unterschieden:

1. *Fachkompetenz*: Fachkenntnisse und Fähigkeiten, diese anzuwenden
2. *Methodenkompetenz*: Fähigkeit zur Anwendung grundlegender Arbeitstechniken, z.B. Lerntechniken, Kreativitätstechniken, Arbeitsplanung, Präsentationstechniken
3. *Selbstkompetenz*: Fähigkeit, sein eigenes Handeln zu steuern, z.B. Formen der Stressbewältigung, der Selbstmotivierung und Selbstkontrolle
4. *Sozialkompetenz*: Fähigkeit, eigene Ziele in sozialen Beziehungen zu verfolgen, und zwar unter Berücksichtigung der berechtigten Interessen anderer, z.B. Überzeugungsfähigkeit, Methoden der Gesprächsführung, Gruppenmoderation und Konfliktsteuerung.

Temperamentsmerkmale beschreiben die Art und Weise, in der Menschen sich mit ihrer Umwelt auseinandersetzen. Sie entsprechen am ehesten umgangssprachlichen Vorstellungen über Persönlichkeitseigenschaften. Temperament im ursprünglichen Sinne bezeichnet die dynamischen Aspekte von Verhaltensstilen, die auf biologische Eigenschaften des Organismus zurückgeführt werden, während Persönlichkeitsmerkmale auch von soziokulturellen und erzieherischen Einflüssen bedingt sind (vgl. Czeschlik 1998).

Beispiel Temperamentslehre: Allgemein bekannt ist die Einteilung der Temperamente nach dem griechischen Arzt Hippokrates, die später von Galenos (129-199 n.Chr.) aufgegriffen wurde. Aufgrund der angeblich vorherrschenden Körpersäfte Blut, Galle, Schleim und schwarze Galle werden vier Temperamente unterschieden: Sanguiniker (leicht ansprechbar, wechselhaft), Choleriker (heftig, leidenschaftlich, unzufrieden), Phlegmatiker (langsam, schwer ansprechbar) und Melancholiker (schwermütig). Diese populär gewordene Typologie erwies sich jedoch als zu wenig differenziert, die physiologische Interpretation als schlichtweg falsch.

Zu den Temperaments- und Persönlichkeitsmerkmalen zählt man heute Kategorien wie Aktivität versus Passivität, Ausdauer, Ablenkbarkeit, Selbstvertrauen versus Minderwertigkeitsgefühl, Durchsetzung versus Schüchternheit, Geselligkeit versus Zurückgezogenheit, Frohsinn versus depressive Verstimmung. Versuche, Persönlichkeitsmerkmale grundlegend zu ordnen, erbrachten Klassifikationssysteme, die zwischen 3 und 16 Kategorien enthielten (z.B. Eysenck 1947; Cattell 1978).

Fünf Grundaspekte der Persönlichkeit: Big Five
Als moderner Ersatz für die antike Temperamentslehre werden heute fünf zentrale Persönlichkeitsdimensionen diskutiert. Sie ließen sich in unterschiedlichsten Untersuchungen mit unterschiedlichen Verfahren weitgehend übereinstimmend darstellen. Sie sind als „big five" in die Literatur eingegangen (Beschreibung nach Borkenau & Ostendorf 1993; siehe auch Goldberg 1993; McCrae & Costa 1987):

1. *Neurotizismus:* Emotionale Labilität versus emotionale Belastbarkeit. – Personen mit hoher Ausprägung in Neurotizismus neigen zu Nervosität, Traurigkeit, Unsicherheit und Verlegenheit, Besorgtheit um ihre Gesundheit, unrealistischen Ideen; sie haben Probleme, ihre Bedürfnisse zu kontrollieren und in Stresssituationen angemessen zu reagieren.

2. *Extraversion:* Kontakt- und Kommunikationsfreudigkeit versus Zurückhaltung und Hemmung. – Personen mit hoher Ausprägung sind gesellig, herzlich, aktiv, optimistisch und heiter; sie mögen Anregungen und Aufregungen.

3. *Offenheit für Erfahrungen:* Bildungsdrang, Idealismus, Beweglichkeit versus Konventionalität, Trägheit. – Personen mit hoher Ausprägung sind wissbegierig, phantasievoll und unabhängig in ihrem Urteil; sie bevorzugen Abwechslung, haben vielfältige kulturelle Interessen und interessieren sich für die aktuelle Politik.

4. *Verträglichkeit:* Umgänglichkeit, Toleranz und Selbstlosigkeit versus Unabhängigkeit und Widerspruchsbereitschaft. – Personen mit hoher Ausprägung sind mitfühlend, kooperativ und nachgiebig; sie neigen zu zwischenmenschlichem Vertrauen und haben ein starkes Harmoniebedürfnis.

5. *Gewissenhaftigkeit:* Sorgfalt und Pedanterie versus Nachlässigkeit, Unzuverlässigkeit und Gleichgültigkeit. – Personen mit hoher Ausprägung sind zuverlässig, diszipliniert, systematisch, hart arbeitend und ehrgeizig.

9.1.5 Determinanten individueller Merkmale

Wo liegen die Ursachen für intraindividuelle Veränderungen und für interindividuelle Unterschiede? Als Haupteinflussgrößen in der menschlichen Entwicklung hatten wir Anlagen, Umweltbedingungen und die Person selbst mit ihren Möglichkeiten zur Selbststeuerung genannt (vgl. Kap. 7).

Die Umwelt beeinflusst inter- und intraindividuelle Differenzen: Eine motivierende Lernsituation und eine aktivierende Aufgabenstellung fördern die Anstrengungsbereitschaft. Eine verwöhnende Erziehung bewirkt auf Dauer „verwöhnte" Kinder. Langfristig wirksame Umweltvariablen bewirken in der Regel überdauernde, interindividuelle Unterschiede; aktuelle Umweltvariablen sind eher für intraindividuelle Differenzen verantwortlich (vgl. das Grundmodell der Verhaltenserklärung, Kap. 2.3). In der modernen Persönlichkeitsforschung werden neben den Erbanlagen unter anderem folgende Umweltaspekte genannt (in Anlehnung an Amelang 2000; Amelang & Bartussek 1997; siehe auch Kap. 10):

- Sozioökonomischer Status oder Schichtzugehörigkeit
- Qualität der Umgebung, insbesondere Handlungsmöglichkeiten und Anregungen
- Sozialisationsfaktoren der Familie
- Gleichaltrige (Peers) und Freunde
- Berufliche Tätigkeit und berufliches Umfeld
- Freizeit-, Kultur- und Politikangebote
- Kritische Lebensereignisse wie Aufbau von Beziehungen; Trennungen und Tod
- Kulturelle Einflüsse.

9.2 Kognitive und emotionale Lern- und Entwicklungsbedingungen

9.2.1 Individuelle Einflüsse im Erziehungsprozess

Temperamentsmerkmale der Kinder beeinflussen die Eltern-Kind-Interaktion von Geburt an. Ihre emotionale *Bindung* an die Eltern entwickelt sich ab der Geburt im Zusammenspiel mit der Zuwendung der Eltern. Aber Neugeborene unterscheiden sich bereits hinsichtlich ihrer Aktivitäten. Diese Unterschiede können die Eltern-Kind-Beziehung beeinflussen und entweder zu „sicherer" oder „unsicherer" Bindung führen (vgl. Ainsworth, Blehar, Waters & Wall 1978). Von der Art der Interaktion hängen weitere soziale Erfahrungsmöglichkeiten ab.

Die *geistige Wachheit* der Neugeborenen trägt dazu bei, dass sich die Eltern intensiv um die Kinder kümmern und ihnen Anregungen geben. Kinder mit dem Down-Syndrom (einer angeborenen Chromosomenstörung, früher wegen der Gesichtsform Mongolismus genannt) sind beispielsweise äußerst antriebsarm, erscheinen immer zufrieden und erhalten deshalb weniger Anregungen als andere Kinder. Dieser Anregungsmangel ist für Defizite in der intellektuellen Entwicklung mit-verantwortlich. Wenn man um diese Zusammenhänge weiß und die Eltern zu intensiver Stimulation ihrer behinderten Kinder anregt, lassen sich die Intelligenz und geistige Wachheit positiv beeinflussen.

Kinder können ihren Eltern die Erziehungsaufgabe leicht oder schwer machen. Eltern sprechen von „pflegeleichten Sonnenscheinkindern" oder von „kleinen Monstern". Die *Hyperaktivität* des „Zappelphilipp" und seine unkontrollierten Wutausbrüche sind vielfach angeboren. Aber diese Störung beeinträchtigt auch die Beziehung zu den Eltern und kann Folgewirkungen auf das Selbstvertrauen und die Bindungsfähigkeit der Kinder haben. „Schwierige Kinder" fallen durch negative Stimmungslage, Rückzug, geringe Anpassungsfähigkeit, unregelmäßige Essens- und Schlafbedürfnisse auf (Thomas & Chess 1980). Negative Emotionalität von Säuglingen gilt als Risikofaktor für spätere Verhaltensstörungen (vgl. Czeschlik 1998).

Selbstwertgefühl und *Selbstvertrauen* sind Voraussetzungen für ein aktives Herangehen an neue Situationen. Kinder mit ungenügendem Selbstvertrauen verweigern sich oft motorischen, sozialen und intellektuellen Anforderungen aus Furcht vor Misserfolgen. Wenn Eltern sich auf dieses reduzierte Anspruchsniveau einlassen und die Kinder „schonen", verspielen sie dadurch Chancen für den Aufbau von Vertrauen.

Diese Beispiele machen deutlich, wie individuelle Merkmale der Kinder Erziehungsprozesse beeinflussen. Thomas und Chess (1980) betonen das Prinzip der Passung (goodness of fit): Erziehung kann dann optimal gelingen, wenn die Anforderungen der Umwelt mit den Möglichkeiten des Kindes in Einklang zu bringen sind. „Schwierige" Merkmale der Kinder müssen nicht zwangsweise zu unangemessenen Elternreaktionen und zu weiteren Auffälligkeiten führen. Manche Eltern sind in der Lage (oder können dazu ermutigt werden), die Schwierigkeiten ihrer Kinder durch besondere Zuwendung oder Konsequenz zu kompensieren. Nicht jedes Kind braucht die gleiche Art der Erziehung. Und je nach den gegebenen Merkmalen der Kinder kann ein- und dieselbe Erziehungsstrategie zu unterschiedlichen Ergebnissen führen. Die Ergebnisse der Erziehung sind also von komplexen Wechselwirkungen zwischen individuellen Anlagen, Merkmalen und erzieherischen Handlungen abhängig. In der Unterrichtsforschung wird dieses Prinzip als ATI-Konzept (Aptitude-Treatment-Interaction) bezeichnet: Welche Unterrichtsform oder -maßnahme für einen Schüler optimal ist, hängt von dessen individuellen Lernvoraussetzungen ab.

9.2.2 Individuelle Einflüsse in Unterrichtsprozessen

Natürlich müssen Schüler sehen und hören können, wenn sie einem regulären Unterricht folgen sollen. Aufmerksamkeit und deren Störungen sind grundlegende Einflussfaktoren auf alle Lern- und Bildungsprozesse. Ebenso ist eine angemessene Funktion des Gedächtnisses erforderlich (vgl. Kap. 4).

Kinder brauchen bestimmte Vorkenntnisse, um Inhalte aufnehmen, einordnen und verstehen zu können. Sie müssen ein Mindestmaß an Interesse für die jeweiligen Inhalte entwickeln. Es gibt also eine Vielzahl von kognitiven, motivationalen und emotionalen Lernvoraussetzungen, die Lernprozesse im Unterricht ermöglichen, fördern oder – im negativen Fall – behindern. Die wichtigsten werden hier kurz im Überblick dargestellt.

Der *Entwicklungsstand* hat einen Einfluss darauf, was erfolgreich gelernt werden kann. Reifungs-, Lern- und Bildungsprozesse schaffen zunehmend bessere Voraussetzungen für Lernen im Unterricht. Da unser Bildungssystem von altershomogenen Klassen ausgeht, spielen Unterschiede des Lebensalters in der Schule keine große Rolle. Erst wenn einzelne Kinder in ihrer geistigen Entwicklung den gleichaltrigen Kameraden voraus sind oder hinterherhinken, wird der Entwicklungsstand als Bildungsdeterminante sichtbar.

Mädchen und Jungen unterscheiden sich in der Präferenz für bestimmte Unterrichtsfächer, aber auch in den erzielten Schulleistungen. Jungen erreichen in naturwissenschaftlichen Fächern durchschnittlich bessere Leistungen als Mädchen. Diese *Geschlechtsunterschiede* werden allerdings erst in den weiterführenden Schulen deutlich, sie sind zumindest teilweise kulturabhängig und haben sich in den letzten 30 Jahren verringert. Es gab Hinweise darauf, dass Mädchen in reinen Mädchenschulen mehr Interesse an naturwissenschaftlichen Fächern und bessere Leistungen entwickeln als in koedukativen Schulen. Dies führte dazu, koedukativen Unterricht in Frage zu stellen, weil geschlechtsbezogene Vorurteile für diese Unterschiede mit verantwortlich gemacht werden. Die Befunde sind aber nicht verallgemeinerbar, da reine Mädchenschulen meist einen privaten Träger haben, sich möglicherweise die allgemeine Lernatmosphäre im Vergleich zu staatlichen Schulen unterscheidet und weil eine Selektion der Schülerschaft erfolgt. Von mathematischen und naturwissenschaftlichen Förderprogrammen profitieren Jungen und Mädchen offenbar gleichermaßen. Alle diese Befunde (zusammenfassend zitiert nach Helmke & Weinert 1997), sprechen dafür, dass das biologische Geschlecht allenfalls eine untergeordnete Rolle spielt und kulturabhängige Sozialisationseffekte für die erkennbaren Geschlechtsunterschiede verantwortlich sind. Damit sind sie aber kein Naturgesetz, sondern eine gesellschaftlich bedingte, veränderbare Realität.

Intelligenz gilt als eine zentrale Bedingung für Lern- und Unterrichtserfolg. Die allgemeine Intelligenz korreliert mit Lehrerurteilen, mit Schulnoten und objektiven Prüfungsergebnissen. Das heißt, je höher die in Tests gemessene Intelligenz, desto bessere Schulleistungen sind zu erwarten. Die Korrelationskoeffizienten erreichen meist Werte zwischen 0.50 und 0.60 (vgl. Kühn 1987). Die quadrierten Korrelationskoeffizienten, die Determinationskoeffizienten, liegen demnach zwischen 0.25 und 0.36 (zur Bedeutung dieser statistischen Kennwerte siehe Kap. 15). Daraus kann man ableiten, dass die Unterschiedlichkeit der Schulleistungen (ausgedrückt im statistischen Kennwert der Varianz) zu etwa 25 bis 36% von der Varianz der Intelligenz bestimmt wird. Das bedeutet andererseits, dass 64 bis 75% der Schulleistungsvarianz von anderen Faktoren verursacht wird, die im Zufall, in der Person des Lernenden oder in Unterrichtsbedingungen begründet liegen. Wegen der herausragenden Bedeutung der Intelligenz werden wir dieses Konstrukt in einem eigenen Abschnitt (9.5) ausführlicher behandeln.

Vorkenntnisse betreffen einerseits Allgemeinwissen und Allgemeinbildung, andererseits fachspezifische Kenntnisse. Wissens- und Verständnislücken erschweren in vielen Fächern die Aufnahme des nachfolgenden Lernstoffs und rufen deshalb kumulative Effekte hervor.

Arbeitshaltung, Einstellung zum Lernen, Lernstrategien und Lernstile werden zusammenfassend als *Selbststeuerungskompetenzen* bezeichnet, als die Fähigkeit zu selbstverantwortlichem Lernen. Hierzu gehören auch metakognitive Kompetenzen, das sind Möglichkeiten, die eigenen kognitiven Funktionen (Aufmerksamkeit, Wahrnehmung, Denken, Gedächtnis) zu steuern. Selbststeuerungskompetenzen dürften umso bedeutsamer für den Lernerfolg sein, je mehr der Unterricht selbstgesteuertes Lernen ermöglicht oder fordert.

Sozial-kognitive Fähigkeiten sind beispielsweise kommunikative Kompetenzen (sich verständlich machen und andere verstehen), Fähigkeit zur Perspektivenübernahme (sich in die Sichtweise anderer Personen hineinversetzen, deren Wahrnehmungen, Gedanken, Gefühle und Absichten erkennen) und moralische Urteilsfähigkeit (Handlungen und Absichten nach Regeln, Konsequenzen oder Prinzipien bewerten).

Prüfungsängstlichkeit ist ein Merkmal, das oft herangezogen wird, um Leistungsschwächen oder Diskrepanzen zwischen mündlichen Unterrichtsbeiträgen und schriftlichen Prüfungsleistungen zu erklären. Allerdings ist der Einfluss von Prüfungsängstlichkeit auf die Leistungen nicht so eindeutig, wie es Beobachter und Betroffene im Alltag vermuten. Die Beziehungen werden von anderen Merkmalen, aber auch von der Art der Aufgabe beeinflusst. Wir werden das Thema in einem eigenen Abschnitt (9.4) vertiefen.

9.3 Einstellungen und Kompetenzen von Lehrkräften und Erziehern

9.3.1 Anforderungen an Lehrkräfte und Erzieher

Was kennzeichnet „gute Lehrer"? Welche Rolle spielen fachliche, didaktische und soziale Kompetenzen, Einstellungen und Gewohnheiten von Erziehern und Lehrkräften? – Welche erzieherischen Fähigkeiten hat eine bestimmte Lehrerin? Welche Erziehungseinstellungen weist die Mutter eines Schülers auf? Welche Unterrichtsmethoden beherrscht ein Lehrer?

Vermutlich können alle Schülerinnen und Schüler, Eltern, Lehrer und Schulleiter ganze Listen wünschenswerter Merkmale zusammenstellen. Für Trainer in der Erwachsenenbildung gibt es ebenfalls umfassende Qualitätskriterien. Immer wieder ist versucht worden, Anforderungen an „gute Lehrer" oder Erzieher zusammenzustellen. Sie sollen beispielsweise

- dafür sorgen, dass Schüler ihre Informationen und Anweisungen verstehen
- sich in die Lage der zu Erziehenden versetzen (verstehen, was sie bedrückt und bewegt)
- außer mangelndem Interesse noch andere mögliche Gründe für fehlende Mitarbeit kennen
- motivieren und Interesse wecken (nach Metzger 1976).

Neben derartigen Forderungen gibt es Untersuchungen, die erfolgreiche und weniger erfolgreiche Lehrkräfte hinsichtlich ihrer Merkmale und Verhaltensweisen systematisch miteinander vergleichen und auf diesem Wege zu empirisch begründeten Anforderungskatalogen kommen. Diese Erkenntnisse helfen zu verstehen, warum sich Unterrichts- und Erziehungsergebnisse bei verschiedenen Personen unterscheiden. In einem zweiten Schritt wäre zu fragen, inwieweit die Merkmale in der Aus- und Fortbildung verändert werden können.

9.3.2 Motive und Interessen

Lehrer unterscheiden sich schon hinsichtlich der dominanten Motive zur Wahl ihres Berufs:

- Interesse an spezifischen Fächern und Inhalten
- Interesse an Unterrichtstätigkeit und Stoffvermittlung
- Interesse an erzieherischen Aufgaben
- Interesse am Beamtenstatus, der Arbeitszeit- und Ferienregelung.

Lehrer versuchen, allgemeine Motive in ihrem Beruf zu verwirklichen. Sie können z.B. das Bedürfnis nach sozialen Kontakten durch intensive Lehrer-Schüler-Interaktionen oder durch Teamarbeit im Kollegium verwirklichen, das Machtmotiv durch autoritäre Erziehungspraktiken, das Leistungsmotiv durch gründliche Unterrichtsvorbereitung, das Bedürfnis nach Selbstbestimmung durch autonome Unterrichtsplanung.

Ähnliches gilt auch für Motive von Erzieherinnen und Erziehern, von Trainern und Beratern in der Weiterbildung. Auch für die Eltern-Kind-Beziehung ist es von Bedeutung, ob die Eltern ein „Wunschkind" bekommen oder aber von einer ungewollten Schwangerschaft überrascht werden, ob ein Elternteil gern oder nur notgedrungen den Erziehungsurlaub antritt. Allerdings ist eine geplante Schwangerschaft keine Garantie für eine positive Eltern-Kind-Beziehung und eine ungewollte Schwangerschaft nicht zwangsläufig eine belastende Hypothek. Während der Schwangerschaft und nach der Geburt finden Anpassungsprozesse statt, bei denen sowohl positive Erwartungen als auch Befürchtungen relativiert werden können.

Allgemeine *Unterrichtsstile* wurden lange Zeit zur Beschreibung von Lehrerunterschieden herangezogen, ähnlich wie *Erziehungsstile* bei Eltern und Kindergärtnerinnen, z.b. unter der Bezeichnung autoritär, autokratisch, lehrerzentriert vs. kooperativ, sozial-integrativ, schülerzentriert. Eine völlig andere Herangehensweise an individuelle Unterschiede besteht in der Analyse einzelner *Techniken des Unterrichts*, die trainiert und modifiziert werden können – so z.B. im Microteaching, wo angehende Lehrkräfte unter überschaubaren Bedingungen einen reduzierten Auftrag zu erfüllen haben, beispielsweise mit einer Miniklasse von 8 Schülern maximal 10 Minuten lang offene Fragen zu stellen.

9.3.3 Ziele und Einstellungen

Beispiel 9-2: Konstanzer Fragebogen für Schul- und Erziehungseinstellungen (KSE) – Ausschnitt (Koch, Cloetta & Müller-Fohrbrodt 1972)

Für die 97 Aussagen des Fragebogens ist auf einer 6-stufigen Skala der Grad der Zustimmung oder Ablehnung anzugeben. Die Aussagen (Items) lassen sich sechs Einstellungsdimensionen zuordnen:

Allgemeinbildung vs. Spezialisierung. Itembeispiel: Eine Schulbildung ohne Kunst- und Musikerziehung wäre kaum zu verantworten.

Anlage vs. Umwelt. Itembeispiel: Manche Kinder haben von Natur aus einfach keinen Wissensdrang.

Berufung vs. Job. Itembeispiel: Das Unterrichten sollte als eine berufliche Tätigkeit wie jede andere aufgefasst werden.

Druck vs. Zug. Itembeispiel: Strafe ist als Erziehungsmittel ganz allgemein ungeeignet

Negative Reformeinstellung vs. Veränderungsbereitschaft. Itembeispiel: Institutionen, wie z.B. das Schulsystem, müssen ständig radikal in Frage gestellt werden.

Selbstverständnis als Pädagoge vs. Selbstverständnis als Fachwissenschaftler. Itembeispiel: Ein Fachlehrer, der in erster Linie Wissen beibringen und nicht erziehen will, ist für den Lehrerberuf nicht geeignet

---

Erziehungs- und Unterrichtsstile lassen sich unter anderem durch Erziehungs- und Unterrichtsziele einerseits und durch Einstellungen zu Erziehung und Unterricht andererseits charakterisieren (vgl. Kap. 12). Wir beschränken uns hier auf einen Untersuchungsansatz zur Erfassung von Lehrereinstellungen. Der Konstanzer Fragebogen für Schul- und Erziehungseinstellungen (vgl. Beispiel 9-2) wurde konzipiert, um schul- und erziehungsbezogene Einstellungen von Lehrkräften oder Studierenden zu erfassen. Mit seiner Hilfe wurden in den 70er Jahren Längsschnittuntersuchungen über Veränderungen von

Erziehungseinstellungen von der Oberstufe des Gymnasiums über das Lehramtsstudium bis hin zur Berufstätigkeit in der Schule durchgeführt.

9.3.4 Lehrer als Experten

Lehrer müssen fünffache Experten sein. Sie brauchen

- *Fachkompetenz*, also Kenntnisse über den Stoff, den sie vermitteln sollen
- *Didaktische und unterrichtsmethodische Kompetenzen* zur angemessenen Aufbereitung, Präsentation und Erarbeitung des Stoffes
- *Soziale Kompetenzen* zur Steuerung der Interaktionen im Klassenzimmer und zur erzieherischen Beeinflussung der Schüler
- *Administrative Kompetenzen*, also Beachtung von Verwaltungsvorschriften für die Institution Schule, Kenntnisse und Durchsetzungsmöglichkeiten der rechtlichen Rahmenbedingungen, angefangen von der Schulordnung über das Schulrecht bis hin zur demokratischen Grundordnung und den Menschenrechten
- *Selbstkompetenz*, insbesondere die Fähigkeit, ein komplexes Geschehen im Blick zu haben und die Aufmerksamkeit auf mehrere gleichzeitig ablaufende Prozesse im Unterricht richten zu können (vgl. Kounin 1976), Fähigkeit zur Selbstkontrolle auch in belastenden Situationen, Stressbewältigung, Kontrolle der eigenen Gefühle und Gefühlsäußerungen.

Da man Lernen bei Schülern nicht „machen" kann, besteht die Hauptaufgabe der Lehrkraft im Zur-Verfügung-Stellen von Lerngelegenheiten. Neben den oben genannten Grundqualifikationen sind dabei folgende konkrete Kompetenzen gefragt (Bromme 1997):

1. *Organisation eines störungsfreien Unterrichtsablaufs*. Dazu kann die von Kounin (1976) untersuchte „Allgegenwärtigkeit" beitragen. Das ist die Fähigkeit einer Lehrkraft, den Überblick über alle relevanten Vorgänge im Klassenzimmer zu behalten.
2. *Überwindung der Sender-Metapher im Unterricht.* Statt Wissen nur abzugeben, muss die Lehrkraft *Gelegenheiten für ein eigenständiges Aneignen* des Stoffs schaffen.
3. *Organisation der Unterrichtszeit.* Dazu gehört ein angemessenes Zeit-Management, d.h. eine sinnvolle Verteilung der zur Verfügung stehenden Zeit auf Abfolge und Dauer von Themen und Arbeitsformen. Ein weiteres Thema ist die Steuerung der abgewarteten Zeit nach einer Lehrerfrage, bevor weitere Fragen gestellt oder zusätzliche Informationen gegeben werden. Bei Erhöhung dieser Wartezeit, die im Durchschnitt nur 0,9 Sekunden beträgt, ergeben sich qualitativ bessere Antworten und eine höhere Beteiligung auch langsamerer Schüler.
4. *Professionelles Wissen* beinhaltet Fachwissen, curriculares Wissen (schulfachbezogenes Wissen), pädagogisches und didaktisches Wissen.

Fachwissen, das über den zu vermittelnden Stoff hinausgeht, trägt dazu bei, das Thema einordnen, Querbeziehungen herstellen und Begeisterung für das Fach erzeugen zu können.
5. Kompetenz des raschen und *situationsangemessenen Handelns*.
6. *Diagnostische Kompetenz* wird nicht nur für Notengebung, Prognosen und Empfehlungen benötigt; sie hilft auch, im Unterricht abzuschätzen, was der einzelne Schüler kann.

9.4 Exemplarische Vertiefung: Ängstlichkeit

Prüfungsangst wird von Schülern, Studierenden, Eltern und Lehrern gern herangezogen, um Leistungsmängel oder momentane Denkblockaden zu erklären und zu entschuldigen.

9.4.1 Angst und Ängstlichkeit

Was ist Angst? – Angst lässt sich als „Spezialfall eines Erregungs- und Spannungszustandes" bezeichnen. „Dabei stehen Antizipation, Vorstellung, aktuelle Empfindung oder auch Erinnerung einer persönlich bedeutsamen realen oder auch nur eingebildeten Unsicherheit, Bedrohung oder Gefahr im Mittelpunkt" (Rost & Schermer 2001, 406). Man kann fünf Komponenten unterscheiden:

- Angst macht sich durch körperliche Prozesse bemerkbar (*physiologische Komponente*). Indikatoren wie Herzklopfen, hektische Atmung, Schweißtropfen, Muskelzittern, Erröten oder Blasswerden lassen sich auch ohne Geräte durch Beobachtung feststellen.
- Angst ist ein Gefühlszustand, der durch innere Angespanntheit und Erregtheit, Aversion oder Unlust gekennzeichnet ist (*emotionale Komponente*). Gefühle lassen sich über die Mimik, Gestik und Körperhaltung, aber auch über sprachliche Äußerungen erschließen.
- Angst beinhaltet Erwartungen von unangenehmen Ereignissen und das Erleben einer Selbstwertbedrohung. Die Wahrnehmung der körperlichen Symptome verstärkt das Erleben von Angst (*kognitive Komponente*). Die kognitive Komponente wird über Aussagen der Betroffenen erfasst.
- Angst beinhaltet die Tendenz, die angstauslösende Situation zu vermeiden (*motivationale Komponente*). Motive lassen sich nur indirekt über das beobachtbare Verhalten oder über geäußerte Verhaltensabsichten („morgen bin ich krank!") erschließen.
- Angst führt zu Unruhe, unkontrollierten Bewegungen, Sprechstörungen, manchmal auch zu Aggressionen oder Fluchtverhalten wie Schulschwänzen oder Verschiebung der Prüfung (*Verhaltenskomponente*).

Angst bezeichnet einen momentanen Zustand. Um den situativen Charakter zu kennzeichnen, spricht man auch von *Zustandsangst* (state anxiety). Davon zu unterscheiden ist *Ängstlichkeit*, die Tendenz einer Person, in verschiedenen Situationen Angst zu entwickeln. Ängstlichkeit kann als Disposition (trait anxiety) aufgefasst werden, die unter anderem von elterlichen Erziehungsstilen beeinflusst wird (vgl. Kap. 12). Die Zustandsangst hängt einerseits von der persönlichen Ängstlichkeit, andererseits aber auch von situativen Bedingungen wie Leistungsdruck ab. Man unterscheidet verschiedene Arten von Angst, beispielsweise:

- Existenzangst, die Angst vor dem Verlust des Lebens oder der körperlichen Unversehrtheit,
- Sozialangst, die Angst, in sozialen Situationen zu versagen und sich zu blamieren,
- Leistungsangst, die Angst vor Misserfolg in Leistungssituationen.

9.4.2 Leistungsangst, Schulangst, Prüfungsangst

Die Leistungsangst kann weiter differenziert werden in Angst vor allgemeinen Misserfolgen, Schulangst (in abgeschwächter Form als Schulunlust) und Prüfungsangst. Prüfungsangst bzw. Prüfungsängstlichkeit ist eine der am intensivsten untersuchten Determinanten der Schulleistung. Die kognitive und die emotionale Komponente der Prüfungsangst können unabhängig voneinander auftreten:

- Besorgtheit („worry") ist gekennzeichnet durch sorgenvolle Gedanken und Selbstzweifel. Im Fragebogen lautet beispielsweise eine Aussage „Ich denke über die Konsequenzen eines möglichen Misserfolgs nach".
- Aufgeregtheit („emotionality") zeigt sich in Nervosität und wahrgenommenen stressbedingten Veränderungen der eigenen Körperfunktionen. Im Fragebogen wird dieser Aspekt direkt angesprochen: „Ich bin aufgeregt".

Die wichtigsten Erkenntnisse lassen sich wie folgt zusammenfassen (vgl. Helmke & Weinert 1997; Rost & Schermer 2001; Schnabel 1998):

1. Intellektuelle Leistungen bei schwierigen und komplexen Aufgaben werden durch Prüfungsangst beeinträchtigt. Die Bewältigung einfacher Routineaufgaben wird dagegen weniger gestört.
2. Insbesondere die kognitive Komponente wirkt sich leistungshemmend aus: Besorgtheit führt bereits beim Lernen zu einer geringeren Verarbeitungstiefe und bei der Wiedergabe in einer Prüfungssituation zu Störungen der Aufmerksamkeit, weil man durch aufgaben-irrelevante Kognitionen (z.B. Nachdenken über mögliche Konsequenzen eines Misserfolgs) abgelenkt wird.
3. Leistungsdruck begünstigt Prüfungsangst; das heißt die aktuelle Angst wird durch die äußeren Umstände der Leistungssituation beeinflusst.

4. Allerdings hängt die Wirkung der Rahmenbedingungen von der persönlichen Disposition, der Ängstlichkeit, ab. Wegen des Zusammenwirkens von Persönlichkeit und Situation kann ein und dieselbe Leistungsbedingung deshalb für wenig ängstliche Schüler eher als Anreiz, für hochängstliche dagegen als Hemmfaktor wirken.
5. Die Zusammenhänge zwischen Ängstlichkeit, Leistungsdruck und aktueller Prüfungsangst auf der einen Seite und Schulleistungen auf der anderen Seite stellen sich vielfach als kurvi-lineare Funktion dar: Je größer die Angst, desto besser ist zunächst die Leistung, weil Angst eine aktivierende Funktion hat. Es gibt ein individuelles Optimum, bei dem die besten Leistungen erbracht werden. Liegt die Angst oberhalb dieses Optimums, wird die Leistung reduziert, weil aufgaben-irrelevante Kognitionen die Aufmerksamkeit beeinträchtigen.
6. Die aktivierende Funktion eines geringen bis mittleren Angstniveaus wirkt sich besonders bei einfach strukturierten Aufgaben aus, die blockierende Funktion eines hohen Angstniveaus bei komplexen und schwierigen Aufgaben.
7. Angst und Ängstlichkeit sind bereichsspezifisch. Leistungsangst erlaubt eine bessere Prognose der Leistung als allgemeine Angst. Es lassen sich aber noch spezifischere Angstthematiken unterscheiden, beispielsweise Mathematik- oder Rechtschreib-Angst.
8. Hochängstliche fehlen häufiger in der Schule, was zu Kenntnislücken führt.
9. Neben Auswirkungen der Angst auf Leistungen ist auch die umgekehrte Einflussrichtung zu beachten: Tatsächliche Defizite in Fähigkeiten, Vorkenntnissen und Leistungen können berechtigterweise Angst vor Misserfolg auslösen.

9.4.3 Entstehung und Beeinflussung von Ängstlichkeit

Rost und Schermer (2001) fassen auf der Basis empirischer Forschungsergebnisse sieben Bündel von Bedingungsfaktoren der Leistungsängstlichkeit zusammen:

1. Autoritäres *Lehrerverhalten* mit einem hohen Ausmaß an Tadel, Strafen und Herabsetzungen
2. Komplizierte und verwirrende *Vermittlung des Lehrstoffs*, fehlende Präzisierung von Lehrzielen und mangelndes Feedback
3. Lernstörungen, Defizite bei intellektuellen und schulbezogenen *Fähigkeiten und Fertigkeiten*
4. Strenge, undurchschaubare oder inkonsequente *Leistungsbewertung*, Abwertung der Person des Schülers anstelle einer Bewertung der Leistung

5. Ungewohnte, nicht transparente und bedrohliche *Gestaltung der Prüfungssituation* mit hohem Zeit- und Leistungsdruck
6. Konkurrenz und Rivalität im *Schüler-Schüler-Verhältnis*; destruktives Klassenklima
7. Emotionale Kälte und Desinteresse im *elterlichen Erziehungsstil*; inkonsistentes Erziehungsverhalten; hohe Strafintensität, Strenge und überhöhte Leistungsanforderungen.

Aus diesen Bedingungen lassen sich Anregungen für die Prävention ableiten, z.B.

- Gestaltung eines emotional warmen, akzeptierenden Klassenklimas,
- Abbau von Bedrohlichkeit, Transparenz der Prüfungssituation und der Bewertungskriterien,
- individualisierte Rückmeldungen anstelle einer Orientierung an der Klassennorm,
- Vermittlung von Lern- und Arbeitstechniken zum Ausgleich von Fähigkeitsdefiziten,
- Nachhilfeunterricht zum Ausgleich von Wissenslücken,
- Aufbau einer Erfolgsorientierung durch Motivationsförderprogramme.

Strittmatter (1993) hat beispielsweise ein ganzes Paket von Maßnahmen konzipiert und in einer Felduntersuchung evaluiert.

9.5 Exemplarische Vertiefung: Intelligenz

Intelligenz bezeichnet die geistigen Fähigkeiten zur Bewältigung von neuartigen Problemstellungen. Je nach Art der zu lösenden Probleme werden unterschiedliche geistige Operationen und damit unterschiedliche Teilaspekte der Intelligenz gefordert. Intellektuelle Leistungen haben etwas mit der Geschwindigkeit der Informationsverarbeitung und mit der Kapazität des Arbeitsgedächtnisses zu tun, basieren aber auch auf Aufmerksamkeit und Konzentration (Klauer 2001c). Intelligenzmodelle unterscheiden sich in ihren theoretischen Annahmen darüber, was die „eigentliche" Intelligenz konstituiert bzw. was alles dazu gezählt wird.

9.5.1 Der Intelligenzquotient

Der IQ ist im Sprachgebrauch der Bevölkerung fest verankert. Was bedeutet er?

Vorgeschichte des IQ: Die französischen Forscher Binet und Simon (1905) suchten nach einer Möglichkeit, minderbegabte Kinder frühzeitig einer Förderung zuzuführen. Sie gingen davon aus, dass es für Kinder jeder Altersstufe typische Intelligenzleistungen gibt. Einige Beispiele: Vier Farben benennen (3 Jahre), Geräusche erkennen (4 Jahre), Quadrat abzeichnen (5 Jahre), Rechts-links unterscheiden (6 Jahre), Rhombus abzeichnen (7 Jahre), Geschichte mit 10 Tatsachen nacherzählen (8 Jahre). Für jede Altersstufe wurden nun mehrere Testaufgaben zusammengestellt und Kindern zur Bearbeitung gegeben. Je nachdem, wie viele Aufgaben richtig gelöst wurden, kann man für jedes Kind das „Intelligenzalter" bestimmen, also das Alter, für welches es die entsprechenden Aufgaben lösen konnte. Wenn man das Lebensalter mit dem Intelligenzalter vergleicht, kann man aus der Differenz ableiten, ob ein Kind intellektuell altersgemäß entwickelt oder zurückgeblieben ist oder aber über der Altersnorm liegt. Nun ist aber beispielsweise ein Entwicklungsdefizit von einem Jahr bei einem zweijährigen Kind wesentlich gravierender als bei einem Neunjährigen. Ein Zweijähriger, dessen intellektuelle Leistungen einem Einjährigen entsprechen, ist geistig stark zurückgeblieben oder behindert. Ein Neunjähriger, dessen Leistungen den durchschnittlichen Leistungen der Achtjährigen entsprechen, ist nur leicht unterdurchschnittlich entwickelt. Der Entwicklungspsychologe William Stern (1914; 1928) hat deshalb vorgeschlagen, nicht die Differenz zwischen Intelligenzalter und Lebensalter als Kennwert für die intellektuelle Entwicklung zu nehmen, sondern deren Quotient.

Der Intelligenzquotient ist der Bruch aus Intelligenzalter und Lebensalter. Werte unter 1 sprechen für Defizite bzw. unterdurchschnittliche Intelligenz, Werte über 1 sprechen für überdurchschnittliche Intelligenz. Wenn das Intelligenzalter und das Lebensalter identisch sind, ergibt sich ein Bruch von 1. Um der besseren Handhabbarkeit willen wird dieser Bruch noch mit 100 multipliziert. Der durchschnittliche Intelligenzquotient liegt deshalb bei 100.

Die Formel lautet also

$$IQ = \frac{\text{Intelligenzalter}}{\text{Lebensalter}} \times 100 \text{ oder } IQ = \frac{IA}{LA} \times 100$$

Nehmen wir an, ein Kind mit dem Intelligenzalter von 88 Monaten wäre erst 80 Monate alt, dann errechnet sich:

$$IQ = \frac{88}{80} \times 100 = 110$$

Für das zweijährige Kind mit dem Intelligenzalter von einem Jahr ergibt sich ein IQ von 50, für den Neunjährigen mit dem Intelligenzalter von 8 Jahren ein IQ von 89.

Intelligenzleistungen lassen sich durch ein kognitives Training verbessern. Ohne Förderung aber werden intellektuelle Defizite im Laufe der Entwicklung immer gravierender. Der Zweijährige mit dem Intelligenzalter von einem Jahr erreicht sechs Jahre später möglicherweise nur ein Intelligenzalter von 4 Jahren. Das entspräche einem Rückstand von vier Jahren. Der Intelligenzquotient erlaubt es, die intellektuellen Leistungen einer Person relativ zu den durchschnittlichen Leistungen ihrer Altersgruppe einzuordnen. Allerdings gibt es Schwankungen und Veränderungen. Insbesondere vor dem Einschulungsalter sind die Beziehungen zwischen einem Testergebnis und seiner Wiederholung nach einigen Jahren nicht sehr hoch (McCall 1981). Ab etwa 7 Jahren wurden mittlere Übereinstimmungen zu späteren Intelligenzmessungen gefunden (Korrelationskoeffizienten um 0.70). Aber zwischen 6 und 18 Jahren veränderte sich der IQ bei fast 60% der untersuchten Personen doch um 15 oder mehr Punkte nach oben oder unten, bei einem Drittel sogar um 20 oder mehr Punkte (Honzik, Macfarlane & Allen 1948). Erst ab einem Alter von 12 Jahren erlaubt eine IQ-Messung eine relativ zuverlässige Prognose über die bis zum frühen Erwachsenenalter zu erwartenden Intelligenzleistungen. Dies ist einer der Gründe, warum Befürworter der Förderstufe oder Orientierungsstufe dafür plädieren, Kinder bis zum sechsten Schuljahr gemeinsam zu unterrichten und erst dann eine Entscheidung über den Besuch weiterführender Schulen zu treffen.

Da sich die intellektuellen Leistungen aufgrund von Reifung, Erfahrung und Training ständig verändern, ist die Stabilität des IQ nicht etwa mit Stagnation gleichzusetzen. Vielmehr bedeutet Stabilität, dass die relative Position einer Person im Vergleich zu ihrer Altersgruppe annähernd gleich bleibt. Ab etwa 12 Jahren steigen die intellektuellen Leistungen nicht mehr im gleichen Maße wie bei jüngeren Kindern, teilweise nehmen sie im Erwachsenenalter sogar wieder ab. Es macht keinen Sinn, nach typischen Intelligenzaufgaben für 22- oder für 57-Jährige zu suchen. Deshalb lässt sich auch bei Jugendlichen und Erwachsenen der IQ nicht mehr nach obiger Formel berechnen. Statt dessen wird der IQ aus der Abweichung der Leistungen einer Person von den durchschnittlichen Leistungen der Gleichaltrigen über statistische Transformationen abgeleitet.

Verteilung der IQ-Werte: Der Intelligenzquotient hat, einen Durchschnittswert von 100. Die Standardabweichung, ein Kennwert der Streuung oder Variabilität, beträgt 15. Da IQ-Werte eine „Normalverteilung" aufweisen, lässt sich aus diesen Kennwerten aufgrund statistischer Gesetzmäßigkeiten ableiten, dass im Bereich zwischen 85 und 115 IQ-Punkten (der Bereich zwischen einer Standardabweichung über und unter dem Mittelwert) etwa 68% aller Personen einer repräsentativen Stichprobe liegen. Zwischen 70 und 130 IQ-Punkten liegen etwa 95% aller Fälle, das heißt unter 70 und über 130 sind jeweils nur noch 2,5% der untersuchten Personen zu finden (Näheres zu diesen statistischen Daten vgl. Kap. 15).

9.5.2 Intelligenzmodelle: Allgemeine Fähigkeit oder spezifische Teilbereiche?

Frühe Intelligenzforscher wie Spearman (1923) gingen von einem einzigen *Generalfaktor* „g" der Intelligenz aus, der vor allem das Erkennen von Beziehungen beinhaltet. Es lassen sich Zusammenhänge zwischen globalen

Intelligenzmaßen und Leistungsindikatoren finden. Der IQ korreliert beispielsweise mit Schul-, Studien- und Berufserfolg. Deshalb konzentrieren sich auch heute Forscher wieder auf diese globalen Fähigkeiten (vgl. Jensen 1998).

Thurstone unterschied jedoch schon 1938 sieben grundlegende *Intelligenzfaktoren* („primary mental abilities"): Verbales Verständnis, Numerisches Verständnis, Gedächtnis, Wahrnehmungsgeschwindigkeit, Räumliches Denken, Verbale Flüssigkeit und Schlussfolgerndes Denken (induktives und deduktives Denken). Die Bedeutung dieser Teilaspekte erschließt sich am besten durch beispielhafte Aufgaben aus Intelligenztests.

Verbales Verständnis:
Welcher Buchstabe ist falsch geschrieben?   Kraide   Gurge

Schlussfolgerndes Denken:
Wie ist die Reihe fortzusetzen?   1 2 4 7 11?   3 6 4 7 5?

Räumliches Denken:
Wie viele Außenflächen haben die abgebildeten Figuren?

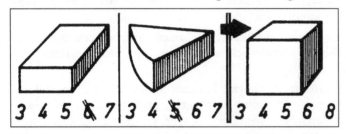

Manche Fähigkeiten wie Wahrnehmungsgeschwindigkeit oder räumliches Denken sind unabhängig von schulischer Bildung, während numerische und verbale Fähigkeiten bildungsabhängig sind. Diese Erkenntnis führte Cattell (1971) zur Unterscheidung von zwei grundlegenden Intelligenzarten: Unter *„fluider oder flüssiger Intelligenz"* versteht er bildungsunabhängige Grundfähigkeiten zur Informationsverarbeitung; die *„kristallisierte Intelligenz"* umfasst Fähigkeiten, die aus dem Zusammenwirken der fluiden Intelligenz mit (schulischen) Bildungsprozessen entstehen. Zwillings- und Adoptionsstudien (vgl. Kap. 7) zeigen, dass die fluiden Intelligenzaspekte relativ stark durch Erbanlagen festgelegt. Kristallisierte Intelligenzfaktoren sind dagegen stärker von familiären und schulischen Umwelteinflüssen, Bildungs- und Trainingsmaßnahmen beeinflusst. Die fluiden Intelligenzleistungen sind allerdings über die Lebensspanne hinweg nicht konstant; sie entwickeln sich in Kindheit und Jugend aufgrund von Reifungs- und Übungsprozessen und unterliegen im höheren Lebensalter Abbauprozessen. Insbesondere die Geschwindigkeit der Informationsverarbeitung nimmt ab dem mittleren Erwachsenenalter bei den meisten Menschen deutlich ab, wobei allerdings auch eine Rolle spielt, ob diese Fähigkeiten trainiert werden. Bei der kristallisierten Intelligenz sind dagegen kaum Abbauprozesse festzustellen. Leistungen, die auf komplexeren Lebenserfahrungen beruhen und mit dem Begriff „Weisheit" beschrieben werden, können im höheren Alter sogar noch zunehmen.

Forschungsbeispiel: Howard Gardner (1983) suchte nach kulturell bedeutsamen Intelligenzbereichen. Er ging von der Feststellung aus, dass es intellektuelle Spezialbegabungen und spezifische Denkbehinderungen gibt. Er berücksichtigte neurologische Untersuchungen über Hirnschädigungen mit spezifischen Ausfallerscheinungen. Er durchforstete weiterhin Darstellungen der Intelligenz in der belletristischen Literatur und im anthropologischen Kulturvergleich. Er kam zu dem Schluss, dass es mindestens sieben von einander unabhängige Intelligenzarten gebe. Ähnliche Unterscheidungen wurden auch im Bereich der Kreativität, dem schöpferischen Aspekt der Intelligenz, getroffen.

Die multiplen Intelligenzen nach Gardner sind:

- *Linguistische (sprachliche) Intelligenz:* Wortschatz gebrauchen, Sprache analysieren, Metaphern verstehen, mit Sprache als Dichter oder Schriftsteller schöpferisch umgehen
- *Musikalische Intelligenz:* musikalische Formen verstehen und anwenden, insbesondere Musik künstlerisch ausdrücken, ggf. improvisieren oder komponieren
- *Logisch-mathematische Intelligenz:* logische Schlussfolgerungen und Ableitungen verstehen oder selbst entwickeln, mathematisch-algebraische Operationen beherrschen, abstrakte logische Gesetzmäßigkeiten durchdringen beziehungsweise konstruieren
- *Räumliche Intelligenz:* sich Gegenstände räumlich vorstellen und in der Vorstellung verändern, beispielsweise durch Rotation oder Perspektivenwechsel, Figuren in komplexen Gebilden entdecken, Architektur, Design oder plastische Kunstwerke planen und gestalten (auch als Visuelle Intelligenz bezeichnet; Hoffmann 2000)
- *Körperlich-kinästhetische Intelligenz:* perfektes Körperbewusstsein und Körperkontrolle entwickeln, beispielsweise im Sport, Tanz oder beim Jonglieren
- *Intrapersonale Intelligenz:* eigene Gefühle erkennen, unterscheiden und beeinflussen, Selbsterkenntnis und Selbstreflexion
- *Interpersonale Intelligenz (auch soziale Intelligenz):* Prozesse in der sozialen Umwelt sensibel wahrnehmen, verstehen und in seinen eigenen Handlungen berücksichtigen, beispielsweise als Konfliktschlichter die Bedürfnisse und Ziele verschiedener Personen fair gegeneinander abwägen und eine einvernehmliche Lösung erreichen.

Weiterentwicklungen: In jüngerer Zeit hat Gardner (2000, zitiert nach Klauer 2001c) noch eine „naturalistische" und eine „existentielle" Intelligenz postuliert. Die intra- und die interpersonale Intelligenz werden von Gardner als „personale Intelligenz" zusammengefasst, weil sie sich nur gemeinsam entwickeln können. Auch das inzwischen als Schlagwort verbreitete Konzept der „Emotionalen Intelligenz – EQ statt IQ" (Goleman 1996) lässt sich als Kombination der intrapersonalen und interpersonalen Intelligenz auffassen. Emotionale Intelligenz beinhaltet angemessene Selbstwahrnehmung (mit Selbstvertrauen und Selbstkritik), Selbstkontrolle, Selbstmotivation, Empathie (sich in andere Personen, deren Absichten und Gefühle hineinversetzen können) und soziale Kompetenz (Kommunikations-, Team-, Konflikt- und Führungsfähigkeiten).

Wir haben gesehen, dass verschiedene Modelle, die das Intelligenzkonzept in Teilbereiche zu differenzieren versuchen, nur teilweise zu übereinstimmenden Konzepten kommen. Das mag verwirren. Aber man muss sich vor Augen halten, dass Intelligenzbereiche nicht real existieren; es handelt sich vielmehr um gedankliche Konstruktionen. Wie man das Konstrukt Intelligenz und die Intelligenztests strukturiert, ist auch von Zweckmäßigkeitserwägungen abhängig, also von der Frage, zu welchem Zweck, für welche Vorhersagen oder Förderungsmaßnahmen man Intelligenzbereiche unterscheiden kann und will. Alle Modelle zeigen uns jedoch, dass es allzu vereinfachend wäre, nur von einer generellen Intelligenz und einem einheitlichen IQ auszugehen. Zwei weitere Intelligenzmodelle sollen im Folgenden den Blick für differenzierende Unterscheidungen einerseits, für ordnende und integrierende Strukturierungsmöglichkeiten andererseits schärfen.

9.5.3 Intelligenz-Strukturmodelle von Guilford und Jäger

Im Kontrast zu Klassifikationssystemen mit nur einem Generalfaktor der Intelligenz, zwei Grundformen oder sieben Primärfaktoren steht das Intelligenz-Strukturmodell von J.P. Guilford (Guilford & Hoepfner 1976) mit 120 Intelligenzaspekten. Guilford unterscheidet fünf Denkoperationen, vier Arten von Denkinhalten und sechs Typen von Denkprodukten.

Denkoperationen sind Grundarten informationsverarbeitender intellektueller Prozesse, z.B.:

Erkenntnis, d.h. Entdecken, Wiedererkennen oder Verstehen von Informationen

Divergente Produktion, d.h. Ableiten von mehreren verschiedenartigen Alternativen.

Konvergente Produktion, d.h. Ziehen eindeutiger, logischer Schlüsse aus gegebenen Informationen.

Denkinhalte sind Bereiche von Informationen, z.B.:

Bildliche Inhalte, d.h. in konkreter Form wahrgenommene oder vorgestellte Informationen

Semantische Inhalte, d.h. Informationen in Form von – meist sprachlichen – Begriffen

Denkprodukte ergeben sich durch die Anwendung von Denkoperationen auf Denkinhalte. Je nach Aufgabenstellung sind das z.B.:

Einheiten: Abgegrenzte Informationseinheiten, z.b. das Ergebnis einer Rechenaufgabe.

Beziehungen: Verknüpfungen nach bestimmten Regeln, z.b. größer-kleiner-Relationen

Implikationen: Ableitung von neuen Informationen aus gegebenen Informationen, z.b. Abschätzung der vermuteten Folgen der Erderwärmung.

Durch die Anwendung einer Operation auf einen Inhalt ergibt sich ein Produkt. Jede mögliche Kombination charakterisiert nach Guilford einen eigenen Intelligenzfaktor. „Assoziationsflüssigkeit" ist beispielsweise die divergente Produktion von Einfällen, die in einer bestimmten Beziehung zu einem vorgegeben Thema stehen. Ein dazu passendes Testbeispiel wäre die Aufgabe, zu einem gegebenen Wort (z.b. schlecht) möglichst viele Gegensätze zu formulieren. Guilford hat es verstanden, in seinem Intelligenz-Strukturmodell $6 \times 5 \times 4 = 120$ Intelligenzfaktoren zu unterscheiden und gleichzeitig in eine übersichtliche Struktur zu bringen. Probleme der praktischen Handhabung haben andere Forscher veranlasst, nach einfacheren Lösungen zu suchen.

Alfred Otto Jäger (1984) hat mit dem „Berliner Intelligenzstrukturmodell (BIS)" die Vielfalt vorliegender Modelle zu einem Konzept integriert, welches Differenzierungen erlaubt, überschaubar bleibt und Weiterentwicklungen ermöglicht. Jäger nimmt eine Allgemeine Intelligenz im Sinne des Spearman'schen g-Faktors an, die als Integral aller Fähigkeiten bezeichnet wird. Auf der darunter liegenden Ebene werden sieben generelle Fähigkeitskonstrukte erfasst, und zwar vier operative Fähigkeiten (Verarbeitungskapazität, Einfallsreichtum, Merkfähigkeit, Bearbeitungsgeschwindigkeit) und drei inhaltsgebundene Fähigkeiten (sprachgebundenes, zahlengebundenes und anschauungsgebundenes Denken). Wie in Guilfords Modell lässt sich jede Operation auf jeden Inhaltsbereich anwenden. Auf die getrennte Erfassung der möglichen $3 \times 4 = 12$ Kombinationsfaktoren wird jedoch verzichtet.

Das BIS ist offen für Erweiterungen. Die Autoren sehen vor allem Ergänzungsbedarf hinsichtlich der *Praktischen Intelligenz* (Problemlösen mit gegenständlichen Materialien), der *Sozialen Intelligenz* und *Kreativer Fähigkeiten;* der im BIS berücksichtigte Einfallsreichtum sollte zumindest um die Komponenten Originalität und Ideenflüssigkeit ergänzt werden. Dass im

Bereich kreativer Fähigkeiten und Denkstile noch weitere Differenzierungsmöglichkeiten bestehen, zeigt der folgende Abschnitt 9.6.

9.6 Exemplarische Vertiefung: Kreativität

Von Kreativität spricht man, wenn neuartige Ideen entwickelt werden, die einen Sinn ergeben, die also beispielsweise einen Beitrag zu einer Problemlösung leisten. Die Kreativität „verkannter" Künstler, Erfinder oder Wissenschaftler wird jedoch oft erst nach Jahrzehnten anerkannt; Kreativität muss offenbar als soziale Konstruktion angesehen werden. Eine *Definition von Kreativität* beinhalten deshalb in der Regel drei Aspekte: Neuartigkeit, Sinnhaftigkeit und Akzeptanz (vgl. Preiser 1986; Preiser & Buchholz 2000).

Kreative Ideen werden in einem *Problemlösungsprozess* entwickelt, bei dem sich – ähnlich dem Prozessmodell im Kapitel 3.1.4 – mehrere Schritte unterscheiden lassen. Zwei dieser Schritte sind besonders charakteristisch für kreative Problemlöseprozesse, nämlich

- auf Distanz zum Problem gehen: sich von einer Fixierung auf das Naheliegende und Konventionelle lösen, das Blickfeld erweitern, den inneren Problemdruck durch Entspannung verringern
- Einfälle entwickeln: Problemsicht verändern, Wissen neu ordnen.

Der kreative Prozess wird einerseits von Fähigkeiten, Denkstilen und Persönlichkeitsmerkmalen beeinflusst, andererseits von fördernden oder blockierenden Umweltbedingungen. Im Folgenden geht es um persönliche Merkmale (vgl. Preiser & Buchholz 2000). In Kapitel 10 werden wir kreativitätsrelevante Umweltbedingungen vorstellen.

9.6.1 Kreative Fähigkeiten

Welche Fähigkeiten tragen zu kreativen Ideen bei? Nachstehend werden einige Hauptfaktoren vorgestellt. Beispielaufgaben dienen dazu, diese Fähigkeit zu charakterisieren. Mit derartigen Aufgaben wird in Kreativitätstests die Ausprägung der jeweiligen Fähigkeit erfasst. Sie dienen jedoch auch als Übungsaufgaben, da bei ihrer Bearbeitung die dafür benötigten Fähigkeiten trainiert werden.

Forschungshintergrund: Die im Folgenden beschriebenen Fähigkeiten wurden von J.P. Guilford aufgrund praktischer Erfahrungen und theoretischer Überlegungen weitgehend intuitiv konzipiert. Er lenkte im Jahre 1950 in einem Aufsehen erregenden Vortrag die Aufmerksamkeit der Fachwelt auf die Kreativität als eine Vielfalt geistiger Fähigkeiten, die in herkömmlichen Intelligenztests zu kurz kommen (Guilford 1973). Er entwickelte Tests, um die Ausprägung dieser Fähigkeiten zu messen. Durch statistische Untersuchungen (Korrelationsanalysen) zeigte Guilford, dass die postulierten Fähigkeiten voneinander unabhängig zu erfassen sind und in sein allgemeines Intelligenz-Modell eingebaut werden können (Guilford & Hoepfner 1976; vgl. Abschnitt 9.5.3). Für Kreativität sind in diesem Intelligenz-Struktur-Modell „divergente Denkoperationen" besonders relevant, bei denen eine Vielfalt von Einfällen zu entwickeln ist. Man geht heute davon aus, dass für kreative Problemlösungen sowohl divergente als auch konvergente Denkoperationen benötigt werden.

1. Problemsensibilität ist die Fähigkeit, Widersprüche, Unstimmigkeiten und Verbesserungsmöglichkeiten zu entdecken. Im Intelligenz-Strukturmodell von Guilford ist sie als das Erkennen von Implikationen einzuordnen. (vgl. Kap. 3.2.1 und 9.5.3).

2. Einfalls- und Denkflüssigkeit ist die Fähigkeit, zu einem Thema in kurzer Zeit möglichst viele Gedanken und Ideen zu produzieren. Dazu müssen Informationen aus dem Gedächtnisspeicher abgerufen werden (divergente Produktion).

Beispielaufgabe aeiou: Suchen Sie Worte, die jeden der 5 Vokale a e i o u genau einmal enthalten, wie z.B. Eisauto, Autorinnen!

3. Flexibilität ist die Fähigkeit, unterschiedliche Kategorien zu nutzen, ein Problem aus ganz unterschiedlichen Richtungen zu beleuchten.

Beispielaufgabe Ungewöhnliche Verwendungen: Zeitungen kann man kaufen, lesen und zur Altpapiersammlung geben. Man kann sie aber auch noch für viele andere Zwecke nutzen. Was fällt Ihnen hierzu ein? Denken Sie an möglichst unterschiedliche Nutzungsmöglichkeiten!

4. Originalität ist die Fähigkeit, ungewöhnliche Lösungsansätze zu entwickeln, das heißt ausgefallene oder besonders treffende Einfälle.

5. Durchdringung ist die Fähigkeit, ein Problemgebiet in Gedanken gründlich zu durchdringen und nicht nur an der Oberfläche zu bleiben

Beispielaufgabe Lebenszufriedenheit im Alter: Denken Sie an die Situation älterer Menschen! Wie müsste sich unsere Gesellschaft ändern, damit die Lebenszufriedenheit älterer Menschen steigen kann? Gesucht sind vor allem Ideen, die auf die Grundbedürfnisse älterer Menschen eingehen und grundlegenden Änderungen der Institutionen (Familie, häusliche ambulante Versorgung, Altenheime, Seniorentreffs) in Erwägung ziehen.

9.6.2 Wahrnehmungs-, Denk- und Problemlösestile

Denkstile oder „kognitive Stile" sind unwillkürlich gesteuerte Gewohnheiten der Informationsaufnahme und -verarbeitung. Sie entwickeln sich beim Umgang mit geistigen Aufgaben. Deren Bedeutung für die Kreativität wurde besonders von dem amerikanischen Intelligenz- und Kreativitätsforscher Sternberg (1988) hervorgehoben. Sie beeinflussen die Problemlösefähigkeit von Wissenschaftlern und Technikern (Facaoaru 1985). Wir stellen hier vier Stile und Arbeitsformen vor:

1. Kognitive Komplexität ist die Bereitschaft, vielseitige Informationen zur Kenntnis zu nehmen und zu integrieren, auch wenn damit innere Widersprüche verbunden sind. Sie ist Voraussetzung für eine unvoreingenommene Situationswahrnehmung und Problemanalyse.

Beispielaufgabe Widersprüche: Erfinden Sie Kurzgeschichten, in denen zwei Menschen über völlig gegensätzliche Wahrnehmungen und Erfahrungen in ein- und derselben Situation berichten. Unter welchen Voraussetzungen können beide Recht haben?

2. Impulsivität und Reflexivität. Impulsivität ist die Tendenz, spontan zu reagieren oder zu urteilen. Dabei werden Fehler in Kauf genommen. Reflexivität dagegen ist die Tendenz, ein Problem gründlich zu überdenken und mögliche Konsequenzen abzuwägen. Impulsivität erleichtert neue Sichtweisen. Reflexivität fördert kritisches Hinterfragen. Kreative Personen können offenbar die beiden gegensätzlichen Stile nutzen.

Beispielaufgabe Fortbewegungsarten: Notieren Sie möglichst viele Fortbewegungsarten wie z.B. segeln, Schlittschuh laufen! Sie haben drei Minuten Zeit. Schreiben Sie aber nur Wörter auf, die kein „r" enthalten!

Diese Aufgabe erfordert Einfalls- und Denkflüssigkeit. Dabei müssen Sie wegen des Zeitdrucks „impulsiv" alle spontanen Einfälle für Fortbewegungsarten zulassen. Gleichzeitig müssen Sie „reflexiv" alle Einfälle überprüfen, ob sie kein „r" enthalten.

3. Verfügbarkeit von Funktionen. Viele Gegenstände haben einen eindeutigen Zweck: Zeitungen sind zum Lesen da, Kerzen zum Leuchten. Mit Zeitungen kann man aber auch Flecken wegwischen, mit Kerzen schöne Muster tropfen. Je mehr Funktionen von Gegenständen jemand kennt, desto eher kann er oder sie sich in Problemsituationen helfen.

Beispielaufgabe Ungewöhnliche Transportmittel: Welche Gegenstände und Materialien können Sie nutzen, wenn Sie verletzte Menschen in der freien Natur transportieren müssen?

4. Offene Denkprinzipien beinhalten die Erweiterung von Denkspielräumen. Sie führen aus Sackgassen und eingefahrenen Denkbahnen und eröffnen neue Blickrichtungen. Sie werden in Kreativitätstechniken eingesetzt. Zwei Beispiele dienen zur Verdeutlichung (weitere Beispiele in Preiser & Buchholz 2000):

- *Verfremden:* Ein Thema völlig anders als üblich darstellen. Ein technisches Problem beispielsweise in Form eines Bilderrätsels oder eines Kurzkrimis präsentieren.

- *Analogien herstellen:* Für soziale Probleme nach technischen Analogien suchen, für technische oder soziale Probleme nach biologischen Analogien. Dadurch werden neue Blickrichtungen eröffnet.
Beispiel: Das Problem überfüllter Aufzüge oder Straßenbahnen zu bestimmten Stoßzeiten wird beispielsweise dazu in Beziehung gesetzt, wie die Natur oder die Wasserwirtschaft mit Wolkenbrüchen umgeht.

9.6.3 Kreative Persönlichkeitsmerkmale

Bei dem Versuch, die Persönlichkeitsstruktur von besonders kreativen Personen zu beschreiben, finden wir in der Fachliteratur weit über 200 Eigenschaften, die kreative Einfälle begünstigen sollen (Preiser 1986; Stein 1974). Aus der Vielfalt dieser Merkmale greifen wir drei Aspekte heraus:

1. Neugier ist die Ausrichtung der Motivation auf Wissens- und Erkenntnisinteressen. Neugierverhalten ist aktive geistige Auseinandersetzung mit der Umwelt.

2. Konflikt- und Frustrationstoleranz: Auf die Umwelt gerichtete Aktivitäten stoßen zwangsläufig auf Barrieren. Es entstehen Konflikte und Frustrationen. Dabei besteht die Gefahr, zu resignieren und seine Kräfte in Trauer oder Wut zu investieren oder aber voreilig schlechte Ersatzlösungen zu akzeptieren. Kreativität wird begünstigt durch die Bereitschaft, Konflikte, Frustrationen und Unsicherheit zu ertragen, ohne sich mit Scheinlösungen zufrieden zu geben.

3. Unabhängigkeit: Wer Konflikte ertragen kann, wird sich nicht kritiklos anpassen, sondern Sachverhalte unabhängig von anderen Personen beurteilen. Unabhängigkeit kann sich in selbstsicherem Denken und Verhalten äußern. Unabhängigkeit begünstigt die Überwindung von konventionellen Sackgassen des Denkens.

9.6.4 Kreativität in Erziehung und Unterricht

Kreativität ist eine günstige Voraussetzung für Lernen und Lehren, eine Störgröße des Unterrichts und ein Erziehungs- und Bildungsziel.

Kreativität als Lernvoraussetzung: Kreative Fähigkeiten, Persönlichkeitsmerkmale und Denkstile können Schülerinnen und Schülern helfen, ungewöhnliche Zusammenhänge zu entdecken und Sachprobleme leichter zu durchschauen. Einfallsflüssigkeit, Flexibilität und Originalität unterstützen die sprachlichen Ausdrucksmöglichkeiten, aber auch die Suche nach mathematischen Problemlösungen. Kognitive Komplexität trägt nicht nur zu kreativen Problemlösungen bei, sondern auch zu einer unvoreingenommen Sicht der Realität. Sie ist also Voraussetzung eines Weltbildes, das für Veränderungen offen ist und Widersprüche nicht mit Vereinfachungen verdeckt.

Kreativität als Methodenkompetenz von Lehr- und Erziehungskräften: Kreativität hilft Lehrern und Erziehern bei der Motivierung der Kinder, der Aufbereitung des Lehrstoffs, der Gestaltung von Unterrichtsmedien, der Pausengestaltung. Kreative Fähigkeiten tragen auch zu unkonventionellen Lösungen in erzieherischen Problemsituationen bei.

Kreativität als Störgröße: Kreative Schülerinnen und Schüler passen sich dem Unterrichtskonzept der Lehrkraft nicht fraglos an. Aufgrund ihrer kognitiven Komplexität und ihrer – nicht immer kontrollierten – Impulsivität stellen sie Lehrer oft vor Herausforderungen. Sie gelten deshalb bisweilen als schwierig, kompliziert, nicht anpassungsfähig. Kreative Schüler sind bei Lehrern und Mitschülern unbeliebt, wenn ihre Unkonventionalität nicht als Bereicherung des Unterrichts erkannt wird.

Kreativität als Erziehungs- und Bildungsziel: Kreativität findet sich als unverzichtbares Ziel in Erziehungs- und Bildungskonzepten, angefangen von der Familienerziehung über die Schul- und Hochschulbildung bis hin zur beruflichen Weiterbildung. Abgesehen von einer euphorischen Hochphase in den 70er Jahren ist die praktische Umsetzung der Kreativitätsförderung jedoch bescheiden geblieben. Es hat sich die ernüchternde Erkenntnis durchgesetzt, dass Kreativitätsförderung nicht auf einzelne Kurse, auf singuläre Projekte oder auf die künstlerische Bildung beschränkt bleiben darf. Vielmehr müssen Fördermaßnahmen, eine Erweiterung des Unterrichts um ungewöhnliche und um selbstorganisierte Arbeitsformen und die Gestaltung einer kreativitätsfreundlichen Lernatmosphäre zusammenkommen. Auch individuell zu bearbeitende Trainingsprogramme (Preiser & Buchholz 2000) müssen die Umgestaltung der Lern- und Arbeitssituation berücksichtigen. Nur durch integrierte Ansätze lassen sich die offensichtlichen Defizite reiner Trainingsprogramme (vgl. Hany 2001) überwinden.

9.7 Zusammenfassung

1. Zu den Aufgaben der Differentiellen Psychologie gehört die Beschreibung von individuellen Merkmalen sowie die Analyse von deren Bedingungen und deren Auswirkungen.
2. Personenmerkmale sind überdauernde oder vorübergehende Merkmale. Interindividuelle Differenzen bezeichnen Unterschiede zwischen Personen, intraindividuelle Differenzen sind Veränderungen innerhalb einer Person.
3. Personenmerkmale lassen sich in Bereiche untergliedern, diese wiederum in Einzelvariablen. Sie lassen sich beispielsweise in folgende Variablenbereiche untergliedern: körperlichen Erscheinung, physiologische Merkmale, Motive und Ziele, Interessen, Einstellungen, Eignungen und Fähigkeiten, Temperament.

4. Die meisten in der Differentielle Psychologie relevanten Variablen sind keine real vorfindbaren Gegebenheiten, sondern indirekt erschlossene Konstrukte. Wir unterscheiden deskriptive (beschreibende) und explikative (erklärende) Konstrukte.
5. Individuelle Merkmale wie Bindungsart, geistige Wachheit, Selbstvertrauen oder Hyperaktivität können die Offenheit für Erziehungssituationen und damit deren Entwicklungsresultate positiv oder negativ beeinflussen.
6. Entwicklungsstand, Intelligenz, Vorkenntnisse, Selbststeuerungskompetenzen und Ängstlichkeit sind persönliche Lernbedingungen im Unterricht.
7. Lehrer- und Erziehermerkmale wie Motive, Einstellungen und Kompetenzen beeinflussen den pädagogischen Erfolg.
8. Drei ausgewählte Merkmale, die in pädagogischen Situationen bedeutsam sind, werden näher vorgestellt: Ängstlichkeit, Intelligenz und Kreativität.

10. Lernumwelten –
Der soziale und ökologische Kontext von Unterricht und Erziehung

Erinnern Sie sich noch an Ihren Kindergarten? Wo haben Sie sich am liebsten aufgehalten? Welche Spiel- und Bastelmaterialien standen Ihnen zur Verfügung? Wie weit konnten Sie selbst bestimmen, womit Sie sich beschäftigen?

Vielfältige Umweltbedingungen wirken auf Erziehungs- und Lernprozesse ein: Die Größe und Einrichtung des Kinderzimmers ebenso wie die Ausstattung der Universität mit Räumen, Lehrkräften und Büchern; Leistungsdruck in der Schule oder Freiräume im Studium; das Familienklima oder die soziale Atmosphäre in der Klasse. Die Rahmenbedingungen von Erziehung und Unterricht beeinflussen das aktuelle Verhalten und die Entwicklung der Persönlichkeit. In diesem Kapitel wollen wir Forschungsansätze und Modellvorstellungen zur Lernumwelt vorstellen und an einigen konkreten Beispielen wie der Familienkonstellation, dem Schul- und Klassenklima verdeutlichen. In unserem Rahmenmodell des Verhaltens- und Erlebens (Kap. 2.3) sind Lernumwelten der Umwelt insgesamt, aber auch den aktuellen äußeren Bedingungen des Verhaltens zuzuordnen.

Die Vielzahl der in diesem Kapitel erwähnten Variablen soll die Vielfalt möglicher Einflussfaktoren deutlich machen und sensibilisieren für Aspekte der Umwelt, auf die man in der Praxis achten sollte, wenn man Verhalten erklären und verändern möchte. Fast alle so heterogen erscheinenden Variablen tauchen in der Fachliteratur auf, sei es als Warnhinweise, im Rahmen von Förderungsempfehlungen oder in empirischen Breitbanduntersuchungen, z.B. als Einfluss- oder Begleitfaktoren der Intelligenz (Marjoribanks 1973), der Leistungsmotivation (Trudewind 1975), der Hyperaktivität (Hammer 2001) oder der Hochbegabung (Rost 1993). Das Wissen um die Vielfalt, Komplexität und Vernetztheit von Umwelteinflüssen sollte dazu beitragen, Entwicklungs- und Erziehungsprozesse im ökologischen Kontext besser zu verstehen, fördernde Entwicklungsbedingungen in pädagogischen Situationen bereitzustellen und sich vor vereinfachenden Ursache-Wirkungs-Annahmen zu schützen.

10.1 Lernumwelt – eine Forschungsperspektive mit Praxisbezug

10.1.1 Lernumwelt als pädagogisch-psychologisches Themengebiet

Es erscheint tautologisch, dass eine motivierende Lernsituation die Anstrengungsbereitschaft fördern oder dass ein „verwöhnender" Erziehungsstil „verwöhnte" Kinder heranziehen kann. Sinnvoll werden derartige Aussagen erst, wenn sich klären lässt, was konkret eine motivierende oder verwöhnende Situation ist. Langfristig wirksame Umweltvariablen rufen in der Regel überdauernde Eigenschaften hervor; aktuelle Umweltmerkmale sind eher für intraindividuelle Differenzen verantwortlich (vgl. Kap. 9). Wie sehen Fragen zur Lernumwelt konkret aus? – Die folgenden Fragen (Beispiel 10-1) zielen auf die Beschreibung der studentischen Umwelt. Wer derzeit nicht studiert, kann die Fragen auf seine Schule oder seinen Arbeitsplatz beziehen.

Beispiel 10-1: Fragen zur Lernumwelt von Studierenden

- Wie viele Studierende sind an Ihrer Hochschule eingeschrieben?
- Wie lange brauchen Sie von Ihrer Wohnung zur Hochschule?
- Wie viel Zeit benötigen Sie für die Wege zwischen den verschiedenen Lernorten (Hörsäle, Bibliotheken)?

- Welche Arbeitsfläche steht Ihnen an Ihrem häuslichen Arbeitsplatz zur Verfügung?
- Welche Hilfsmittel haben Sie an Ihrem Arbeitsplatz (PC, Internetanschluss ...)?
- Wie viele Nachschlagewerke und wie viele Lehrbücher besitzen Sie?

- Wie sind die räumlichen Verhältnisse in Ihren Universitätsinstituten?
- Wie lange können Sie in Ihren Instituten arbeiten?
- Wie ist das zahlenmäßige Verhältnis von Hochschullehrern zu Studierenden?

- Wie viele Freiräume (Wahl- und Gestaltungsmöglichkeiten, Schwerpunktbildungen) erlauben Ihnen Ihre Prüfungs- und Studienordnungen?
- Wie viel Hilfestellungen (Informationsveranstaltungen und -broschüren, Beratungsangebote) erhalten Sie?
- Wie erleben Sie den Leistungsdruck in Ihren Fächern?

Mit diesen Fragen ist beispielhaft das Themengebiet Lernumwelt umrissen. Wir können drei Aspekte unterscheiden:

- Räumliche, dingliche und materielle Bedingungen (z.b. Wegezeiten, Lernmittel)
- soziale Einflussfaktoren (z.b. Hochschullehrerzahlen, Beratungsangebote)
- subjektive Erfahrungen (z.b. Leistungsdruck, Konkurrenzdruck).

10.1.2 Objektive Umgebung und psychologische Umwelt

„Unter Umwelt verstehen wir die Bedingungen, Einflüsse und äußeren Reize, die auf Menschen einwirken. Dies können physische, soziale aber auch intellektuelle Einflüsse und Bedingungen sein. Nach unserer Auffassung reicht Umwelt von den unmittelbarsten Interaktionen bis zu den entfernteren kulturellen und institutionellen Einflüssen" (Bloom 1964, S. 187 – zitiert nach Dreesmann 1994, S. 449).

In jeder Umwelt werden Erfahrungen gemacht und weiter verarbeitet. Zur Umwelt gehören räumliche, materielle, soziale und kulturelle Aspekte: die Architektur der Schule und die Sitzordnung im Klassenraum ebenso wie der Umgangston zwischen den Schülerinnen und Schülern oder der Kommunikationsstil der Eltern; die Art der Vegetation und Naturkatastrophen, die Ausstattung des Klassenzimmers oder die Verfügbarkeit von Computern, die Arbeitsatmosphäre in der Weiterbildung. Menschen haben Kontakt zu unterschiedlichen Umweltbereichen: Familie, Freundeskreis, Nachbarschaft, Freizeiteinrichtungen, Schule usw. Deshalb spricht man auch im Plural von Lernumwelten.

Selbst meteorologische Faktoren beeinflussen Erfahrungen: die Bevorzugung des Autos auf dem Weg zum Kindergarten, die Einschränkung außerhäuslicher Aktivitäten in Schlechtwetterperioden, die Ablenkung vom Lernen durch Badewetter, die verbotene Schneeballschlacht auf dem Pausenhof, die Behinderung der Konzentration durch Sonneneinstrahlung, schließlich das heißersehnte „Hitzefrei". Alle diese Faktoren beeinflussen Lern- und Sozialisationsprozesse.

Die oben zitierte Definition von Bloom mag noch suggerieren, es ginge primär um die objektive Seite, die auf die Person einwirkt. In der Tradition des Behaviorismus verbirgt sich hinter dieser Beschreibung die Auffassung, dass Reize auf den Organismus als einen eher passiven Empfänger treffen und dort bestimmte Wirkungen hervorbringen. Gleiche Bedingungen erzielen jedoch bei verschiedenen Personen unterschiedliche Wirkungen. Entscheidend ist nicht die objektive Umgebung, sondern die individuell erlebte Umwelt.

Der Nebensatz „die auf Menschen einwirken" stellt klar, dass für psychische Prozesse Umgebungsfaktoren nur dann von Bedeutung sind, wenn sie beachtet werden. Rahmenbedingungen können ignoriert werden. Die „Realität" kann verzerrt wahrgenommen, beschönigt oder als bedrohlich dramatisiert werden (vgl. Abschnitt 10.1.3). Umwelt im psychologischen Sinne ist als internes Abbild der Umgebung kognitiv repräsentiert (vgl. Kap. 4.5 und 16). Der aus Berlin in die USA emigrierte Gestaltpsychologe Kurt Lewin (1935) sprach deshalb von der „psychologischen Umwelt". Wir eignen uns nicht Informationen über die Welt passiv an; das Zentralnervensystem verarbeitet sie vielmehr aktiv und individuell. Wir entscheiden, wo und mit wem wir die Zeit verbringen, und wir gestalten unsere räumliche, materielle und soziale Umgebung. Wir unterscheiden, je nach dem Einfluss des betroffenen Individuums:

- Äußere Rahmenbedingungen wie Zahl der Seminarteilnehmer oder Verkehrsverbindungen, die von allen Personen ähnlich wahrgenommen werden
- subjektiv interpretierte Umweltbedingungen wie Beengtheit, Unübersichtlichkeit von Schulen, Leistungs- und Konkurrenzdruck
- selbst gewählte Umweltbereiche wie Studienfach, Wohnung, Betreuer für die Diplomarbeit
- selbst gestaltete bzw. zusammengestellte Umweltaspekte, z.B. Bücher, Anordnung des häuslichen Arbeitsplatzes, Formen der Zusammenarbeit in der Lerngruppe.

10.1.3 Grundannahmen der Ökologischen Psychologie

Im deutschen Sprachraum ist der Begriff Umweltpsychologie vielfach mit der Bewältigung von Umweltproblemen assoziiert, d.h. mit den entsprechenden Einstellungen und „umweltbewussten" Verhaltensweisen. Lernumwelten sind dagegen eher dem umfassenderen Begriff der Ökologischen Psychologie zuzuordnen, der im angloamerikanischen Sprachraum als „environmental psychology" bezeichnet wird (Hellbrück 1993). Die Ökologische Psychologie ist nicht nur durch ihren Gegenstand charakterisiert. Vielfach werden in diesem Arbeitsbereich grundlegende Postulate vertreten, die der Systemtheorie (vgl. Kap. 16.6), teilweise auch dem Konstruktivismus (vgl. Kap. 16.7) verpflichtet sind. Die folgenden Aspekte spielen auch in anderen Bereichen der Psychologie eine Rolle, werden aber in der Ökologischen Psychologie besonders betont.

(1) Subjektive Wahrnehmung: Entscheidend für Lern- und Sozialisationsprozesse sind nicht allein objektive Umgebungsfaktoren, sondern deren individuelle Verarbeitung zu einer „psychologischen" Umwelt. Es reicht beispielsweise nicht, dass ein Spielplatz viele Handlungsmöglichkeiten bietet. Entscheidend ist, ob das Kind diese Anregungen wahrnimmt. Es geht nicht darum, ob ein Lehrer Verbote äußert, sondern wie die Schüler seine Äußerungen interpretieren.

(2) Objektive Umgebung: Neben der psychologischen Umwelt ist die objektive Umgebung zu berücksichtigen, z.B. kulturelle Rahmenbedingungen. Die Wirkung mancher Einflussfaktoren wie Lärm oder räumliche Enge ist so intensiv, dass individuelle Verarbeitungsformen weniger ins Gewicht fallen. Und es gibt Bedingungen wie Hintergrundgeräusche oder Farbtöne, die von den betroffenen Personen kaum bemerkt werden, aber dennoch ihre Wirkung entfalten. Kulturelle Normen werden nicht bewusst wahrgenommen, weil die Erfahrungen für alle Mitglieder eines Kulturkreises gleichförmig, allgegenwärtig und somit selbstverständlich sind. Erst im Kulturvergleich zeigt sich der Einfluss kulturspezifischer Lebensbedingungen und kollektiver Wertungen. Die subjektbezogene Sichtweise der Ökologischen Psychologie ist also um eine objektbezogene Perspektive zu erweitern: Objektive Merkmale, bewusste Wahrnehmungen und tatsächliche Wirkungen auf das Verhalten sind gleichermaßen zu berücksichtigen. Der Biologe von Uexküll (1909) spricht in diesem Zusammenhang von „Merkmalen" und „Wirkmalen" der Objekte (vgl. auch Wolf 2001).

Die Beachtung der „objektiven" Seite ist auch deshalb von Bedeutung, weil Erzieher und Lehrkräfte immer nur äußere Lernumgebungen gestalten können. Sie können zwar sensibel dafür werden, wie diese bei ihrem Gegenüber „ankommen"; aber weder die individuelle Verarbeitung noch die Auswirkungen können von den Erziehern „hergestellt" werden.

(3) Prinzip der Multikausalität: Die Annahme einer monokausalen Beziehung (eine bestimmte Ursache bewirkt eine bestimmte Folge) ist fast immer eine unzulässige Vereinfachung. Verschiedene Umweltfaktoren wirken gleichzeitig auf eine Person ein. Schulleistungen sind beispielsweise von der Qualität des Unterrichtsangebots, von häuslichen Arbeitsbedingungen und familiärer Unterstützung abhängig. Ob eine in Aussicht gestellte Belohnung die Schüler zum konzentrierten Arbeiten motiviert, hängt u.a. von der Art der Aufgabe, von Ablenkungen und von der Beziehung zur Lehrkraft ab.

(4) Prinzip der Ganzheitlichkeit: Umweltfaktoren wirken nicht additiv, sondern in einem komplexen Zusammenspiel. Die Gesamtwirkung ist anders, als aus der Summe aller Einzelwirkungen abzuleiten wäre (Näheres s. Kap. 16.4. und 16.6).

(5) Prinzip der Person-Umwelt-Interaktion: Das Resultat von Erziehung und anderen Einflussfaktoren basiert auf einem komplexen Zusammenwirken von Person- und Umweltbedingungen. Wie sich eine Ermahnung auf das Kind auswirkt, hängt davon ab, ob es sensibel ist oder ein „dickes Fell" hat. Schulleistungen sind nicht nur von Unterrichtsbedingungen, sondern auch von Vorkenntnissen, Intelligenz und Lernmotivation beeinflusst. Wie erfolgreich eine bestimmte Lehrmethode ist, hängt von den Einstellungen der Schüler zu dieser Methode ab (vgl. Kap. 9 und 11.2.3).

(6) Prinzip der Zirkularität: Es wird nicht ein Zusammenspiel von Kausalfaktoren angenommen, sondern eine wechselseitige Beeinflussung von Person und Umwelt. Folgen wirken auf die Ursachen zurück (vgl. Rückkoppelung, Kap. 16.4.2). Wie eine Lehrerin mit Anerkennung und Kritik umgeht, hängt auch davon ab, wie die Schülerinnen und Schüler darauf reagieren, d.h. ob die Lehrerin mit ihren Äußerungen eher Erfolg oder Misserfolg hat.

(7) Prinzip der Multidirektionalität: Einflussfaktoren haben in der Regel Auswirkungen auf mehrere unterschiedliche Prozesse.

Praxisbeispiel Hausaufgaben: Die regelmäßige Kontrolle der Hausaufgaben führt häufig zu dem erwünschten Effekt, dass die Schülerinnen und Schüler sich an die Erfüllung ihrer Pflichten gewöhnen, den Stoff intensiv üben – und im Notfall die Hausaufgaben morgens im Schulbus abschreiben. Die tägliche Kontrolle kann jedoch auch bewirken, dass die Schüler sich an der Fremdkontrolle orientieren und nur diejenigen Aufgaben ausführen, deren Kontrolle möglich ist. Eine unerwünschte Nebenwirkung kann also darin bestehen, dass Eigenverantwortung, Selbststeuerung und Selbstkontrolle beeinträchtigt werden.

(8) Prinzip der aktiven Gestaltung: Personen erarbeiten sich ihre Umwelt aktiv, beispielsweise durch selektive Aufmerksamkeit (Reize ignorieren oder selektiv zur Kenntnis nehmen), individuelle Wahrnehmung und Interpretation (Akzentuierung subjektiv wichtiger Aspekte, Konstruktion von Bedeutungen, bewertende Interpretation), selektive Exposition (aktives Aufsuchen von Orten und Situationen, gezielte Aufnahme von Kontakten), Umweltgestaltung (Ausstattung des persönlichen Arbeitsbereichs, Einfluss auf die eigene Lernumgebung durch Mitarbeit und Mitbestimmung). Dabei dürften unwillkürliche Selbstorganisationsprozesse und bewusste, reflektierte Selbststeuerung zusammenwirken (vgl. die Diskussion zum Konstruktivismus, Kap. 16.7).

(9) Prinzip der ökologischen Validität: Wirkungen von Lärm, Helligkeit oder Farben lassen sich auch im Laboratorium analysieren. Charakteristisch für ökopsychologische Forschungen sind jedoch „naturalistische Ansätze". Das heißt Wahrnehmung, Erleben und Verhalten im Kontext der Umwelt werden in möglichst natürlichen komplexen Alltagssituationen untersucht.

Forschungsbeispiel Verkehrsmittel: Um Auswirkungen von Umwelterfahrungen auf kindliches Erleben und Verhalten zu untersuchen, werden Kinder nach dem Eintreffen im Kindergarten über ihre Erlebnisse befragt. Dabei zeigt sich z.B., dass zu Fuß gehende Kinder – im Vergleich zu mit dem Auto transportierten – sich an mehr Details erinnern und besser über das aktuelle Wetter Bescheid wissen (Runne, Rambow, Moczek & Preiser 2000).

10.2 Ein hierarchisches systemtheoretisches Modell

Urie Bronfenbrenner (1977; 1981) hat unter Bezug auf Kurt Lewin (1935) einen ökologischen Ansatz entwickelt, der die Umwelt eines Menschen in Form von ineinander verschachtelten Systemen mit zunehmendem Komplexitätsgrad darstellt (vgl. Abb. 10-2).

(1) Personen haben zu jedem Zeitpunkt direkten Kontakt mit einer Konstellation konkreter physikalischer und sozialer Umweltbedingungen. Dazu gehören so unterschiedliche Aspekte wie Ort und Zeit, Ausstattung mit Möbeln, Handlungsfreiräume, Erziehungspraktiken usw. Das Gesamtsystem der Beziehungen zwischen einer Person und ihrer konkreten Umweltkonstellation wird als *Mikrosystem* bezeichnet.

„Ein Mikrosystem ist ein Muster von Tätigkeiten und Aktivitäten, Rollen und zwischenmenschlichen Beziehungen, die die ... Person in einem gegebenen Lebensbereich mit den ihm eigentümlichen physikalischen und materiellen Merkmalen erlebt" (Bronfenbrenner 1981, S. 38).

(2) Mehrere Mikrosysteme, zu denen eine Person gleichzeitig oder nacheinander direkten Kontakt hat, stehen untereinander und mit der Person in Wechselbeziehungen; sie können sich gegenseitig unterstützen oder aber widersprüchlich agieren. Das System von Beziehungen zwischen einer Person und mehreren Mikrosystemen wird als *Mesosystem* bezeichnet. Zu diesem Mesosystem gehören beispielsweise der Freundeskreis, die Wohnumgebung, die Schulklasse, der Sportplatz, die Jugendgruppe, die Fahrgemeinschaft im Schulbus.

„Ein Mesosystem umfasst die Wechselbeziehungen zwischen den Lebensbereichen, an denen die sich entwickelnde Person aktiv beteiligt ist" (Bronfenbrenner 1981, S. 41).

(3) Mesosysteme sind eingebettet in gesellschaftliche Systeme, die nicht mehr unmittelbar mit der Person in Beziehung stehen. Sofern jedoch indirekte Wirkungen auf die Person und ihr Mesosystem bestehen, handelt es sich um ein *Exosystem*. Der Arbeitsplatz der Eltern, die soziale Schicht, Parteien und Kirchen gehören dazu. Übergänge vom Exosystem in das Mikrosystem sind möglich, beispielsweise wenn Kinder den Arbeitsplatz der Eltern besichtigen, wenn Vorgesetzte oder Pfarrer die Eltern zu Hause besuchen, wenn Jugendliche Praktika in der Firma des Vaters machen.

„Unter Exosystem verstehen wir einen Lebensbereich oder mehrere Lebensbereiche, an denen die sich entwickelnde Person nicht selbst beteiligt ist, in denen aber Ereignisse stattfinden, die beeinflussen, was in ihrem Lebensbereich geschieht, oder die davon beeinflusst werden." (Bronfenbrenner 1981, S. 42).

(4) Soziale Systeme sind eingebettet in einen natürlichen Lebensraum und in kulturelle, ökonomische, politische und weltanschauliche Grundmuster,

Werte und Normen, das Bildungssystem, der Arbeitsmarkt und die Verteilung der materiellen Güter. Derartige Muster sind nicht mehr direkt beobachtbar, sondern nur erschließbar; es handelt sich um Konstrukte mit einem hohen Abstraktionsgrad. Die Gesamtheit der Beziehungen zwischen einer Person, den sie umgebenden Subsystemen und dem natürlichen und kulturellen Umfeld wird als *Makrosystem* bezeichnet.

„Der Begriff des Makrosystems bezieht sich auf die grundsätzliche formale und inhaltliche Ähnlichkeit der Systeme niedrigerer Ordnung (Mikro-, Meso- und Exo-), die in der Subkultur oder der ganzen Kultur bestehen oder bestehen könnten, einschließlich der ihnen zugrundeliegenden Weltanschauungen und Ideologien". (Bronfenbrenner 1981, S. 42).

Abb. 10-2: Das Individuum und seine Umweltsysteme (aus Preiser 1980, 1989, S. 68)

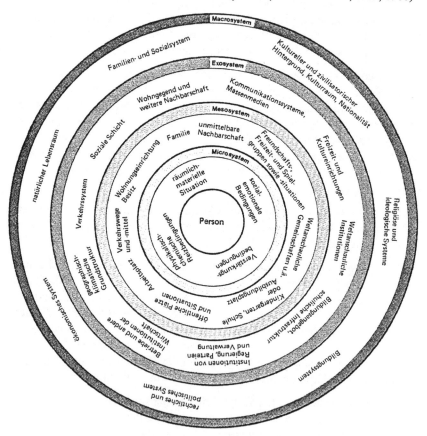

10.3 Das Mikrosystem als unmittelbar erfahrene Umwelt

10.3.1 Orte und Variablen des Mikrosystems: Übersicht

Orte
Alle öffentlichen und privaten Orte, an denen Menschen sich aufhalten, können zu ihrem Mikrosystem gehören:

- Die Wohnung, das Laufställchen, die Spielecke, die Werkbank der Mutter, das Treppenhaus oder der Keller (Wohnbereich)
- der Kindergarten, das Klassenzimmer und der Schulhof, der Seminarraum und die Bibliothek, der Arbeitsplatz und die Kantine (Lern- und Arbeitsbereich)
- der Spielplatz, die Sporthalle, das Kino, das Museum oder das Theater (Freizeitbereich)
- der Supermarkt, das Postamt, die Sparkasse, der Friseursalon (Konsumbereich)
- der Fußweg, der Bahnhof, der Bus und das Auto (Verkehrsbereich).

Mit den Räumen sind Erfahrungsmöglichkeiten verbunden, zum Beispiel:

- *Vielseitigkeit und Verschiedenartigkeit* der Orte: Wie viele unterschiedliche Erfahrungen werden Kindern ermöglicht, z.B. durch Besuche bei anderen Familien, außerhäusliche Aktivitäten, Reisen, Schulausflüge?
- *Ausstattung* der Orte: Wie viele Erfahrungen und Handlungsimpulse bieten die Orte, z.B. durch Bastelmaterialien, Bücher, PC?
- *Bewegungsräume*: Wie weit können und dürfen sich Kinder bewegen, z.B. durch Verzicht auf Laufställchen oder Tabuzonen in der Wohnung, durch risikoarme Spielflächen oder Möglichkeiten zum Rollerfahren?
- *Interaktionspartner*: Welche Ansprechpartner sind am Ort, angefangen von der Mutter am Sandkasten über die Auskunft in der Bibliothek bis hin zur Betreuung im Praktikum? Welche Spiel- und Lernpartner stehen zur Verfügung?

Variablen von Mikrosystemen
Im Zusammenhang mit der Verfügbarkeit und Nutzbarkeit von Orten wurden bereits einige Variablen der Lernumwelt angesprochen, die wir hier ergänzen (teilweise in Anlehnung an Moos 1973):

- *Physikalische Ausstattung:* Temperatur, Helligkeit, Gerüche, natürliche und künstliche Geräusche, verfügbare Materialien
- *Architektonische Merkmale*: Anordnung der Räume, Blickfreiheit, Fenster und Beleuchtung, Verbindungswege

- *Handlungsfreiräume*: Möglichkeiten und Erlaubnis zu selbst gewählten Aktivitäten; gewährte Entscheidungsspielräume.
- *Behavior settings* (nach Barker 1968) verknüpfen materielle Merkmale von Orten und typische Verhaltensweisen. Klassenzimmer sind beispielsweise einerseits durch Tafel und Lehrerpult zu erkennen, andererseits durch charakteristische Verhaltensweisen wie Lehrervortrag, Unterrichtsgespräch, Gruppenarbeit. Mit dem Unterrichtsort, beispielsweise bei einem Aufenthalt im Schullandheim, verändert sich auch die Art der pädagogischen Interaktionen.
- *Interaktionspartner und Interaktionshäufigkeit:* Anwesende Personen, deren Kontaktbereitschaft, Alter, Bildung, Fähigkeiten und Einstellungen
- *Verstärkungsbedingungen*: Unterstützende Einflüsse (Verstärkung durch Anerkennung und Belohnung); hemmende Einflüsse (Ignorieren, Bestrafung, korrigierende Kritik)
- *Erziehungsstile*, Unterrichtsstile, Führungsstile (vgl. Kap. 12.3)
- *Psychosoziales Klima*: Der wahrgenommene Interaktionsstil von Personen der unmittelbaren Umgebung.

Im Folgenden werden einige ausgewählte Variablen des Mikrosystems als bedeutsame Faktoren der Entwicklung und Erziehung etwas näher beleuchtet.

10.3.2 Räumlich-physikalische Aspekte der Lernumwelt

Was jeder weiß: Eine lockere Sitzgruppe in einem gemütlich eingerichteten Raum erleichtert ein offenes Gespräch. Eine beengte Wohnsituation kann Erfahrungen einschränken, beispielsweise wenn nicht genügend Spiel- und Bastelmöglichkeiten bestehen. Aufmerksamkeitsstörungen können durch einen ungestörten Arbeitsplatz gemildert werden (Hammer 2001). Einige klassische Untersuchungsergebnisse werden beispielhaft vorgestellt (vgl. Dreesmann 1994; Jerusalem 1997).

Sitzposition: In traditionell eingerichteten Klassenräumen befindet sich in der vorderen Mitte eine „Aktionszone", die von Lehrkräften verstärkt beachtet wird und in die sich vor allem leistungswillige und -fähige Schüler setzen. Am Rand dagegen können sich Schüler „unsichtbar" machen und aus dem Unterrichtsgeschehen weitgehend ausklinken (Adams 1969). Man kann der Zementierung dieser Situation entgegenwirken, indem man

- die Sitzordnung regelmäßig rotiert und als Lehrer häufig den Standort wechselt,
- Tafeln und andere Unterrichtsmedien an verschiedenen Stellen des Klassenzimmers montiert,
- verschiedene Aktions- und Interaktionszonen einrichtet.

Flexible Raumorganisation: Das Modell der „Schule ohne Wände" wurde in Deutschland beispielsweise in der Bielefelder Laborschule verwirklicht. Verschiedene Räume sind nur durch mobile Raumteiler abgetrennt; Außen- und Nebenräume sind frei zugänglich; Nischen erlauben einen Rückzug. Das Mobiliar ist leicht verschiebbar. Der Lehrer verzichtet auf einen herausgehobenen Platz und stellt sich vorwiegend als „Lernberater" zur Verfügung. Klassenzimmer mit flexibler Raumorganisation fördern Gefühle der Autonomie, Ausdauer bei der Aufgabenbearbeitung, vielfältige Aktivitäten der Schüler, Fragen an den Lehrer und die Kooperation der Lehrkräfte untereinander (Gump 1974; Meyer 1971).

Ästhetische Merkmale von Schulen und Klassenzimmern: Eine angenehme Umgebung führt zu erhöhten Aktivitäten im Unterricht (Sommer & Olsen 1980). Von den Schülern selbst ausgestaltete und gereinigte Klassenzimmer fördern die Identifikation mit dem Raum und damit Verantwortung für Sauberkeit und Unversehrtheit. Bei Untersuchungen zum Einfluss von architektonischen und ästhetischen Merkmalen auf vandalistisches Verhalten zeigte sich allerdings, dass individuelle Merkmale der Jugendlichen einen größeren Einfluss ausübten als die räumlichen Bedingungen (Klockhaus & Habermann-Morbey 1986).

Physikalische Merkmale des Schulgebäudes hatten auf das Gesamtniveau der Schülerleistungen keine nennenswerten Effekte (Fraser, Walberg, Welch & Hattie 1987). Aspekte der räumlichen Gestaltung und materiellen Ausstattung von Wohnungen, Kinderzimmern und Wohnumgebungen erwiesen sich jedoch als wirksame Einflussfaktoren auf die Entwicklung der Leistungsmotivation (vgl. Abschnitt 10.7).

10.3.3 Personen: Familienkonstellation

Hat die Struktur einer Familie Auswirkungen auf die Entwicklung der Kinder? Welchen Einfluss haben regelmäßige Kontakte zu Großeltern, Onkeln und Tanten? Welche Wirkungen haben unvollständige Familien, Elternverluste? Laien und Fachleute sind sich weitgehend einig, dass Beziehungsstörungen der Eltern die emotionale, soziale und kognitive Entwicklung der Kinder beeinträchtigen können.

Nachweisen lässt sich beispielsweise, dass Kinder aus *geschiedenen Ehen*

- mehr Verhaltensprobleme wie aggressives Verhalten aufweisen,
- ungünstigere Beziehungen zu den Eltern haben, z.B. weniger persönliche Unterstützung erhalten,
- schlechtere Schulleistungen haben und ein geringeres Ausbildungsniveau erreichen,
- auch als Erwachsene mehr Problemverhalten zeigen, z.B. mehr zu Drogenmissbrauch neigen,

- eine geringere Lebenszufriedenheit angeben, mehr gesundheitliche Beeinträchtigungen und eigene familiäre Probleme, z.B. höhere Scheidungsraten, aufweisen (Amato und Keith 1991a und b; vgl. auch Schneewind, Vierzigmann & Backmund 1998).

Diese Unterschiede sind allerdings relativ gering im Vergleich zu Kindern aus äußerlich intakten Familien. Sie sind zudem in ähnlicher Form auch bereits in familiären Krisenphasen vor einer Scheidung festzustellen. Die negativen Folgen können durch unterstützende soziale Kontakte innerhalb der Familie und im Freundeskreis abgefedert werden.

Von Anfang an *alleinerziehende Elternteile* enthalten ihren Kindern familiäre Kontakte und Erfahrungen vor. Ob diese Familiensituation als defizitär erlebt wird, hängt davon ab, wie die Familie in ein soziales Beziehungsnetz eingebunden ist.

Frühe Elternverluste

- lösen unmittelbare Trauerreaktionen wie Wut, Schuldgefühle und Verleugnung aus,
- führen zu vermehrten emotionalen Problemen wie Ängstlichkeit und Zurückgezogenheit,
- können Schwierigkeiten mit der Geschlechtsrollenidentifikation bewirken,
- begünstigen eine Identifizierung mit dem verstorbenen Elternteil und fördern dadurch frühreifes Verhalten.

Elternverluste im Jugendalter können

- zu schulischen Problemen beitragen,
- sich entweder im Vermeiden intimer Beziehungen äußern oder aber in frühzeitiger Bindung an einen Partner, letzteres bevorzugt nach Elternverlust durch Scheidung (zusammenfassend nach Schneewind & Weiß 1998).

Tausende von Studien haben sich mit der Frage befasst, welchen Einfluss die Altersrangfolge und das Geschlecht der *Geschwister* auf die Persönlichkeit und die sozialen Beziehungen der heranwachsenden Kinder haben. Aus Erfahrungen in therapeutischen Gesprächen leitete Walter Toman eine Art Typologie bestimmter Geschwisterpositionen ab.

„Der älteste Bruder von Brüdern ... liebt es, Führung und Verantwortung gegenüber anderen Personen, insbesondere Männern, zu übernehmen. Er versucht, die anderen zu betreuen, manchmal auch, sie zu bevormunden. ..." (Toman 1991, S. 145).

Tatsächlich lassen sich in empirischen Untersuchungen Unterschiede zwischen Personen mit unterschiedlichen Familienkonstellationen nachweisen, beispielsweise beim Heiratsalter, der Kinderzahl und Scheidungshäufigkeiten (Toman & Preiser 1973). Älteste Geschwister waren häufiger bei Jugendgruppenleitern, Offiziersanwärtern, Bürgermeisterkandidaten und Lehrern zu finden, also bei Funktionen mit einem Führungsanspruch. Allerdings sind die Einflüsse begrenzt. Die Dominanz in der Familie wird beispielsweise nur zu etwa 10% von der Geschwisterposition beeinflusst, zu 90% dagegen von anderen Faktoren (Preiser 1970).

Noch in den 80er Jahren zeigten sich bei der Wahl des Lehramtsstudiums deutliche Effekte der Geschwisterposition (Preiser 1988). Unter den Befragten waren 45% Älteste (also Personen, die nur jüngere Geschwister hatten) im Vergleich zu 17% Jüngsten (Personen, die nur ältere Geschwister hatten). In den 90er Jahren waren derartige Effekte dagegen nicht mehr nachzuweisen. Ein Grund hierfür könnte sein, dass zunehmend mehr Kinder frühzeitig in Spielkreisen, Krabbelstuben oder in privaten Kontakten vielfältige Erfahrungen mit anderen Kindern machen. Sie kommen dabei mit Jungen und Mädchen, mit Älteren und Jüngeren, mit Stärkeren und Schwächeren zusammen. Die spezifischen Erfahrungen mit eigenen Geschwistern werden durch außerfamiliäre Kontakte überlagert.

Dennoch werden Geschwister – oder deren Fehlen – in der subjektiven Rückschau auf die eigene Entwicklung immer noch als sehr bedeutsam eingeschätzt. Geschwisterbeziehungen sind meist lebenslang wirksam sind und verändern sich im Laufe des Lebens dynamisch (Bedford 1993; Cicirelli 1994; vgl. auch Schneewind 1998). Geschwisterpositionen allein liefern allerdings nur einen geringfügigen Beitrag zur Erklärung individueller Unterschiede und Schicksale (vgl. Ernst & Angst 1983). Neuere Untersuchungen beziehen sich verstärkt auf die Qualität der Geschwisterbeziehung während des gesamten Lebenslaufes und auf deren Funktion bei der Bewältigung von Lebenskrisen (vgl. Kasten 1993).

10.4 Mesosystem und Exosystem als mittelbar wirksame Umwelten

10.4.1 Bereiche des Mesosystems: Übersicht

Das Mesosystem eines Menschen ist so vielschichtig und differenziert, dass hier nur einige wichtige Aspekte herausgegriffen werden können:

Das *soziale Netzwerk* beinhaltet die Gesamtheit aller Personen, mit denen jemand direkte Kontakte hat: Angehörige, Freunde, gute Bekannte, Arbeitskollegen, Vereinsmitglieder, Schulkameraden usw. Ein wirksames soziales Netz besteht aus Menschen, mit denen private Probleme vertrauensvoll besprochen werden können. Soziale Netzwerke helfen beispielsweise, Lebenskrisen zu bewältigen: Personen, die ein zentrales Lebensziel aufgeben mussten, berichteten über eine deutlich erfolgreichere Bewältigung dieser Enttäuschung, wenn sie viele Freunde hatten, mit denen sie über ihre

Probleme reden konnten (Auth 1999). Kinder partizipieren an den sozialen Netzwerken ihrer Eltern – und dies wiederum hat Auswirkungen auf die sozialen Aktivitäten der Kinder (Schneewind, Beckmann & Engfer 1983).

Das *psychosoziale Klima* bezeichnet den Stil, mit dem Mitglieder einer Gemeinschaft miteinander umgehen, beispielsweise als Familienklima, Klassen- und Schulklima (vgl. Abschnitt 10.4.2).

Organisationsstrukturen beinhalten

- Kommunikationsstrukturen (Wer trifft sich, wie häufig, in welchem Rahmen? Wer kommuniziert mit wem über welches Medium?),
- Strukturen der Zusammenarbeit (Wie werden Projektgruppen gebildet? Wie werden Kurse zusammengestellt?),
- Hierarchiebeziehungen (Wer hat wem etwas zu sagen?),
- Freiräume für die einzelnen Mitglieder (Wer darf was entscheiden?),
- Verantwortungsbereiche (Wer ist wem Rechenschaft schuldig?),
- Normen und Vorschriften (Was wird als „Stil des Hauses" erwartet?),
- Weiterbildungs- und Aufstiegsregeln (Wer entscheidet nach welchen Kriterien über Fördermaßnahmen? Welche Versetzungsregeln in der Schule sind verbindlich?).

Berufstätigkeit und Arbeitsplatz der Eltern gehören zum Exosystem, haben aber unmittelbare Auswirkungen auf das Mikrosystem: Ein berufstätiger Elternteil steht während der Arbeit für das Kind nicht zur Verfügung, ist aber während der Freizeit im Vergleich zu Hausmännern oder Hausfrauen vielleicht ausgeglichener, weil er durch anspruchsvolle Tätigkeiten und soziale Kontakte Befriedigung erfährt. Berufstätigkeit kann einerseits Erschöpfung und Rückzugswünsche auslösen, andererseits kompensatorische Freizeit- und Kontaktwünsche. Mit Freiräumen oder Abhängigkeiten im Beruf können Kommunikationsstile einhergehen, die sich auch innerhalb der Familie auswirken. Berufliche Probleme werden möglicherweise als Belastungsfaktoren mit nach Hause genommen.

In umgekehrter Richtung kann sich die *familiäre Situation* von Lehrkräften und Erziehern als Stabilisierungs- oder als Belastungsfaktor in der pädagogischen Arbeit auswirken.

Die *soziale Schichtzugehörigkeit* wurde in zahlreichen Untersuchungen mit elterlichem Verhalten und kindlichen Merkmalen in Beziehung gesetzt (vgl. Abschnitt 10.4.4).

10.4.2 Das psychosoziale Klima

Psychosoziales Klima im pädagogischen Kontext
Familien, Schulen und andere Organisationen unterscheiden sich in der Art und Weise, wie deren Mitglieder miteinander umgehen. Die Umgangsformen werden von der Organisation mitbestimmt, beispielsweise von der hierarchischen Struktur und den vorgegebenen Zielen. Ebenso beeinflussen aber auch die persönlichen Eigenschaften und Einstellungen der Mitglieder das Zusammenleben. Das Klima wird über subjektive Einschätzungen erfasst. Aufgrund persönlicher Erwartungen unterscheiden sich die Beurteilungen verschiedener Mitglieder voneinander. Die individuelle Perspektive wird als „Psychologisches Klima" bezeichnet. Soweit die Befragten jedoch in ihren Urteilen übereinstimmen, werden diese Gemeinsamkeiten als „Organisationsklima" zusammengefasst. Das Organisationsklima hat Auswirkungen auf das Wohlbefinden und das Verhalten der Mitglieder. Deshalb spricht man auch vom „Psychosozialen Klima" (vgl. auch Eder 2001).

Familienklima
Für das psychosoziale Klima in Familien haben Schneewind, Beckmann und Hecht-Jackl (1985) ein Forschungs- und Diagnoseinstrument unter der Bezeichnung „Familienklimaskalen" entwickelt. Es basiert auf der amerikanischen „Family Environment Scale" (Moos & Moos 1986). Das Familienklima wird mit 10 Skalen erfasst, die sich in drei Bereiche oder „Dimensionen" gruppieren lassen (vgl. Beispiel 10-3).

Diese 10 Skalen lassen sich mittels des statistischen Verfahrens der Faktorenanalyse aufgrund von Gemeinsamkeiten zu drei übergeordneten Strukturdimensionen zusammenfassen:

- Positiv-emotionales Klima: Harmonisches, auf wechselseitigem Verständnis und emotionaler Zuwendung beruhendes Familienleben, in dem auch Konflikte befriedigend geregelt werden vs. Familienklima mit geringer Familiensolidarität, hohem Konfliktpotential und unbefriedigender Konfliktbearbeitung
- Anregendes Klima: Offenheit nach innen und außen, aktiver Zugang zu neuen Erfahrungen im sozialen, kulturellen und Freizeitbereich, problemloser Austausch über diese Erfahrungen vs. Eintönigkeit, Passivität und emotionaler Ausdrucksarmut
- Normativ-autoritäres Klima: Stark ausgeprägte Normorientierung, Einhaltung und Überwachung familieninterner Regeln, geordneter Ablauf des Familienlebens, starke Orientierung an Leistung und Erfolg vs. flexibler Umgang mit Familienregeln, geringe Orientierung an Ordnung, Planung und Leistung.

Die jeweiligen Ausprägungsgrade des Familienklimas haben beispielsweise Auswirkungen auf das soziale Engagement oder die Kreativität der Kinder

(Schneewind, Beckmann & Engfer 1983) oder auf die Entwicklung religiöser Haltungen.

Beispiel 10-3: Skalen des Familienklimas mit Itembeispielen

Beziehungsdimension

Zusammenhalt: Bewusstsein eines allgemeinen Zusammengehörigkeitsgefühls, Einsatzbereitschaft für alltägliche Verrichtungen und emotionales Aufeinanderzugehen.

In unserer Familie hat jeder das Gefühl, dass man ihm zuhört und auf ihn eingeht

Konfliktneigung: Häufigkeit von Streit und Nörgeleien, Ärgerausdruck und Aggression versus Bemühen um sachliche Schlichtung von Meinungsverschiedenheiten.

Wenn wir uns streiten, kommt es schon mal vor, dass einem von uns die Hand ausrutscht

Persönliche Entwicklungs- und Zielerreichungsdimension

Selbständigkeit: Freiheit zur Verwirklichung eigener Interessen und Wünsche ohne Einengung durch andere.

In unserer Familie können wir ohne größere Einschränkungen machen, was wir wollen

Religiöse Orientierung: Praktizierung kirchlicher Verhaltensnormen sowie verinnerlichte christliche Gläubigkeit.

Wir sind der Meinung, dass es Dinge gibt, wo einem nur noch der Glaube hilft

Systemerhaltende und systemverändernde Dimension

Organisation: Ordnung, Planung, Regelung von Verantwortlichkeiten versus fehlende Zeiteinteilung und Improvisation.

Bei uns zu Hause sind die Pflichten sehr genau aufgeteilt, und jeder weiß genau, was er zu tun hat

Kontrolle: Verbindlichkeit von familieninternen Regeln, rigide und dogmatische Handhabung, Sanktionen bei Regelverletzungen versus Großzügigkeit und Toleranz

Bei uns lässt man nichts durchgehen, was der Familie nicht passt

---

Religiöses Familienklima

Um familiäre Einflüsse auf die religiöse Sozialisation zu untersuchen, wurden Fragebögen zum religiösen Erziehungsstil und zum religiösen Familienklima entwickelt. Beim Erziehungsstil unterscheidet Niggli (1987)

- Religiöse Förderung: Lenkung der Aufmerksamkeit der Kinder auf religiöse Themen durch positive Bekräftigung, ohne die Autonomie der Heranwachsenden zu beschränken.
  Beispiel: „Meine Mutter erzählte mir, wie Gott den Menschen hilft."

- Religiöser Zwang: Steuerung der Aufmerksamkeit für religiöse Themen durch negative Erfahrungen, wobei den Heranwachsenden wenig Spielraum zur Eigenentwicklung gelassen wird.
Beispiel: „Wenn ich am Sonntag nicht in die Kirche gehen wollte, dann wusste ich, was mir von meinem Vater blüht."

Klaghofer und Oser (1987) unterschieden zwei Aspekte des religiösen Familienklimas:

- Religiöse Bewältigung existentieller Krisen und religiöses Handeln
Beispiel: „In unserer Familie ist die Religion eine Hilfe zur Lebensgestaltung."
- Religiöser Diskurs in der Familie
Beispiel: „In unserer Familie wird offen über religiöse Fragen gesprochen."

Forschungsbeispiel religiöse Entwicklung: Religiöse Förderung trägt nach Niggli dazu bei, dass Heranwachsende eine autonome und differenzierte religiöse Urteilsfähigkeit entwickeln, während religiöser Druck oder Zwang keinen fördernden Effekt hat. Die Ergebnisse von Klaghofer und Oser deuten darauf hin, dass Personen, die in ihrer religiösen Entwicklung zwischen zwei Stufen der Entwicklungsskala von Oser lagen, ein schlechteres Familienklima aufwiesen als Personen, die klar einer Stufe zuzuordnen waren. Das Ergebnis lässt sich nur sinnvoll interpretieren, wenn man annimmt, dass die Weiterentwicklung des religiösen Urteils mit einer Krise verbunden ist, die – wegen der notwendigen Neuorientierung – zu einer Klimaverschlechterung beiträgt. Wie es dem Grundverständnis einer systemischen Umweltanalyse entspricht (vgl. Abschnitt 10.1.4), wird damit unvermittelt das religiöse Familienklima auch zur abhängigen Variable, welches mit dem religiösen Urteil in Wechselwirkung steht.

Schul- und Klassenklima
Das bekannteste Beispiel für ein Forschungs- und Diagnoseinstrument zur Erfassung des Klassenklimas im deutschen Sprachraum sind die „Landauer Skalen zum Sozialklima" (v. Saldern & Littig 1987; s. Beispiel 10-4). Dieser Fragebogen bezieht sich jeweils auf das Klassenklima bei einer bestimmten Lehrkraft.

Ein positives Klassenklima hat Auswirkungen auf Schulleistungen, positive Einstellungen zur Schule, ein günstiges Selbstkonzept und Selbstwertgefühl sowie Fehlen von Schulangst und Stress (zusammenfassend nach Eder 2001).

Ähnliche Effekte erbrachten Untersuchungen zum Schulklima (z.B. Fend 1977; Oswald, Pfeifer, Ritter-Berlach & Tanzer 1989). Unter Schulklima werden bisweilen die zusammengefassten Daten aller Klassenklimaergebnisse verstanden. Es gibt jedoch auch Variablen und Befragungen, die sich ausdrücklich auf die Schule als Ganzes beziehen. Aspekte des Schulklimas sind nach Fend (1977):

- Inhalte: Erwartungen und Werte der Lehrkräfte, z.B. Disziplin- und Leistungsdruck
- Interaktionen: Umgangsformen, Beeinflussungs- und Argumentationsformen
- Soziale Beziehungen: Gefühlsmäßige Beziehungen und Formen der Konfliktbearbeitung.

Beispiel 10-4: Landauer Skalen zum Sozialklima (LASSO) mit Itembeispielen

Lehrer-Schüler-Beziehung:	
Fürsorglichkeit des Lehrers:	*Unser Lehrer kümmert sich um die Probleme der Schüler*
Bevorzugung und Benachteiligung:	*Unser Lehrer ist unfair zu einigen Schülern in der Klasse*
Schüler-Schüler-Beziehung:	
Hilfsbereitschaft der Mitschüler:	*Wenn ein Schüler Schwierigkeiten hat, helfen ihm Mitschüler*
Diskriminierung von Mitschülern:	*Manche Schüler äffen Klassenkameraden nach*
Allgemeine Merkmale des Unterrichts:	
Leistungsdruck:	*Wir kommen kaum nach mit unseren Hausaufgaben*
Disziplin und Ordnung:	*Unser Lehrer glaubt, Pünktlichkeit und Ordentlichkeit sind das Wichtigste*

10.4.3 Klassengröße als Merkmal der Schulorganisation

In einem Punkt sind sich nahezu alle einig: Kleine Klassen sind besser als große, weil die Schülerinnen und Schüler intensiver und individueller betreut werden. Davon sind Parteien, Gewerkschaften und Kirchen ebenso wie Lehrerinnen, Lehrer und Schulleitungen überzeugt, ebenso die öffentliche und die in den Medien veröffentlichte Meinung. Selbst die Schülerinnen und Schüler ahnen, dass sie in kleineren Klassen besser betreut werden, gerade schwächere und ängstlichere Schüler stehen allerdings wegen der möglicherweise stärkeren Aufsicht der Forderung nach kleineren Klassen eher reserviert gegenüber (v. Saldern 2001). Es gibt nur wenige Organisationen wie die Waldorfschulen, die ihr Prinzip großer Klassen mit dem Hinweis verteidigen, dass für eine optimale Förderung der Kinder das Zusammentreffen möglichst unterschiedlicher Charaktere erforderlich sei. Ist es angesichts dieser Selbstverständlichkeit überhaupt noch notwendig, die pädagogische Überlegenheit kleiner Klassen empirisch zu untersuchen?

Forschungsbeispiel Metaanalyse: Tatsächlich gibt es eine Vielzahl empirischer Untersuchungen, die auch die Klassengröße berücksichtigen. Die Untersuchungsbedingungen sind dabei äußerst heterogen und fehleranfällig. Unterschiedlich sind auch die Ergebnisse der einzelnen Studien. Das ruft nach einer Metaanalyse, das heißt einer vergleichenden Auswertung der Ergebnisse aus unterschiedlichen Untersuchungen. Eine viel zitierte Metaanalyse (Glass & Smith 1978) konstatiert tatsächlich eine Überlegenheit der kleinen Klasse gegenüber großen – allerdings ist diese Analyse aus verschiedenen Gründen kaum aussagekräftig: Es waren nur wenige Originalarbeiten überhaupt qualitativ ausreichend, um in die Metaanalyse aufgenommen zu werden. Die dann noch erkennbaren Effekte beruhten unter anderem darauf, dass sogar Tenniskurse mit nur einem Schüler als „kleine Klasse" in die Vergleiche eingingen (v. Saldern 1992).

Systematische Studien aus dem deutschen Schulsystem lassen sich „mit größter Vorsicht" (v. Saldern 2001) wie folgt zusammenfassen: Die Klassengröße

- hat keine oder allenfalls geringe Beziehungen zu Einstellungen der Schüler
- hat einen tendenziell positiven Effekt auf das Klassenklima
- hat einen kleinen Effekt auf Sprachleistungen
- hat allenfalls einen minimalen Effekt auf Leistungen in Mathematik und Geschichte
- hat keinen Effekt auf die Genauigkeit von Schülerbeurteilungen durch Lehrkräfte.

Das pädagogische Alltagsverständnis lässt sich also kaum empirisch stützen. Vermutlich ist nicht die Klassengröße entscheidend für Unterrichts- und Erziehungserfolge in der Schule, sondern das, was Lehrerinnen und Lehrer aus der jeweiligen Situation machen. Innere Differenzierung, das heißt unterschiedliche Aufgaben und Hilfestellungen für unterschiedliche Schüler, ist auch in großen Klassen nicht ausgeschlossen. Gruppenarbeit ist eine Möglichkeit, intensive Mitarbeit und Interaktion auch bei größeren Schülerzahlen zu fördern.

Praxisbeispiel Tandemunterricht: Wie sehr es auf die Art der Unterrichtsgestaltung ankommt, zeigt ein Projekt, in welchem die Schülerinnen und Schüler von je zwei Klassen in Chemie zu Doppelklassen zusammengefasst und von zwei Lehrkräften als Tandem unterrichtet wurden. Im Vergleich zu den weiterhin getrennt unterrichteten kleinen Klassen zeigten sich in den Tandemklassen weniger Störverhalten sowie kurz- und langfristig größere Lernfortschritte (Mund 1992). Auch wenn diese Ergebnisse nicht fehlerfrei sind (die Ausgangswerte der Doppelklassen und der kleinen Klassen unterschieden sich deutlich), erscheint doch die Forderung plausibel, Kurs- bzw. Klassenzusammenstellungen und Kooperationen zwischen Lehrkräften flexibel zu handhaben.

10.4.4 Arbeitsplatz und Schichtzugehörigkeit der Eltern

Der Arbeitsplatz der Eltern gehört zum Exosystem der Kinder. Er ist meist nicht zugänglich – und wirkt doch deutlich in die Familie hinein. Allein die

Arbeitszeit, Überstunden und Urlaubsregelungen oder nach Hause mitgebrachte Arbeit haben Auswirkungen auf die elterliche Arbeitsteilung und die für die Kinder verfügbare Zeit.

Auch die Art der Berufstätigkeit kann in das Familienleben hineinwirken. Es gibt Ähnlichkeiten zwischen Berufs- und Freizeitinteressen, aber auch Kompensationsbeziehungen, wo in der Freizeit ein kontrastierender Ausgleich für die Berufstätigkeit gesucht wird (vgl. Hoff 1998). Belastende Arbeitstätigkeiten können zu Erschöpfung, zu Reizbarkeit oder zu gesundheitlichen Problemen führen, die sich auch auf die Familie auswirken. Bedeutsam für die Kinder dürfte auch sein, dass die Berufstätigkeit die Persönlichkeit der Eltern prägen kann.

Forschungsbeispiel Arbeitsplatz: Andrisani und Nestel (1976) untersuchten Zusammenhänge zwischen Erfahrungen am Arbeitsplatz und „Kontrollüberzeugungen" von Arbeitern, das sind persönliche Überzeugungen, inwieweit Erfolge und Misserfolge auf eigene Handlungen und Persönlichkeitsmerkmale zurückzuführen sind (internale Kontrollüberzeugungen) oder aber auf äußere Bedingungen (externale Kontrollüberzeugungen). Gelegenheiten für Erfolge im Beruf und tatsächliche Erfolgserfahrungen fördern offenbar selbst im mittleren Erwachsenenalter noch die Weiterentwicklung internaler Kontrollüberzeugungen (weitere Beispiele für Sozialisationswirkungen des Berufs vgl. Hoff 1998).

Vielfach untersucht wurde der *Sozialstatus* oder die *Schichtzugehörigkeit* der Eltern. Sie wird meist über drei Kriterien erfasst:

- Bildungsgrad: Anzahl der Schuljahre bzw. Ausbildungsabschluss
- Berufliche Position: Beschäftigungsverhältnis als Arbeiter, Angestellte, Beamte oder Selbständige; Stellung in der betrieblichen Hierarchie
- Wirtschaftliche Situation: Einkommen und Vermögen, Wohnverhältnisse.

Die Einkommensverhältnisse und die Wohnsituation haben unmittelbare Auswirkungen auf die Erfahrungsräume der Kinder. Bedeutsamer dürften aber mittelbare Effekte sein: Die Schichtzugehörigkeit weist beispielsweise Korrelationen zur Intelligenz und zum Schulerfolg auf, weiterhin Beziehungen zu Erziehungsstilen, zu Bildungsambitionen für die Kinder, zum Sprachstil und der Leistungsmotivation. Variablen der Schichtzugehörigkeit sind auch in jüngerer Zeit noch wirksam – trotz der intendierten Durchlässigkeit des Bildungssystems und vielfältiger Bekenntnisse zur Chancengleichheit (Schuck 1979). Es erscheint allerdings notwendig, nicht allein ein undifferenziertes Maß der Schichtzugehörigkeit zu verwenden, sondern die häuslichen Lebensbedingungen näher aufzuschlüsseln (Wolf 1980 2001; vgl. Abschnitte 10.6 und 10.7).

10.5 Das Makrosystem als gesellschaftlicher Rahmen

10.5.1 Bereiche des Makrosystems: Übersicht

- *Geografische und klimatische Bedingungen* beeinflussen die Lebens- und Arbeitsgewohnheiten, somit die wirtschaftliche Situation und den Erfahrungshorizont der Menschen.
- *Gesellschaftliche, politische und kulturelle Rahmenbedingungen* wirken sich auf die Sozialisation aus. Innerhalb einer Gesellschaft lassen sich Subkulturen unterscheiden, die teilweise mit der ethnischen Zugehörigkeit verknüpft sind; die *ethnischen Systeme* stellen allerdings nicht per se Sozialisationsbedingungen dar; sie wirken vielmehr über kulturspezifische Normen und Erziehungsstile.
- *Wirtschaftssystem:* Ausbildungs- und Arbeitsplatzangebote, Sicherheit des Arbeitsplatzes; Arbeitssicherheit und betriebliche Gesundheitsvorsorge; Arbeitszeit- und Urlaubsregelungen; Führungs-, Personalentwicklungs-, Motivations- und Entlohnungssysteme; Mitbestimmungsmöglichkeiten; Sozialversicherungssystem; Beiträge zum Umweltschutz
- *Verkehrssystem:* Reisemöglichkeiten und Verkehrssicherheit
- *Religiöse Systeme:* Kirchen und andere Glaubensorganisationen
- *Kulturförderung:* Musik-, Theater- und Museumsangebote und deren staatliche Unterstützung
- *Bildungssystem:* Krabbelstuben, Kindergärten, Kinderläden, Vorschuleinrichtungen; Schulsysteme, Sonderschulen, Reformschulen und Internate in freier Trägerschaft; Orientierungs- bzw. Förderstufe im Übergang von der Grundschule zur weiterführenden Schule; additive und integrative Gesamtschulen; Abendschulen, Integrationsschulen mit Behinderten; Berufsbildungssystem; Fachschulen, Fachhochschulen, Universitäten; Zugangsmöglichkeiten zum Studium für Berufstätige ohne Abitur (zweiter und dritter Bildungsweg); Angebote der Allgemeinbildung und der beruflichen Weiterbildung, z.B. in Volkshochschulen, inner- und überbetrieblicher Fortbildung, Fernstudienangeboten; gesetzliche Regelungen für Bildungsurlaub. Das sind nur einige der in der Bundesrepublik angebotenen Bildungsmöglichkeiten, vielseitig, unüberschaubar und teilweise wegen unterschiedlicher bildungspolitischer Ziele heftig umstritten.

10.5.2 Schulsystem, Schul- und Bildungspolitik

Das Schulsystem einer Gesellschaft basiert auf kulturellen Grundüberzeugungen und Werten und wird durch gesellschaftliche Strömungen weiter entwickelt. Historische und transnationale Vergleiche von Schulsystemen werden in der Regel durch eine qualitativ beschreibende Pädagogik vorgenommen. Systematische empirische und psychologische Untersuchungen sind selten; auch zwischen privaten und öffentlichen Schulen gibt es kaum Schulsystemvergleiche.

Alternative Schulformen entwickelten sich aus verschiedensten Kritikpunkten am öffentlichen Schulsystem. Es gibt Schulen zur Eliteförderung wie das 1920 gegründete Internat Salem am Bodensee. Es gibt konfessionelle oder ideologisch ausgerichtete Schulen wie die Waldorfschulen. Seit den Zwanziger Jahren hat sich eine Reihe von Reformschulen etabliert, die u.a. aus der Kritik an einem einseitig kognitiv-verbal orientierten Unterricht, an der Chancenungleichheit für verschiedene Bevölkerungsgruppen, am angstfördernden Leistungsdruck, an der frühen Selektion für verschiedene Schullaufbahnen resultierten.

Mit dem Modell der *Gesamtschulen* wurde in den 70er Jahren eine bildungspolitische Kontroverse ausgelöst, die sich vorwiegend zwischen konservativen Gegnern und links-liberalen Befürwortern abspielte (obwohl eine der ersten Gesamtschulen im politisch konservativen Bayern eingerichtet wurde). Additive Gesamtschulen vereinen die verschiedenen weiterführenden Schulzweige (Hauptschule, Realschule und Gymnasium) unter einem Dach, das heißt in einem gemeinsamen Schulzentrum. Die Schulzweige können sich problemlos mit Lehrkräften, Räumen und Unterrichtsmaterialien aushelfen.

Integrierte Gesamtschulen unterrichten dagegen Schüler mit unterschiedlichen Lernvoraussetzungen gemeinsam, d.h. als heterogene Leistungsgruppen. In einigen Fächern werden jedoch zwei oder drei Leistungsgruppen eingerichtet, die etwa den traditionellen Schulzweigen entsprechen. In den heterogen zusammengesetzten Unterrichtsgruppen muss die Lehrkraft eine innere Differenzierung vornehmen, d.h. Schüler erhalten in Abhängigkeit von ihrer Leistungsfähigkeit unterschiedliche Aufgaben, die sie optimal fördern sollen. Als Kompromiss kann ein System gelten, in welchem Kinder bis zur sechsten Klasse gemeinsam unterrichtet und erst dann in verschiedene Schulzweige aufgeteilt werden. Dieses System war in Berlin seit dem Ende des 2. Weltkriegs etabliert und wurde in Niedersachsen als „Orientierungsstufe" und in Hessen als „Förderstufe" eingeführt. Der Versuch einer flächendeckenden, verpflichtenden Einführung der Förderstufe führte ebenfalls zu heftigen und wahlentscheidenden parteipolitischen Kontroversen.

Unterschiedliche Klassengrößen oder Lehrereinstellungen erschweren systematische Vergleiche. Dennoch können aus verschiedenen Untersuchungen einige übereinstimmende Ergebnisse und Folgerungen abgeleitet werden (überwiegend nach Hanisch 1988, zusammenfassend Hanisch 2001):

1. In den homogenen Leistungskursen der Integrierten Gesamtschulen zeigten die Schülerinnen und Schüler im Vergleich zu traditionellen Schulklassen etwa gleich gute Leistungen in Deutsch, schwächere Leistungen in Englisch, bessere Leistungen in Französisch.

2. Wo die leistungsmäßig heterogenen Klassen gemeinsam unterrichtet werden, ist die Gesamtschule bei den Leistungen in Physik, Chemie, Biologie, Geographie und Geschichte überlegen.
3. Integrierte Gesamtschulen können offenbar die Intelligenz von schwächer begabten Schülern besser fördern als traditionelle Schulen.
4. Gesamtschüler hatten eine positivere Einstellung zur Schule, zu ihren Mitschülern, zu den Lehrern und zur Schulleistung; ihre Leistungsmotivation, Konzentration und Disziplin war höher, die Leistungsängstlichkeit geringer.
5. Das Selbstbild und Selbstwertgefühl war bei den leistungsstärkeren Gesamtschülern höher; leistungsschwächere Schüler profitierten eher vom dreigliedrigen Schulsystem, weil der klasseninterne Leistungsvergleich sich dort auf die etwa gleichwertigen Mitschüler bezieht (vgl. Jerusalem & Mittag 1999).
6. An den Gesamtschulen entwickelte sich ein besseres Schul- und Klassenklima, was zu weiteren positiven Effekten auf die Persönlichkeitsentwicklung beitragen dürfte.
7. In den Gesamtschulen kam ein höherer Prozentsatz von Unterschichtkindern zu höheren Schulabschlüssen. Gesamtschulen tragen also zur Chancengerechtigkeit bei.
8. In den Gesamtschulen gab es weniger Sitzenbleiber und Schulabbrecher; das Problem ungenügender Leistungen wird dort durch Umstufungen bei den Leistungskursen gelöst.
9. Für gleichmäßig gut begabte und altersmäßig entwickelte Schüler bringt das integrierte Gesamtschulsystem bei der derzeitigen Zusammensetzung der Schülerschaft vermutlich wenig Vorteile in den Leistungen, allenfalls im sozialen und emotionalen Bereich. Schwächer begabte, sozial benachteiligte Kinder und „Spätentwickler" können dagegen in der Gesamtschule besser gefördert werden.
10. Neuere, auch internationale Vergleichsuntersuchungen legen allerdings nahe, dass der ursprüngliche Anspruch der Gesamtschulen, mehr als traditionelle Schulen Bildungsreserven aus sozial benachteiligten Schichten zu erschließen, nicht nachweislich erfüllt werden kann (nach Schnabel 2001) – was allerdings auch auf eine zwischenzeitlich größere Öffnung des traditionellen Schulsystems zurückzuführen sein könnte.

Die internationalen Vergleichsuntersuchungen TIMSS und PISA, bei denen deutsche Schüler relativ schwach abgeschnitten haben, bieten politisch brisante Ansatzpunkte, um potentielle Einflüsse von Schulsystemen auf empirischer Basis zu diskutieren. (Baumert, Lehrmann et al. 1997; Deutsches PISA-Konsortium 2001).

10.5.3 Kulturelle Einflüsse

In der frühen Eltern-Kind-Beziehung lassen sich über alle Kulturen hinweg Gemeinsamkeiten entdecken: Die Art, in der Eltern Blickkontakt zu ihren Neugeborenen aufnehmen; vermehrte Zuwendung der Pflegepersonen nach dem Auftreten des Lächelns; stimmliche Kontaktaufnahme zum Kind, Aufbau einer Bindung als sich ergänzendes Zusammenspiel zwischen Mutter und Kind; Trennungsängste im ersten Lebensjahr („Acht-Monats-Angst"); Abfolge der Entwicklung sensu-motorischer und intellektueller Leistungen (vgl. Oerter 1998). Verantwortlich für diese Gemeinsamkeiten können gemeinsame biologische Grundlagen sein, aber auch universell verankerte und tradierte Umgangsformen mit den biologischen und den natürlichen Gegebenheiten.

Neben den Gemeinsamkeiten beeindrucken jedoch auch gravierende Unterschiede zwischen den Kulturen, und zwar sowohl im Erziehungsverhalten als bei den damit korrespondierenden Persönlichkeitsmerkmalen der Kinder. Die Resultate der kulturellen Formung sind vielfach funktional, das heißt passend zu den gesellschaftlichen Anforderungen (vgl. Oerter 1998). Kulturell geprägte Normen, beispielsweise Bekleidungsvorschriften, erscheinen jedoch teilweise auch als willkürlich. Sie sind – insbesondere bei sich ändernden gesellschaftlichen Anforderungen – nicht immer zweckmäßig. Beispielsweise leitet Böger-Huang (1996) aus den philosophischen Traditionen Chinas, dem Taoismus, Konfuzianismus und Buddhismus kreativitätshemmende Grundhaltungen ab, die in einer kollektivistischen und zentralistischen Gesellschaft funktional waren, jedoch mit den Anforderungen einer wirtschaftlichen und kulturellen Modernisierung und Demokratisierung kollidieren. Gleichzeitig zeigt der Autor jedoch, dass trotz der passivitätsfördernden Tendenzen der chinesischen Traditionen in diesen Philosophien potentielle Kreativitätsimpulse verborgen sind, die von einer modernisierten Gesellschaft genutzt werden könnten.

Die ethnologische Forschung erbrachte unzählige Hinweise auf kulturelle Unterschiede in gesellschaftlichen Normen, Erziehungspraktiken und Persönlichkeitsmerkmalen. Beispielsweise wurden kulturelle Einflüsse auf Aggression, prosoziales Verhalten und Leistungsmotivation nachgewiesen (zusammenfassend Eckensberger & Römhild 2000). Die kulturvergleichende Sozialisationsforschung (s. Trommsdorf 1989) befasst sich einerseits mit dem Vergleich kulturell unterschiedlicher Sozialisationsprozesse, andererseits mit den migrationsbedingten Sozialisationsproblemen, die durch den Wechsel von Familien in eine fremde Kultur und durch das Zusammenleben von Kindern aus unterschiedlichen kulturellen Kontexten bedingt sind. Man kann sich vorstellen, mit welchen Schwierigkeiten Lehrkräfte zu tun haben, die ohne spezifische Ausbildung in Klassen mit Kindern aus acht verschiedenen Nationen unterrichten sollen. Ein Training zur „interkulturellen Sensibilisierung" wäre das Mindeste, was als Hilfestellung angeboten werden müsste.

10.6 Exemplarische Vertiefung: Intelligenzfördernde Lernumwelten

Auch wer starke Einflüsse von Erbanlagen postuliert, leugnet nicht die Bedeutung von Umweltfaktoren für die geistige Entwicklung. Andernfalls wäre eine kognitive Förderung sinnlos.

10.6.1 Kognitives Training

Schon zu Beginn des 20. Jahrhunderts wurde der Frage nachgegangen, ob sich kognitive Fähigkeiten trainieren und auf neue Problemstellungen übertragen lassen. Die unspezifische Wirkung kognitiver Förderung und deren Übertragung auf andersartige Aufgabenstellungen ist enttäuschend gering. Dass das Erlernen der lateinischen Sprache in besonderer Weise als formaler Bildungsprozess das Denken schule, bleibt ein unbestätigtes Wunschbild der Altphilologen, worauf Thorndike (1913) schon vor fast 100 Jahren hingewiesen hat. Ähnlich enttäuschend waren die frühen Versuche, logisches Denken über Computer zu fördern (Weidenmann 1994). Erfolgversprechend, wenn auch nicht unumstritten, sind neuere Denktrainings, die den Anspruch erheben, auf der Basis einer theoretischen Verankerung nachweisbare Effekte von relativer Dauerhaftigkeit und mit der Möglichkeit der Übertragung („Transfer") auf andere Aufgaben zu erreichen (z.B. Klauer 1989; siehe auch Hasselhorn & Hager 2001; Klauer 2001b).

10.6.2 Sozioökonomische Faktoren

Auch die Bedeutung der wirtschaftlichen Verhältnisse für die kindliche Entwicklung wurde schon lange untersucht. Soziologische und psychologische Forschungsansätze hierzu waren oft von sozialpolitischem Engagement getragen und sollten die Bedeutung geordneter wirtschaftlicher Lebensverhältnisse für die normale kindliche Entwicklung hervorheben (z.B. Hetzer 1929). Weniger der allzu undifferenzierte marxistische Klassenbegriff als vielmehr die Unterteilung der Gesellschaft in soziale Schichten boten dazu das empirische Gerüst (vgl. 10.4.4). Vielfach bestätigtes Ergebnis ist, dass nicht nur die Schulleistung, sondern auch die Intelligenz mit der sozialen Schichtzugehörigkeit korreliert. Es finden sich Korrelationskoeffizienten zwischen Indikatoren der Schichtzugehörigkeit und dem Intelligenzquotienten um .30 (z.B. Marjoribanks 1973; vgl. auch Schwenkmezger, Eid & Hank 2000).

10.6.3 Häusliche Lernumwelten

Bildungsgrad, Wohn- und Einkommensverhältnisse wirken sicher nicht direkt auf die Intelligenz der Kinder ein. Vielmehr beeinflussen derartige Bedingungen das Verhalten der Eltern, ihren Erziehungsstil, die Ausstattung mit Spielmaterialien, die Art von Urlaubsreisen – kurz die kindlichen Erfahrungsmöglichkeiten. Ob aber bei beengten Wohnverhältnissen den Kindern oder den Eltern ein großes Schlafzimmer zugewiesen wird, hängt nicht von der sozialen Schichtzugehörigkeit ab, sondern auch von den Einstellungen der Eltern. Auch Eltern aus der Unterschicht können ihren Kindern kulturelle Anregungen zukommen lassen. Wer wenig Geld für den Kauf von Büchern hat, kann öffentliche Bibliotheken nutzen. Die soziale Schicht erweist sich somit als ein viel zu grober Indikator, um relevante ökologische Lern- und Entwicklungsbedingungen zu erfassen. Der amerikanische Erziehungsforscher Bloom hat deshalb gefordert, die häusliche Lernumwelt differenzierter zu erfassen und hinsichtlich ihrer Wirkungen zu überprüfen.

Forschungsbeispiel Umweltkräfte: Marjoribanks (1973) erfasste durch Interviews mit beiden Eltern in 90 Familien aus der Mittelschicht und in 85 Familien aus der Unterschicht die Ausprägung von acht „Umweltkräften", u.a. elterliche Anforderungen an Leistung, an Aktivität, an Selbständigkeit, an mutter- und fremdsprachliche Entwicklung. Alle Familien hatten 11-jährige Söhne, bei denen die Ausprägung von vier Intelligenzfaktoren gemessen wurden. Es zeigte sich, dass die Intelligenzunterschiede zwischen den Kindern nur zu 14% durch die soziale Schichtzugehörigkeit beeinflusst sind, jedoch zu 52% durch die Gesamtheit der erfassten Umweltkräfte. Werden anstelle eines globalen Intelligenzmaßes spezifische Intelligenzfaktoren analysiert, so zeigt sich, dass die Umweltkräfte insbesondere sprachliche und rechnerische intellektuelle Fähigkeiten beeinflussen. Schlussfolgerndes Denken und räumliches Vorstellungsvermögen sind dagegen stärker von Erbanlagen beeinflusst.

Weitere Untersuchungen über die Wirkung von Umweltfaktoren zeigen einerseits, dass globale Indikatoren der sozialen Schicht in viele Umweltaspekte hineinwirken, dass aber die genaue Erfassung von häuslichen Umweltbedingungen bessere Aufschlüsse über spezifische Wirkungen gibt. Beispielsweise ist die Intelligenz von Grundschulkindern umso höher, je höher das sozio-ökonomische Niveau und je stärker die kulturellen Interessen der Eltern sind, je mehr emotionale Wärme und Unterstützung des Kindes vorherrschen (Schuck 1979). Die Kommunikationsfähigkeit von Vorschulkindern ist umso höher, je mehr Nachschlagewerke, Schallplatten und Sachen zum Verkleiden für Rollenspiele vorhanden sind, und je intensiver Gespräche beim Abendessen stattfinden (Wolf 1991).

10.7 Exemplarische Vertiefung: Motivationsfördernde Lernumwelten

Einflussfaktoren auf die Leistungsmotivation sind vielfach theoretisch postuliert und empirisch nachgewiesen worden. Trudewind (1975) leitete aus der Literatur drei Bereiche der familiären Lernumwelt ab, die sich auf die Leistungsmotivation auswirken sollten:

- Anregungsbedingungen
- Leistungsanforderungen (von Trudewind als „Leistungsdruck" bezeichnet)
- Erfolgserfahrungen.

Diese Bereiche werden in Unterkategorien aufgegliedert, beispielsweise „Weite des Erlebnishorizontes" und „Stimulation durch Ausstattung der häuslichen Umwelt" als Teilaspekte der Anregungsbedingungen. Diese Kategorien werden weiter ausdifferenziert in einzelne Variablen, von Trudewind „Skalen" genannt, beispielsweise „Bewegungsfreiheit im Haus und in der näheren Umgebung" und „Variabilität des äußeren Lebensrahmens" als Teilaspekte der „Weite des Erlebnishorizontes". Um den Ausprägungsgrad dieser Variablen zu erfassen, werden konkrete Kriterien erfragt, beispielsweise „Besitz eines Fahrrades und dessen uneingeschränkte Benutzung" oder „viele Spielmöglichkeiten in der Umgebung des Hauses" als Kriterien für die „Bewegungsfreiheit". Die Ausdifferenzierung der häuslichen Lernumwelt in Teilaspekte und Kriterien wird im Beispiel 10-5 verdeutlicht.

Beispiel 10-5: Differenzierung der häuslichen Lernumwelt (Beispiele nach Trudewind 1975)

Hauptdimensionen	Kategorien	Skalen	Kriterien
Anregung	*Weite des Erlebnishorizontes*	*Bewegungsfreiheit*	*Besitz eines Fahrrads*
Leistungsdruck	*Anspruch der Eltern an Schulleistungen*	*Interesse am schulischen Leben*	*Kontakte zum Klassenlehrer*
Erfolgs- und Misserfolgserfahrungen		*Besondere Erfolgserlebnisse*	*Sportliche Erfolge*

Forschungsbeispiel Leistungsmotivation: Trudewind erfasste einerseits die Ausprägung der Leistungsmotivation bei 76 Jungen im Alter zwischen 9 und 12 Jahren, und zwar getrennt für die beiden Komponenten „Hoffnung auf Erfolg" und „Furcht vor Misserfolg". Die Mütter wurden über die Lernumgebungsbedingungen während der Kindheit ihrer Söhne befragt. Die Ausprägungen der Umweltvariablen und die Leistungsmotivationswerte wurden schließlich miteinander in Beziehung gesetzt. Aus der Vielzahl von statistischen Überprüfungen soll ein Ergebnis herausgegriffen werden: Ein hoher Anregungsgehalt führt in Kombination mit hohen Leistungsanforderungen zu einer starken Ausprägung der Furcht vor Misserfolg. Ein hoher Anregungsgehalt kombiniert mit mittlerem oder niedrigem Leistungsdruck begünstigt dagegen die Hoffnung auf Erfolg. Die Ergebnisse waren insgesamt weniger eindrucksvoll als erhofft. Die relativ kleine Stichprobe, zudem beschränkt auf Jungen der 4. Grundschulklasse, begrenzt die Verallgemeinerungsfähigkeit. Dennoch dient diese Untersuchung als Forschungsbeispiel dafür, wie mögliche Auswirkungen häuslicher Lernumwelten auf die kindliche Entwicklung analysiert werden können.

10.8 Exemplarische Vertiefung: Kreativitätsfreundliches Lernklima

Wenn die Innovationsleistung einer Firma unzureichend erscheint, denken viele Menschen in erster Linie an mangelhafte kreative Fähigkeiten der Führungskräfte und Mitarbeiter. Viel zu wenig beachtet wird die Bedeutung des Arbeitsumfeldes, von dem entscheidende fördernde oder hemmende Impulse ausgehen. Ähnliches gilt auch für die Schule. Wenn die Gedanken von Schülerinnen und Schülern in Aufsätzen oder Diskussionen wenig originell erscheinen oder wenn im Mathematikunterricht allzu konventionelle Lösungsansätze bevorzugt werden, dann führen Lehrkräfte dies oft auf die mangelnde Phantasie oder Problemlösefähigkeit der Klasse zurück. Dass auch das Unterrichts- und das Schulklima einen Beitrag zu Kreativität und Problemlösefähigkeit leisten, daran wird oft nicht gedacht.

Es gibt aber auch Hoffnungszeichen: In vielen Schulen machen sich Kollegien oder Arbeitskreise daran, in einem Prozess der „Organisations-Entwicklung" Schwachstellen ihrer Arbeitsumwelt zu entdecken, das Klima und die Zusammenarbeit zu verbessern – teils mit, teils ohne Unterstützung durch die Schulleitung, teils in eigener Regie, teils mit Hilfestellung durch Schulpsychologen als externen Moderatoren.

Familien-, Lern- und Arbeitsklima gestalten

Wenn wir Kreativität fördern wollen, müssen wir günstige Bedingungen schaffen und hemmende Faktoren abbauen. Dies gilt gleichermaßen für den Betrieb und die Verwaltung, die Schule und Hochschule, den Kindergarten und die Familie, den Freundeskreis und den Verein, die Kirchengemeinde und die politische Partei. Aber auch jeder Einzelne kann seine Gestaltungsmöglichkeiten erweitern, seine Umwelt subjektiv neu interpretieren, selektiv nutzen und aktiv verändern.

Umwelt aktiv gestalten: Jeder Mensch hat die Chance, zu den Bedingungen beizutragen, unter denen er lebt und manchmal leidet. Er kann seinen Arbeitsplatz verändern, die Ausstattung, die Arbeitsmaterialien. Er kann sich anregende Informationsmedien besorgen und interessante Gesprächsgruppen aufbauen. Er kann durch Überzeugungsarbeit Kollegen für ein anderes Klima gewinnen.

Umwelt selektiv nutzen: Man muss sich einengenden, blockierenden Bedingungen nicht unnötig lange aussetzen. Man kann sich möglichst lange dort aufhalten, wo man seine kreativen Fähigkeiten und Interessen ausleben kann.

Umwelt bewusst verarbeiten: Wer unentrinnbar hemmenden Bedingungen ausgesetzt ist, kann sich innere Freiräume schaffen. Er oder sie kann sich gegen blockierende Zwänge immunisieren. Manchmal hilft es schon, die Situation anders zu bewerten. Wer sich deutlich macht, dass das autoritäre Verhalten des Chefs Ausdruck seiner Unsicherheit ist, braucht seine geistige Energie nicht auf die empörte innere Auflehnung zu konzentrieren.

Wir befassen uns im Folgenden mit drei kreativitätsfördernden Umweltaspekten: Anregen und aktivieren, zielgerichtet motivieren sowie eine offene und vertrauensvolle Atmosphäre aufbauen. Es folgen zwei Ansätze zum Abbau von Kreativitätshindernissen: Hemmungen und Blockaden abbauen sowie Konformität und Abhängigkeit reduzieren. Diese fünf Aspekte sind das Resümee von Forschungsergebnissen zu kreativitätsfördernden und -hemmenden Bedingungen (vgl. Preiser 1986; Preiser & Buchholz 2000; Runco 1997).

Anregen und aktivieren: Eine langweilige, monotone Situation kann den Wunsch nach Abwechslung provozieren. Eine Übersättigung mit Informationen hilft manchmal, „über der Sache zu stehen". Flexibilität und Originalität werden jedoch weder durch Reizarmut noch durch Reizüberflutung gefördert. Nur durch wohldosierte Anregungen wird ein Mensch optimal aktiviert, um seine Neugier auf die Umgebung zu richten, Probleme zu erkennen und als Herausforderungen anzupacken.

Anregen und aktivieren bedeutet beispielsweise
- abwechslungsreich ausgestattete, aber nicht überladene Arbeits- und Lernräume schaffen
- vielseitige Informationsmaterialien zur Verfügung stellen

Zielgerichtet motivieren: Kreativität wird dann optimal motiviert, wenn das Ziel als solches wichtig ist, nicht nur die Belohnung oder der sichtbare Erfolg, und wenn auch der gesamte Weg zum Ziel mit Vor- und Arbeitsfreude verbunden werden kann: Wenn es also Spaß macht, seine Pfade zum Ziel zu suchen und neue Wege zu gehen.

Intrinsische Motivation (vgl. Kap. 6), die aus der Person selbst herauskommt und auf Interesse und Freunde an der Tätigkeit beruht, begünstigt kreative Ideen. Extrinsische Motivation, die aufgrund äußerer Anreize oder Zwänge wirksam ist, kann allenfalls ergänzend wirksam werden (Amabile 1983).

Zielgerichtete Motivierung bedeutet
- inhaltliches Interesse erzeugen

- Selbstbewertung fördern.

Offene und vertrauensvolle Atmosphäre aufbauen: Wer befürchten muss, für eine unausgereifte Idee kritisiert zu werden, wird seine Vorschläge eher zurückhalten. Wer ausgelacht wird, unterdrückt weiterführende Fragen. Eine offene und vertrauensvolle Atmosphäre schafft hingegen die Bereitschaft, auch unkonventionelle Ideen zu äußern und dadurch andere zum Weiterdenken anzuregen.

Offene, vertrauensvolle Atmosphäre bedeutet
- persönliche Gespräche ermöglichen
- Vertraulichkeit und Verschwiegenheit sichern

Hemmungen und Blockaden abbauen: Unangenehme Erfahrungen bremsen unsere Aktivität. Erziehung kann unser Verhalten kanalisieren. Allzu große Vorsicht und Zurückhaltung engen unser Denken ein. Wenn Neugier und andere Motive gebremst werden, ist die Wahrnehmung oft voreingenommen. Außerdem wird kognitive Verarbeitungskapazität blockiert, wenn man ständig daran denkt, ja nichts falsch zu machen. Die Freisetzung von gehemmten Antrieben und von unterdrückten Erinnerungen und Phantasien erweitert dagegen den Erfahrungsspielraum und ermöglicht neuartige Einfälle.

Blockaden abbauen bedeutet
- übermäßigen Leistungsdruck verringern
- spielerisches Ausprobieren erlauben

Konformität und Abhängigkeit reduzieren: Die bestmögliche Aktivierung und Motivierung erreicht ihr kreativitätsförderndes Ziel nicht, wenn sie sich nur in engen Grenzen sozialer Normen ausdrücken kann. Konformität engt das Denken und Handeln ein. Unabhängigkeit als Persönlichkeitsmerkmal befähigt zum Widerstand. Es gilt aber auch, von der Lernumgebung her den Konformitätsdruck zu reduzieren.

Konformität reduzieren bedeutet
- unterschiedliche Meinungen als Bereicherung akzeptieren
- ungewöhnliche Fragen und Vorschläge akzeptieren und ernst nehmen

Analyse und Gestaltung des Kreativitätsklimas

Am Institut für Pädagogische Psychologie der Goethe-Universität Frankfurt am Main arbeitet eine Arbeitsgruppe mit einem Fragebogen zur Analyse des kreativitätsfördernden oder -hemmenden Umfeldes: *KIK – Kreativitäts- und innovationsförderndes Klima* (Giesler 2001; Preiser 1996). Verschiedene Varianten von KIK richten sich an Mitarbeiter und Vorgesetzte in Betrieben und Behörden, an Lehrkräfte, Schülerinnen und Schüler, Erzieherinnen und Erzieher. Die zu beurteilenden Aussagen lauten beispielsweise:

Der Besuch von Fortbildungsmaßnahmen wird in unserer Schule als sehr wichtig angesehen. (Anregende Umgebung)

Wir werden häufig aufgefordert, Eigeninitiative zu entwickeln. (Zielgerichtete Motivierung)

Wenn man mit etwas unzufrieden ist, kann man mit der Schulleitung ganz offen darüber reden. (Offenes und vertrauensvolles Klima)

Mit diesen Fragebögen wurde nachgewiesen, dass das Kreativitätsklima in Kindergärten systematische Zusammenhänge zu den kreativen Leistungen der Kinder aufweist, die über Kreativitätstests und anhand der Mal- und Bastelprodukte erfasst wurden (Kerner 1995). Auch in chinesischen Grundschulen zeigten sich positive Auswirkungen eines kreativitätsfördernden Klassenklimas und kreativitätsfreundlicher Lehrereinstellungen auf die kreativen Leistungen der Schulkinder – allerdings erst nach einer einjährigen Tätigkeit der Lehrkraft in der jeweiligen Klasse (Böger-Huang 1996).

Dieses Instrument wird zu Forschungszwecken eingesetzt. Es werden jedoch auch Schwachstellenanalysen in Betrieben, Verwaltungen oder Schulen durchgeführt mit dem Ziel, Kreativitätsblockaden aufzudecken und Hinweise zur kreativitätsfreundlichen Gestaltung des Arbeits- und Lernklimas abzuleiten. Die Ergebnisse werden zurückgemeldet, verbunden mit der Aufforderung, in Projektgruppen konkrete Maßnahmen zur Überwindung der gefundenen Schwachstellen und zur Optimierung kreativitätsfördernder Bedingungen zu erarbeiten (vgl. Kap. 2.1).

10.9 Zusammenfassung

1. Sowohl die objektive Umgebung als auch die subjektiv verarbeitete „psychologische" Umwelt beeinflussen aktuelles Erleben und Verhalten und überdauernde Dispositionen.
2. Die Analyse von Lernumwelten orientiert sich an systemtheoretischen Grundannahmen, beispielsweise der Zirkularität von Ursachen und Wirkungen und dem komplexen Zusammenwirken von Einflussfaktoren.
3. Das systemische Modell Bronfenbrenners unterscheidet vier Ebenen: Mikro-, Meso-, Exo- und Makrosystem, die jeweils nach zahlreichen Variablen differenziert werden können.
4. Exemplarisch werden räumlich-physikalische Aspekte, Familienkonstellationen, psychosoziales Klima, Klassengröße, Schichtzugehörigkeit, Schulsystem und kulturelle Aspekte als Einflussfaktoren behandelt.
5. In drei Vertiefungstexten werden intelligenz-, motivations- und kreativitätsfördernde Lernumwelten vorgestellt.
6. Das Wissen um die Vielfalt, Komplexität und Vernetztheit von Umwelteinflüssen sollte dazu beitragen, Entwicklungs- und Erziehungspro-

zesse im ökologischen Kontext besser zu verstehen, fördernde Entwicklungsbedingungen in pädagogischen Situationen bereitzustellen und sich vor vereinfachenden Ursache-Wirkungs-Annahmen zu schützen.

Teil IV:
Pädagogische Arbeitsfelder

11. Unterrichten

(Albert Ziegler und Heidrun Stöger
mit Beiträgen von Markus Dresel und Margarete Imhof)

Wodurch unterschied sich der Unterricht Ihres Lieblingslehrers von dem Unterricht Ihrer übrigen Lehrer? Wie häufig setzte Ihr Lieblingslehrer Medien ein? Wie oft ließ er die Klasse in Gruppen arbeiten? Wie wurden die Gruppen zusammengestellt? War Frontalunterricht, der für viele als veraltet gilt, wirklich so schlecht? Wurden Sie während Ihrer Schulzeit dazu angeregt, sich eigene Lernziele zu setzen und sich passende Lernstrategien auszuwählen?

In diesem Kapitel beschäftigen wir uns mit dem Unterrichten. Nach einer Definition wenden wir uns den Bedingungsfaktoren des Unterrichts zu. In Abschnitt 11.2 besprechen wir Unterrichtsplanung und -durchführung, wobei wir auf drei Grundfragen von Erziehung und Unterricht zurückgreifen (vgl. Kap. 2.1). Unterrichten beginnt mit der Frage nach der Ausgangslage der zu Unterrichtenden (Abschnitt 11.2.1). Nach einer Diagnose der Lernvoraussetzungen werden Unterrichtsziele erstellt (11.2.2) und die dazu passenden Unterrichtsmethoden (11.2.3) gewählt. Danach werden zentrale Merkmale eines guten Unterrichtsmanagements besprochen (11.3). Insbesondere gehen wir auf Kompetenzen und Überzeugungen ein, die erfolgreich unterrichtende Lehrkräfte kennzeichnen sowie auf Ansatzpunkte eines verbesserten Unterrichtsmanagements. In zwei Vertiefungstexten werden das Lernen mit Medien (11.4) und die Bedeutung der Schülerbeobachtung im Unterricht (11.5) thematisiert.

Definition Unterricht: Unter Unterricht wird die planmäßige und regelmäßige Vermittlung von Wissen und Handlungskompetenzen in einem durch Bildungs- oder Lernziele geprägten Bereich verstanden.

Prototypisch für den Unterricht ist der Schulunterricht, der die genannten Definitionsmerkmale allesamt erfüllt. So zeigt sich die außerordentlich hohe *Planmäßigkeit* des Unterrichts auf verschiedenen Ebenen, sie reicht von den allgemeinen Erziehungsvorstellungen umfassenden Präambeln der Curricula bis zu minutiösen Feinplanungen des Unterrichts durch die Lehrkraft. *Regelmäßigkeit* zeigt sich etwa im Stundentaktprinzip oder den Wochenplänen. *Wissen* und *Handlungskompetenzen* werden gewöhnlich durch die fachspezifischen Anforderungen definiert, doch gibt es auch Fächergrenzen überschreitende Qualifikationen, wie beispielsweise soziale Kompetenzen oder Kritikfähigkeit. Schließlich geschieht Unterricht nicht einfach, sondern ist explizit durch *Bildungs-* und *Lernziele* definiert.

11.1 Bedingungsfaktoren des Unterrichtens

Becker (1994) hat eine nützliche Systematik der Bedingungsfaktoren des Unterrichts vorgelegt, die wir als Strukturierungshilfe für unsere Ausführungen übernehmen (siehe Abbildung 11-1). Dabei beschränken wir uns auf einige besonders markante, gut veranschaulichende Beispiele.

Abb. 11-1: Bedingungsfaktoren des Unterrichts, modifiziert nach Becker (1994, S. 91)

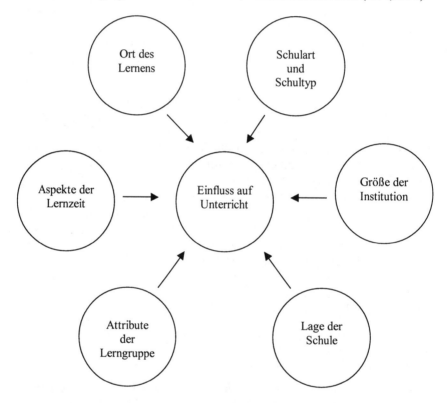

11.1.1 Ort des Lernens – die ökologische Perspektive

Traditionell fand Lernen an dem Ort statt, wo das Gelernte angewendet wurde. So lernte beispielsweise der Schreinerlehrling in der Schreinerei oder der zukünftige Landwirt auf dem Hof seiner Eltern. Lernen in der Moderne ist dagegen dadurch gekennzeichnet, dass eigene Lernorte wie Schulen und Universitäten eingerichtet wurden. Der Nachteil dieser spezialisierten Lernorte ist, dass das Wissen sozusagen in die anvisierten Anwendungskontexte transferiert werden muss. Der große Vorteil ist jedoch, dass die Lernorte funktional gestaltet werden können (z.B. der Klassenraum durch Beleuchtung, geeignete Sitzarrangements etc.).

Bei der Unterrichtsplanung sollten sich Lehrkräfte obligatorisch zwei Fragen stellen, deren Bedeutsamkeit wir anhand einiger möglicher Antworten aufzeigen werden:

1) Welche Ressourcen stehen mir am Lernort für meinen Unterricht zur Verfügung?

Lehrkräfte sollten sich ein genaues Bild davon machen, wie die Ressourcen des Lernortes optimal in ihren Unterricht einbezogen werden können. Welche Räume stehen zur Verfügung (z.B. speziell eingerichtete Funktionsräume wie Physiklabore), wie ist die Raumausstattung oder wie groß ist der Raum? Wie ist die Ausstattung mit Medien?

2) Welche Eigenschaften des Lernortes können den Unterrichtserfolg beeinträchtigen?

Beispielsweise können Stühle, die nicht der Größe der Schüler angepasst sind, Unkonzentriertheiten begünstigen. Diese sind dann also nicht auf die Art des Unterrichtens zurückzuführen und manche Lehrkräfte suchen die Ursachen für Unruhe und Unaufmerksamkeit an falscher Stelle. Ein weiteres, sehr instruktives Beispiel ist die Raumtemperatur. So sollte bedacht werden, dass im Hochsommer in einem sonnenüberfluteten Klassenzimmer in der letzten Schulstunde die Hitze oft lähmend wirkt und nicht selten Raumtemperaturen über 30 Grad Celcius erreicht werden. In solchen Stunden sollte man eher Gelerntes verfestigen als neuen anspruchsvollen Stoff durchnehmen.

Zur Weckung der Sensibilität hinsichtlich lernökologischer Faktoren soll abschließend das Beispiel der Sitzordnung angeführt werden. So unterstützt ein Sitzen

1. in Hufeisenform den Gedankenaustausch und die Beteiligung der Einzelnen in der Gesamtgruppe;
2. in der traditionellen Omnibusform das individuelle konzentrierte Arbeiten;
3. in Kleingruppen um einen Tisch herum die Gruppenarbeit (vgl. auch Kap. 10).

11.1.2 Schulart und Schultyp

Schulart und Schultyp beeinflussen konkrete Unterrichtsplanung auf vielfältige Weise (Becker 1994; vgl. Kap. 10.5.2). So wird beispielsweise der Unterricht an einer Montessori-, einer Waldorf- und einer Regelschule schon bereits aufgrund der allgemeinen Zielsetzungen dieser Schulen sehr unterschiedlich ausfallen. Unterschiede gibt es beispielsweise auch zwischen Gymnasien, die in 8 oder 9 Jahren zum Abitur führen. Ferner spielt es eine wichtige Rolle, ob es sich um eine Grundschule handelt, in der die Lehrkraft ihre Schüler viel besser kennt, oder um ein Gymnasium, in dem die Lehrkräfte ihre Schüler teilweise nur eine Stunde pro Woche unterrichten (wobei sie nicht selten selbst nach zwei Jahren Unterrichtens in einer Klasse nicht alle Schüler beim Namen kennen).

11.1.3 Größe der Institution

Je kleiner die Schule und somit das Lehrerkollegium ist, desto eher ist ein intensiver Austausch der Lehrkräfte möglich. In vielen Mammutschulen gibt es mehrere Lehrerzimmer, sodass Lehrkräfte kaum Kontaktmöglichkeit haben, um über Fördermöglichkeiten für einzelne Schüler zu diskutieren. Auch eine umfassende Kooperation und somit ein koordinierter Unterricht, der die aktuellen Erfahrungen der Kollegen einbezieht, oder ein Projektunterricht, der mehrere Fächer umfasst, wird erschwert. Übergeordnete Lernziele, wie soziale Kompetenzen oder Konfliktlösungsstrategien, die am besten durch ein gemeinsames, abgestimmtes Vorgehen mehrerer Lehrkräfte erfolgen, bleiben damit ebenfalls häufig auf der Strecke.

Zusätzlich zur Größe der Schule spielt auch die Größe der Schulklasse eine Rolle. Zwar ist der Zusammenhang zwischen Klassengröße und Unterrichtserfolg (erfasst über sehr verschiedene Variablen wie Lernertrag oder Schülermotivation) keineswegs so klar, wie dies zumeist geglaubt wird (Helmke, Schneider & Weinert 1986; vgl. Kap. 10.4.3). Bei kleinen Klassen sind jedoch vielfältige Lehrmethoden und auch Diagnosen des Leistungsstandes möglich. Da es sich beispielsweise eine Lehrkraft in großen Klassen kaum noch leisten kann, alle Schüler mündlich abzufragen, wird sie eher den ökonomischeren schriftlichen Prüfungen den Vorzug geben.

11.1.4 Lage der Schule

Die Lage der Schule umfasst nicht nur den Standort, sondern auch ihre Einbettung in den räumlichen Kontext eines Dorfes oder eines Stadtteils, ihr Einzugsgebiet, die infrastrukturellen Gegebenheiten (z.B. Museen, Sportplätze) sowie den Schulweg. Ihre Bedeutung soll wiederum anhand eines Beispiels veranschaulicht werden, das im Rahmen des Soziotop-Ansatzes (Mühlum 1986) gefunden wurde. Es wurde untersucht, welche Aspirationen Eltern für ihre Kinder aufweisen, deren sozialer Status zwar identisch war, deren ökologisches Wohnumfeld jedoch differierte. So zeigte sich beispielsweise, dass Arbeiterfamilien, die in einem stärker mittelständisch geprägten Viertel lebten, im Gegensatz zu Arbeiterfamilien, die in typischen Arbeitervierteln wohnten, höhere Bildungsziele (z.B. das Abitur oder mittlere Reife) für ihre Kinder anstrebten.

11.1.5 Attribute der Lerngruppe

Bei der Unterrichtsplanung sind die Lernvoraussetzungen und Lerninteressen der Klasse zu berücksichtigen (vgl. Abschnitt 11.2.1). So muss eine Lehrkraft häufig viel Zeit darauf verwenden, vorhandene Wissenslücken zu schließen. Handelt es sich um eine intellektuell leistungsstärkere Klasse, wird die Lehrkraft in vielen Fällen völlig automatisch den Schwierigkeitsgrad des Unterrichtsstoffes anpassen (und ihn typischerweise an den etwas über dem Leistungsdurchschnitt liegenden Schülern ausrichten). Ist eine Klasse besonders motiviert, wird sich dies ebenfalls in verschiedener Hinsicht auswirken: Die Lehrkraft selbst ist stärker motiviert, sie plant anspruchsvollere, abwechslungsreichere Inhalte über die obligatorischen Anforderungen hinaus und kann mehr Zeit auf den Unterrichtsstoff verwenden, da sie weniger mit dem Unterrichtsmanagement beschäftigt ist (also beispielsweise mit Ermahnungen).

11.1.6 Aspekte der Lernzeit

Unterricht findet zumeist im 45-Minuten-Takt statt. Daraus ergeben sich ohne Zweifel Vorteile, wie die leichtere Organisation des Unterrichts auf Schulebene oder die bessere Planbarkeit von Unterrichtseinheiten für die Lehrer. Die bekanntesten Nachteile sind:

- mangelnde Kontinuität der Lernprozesse durch künstliche, nicht pädagogisch bedingte Unterbrechungen;
- unnötige Einschränkungen des Methodenrepertoires der Lehrkräfte;
- Benachteiligung vor allem schwächerer Schüler aufgrund der Fülle verschiedener Unterrichtsfächer pro Tag (als Faustregel gilt: nicht mehr als vier Fächer pro Tag).

Ferner sind die Erträge wöchentlich ein- oder zweistündig unterrichteter Fächer oftmals gering – nicht zuletzt deshalb, weil die Aktualisierungsphase des Stoffes überproportional viel Zeit verschlingt (Schätzungen belaufen sich auf ca. 20% der Unterrichtszeit; Rathvon 1999). Bei der Unterrichtsplanung muss eine Lehrkraft daher auch berücksichtigen, wie es gelingen kann, am Montag den Schülern in Erinnerung zu rufen, was am Freitag durchgenommen wurde.

11.1.7 Unterrichtsmaterialien

Dass sich Unterricht nicht allein auf mündlich dargebotene Informationen stützen kann, gehört nicht erst zu den Errungenschaften moderner Unterrichtswissenschaft. Unterrichtsmaterialien dienen unter anderem dem besseren Verständnis und der besseren Merkfähigkeit. Ein besseres Verständnis kann beispielsweise durch die Verwendung von Filmen oder Bilddokumenten hergestellt werden, eine bessere Merkfähigkeit beispielsweise dadurch, dass Schüler nicht nur passiv dem Unterricht lauschen, sondern etwa durch Experimentieren Wissen anwenden. Eine weitere wichtige Funktion der Verwendung von Unterrichtsmaterialien ist die Motivationssteigerung; denn im schlechtesten Fall durchbricht die Verwendung von Unterrichtsmaterialien nur die Eintönigkeit, im besten Falle schlägt sie aber die Brücke zu individuellen, selbstgesteuerten Weiterbildungsmöglichkeiten. Es gibt verschiedene Versuche, Unterrichtsmaterialien einzuteilen. Wir orientieren uns hier an Becker (1994), nehmen jedoch zusätzlich neue Medien mit auf:

- Symbolische Materialien (z.B. Texte, Schul- und Sachbücher, Zeitungen etc.);
- Bildmaterialien (z.B. Skizzen, Schaubilder, Fotografien, Landkarten);
- Tonmaterialien (z.B. Tonbandaufzeichnungen, Hörspiele, CDs);
- Bild-Ton-Dokumente (z.B. Fernsehfilme, selbstgedrehte Filme);
- Objekte zur Veranschaulichung und Erklärung von Sachverhalten und Prozessen (z.B. Gesteine, präparierte Pflanzen, Globus, Mikroskop, elektrische Geräte);
- Neue Medien (z.B. Notebook, PC, Beamer)
- Arbeitsmaterialien, die der Abnutzung unterliegen (z.B. Schreibgeräte, Werkzeuge, Musikinstrumente, Sportgeräte);
- Arbeitsmaterialien, die dem Verbrauch unterliegen (z.B. Papier, Hefte, Zeichenblöcke, Farben, Ton, Holz).

Es sei davor gewarnt, Unterrichtsmaterialien als Selbstläufer zu betrachten. Vielmehr ist es wichtig, dass eine Lehrkraft ihren Einsatz sorgfältig plant (vgl. Spezialliteratur, z.B. Becker 1994; Krauthausen & Scherer 2001).

11.2 Unterrichtsplanung und -durchführung

Wir stellen die konkrete Unterrichtsplanung als einen Prozess dar, der aus drei Schritten besteht, die man allerdings nicht als Sequenz von Schritten, sondern in der Praxis als mehr oder weniger parallel verlaufende Prozesse anzusehen hat (vgl. Kap. 2.1):

1. Diagnose der Schüler;
2. Klärung der Unterrichtsziele;
3. Wahl der Unterrichtsmethode.

11.2.1 Diagnose der Schüler – Ausgangslage

Vor jeder Planung muss sich eine Lehrkraft klar werden, welche Voraussetzungen die Schüler mitbringen. So macht es keinen Sinn, einen Unterricht gemäß dem Lehrplan zu entwerfen, wenn die Schüler die Unterrichtsziele aufgrund ihres Vorwissens nicht erreichen können. Bei Schülerdiagnosen darf die Analyseeinheit einer Lehrkraft nicht die Klasse sein (z.B. die Klasse ist demotiviert); jeder Schüler muss individuell berücksichtigt werden, wenn er gemäß seiner individuellen Möglichkeiten gefördert werden soll. So kann selbst in heterogenen Lerngruppen durch Maßnahmen der Binnendifferenzierung (z.B. Fähigkeitsgruppierungen oder differenzierte Aufgabenstellungen) individuell abgestimmter Unterricht zumindest näherungsweise erreicht werden. In Abbildung 11-2 sind die wichtigsten Bereiche genannt, auf die bei der Diagnose der Lernvoraussetzungen zu achten ist.

Abb. 11-2: Randbedingungen von Unterricht, modifiziert nach Becker (1994, S. 91)

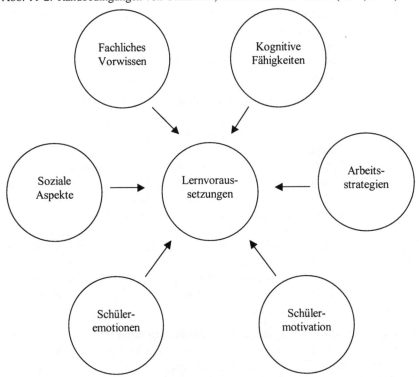

Fachliches Vorwissen: Viele Forschungen zeigen, dass das Fachwissen im Vergleich zu kognitiven Fähigkeiten eine zumindest gleichberechtigte Voraussetzung für gelingende Lernprozesse darstellt. Interessanterweise kann Vorwissen in weit höherem Maße kognitive Nachteile ausgleichen, als dies bislang vermutet wurde (Schneider 2001). Eine Lehrkraft muss deshalb Sorge tragen, dass die Schüler auf der Basis ihres Vorwissens die geforderten Unterrichtsinhalte überhaupt verstehen können.

Kognitive Fähigkeiten: Die entwicklungspsychologische Forschung zeigt uns, dass Erwachsene und Kinder unterschiedlich denken (Oerter & Montada 1998; vgl. Kap. 7). Ohne Kenntnis und ausreichende Berücksichtigung der spezifischen kognitiven Eigenarten auf den einzelnen Entwicklungsstufen ist daher eine erfolgreiche Unterrichtsplanung kaum möglich. Ab wann sind Kinder fähig zu einfachem analogen Schlussfolgern? (Antwort: Ab etwa 6 Jahren.) Ab wann sind Kinder fähig zu einfachem deduktiven Denken? (Antwort: Ab etwa 8 Jahren.) Wann entwickeln Kinder die Fähigkeit, Sachverhalte systematisch zu durchdenken? (Antwort: Ab etwa 11 Jahren.) Wann können Kinder kognitive Operationen wie einen Widerspruchsbeweis durchführen? (Antwort: Ab etwa 14 Jahren.) Wann können Kinder spontan Gedächtnisstrategien einsetzen? (Antwort: Wiederholungsmethode ab 6 Jahren, Organisationsstrategien selten vor 9-10 Jahren.)

Diese in Frage-Antwort-Form dargestellten Entwicklungen sollen die Relevanz altersangemessenen Unterrichts aufzeigen. Zu hoch gesteckte Unterrichtsziele können Schüler sehr leicht überfordern, im Falle von Unterforderung kann es aber auch geschehen, dass bestimmte kognitive Entwicklungen nicht angestoßen werden beziehungsweise Langeweile resultiert.

Arbeitsstrategien: Die Fähigkeit zum richtigen Lernen und Arbeiten kann nicht einfach vorausgesetzt werden, sondern muss erlernt werden (siehe unten). Zusammen mit der Einsicht, dass nicht jede Arbeits- oder Lernstrategie für jede Unterrichtsmethode gleichermaßen gewinnbringend ist, setzen die den Schülern verfügbaren Strategien der Unterrichtsplanung Grenzen. Unter Umständen muss also eine Lehrkraft, bevor sie eine Unterrichtsmethode einsetzt, bestimmte Arbeitsformen gezielt mit der Klasse einüben bzw. bestimmte Kompetenzen vermitteln. Als bekanntes Beispiel für diese Aussage möchten wir die Gruppenarbeit erwähnen. Um sie gewinnbringend einzusetzen, bedarf es sozialer Kompetenzen der Schüler, die gezielt vermittelt werden müssen. Dazu gehören beispielsweise die aktive Hilfesuche, Rollenkompetenzen (z.B. als Gruppenleiter) oder kommunikative Fähigkeiten, etwa wenn das in Individualarbeit erworbene Wissen an die Gruppe weiter gegeben werden soll.

Schülermotivation: Nach den ersten Grundschuljahren lässt die Schülermotivation meist stark nach. Da jedoch jede Unterrichtsplanung massiv von der Motivation der Schüler abhängig ist, sind unter Umständen zusätzliche Anstrengungen notwendig, die erforderliche Motivation sicherzustellen. In der Forschungsliteratur wird hervorgehoben, dass ein alltagsnaher und daher den Schülern bedeutungsvoller Unterricht besonders motiviert (Daniels, Kalkman & McCombs 2001). Eine andere Möglichkeit bieten spezielle, in den Unterricht integrierte Maßnahmen zur Veränderung von Attributionsmustern (Reattributionstrainings; Ziegler & Schober 2000; vgl. Kap. 6.3.1).

Schüleremotionen bleiben bei der Unterrichtsplanung leider häufig unberücksichtigt, weil viele Lehrkräfte ihnen keinen besonderen Stellenwert für den Unterrichtserfolg zuschreiben. Einige Beispiele verdeutlichen jedoch sehr schnell, dass dies keineswegs der Fall ist:

- Nach Hofmann und Pekrun (1999) nennen Schüler konsistent als eine der häufigsten Emotionen, die sie im Schulunterricht erleben, Langeweile.
- Lehrkräfte, die eine neue Klasse übernehmen, stehen häufig vor dem Handicap, dass ihr Fach für viele Schüler angstbesetzt ist (z.B. die Mathematik), wobei sich diese Angst auch sehr leicht auf ihre Person überträgt (Ziegler, Dresel & Schober 1999).
- Die emotionale Befindlichkeit der Schüler steht mit dem Inhalt des Unterrichts in Wechselwirkung; sie wird eine andere sein, wenn die Lehrkraft in der Stunde vor einer wichtigen Klassenarbeit nochmals den schwierigen Prüfungsstoff zusammenfasst oder wenn sie in ein neues Thema mit vielen interessanten Alltagsbeispielen einführen kann.

Eine Lehrkraft sollte bereits bei der Unterrichtsplanung Rücksicht auf Schüleremotionen nehmen, wobei sie zwischen relativ stabilen Emotionen (z.B. Prüfungsängstlichkeit) und durch aktuelle Eigenschaften des Unterrichts (Rückgabe einer Klassenarbeit) ausgelöste Emotionen unterscheiden sollte. Beide Arten von Emotionen können sich unter Umständen gegenseitig verstärken. Als ungünstig zu bewerten ist es etwa, wenn ein sehr prüfungsängstliches Kind zu Beginn der Stunde abgefragt wird. Zum einen wird diese Abfrage in praktisch jeder Hinsicht ihren eigentlichen Sinn verfehlen (z.B. Leistungsdiagnose des Kindes; Feedback für die Lehrkraft, ob sie den Stoff vermitteln konnte; Wiederholung des Unterrichtsstoffes der letzten Stunde als Einstieg in die neue Stunde), zum anderen löst die Beobachtung des ängstlichen Kindes in der Klasse (und auch bei der Lehrkraft!) viele negative Emotionen aus, die das Unterrichtsklima drastisch verschlechtern können.

Soziale Aspekte betreffen (1) die sozialen Kompetenzen von Schülern sowie (2) die Summe der lernrelevanten sozialen Erfahrungen

- in der Familie (familiale Lernvoraussetzungen);
- außerhalb der Lerngruppe (extragruppale Lernvoraussetzungen);
- in der Klasse (intragruppale Lernvoraussetzungen).

Traditionell wurde diesen sozialen Aspekten ein sehr großes Gewicht beigemessen. So war man früher noch sehr viel stärker der Überzeugung, dass guter Unterricht eine genaue Kenntnis des sozialen Umfeldes verlangt (weshalb beispielsweise früher für Lehrkräfte eine Residenzpflicht am Schulstandort bestand). Aber auch heute kommt ihnen eine außerordentlich hohe Bedeutung zu, die wir an zwei Beispielen verdeutlichen.

Beispiel Gruppenstruktur: Eine Schulklasse ist als administrative Einheit eigentlich ein Zufallsprodukt. Trotzdem etabliert sich beispielsweise recht schnell ein bestimmter Dominanzstatus in der Klasse, der sich auch in Rollenverhalten ausdrückt. Soziale Rollen wie die des Außenseiters, des Abgelehnten oder des Stars spiegeln sich recht deutlich in Klassendiskussionen.

Lehrkräfte können diese Rollenverteilungen beispielsweise mit Hilfe von Soziogrammen (vgl. Kap. 14.) oder der Beobachtung des Kommunikationsverhaltens – z.B. wer unterbricht wen in den Gesprächen? – feststellen.

Beispiel Gruppenarbeit: Erfolgreiche Gruppenarbeit verlangt normalerweise, dass Schüler mit dieser Arbeitsform bereits vertraut sind. Natürlich stellt auch gerade die Gruppenarbeit eine hervorragende Lerngelegenheit für soziale Fähigkeiten dar, wie beispielsweise dem Anderen zuhören, ihn ausreden lassen, seine Gedanken aufgreifen, Verantwortung für Teilaufgaben übernehmen etc. Aber in dem Maße, wie diese sozialen Fähigkeiten noch zu entwickeln sind, ist die Wirksamkeit dieser Unterrichtsmethode begrenzt.

11.2.2 Klärung der Unterrichtsziele

Den allgemeinen Rahmen für die Ableitung konkreter Unterrichtsziele bilden die Lehrpläne und Rahmenrichtlinien der jeweiligen Bundesländer. Dies bedeutet jedoch nicht, dass die Lehrkraft keine Gestaltungsfreiheiten besäße. Im Gegenteil! Ihr obliegt die Umsetzung der Curricula in konkreten Unterricht, wobei sie auch bei der Wahl der Inhalte häufig einen beträchtlichen Spielraum hat. Wir halten es für wichtig, dass diese Unterrichtsinhalte in konkrete Unterrichtsziele umgesetzt werden, wobei im nächsten Schritt die Lehrkraft überlegen muss, mit welcher Unterrichtsmethode (siehe nächster Abschnitt) ein Unterrichtsziel am besten erreicht werden kann.

Dabei ist zu berücksichtigen, dass die Unterrichtsplanung themengebunden erfolgen muss, d.h. nicht die Unterrichtsstunde gibt den Rahmen der Unterrichtsplanung vor, sondern die thematisch geordneten Unterrichtsziele. Eine Lehrkraft sollte sich dabei vorab mit folgenden didaktischen Fragen beschäftigen (die allerdings nur eine Auswahl darstellen):

- Verfügen die Schüler über das Vorwissen, das zur Behandlung dieses Unterrichtsthemas notwendig ist?
- Wie kann das Interesse der Schüler am Unterrichtsthema geweckt werden?
- Wie kann das Unterrichtsthema sinnvoll in Teilthemen zerlegt und diese bedeutungsvoll strukturiert werden?
- Was sind die zentralen Inhalte, die auf alle Fälle behalten werden müssen?
- Was kann zur Veranschaulichung des Unterrichtsthemas eingesetzt werden?
- Welche Unterrichtsmethode ist zur Vermittlung des Themas geeignet?
- Stehen Medien zur Verfügung und wo bietet sich ihr Einsatz an?
- Welche Wiederholungen müssen eingeplant werden?
- In welchen Abständen und mit welchen Mitteln lässt sich der Lernerfolg überprüfen?

Generell lassen sich Unterrichtsziele in soziale, affektive und kognitive differenzieren, wobei aus Lehrersicht letztere in der Praxis die bedeutsamsten sind. Eine nützliche Einteilung der kognitiven Unterrichtsziele stellt die Lernzieltaxonomie von Bloom (1956) dar.

Lernzieltaxonomie von Bloom
Es ist unabdingbar, dass eine Lehrkraft die kognitiven Anforderungen der Unterrichtsziele genau plant. Zum einen ist dies sehr wichtig, da die Komplexität der Unterrichtsinhalte dem kognitiven Entwicklungsstand und den Lernvoraussetzungen der einzelnen Schüler angemessen sein muss, zum anderen verlangt eine sinnvolle didaktische Planung eine Anordnung des Lehrangebots nach steigendem Komplexitätsgrad (vgl. Bruner 1964).

Von überragender Bedeutung ist eine Untergliederung der Unterrichtsziele nach ihrem kognitiven Anforderungsgehalt auch deshalb, weil die Art der Lernstrategien, die Schüler einsetzen, sich genau an diesem Anforderungsgehalt bemessen. Soll beispielsweise Faktenwissen erworben werden, so reichen unter Umständen einfache Wiederholungsstrategien aus. Ist das Unterrichtsziel dagegen die Synthese von Wissen, bedarf es sogenannter Elaborationsstrategien (beispielsweise der bewährten Lernstrategie, sich den entgegengesetzten Standpunkt zu verdeutlichen).

Tab. 11-3: Lernzieltaxonomie nach Bloom

Komplexität	Hierarchiestufe	Prozesse	Produkte
Sehr basal	Wissen	erinnern, benennen, wiederholen, definieren	Fakten, Listen, Geschichten, Formeln, Definitionen
Basal	Verständnis	verstehen, beschreiben, erklären, zusammenfassen, identifizieren	Diagramme, Geschichten, Rätsel, Reporte
Etwas komplex	Anwendung	anwenden, demonstrieren, konstruieren, lösen	Modelle, Sprechen/ Dialoge, Landkarten, Kunst
Komplex	Analyse	auseinandernehmen, vergleichen, kontrastieren, sortieren, kategorisieren	Graphiken, Umfragen, Statistiken
Komplexer	Synthese	kreieren, komponieren, entwickeln, planen, kombinieren	Hypothesen, Experimente, Artikel verfassen, Gedichte schreiben
Sehr komplex	Evaluation	beurteilen, urteilen, kritisieren, verteidigen	Simulationen, Umfragen, Gutachten, Briefe

11.2.3 Unterrichtsmethoden

Schüler bringen höchst unterschiedliche Lernvoraussetzungen mit. Schon diese schlichte Tatsache sollte Lehrkräfte misstrauisch fragen lassen, ob es immer eine für alle Schüler beste Lehrmethode geben kann oder ob sich nicht vielmehr Lehrmethoden in ihrer Effektivität und Effizienz je nach Lernvoraussetzungen der Schüler unterscheiden dürften. Cronbach und Snow (1977) haben vehement die Möglichkeit solcher Wechselbeziehungen von Schüler und Unterrichtsmethode vertreten (Aptitude-Treatment-Interaction; ATI). Diese sind bereits dann gegeben, wenn zwei Schüler A und B aufgrund ihrer unterschiedlichen Eigenschaften oder Fähigkeiten („Aptitude") auf Lehrmethoden („Treatment") unterschiedlich ansprechen („Interaction").

Forschungsbeispiel Angst: Ein immer wieder zitiertes Beispiel für eine Aptitude-Treatment-Interaction ist die Wechselbeziehung von Unterrichtsmethode und Angst (vgl. Dowalby & Schumer 1973; Snow 1977). Das in vielen Studien gefundene typische Ergebnismuster ist in Abbildung 11-4 wiedergegeben. Danach profitieren vor allem ängstliche Schüler von einem lehrerzentrierten Unterricht (z.B. Frontalunterricht). Dagegen erbringen wenig ängstliche Schüler bessere Leistungen bei einem schülerzentrierten Unterricht, wenn sie also mehr Einfluss auf den Unterrichtsablauf haben. Dieser Befund ist durchaus plausibel, da es ängstlichen, unsicheren Schülern entgegenkommt, wenn Situationen möglichst gut strukturiert sind und wenig Offenheit aufweisen, sodass Verhaltensunsicherheiten reduziert sind. Auf der anderen Seite weiß man aus der Motivationsforschung (vgl. Kap. 6), dass Individuen ein Bedürfnis nach Selbstbestimmung haben, dessen Befriedigung die intrinsische Motivation wirksam fördert. Ein Unterricht, der viele Entscheidungs- und Entfaltungsmöglichkeiten bietet, kommt somit vor allem Schülern entgegen, die aufgrund ihrer geringen Ängstlichkeit bereit sind, eigenverantwortliche Entscheidungen zu treffen.

Abb. 11-4: Beispiel für eine Aptitude-Treatment-Interaction

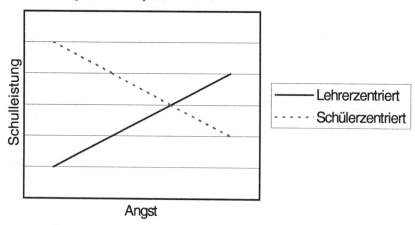

Für Lehrkräfte verdeutlicht der ATI-Ansatz, dass es nicht *eine* beste Unterrichtsmethode für alle Schüler gibt. Stattdessen sind Lehrkräfte gehalten, stets die Individualität des Schülers und seine speziellen Lernvoraussetzungen bei ihrer Unterrichtsplanung und –durchführung zu berücksichtigen.

Bislang haben wir den Begriff Unterrichtsmethode intuitiv verwendet, ohne ihn zu definieren, was nun nachgeholt werden soll:

Definition Unterrichtsmethoden: Von Lehrkräften verschiedener Fächer wiederholt eingesetzte, typische Vermittlungsformen des Lehrstoffes.

Aus den zahlreichen Klassifikationsversuche greifen wir hier die Unterscheidung zwischen lehrer-, gruppen- und individualzentriertem Unterricht heraus. Obwohl die Übergänge fließend sind, lassen sich diese Formen gut danach unterscheiden, inwieweit Lernsequenzen durch die Lehrkraft, Schülergruppen oder den einzelnen Schüler geprägt werden.

Lehrerzentrierter Unterricht

Die typische Form des lehrerzentrierten Unterrichts, auf die wir uns im Folgenden konzentrieren werden, ist auch gleichzeitig die in der Praxis häufigste Unterrichtsmethode: der Frontalunterricht (Rosenshine 1987; Slavin 1991). Dieser hat heutzutage ein recht negatives Image, was aber ungerechtfertigt ist. Nach Gage und Berliner (1986) bietet er sich unter anderem dann an, wenn

- hauptsächlich die sachgerechte Vermittlung des Unterrichtsstoffes angestrebt wird;
- der Unterrichtsstoff nicht anderweitig in geeigneter Form verfügbar ist;
- der Unterrichtsstoff besonders aufbereitet werden muss;
- die Lehrkraft Motivationshilfen geben möchte;
- nur ein kurzfristiges Behalten angestrebt wird und vor allem wenn
- in ein neues Themengebiet eingeführt wird.

Abzuraten von dieser Unterrichtsmethode wäre allerdings, wenn

- nicht die Informationsvermittlung das oberste Lernziel darstellt;
- längeres Behalten angestrebt wird;
- der Unterrichtsstoff sehr komplex und vor allem detailreich ist;
- das Unterrichtsziel die aktive Beteiligung des Schülers verlangt;
- komplexere kognitive Ziele angestrebt werden (vgl. Blooms Lernzieltaxonomie);
- die kognitiven Fähigkeiten ein Verständnis der Lehrerdarbietung nicht erlauben.

Die drei wichtigsten Methoden des lehrerzentrierten Unterrichts (vgl. auch Kyriacou 1995) sind:

- Direkte Instruktion (anweisen, informieren, beschreiben und erklären)
- Modellierung und Coaching
- Fragen stellen.

Direkte Instruktion
Die direkte Instruktion umfasst alle Anweisungen einer Lehrkraft, mit der sie den Unterrichtsablauf steuert. Sie kann sich daher sowohl auf die Sicherung optimaler Lernbedingungen („Schließt das Fenster!") als auch direkt auf das Lerngeschehen beziehen. Die auf das Lernen bezogenen Aussagen lassen sich wiederum in lerninhaltbezogene und lernprozessbezogene Instruktionen differenzieren. Lerninhaltbezogene Instruktionen haben die Funktionen des Informierens, Beschreibens und Erklärens, während lernprozessbezogene Instruktionen direkten Vermittlungsbemühungen dienen (z.B. „Richtet euren Blick bitte auf die Landkarte!"). Die lerninhaltbezogenen Instruktionen, welche eine kompetente Informationsvermittlung anvisieren, gelten als eine der Stärken des Frontalunterrichts (Brown & McIntyre 1993), da der Lehrer als der ausgewiesene Fachexperte Sachverhalte am besten darstellen kann. Dabei hat er folgende Punkte zu berücksichtigen:

(1) Klarheit: Alle Aussagen müssen dem kognitiven Entwicklungsstand und dem Vorwissensniveau der Schüler angepasst sind.

(2) Strukturiertheit: Die Darstellungen der Lehrkraft müssen strukturiert erfolgen, das heißt komplexere Informationssegmente müssen in kleinere Teile heruntergebrochen werden, die wiederum sinnvoll zu verbinden sind. Als günstig hat es sich auch erwiesen, dem eigentlichen Lernstoff einleitend Strukturierungshilfen voranzustellen, sogenannte Advanced Organizers (Ausubel 1968). Dazu sollten Lehrkräfte übergeordnete Konzepte vorab präsentieren, die der Einordnung des neuen Wissens und vor allem seiner Verknüpfung mit bereits vorhandenem Wissen dienen. Empirische Studien und praktische Unterrichtserfahrungen belegen, dass hierdurch das Verständnis, die Merkdauer und auch das Interesse wirksam gefördert werden.

(3) Länge: Vollständig durch die Lehrkraft bestrittene Unterrichtssequenzen (Monologe) sollten eine bestimmte Zeitdauer nicht überschreiten, weil erstens die Informationsmenge sonst nicht bewältigt werden kann und zweitens die Aufmerksamkeit der Schüler spürbar nachlässt. Als grobe Richtlinie kann gelten, dass die maximale Länge von Lehrermonologen in der ersten Klasse Grundschule bei höchstens 6 Minuten liegen sollte, wobei man pro Klassenstufe etwa 1 Minute hinzurechnen kann. Spätestens nach Ablauf dieser Zeitspanne sollte dann eine andere Aktivität eingeschaltet werden (was beispielsweise bereits durch eine einfache Frage an die Schüler geschehen kann).

(4) Interesse: Nichts ist langweiliger als monotone Monologe. Eine Lehrkraft muss deshalb darauf achten, dass sie ihre Mimik und Gestik, ihre Sprachmelodie und ihre Lautstärke variiert. Sie sollte sich jederzeit darüber

klar sein, dass ihr Interesse an dem von ihr präsentierten Unterrichtsstoff die Obergrenze des Interesses ist, das die Schüler aufbringen werden. Deshalb sollte sie danach trachten, mit ihrer gesamten Körpersprache ihr hohes Interesse am Unterrichtsstoff auszudrücken. Die Lehrkraft soll auch versuchen, Schülern das Gefühl zu geben, dass jeder einzelne von ihnen persönlich angesprochen wird. Das kann sie beispielsweise durch häufigen Augenkontakt erreichen. Leider zeigen Studien, dass – auch zum Teil bedingt durch Sitzordnungen – Augenkontakte mit Schülern sehr ungleich verteilt sind (Brophy & Good 1976).

(5) Sprachniveau: Selbst Erwachsene bekommen Verständnisschwierigkeiten, wenn Sätze mehr als 13 Worte umfassen. Das Sprachniveau sollte deshalb dem Sprachentwicklungsniveau und den Sprachkompetenzen der Schüler angepasst werden. Dies betrifft sowohl die Syntax der Sätze (verschachtelte Nebensätze vermeiden!) als auch die Semantik (in diesem Zusammenhang wird darunter die Informationsfülle verstanden) und das Lexikon (Fremdwörter, unbekannte Fachtermini!).

(6) Veranschaulichungsgrad: Inhalte können leichter transportiert werden, wenn sie an das Vorwissen der Schüler anknüpfen. Ansonsten besteht die große Gefahr, dass Schulwissen träge bleibt. Der Veranschaulichungsgrad kann erhöht werden, wenn sich die Unterrichtsinhalte stärker auf die Alltagswelt der Schüler beziehen und häufig Beispiele, Analogien und Metaphern verwendet werden – optimalerweise ebenfalls aus der Alltagswelt der Schüler.

Beispiel träges Wissen: Unter trägem Wissen versteht man das Phänomen, dass Wissen nur in dem Lernkontext, in dem es erworben wurde, aktualisiert werden kann. Ein beeindruckendes Beispiel hierfür ist die Beantwortung der folgenden Textaufgabe durch Schüler der sechsten Jahrgangsstufe:

Der Direktor der Marie-Curie-Schule plant einen Schulausflug. Ein Busunternehmer erteilt ihm die telefonische Auskunft, dass in einen Bus exakt 50 Schüler plus beliebig viel Begleitpersonal untergebracht werden können. Wenn die Schule nun von 130 Schülern besucht wird, muss der Direktor wie viele Busse bestellen:

a) 2 Busse; b) 2 Busse Rest 30; c) 2 3/5 Busse; d) 3 Busse

Obwohl im Alltag wohl keinem Schüler einer dieser beiden Fehler unterlaufen würde, wählen über die Hälfte der Schüler die Alternativen b) und c).

---

(7) Diagnosen: Eine große Gefahr monologisierender Unterrichtssequenzen besteht darin, dass Schüler zentrale Aussagen verpassen. Die Lehrkraft muss daher sicherstellen, dass ihr die Schüler auch gefolgt sind. Dies kann geschehen, indem sie immer wieder Fragen stellt, aber auch indem sie die Klasse sehr aufmerksam beobachtet und versucht, an den Gesichtern Ver-

ständnisschwierigkeiten abzulesen. Dabei sollte sich eine Lehrkraft nicht auf die leider fast zu einer Floskel herabgesunkene Aufforderung, dass sich Schüler bei Verständnisschwierigkeiten melden sollen, verlassen. Nur ein Bruchteil der Schüler nimmt diese Möglichkeit wahr.

Modellierung
Modellieren gehört zu den wichtigsten Möglichkeiten des Lehrers, das Lern- und Leistungsverhalten seiner Schüler zu verbessern. Es bietet sich immer dann an, wenn es darum geht, Faktenwissen – das ja auch sehr gut durch direkte Instruktion vermittelt werden kann – in Handlungswissen zu überführen. Denn man kann noch so gut erklären, wie etwas funktioniert (z.B. eine Übung im Sportunterricht oder eine Lernstrategie), häufig führt es die Lehrkraft am besten vor. Dabei hat sie neben den bei der direkten Instruktion und auch hier gültigen Prinzipien wie Strukturiertheit, Klarheit etc. noch drei weitere Prinzipien zu beachten:

(1) Interesse wecken: Es ist eine Selbstverständlichkeit, dass Schüler einer Modellierung zuerst Aufmerksamkeit schenken müssen, bevor sie sie in ihr Handlungsrepertoire übernehmen können. Es ist deshalb darauf zu achten, dass die Modellierungen an für die Schüler interessanten Inhalten vorgenommen werden. Interesse wecken u.a. Inhalte, bei denen die Schüler einen Selbstbezug erkennen können, die überraschend sind und die ihnen persönlich wichtig sind. Ist es nicht möglich, solche Unterrichtsinhalte zu wählen, muss der Lehrer durch sein Verhalten die Aufmerksamkeitszuwendung sicher stellen.

(2) Identifikationsmöglichkeit bieten: Schüler lernen mit höherer Wahrscheinlichkeit von einem Modell, wenn sie sich mit dem Modell identifizieren können. Um dies zu erreichen, sollten zu Beginn der Modelldarbietung gemeinsame Merkmale von Modell und Schüler herausgestrichen werden (z.B. gleiche Interessen oder Ziele, vergleichbare Erfahrungen oder Persönlichkeitseigenschaften). Gleichzeitig sollte darauf geachtet werden, dass möglichst wenige Merkmale nicht geteilt werden. So kann bereits besonders elegante Kleidung die Modellwirkung auf Schüler beeinträchtigen.

(3) Glaubwürdigkeit: Modelle müssen glaubwürdig sein. Wenn beispielsweise eine Mathematiklehrkraft von Schülern verlangt, dass sie das Ergebnis einer Berechnung unterstreichen sollen, es selbst aber nicht tut, ist sie ein weniger effektives Modell. Zumindest sollte sie erklären, warum die Schüler unterstreichen sollen und warum sie es selbst nicht (mehr?) tut. In der Tat scheitern viele Modellierungen gerade an solchen so genannten performativen Widersprüchen (d.h. die Lehrkraft fordert etwas, was sie selbst nicht macht).

Fragen stellen
Es gibt viele Klassifikationsversuche von Fragen (Brown & Wragg 1993; Morgan & Saxton 1991). Es lassen sich beispielsweise geschlossene Fragen

(bei denen die Antwortmöglichkeiten vorab definiert sind, wie bei Ja-Nein-Fragen oder Multiple-Choice-Fragen) von so genannten offenen Fragen unterscheiden. Beim ersten Fragentyp muss der Schüler vor allem die richtige Lösung wiedererkennen, während er sie beim zweiten Typ selbst generieren muss. Andere Unterscheidungsformen orientieren sich am Komplexitätsgrad der Anforderungen, also daran, ob nur Reproduktion oder komplexere Denkleistungen wie Bewerten oder Analysieren gefordert sind. Studien zeigen, dass im Unterricht viel zu häufig geschlossene und niedrig-komplexe Fragen gestellt werden (vgl. Morgan & Saxton 1991). Die Lösung kann jedoch nur sein, dem Unterrichtsziel angepasste Fragen zu stellen. Besteht also das Unterrichtsziel darin, dass ein bestimmter Sachverhalt bewertet werden kann, werden nur Fragen Sinn machen, deren Beantwortung den Schülern Bewertungen abverlangen. Steht dagegen die Vermittlung von Faktenwissen im Fokus, sollte auch entsprechend abgefragt werden.

Feedback
Ebenso bedeutsam wie das angemessene Stellen von Fragen ist das Feedback auf die Schülerantworten. Grundsätzlich lassen sich hier drei Formen unterscheiden:

(1) Korrektheitsfeedback stellt eine einfache Rückmeldung dar, ob die Aufgabe korrekt oder falsch gelöst wurde. Zumindest wenn die Aufgabenlösung nicht korrekt war, sollte dieses Feedback nicht verwendet werden. Bewährt hat es sich jedoch, wenn der Lehrer ohnehin erwartet, dass die Klasse den Stoff verstanden hat, er sich daher nur stichprobenartig rückversichern möchte und die Schülerantwort tatsächlich korrekt war.

(2) Beim *Korrektheitsfeedback mit Hinweis auf richtige Lösung* wird zusätzlich die richtige Lösung bzw. die Fehlerquelle benannt. Dieses Feedback sollte immer dann eingesetzt werden, wenn die Klasse sich noch in der Lernphase befindet, das Unterrichtsziel also noch nicht erreicht wurde.

(3) Elaboratives Feedback beinhaltet Korrektheitsfeedback und verknüpft zusätzlich die Aufgabenlösung mit weiterem Wissen. Solche Elaborationen können eingesetzt werden, um ein besseres Verständnis zu erzielen (beispielsweise durch Analogien), Wissen zu organisieren und zu verknüpfen. Elaboratives Feedback mit dem Ziel der Verständnisverbesserung setzt man zumeist nur zu Beginn der Bearbeitung eines Unterrichtsthemas ein, während es mit dem Ziel der Organisation und Verknüpfung eher dann genutzt wird, wenn bereits ein gewisser Überblick vorliegt.

Gruppenorientierter Unterricht
Die beiden wichtigsten Methoden des gruppenorientierten Unterrichts sind die Diskussion und die Gruppenarbeit. Im Gegensatz zum lehrerzentrierten Unterricht haben nun die gesamte Schulklasse oder einzelne Teilgruppen einen substantiellen Einfluss auf den weiteren Unterrichtsverlauf. Natürlich wird der Lehrer noch immer eine zentrale Rolle einnehmen, beispielsweise

indem er bei Diskussionen darauf achtet, dass demokratische Gesprächsprinzipien Beachtung finden. Doch spielt er im Vergleich zu der direkten Instruktion nicht mehr die alleinige, alles dominierende Rolle.

Gruppendiskussion
Eine der Grundideen der Gruppendiskussion als Unterrichtsmethode ist es, den Lernstoff nicht nur einfach an die Lernenden weiterzugeben, sondern diese zu einem aktiven Prozess der Auseinandersetzung mit dem Lernstoff anzuregen (Fox 1995). Diskussionen kommen mit ihren teilweise sehr komplexen kognitiven Anforderungen (vgl. Tab. 11-3) diesem Anspruch zweifellos entgegen. Durch ihren Einsatz hat beispielsweise der Lehrer die einzigartige Möglichkeit, unmittelbar auf Verständnisschwierigkeiten von Schülern zu reagieren und sie zu beheben. Weitere schülerbezogene Ziele, die mit Gruppendiskussionen angestrebt werden, sind allgemeine Fähigkeiten wie soziale Kompetenzen, Kritikfähigkeiten und kommunikative Fertigkeiten. Daneben kommen Gruppendiskussionen auch weitere Funktionen zu, wie eine motivierende Funktion oder eine Diagnosefunktion, da sie Lehrkräften die Möglichkeit geben, das Wissen der Schüler in einer komplexen Anwendungssituation zu beobachten.

Die Beteiligung der Lehrkraft an der Diskussion schwankt von starker Zurückhaltung bis Dominanz, wobei der Übergang von Dominanz zu lehrerzentriertem Unterricht fließend ist. Die Beteiligung der Lehrkraft sollte sich am erwünschten Erfüllungsgrad der folgenden acht Funktionen bemessen (vgl. auch Graves 1983):

Funktionen der Lehrkraft in Gruppendiskussionen

(1) Verständnisdiagnose: Die Lehrkraft muss sich rückversichern, dass sie die Schüler versteht.

(2) Akzentuierung: Die Lehrkraft sollte die Aufmerksamkeit auf die wesentlichen Diskussionsziele lenken.

(3) Informationsdarbietung: Die Lehrkraft steuert Informationen bei, die für die weitere Diskussion essentiell sind.

(4) Erklären: Eine Lehrkraft erklärt einen Sachverhalt, dessen Verständnis wichtig für die Diskussion ist.

(5) Gesprächselaboration: Unter Umständen möchte eine Lehrkraft die Diskussion durch Anknüpfung an weitere Informationen oder Einbringung neuer Perspektiven erweitern, damit das Diskussionsziel erreicht werden kann. Dies kann manchmal schon dadurch geschehen, dass sie die gleiche Information in einen anderen Kontext stellt (Stelle dir vor, nicht Peter, sondern Hans hätte diese Aufgabe erhalten?) oder sie den Sachverhalt paraphrasiert.

(6) Herausfordern: Die Lehrkraft fordert einen Schüler auf, weiter zu denken, eine Kritik anzubringen oder eine alternative Lösung zu suchen.

> *(7) Bewerten*: Die Lehrkraft bewertet die Argumente eines Schülers, wobei die Bewertung von einer rein sachlichen Beurteilung eines Argumentes bis hin zu Lob bzw. Tadel reichen kann.
> *(8) Motivierung*: Die Lehrkraft muss die Diskussionsbereitschaft aufrecht erhalten.

Eine Lehrkraft sollte auch dann steuernd eingreifen, wenn von der Thematik abgeschweift oder die Diskussion stark redundant wird, zu lange Pausen entstehen, Irrtümer akzeptiert werden oder wenn sie eine gerechtere Verteilung der Redezeiten erreichen will. Übrigens kann Letzteres häufig durch einige einfache Arrangements der Sitzordnung oder durch vorgegebene Kommunikationsstrukturen erleichtert werden. So ist beispielsweise eine Omnibussitzordnung einer Diskussion abträglicher als eine Hufeisensitzform (wobei erstere allerdings den Vorteil hat, dass Angstwerte im Allgemeinen etwas niedriger sind). Durch Vorgabe verschiedener Kommunikationsformen kann ebenfalls die Diskussion positiv beeinflusst werden. Als besonders günstig haben sich Rollenzuweisungen erwiesen (Gesprächsleiter, Gruppensprecher, Anwälte, Kritiker etc.) oder Variationen der Größen der Diskussionsgruppen, wobei die Gruppendiskussion in Form einer Gruppenarbeit stattfindet.

Gruppenarbeit
Als wichtiges Argument für die Gruppenarbeit wird angesehen, dass sie sehr gut in Einklang mit vorherrschenden pädagogischen Konzepten des Lernens steht (Edwards & Mercer 1987). Während traditionell der individuell Lernende betrachtet wurde, haben nicht zuletzt gravierende Änderungen in der Arbeitswelt und in der Informationsgesellschaft zu einem Umdenken und einer stärkeren Betonung sozialer Aspekte des Lernens geführt. Insbesondere das Leitbild lebenslangen Lernens, das gegenseitiges Helfen, Unterweisen und Informationsteilung beinhaltet, hat hier entscheidende Denkanstöße gegeben. Ein weiterer Grund für die immer größere Beliebtheit von Gruppenarbeit war eine stärkere Betonung von Schlüsselqualifikationen (soziale Kompetenzen, Teamfähigkeit, Führungsqualitäten etc.; vgl. Weinert 1998), die leichter in Formen der Gruppenarbeit erlernt werden können.

Gruppenarbeit muss erlernt werden. Studien belegen, dass Schüler, die in Gruppen arbeiten, meist alleine für sich arbeiten (Alexander, Rose & Woodhead 1992). Wenn aber keine echte Kooperation durch die Form der Gruppenarbeit sicher gestellt wird, dann sinkt die Motivation und die tatsächliche auf den Unterrichtsstoff verwendeten Zeit der Schüler (Bennett & Dunne 1992). Es nützt also wenig, wenn die Schüler parallel nebeneinander her arbeiten, es muss auch sicher gestellt werden, dass sie kooperativ arbeiten. Zwei Beispiele für Techniken mit deren Hilfe sich ein hohes Engagement der einzelnen Schüler erreichen lässt, sind im folgenden Kasten festgehalten.

> *Praxisbeispiel Gruppenprodukttechnik:* Die Klasse wird in Gruppen eingeteilt, die entweder die gleichen, besser jedoch verschiedene Themen bearbeiten. Das Thema wird in verschiedene Teilaufgaben heruntergebrochen und jedes Gruppenmitglied bekommt die Verantwortung für seine Teilaufgabe. Die Zusammenführung aller gelösten Teilaufgaben konstituiert erst die Gesamtlösung.
>
> *Praxisbeispiel Puzzletechnik:* Alle Schüler werden gleich großen Gruppen zugewiesen. Die Anzahl der Gruppen bemisst sich danach, in wie viele Teilaufgaben das Unterrichtsziel zerlegt werden kann. In diesen Gruppen wird nun je eine Teilaufgabe gemeinsam gelöst. Anschließend werden zahlenmäßig gleich starke neue Gruppen gebildet und zwar in der Form, dass sich jede neue Gruppe aus jeweils einem Mitglied jeder alten Gruppe zusammensetzt. Der zugrundeliegende pädagogische Gedanke ist folgender: In jeder alten Gruppe wurde ein Teilthema intensiv erarbeitet und jeder Schüler dadurch zum Experten des Teilthemas, das seine Gruppe bearbeitet hat. In jeder neuen Gruppe befindet sich nun – passend wie die einzelnen Puzzleteile – für jedes Teilthema genau ein Experte, der sein Wissen in die neue Gruppe einbringt und teilt.

In der Praxis umfassen die meisten Gruppen 4 bis 6 Schüler. Obwohl sich empirisch keine ideale *Gruppenstärke* belegen lässt, gehen die meisten Autoren von vier Mitgliedern aus. Bei 3 Mitgliedern zerfällt die Gruppe allzu oft in ein interaktives Paar und einen Außenseiter, während Gruppenstärken ab 5 bereits oft zu wenig Zeit für individuelle Partizipationsmöglichkeiten bieten und die Gruppe häufig in vier aktive Mitglieder und wiederum einen Außenseiter zerfällt (Kagan 1985).

Die meisten Autoren empfehlen eine heterogene *Zusammensetzung der Gruppen* hinsichtlich der Leistungsstärke. Bei leistungshomogenen Gruppen werfen insbesondere die Gruppen, die sich aus leistungsschwächeren Schülern zusammensetzen, arge Probleme auf. Leistungsstarke Schüler profitieren dagegen von Gruppenarbeit ungeachtet der Gruppe, in der sie sich befinden. In Bezug auf das Geschlecht der Schüler sollte bedacht werden, dass Jungen oftmals dominieren, wenn sie stärker vertreten sind als Mädchen. Ansonsten spielt das Geschlecht keine Rolle bei der Zusammensetzung. Viele Pädagogen stehen der Frage, ob der Lehrer die Gruppe zusammenstellen sollte oder ob sich die Schüler selbst finden sollten, zwiespältig gegenüber. In der Praxis ist es leider so, dass die aus Schülerwahlen resultierenden Gruppen zumeist leistungshomogen und vor allem Ergebnis von Ausgrenzung sind. Sie stellen oftmals einen Ausgangspunkt zur Cliquenbildung dar beziehungsweise dienen der Verfestigung von Cliquenstrukturen, weshalb von einer Gruppenzusammenstellung durch Schüler in der Regel abzuraten ist. Ein letzter Punkt, der bei der Zusammensetzung von Gruppen bedacht werden sollte, ist, dass die gruppenarbeits-erfahreneren Schüler auf die Gruppen gleichmäßig verteilt werden sollten.

Es ist günstig, wenn Schüler für eine Teilaufgabe Verantwortung übernehmen und ihr Anteil am Gruppenprodukt identifizierbar ist. So ist es auch empfehlenswert, in die Zensur einer Gruppenarbeit die Qualität des individuellen Beitrags sowie des Gruppenprodukts gewichtet einfließen zu lassen (Covington & Teel 1996).

Individualisierter Unterricht

Der Begriff individualisierter Unterricht hat in den letzten Jahren eine Akzentverschiebung erfahren. Meinte er vor noch nicht allzu langer Zeit, dass sich entweder ein Lehrer um einen Schüler kümmert oder ein Schüler individuell ein vorgegebenes Lernarrangement durchläuft, werden hierunter heute eher Formen selbstgesteuerten Lernens verstanden. Wir wollen zuerst kurz die drei wichtigsten traditionellen Methoden des individualisierten Unterrichts vorstellen, bevor wir auf selbstgesteuertes Lernen eingehen.

Mastery Learning
Die Idee des Mastery Learning wurde von Bloom (1968) entwickelt. Ausgangspunkt bildet die Beobachtung, dass der reguläre Schulunterricht normalerweise voranschreitet, ohne dass alle Schüler das Lernziel erreicht hätten. Tatsächlich liegt der typische Durchschnitt einer Klassenarbeit etwas schlechter als 3.0. Da diese Note erteilt wird, wenn zwischen ca. 65 und 75% der Aufgaben gelöst wurden, hat tatsächlich ein substantieller Anteil der Schüler das festgesetzte Lernziel nicht erreicht. Blooms Idee bestand darin, diesen Schülern mehr Zeit zu geben. Sie sollten sich jederzeit einem Test unterziehen können, durch den sie Aufschluss darüber erhalten, wie stark sie sich dem curricularen Ziel angenähert haben. Anschließend wird mit der Lehrkraft ein individueller Lernplan erarbeitet, wie die Lücke zu schließen sei. Ein wichtiges Kennzeichen dieser Methode ist, dass schlechtere Schüler Unterstützung von Tutoren erhalten. Diese Funktion kann in der Praxis von leistungsstärkeren Schülern einer Klasse übernommen werden. Empirische Vergleiche mit dem traditionellen Unterricht zeigen gewöhnlich eine Überlegenheit des Prinzips des Mastery Learning (z.B. Block & Burns 1976).

Programmierter Unterricht
Eine Variante des Mastery Learning stellt der programmierte Unterricht dar. Dessen Idee basiert auf der Theorie des operanten Konditionierens von Skinner (1953; vgl. Kap. 5). Lernen setzt sich danach aus einer Folge von Lernschritten zusammen, die jeweils aus drei Teilschritten bestehen:

1. Die Schüler bekommen eine Information dargeboten (beispielsweise einen Text über ein biologisches Phänomen);
2. Die Schüler wenden diese Information an (sie beantworten beispielsweise eine Frage zu diesem Text oder lösen ein Problem);
3. Die Schüler erhalten eine Verstärkung (meist in Form einer Rückmeldung über die Korrektheit der Aufgabenbearbeitung).

Normalerweise werden diese Programme so abgefasst, dass die überwiegende Mehrzahl der Schüler fast alle Aufgaben lösen kann.

Computergestützter Unterricht
Computergestützter Unterricht weckte Anfang der 60er Jahre große Hoffnungen und Euphorien. Insbesondere Pädagogen, die das Ideal des selbstregulierten Lernens vertreten, sahen hier immense Möglichkeiten, da sich in ihren Augen der Unterricht in der Schule und auch in der Erwachsenenbildung oft als sehr einseitig in Form von Frontalunterricht gestaltete. Als Hauptmangel dieser Unterrichtsmethode wird kritisiert, dass nur wenig flexibel auf den Lernenden selbst eingegangen werden kann, d.h. Lehrende passen sich nicht adaptiv den Kompetenzen, Defiziten, Neigungen und Interessen des Lernenden an, was in Klassen mit mehr als zwei Dutzend Schülern in der Tat kaum zu gewährleisten ist. Die lernerzentrierte Abstimmung der Lehre ist beim computergestützten Lernen aber sehr viel leichter möglich, da (1) individuelle Lernforschritte permanent aufgezeichnet werden können, (2) diese Aufzeichnungen unter pädagogischen Gesichtspunkten ausgewertet und entsprechende Schlussfolgerungen für weitere Instruktionen gezogen werden können. Neuere Untersuchungen kommen zu dem Ergebnis, dass computergestützter Unterricht mindestens so effizient ist wie traditioneller Schulunterricht, wobei insbesondere Formen des Mastery Learning oder des programmierten Unterrichts besonders erfolgreich sind.

Selbstreguliertes Lernen
Ein anerkanntes Ziel des Schulunterrichts ist es, Schülern die Fähigkeit zum selbstständigen beziehungsweise selbstregulierten Lernen zu vermitteln (Perez, Huber & Geißler 1994). Nachdem die wissenschaftliche Forschung lange Zeit einzelne Faktoren wie etwa Motivation und Lernstrategien isoliert untersuchte, richtet sich der Fokus in der aktuellen Unterrichtswissenschaft ganzheitlich auf das Zusammenspiel dieser Faktoren. Insbesondere versucht man, ein Bild des Schülers, der sehr gut selbstreguliert zu lernen vermag, zu erstellen (Devolder & Pressley 1989). Das in Abbildung 11-5 dargestellte Modell von Weinstein und Hume (1998) fasst die Komponenten zusammen, die für selbstregulierte Lernprozesse von Schülern nach dem gegenwärtigen Forschungsstand die größte Bedeutung haben:

- Kenntnisse und Fähigkeiten;
- Motivation;
- Selbststeuerung.

Nach diesem Modell muss der Lernende nicht nur Lernstrategien kennen, sondern auch Wissen über sich selbst (z.B.: Welche Lernstrategie liegt mir?) und die Aufgabe (z.B.: Wird von mir nur auswendig lernen verlangt oder muss ich das Wissen auch anwenden können?) besitzen. Von diesem Wissen werden Fähigkeiten unterschieden – wie Zeitmanagement –, die erlernbar sind und als Basis selbstregulierten Lernens angesehen werden.

Eine wichtige Rolle spielt in diesem Modell die Motivation (vgl. Kap. 6), da die Anwendung einer Lernstrategie zunächst eine Investition von Anstrengung darstellt, die sich nicht augenblicklich, sondern erst später auszahlt, nachdem beispielsweise bessere Behaltensleistungen erzielt wurden. Welcher Student wüsste etwa nicht, dass die Lernstrategie „Überschriften zu jedem gelesenen Absatz erstellen" bessere Behaltensleistungen ermöglicht? Doch wie viele Studenten sind schon genügend motiviert, diese Strategie auch anzuwenden?

Schließlich umfasst die Selbst-Steuerung Fertigkeiten, die sich auf ein systematisches Vorgehen, die Überwachung des eigenen Lernprozesses und den Umgang mit Erfolgen und insbesondere Misserfolgen und Rückschlägen sowie deren psychischen und Verhaltenskonsequenzen (z.B. vorschnelles Aufgeben) beziehen.

Abb. 11-5: Modell des Strategischen Lernens (adaptiert nach Weinstein und Hume 1998)

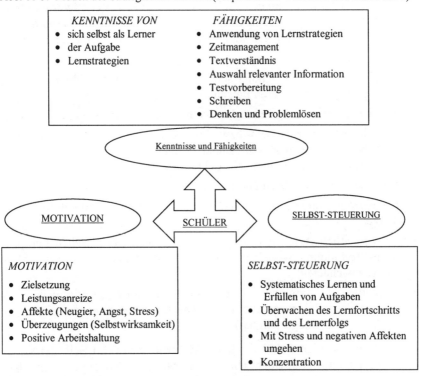

Aus unterrichtswissenschaftlicher Sicht sind die beiden wichtigsten Prinzipien selbstregulierten Lernens eine veränderte Rolle des Lehrers und ein Verantwortungstransfer für den Lernprozess vom Lehrer auf den Schüler.

Der Lehrer als Coach: Selbstreguliertes Lernen ist zielorientiertes Lernen. Beim Erwerb jedes Unterrichtsstoffes fungiert der Lehrer daher als eine Art Coach, der Schüler dazu ermuntert, sich konkrete Lernziele zu setzen. Bei der Verfolgung dieser Lernziele wird der Lehrer immer wieder Feedback anbieten, das jedoch nicht nur über den Erfolg der Lernbemühungen informiert, sondern auch darüber – und das ist noch bedeutsamer – ob richtig gelernt wurde. So demonstriert der Lehrer immer wieder, wie wichtig das WIE des Lernens ist. Er fordert jeden Schüler zur Selbstbeobachtung des eigenen Lernprozesses auf und bietet Tipps und Anregungen zur Verbesserung des Lernens an. Ferner bietet er Motivationshilfen. Dabei impliziert es die geänderte Rolle des Lehrers als Coach, dass der Schüler nicht für den Lehrer lernt, sondern um sein Lernziel zu erreichen, wobei der Lehrer nur unterstützend wirkt.

Verantwortungstransfer: Der Verantwortungstransfer für gelingende Lernprozesse vom Lehrer auf den Schüler setzt voraus, dass sich der Schüler als eine Art Manager seines eigenen Lernprozesses begreift. Dazu ist es aber wichtig, dass er über das notwendige Selbstvertrauen (der Fachterminus lautet hier: Selbstwirksamkeit) zur Übernahme dieser Verantwortung verfügt. Durch häufiges Durchlaufen der folgenden Schritte soll dieses Selbstvertrauen entwickelt und gefestigt werden, wobei sich der Lehrer zunehmend zurückzieht:

- Zunächst beurteilt der Schüler sein persönliches Lernvermögen vor dem Hintergrund seiner früheren Leistungen.
- Unter Berücksichtigung seines Lernvermögens setzt er sich ein Lernziel.
- Er wählt eine passende Lern- bzw. Arbeitsstrategie, die ihm zur Zielerreichung besonders erfolgversprechend erscheint. Welche Strategien möglich sind, wird er anfänglich vom Lehrer erfahren.
- Er wendet die Strategie an und führt darüber Buch.
- Er wird vom Lehrer verstärkt und lernt dadurch den erwarteten Erfolg zu schätzen.
- Den schließlich erzielten Erfolg setzt er mit dem strategischen Lernprozess in Verbindung, wobei er lernt, die Effektivität der eingesetzten Strategie einzuschätzen.
- Gegebenenfalls verfeinert oder wechselt er die Strategie oder wählt sich ein neues Lernziel (wenn sich beispielsweise das erste als zu leicht oder zu schwierig herausgestellt hat).

In der Regel werden Schüler schon recht bald genügend Selbstwirksamkeitsüberzeugungen aufbauen. Und in dem Maße, in dem sie erfahren, dass sie ihren Lernerfolg steuern können, erkennen sie, dass sie selbst für ihre Lernfortschritte verantwortlich sind. In vielen Fällen werden sie zum ersten Mal bewusst erfahren, wie wichtig es ist, *wie* sie lernen.

11.3 Unterrichtsmanagement

Unter erfolgreichem *Unterrichtsmanagement* versteht man die Gesamtheit aller Unterrichtsaktivitäten einer Lehrkraft, durch die Schülern ein optimales Lernumfeld im Klassenraum bereitgestellt wird (Pintrich & Schunk 1996). Proaktives Unterrichtsmanagement bezeichnet dabei Aktivitäten der Lehrkraft, deren Ziel die Prävention von Unterrichtsproblemen ist, während reaktives Unterrichtsmanagement Aktivitäten einer Lehrkraft meint, die nach Auftreten von Problemen darauf gerichtet sind, (störende) Schüler wieder auf die Unterrichtsziele zu fokussieren und dabei die Ablenkung für andere zu minimieren. Unterrichtsbeobachtungen verschiedener Qualitäten von Zurechtweisungen belegen jedoch, dass die Wirkung reaktiven Unterrichtsmanagements begrenzt ist. Häufig untersucht wurden aus diesem Bereich drei Eigenschaften von Zurechtweisungen: Klarheit, Bestimmtheit und Grobheit. Wie die in Tabelle 11-6 festgehaltenen Wirkungen belegen, waren diese Qualitäten allenfalls bei den Schülern wirksam, die das Fehlverhalten und die Zurechtweisung beobachteten. Keine Wirkungen zeigten Zurechtweisungen jedoch überraschenderweise bei den angesprochenen Schülern.

Tab. 11-6: Zurechtweisungen und deren Wirkungen

Eigenschaft	Beschreibung	Beispiel	Wirkung
Klarheit	Der sich fehl verhaltende Schüler bekommt sein Fehlverhalten genau beschrieben und Gründe für die Zurechtweisung werden angegeben.	„Höre auf, vorzusagen! Liese soll versuchen, alleine die Lösung zu finden, damit sie sieht, ob sie es kann."	Wirkung auf die beobachtenden Schüler, keine Wirkung auf den Zurechtgewiesenen
Bestimmtheit	Die Lehrkraft vermittelt, (a) dass sie meint, was sie sagt, und (b) macht die Konsequenzen des Fehlverhaltens deutlich.	„Höre auf damit! Wenn du es weiter machst, musst du alleine sitzen."	Wirkung höchstens bei Beobachtern, die auch zu diesem Fehlverhalten tendieren, keine Wirkung auf den Zurechtgewiesenen
Grobheit	Die Zurechtweisungen beinhalten Drohungen, Ärger, Herabsetzungen oder Strafen.	„Gleich flippe ich aus! Was hast du denn in deinem Kopf?"	Negative emotionale Reaktionen bei den Beobachtern, keinerlei Wirkung hinsichtlich der Regelbefolgung

11.3.1 Lehrkräfte mit erfolgreichem Unterrichtsmanagement

Bei Lehrkräften, die ein erfolgreiches Klassenraummanagement betreiben, finden sich typischerweise fünf Kompetenzen (vgl. auch Kap. 9.3.4):

- *Informiertheit:* Informiertheit meint, wie gut eine Lehrkraft durch ihr Verhalten den Schülern klar macht, dass sie weiß, was in der Klasse vor sich geht. Wenn etwa eine Lehrkraft ohne ihren Blick von der Landkarte abzuwenden und sich umzudrehen einen Schüler zurechtweist, den Banknachbarn nicht zu stören, dann demonstriert sie Informiertheit.
- *Handlungskoordination:* In ihrem Unterricht verfolgen Lehrkräfte gleichzeitig mehrere Ziele. Beispielsweise müssen sie simultan Lehrstoff vermitteln, an den Gesichtern ihrer Schüler deren Verständnis ablesen, Motivationshilfen erteilen etc. Die entsprechende Fähigkeit bezeichnet man als *Handlungskoordination*.
- *Aktivitätsmanagement:* Unterrichtsbeobachtungen führten zu dem überraschenden Befund, dass pro Woche fast ein Unterrichtstag darauf verwendet wird, von einer Aktivität zur nächsten zu wechseln. Aktivitätswechsel führen aber neben dem hohen Verlust an Unterrichtszeit zu verschiedenen weiteren Problemen, beispielsweise einem Rückgang der Aufmerksamkeit oder einem Anstieg aggressiver Zwischenfälle. Lehrkräfte, die sich durch ein erfolgreiches Unterrichtsmanagement auszeichnen, gelingen diese Aktivitätswechsel reibungsloser.
- *Gruppenfokus:* Mit diesem Konzept ist angesprochen, wie viele Schüler von einer Lehrkraft gleichzeitig aktiv in den Unterricht einbezogen werden. In der Tat existieren hinsichtlich dieser Kompetenz sehr große Variationen bei Lehrkräften.
- *Übersättigungsvermeidung:* Wiederholungen zur Verfestigung des Lernstoffes sind obligatorischer Bestandteil des Unterrichts. Lehrkräfte mit erfolgreichem Unterrichtsmanagement gelingt es, diese in ihren Unterricht zu integrieren, ohne dass Interesseneinbußen bei ihren Schülern entstehen.

11.3.2 Ansatzpunkte für ein verbessertes Unterrichtsmanagement: ZABBA

Zwar gibt es keine Patentrezepte, das Unterrichtsmanagement zu verbessern, doch existieren jede Menge hilfreicher Tipps. Wir werden uns aus Platzgründen auf die wichtigsten Ansatzpunkte konzentrieren (vgl. auch Epstein 1989), deren Anfangsbuchstaben das Kunstwort *ZABBA* bilden. Wichtig ist jedoch, dass Lehrkräfte nur solche Maßnahmen in ihre Unterrichtsdurchführung aufnehmen, die ihrer Persönlichkeit und ihrem Unterrichtsstil entsprechen.

- *Zeit*: Der Ansatzpunkt *Zeit* weist zwei wichtige Facetten auf: Die *Didaktikfacette* umfasst den von einer Lehrkraft geforderten Lernstoff in einer bestimmten Zeiteinheit, die Geschwindigkeit, mit der die Lehrkraft im Unterrichtsstoff voranschreitet und die Zeit, welche die Lehrkraft für die Fertigstellung von Aufgaben zur Verfügung stellt. Forschungen zeigen, dass viele Lehrkräfte diesem Bereich nicht genügend Aufmerksamkeit widmen und sich oftmals von ihrem Gefühl leiten lassen. Unter *Effektiver Unterrichtszeit* wird die Zeit verstanden, in der das aktuelle Unterrichtsziel verfolgt wird. Wie schon angemerkt wurde, geht ein Fünftel der Unterrichtszeit alleine durch Aktivitätswechsel verloren. Bedenkt man nun noch Fehlzeiten der Lehrkräfte, Besprechungen extracurricularer Aktivitäten (z.B. Klassenfahrten) etc., wird schnell deutlich, warum (in Deutschland) die effektive Unterrichtszeit einer Lehrkraft selten mehr als 50% beträgt.
- *Anerkennung* bezieht sich auf die Verwendung von Lernanreizen, Belohnungen, Lob etc. Von großer Bedeutung ist, dass Anerkennung für alle Schüler erreichbar ist. Empfehlenswert sind daher eine stärkere Gewichtung individueller Lernfortschritte (vgl. Kap. 6).
- *Bewertung*: Die Überwachung und *Bewertung* der Lernfortschritte und -erträge ist wichtig für die Zensurenerteilung und die Optimierung von Lernprozessen. Unter motivationalen Gesichtspunkten hat es sich – wie schon bei der Verteilung von Anerkennung – als vorteilhaft erwiesen, *Lernforschritte* in die Bewertung einzubeziehen, also eine individuelle Bezugsnorm anzulegen. Ferner müssen unbedingt die *Bewertungskriterien transparent* gemacht werden, indem sie explizit mit dem angestrebten Lernziel verknüpft und am besten anhand von Beispielaufgaben und -bewertungen demonstriert werden.
- *Beteiligung*: Gutes Unterrichtsmanagement ist oftmals durch einen behutsamen Verantwortungstransfer von der Lehrkraft auf die Schüler gekennzeichnet, wodurch diese zunehmend als *Manager ihres eigenen Lernprozesses* fungieren können. Die Erfahrung lehrt, dass Schüler durchaus in *Entscheidungsprozesse*, die das Lernen betreffen, eingebunden werden sollten. Die Lehrkraft kann beispielsweise zwischen verschiedenen Unterrichtsformen wählen lassen (Gruppenarbeit, Diskussion, direkte Instruktion etc.).
- *Aufgaben*: Interessanterweise verfügen Lehrkräfte mit gutem Unterrichtsmanagement über sehr gute Designkompetenzen der Aufgaben. Sie beherrschen geeignete Strategien, die Aufgaben *interessant* zu machen (Wie groß ist das Interesse der Restklasse, wenn ein einzelner Schüler ausgefragt wird?) und demonstrieren das *eigene Interesse* an der Aufgabe. Sie gebrauchen abwechslungsreich *verschiedene Aufgabentypen* und sie *vermeiden Routinen* („Heute werden die Teilaufgaben 1a bis 1d, morgen von 1e bis 1h bearbeitet"), indem sie etwa *Wahlmöglichkeiten* zwischen verschiedenen Aufgaben geben. Offensichtlich haben solche Lehr-

kräfte interessiertere Schüler, was zeigt, dass guter, abwechslungsreicher und interessanter Unterricht zu einem höheren Schülerengagement führt. Dies macht einerseits Maßnahmen des Unterrichtsmanagements weniger erforderlich, andererseits hat es den Effekt, dass die Lehrkraft wegen des reibungsloseren Unterrichtsablaufs mehr Kapazitäten frei hat, um eventuelle Managementaufgaben effizienter durchzuführen.

11.3.3 Konstruktive Überzeugungen von Lehrkräften

Lehrkräfte mit einer guten Unterrichtsführung und einem guten Unterrichtsmanagement vertreten häufig bestimmte *Überzeugungen* (Pintrich & Schunk 1996; Rosenholtz & Simpson 1984; Ziegler 2001). Die erste Überzeugung betrifft das *Vertrauen*, das sie ihren Schülern entgegen bringen. Lehrkräfte, die glauben, dass ihre Schüler lernwillig und motiviert sind, machen in der Regel einen besseren Unterricht als Lehrkräfte, die ihren Schülern eher misstrauisch gegenüber stehen. Die zweite Überzeugung bezieht sich auf die *Formbarkeit menschlicher Eigenschaften*, insbesondere von Begabungen. Während manche Lehrkräfte die für ihre Schüler ungünstige Auffassung vertreten, dass jeder ein festgelegtes und unveränderliches Maß an Begabung mitbringt, an dem Lehrkräfte kaum etwas verändern können, sind erfolgreichere Lehrkräfte optimistisch, dass sich alle Schüler den Lernstoff aneignen können. Die dritte Überzeugung spiegelt das Rollenverständnis der Lehrkraft. Ein ungünstiges Rollenverständnis wäre es, wenn sich eine Lehrkraft als die alleinige Person betrachtet, die den Unterricht bestimmt, die Schüler dagegen nur als die passiven Rezipienten ansieht. Solche Lehrkräfte werden ihre Unterrichtsvorstellungen oftmals nur gegen großen Widerstand seitens der Schüler und unter hohem Autoritätseinsatz durchsetzen können, während Lehrkräfte, die Partizipation und Mitverantwortung der Schüler fördern, ein partnerschaftlicheres Verhältnis zu ihren Schülern pflegen und erfolgreicher sein können. Schließlich vertreten erfolgreichere Lehrkräfte stärker die Überzeugung, dass sie durch ihren Unterricht einen positiven *Beitrag zum Lernen ihrer Schüler* leisten können. Insbesondere der letzte Befund verdeutlicht, dass guter Unterricht vor allem auch ein positives Verständnis des eigenen Berufes und eigener Wirkmöglichkeiten verlangt.

11.4 Vertiefung: Lernen mit neuen Medien
(Markus Dresel)

Durch rasante informationstechnische Entwicklungen entstand in den letzten Jahren eine Fülle neuer Möglichkeiten der medialen Darstellung. Immer mehr rückt mit den neuen Möglichkeiten auch deren Einsatz zum Zwecke des Lernens in den Vordergrund, immer mehr halten neue Medien Einzug in alle Bereiche der Bildung. Dem Lernen mit neuen Medien, insbesondere dem mit Computersystemen, wird dabei große Chancen eingeräumt. Glaubt man den teilweise enthusiastischen Aussagen, können sich Lernende damit schnell, effektiv und motiviert neue Wissensbestände aneignen. Andererseits sind auch pessimistische Stimmen zu vernehmen, etwa die Polemik von Stoll (2001), in der er eine „nahezu besessene Verwandlung von Klassenzimmern in Spielhallen" (S. 27) sowie eine gut gemeinte, aber unzutreffende Gleichsetzung von mediengestütztem Lernen mit „Spaß" konstatiert und infolgedessen fordert, Computer völlig aus den Schulen zu verbannen. Diese beiden Extrempositionen zeigen das Spektrum der Diskussion auf, die oftmals eher neue technische Entwicklungen denn gesicherte Erkenntnisse über die Wirkungen thematisiert. Dieses Kapitel durchleuchtet die Möglichkeiten, die neue Medienangebote für den Unterricht bieten, und versucht daraus Orientierungen für deren Einsatz abzuleiten.

11.4.1 Beispiele für den Einsatz neuer Medien im Unterricht

Neue Medien lassen sich in vielfältiger Weise im Unterricht einsetzen. Übersichten über kommerzielle und frei verfügbare Unterrichtsmedien und Softwarelösungen stehen in der Zentrale für Unterrichtsmedien (http://www.zum.de) oder auf dem Deutschen Bildungsserver (http://dbs.schule.de) zur Verfügung. Ein einfaches Anwendungsbeispiel ist die Unterstützung der direkten Instruktion durch den Einsatz von *Präsentationsprogrammen*. Dies bietet die Möglichkeit, den Lehrervortrag mittels bildhafter Darstellungen zu veranschaulichen. Ein anderes Beispiel betrifft die *Simulation komplexer Vorgänge* (z.B. betriebswirtschaftlicher Zusammenhänge), bei der die Auswirkungen verschiedener Einflussfaktoren durch die Veränderung einzelner Parameter erkundet werden können. Insbesondere im naturwissenschaftlichen Unterricht können Computer zur *Erfassung und Darstellung von Messwerten* verwendet werden. Schülerinnen und Schüler können dabei die Überführung von konkreten Beobachtungen in abstrakte Graphen einüben. Zur Einübung und Sicherung von Kenntnissen kann *Drill-and-Practice-Software* zum Einsatz kommen (z.B. Vokabel- oder Rechentrainer), die den Lernenden Aufgaben zur Verfügung stellt und nach deren Bearbeitung Feedback über die Korrektheit des Ergebnisses sowie weitere Hinweise präsentiert. *Tutorielle Programme* sind für viele Unterrichtsfächer verfügbar und sind so gestaltet, dass selbständig gelernt werden kann. Sie können zur Stoffvermittlung eingesetzt werden und zielen daneben auch auf die Überprüfung des Lernerfolgs ab. Schüler können das *Internet* nutzen, um Informationen zu einem bestimmten Thema zu sammeln, wobei sie durch die Unterstützung der Lehrkraft geeignete Suchstrategien erlernen. Im Lernszenario des *globalen virtuellen Klassenzimmers* können Schüler im Fremdsprachenunterricht mit Schülern einer ausländischen Partnerklasse Sprachpraxis erwerben und mögliche kulturelle Stereotype abbauen (vgl. Fischer & Mandl 2002). Das kreative *Publizieren von Webseiten im Netz* stellt eine Möglichkeit dar, einen Lerngegenstand in besonderer Weise zu durchdringen: Durch die Notwendigkeit der Strukturierung und didaktischen Aufbereitung von Informationen wird eine tiefe Verarbeitung des Lernmaterials angeregt. Im Szenario der *Notebook-Klasse* steht schließlich allen Schülern und Lehrkräften permanent ein tragbarer Computer zur Verfügung. Da Einschränkungen in Bezug auf zeitlichen Umfang und Ort der Computernutzung entfallen, wird computerbasiertes Lernen zum alltäglichen Lernfall. Durch die zunehmenden Fertigkeiten im Umgang mit dem Computer wird eine vielfältigere Nutzung angeregt, etwa als flexibles Werkzeug zum Erstellen und Editieren von Texten (Schaumburg 2001).

11.4.2 Grundlegendes

Was ist ein Medium?
Medien werden häufig als Träger definiert, die es ermöglichen, Informationen zu transportieren und damit Kommunikation räumlich und zeitlich unabhängig zu gestalten. In dieser technischen Definition kommt allerdings nicht zum Ausdruck, dass unterschiedliche Medien je spezifische Möglichkeiten der Präsentation von Botschaften bergen. Umgekehrt ist der Inhalt einer Botschaft durch Eigenschaften des Mediums mitbestimmt (Weidenmann 2001).

Die mediale Präsentation der Botschaft lässt sich anhand dreier Aspekte charakterisieren (Weidenmann 2001): Die *Sinnesmodalität* bezeichnet das Sinnesorgan, das durch das mediale Angebot angesprochen wird. Die meisten modernen Medien verwenden die visuelle und die auditive Modalität. Die Art der *Codierung* der Botschaft bezieht sich darauf, in welchem Symbolsystem die Information gespeichert ist. In unserer Kultur dominiert die verbale (Text, Sprache), die piktoriale (Bilder) und die numerische Codierung (Zahlen). Die Art der Codierung ist von der angesprochenen Sinnesmodalität unabhängig (z.B. sprechen sowohl Text als auch Abbildungen eines Buchs die visuelle Modalität an). Die *Strukturierung* bezieht sich schließlich auf die Organisation der Information. Die Möglichkeiten zur Strukturierung sind durch inhärente Eigenschaften des Mediums bestimmt.

Was ist an den neuen Medien eigentlich neu?
Um moderne, vor allem computergestützte Mediensysteme gegenüber herkömmlichen abzugrenzen, werden sie häufig als „neue Medien" bezeichnet. Die Kategorie „neu" ist allerdings wenig brauchbar. Um abschätzen zu können, welche (neuen) Möglichkeiten sich durch den Einsatz der „neuen Medien" für das Lernen eröffnen, müssen diese in Bezug auf psychologische Kategorien charakterisiert und gegenüber traditionellen Medienangeboten abgegrenzt werden.

Integration von Einzelmedien: Ein Kennzeichen moderner Mediensysteme ist die Integration verschiedener Präsentationstechnologien, wie etwa Video, Computer und CD. Dies führt in der Regel zur (keineswegs neuen) Integration verschiedener Codierungen sowie dem parallelen Ansprechen der visuellen und der auditiven Sinnesmodalität. Oft wird für integrierte Medienangebote das Schlagwort „Multimedia" bemüht, das jedoch die *Multicodierung*, die *Multimodalität* und die parallele Verwendung mehrerer Speichermedien konfundiert (Weidenmann 2001).

Interaktivität: Computerbasierte Systeme lassen sich von älteren zeitlichlinearen Medien (z.B. Videofilm) durch erweiterte Eingriffs- und Steuermöglichkeiten für den Nutzer sowie eine größere Interaktivität abgrenzen (Haack 2002). Das Lernen mit neuen Medien ist in der Folge der zunehmenden Interaktivität oftmals durch eine hohe *Aktivität* und *Autonomie* gekennzeichnet.

Feedback: Interaktive computerbasierte Lernumgebungen bieten die Möglichkeit, Feedback zu generieren, das die Lernenden beispielsweise nach der Bearbeitung von Aufgaben erhalten. Abgesehen von den recht „sperrigen" Rückmeldungen, die im programmierten Unterricht der behavioristischen Tradition (Skinner 1954; vgl. Kap. 5.2.2) oder in Form von Lösungshilfen in Schulbüchern umgesetzt sind, bieten andere als computerbasierte Medien kaum dieses Potenzial (Musch 1999).

Neue Formen der Kommunikation: Die zunehmende Vernetzung von Computersystemen eröffnet neue Möglichkeiten der Kommunikation zwischen Nutzern. Zu nennen sind hier asynchrone Formen der Kommunikation, wie E-Mail oder Foren, bei denen zwischen den einzelnen Beiträgen ein mehr oder weniger großer Zeitverzug besteht. Darüber hinaus bestehen Möglichkeiten zur zeitlich synchronen Kommunikation, wie per Chat oder Videokonferenz. Diese neuen Kommunikationsformen bieten Chancen zum *kooperativen computergestützten Lernen* (Hesse, Garsoffky & Hron 2002).

Adaptivität: Im Gegensatz zu traditionellen Medien können in computerbasierten Umgebungen umfangreiche Adaptionsmöglichkeiten implementiert werden, um eine Passung zwischen Nutzer und Medium herzustellen. Für das Lernen im Allgemeinen wird die Notwendigkeit von Anpassung durch vielfältige Wechselwirkungen zwischen Eigenschaften der Lernenden und Merkmalen der Instruktion begründet (vgl. Abschnitt 11.3.3). Computerbasierte Lernumgebungen können beispielsweise in Hinblick auf die Art der dargebotenen Inhalte, die Schwierigkeit von Aufgaben, die angebotenen Hilfestellungen oder das präsentierte Feedback adaptiv sein (Leutner 2002).

Authentizität: Schulisches Lernen findet im Gegensatz zum Lernen im Alltag oftmals ohne ausreichende Berücksichtigung des Anwendungsaspekts statt. Daraus ergibt sich die Notwendigkeit, dass die Lernenden Wissen in einen Anwendungskontext übertragen müssen. Zumindest im traditionellen Unterricht gelingt dieser Transfer nur selten. Das „Transferproblem" kann durch die Herstellung einer Lernsituation, die der Anwendungssituation ähnlich ist, gemildert werden. Die Erzeugung solcher Authentizität wird durch den Einsatz multimedialer Technologien erheblich erleichtert (Mandl, Gruber & Renkl 2002).

Welche didaktischen Funktionen haben Medien im Unterricht?
Medien repräsentieren immer einen – nicht notwendigerweise anschaulichen – Gegenstand. Im Unterricht dient der Medieneinsatz deshalb dem Ersatz der Realbegegnung (*Repräsentationsfunktion*). Dies schließt nicht nur die Darstellung des Gegenstands selbst, sondern auch die Situation ein, in die dieser eingebettet ist (*Situierungsfunktion*). Darüber hinaus kann mit Medien die Realbegegnung ergänzt, verbessert oder auf ein Wesentliches reduziert werden (Glöckel 1996). Das ist immer dann erforderlich, wenn der Gegenstand nicht unmittelbar verständlich oder wahrnehmbar ist (*Didaktisierungsfunktion*). Alle genannten Wirkungen, aber auch die Präsentation von korrektivem Feedback, dienen der Konstruktion von adäquaten mentalen Modellen des zu vermittelnden Sachverhalts (Konstruktionsfunktion; vgl. Kap. 5.1.1). Der Einsatz bildhafter Darstellungen kann der Herstellung und der Lenkung der Aufmerksamkeit dienen (*Aufmerksamkeitsfunktion*). Computerbasierte Systeme bieten Möglichkeiten der Interaktion und bewirken damit eine Aktivierung der Lernenden (*Aktivierungsfunktion*). Durch die vereinfachende Strukturierung komplexer Gegenstände, bestimmte Formen des Feedbacks, die Aktivierung und Herstellung von Aufmerksamkeit, aber auch durch das Aufzeigen von Anwendungsmöglichkeiten und Alltagsbezügen können Medien zur Auseinandersetzung mit dem Lerngegenstand motivieren (*Motivierungsfunktion*). Schließlich gibt die Lehrkraft durch den Medieneinsatz eine oder mehrere Aufgaben ab. Dies kann sie entlasten und Raum für oft nachgeordnete Lehrfunktionen geben, etwa die Individualisierung des Unterrichts (*Entlastungsfunktion*).

11.4.3 Befunde zum Lernen mit neuen Medien

Im Folgenden werden ausgewählte Befunde zum Lernen mit neuen Medien dargestellt. Das Bild, das dabei gezeichnet wird, muss zwangsläufig bruchstückhaft bleiben, nicht nur weil der Platz hier begrenzt ist, sondern auch weil der Forschungsstand selbst noch etliche Leerstellen enthält (Fischer & Mandl 2002). Der interessierte Leser sei auf ausführlichere Darstellungen (z.B. Issing & Klimsa 2002; Leutner & Brünken 2000) sowie aktuelle Forschungsaktivitäten verwiesen, wie etwas, das Programm „Systematische Einbeziehung von Medien, Informations- und Kommunikationstechnologien in Lehr- und Lernprozesse" (Webseite: http://www.fwu.de/semik).

Multimodale und multicodierte Präsentation von Information
Häufig werden Multimodalität und Multicodierung als die entscheidenden Vorteile neuer medialer Lernsysteme bezeichnet und als die Katalysatoren

des Lernens schlechthin angesehen. Die einschlägigen Forschungen zeichnen ein differenzierteres Bild.

Empirisch gut belegt ist der *Bild-Überlegenheitseffekt*, wonach die bildhafte Enkodierung zu besseren Lernergebnissen führt als die rein sprachliche Enkodierung (Weidenmann 2001). Die Folgerung, dass der Lerneffekt umso größer ist, je mehr bildliche Darstellungen zur medialen Vermittlung zum Einsatz kommen, wäre allerdings zu weitreichend; es lässt sich nämlich zeigen, dass der Effekt nicht in jedem Fall und nicht bei jeder Form von Objektdarstellungen eintritt (Engelkamp 1991).

Ebenfalls sehr gut belegt ist die *förderliche Wirkung von Illustrationen* auf die Behaltensleistung von Texten. Im Gegensatz zum Bild-Überlegenheitseffekt, der sich auf den Vergleich zwischen bildhafter und sprachlicher Codierung bezieht, wird hier der Lerneffekt bei illustrierten Texten mit dem bei nicht-illustrierten Texten verglichen. Levin, Anglin und Carney (1987) konnten mit ihrer Metaanalyse von 187 Studien insgesamt einen großen Vorteil illustrierter Texte nachweisen, der allerdings ausbleibt, wenn die Texte sehr leicht zu verstehen sind und spezielle Abbildungen (wie Diagramme) nicht zusätzlich erläutert werden.

Positive Effekte auf den Lernprozess können auch *Animationen* haben: Bewegte Darstellungen komplexer Sachzusammenhänge scheinen stärker als statische Bilder zum Einsatz effektiver Lernstrategien zu führen (Lewalter 1997).

Bildwirkungen sind jedoch nicht universell; Forschungen zeigen, dass Unterschiede in der *visual literacy*, also der Fähigkeit zum „Lesen" von Bildern, existieren (Weidenmann 2001). Abgesehen von einigen basalen Kompetenzen wie der Identifikation von einfachen Umrisszeichnungen muss die Fähigkeit zur Dechiffrierung von Bildern erlernt werden: Kinder verfügen über weniger Strategien zur Entschlüsselung von Bildinformation als Erwachsene (Mackworth & Bruner 1970). Ableiten lässt sich, dass bildhafte Darstellungen in medialen Lernumgebungen der visual literacy der Lernenden angemessen sein sollten.

Ein Vorteil bildhafter Darstellungen besteht darin, dass die Rezipienten ihre *Aufmerksamkeit* eher auf sie als auf Texte richten, insbesondere wenn es sich um bewegte Bilder handelt (Kröber-Riel 1993). Allerdings ist eine derartige Lenkung der Aufmerksamkeit nur dann im Lernprozess sinnvoll, wenn sie auf sachlich Relevantes gerichtet wird. Bei der gleichzeitigen Darbietung von verbaler und piktoraler Information ist von Bedeutung, dass die Aufmerksamkeit der Lernenden begrenzt ist und sie diese aufteilen müssen (split-attention-effect). Hier spielt die Koordination und Passung eine entscheidende Rolle. Kommt es zur „Text-Bild-Schere", also einer semantischen Diskrepanz zwischen Text und Bild, erweist sich Multicodierung als nachteilig, da es den Lernenden erschwert wird, ihre Aufmerksamkeit optimal zu verteilen und die verschiedenen Informationen zu integrieren (Weidenmann 2001). Ähnliche Befunde erhielten Moreno und Mayer (2000) hinsichtlich der Aufteilung der Aufmerksamkeit auf zwei akustische Reizquellen: Hintergrundgeräusche und Musik haben eine negative Wirkung, wenn sie gleichzeitig zu vorgelesenem Text dargeboten werden. Multicodierung birgt also das Risiko, den Lernenden kognitiv zu überlasten. Dies gilt umso mehr, je größer die Vielfalt der gleichzeitig dargebotenen Codierungen ist. Diese Überlastung fällt geringer aus, wenn die Informationen auf die visuelle und die auditive Modalität verteilt werden. Insbesondere die Verwendung gesprochener Texte parallel zur Präsentation von Bildern (z.B. als Erläuterung von komplexen Darstellungen) ist erfolgsversprechend und als ein Vorteil multimedialer Lernumgebungen zu werten.

Fischer und Mandl (2002) liefern eine Übersicht über *Wechselwirkungen* zwischen Lernvoraussetzungen und der Informationspräsentation in multimedialen Lernumgebungen: Von bildhaften Darstellungen können Lernende mehr profitieren, wenn sie über ein höheres Maß an räumlichem Vorstellungsvermögen verfügen. Des Weiteren ist für Lernende mit visuellen Lernpräferenzen piktoral präsentiertes Material hilfreicher als für Lernende mit verbalen Lernpräferenzen. Schließlich haben Lernende mit geringerem Vorwissen einen höheren Nutzen von multimedialen Lernumgebungen, in denen die verschiedenen Codierungen und Modalitäten sorgfältig aufeinander abgestimmt sind.

Zusammenfassend zeigen die Befunde, dass Kombinationen aus bildhafter und verbaler Information sowie aus visueller und auditiver Sinnesmodalität Verstehen und Behalten erheblich verbessern *können*, was als wichtiges Argument für den Einsatz multimedialer Lernumgebungen gewertet werden kann. Allerdings tritt dieser Effekt nicht automatisch ein. Die Effektivität verschiedener Multicodierungen und -modalitäten hängt statt dessen in entscheidender Weise von der inhaltlichen Angemessenheit der dargebotenen Reize ab – also davon, ob die verschieden Präsentationsformen eng genug aufeinander bezogen sind (Hasebrook 2001). Die Wirksamkeit unterliegt zudem den individuellen Voraussetzungen seitens des Lerners.

Motivationale Aspekte des Lernens mit neuen Medien
Neue Medien können über die genannten Möglichkeiten der Aufmerksamkeitssteuerung hinaus motivieren: Die Aktivierung der Lernenden sowie die Betonung von Anreizen (etwa der Nützlichkeit des Lerninhalts) kann zu einer umfassenderen und intensiveren Beschäftigung mit dem Lerngegenstand anregen. Ebenso können adaptive Systeme Lernende dadurch motivieren, dass stets eine optimale Aufgabenschwierigkeit präsentiert wird, wodurch eigene Kompetenzen erlebt werden können (Leutner 2002). Die mediengestützte Herstellung von Authentizität und der dadurch mögliche kontextbezogene Wissenserwerb führt ebenfalls zur Motivierung und zu einer hohen Qualität der Lernprozesse (Mandl, Gruber & Renkl 2002).

Zu weitreichend wäre es allerdings, davon auszugehen, dass der Einsatz von Medien in jedem Fall ausschließlich positive Effekte auf die Lernmotivation hat. So haben Lernende manchmal auch *medienspezifische Einstellungen*, die eine intensive Auseinandersetzung mit dem Lernmaterial gerade verhindern können. Dies kann der Fall sein, wenn sie der Auffassung sind, dass das Lernen mit einem bestimmten Medium wenig Anstrengung erfordert. Zu dieser Frage legte Salomon (1984) zwei Gruppen von Schülern einen vergleichbaren Inhalt in unterschiedlicher Form vor: Die eine Gruppe betrachtete einen Film, die andere Gruppe erhielt einen Text. Es zeigte sich, dass das filmbasierte Lernen als leichter eingeschätzt wurde als das textbasierte, und dass die Schüler annahmen, sie könnten mit dem Film erfolgreicher lernen als mit dem Text. Tatsächlich wendeten aber die Schüler beim Lesen des Texts mehr mentale Anstrengung auf, verarbeiteten die Informationen weniger oberflächlich und erzielten bessere Werte in einem nachfolgenden Leistungstest als beim Betrachten des Films. Zudem zeigten sich Unterschiede in den Erklärungen der Schüler für Erfolg und Misserfolg. Misserfolge beim Lernen mit Hilfe des Films schrieben die Schüler eher internal sich selbst zu, beim Lernen anhand des Texts eher external dem Lernmaterial. Erfolge beim Lernen mit dem Film wurden auf das Medium zurückgeführt, während Erfolge beim Textlernen auf den Lerner attribuiert wurden. Von den Ursachenerklärungen in Bezug auf das „leichtere" Medium Fernsehen ist anzunehmen, dass sie zu einer ungünstigeren zukünftigen Motivation führen (vgl. Kap. 6.2.1). Dass sich diese Befunde auf das computerbasierte Lernen übertragen lassen, liegt nahe, einerseits weil hier Informationen ebenfalls häufig bildhaft präsentiert werden, andererseits weil gesellschaftlich geteilte Überzeugungen existieren, dass multimediales Lernen „Edutainment" oder „Lernen ohne Mühe" sei. Für den Medieneinsatz im Unterricht lässt sich folgern, dass dieser in geeigneter Weise instruktional eingebettet sein sollte, wenn die motivierende Funktion zum Tragen kommen soll. Dies kann z.B. durch spezifische Arbeitsaufträge oder die wiederholte Rezeption unter verschiedenen Blickwinkeln erfolgen.

Neue Medien können auch mit dem expliziten Ziel der Motivationsförderung entwickelt werden. So lässt sich in computergestützten Lernumgebungen *motivationales Feedback* implementieren, das die Schüler nach der Bearbeitung von Aufgaben gemeinsam mit einem sachbezogenem Feedback erhalten. Computergestützte Systeme erlauben es, das Feedback durch geeignete Algorithmen stärker individualisiert und auf den Lernprozess abgestimmt sowie in einer wesentlich höheren Dichte darzubieten, als dies im herkömmlichen Unterricht möglich wäre. Ein Beispiel eines solchen Feedbacksystems ist die Software MatheWarp (Die Software ist als Freeware unter http://www.mathewarp.de verfügbar. Dort finden sich auch weitergehende Hinweise zur Evaluation; siehe Dresel, Ziegler & Heller 1999), die Lernenden förderliche Ursachenerklärungen für das Zustandekommen ihrer Leistungen bei Mathematikaufgaben präsentiert. Dieser Ansatz basiert auf der eminenten Bedeutung von Ursachenerklärungen für die zukünftige Motivation (vgl. Kap. 6). Die Software wurde im Rahmen einer größer angelegten Studie mit Schülern der 7. Jahrgangsstufe evaluiert (Dresel 2000). Dabei zeigte sich, dass das Feedback geeignet war, das Interesse der Schüler, ihr Vertrauen in ihre mathematischen Fähigkeiten und ihre Annahmen darüber, ob sie zukünftige Anforderungen durch eigenes Zutun meistern können, dauerhaft zu fördern. Weiterhin waren Schüler, die motivationales Feedback erhielten, noch nach einem halben Jahr weniger hilflos in Bezug auf mathematische Anforderungen als Schüler, die ausschließlich sachbezogenes Feedback erhielten.

Freiheiten beim Lernen und selbstgesteuertes Lernen
Die zunehmende Interaktivität moderner Medien führt zu einer Verschiebung von der passiven Rezeption zur aktiven Mediennutzung und zu einem Zuwachs an Freiheitsgraden im Lernprozess. Der Lernende verfügt damit über mehr Autonomie. Dies ermöglicht ihm eine stärkere *Selbststeuerung* seines Lernens, das an die Stelle der Fremdsteuerung durch einen Lehrer oder eine im Lernmedium fixierte Struktur tritt.

Die Selbststeuerung beinhaltet im Idealfall das Setzen von Lernzielen, die Aktivierung von Vorwissen, die Anwendung von Strategien zum Aufsuchen geeigneter Lernressourcen in der Lernumgebung, die Kontrolle des eigenen Lernprozesses, die Überwachung des Lernfortschritts sowie die Aufrechterhaltung von Konzentration und Motivation. Gelingendes selbstgesteuertes Lernen zeichnet sich durch eine starke Motivation des Lernenden sowie eine hohe Qualität der Lernprozesse aus. Im Gegensatz zu vielen herkömmlichen Unterrichtssituationen beinhalten computerbasierte Lernumgebungen das Potenzial zu dieser Art des Lernens. Allerdings zeigt sich auch, dass die Nutzung von neuen Medien, die eine Vielzahl an Benutzerfreiheitsgraden zur Verfügung stellen, oftmals fernab vom aufgezeigten Ideal der Selbststeuerung liegt (Fischer & Mandl 2002). Dies gilt umso mehr, je mehr Autonomie dem Lerner zur Verfügung gestellt wird. Am deutlichsten werden mangelnde Selbststeuerungsfähigkeiten beim *Lernen mit offenen Hypermediasystemen*. Ein Hypermediasystem ist eine Sammlung von Einzelmedien (z.B. Texte, Animationen, Audiodateien), die über Hyperlinks (anklickbare Verknüpfungen) miteinander verbunden sind. Hypermediasysteme werden oft als ideale Wissensrepräsentation bezeichnet, da sie der Struktur des menschlichen Gedächtnisses ähneln und eine individuelle und aktive Wissenskonstruktion erlauben sollen (vgl. Tergan 2002).

Beim Lernen mit Hypermediasystemen sind häufig zwei typische Phänomene zu beobachten: Das *Problem der Desorientierung* (treffend als „lost in hyperspace" bezeichnet) tritt auf, wenn der Lernende den Überblick über seine aktuelle Position im System verliert und er über keine Kenntnis darüber verfügt, wie er auf bestimmte Informationen zugreifen kann. Häufig tritt an die Stelle einer zielorientierten Suchstrategie ein assoziatives Explorieren, das vor allem durch die Attraktivität einzelner Elemente geleitet ist. Bei diesem „entdeckenden Lernen im Hyperspace" wird zwar einiges nebenbei („inzidentell") gelernt, der Erfüllung des eigentlichen Lernauftrags dient das jedoch selten. Die Lernenden sind zudem oft nicht in der Lage, die aufgesuchten Informationen in eine bestehende Wissensstruktur zu integrieren und eine kohärente Wissensrepräsentation aufzubauen (Tergan 2002). Das *Problem der kognitiven Überlastung* tritt auf, wenn eine Vielzahl von Informationen in kurzer Zeit aufgerufen und nur oberflächlich verarbeitet wird. Bei dieser unangemessenen Strategie wird eine zu große Wissensmenge im Arbeitsgedächtnis gehalten, als dass diese angemessen enkodiert werden könnte (vgl. Kap. 4). Zusätzliche kognitive Last kommt durch Informationen darüber zustande, was schon aufgesucht wurde, auf welchem Wege man dorthin gelangt ist und welche Bereiche des Systems noch bearbeitet werden sollten. Eine unangemessene Strategie als Reaktion auf kognitive Überforderung ist die „Flucht ins Detail", also die ausschließliche Fokussierung kleiner inhaltlicher Einheiten unter Ausblendung des Gesamtzusammenhangs (Fischer & Mandl 2002). Diese Befunde zeigen, dass Lernende häufig nicht über notwendige Selbststeuerungsfähigkeiten verfügen. Das Potenzial, das Hypermediasysteme für das selbstgesteuerte Lernen bieten, wird häufig nur von Schülern mit besseren selbstregulativen Lernvoraussetzungen genutzt (Dillon & Gabbard 1998).

Forschungen zeigen zudem, dass den genannten Problemen durch Mittel der Systemgestaltung (z.B. Navigationshilfen) nur begrenzt begegnet werden kann (Tergan 2002). Vielversprechender erscheinen Methoden der *kognitiven Modellierung*, d.h. des modellhaften Vorführens von Selbstregulationsstrategien (z.B. durch Audioaufzeichnungen von Experten) oder die *Bereitstellung von kognitiven Hilfsmitteln*, wie etwa Mapping-Tools, mit denen die Lerner komplexe Informationen veranschaulichen, strukturieren und an ihr Vorwissen anbinden können (Fischer & Mandl 2002). In dem in der Praxis wohl häufig auftretenden Fall, dass die mediale Lernumgebung keine derartigen Stützen der selbstregulativen Funktionen des Lerners enthält, ist eine Unterstützung durch die Lehrkraft notwendig.

11.4.4 Folgerungen für den Einsatz von Medien im Unterricht

Die Befunde zeigen, dass neue Medien gewinnbringend im Unterricht eingesetzt werden können. Sie deuten aber auch auf vielfältige Abhängigkeiten der Lerneffekte von individuellen Lernvoraussetzungen hin. Prinzipiell ist deshalb vor dem Einsatz eines Mediums zu beurteilen, inwieweit dieses geeignet ist, die Lernenden mit ihren individuellen Eingangsvoraussetzungen beim Erreichen eines bestimmten Lernziels zu unterstützen. Auch wenn der Medieneinsatz zu einem veränderten Rollenverständnis von Lehrern und Schülern führen kann, entheben neue Medien den Lehrer nicht davon, deren Einsatz im Unterricht sorgfältig zu planen und die Schüler bei der Mediennutzung in angemessener Form zu unterstützen. Der idealtypische Prozess der Unterrichtsplanung des Medieneinsatzes ist in Abbildung 11-7 dargestellt.

Abb. 11-7: Idealtypische Vorbereitung des Unterrichts mit neuen Medien

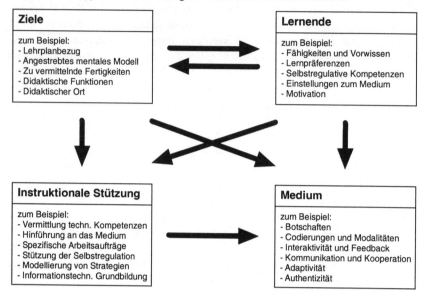

Die Planung beginnt bei den Groblernzielen und führt unter Bezugnahme auf die Lernvoraussetzungen der Schüler zur Formulierung von Feinlernzielen. Erst danach sollte die Auswahl geeigneter Medien erfolgen. Da jeglicher Medieneinsatz im Unterricht eine instruktionale Einbettung durch den Lehrer erfordert, wird im Anschluss an die Medienwahl entschieden, in welchem Umfang und in welcher Weise die Schüler bei der Mediennutzung unterstützt werden. Zur kritischen Beurteilung der Eignung eines Mediums, bestimmte Schüler mit bestimmten Lernvoraussetzungen bei dem Erreichen bestimmter Lernziele zu unterstützen, können die geschilderten Überlegungen, Begriffe und Befunde, aber auch Kriterienkataloge und Evaluationsergebnisse herangezogen werden (Issing & Klimsa 2002). Ein Ergebnis dieser Beurteilung kann selbstverständlich auch sein, dass keines der dem Lehrer zur Verfügung stehenden Medien geeignet ist. In diesem Fall besteht die Möglichkeit, ein eigenes maßgeschneidertes Medium zu entwickeln. Dieser derzeit noch als Ausnahme erscheinende Fall wird zukünftig mit der voranschreitenden Entwicklung von praxisnahen Autorensystemen möglicherweise immer häufiger eintreten (Issing & Klimsa 2002).

Empfehlungen zur weiterführenden Lektüre:
Issing, L. J. & P. Klimsa, P. (Hrsg.). (2002). *Information und Lernen mit Multimedia* (3. Aufl.). Weinheim: Psychologie Verlags Union.
Leutner, D. & Brünken, R. (2000). *Neue Medien in Unterricht, Aus- und Weiterbildung*. Münster: Waxmann.
Weidenmann, B. (2001). Lernen mit Medien. In A. Krapp & B. Weidenmann (Hrsg.), *Pädagogische Psychologie* (4. Aufl., S. 415-465). Weinheim: Psychologie Verlags Union.

11.5 Vertiefung: Schülerbeobachtung und -beurteilung
(Margarete Imhof)

Schüler und Schülerinnen zu beobachten und zu beurteilen gehört zu den professionellen Aufgaben von Lehrern und Lehrerinnen. In den einzelnen Bundesländern verpflichten mehr oder weniger detaillierte Vorschriften die Lehrer und Lehrerinnen dazu, sich in Verbalzeugnissen zum Lern- und Arbeitsverhalten und zum Sozialverhalten ihrer Schüler und Schülerinnen zu äußern oder Lernentwicklungsberichte abzufassen (vgl. Nuding 1997). Als Grundlage dafür dienen Beobachtungsdaten. Eine besondere Rolle spielt die Beobachtung von Schülerverhalten im Rahmen der Begutachtung zur Feststellung sonderpädagogischen Förderbedarfs (vgl. Witt-Brummermann 2001). Daten aus Selbst- und Fremdbeobachtungen können aber auch herangezogen werden, um die Effektivität von Lernerfolgskontrollen zu erhöhen (vgl. Arnold et al. 2000).

Lehrer und Lehrerinnen kommen auch nicht ohne Verhaltensbeobachtungen aus, wenn sie beispielsweise Entscheidungen über Fördermaßnahmen und innere Differenzierung in ihrem Unterricht treffen oder in Beratungsgesprächen Eltern Rückmeldung über den Entwicklungsstand ihrer Kinder geben sollen (vgl. Gaude 1989). Ebenso spielen Beobachtungen bei der Evaluation von Förderprogrammen eine Rolle, da sich die angestrebten Verhaltensänderungen, z.B. Förderung von konzentriertem Verhalten oder Abbau von aggressivem Verhalten, hauptsächlich im Unterricht zeigen sollten.

11.5.1 Kriterien einer professionellen Beobachtung

**Professionelle Beobachtung im Vergleich zu Alltags-
oder Gelegenheitsbeobachtung**
Jeder Mensch erwirbt sich im Alltag Beobachtungskompetenzen. Ohne sie wäre eine Orientierung im sozialen Leben undenkbar. Allerdings unterscheiden sich Alltagsbeobachtungen wesentlich von professionellen Beobachtungen. Eine professionelle Beobachtung kann als eine systematische Methode zur Erhebung von relevanten Daten aus der Perspektive einer spezifischen Fragestellung verstanden werden. Graumann (1973, S. 15) definiert: „Die absichtlich, aufmerksam selektive Art des Wahrnehmens, die ganz bestimmte Aspekte auf Kosten der Bestimmtheit von anderen beachtet, nennen wir Beobachtung. Gegenüber dem üblichen Wahrnehmen ist das beobachtende Verhalten planvoller, selektiver und von einer Suchhaltung bestimmt und von vornherein auf die Möglichkeit der Auswertung des Beobachteten im Sinne einer übergreifenden Absicht gerichtet." Eine professionelle Beobachtung unterscheidet sich von einer Gelegenheitsbeobachtung durch

- *Absichtlichkeit:* Die Daten werden gezielt und im Licht einer bestimmten Fragestellung gesammelt. Der Beobachter sucht die Information aktiv auf und gestaltet möglicherweise die Situation so, dass die interessierenden Verhaltensweisen auftreten können. Z.B. arrangiert ein Lehrer Gruppenarbeiten, um kooperatives Verhalten zu erfassen.

- *Geplante Selektivität:* Beobachtung von ausgewählten Aspekten impliziert immer auch, dass andere Aspekte für den Moment ausgeblendet werden: „Es werden solche Beobachtungsinhalte ausgewählt, die für das zu klärende Problem potentiell diagnostisch relevant sind" (Langfeldt & Tent 1999, S. 109).

- *Aufzeichnung und Auswertung:* Professionelle Beobachtung geht insofern über eine allgemeine Eindrucksbildung hinaus, als das Verhalten möglichst umfassend systematisch registriert und dokumentiert wird, z.b. auch mit Hilfe von Mitschriften oder Videoaufzeichnungen. Die Daten werden anschließend sortiert, gebündelt, gewichtet und in einem Bericht festgehalten.

Qualitätssicherung durch Gütekriterien

Die Ergebnisse von Verhaltensbeobachtungen, zumal wenn sie in schriftlichen Gutachten oder Zeugnissen dokumentiert werden, haben den Status von Diagnosen mit oft weitreichenden Folgen für die Bildungslebensläufe, aber auch für andere Entscheidungen. Schulzeugnisse oder schulische Gutachten werden z.b. in Gerichtsakten aufgenommen und „verfolgen" so auch den Erwachsenen noch. Es ist also erforderlich, wie bei jeder anderen Messung auch, einen Nachweis dafür zu erbringen, dass die Erhebung, Auswertung und Interpretation der Beobachtungsdaten bestimmten Gütekriterien standhalten halten kann. Als Hauptgütekriterien gelten die Objektivität, Reliabilität und Validität der Beobachtung (vgl. Faßnacht 1995; Greve & Wentura 1997 – vgl. auch Kap. 14.).

Unter *Objektivität* einer Beobachtung wird die weitgehende Unabhängigkeit des Beobachtungsergebnisses von der Person des Beobachters verstanden. Die persönlichen Bewertungen des Beobachters sollten das Beobachtungsergebnis nicht maßgeblich beeinflussen. Dies kann dadurch erreicht werden, dass die Beobachtung mittels eines bewährten Beobachtungsverfahrens durchgeführt wird und die Auswahl der Beobachtungseinheiten nicht zufälligen Entscheidungen überlassen wird.

Die *Reliabilität* (Zuverlässigkeit) einer Messung zeigt sich darin, dass eine wiederholte Beobachtung unter vergleichbaren Umständen vergleichbare Ergebnisse erzielt. Nur dann, wenn sich am Zielverhalten etwas geändert hat, sollte sich auch das Beobachtungsergebnis verändern. (Bei einem Zimmerthermometer würde man ebenfalls erwarten, dass sich die Anzeige verändert, wenn sich die Temperatur ändert, aber eben nur dann.)

Die *Validität* (Gültigkeit) einer Beobachtung ist gegeben, wenn nachgewiesen werden kann, dass auch die für das Zielverhalten relevanten Verhaltensmuster erfasst worden sind und dass die Situationen, in denen beobachtet worden ist, die für die jeweilige Fragestellung relevanten Situationen waren.

Im pädagogischen Kontext werden weitere Qualitätsmerkmale wichtig. So fordert Jäger (1997) die *Objektivierbarkeit* der aus der Beobachtung abgeleiteten Schlüsse, d.h. der Leser eines Beobachtungsberichtes soll erkennen, wie der Beobachter das Zielverhalten in direkt beobachtbare Einzelverhaltensweisen aufgeschlüsselt hat (Operationalisierung).

Die auf der Beobachtung basierenden Schlussfolgerungen und Interpretationen müssen schlüssig dokumentiert sein. Damit ist die Grundlage für das Kriterium der *Transparenz* gegeben. Der Beobachter muss in seinem Beobachtungsbericht die Vorgehensweise, mit der er die Alltagsphänomene erfasst hat und damit auch die dahinterliegende Theorie, aus der er die zu beobachtenden Einzelverhaltensweisen abgeleitet hat, und den Prozess der Zusammenstellung und evtl. Gewichtung der Beobachtungsergebnisse für den Leser offen legen.

Beispiel Kooperation: Eine Lehrerin möchte die kooperativen Fähigkeiten ihrer Schüler und Schülerinnen mittels systematischer Beobachtung erfassen. Sie wird zunächst klären, z.B. anhand der einschlägigen Literatur oder aufgrund ihrer Erfahrungen, an welchen Verhaltensweisen sie kooperatives Verhalten schlüssig erkennen kann (Validität). Sie muss angemessene Situationen schaffen und auswählen, in denen sie dieses Verhalten beobachtet. Weiterhin werden Dauer und Häufigkeit der Beobachtung festgelegt, um zu vermeiden, dass zufällig ins Auge springende Situationen ausschlaggebend für die Beurteilung werden (z.B. wenn man zufällig eine besonders konstruktive Gruppendiskussion aufgeschnappt hat). Außerdem wird sichergestellt, dass alle Schüler und Schülerinnen unter vergleichbaren Bedingungen beobachtet und nach eindeutigen Kriterien eingeschätzt werden (Objektivität). Die Beobachtung sollte wiederholt durchgeführt werden, um zu prüfen, inwieweit das Verhalten stabil bleibt (Reliabilität). Schließlich ist die Vorgehensweise bei der Planung und Durchführung der Beobachtung und anschließend bei der Strukturierung, Verdichtung und Auswertung der Daten so zu dokumentieren, dass der Leser die Angemessenheit der Schlussfolgerungen aus den Beobachtungsdaten beurteilen kann (Objektivierbarkeit und Transparenz).

Formen systematischer Beobachtung in der Schule
Beobachtungen zu Schülerbeurteilungen sollten überwiegend kontrolliert sein, d.h. die Lehrkraft sollte festlegen, wer, was, wann, wie lange, wie oft, in welchen Abständen, unter welchen zeitlichen und räumlichen Bedingungen beobachtet werden soll. Beobachtungen können direkt auf das Verhalten bezogen sein, z.B. Arbeitsverhalten eines Kindes bei Gruppenarbeit, aber auch indirekt auf eine Analyse der Verhaltensergebnisse abzielen, z.B. Form und Inhalt der schriftlichen, mündlichen oder psychomotorischen

Leistungen eines Schülers. Schülerbeobachtung geschieht meist in der Form der teilnehmenden Beobachtung, d.h. der beobachtende Lehrer oder die Lehrerin ist jeweils auch ein Teil des Geschehens. Dies birgt besondere Probleme. Eine systematische Beobachtung zusätzlich zum Unterrichten ist möglicherweise eine Überforderung für eine einzelne Person. Für die Zwecke einer professionellen Beobachtung wäre es also erforderlich, dass ein Lehrer oder eine Lehrerin im Unterricht Situationen schafft, die ein Beobachten ohne Überlastung ermöglichen; nicht alle Situationen sind für Beobachtung geeignet. Der Beobachter, wenn er zugleich auch Lehrer oder Lehrerin ist, ist immer auch aktiv und emotional in das unterrichtliche Geschehen eingebunden, kennt die Eigenheiten, Schwächen und Stärken der Schüler und Schülerinnen vermeintlich schon so gut, dass differenzierte Informationssuche schwerfällt und hauptsächlich solche Dinge registriert werden, die zur Stützung der im Vorhinein gebildeten Hypothesen dienen. Beispiel: „Das ist mein unruhiger Geist in der Klasse." – Gegenteilige Beobachtungen werden als Ausnahmen eingestuft und treten im Beobachtungsbericht nicht weiter in Erscheinung oder werden als erwartungswidrig gekennzeichnet.

Beobachtungen können mit oder ohne Wissen der beobachteten Person durchgeführt werden. Wenn eine Person weiß, dass sie beobachtet wird, weicht das Verhalten möglicherweise von den gewöhnlichen, spontanen Verhaltensweisen ab. Insofern wäre es ratsam, die Beobachtung zuweilen ohne Wissen der Person durchzuführen. Beobachter und Beobachtete sollten sich jedoch über die Verhaltenskriterien verständigen (z.B. über angemessenes Arbeitsverhalten oder über Klassenregeln). Die Beobachteten sollten eine Rückmeldung über die Ergebnisse erhalten; bei der Besprechung erhält der Beobachter noch einmal Hinweise zur Validität seiner Schlussfolgerungen. Ob man eine vollständigere Erfassung mit Hilfe von Aufzeichnungsgeräten (Tonaufnahme, Video) durchführt, hängt von der jeweiligen Fragestellung ab, aber auch von der technischen und personellen Machbarkeit. Für Beobachtungen in der Schule sind aktiv aufsuchende und Verhalten auslösende Vorgehensweisen durchaus angemessen, da möglicherweise bestimmte Verhaltensweisen gar nicht auftreten würden, wenn man sie nicht situativ provozieren würde. Z.B. findet Verhalten in Lerngruppen ohne eine entsprechende Instruktion eventuell gar nicht statt (vgl. Formen der Verhaltensbeobachtung nach Graumann 1973, S. 30).

Für die konkrete Durchführung einer Beobachtung stehen Verfahren zur Auswahl, die sich hinsichtlich der Strukturiertheit und dem Formalisierungsgrad unterscheiden (vgl. Evertson & Green 1986; Faßnacht 1995).

Verbalsysteme: Verhaltensbeobachtungen werden in der Alltagssprache erfasst, z.B. als Verlaufsprotokolle, freie Beschreibungen oder Tagebuchaufzeichnungen. Dabei ergibt sich das Problem, dass die verwendeten Begriffe vom Verfasser und allen Empfängern möglicherweise nicht gleich aufgefasst werden.

Nominalsysteme: Ein eigens definiertes Begriffssystem dient zur Klassifikation der beobachteten Verhaltensweisen. Die interessierenden Verhaltensweisen werden operationalisiert, d.h. anhand von konkreten Beispielen und Definitionen verbindlich beschrieben. Aufgabe des Beobachters ist es zu registrieren, ob das so definierte Verhalten aufgetreten ist. So wird etwa in dem Beobachtungsverfahren zur Analyse von aggressionsbezogenen Interaktionen in der Schule (BAVIS, Humpert & Dann 1988) die Verhaltenskategorie „Verbale Auseinandersetzung" folgendermaßen beschrieben: „Äußerungen des verbalen Angriffs. Angriffe erfolgen oft durch beleidigende Schimpfwörter (Schimpftiraden und Beleidigungen). Primär verbale Kategorie mit nonverbalen Anteilen mit intensiver Gestik und Mimik" (S. 58). Die operationalen Definitionen der Kategorien des Beobachtungssystems muss sich der Beobachter vollständig aneignen. Auf diese Weise wird sichergestellt, dass unterschiedliche Anwender ein vergleichbares Verständnis der Kategorien besitzen, was die Voraussetzung dafür bildet, Ergebnisse aus unterschiedlichen Beobachtungen sinnvoll vergleichen zu können.

Die relevanten Verhaltenskategorien können entweder in einem Index-System, das als eine offene Kriterienliste aufgebaut ist, oder in einem Kategorien-System, das einen Verhaltensbereich vollständig beschreiben soll, zusammengestellt werden. Die wesentlichen Unterschiede zwischen diesen beiden Typen von Beobachtungsverfahren sind in Abbildung 11-8 zusammengestellt (vgl. auch Langfeldt & Tent 1999, S. 111ff.).

Abb. 11-8: Gegenüberstellung von Index- und Kategorien-Systemen zur Verhaltensbeobachtung

Index-System	Kategorien-System
einzelne Indikatoren können gemeinsam auftreten	die Kategorien schließen sich gegenseitig aus
die Liste der Indikatoren ist repräsentativ für das interessierende Verhalten, aber im Prinzip erweiterbar	die Kategorien decken das interessierende Verhalten vollständig ab
eine Registrierung wird nur dann vorgenommen, wenn das Indikatorverhalten auftritt, d.h. nicht alles Verhalten wird erfasst	zu jedem beliebigen Zeitpunkt kann eine Registrierung vorgenommen werden, der Verhaltensstrom wird vollständig erfasst
die Daten geben Auskunft darüber, *welche* Verhaltensweisen auftreten	die Daten geben Aufschluss darüber, welche Anteile bestimmte Verhaltensweisen am Gesamtverhalten haben

Welche Form zu bevorzugen ist, hängt von der Fragestellung und der Art des interessierenden Verhaltens ab. Soll im Rahmen einer Trainingsevaluation überprüft werden, ob ein Schüler bestimmte Zielverhaltensweisen zeigt, dann ist ein Index-System durchaus angemessen. Ein Index-System würde sich auch für die Lernerfolgskontrolle eignen, z.B. um zu prüfen, ob sich ein Schüler in bestimmten Situationen in der fremden Sprache ausdrücken kann. Kategorien-Systeme werden eingesetzt, wenn es um komplexe Interaktionen geht, wie etwa der Erfassung aggressiver Anteile in der Lehrer-Schüler-Interaktion (Humpert & Dann 1988), der Erfassung der Interaktion zwischen Lehrer- und Schülerverhalten (Flanders 1970), oder der Beschreibung von Zusammenhängen zwischen Formen des Unterrichts und Aufmerksamkeitsverhalten der Schüler und Schülerinnen (Helmke & Renkl 1992). Da sowohl die Erstellung als auch die Handhabung von Kategorien-Systemen sehr aufwendig ist, scheinen Index-Systeme für praktische Anwendungen im Alltag die pragmatischere Alternative zu sein.

Für systematische Schülerbeobachtungen liegen bislang wenig spezifische Verfahrensvorschläge vor. Nuding (1997) entwickelt einen Schülerbeobachtungsbogen als Index-System, das bestimmte Aspekte des Lern-, Arbeits- und Sozialverhaltens berücksichtigt. Diesen Beobachtungsbogen sollen Lehrer und Lehrerinnen für einzelne Schüler und Schülerinnen mehrmals im Jahr ausführen, um so eine Grundlage für Beurteilungen, z.B. im Rahmen von Zeugnissen, zu gewinnen. Die Liste ist im Prinzip erweiterbar, so dass individuelle Beobachtungsschwerpunkte berücksichtigt werden können. Bei einzelnen Aspekten ist jedoch fraglich, ob sie überhaupt der Beobachtung zugänglich sind („Bemüht sich um gewaltfreie Konfliktbewältigung."; „Ist vor Leistungsüberprüfungen nicht nervös."). Auch diese Liste wäre also weiter zu präzisieren und ggf. zu ergänzen.

Arnold und Mitarbeiter (2000) schlagen vor, zur Leistungsbeurteilung Beobachtungen aus verschiedenen Perspektiven durchzuführen und zu integrieren. Im Fokus der Beobachtung steht weniger das Lernergebnis als vielmehr die Lernentwicklung der Schüler und Schülerinnen. Lernen wird als dynamische Interaktion zwischen Lehrern und Lehrerinnen auf der einen Seite und Schülern und Schülerinnen auf der anderen Seite aufgefasst, so dass die Autoren konsequenterweise dem Schülerbeobachtungsbogen für den Lehrer sowohl einen Selbstbeobachtungsbogen der Schüler als auch eine Beobachtung der pädagogischen Verhaltensweisen der Lehrer durch Schüler an die Seite stellen. Durch die unterschiedlichen Beobachtungsstandpunkte werden die jeweiligen Aussagen ergänzt und relativiert. In der zugehörigen Handanweisung werden die einzelnen Beobachtungskategorien ausführlich beschrieben. Problematisch bleibt auch hier, ob die aufgeführten Kriterien dem Beobachter tatsächlich zugänglich sind, wie z.B. die Frage, wie sich die Schüler und Schülerinnen Erfolg und Misserfolg erklären. Ebenso ist es nicht ganz klar, in welcher Weise die Informationen aus den verschiedenen Beobachtungsperspektiven konkret ausgewertet und zusammengefasst werden sollen.

Gießler-Fichtner, Freimann, Frey, Menzel und Petermann (2000) stellen mit dem Verhaltensbeurteilungsbogen Schule (VBS-L) ein Verfahren für die Hand von Lehrern und Lehrerinnen zur Feststellung von sonderpädagogischem Förderbedarf vor. Die Beobachtungskategorien beziehen sich auf drei Dimensionen des Schülerverhaltens, nämlich das Sozial-, Lern- und Leistungsverhalten. Diese Dimensionen sind in 14 weitere Beobachtungskategorien unterteilt, die an konkreten Verhaltensweisen festgemacht werden; z.B. ist aus der Dimension Lernverhalten der Aspekt Selbständigkeit beim Lernen aufgeschlüsselt in:

- Führt bei vorliegender Fertigkeit eine Aufgabe von Anfang bis Ende alleine durch.
- Holt sich Hilfe nur dann ein, wenn sie tatsächlich für die Erledigung einer Aufgabe benötigt wird.

Die Lehrer und Lehrerinnen sollen angeben, ob sie das jeweilige Verhalten (z.B. Kooperation, Selbstkontrolle, Selbständigkeit beim Lernen, Umgang mit Stressfaktoren) selten, meistens oder wechselnd wahrnehmen. In Zusammenarbeit mit einem Berater oder einer Therapeutin werden diese Beobachtungen ausgewertet und bilden, neben weiteren diagnostischen Daten, die Grundlage für die systematische Erstellung und Überprüfung von Förderplänen. Dieses Verfahren ist empirisch fundiert und übersichtlich gestaltet.

Allen vorgestellten Verfahren ist gemeinsam, dass kaum praktische Erfahrungen aus dem Schulalltag mitgeteilt werden. Ebenso fehlen Angaben über die Gütekriterien der damit durchgeführten Beobachtungen.

11.5.2 Beobachtungs- und Beurteilungsfehler und deren Kontrolle

Beobachtungen basieren grundsätzlich auf einer Zusammenschau von Wahrnehmungen und Interpretationen durch einen menschlichen Beobachter. Befunde aus der Sozialpsychologie zeigen, dass die menschliche Wahrnehmung und Informationsverarbeitung bestimmten Tendenzen unterliegt, die das Beobachtungs- und Beurteilungsergebnis systematisch verzerren können (vgl. Kanning 1999). Faßnacht (1995, S. 220ff.) hat die wichtigsten Urteilstendenzen zusammengestellt:

- *Fehler der zentralen Tendenz:* Beurteiler neigen dazu, bei abgestuften Einschätzungen (Ratings) eine mittlere Beurteilung zu wählen und die Extreme zu vermeiden.
- *Tendenz zur Milde oder zur Strenge:* Beobachter und Beurteiler haben häufig individuell eine stabile Tendenz, Personen zu günstig oder zu streng zu beurteilen. Hier spielen persönliche Neigungen und Wertvorstellungen eine Rolle.

- *Logischer oder theoretischer Fehler:* Die Beobachtungen und Beurteilungen werden vor dem Hintergrund von subjektiven Theorien vorgenommen. Vorannahmen über den Zusammenhang bestimmter Merkmale lenken die Wahrnehmung, z.B. „Brillenträger sind intelligent." oder „Wer kreativ ist, kann nicht Ordnung halten."
- *Primacy und Recency-Effekte:* Die zeitlich zuerst wahrgenommenen Verhaltensweisen prägen einen schwer revidierbaren „Ersten Eindruck" (= primacy-Effekt). Aber auch das zuletzt wahrgenommene Verhalten kann das Gesamturteil verzerren (= recency-Effekt).
- *Fundamentaler Attributionsfehler:* Menschen tendieren bei der Beurteilung von Personen dazu, die beobachteten Verhaltensweisen auf stabile Eigenschaften zurückzuführen: Eine Schülerin, die zu spät kommt, wird als unzuverlässig eingestuft. Äußere und situative Erklärungen werden dagegen bevorzugt zur Erklärung des eigenen Verhaltens herangezogen: Wenn man selber zu spät kommt, lag es an dem Verkehrsstau.
- *Kontrast- und Reihenfolge-Effekte:* Die Beurteilung einer Person beeinflusst die Beurteilung einer zweiten Person. Man kennt eine Tendenz, Kontraste zwischen zwei Personen oder Situationen zu verstärken: Wenn man von einer ruhigen Klasse in eine lautere Klasse kommt, wird man sie für undiszipliniert halten. Kommt man dagegen von einer sehr unruhigen Klasse in dieselbe Klasse, wird man sie freundlicher wahrnehmen. Wird in einer mündlichen Prüfung ein Kandidat geprüft, der eher stockend spricht, wird er bei gleicher Leistung schlechter beurteilt, wenn zuvor ein Kandidat mit hoher Sprechgeschwindigkeit an der Reihe war.
- *Emotionale Beteiligung:* Beobachtung und Beurteilung werden verzerrt, wenn der Beobachter in das Geschehen emotional eingebunden ist. Empfindet er gegenüber den beobachteten Personen z.B. große Sympathie, ein tiefes Mitleid oder Verärgerung, so besteht die Gefahr, dass die Wahrnehmung auch von emotionalen Bewertungen abhängt.

Eine professionelle Beobachtung zeichnet sich durch Strategien zur Vermeidung dieser systematischen Beobachtungs- und Beurteilungstendenzen aus. Sieben Ansatzpunkte für solche Strategien sind (vgl. Kanning 1999):

1. *Zielgerichtete Steuerung der Aufmerksamkeit:* Der Beobachter definiert den Gegenstandsbereich vor der eigentlichen Beobachtung. Dabei sollte besonderes Augenmerk auf die bislang nicht wahrgenommenen Seiten einer Person oder Situation gelegt werden. Hat ein Lehrer oder eine Lehrerin ein Kind als „faulen Schüler" wahrgenommen, so käme es bei einer Beobachtung darauf an, diese Hypothese zu prüfen, z.B. zu schauen, in welchen Bereichen die Arbeit des Kindes zufriedenstellend ausfällt, welche äußeren Umstände möglicherweise das gezeigte Verhalten beeinflussen, wie stabil das Verhalten über die Zeit und über verschiedene Situationen ist.

2. *Reflexion über den eigenen Beurteilungsrahmen*: Die Qualität von Beobachtungen lässt sich verbessern, wenn der Beobachter im Laufe seiner Tätigkeit immer wieder kritisch prüft, welchen Bezugsrahmen er für die Bewertung der Verhaltensweisen heranzieht, z.b. welche Toleranzgrenzen er für angemessenes Verhalten gezogen hat oder was er von einem „fleißigen" Schüler erwartet. Persönliche Bezugssysteme variieren beträchtlich (Beispiel: Wie aufgeräumt ist ein aufgeräumtes Zimmer? Wie sieht ein „ordentliches" Heft aus?) und fließen natürlich in die Beobachtung mit ein, wenn der Beobachter seine eigenen Maßstäbe sozusagen zum „Maß aller Dinge" macht.

3. *Bewusst machen der Beobachtereffekte*: Weiß ein Beobachter um die Urteilstendenzen, wie etwa den Milde-Effekt, so trägt gezieltes Gegensteuern dazu bei, ein differenzierteres Bild einer Person oder einer Situation zu erhalten. Wenn ein Beobachter darum weiß, dass er möglicherweise vorschnelle und verallgemeinernde Schlüsse zieht, kann er dem entgegenwirken, indem er zusätzliche Information aktiv einholt, z.B. in mehreren, räumlich oder zeitlich unterschiedlichen Situationen beobachtet, oder indem er ergänzend zur eigenen Beobachtung weitere Informationsquellen aufsucht, bis hin zu der Möglichkeit, einen Kollegen zu bitten, die eigene Beobachtung unabhängig zu wiederholen.

4. *Erklärung für beobachtetes Verhalten auf eine möglichst breite Basis stellen*: Ein wesentliches Qualitätsmerkmal eines Beobachtungsberichtes ist es, dass für den Leser erkennbar die Beschreibung der Beobachtungsergebnisse und deren Interpretation möglichst getrennt vorgenommen werden. Dabei wird sich der Beobachter auch mit vorschnellen Interpretationen des beobachteten Verhaltens zurückhalten. Wenn er dann schließlich eine Erklärung versucht, sollte diese auf einer möglichst umfassenden Datenbasis beruhen, d.h. einfache Kausalerklärungen sind zugunsten einer differenzierten Beurteilung von Verursachungsbedingungen zu vermeiden.

5. *Aufdecken von Erwartungen und Vorurteilen*: Jeder Mensch orientiert sich an bestimmten subjektiven Theorien, aus denen bestimmte Verhaltenserwartungen und Vorurteile resultieren. Ein Effekt dieser subjektiven Theorien besteht darin, dass Beobachtungen, die nicht den Erwartungen entsprechen, nicht registriert oder als Ausnahmen übergangen werden. Daher ist es unabdingbar, dass Beobachter wiederholt ihre subjektiven Theorien explizit machen und die Klippen erkennen lernen, an denen sie zu theoriekonsistenten Wahrnehmungen neigen. Das sind dann genau die Stellen, an denen man gezielt und intensiv nach Information suchen sollte. Die Unterstützung durch den Austausch mit Kollegen oder noch besser mit Beratern, z.B. im Rahmen von Supervision, dürfte für diese Problematik sehr hilfreich sein. Bei starken Voreingenommenheiten oder einem erhöhten Maß an emotionaler Beteiligung gegenüber einem Schüler oder einer Schülerin sollte man durchaus auch überlegen, ob man einen Kollegen

oder eine Kollegin bittet, eine Zweit- oder Kontrollbeobachtung durchzuführen, in der dann auch genauer auf die Interaktion zwischen dem Lehrer und dem betreffenden Schüler geachtet wird.

6. *Berücksichtigung von sozialen Einflüssen*: Ein Beobachter sollte sich klar machen, dass seine Beobachtungen von Vorinformationen („Ach die Helga! Die hatte ich letztes Jahr auch! Auf die muss man aufpassen!") und von den impliziten Normen der sozialen Erwünschtheit beeinflusst werden („Er ist der Sohn vom Bankdirektor!"). Diesen kann man sich entziehen, indem man Vorinformationen gar nicht erst einholt und die impliziten Standards an einer Schule („Wir sind ein humanistisches Gymnasium!") offen legt.

7. *Training:* Durch ein Beobachtertraining lässt sich ein kompetenter Umgang mit dem Beobachtungssystem erreichen. Auch systematische Urteilsfehler lassen sich durch ein gezieltes Training verringern (z.B. Preiser, Gasch & Kugemann 1973; Preiser 1979).

11.5.3 Beobachtung und Beurteilung von Schülerverhalten als Prozess

Beobachtung und Beurteilung von Schülerverhalten ist ein stufenweiser Prozess, dessen Bestandteile im Interesse der Urteilsqualität auseinandergehalten werden sollten, vor allem wenn mit der Beobachtung wichtige Entscheidungen verbunden sind (vgl. Jäger 2000)

1. *Fragestellung:* Beobachtungen sollten nicht „ins Blaue hinein" durchgeführt werden, sondern es sollten konkrete Fragestellungen formuliert und ein Beobachtungsplan erstellt werden (Wer, wann, was, wann, wie oft, wie lange, in welchen Abständen, in welchen Situationen?).

2. *Datenerhebung:* Sammlung möglichst verhaltensnaher Einzelinformation unter der Vermeidung von vorschnellen Schlussfolgerungen und Interpretationen.

3. *Registrierung:* Aufzeichnung der Beobachtungen, möglichst durch Beschreibung mittels Verben. Adjektivische Ausdrucksformen oder gar nominale Ausdrucksformen sind wegen des damit verbundenen Etikettierungseffektes zu vermeiden. Nicht: Schüler X ist unmotiviert; sondern: Schüler X hat die erforderlichen Materialien zum Thema nicht dabei. Er beteiligt sich in der Zeit von ... bis ... nicht am Unterricht.

4. *Strukturierung und Interpretation der Daten:* In einer Zusammenschau werden die Daten interpretiert. – Welche Verhaltensweisen treten häufig auf? Unter welchen (äußeren) Bedingungen? Welche Verhaltensweisen treten gehäuft zusammen auf? Welche Verhaltensweisen fehlen? Welche Erklärungen gibt es für das beobachtete Verhalten? Braucht man evtl. Zusatzinformationen? Welche originellen oder besonders hervorzuhebenden Einzelverhaltensweisen wurden beobachtet?

5. *Urteilsbildung:* In dieser Phase werden die Daten verdichtet und möglicherweise ergänzt. Die Daten werden unter Berücksichtigung der Informationsquellen, der Menge, der Reihenfolge, der Häufigkeit und Intensität des beobachteten Verhaltens gewichtet und relativiert.
6. *Bericht:* Bei der Formulierung und Weitergabe eines Urteils werden die Normen, an denen sich der Beurteiler orientiert, offengelegt. Ein Urteil orientiert sich entweder am individuellen Ausgangsniveau eines Schülers („Es gelingt ihm jetzt, bis zu 10 Minuten an einer Aufgabe zu bleiben.", oder am Klassenniveau („Sie ist mit den gestellten Aufgaben vor allen anderen fertig.") oder an einer gesetzten, alters- oder sachorientierten Norm („In ihren mündlichen Ausführungen verwendet sie einen altersgemäßen Wortschatz."). In einem Beobachtungsbericht können durchaus mehrere Normen berücksichtigt werden; entscheidend ist, dass die jeweils angelegte Norm explizit deutlich wird.

Der Beobachtungsbericht sollte auch Aufschluss geben über die im Laufe des Beurteilungsprozesse gefällten Entscheidungen, über Maßnahmen zur Sicherung der Gütekriterien und zur Vermeidung von Fehlertendenzen. Auf diese Weise kann es gelingen, dass Beobachtung und Beurteilung von Schülerverhalten in einem rationalen und transparenten Verfahren durchgeführt werden. Da verbindliche Kategorienlisten oder einheitliche Verfahren für die Beobachtung von Schülerverhalten fehlen und auch gar nicht sinnvoll wären, liegt es in der Verantwortung und Kompetenz von Lehrern und Lehrerinnen, sich in Aus- und Fortbildung mit den Anforderungen an professionelle Beobachtungen gründlich auseinander zu setzen.

11.6 Zusammenfassung

1. Unterricht ist die planmäßige, regelmäßige und zielorientierte Vermittlung von Wissen und Handlungskompetenzen in einem pädagogischen Kontext.
2. Es werden sieben äußere Bedingungsfaktoren des Unterrichts vorgestellt: Ort des Lernens, Schulart, Größe der Institution, Lage der Schule, Attribute der Lerngruppe, Lernzeit und Unterrichtsmaterialien.
3. Bei der Unterrichtsplanung und -gestaltung werden drei Grundfragen aufgegriffen: nach den Ausgangsbedingungen oder Lernvoraussetzungen, nach den Lehr-, Lern- und Bildungszielen und nach den Wegen und Mitteln oder Unterrichtsmethoden.
4. Bei den individuellen Lernvoraussetzungen werden fachliches Vorwissen, kognitive Fähigkeiten, Arbeitsstrategien, Motivation, Emotionen sowie soziale Kompetenzen und Erfahrungen angesprochen.
5. Für die Klärung der Unterrichtsziele wird eine Taxonomie kognitiver Lernziele vorgestellt, die von Wissen und Verständnis über Anwendung, Analyse und Synthese bis hin zur Evaluation reicht.

6. Unterrichtsmethoden sind wiederholt eingesetzte, typische Vermittlungsformen des Lehrstoffs.
7. Das Konzept der Aptitude-Treatment-Interaction (ATI) betont, dass die Effektivität einer bestimmten Unterrichtsmethode von individuellen Schülermerkmalen abhängt.
8. Es werden drei typische Unterrichtsformen unterschieden: Lehrerzentrierter Unterricht mit den Aspekten der direkten Instruktion, der Modellierung (Vormachen) und des Fragens; Gruppenorientierter Unterricht mit den Grundformen Gruppendiskussion und Gruppenarbeit; Individualisierter Unterricht mit den klassischen Formen Mastery Learning, des Programmierten Unterrichts und des Computergestützten Unterrichts sowie neuen Formen des Selbstregulierten Lernens.
9. Unterrichtsmanagement beinhaltet alle Maßnahmen zur Gestaltung eines optimalen Lernumfeldes. Es basiert auf Lehrerkompetenzen und -überzeugungen sowie auf systematischen Prinzipien, die sich u.a. auf Zeitgestaltung, Anerkennung und Bewertung, Schülerbeteiligung und Aufgaben beziehen.
10. In zwei Vertiefungstexten werden das Lernen mit neuen Medien und die Bedeutung von Schülerbeobachtung und -beurteilung für den Unterricht diskutiert.

12. Erziehen als Förderung der Persönlichkeit

Ist Erziehung notwendig?
Ist Erziehung schädlich?
Ist Erziehung möglich?
Versuchen Sie für diese drei Fragen eine persönliche Antwort zu finden! Bevor Sie sich mit einem schnellen Ja oder Nein zufrieden geben, sollten Sie bedenken, dass in der Kulturgeschichte höchst unterschiedliche Antworten auf diese simplen Fragen gegeben wurden. Welche Argumente könnte es für die verschiedenen Positionen geben?

Dieses Kapitel befasst sich mit den Möglichkeiten und Grenzen der Erziehung, mit Grundanliegen und konkreten Mitteln, mit Erziehungsstilen und deren Auswirkungen.

12.1 Entwicklung, Sozialisation und Erziehung

Während Unterricht und Training die Vermittlung von Informationen, Fähigkeiten und Fertigkeiten beinhalten, bezieht sich Erziehung auf den ganzen Menschen, seine Persönlichkeit und sein Verhalten im sozialen Kontext. *Erziehung ist der zielorientierte und planvolle Versuch, positiven Einfluss auf die Persönlichkeitsentwicklung von Kindern und Heranwachsenden auszuüben und negative Veränderungen zu verhindern.* Dabei sind Entwicklung und Erziehung ineinander verschränkt. Entwicklung basiert auf Reifung, auf Lernen und auf Selbststeuerung (vgl. Kap. 7) und ist abhängig von persönlichen Merkmalen (Kap. 9) und von Umweltbedingungen (Kap. 10). Ergebnisse der Entwicklung sind individuelle Merkmale (Kap. 9) und deren Störungen (Kap. 13). Erziehung vermittelt oder ermöglicht Lernerfahrungen in sozialen Interaktionen (Kap. 8) und kann darin bestehen,

- Reifungsprozesse zu unterstützen
- Lernprozesse zu initiieren
- Freiräume zur individuellen Entwicklung zu gewähren
- Erfahrungen zu ermöglichen, beispielsweise durch Bereitstellung von Spielmaterial
- selbstgesteuerte Lernprozesse zu unterstützen.

12.1.1 Konzeptionen von Sozialisation

Sozialisation ist der Prozess, in dem Menschen in die Normen und Anforderungen der sozialen und gesellschaftlichen Umwelt hineinwachsen und hineingeführt werden. Das traditionelle *Anpassungskonzept* geht davon aus, dass heranwachsende Menschen aufgrund von Einflussnahmen der Gesellschaft, vermittelt über konkrete Sozialisationsinstanzen wie Familie oder Schule, die Normen ihrer Gesellschaft übernehmen. Im Bereich der politischen Sozialisation spricht man vom *Transmissionsmodell*, weil nach dieser Auffassung die Sozialisationsinstanzen die Funktion eines Transmissionsriemens übernehmen, der die gesellschaftlichen Anforderungen an Kinder und Jugendliche heranträgt.

Demgegenüber betonen *moderne Sozialisationstheorien*, dass das Hineinwachsen in die Gesellschaft ein aktiver Prozess der Person ist, welche

- erstens gesellschaftliche Anforderungen und vorgegebene Rollenerwartungen in einem Lern- und Anpassungsprozess übernimmt (*Sozialisation im engeren Sinne*),
- zweitens die Sinndeutungen, Symbole und Maßstäbe ihrer Kultur sich aneignet und verinnerlicht (*Enkulturation*) und
- drittens Vorgaben und Freiräume interpretiert und individuell ausgestaltet (*Personalisation*), dadurch die Gesellschaft mitgestaltet und zu deren Pluralismus beiträgt.

Diesem Verständnis (mit den Begriffen von Wurzbacher 1963) entspricht in der politischen Sozialisation das *Emanzipationsmodell*, welches die eigenverantwortliche und kompetente Entfaltung des Individuums im politischen Raum zum Ziel hat.

12.1.2 Erziehen als zielorientiertes Handeln?

Wir hatten Erziehung umschrieben als zielorientierten und planvollen Versuch, positiven Einfluss auf die Persönlichkeitsentwicklung auszuüben und negative Veränderungen zu verhindern (vgl. Kap. 2.1 und 3.1). Dabei wird unterstellt,

- dass Eltern und Erzieher sich an Erziehungszielen orientieren,
- dass sie diese durch geplantes Handeln zu erreichen suchen,
- dass sie zwischen positiven und negativen Entwicklungen klar unterscheiden und
- dass sie nachhaltige Effekte auf persönliche Dispositionen anstreben.

Diesen Annahmen stehen die konträren Alltagserfahrungen gegenüber,

- dass manche Erzieher ihre Erziehungsziele nicht explizit benennen können,

- dass Erziehungsbemühungen bisweilen keine greifbaren Erfolge aufzuweisen haben,
- dass in pädagogischen Situationen auch unbeabsichtigte Effekte möglich sind, wenn beispielsweise Eltern mit ihren positiven Verhaltensweisen und mit ihren Unarten nachgeahmt werden oder sich deren Ängste auf die Kinder übertragen,
- dass sogar paradoxe Erziehungswirkungen vorkommen, wenn sich Kinder gegen die ihnen zugedachten Rollen wehren und den Ansprüchen der Eltern verweigern,
- dass Nachbarn, Geschwister oder Medien als „Miterzieher" – ohne Auftrag – die elterliche Erziehung unterstützen oder aber konterkarieren können,
- dass Erzieherverhalten vielfach ungeplant, widersprüchlich und inkonsequent erscheint,
- dass Erzieher bisweilen unsicher über den Wert oder Unwert bestimmter Entwicklungen sind,
- dass negative Nebenwirkungen von Erziehungsbemühungen ungewollt oder absichtlich in Kauf genommen werden,
- dass manchmal kurzfristige Effekte (wie „Ruhigstellen") wichtiger erscheinen als nachhaltige Veränderungen (wie „Eigenverantwortung übernehmen").

12.1.3 Möglichkeiten und Grenzen der Erziehung

Drei Fragen haben sich uns gestellt: Ist Erziehung notwendig? Ist sie schädlich? Ist sie überhaupt möglich beziehungsweise erfolgversprechend? Bezüglich der ersten beiden Frage greifen wir auf allgemeine Menschenbilder zurück (vgl. Kap. 2.1.1). Das skeptische Menschenbild bejaht angesichts der a-sozialen Ausstattung des Menschen die Notwendigkeit der Erziehung. Das optimistische Menschenbild dagegen betont die positiven Selbstgestaltungskräfte und warnt vor schädlichen Eingriffen.

Angesichts der vielfach beklagten Aufmerksamkeits- und Lernstörungen, Verhaltensauffälligkeiten und neurotischen Deformationen, aber auch angesichts von Kindesmisshandlungen und sexuellem Missbrauch innerhalb von scheinbar intakten Familien wird immer wieder die romantisierende Frage nach einem besseren Leben ohne Erziehung aufgegriffen. Seit Beginn des 20. Jahrhunderts wurden zahlreiche Reformkonzepte entwickelt, die eine Reduktion von autoritärem Druck und ein stärkeres Eingehen auf kindgemäße Lernformen beinhalteten. Summerhill in England wurde das Symbol und Aushängeschild einer antiautoritären Reformpädagogik (Neill 1960). In Deutschland formierte sich im Rahmen der 68er Studentenbewegung eine radikal antiautoritäre Erziehungskonzeption, die das Selbstbestimmungsrecht des Kindes über jede Erziehungsabsicht stellte. Die sogenannte Antipädagogik sieht in der antiautoritären Welle der Siebziger Jahre nur einen halbherzigen Versuch, Erziehungsfehler zu verringern; stattdessen wird um eine menschenwürdige Zukunft des Einzelnen und der Gesellschaft willen sogar der vollständige Verzicht auf Erziehung propagiert.

Es wird wohl kaum ernsthaft bestritten, dass der Mensch nach der Geburt intensiver persönlicher Betreuung und Zuwendung in einem erzieherischen Kontext bedarf. Wir sprachen von der „Erziehungsbedürftigkeit" des Menschen. Aber wie sieht es mit deren Effektivität aus? Was kann, was bewirkt Erziehung? Die Frage nach den Grenzen der Erziehung ist offenbar sehr alt (vgl. Bernfeld 1925/1973; Dollase 1984), macht aber immer wieder neu Furore. Es wird gefragt, ob nicht die normierenden gesellschaftlichen Einflüsse, die Massenmedien, Freizeit- und Konsumangebote familiäre und schulische Erziehung zunehmend obsolet erscheinen lassen. Im Vergleich von ost- und westdeutschen Sozialisationsgeschichten erscheint zunächst ein durchschlagender Effekt des Gesellschaftssystems sichtbar zu werden. Wo bleibt da noch Raum für individuelle Erziehung? Andererseits demonstrieren Alltagserfahrungen und empirische Befunde auch die offensichtlichen Grenzen der demokratisch-liberalen Erziehung in der Bundesrepublik und der internationalistischen Erziehung in der DDR. Hat selbst die uniforme Gesellschaft keine effektiven Einflussmöglichkeiten mehr?

Biologische und gesellschaftliche Grenzen der Erziehung
Die Renaissance der erbbiologischen Argumentationen lenkte das Augenmerk auf angeborene Erbanlagen und auf die begrenzten Auswirkungen familiärer Umwelten – gemessen in Anteilen aufgeklärter Varianz (zum Varianzbegriff vgl. Abschnitt 15.2.3). Sandra Scarr (1992; 1993) postulierte mit großer Resonanz aus evolutionsbiologischer Sicht, dass der Einfluss spezifischer familiärer Erziehungsumwelten deshalb so gering sei, weil die genetische Ausstattung des Menschen hohe Selbstgestaltungs- und Anpassungsfähigkeit an sehr unterschiedliche Entwicklungsbedingungen beinhalte. Deshalb spiele die jeweilige familiäre Umgebung keine allzu große Rolle. Bemühungen um eine Optimierung der Erziehung seien demnach überflüssig oder wenig wirksam.

Führen uns diese Thesen zu einem pädagogischen Pessimismus („Man kann nicht viel machen") oder zu einem humanitären Optimismus („Es wird alles von alleine gut")? – Nun, den extremen Positionen Scarrs sind zunächst die vielfältigen empirischen Belege für nachhaltige Umweltwirkungen entgegenzuhalten (vgl. Kap.10). Sicher, der übersteigerte Machbarkeitswahn, durch Optimierung und Intensivierung alle Ziele erreichen zu können, hat berechtigte Dämpfer erhalten. Die Nichtbeliebigkeit der Gestaltung ist Kennzeichen alles Lebendigen (vgl. Kap. 2.2.2). Innerhalb der durch die Gene begrenzten Möglichkeiten kann die erzieherische Umwelt jedoch viel bewirken.

Die starken Erbeinflüsse als Grenzen der Erziehung (wenn nicht sogar als deren Unmöglichkeit) zu interpretieren, bedeutet dem alten Trugschluss anheimzufallen, wonach Varianzanteile mit Intensität des Einflusses gleichzusetzen wäre. Trotz aller gravierenden Defizite leben wir im Vergleich zu früheren Jahrhunderten in einer Gesellschaft, die ihren Mitgliedern gute Entwicklungschancen und ein gewisses Maß an Chancengleichheit gibt, beispielsweise durch eine vom Staat finanzierte Schulpflicht, durch frei zugängliche Bildungsangebote, durch pädagogische und psychologische Beratung, durch das Verbot von Kinderarbeit, Kindesmisshandlung und seelischer Grausamkeit. Wenn es noch mehr gelingt, entwicklungsförderliche Erziehungsgrundsätze im Bewusstsein der erziehenden Bevölkerung zu verankern, werden sich die familiären Rahmenbedingungen weiter vereinheitlichen. Das aber würde dazu führen, dass die dann noch bestehenden individuellen Unterschiede – trotz einer intensiven familiären und schulischen Förderung – nicht auf die Variabilität der Erziehungsbedingungen zurückgeführt werden könnte, sondern auf anlagebedingte Unterschiede und individuelle Selbstgestaltungsmöglichkeiten der erziehenden und der erzogenen Personen.

Als Gegenpol zu den optimistischen Chancen ist auf die nach wie vor gravierenden Defizite in der Lebensumwelt von Kindern und Jugendlichen hinzuweisen, die für neurotische Störungen, Verhaltensauffälligkeiten und Delinquenz mit verantwortlich sind. Hier besteht die dringende Notwendigkeit, Störquellen zu reduzieren und Erziehungsbedingungen weiter zu verbessern.

12.1.4 Die wichtigsten Aufgaben der Erziehung

Persönlichkeitsbildung: Erziehung kann einerseits als Anerziehung von vorgegebenen „Tugenden", andererseits als Hilfe zur Entfaltung der eigenen Möglichkeiten gesehen werden. Die „allseits entwickelte sozialistische Persönlichkeit" wurde in der DDR als Erziehungsauftrag propagiert; angesichts allseits etablierter autoritärer Strukturen geriet dieses Konzept jedoch zu einer real-sozialistischen Karikatur. Wir könnten heute als globales Erziehungsziel die gesellschafts- und zukunftsfähige Persönlichkeit formulieren.

Sozialerziehung: Es werden Ziele wie Anpassungsfähigkeit und -bereitschaft, Gehorsam und Unterordnung, Höflichkeit und Freundlichkeit, aber auch Selbständigkeit und Autonomie, soziales Engagement und Verantwortungsbereitschaft, Durchsetzungs- und Konfliktfähigkeit usw. propagiert.

Moralerziehung meint nicht die Einhaltung moralischer Vorschriften. Psychologische Ansätze zur Moralerziehung zielen auf eine Weiterentwicklung der Urteilsfähigkeit, die eigenverantwortliches und an Prinzipien begründetes Handeln ermöglicht.

Politische Sozialisation im demokratischen Selbstverständnis beinhaltet weder parteipolitische Beeinflussung noch eine passive Übernahme gesellschaftlicher Normen, sondern die Entwicklung politischer Urteilsfähigkeit und Handlungskompetenz.

Religiöse Erziehung kann religiöse Indoktrination beinhalten und auf Zwang oder Druck beruhen. Wenn das Ziel der religiösen Erziehung jedoch die Entwicklung religiöser Urteilskraft, die Erarbeitung religiöser Überzeugungen oder die religiöse Bewältigung menschlicher Grenzerfahrungen sein soll, dann erweist sich nicht Druck als förderlich, sondern das offene Gespräch über religiöse Fragen und Zweifel (vgl. Preiser 1994).

Schlüsselqualifikationen: Das Konzept der Schlüsselqualifikationen verzichtet auf konkrete Erziehungsziele und betont die Notwendigkeit, Basisqualifikationen zu entwickeln, auf deren Grundlage der Mensch sich selbst weiterentwickeln kann. Neben den in der beruflichen Weiterbildung diskutierten Schlüsselqualifikationen steht für die familiäre und schulische Sozialisation vor allem die Forderung, das Lernen zu lernen und seine Selbststeuerungskräfte weiterzuentwickeln (vgl. Kap. 9).

Bei allen inhaltlichen Aufgabenbereichen der Erziehung finden wir immer wieder die grundlegende Gegenüberstellung von Freiheit, Autonomie, Kompetenz und Menschenwürde versus Anpassung, Abhängigkeit, Unterdrückung und Zwang.

12.1.5 Orte der Erziehung und Sozialisation: Institutionen und Instanzen

Erziehung als allgemeine Persönlichkeitsbildung finden wir primär in der Familie und im Kindergarten lokalisiert. Aber auch kognitiv orientierte Institutionen wie Schule und berufliche Bildung haben persönlichkeitsbildende Aufgaben und Wirkungen. Erziehung findet auch im Unterricht statt, mehr oder weniger explizit und reflektiert, beispielsweise aufgrund der Vorbildwirkung von Lehrerinnen und Lehrern. Persönlichkeitsbildende Seminare, Trainings und Workshops finden wir sogar in Weiterbildungsangeboten, ja sogar noch in Veranstaltungen für Senioren.

Unter die Bezeichnungen Sozialisationsinstanzen oder -agenten lassen sich auch nicht-institutionelle Instanzen fassen, wie z.B. die Gleichaltrigen. Entsprechend der Stellung im Lebenslauf wird wie folgt unterschieden:

- Primäre Sozialisation: Familie, Krabbelstube, Sandkasten
- Sekundäre Sozialisation: Kindergarten, Schule, Heim, Jugendgruppe, Kirche
- Tertiäre Sozialisation: Berufsausbildung, Hochschule
- Quartäre Sozialisation: Berufliche Fort- und Weiterbildung, Erwachsenenbildung, Institutionen der politischen Bildung
- Lebenslaufübergreifend: Freundschafts- und Freizeitgruppen, Massenmedien.

12.2 Wege und Mittel der Erziehung

Der Begriff der Erziehungsmethoden suggeriert ein technisches Verständnis, als wollte man etwas herstellen oder bearbeiten wie ein Werkstück (zu Hause) oder ein Fließbandprodukt (in der Schule). Wir sprechen statt dessen eher von Wegen und Mitteln der Erziehung.

12.2.1 Grundformen: Prävention, Korrektur und Förderung

Prävention im pädagogischen Kontext beinhaltet alle pädagogischen und psychologischen Maßnahmen, die darauf gerichtet sind,

- Leistungsstörungen und Verhaltensauffälligkeiten durch vorbeugende Maßnahmen und durch Beseitigung von Risikofaktoren zu verhindern (primäre Prävention),
- Störungen frühzeitig zu erkennen und durch Gegenmaßnahmen zu beseitigen (sekundäre Prävention),
- aufgetretene Störungen so zu behandeln, dass eine weitergehende Verschlimmerung und negative Folgeerscheinungen vermieden werden (tertiäre Prävention).

Beispiel Gewaltprävention: Um körperliche Gewalt in der Schule zu verhindern bzw. zu vermindern, kann man beispielsweise in den Klassen Regeln zur gewaltfreien Konfliktregelung vereinbaren oder Konflikt-Mediations-Programme einführen (primäre Prävention), bei auftretenden körperlichen Auseinandersetzungen Einzel- und Gruppengespräche führen, um zur gewaltfreien Konfliktbewältigung zurückzufinden (sekundäre Prävention), bei eskalierenden Konflikten zwischen verschiedenen Schülergruppen für eine räumliche Trennung sorgen und verhindern, dass die Härte der Auseinandersetzungen weiter zunimmt oder dass weitere Schüler einbezogen werden (tertiäre Prävention).

Diese Beispiele zeigen, dass sich Präventionsmaßnahmen nicht nur auf Individuen, sondern auch auf soziale Strukturen beziehen. Gewaltprävention in der Schule (z.B. Olweus 1995) beinhaltet deshalb ein ganzes Bündel von Maßnahmen, angefangen von einem problembezogenen „Pädagogischen Tag" für Lehrkräfte, über Elternarbeit, Konfliktregeln in den einzelnen Schulklassen bis hin zu Einzelfallbetreuungen. Neben problemspezifischen Präventionsformen gibt es unspezifische Maßnahmen. So kann die Steigerung des Selbstbewusstseins und die Erhöhung der Selbstkontrolle als nahezu universelle Prävention gegen Drogenmissbrauch, Delinquenz oder Schulleistungsstörungen verstanden werden.

Korrektur: Unerwünschte Verhaltensweisen lassen sich reduzieren,

- indem man verhindert, dass sie „belohnt" und als Erfolg erlebt werden,
- indem sie getadelt oder bestraft werden,

- indem alternative Verhaltensweisen vorgeschlagen, unterstützt oder belohnt werden.

Beispiel Verminderung aggressiver Verhaltensweisen: Wenn ein Schüler sich durch Drängeln oder Schubsen Vorteile zu schaffen versucht, sollte man sicherstellen, dass die „Opfer" keinesfalls benachteiligt werden. Wenn ein Schüler durch seine aggressiven Äußerungen Aufmerksamkeit zu erreichen sucht, kann es schon hilfreich sein, seine Provokationen zu ignorieren und ihn so um den Erfolg zu bringen. Man kann den Schüler Nachteile für seine Aggressionen spüren lassen, ihn beispielsweise vorübergehend von einer attraktiven Gruppenarbeit ausschließen. Man kann erfolgversprechende gewaltfreie Konfliktregelungen vorstellen und einüben. Man kann Schülern demonstrieren, dass sie Aufmerksamkeit auch durch konstruktive Beiträge gewinnen können. Man kann mit den Mitschülern vereinbaren, wie sie mit einem „Störenfried" angemessen umgehen und sein Störverhalten allmählich überflüssig machen. Vielfach ist es notwendig, andere Lehrkräfte oder die Eltern mit einzubeziehen.

Wenn normale pädagogische Bemühungen im Schulalltag nicht ausreichen, um Störungen zu beseitigen, sind spezifische „Interventionen" notwendig, beispielsweise Trainings- oder Förderkurse, problembezogene Beratung oder psychologische Therapie.

Förderung: Ein großer Prozentsatz von Schülern, die wegen Schulleistungsproblemen in die Beratung kommen, weist eine überdurchschnittliche Intelligenz auf. Woran kann es liegen, dass sie trotz ihrer hohen Intelligenz in der Schule versagen? Problemfelder von Hochbegabten machen darauf aufmerksam, dass es nicht ausreicht, alle Schüler gleichmäßig zu fördern oder sich vorwiegend auf Schüler im unteren Fähigkeitsbereich zu konzentrieren. Auch Schüler mit speziellen Begabungen haben ein Recht darauf, angemessen gefördert zu werden.

Beispiel Hochbegabung: Hochbegabte entwickeln in vielen Fällen Schulprobleme. Bei Hochintelligenten kann man vermuten, dass sie in der Schule unterfordert sind, sich deswegen nicht anstrengen, wenig Leistung erbringen und – wenn notwendige Kenntnisse nicht erworben werden – auch gar nicht mehr erbringen können. Hochkreative Schüler haben eher Schwierigkeiten, wenn ihre unkonventionellen Gedanken und Verhaltensweisen den Unterricht „stören", weil sich die Lehrer nicht darauf einstellen können.

12.2.2 Konzeptionen von Freiheit und Zwang

Im Spannungsfeld von Freiheit und Druck haben sich Erziehungsideologien herausgebildet, die in ein bestimmtes Gesellschafts- und Menschenbild eingepasst sind.

Erziehungsideologien
Anpassungsideologie: Das Kind wird von Geburt an als a-sozial betrachtet, hat aber die Fähigkeit zur sozialen Anpassung. Dieser Anpassungsprozess wird durch eine Erziehung bewirkt, die sich an gesellschaftlichen und moralischen Normen orientiert.

Antiautoritäre Erziehungsideologie: Soziale Anpassung wird als eine Form der Unterdrückung betrachtet, welche die Persönlichkeit des Menschen deformiert. Der Begriff antiautoritär betont die strikte Bekämpfung von Autorität, wobei schon das Formulieren von Erziehungszielen als autoritätsverdächtig gilt. Wenn jedoch nur der Verzicht auf autoritären Druck gemeint ist, wäre die Bezeichnung nicht-autoritär treffender.

Technologische Konzepte: Erziehung wird als zielorientiertes Handeln betrachtet, bei dem es auf den effektiven Einsatz von passenden Methoden ankommt. Effektives Erziehungsverhalten kann empirisch ermittelt und durch Training vermittelt werden (z.B. als „Techniken des Lehrerverhaltens"; Grell 1990)

Emanzipationsmodell: Es geht um die Förderung des Individuums in Richtung Selbstverantwortlichkeit, Autonomie und Handlungsfähigkeit.

Humanistische Konzepte: Es wird unterstellt, dass der heranwachsende Mensch Selbstgestaltungs- und Selbstheilungskräfte besitzt, die es ihm ermöglichen, seine eigene Entwicklung voranzutreiben und mit Entwicklungsproblemen fertig zu werden, sofern diese inneren Kräfte nicht durch Zwang blockiert werden. Erziehung und Beratung haben die Aufgabe, Entfaltungsmöglichkeiten bereitzustellen und Blockaden aufzuweichen. Es wird angenommen, dass jeder Mensch die Tendenz besitzt, seine eigenen Begabungen zu entfalten, sinnvoll zu nutzen und weiter zu entwickeln.

Druck oder Zug: Zwei Arten der Zielerreichung
Wolfgang Metzger (1962) hat aus der Forschungsrichtung der Gestaltpsychologie Erziehungsgrundsätze abgeleitet. In einer reizvollen Analogie beschreibt er zwei Arten der Zielerreichung, die gleichermaßen in der belebten wie in der unbelebten Natur anzutreffen sind:

- *Erzwungene Zielerreichung:* Materialien oder Vorgängen werden durch äußere Kräfte oder starre Vorrichtungen bestimmte Zustände oder Verläufe aufgezwungen.
- *Freie Zielerreichung:* Zustände oder Vorgänge gehen aus dem freien Spiel der inneren Kräfte von Systemen hervor.

Beispiel Physikalische Druck- und Zugkräfte: Will man eine Eisenkugel von einem Ausgangspunkt A zu einem Zielpunkt Z befördern, so kann man die Kugel entweder durch eine äußere Kraft in Richtung auf das Ziel stoßen oder durch einen starken Magneten anziehen. Im ersten Fall handelt es sich um eine erzwungene Zielerreichung. Damit die Kugel das Ziel auch tatsächlich erreicht, muss die Anstoßkraft ausreichend groß sein; es darf kein Hindernis im Weg liegen; äußere Leitvorrichtungen müssen verhindern, dass die Kugel von der vorgesehenen Bahn abweicht. Weiter ist sicherzustellen, dass die Kugel nicht vom Ziel zurückprallt. Sind die Freiheitsgrade im Bewegungsraum derart auf den einzigen Weg von A nach Z beschränkt, wird die Kugel auf diese Bahn gezwungen.

Im zweiten Fall handelt es sich um eine freie Zielerreichung. Hier kann auf Leitvorrichtungen, auf Einschränkungen des Bewegungsraumes verzichtet werden. Damit die Kugel das Ziel erreicht, muss allerdings sichergestellt sein, dass die Kugel frei beweglich ist, der Magnet eine ausreichend große Anziehungskraft hat, keine Hindernisse in der Bahn liegen und keine stärkeren ablenkenden Kräfte wirken.

Beide Arten schließen einander nicht aus, sie können sich ergänzen. Vorgänge, die durch das freie Spiel der Kräfte dynamisch gesteuert werden, streben „prägnante", geordnete Endzustände an, die sich bei äußeren Störungen auch selbst wiederherstellen können. Fallen dagegen bei erzwungenen Ordnungen die äußeren Leitvorrichtungen weg, wird das System chaotisch. Diese Analogie und die aus dem Beispiel abgeleiteten Arten von Ordnungen lassen sich sowohl auf die menschliche Erziehung insgesamt, als auch auf kreative Aufgabenbewältigung und schöpferische Problemlösungen übertragen:

Menschliches Verhalten kann einerseits durch äußeren Druck oder Zwang auf ein Ziel gelenkt werden, durch Anweisungen, Kontrollen, Drohungen oder Strafen. Solche Versuche, Kinder zu erwünschtem Verhalten zu zwingen, sind nur so lange effektiv, wie der Druck und die Kontrolle anhalten. Bei der Bewältigung von Problemen kann eine Zwangsordnung nur zu konventionellen Lösungen führen.

Andererseits können Denken, Gestalten oder zielgerichtetes Handeln auch aus der selbständigen Auseinandersetzung mit der jeweiligen Aufgabenstellung resultieren. Die Ausgangslage wird als Ungleichgewicht erlebt. Dadurch werden zielgerichtete Aktivitäten ausgelöst, die zu einer Annäherung an prägnante Gleichgewichtszustände (Leistungen, Problemlösungen, kreative Produkte) führen. Ein freies, dynamisches System erlaubt auch eine selbstgesteuerte Bewältigung von Entwicklungsaufgaben.

Damit eine dynamische Selbststeuerung möglich ist, müssen bestimmte *Grundbedingungen* erfüllt sein:

- Das Ziel muss eine *genügend große Anziehungskraft* besitzen (z.B. als Anreize, die im Ziel selbst liegen, als Interesse und Freude an der Sache, als Begeisterung für ein Thema). „Intrinsisch" motiviertes Handeln erwächst aus Neugier, Interessen, Freude am Können und Gelingen.

- Das intrinsisch motivierte Verhalten darf *nicht* durch *andere anziehende oder abstoßende Kräfte* (z.B. in Form von sachfremden Nebenzielen oder „extrinsischen" Motiven) abgelenkt werden.
- Intrinsische Motivation setzt einen *möglichst großen Freiraum* für die selbständige Auseinandersetzung mit Aufgaben, Möglichkeiten zur Mitentscheidung und Beteiligung an der Ausführung voraus.
- Beim Handelnden müssen Voraussetzungen für eine reibungsarme Steuerung gewährleistet sein (z.b. in Form von Konzentrationsfähigkeit, geistiger Beweglichkeit, Umstrukturierungsfähigkeit, Verfügbarkeit von Wissen oder Können).
- Gefordert ist auch die *Freiheit von verbindlichen Lösungswegen* und *das Fehlen von Hindernissen* (z.b. in Form von Denkgewohnheiten, Regeln oder Rezepten), die dem Lösungsvorgang bestimmte Richtungen aufzwingen.

Forderungen an Erziehungskonzeptionen
Das Problem aller Erziehungsideologien liegt in der Verabsolutierung einzelner Anliegen und in blinden Flecken für andere Aspekte. Als ausgewogene Integration verschiedener Ansätze können wir fordern:

- In der menschlichen Entwicklung ist eine durch Erziehung geförderte *Anpassung* an natürliche Gegebenheiten (wie die Schwerkraft oder Witterungsverhältnisse) und an zivilisatorische Gefahrenquellen (wie die Steckdose oder den Straßenverkehr) ebenso notwendig wie eine Anpassung an soziale und gesellschaftliche Erfordernisse (wie gegenseitige Rücksichtnahme oder Einhaltung von Vereinbarungen).
- Zwang und Unterdrückung behindern die freie Entfaltung der Persönlichkeit. *Verzicht auf autoritären Druck* ist deshalb entwicklungsförderlich.
- *Erziehungsziele* müssen in einem gesellschaftlichen Klärungsprozess vereinbart und ständig an den gesellschaftlichen Wandel angepasst werden.
- Der Einsatz *erfolgversprechender Mittel und Wege* zur Erreichung der Erziehungsziele ist legitim und notwendig.
- Entwicklung und Erziehung beinhalten einen lebenslangen Prozess der *Emanzipation* aus Unmündigkeit und Inkompetenz in Richtung Selbstverantwortlichkeit, Autonomie und Handlungsfähigkeit.
- *Selbstverwirklichung* bedeutet die Entfaltung und Weiterentwicklung von angeborenen und erworbenen Begabungen. Die Selbstgestaltungstendenzen des Individuums können durch Unterstützung und Beratung gefördert werden.

12.2.3 Wirkungen von Verhaltensfolgen

Dass Menschen aus positiven und negativen Erfahrungen lernen, ist eine Weisheit, die unsere Vorfahren sicher schon seit Jahrtausenden kannten und in Redensarten fixiert haben wie „Gebranntes Kind scheut das Feuer" oder „Wer sein Kind liebt, der züchtigt es". Strafe und Belohnung, Missbilligung und Anerkennung gehören schon in den ältesten Kulturdokumenten zu den Steuerungsinstrumenten der Götter und Geister, der Herrscher und Militärs, der Eltern und Erzieher. Die Lern- und Verhaltenspsychologie des 20. Jahrhunderts hat diese Urerfahrung in systematisierter Form analysiert und präzisiert (vgl. Kapitel 5). Wir unterscheiden drei Arten von Verhaltensfolgen: natürliche, angekündigte und bewusst eingesetzte.

Natürliche Verhaltensfolgen ergeben sich auch ohne Zutun von Erziehungspersonen:

Wenn das Kind sein Spielzeug zu grob behandelt, ist es hinterher kaputt.

Wenn es Gegenstände wegschmeißt, findet es sie später nicht mehr.

Wenn es in die Kerze fasst, verbrennt es sich den Finger.

Wer allzu aggressiv oder despotisch ist, mit dem will niemand mehr spielen.

Wer anderen Kindern hilft, der bekommt ebenfalls Hilfe.

Wer sorgfältig arbeitet, kann einen hohen und stabilen Turm bauen.

Wer zu viel Süßigkeiten verschlingt, bekommt Bauchweh.

Wer seine Schokolade richtig einteilt, hat auch am nächsten Tag noch welche.

Wenn man deutlich spricht, wird man auch verstanden.

Erzieher können vor allem zwei Fehler machen: Kinder nicht vor realen Gefahren zu warnen und die Lernchance dadurch zunichte zu machen, dass sie die natürlichen Folgen unbemerkt ausbügeln, indem sie beispielsweise das kaputt gemachte Spielzeug sofort austauschen.

Angekündigte Verhaltensfolgen: Eltern können Kinder vorbeugend auf drohende Gefahren hinweisen. Wenn die Warnung glaubwürdig oder die zu erwartende Konsequenz einsichtig ist, braucht das Kind die negative Erfahrung nur im Kopf und nicht in der Realität zu machen. Statt natürlicher Folgen kann man auch willkürlich gesetzte Folgen ankündigen oder androhen. Derartige Anreize oder Drohungen wirken nur, wenn sie glaubwürdig sind, d.h. wenn sie im Regelfall konsequent wahr gemacht werden.

Gesetzte Folgen: Eltern und Erzieher können ihre Enttäuschung oder ihren Ärger, ihre Freude oder Begeisterung ausdrücken. Sie können Belohnungen geben und bestrafen (vgl. Kap. 5.2.2).

Lob und Anerkennung
Wegen der großen Bedeutung im Alltag sprechen wir Lob als Erziehungsmittel gesondert an. Die folgenden Hinweise und Empfehlungen (in Anlehnung an Seminarunterlagen der Frankfurter Projektgruppe „Psychologie in Organisationen") basieren auf empirischen Forschungsergebnissen, theoretischen Überlegungen und Alltagserfahrungen. Sie finden sich in vergleichbarer Form in Erziehungsratgebern ebenso wie in Seminarunterlagen zur Personalführung.

Funktionen und Wirkungen: Anerkennung bedeutet, ein positives Verhalten oder eine gute Leistung ausdrücklich zur Kenntnis zu nehmen; Lob bedeutet, zusätzlich eine positive und persönliche Bewertung abzugeben. Anerkennung und Lob gelten weithin als wichtigste Mittel zur Motivierung von Schülerinnen und Schülern, von Mitarbeiterinnen und Mitarbeitern im Arbeitsleben. Eine angemessene Anerkennung kann tatsächlich die Leistungsbereitschaft anregen und die Zufriedenheit fördern. Manchmal reagieren Schüler oder Mitarbeiter auf Lob aber mit Unbehagen oder Abwehr. Dies hängt damit zusammen, dass Anerkennung und Lob sehr verschiedene Funktionen haben können:

- eine Informationsfunktion (Bestätigung als informative Rückmeldung)
- eine emotionale und motivationale Funktion (Anerkennung als Erfolgserlebnis und Anreiz)
- eine Lern- oder Verstärkungsfunktion (Lob als Belohnung bzw. „Fremd-Verstärker")
- eine soziale Funktion (Lob als soziale Bestätigung und Aufwertung).

Positive Wirkungen von Anerkennung oder Lob sind insbesondere dann zu erwarten, wenn subjektiv die informativen und motivationalen Aspekte im Vordergrund stehen (vgl. Kap. 6.3.1).

Empfehlungen:

- Beziehen Sie Anerkennung stets auf die Leistung oder das Verhalten, nicht aber auf die Person!
- Erkennen Sie Leistungen ausdrücklich an und betrachten Sie diese nicht als Selbstverständlichkeit!
- Sprechen Sie Anerkennung nicht zu selten, aber auch nicht zu häufig aus!
- Versuchen Sie, Leistungsergebnisse möglichst sofort anzuerkennen!
- Formulieren Sie Anerkennung klar und differenziert, d.h. konkret auf das Verhalten bezogen!
- Äußern Sie Anerkennung sachlich angemessen, d.h. weder „unterkühlt" noch überschwänglich!
- Sprechen Sie Lob möglichst in Form einer „Ich-Botschaft" aus: Drücken Sie Ihre eigene Befriedigung aus und sagen Sie, welche positiven Folgen

das Verhalten hat („Ich freue mich, dass Du Dir das gründlich angeschaut hast, weil Du jetzt die Zusammenhänge besser verstehst")!
- Trauen Sie den Schülern künftig ähnlich anspruchsvolle Aufgaben zu!
- Beachten Sie, dass öffentlich vor der Klasse ausgesprochenes Lob negative Konsequenzen haben kann, z.B. Überheblichkeit der Gelobten, Neid der anderen, Spannungen in der Gruppe!

12.2.4 Weitere Erziehungsmittel und -wege

Die Phantasie von Eltern und Erziehern kennt offenbar keine Grenzen, wenn es darum geht, Kindern „Unarten" abzugewöhnen und sie zu erwünschten Verhaltensweisen und Einstellungen zu bewegen. Stubenarrest, tagsüber ins Bett stecken und andere Maßnahmen aus der Gruselkiste gehören noch zum vorangegangen Thema „Wirkungen von Verhaltensfolgen". Drohungen mit Gespenstern, dem Schwarzen Mann, dem Nikolaus oder gar dem „lieben Gott" erhalten jedoch eine weitere Note: Hier werden nämlich Angst auslösende Bedrohungen in das Weltbild des Kindes implantiert. Einschüchterungen und Eingrenzungen signalisieren vor allem die Hilflosigkeit der Erzieher; sie werden am ehesten vermieden, wenn Eltern und Erzieher humane und erfolgversprechende Erziehungsmittel kennen. Zwei davon wollen wir hier noch kurz ansprechen:

Einfluss von Vorbildern und Modellen
Wenn Eltern Gesichtsausdruck und Bewegungen von Säuglingen nachahmen, führt das dazu, dass diese ihr Verhalten wiederholen. Später übernehmen schon Kleinstkinder Verhaltensweisen und Redensarten ihrer Eltern und Geschwister. Beobachtetes aggressives Verhalten wird vielfach spontan nachgeahmt, dies gilt auch für in Filmen gesehenes Verhalten. Misshandelte Kinder wiederholen das in der Kindheit erlittene Verhalten häufig drei Jahrzehnte später an ihren eigenen Kindern. Kinder übernehmen aber auch soziale, religiöse, moralische und politische Einstellungen der Eltern. Auch Lehrerinnen und Lehrer sollten sich bewusst sein, dass ihr Verhalten ungeplantes Modell für die Schülerinnen und Schüler sein kann (vgl. Kap. 5.2.4).

Appell an Einsicht und Vernunft
Kinder lernen nicht nur aus beobachteten Verhaltensweisen und erlebten Verhaltensfolgen, sie können auch mögliche Konsequenzen gedanklich vorwegnehmen und bewerten. Sie können ihr Verhalten und seine Wirkungen mit moralischen Wertmaßstäben vergleichen und prüfen, was fair oder gerecht erscheint. Sie können kurzfristige Befriedigungen zugunsten längerfristiger Erfolge zurückstellen. Ältere Kinder und Jugendliche wollen in ihrem Verhalten konsistent sein und berechenbar erscheinen. Sie beurteilen ihr Verhalten auch aus der vermuteten Perspektive der anderen. All dies be-

deutet, dass Kinder und Jugendliche logischen und moralischen Argumenten zugänglich sind. Eine mit Einsicht arbeitende Erziehung ermöglicht eigenverantwortliches Handeln.

12.3 Erziehungsstile

Erziehungsstile bezeichnen die individuelle Art und Weise, wie Eltern und Erzieher ihre Erziehungsaufgabe wahrnehmen. Im Anschluss an Schneewind (1980) definieren wir:

Unter Erziehungsstilen verstehen wir alle Muster erzieherischen Erlebens und Handelns, die über verschiedene Situationen hinweg relativ konsistent gezeigt werden.

Erziehungsstile betreffen vor allem Formen der Autorität und Machtausübung, die Entscheidungsstruktur, den Einsatz von Rückmeldungen, Belohnung und Bestrafung, die Aufgabenteilung und Zusammenarbeit, die sozialen und emotionalen Beziehungen. Schneewind (1975, S. 15) nennt vier Hauptaufgaben der Erziehungsstilforschung:

„(1) eine umfassende Deskription des elterlichen Erziehungsverhaltens; (2) die Erklärung für das Zustandekommen von Art und Ausprägung des elterlichen Erziehungsverhaltens; (3) die Überprüfung des Erklärungsbeitrags elterlichen Erziehungsverhaltens im Hinblick auf die Effekte von familiären Sozialisationsprozessen; (4) die Veränderung elterlichen Erziehungsverhaltens und der daraus resultierenden Konsequenzen."

12.3.1 Typen von Erziehungsstilen

Immer wieder wurde der Versuch gemacht, die Vielfalt erzieherischen Handelns in einige wenige Grundtypen einzuteilen. Am bekanntesten ist die von Kurt Lewin vorgenommene Einteilung in drei Erziehungsstile: autoritär, demokratisch und laissez faire. Verwandte alternative Bezeichnungen für autoritär sind autokratisch, diktatorisch oder patriarchalisch. Alternative Bezeichnungen für demokratisch sind auch kooperativ oder sozialintegrativ. Lewin, ein aus Deutschland emigrierter Gestaltpsychologe wollte einen Beitrag zur Veränderung politischer Kulturen leisten. Ihm ging es um die Entwicklung einer demokratischen politischen Grundhaltung. Wegen der Möglichkeit von Varianten und Mischtypen erwiesen sich Erziehungsstiltypen allerdings als allzu vereinfachend.

Forschungsbeispiel Erziehungsstile: Lewin, Lippitt und White (1939) ließen Freizeitgruppen von Kindern in verschiedenen typischen Stilen führen. Jeder Stil wurde – in unterschiedlicher Reihenfolge – in allen Gruppen praktiziert. Beobachtet wurden die unterschiedlichen Auswirkungen auf das Verhalten der Kinder. Es handelt sich bei dieser Untersuchung um ein Feldexperiment. Die Führungsstile sind in Beispiel 12-1 beschrieben (zitiert in der deutschen Übersetzung von Lukesch 1975, 51).

Beispiel 12-1: Erziehungsstile nach Lewin, Lippitt und White (1939) – Ausschnitt

Autoritär	Demokratisch	Laissez-faire
(1) Alle Regeln werden durch den Gruppenleiter bestimmt.	(1) Alle Regeln sind Gegenstand der Gruppendiskussion und -entscheidung. Dieser wird unterstützt und bestärkt durch den Gruppenführer.	(1) Es besteht völlige Freiheit für Gruppen- oder Einzelentscheidungen, ohne dass der Gruppenführer daran teilnimmt.
(2) Techniken und Verhaltensschritte werden schrittweise nacheinander durch die Autorität befohlen, so dass die in der Zukunft liegenden Schritte bis zu einem großen Ausmaß unbekannt sind.	(2) Die Arbeitsperspektive wird durch die erste Gruppendiskussion festgelegt. Allgemeine Schritte zur Erreichung des Gruppenziels werden entworfen und falls technische Unterstützung notwendig ist, schlägt der Gruppenleiter zwei oder drei alternative Verfahren vor, aus denen gewählt werden kann.	(2) Der Gruppenleiter stellt verschiedene Materialien zur Verfügung und erklärt, dass er nur dann Auskunft gibt, wenn er gefragt wird. Er nimmt an der Arbeitsbesprechung in keiner anderen Form teil.

12.3.2 Aspekte von Erziehungsstilen

Erziehungsstile beziehen sich primär auf das Verhalten. Sie basieren jedoch auch auf Kognitionen, auf Kenntnissen von Erziehungsmethoden und subjektive Annahmen über deren Wirksamkeit. Man könnte auch von subjektiven Erziehungstheorien sprechen (vgl. Kap. 1.1.2). Erziehungseinstellungen beinhalten zusätzlich affektive Bewertungen der Erziehungsmethoden, beispielsweise eine gefühlsmäßige Bevorzugung von Anerkennung und eine Abscheu vor körperlichen Strafen. Schließlich haben Personen in pädagogischen Interaktionen Ziele, die sie kurzfristig in der gegenwärtigen Situation oder langfristig im Erziehungsprozess erreichen wollen. Somit ergeben sich drei Aspekte von elterlichen Erziehungsstilen: Praktiken, Einstellungen und Ziele werden z.B. mit dem Familiendiagnostischen Testsystem erfasst (Schneewind, Beckmann & Hecht-Jackl 1985). Erst unter Berücksichtigung aller drei Aspekte und ihres wechselseitigen Zusammenwirkens lässt sich nach Schneewind die Wirkung von Erziehung verstehen. In analoger Weise gibt es Erziehungsstile von außerfamiliären Erziehern, Unterrichtsstile von Lehrkräften, Führungsstile in Arbeits- und Freizeitgruppen. Die drei Aspekte lassen sich wie folgt beschreiben:

- *Erziehungspraktiken*: Verhaltensweisen von Erziehenden und Lehrenden in pädagogischen Situationen. Zu den Erziehungspraktiken zählen sowohl bewusst geplante als auch unwillkürliche Verhaltensweisen und Ausdruckserscheinungen, sowohl Verhaltensweisen mit einer intendierten als auch mit einer unbeabsichtigten Erziehungs- oder Bildungswirkung.
- *Erziehungseinstellungen:* Überzeugungen und Meinungen, die pädagogische Maßnahmen und deren Wirkungen sowie die sozialen und emotionalen Beziehungen in einer pädagogischen Relation betreffen.
- *Erziehungsziele*: Zielvorstellungen und Prioritätensetzungen, die sich auf die anzustrebenden Ergebnisse von Erziehungs-, Unterrichts- und Bildungsprozessen beziehen.

12.3.3 Dimensionen von Erziehungsstilen

Immer wieder wurde versucht, die Vielfalt von Erziehungshaltungen zu ordnen. Die meisten empirisch vorgehenden Klassifikationsversuche arbeiten mit der faktorenanalytischen Methode. Dabei werden zahlreiche Variablen aus dem Bereich der Erziehungshaltungen und -praktiken empirisch erfasst und untereinander statistisch in Beziehung gesetzt. Die statistischen Zusammenhangsmaße, die Korrelationskoeffizienten (vgl. Kap. 15) werden dann aufgrund von Gemeinsamkeiten gruppiert, d.h. nach dem Kriterium gemeinsamer Varianzen zu weitgehend unabhängigen Grunddimensionen zusammengefasst. Diese Grunddimensionen sind überschaubarer als die Vielzahl von Einzelmerkmalen. Sie erlauben aber dennoch differenziertere Aussagen als die Typenkonzepte. Denn erstens werden verschiedene Ausprägungsgrade der einzelnen Grunddimensionen (von ganz schwach bis sehr stark) unterschieden und zweitens können diese Ausprägungen in beliebigen Kombinationen auftreten. Dadurch ergibt sich eine nahezu unbegrenzte Zahl von individuellen Merkmalskonstellationen.

Abb. 12-2: Modell des mütterlichen Erziehungsverhaltens (Schaefer 1959, S. 232)

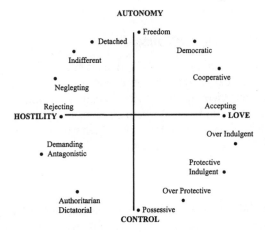

In verschiedenen Untersuchungen ergaben sich immer wieder zwei Grundfaktoren (Schaefer 1959; 1961): Eine emotionale Dimension und eine Lenkungsdimension. Die erste Grunddimension wird „Zuwendung vs. Zurückweisung" oder „Liebe vs. Feindseligkeit" genannt. Dabei geht es um die emotionale Qualität der sozialen Beziehung zwischen Erziehern und Erzogenen. Die zweite Grunddimension ist „Kontrolle vs. Autonomie" (vgl. Abbildung 12-2).

Die anfangs dargestellten Erziehungsstiltypen lassen sich in das zweidimensionale Konzept von Erziehungsstildimensionen einordnen. Der autoritäre Stil ist durch starke Lenkung und Kontrolle einerseits und emotionale Zurückweisung andererseits gekennzeichnet. Der Laissez-Faire-Typ lässt sich durch minimale Lenkung und Kontrolle sowie durch eine neutrale emotionale Haltung charakterisieren. Der demokratische bzw. sozialintegrative Stil beinhaltet ein mittleres Maß an Lenkung und Kontrolle bei positiver emotionaler Zuwendung. Als zusätzlicher Aspekt erweist sich die Dimension *Fördernde nicht-dirigierende Tätigkeiten* als bedeutsam. Darunter verstehen Tausch und Tausch (1998) Handlungen von Lehrkräften und Erziehern, die zu Aktivitäten der Unterrichteten oder Erzogenen anregen, ohne direkt lenkend einzugreifen (vgl. Beispiel 12-3).

Beispiel 12-3: Fördernde nicht-dirigierende Tätigkeiten (Beispiele nach Tausch und Tausch 1998, 247)

- Angebote machen, Anregungen geben, informierende Hinweise geben
- für den anderen Materialien (z.B. verständliche Texte) und menschliche Hilfsquellen (z.B. Tutoren) ausfindig machen, sich für ihn verfügbar halten (z.B. für Gespräche)
- Rückmeldungen geben, klärende Konfrontationen ermöglichen
- dem anderen durch Vorleben fördernde Bedingungen gewähren für ein günstiges Selbstkonzept, für Selbstachtung
- mit dem anderen mitlernen, eine gemeinsame förderliche Lernumwelt schaffen

12.3.4 Theoriegeleitete Erziehungsstilkonzeptionen

Mit den Dimensionen, die empirisch-induktiv gewonnen wurden, lassen sich plausible Auswirkungen auf das Verhalten von Kindern finden. Dennoch bleiben diese Konzeptionen theoretisch unbefriedigend, weil mit ihnen allenfalls im Nachhinein die gefundenen Wirkungen plausibel gemacht werden können. Deshalb wurden Versuche unternommen, elterliche Erziehungsstile theoretisch zu konzipieren und nachträglich empirisch-deduktiv zu überprüfen.

Das Zweikomponenten-Modell
Stapf, Herrmann, Stapf und Stäcker (1976) entwarfen ein an operanten Lerntheorien (vgl. Kap. 5) orientiertes zweidimensionales Konzept:

- *Unterstützung*: Tendenz zur Belohnung erwünschten Verhaltens
- *Strenge*: Tendenz zur Bestrafung unerwünschten Verhaltens.

Strenge und Unterstützung sind weitgehend unabhängig voneinander, d.h. alle Kombinationen von geringer oder starker Unterstützung einerseits und geringer oder großer Strenge andererseits sind möglich und empirisch vorfindbar.

Erwartet, und überwiegend empirisch bestätigt wird, dass elterliche Unterstützung zu einer *Gebotsorientierung* der Kinder führt, d.h. zu der Bereitschaft, familiär oder schulisch erwünschtes Verhalten zu zeigen und (kognitive) Kompetenzen zu entwickeln. Erwartungsgemäß zeigten sich beispielsweise Auswirkungen auf die soziale Beliebtheit in der Klasse.

Elterliche Strenge führt dagegen zu einer *Verbotsorientierung*, d.h. zur Tendenz, unerwünschtes Verhalten oder dessen negative Konsequenzen zu vermeiden. Die Erfahrung und Befürchtung negativer Konsequenzen für (nicht vermeidbares) unerwünschtes Verhalten führt zu vermehrter Ängstlichkeit der Kinder. Weiterhin finden sich systematische Zusammenhänge zwischen elterlicher Strenge und geringer Toleranz sowie Konformismus der Kinder.

Das Zweiprozess-Modell
Krohne erweitert den behavioristischen Ansatz um kognitive Aspekte, um die Entstehung von Ängstlichkeit aufgrund elterlicher Erziehungseinflüsse zu erklären. Ängstliche Personen sind nach Krohne dadurch gekennzeichnet, dass sie

- vermehrt negative Konsequenzen ihres eigenes Verhaltens erwarten,
- unsicher sind, wann ihr Verhalten zu negativen Konsequenzen führt,
- wenig Kompetenzen im Umgang mit Problemsituationen besitzen,
- negative Erwartungen bezüglich ihrer eigenen Kompetenzen haben.

Angst wird nach Krohne (1996) vorwiegend durch drei Situationsaspekte ausgelöst:

- Vorliegen von Gefahrenreizen, d.h. Hinweise auf mögliche unangenehme Ereignisse. Sie resultieren aus gehäuften und intensiven Bestrafungen.
- Hohe Mehrdeutigkeit, d.h. Fehlen verlässlicher Informationen über Gefahren. Sie liegt vor, wenn Eltern inkonsistent erziehen, d.h. ein bestimmtes Verhalten in unvorhersehbarer Weise manchmal ignorieren und manchmal bestrafen.
- Blockierung von Gefahren abwendenden Reaktionen. Reaktionsblockierung kann auf Einschränkungen der kindlichen Handlungen oder auf fehlender Unterstützung beim Aufbau von Kompetenzen im Umgang mit Gefahren beruhen.

Eltern unterscheiden sich danach, wie sie mit dem Kind bei der Bearbeitung von alltäglichen Aufgaben und Problemen umgehen. Krohne und Hock (1994; 2001) unterscheiden zwei Arten von „durchführungsorientierten" Prozessen:

- Unterstützung der kindlichen Problemlösekompetenz, z.B. Mithilfe beim Üben von Fertigkeiten oder bei der Strukturierung von Problemen, Interesse an den Tätigkeiten des Kindes, Stärkung der Erfolgszuversicht
- Einschränkung der kindlichen Handlungsmöglichkeiten, z.b. rigide Orientierung an Normen und Verboten, Vermittlung von fertigen Lösungen.

Eltern unterscheiden sich auch danach, welche Rückmeldungen sie dem Kind nach der Bearbeitung von Problemen geben. Es werden positive und negative „ergebnisorientierte" elterliche Erziehungsprozesse unterschieden:

- *Lob* bzw. Belohnung als positive Rückmeldungen und
- *Tadel* bzw. Bestrafung als negative Rückmeldungen.

Rückmeldungen können hinsichtlich ihrer Häufigkeit, ihrer Intensität und ihrer Konsistenz unterschieden werden. Für die Entstehung von Ängstlichkeit werden nach den obigen Beschreibungen angstauslösender Situationen noch folgende Erziehungsaspekte verantwortlich gemacht:

- *Strafintensität* und
- *Inkonsistenz*.

Die genannten Aspekte lassen sich mittels eines Fragebogens, dem Erziehungsstil-Inventar ESI (Krohne & Pulsack 1995), aber auch durch direkte Beobachtung von Eltern-Kind-Interaktionen erfassen. Theoriekonform wäre zu erwarten, dass die Eltern hochängstlicher Kinder sich durch hohe Einschränkung, wenig Unterstützung, viel Tadel, intensive Strafen und inkonsistente Rückmeldungen auszeichnen. Diese hypothetischen Erwartungen ließen sich in empirischen Untersuchungen nur teilweise bestätigen (Krohne & Hock 1994).

12.4 Zusammenfassung

1. Entwicklung, Sozialisation und Erziehung beinhalten wechselseitig miteinander vernetzte Prozesse.
2. Sozialisations- und Erziehungsprozesse können einerseits als Anpassungsdruck, andererseits als Förderung der Selbstentfaltung und Selbststeuerung wirksam werden. Freiheit und Zwang sind zwei polare Grundhaltungen.
3. Erziehung wird durch biologische Voraussetzungen und gesellschaftliche Bedingungen ermöglicht und begrenzt.

4. Persönlichkeitsbildung, Sozial- und Moralerziehung, politische und religiöse Sozialisation und Ausbildung von Schlüsselqualifikationen sind wichtige Erziehungsaufgaben.
5. Prävention, Korrektur und Förderung sind Grundformen erzieherischer Maßnahmen.
6. Erziehungswirkungen können auf natürlichen, angekündigten und gezielt eingesetzten Verhaltensfolgen wie Strafe und Belohnung, Missbilligung und Lob beruhen.
7. Erziehungsrelevante Einstellungen, Ziele und Praktiken lassen sich zu Erziehungsstilen zusammenfassen. Klassische Erziehungsstiltypen werden als autoritär, demokratisch und laissez-faire bezeichnet. Erziehungsstile lassen sich nach mindestens zwei voneinander unabhängigen Dimensionen unterscheiden: Zuwendung vs. Zurückweisung und Kontrolle vs. Autonomie.
8. Neuere Konzeptionen wie das Zweikomponenten- und das Zweiprozess-Modell leiten Erziehungsstile aus verhaltensorientierten und kognitiven Theorien ab.

13. Lern- und Verhaltensschwierigkeiten in der Schule

(Hans-Peter Langfeldt)

Die öffentliche Meinung ist relativ eindeutig. Früher sei alles besser gewesen: Die Schüler lernten das, was sie in der Schule lernen sollten und wussten sich zu benehmen. Heute seien ihre Leistungen schlechter, sie könnten kein richtiges Deutsch mehr und rechnen könnten sie auch nicht. Ihr Verhalten sei eher unakzeptabel; Gewalttätigkeiten und Vandalismus seien an der Tagesordnung. Vermeintliche Ursachen sind relativ schnell gefunden. Wahlweise werden das Fernsehen, die Familie, die sozialen Verhältnisse, die Lehrer oder Lehrerinnen oder der Verlust von Werthaltungen in unserer postmodernen Gesellschaft als Erklärung herangezogen. Aus Sicht von Lehrern und Lehrerinnen sei deshalb auch ihr Beruf besonders schwierig und anstrengend geworden. Die Schüler hätten keinen Respekt mehr und zuweilen müsse man sich sogar vor ihnen fürchten. Viele Lehrer und Lehrerinnen seien deshalb am Ende ihrer Kräfte.

An einem solchen Echo kann man erkennen, dass ein Problem angesprochen wird, das in seinen Auswirkungen weit über die individuelle Bedeutung für den einzelnen Schüler hinausreicht. Betroffen sind die Schüler und ihre Eltern, das Lehrpersonal und der Unterricht, die Schule und das Schulsystem, das berufliche Ausbildungssystem und schließlich die Gesellschaft als Ganzes.

In diesem Kapitel werden die Akzente so gesetzt, dass Lehrern und Lehrerinnen potenzielle Handlungsmöglichkeiten aufgezeigt werden. Obwohl Lern- und Verhaltensschwierigkeiten häufig gemeinsam auftreten, werden sie im Folgenden getrennt, aber in ähnlicher Weise behandelt. Beides Mal geht es um die Frage: Worum handelt es sich (Definition und Beschreibung)? Woran kann man es erkennen (Diagnostik)? Was kann man dagegen tun (Prävention und Intervention)? Die Bezeichnungen „Schwierigkeiten" und „Störungen" werden dabei synonym verwendet.

13.1 Lernschwierigkeiten allgemein betrachtet

13.1.1 Definition und Beschreibung

Jeder kennt vermutlich die Situation, dass er etwas lernen sollte und es ihm nicht recht gelungen ist. Man hatte keine Lust, nicht genügend Zeit; man konnte es nicht behalten oder man hat es einfach nicht verstanden. Es wäre nun sehr voreilig, in solchen Fällen unmittelbar auf Lernschwierigkeiten zu schließen. Vielmehr sollte man nach Weinert und Zielinski (1977, S. 294; siehe auch Zielinski 1998, S. 13) erst dann von Lernschwierigkeiten sprechen, „... *wenn die Leistungen eines Schülers unterhalb der tolerierbaren Abweichung von verbindlichen institutionellen, sozialen und individuellen Bezugsnormen (Standards, Anforderungen, Erwartungen) liegen* ..."

- *Institutionelle Vergleichsmaßstäbe* vergleichen die Leistungen einer Person mit den Anforderungen einer Institution.
- *Soziale Vergleichsmaßstäbe* vergleichen die Leistungen einer Person mit den Durchschnittsleistungen einer Vergleichsgruppe.
- *Individuelle Vergleichsmaßstäbe* vergleichen eine aktuelle Leistung mit dem Durchschnitt früherer Leistungen der Person.

Mit diesem Definitionsteil bleiben Lernschwierigkeiten zunächst inhaltlich unbestimmt. Diese Beliebigkeit wird jedoch eingeschränkt durch den zweiten Definitionsteil, der die Konsequenzen aus unterschiedlichen Leistungen mit einbezieht. Weinert und Zielinski (1977, S. 294-295) sprechen auch von Lernschwierigkeiten „... *wenn das Erreichen (bzw. Verfehlen) von Standards mit Belastungen verbunden ist, die zu unerwünschten Nebenwirkungen im Verhalten, Erleben oder in der Persönlichkeitsentwicklung des Lernenden führen.*"

Damit ist festgelegt, dass nur solche Minderleistungen als Leistungsschwierigkeiten verstanden werden, die für die Person so bedeutsam sind, dass sie längerfristig zu einer psychischen Beeinträchtigung führen. Implizit sind in diesem Definitionsteil durch den Entwicklungsbegriff vorwiegend *relativ überdauernde* Minderleistungen als „Schwierigkeiten" definiert.

13.1.2 Risiken und Interventionsmöglichkeiten

Lernschwierigkeiten können unter unterschiedlichen Perspektiven betrachtet werden. Dabei determiniert die Wahl der Perspektive die zu beobachtenden Phänomene und die möglichen Erklärungen. Dieser Sachverhalt ist in Tabelle 13-1 systematisiert.

Klauer und Lauth (1997, S. 706-716) fassen zusammen, dass Kinder mit Lernschwierigkeiten im Gegensatz zu denjenigen ohne Lernschwierigkeiten

1. Strategien der Informationsaufnahme und -verarbeitung nur unzureichend nutzen, in geringerem Maße organisiert und planvoll handeln, sich selbst weniger kontrollieren und steuern können (handlungs- und kognitionstheoretische Perspektive);

2. weniger motiviert sind, sich eher für unfähig halten und dazu neigen, Vermeidungsstrategien (vom Herumkaspern bis zum Schuleschwänzen) zu entwickeln (motivationale Perspektive);
3. einem höheren Risiko der Entwicklung und Stabilisierung unterschiedlicher sozialer und emotionaler Störungen unterliegen (klinische Perspektive);
4. häufiger aus der Unterschicht stammen, womit die Wahrscheinlichkeit sinkt, Lernschwierigkeiten in der Schule durch familiäre Maßnahmen zu kompensieren (sozial-ökologische Perspektive).

Tab. 13-1: Perspektiven zur Betrachtung von Lernschwierigkeiten (modifiziert nach Klauer & Lauth 1997, S. 706)

Perspektive	Phänomene	Erklärungskategorien
handlungs- und kognitionspsychologisch	Handlungen bei gelingenden und misslingenden Lernhandlungen	Lernstrategien und Metakognition; Wissensbasis; Grundfertigkeiten
motivational	Motivorientierungen; Wert- und Zielsetzungen	Misserfolgsorientierung; Anstrengungsvermeidung; Zieldiskrepanzen
klinisch	beeinträchtigende Faktoren	Entwicklungsbeeinträchtigungen; Verhaltensstörungen; neurologische Beeinträchtigungen
sozial-ökologisch	Interaktion Elternhaus – Schule	Werthierarchie; Unterstützung schulischen Lernens; strukturelle Ähnlichkeit

Es ist nahe liegend, dass durch die Wahl der Perspektive, unter der man Lernschwierigkeiten betrachten will, auch die möglichen Interventionsmaßnahmen mit bestimmt werden.

Wird die *kognitionstheoretische Perspektive* gewählt, bieten sich kognitive Förderprogramme an, mit denen sich beispielsweise das induktive Denken, die Planungsfähigkeit oder das Gedächtnis von Schülern und Schülerinnen fördern lassen (Klauer 2001a; Langfeldt 2003). Ein Beispiel dazu sind die Denktrainings I und II von Klauer (1989, 1991). Dabei lernen die trainierten Kinder und Jugendlichen in zehn Lektionen den Einsatz der Strategie des Vergleichens, um Gemeinsamkeiten und Unterschiede von Objekten und von Beziehungen zwischen Objekten zu identifizieren. In mehreren Untersuchungen konnte gezeigt werden, dass das Training zur Steigerung der Lernleistung in den schulischen Fächern Mathematik, Physik, Biologie, Geografie und Deutsch führt (Klauer 2001b). Im Trainingsprogramm von Lauth und Schlottke (2002) lernen die Kinder systematisches und konzentriertes Arbeiten, indem ihre Fähigkeit, die eigenen Arbeitsabläufe besser zu steuern, gefördert wird.

Wechselt man zur *motivationalen Perspektive* und identifiziert dort entsprechende Defizite, wird man versuchen, die Motivation der Schüler und Schülerinnen zu verbessern. Eine im Schulalltag häufig anzutreffende Maßnahme von Lehrern und Lehrerinnen ist es, den Schülern über die Vorgabe besonders leichter Aufgaben „Erfolgserlebnisse" zu vermitteln. Erwartet wird, dass sich dadurch die Motivation der Schüler und Schülerinnen erhöht. Leider führt dies selten zum Erfolg. Kinder und Jugendliche mit Lernschwierigkeiten neigen nämlich dazu, ihre Misserfolge mit ihrem eigenen Unvermögen („Das kann ich einfach nicht") zu erklären und erlebte Erfolge entweder auf Zufälle („Da hab' ich halt mal Glück gehabt") oder auf die Eigenarten der Aufgabe („Wenn sogar ich das geschafft habe, dann war die Aufgabe einfach viel zu leicht") zu schieben. Das bedeutet, dass sie einen Erfolg eben nicht als Erfolg erleben und akzeptieren (können). Bedauerlicherweise kommt es in der Praxis immer noch vor, dass Lehrer oder Lehrerinnen durch ironische Kommentare („Ein blindes Huhn findet auch mal ein Körnchen") oder durch Misstrauen („Na, da hast du wohl abgeschrieben") diese Tendenz verstärken. Systematische Motivförderprogramme (z.B. von Krug & Hanel 1976) versuchen deshalb u.a., die Schüler zu befähigen, sich realistische Ziele zu setzen, den Zusammenhang zwischen ihrer eigenen Anstrengung und den erreichten Ergebnissen zu erkennen und Freude bei Erfolgen zu empfinden (vgl. Kap. 6).

Unter der *klinischen Perspektive* wird das gemeinsame Auftreten von Lernschwierigkeiten und von Störungen im Erleben und Verhalten der Personen sichtbar. Lernschwierigkeiten können im Einzelfall von unterschiedlichen psychischen Störungen begleitet sein: extreme Schüchternheit, Schulangst, Aggressivität oder somatische Störungen wie Kopfschmerzen, Übelkeit oder ähnliches. In der Regel ist es müßig, darüber zu spekulieren, ob die Lernschwierigkeiten Auslöser oder Folgen der sozial-emotionalen Störungen sind (Opp & Wenzel 2002). In jedem Fall ergibt sich ab einem bestimmten Schweregrad der sozial-emotionalen Störungen die Indikation einer klinisch-therapeutischen Beratung oder Therapie, die die Kompetenz von Lehrern und Lehrerinnen bei weitem übersteigt. In schwereren Fällen wird die Kooperation mit Kinder- und Jugendtherapeuten unumgänglich sein. Ein gut dokumentiertes und ausführlich analysiertes Beispiel dieser Problemlage findet sich bei Charlton, Feierfeil, Furch-Krafft und Wetzel (1980).

Unter der *sozial-ökologischen Perspektive* sind Lehrpersonen allein in der Regel ebenfalls überfordert. Sofern die Lernschwierigkeiten mit familiären Bedingungskonstellationen zusammenhängen, werden sozialpädagogische und/oder familientherapeutische Maßnahmen erforderlich sein, die mehr oder weniger deutlich in das Familiengefüge eingreifen. Lehrpersonen sollten jedoch bereit und fähig sein, notwendige Kontakte zwischen der Familie und den einschlägigen Beratungsstellen und Institutionen herzustellen und mit diesen zu kooperieren.

13.2 Lese-Rechtschreibschwierigkeiten: Ein Beispiel für Lernschwierigkeiten

13.2.1 Definition und Beschreibung

Zur Benennung der Lernschwierigkeiten im Bereich des Lesens und Schreibens ist nach wie vor der Begriff „Legasthenie" populär. Darunter verstand Linder (1951, S. 100) „eine spezielle, aus dem Rahmen der übrigen Leistungen fallende Schwäche im Erlernen des Lesens (und indirekt auch des selbständigen orthographischen Schreibens) bei sonst intakter (oder im Verhältnis zur Lesefähigkeit) relativ guter Intelligenz." Die darauf aufbauenden Forschungsstrategien waren relativ einfach. Es wurden Personen identifiziert, bei denen in irgendeiner Weise eine Diskrepanz zwischen Lese- (oder Schreib-)leistung und Intelligenztestleistung feststellbar war. Diese Personen wurden dann mit einer Stichprobe von Personen mit durchschnittlicher Lesefähigkeit verglichen. Das Ergebnis war eine fast unübersehbare Anzahl verschiedenartiger Befunde, die vermeintlich ursächlich für das Auftreten einer Legasthenie sein sollten. Sie wurden als „Supermarkt der Legasthenie-Pädagogik" (Grissemann 1990, S. 206) bezeichnet. Insgesamt war die Ausbeute einigermaßen tragfähiger empirisch begründeter Befunde jedoch eher gering (Angermeier 1970; Schlee 1976).

Neben der relativ fruchtlosen Forschungstätigkeit war eine denkbare, aber pädagogisch fragwürdige Konsequenz der Legastheniedefinition besonders problematisch: Streng genommen bedeutete sie, dass nur Kinder mit mittlerer oder guter Intelligenz im Lesen (bzw. im Schreiben) gefördert werden sollten, während leseschwache Kinder mit niedrigeren Intelligenztestleistungen, die einer speziellen Förderung im besonderen Maße bedürften, von dieser ausgeschlossen blieben. Nun ist eine wissenschaftstheoretische und praktische Kritik an der Legasthenie-Forschung das eine; die anhaltenden Probleme von Kindern, die das Lesen und/oder das Schreiben nur unter Schwierigkeiten erlernen, sind das andere. Wohl auch deswegen hat der Begriff „Legasthenie" die Diskussion überdauert.

Während in der anglo-amerikanischen Literatur (Siegel 1989; Torgesen 1989) die Bedeutung der Intelligenz für Lese-Rechtschreibschwierigkeiten noch kontrovers diskutiert wird, wird in der deutschsprachigen Diskussion der Eindruck erweckt, es handle sich „nur noch" um normabweichende unterdurchschnittliche Lese- und Rechtschreibleistung. Zielinski (1998, S. 108) definiert *Lese-Rechtschreibschwierigkeiten* als *„partielle Lernprobleme, die sich in unterdurchschnittlichen Leistungen im Lesen und/oder Rechtschreiben äußern."* Die Formulierung „partiell" impliziert jedoch (beliebige, nicht näher benannte) Diskrepanzen, d.h. prinzipiell auch eine zur Intelligenz.

Die Erforschung von Lese- und Rechtschreibschwierigkeiten hat gegenwärtig eine theoretische Basis gefunden und Ergebnisse erbracht, die für die

Förderung lese- und rechtschreibschwacher Kinder erfolgversprechend sind: das Konzept der phonologischen Informationsverarbeitung (Scheerer-Neumann 1997; Schneider 1997). Es wird angenommen, dass lese- (und rechtschreib-)schwache Kinder sich der phonologischen Bestandteile eines gesprochenen Wortes nicht ausreichend bewusst sind. Dies führt zu Fehlern, wenn beim Lesen Grapheme (Buchstaben) den Phonemen (Lauten) zugeordnet werden müssen (bzw. beim Schreiben Phoneme den Graphemen). Indikatoren zur phonologischen Bewusstheit eignen sich zur Prädiktion der Lese- und Schreibfähigkeiten in der Grundschule (z.B. Landerl & Wimmer 1994).

Wenn Leseschwierigkeiten eine Funktion mangelnder Beherrschung der Graphem-Phonem-Zuordnungen sind, müssten in Sprachen mit relativ inkonsistenten Zuordnungsregeln der Anteil von Kindern mit Lese- und/oder Rechtschreib-Schwierigkeiten größer sein als in Sprachen mit konsistenten Regeln. Für englische und deutsche Kinder konnte Landerl (1996) dies bestätigen. Im Englischen beispielsweise sind die Regeln relativ inkonsistent. Die Aussprache des Graphems „a" verändert sich je nach Kontext (hand, hate, ball, garden) deutlich. Demgegenüber ist sie im Deutschen vergleichsweise konsistent (Hand, Hass, Ball, Garten; die Aussprache des „a" bleibt vom Kontext relativ unbeeinflusst).

13.2.2 Diagnostik

Inzwischen sind Testverfahren auf dem Markt, bei denen die Diagnose von Defiziten in der phonologischen Informationsverarbeitung im Vordergrund stehen: Der Salzburger Lese- und Rechtschreibtest (SLRT) von Landerl, Wimmer und Moser (1997), Knuspels-Leseaufgaben (KNUSPEL-L) von Marx (1998) und die Würzburger Leise Leseprobe (WLLP) von Küspert und Schneider (1998). Einen aktuellen Überblick über die Diagnostik von Lese-Rechtschreibschwierigkeiten findet man bei Hasselhorn, Schneider und Marx (2000).

Eine Besonderheit stellt das „Bielefelder Screening zur Früherkennung von Lese-Rechtschreibschwierigkeiten" (BISC) von Jansen, Mannhaupt, Marx und Skowronek (1999) dar. Mit ihm gelingt es bereits im Kindergarten, also deutlich vor Beginn des Lese-Rechtschreiblehrgangs in der Grundschule, einen großen Teil der Kinder mit erhöhter Anfälligkeit für spätere Lese-Rechtschreibschwierigkeiten zu identifizieren. Damit entsteht die Chance vorbeugender Maßnahmen, welche die Auftretenshäufigkeit von Lese-Rechtschreibschwierigkeiten in der Grundschule vermindert.

13.2.3 Prävention und Intervention

Eine Präventionsmaßnahme im Kindergarten ist das Würzburger Trainingsprogramm für das Vorschulalter „Hören, Lauschen, Lernen" von Küspert und Schneider (1999). Die einzelnen Trainingselemente sind geeignet, die Qualität der phonologischen Informationsverarbeitung von „Risikokindern" zu erhöhen. Das Programm sollte etwa sechs Monate lang täglich zehn Minuten im Kindergarten durchgeführt werden. Es besteht aus sechs Einheiten, die in spielerischer Form geübt werden:

- Lauschspiele: z.B. mit geschlossenen oder offenen Augen jeweils eine Minute lang Geräuschen lauschen und sie identifizieren.
- Reimspiele: z.B. Abzählverse, Kinderreime, neue Reime erfinden.
- Sätze und Wörter: z.B. Wörter zusammensetzen, Sätze mit Bauklötzchen nachbauen.
- Silben: verschiedene Spiele, bei denen Wörter in Silben zerlegt werden, z.B. durch Klatschen mit den Händen.
- Anlaut: Wörter mit gleichem Anlaut finden (Arbeit, Apfel, Anna), Anlaute wegnehmen („Reis" wird „Eis").
- Phoneme: Wörter werden in verschiedenen Spielen in ihre Laute (nicht Buchstaben) zerlegt. Dabei können Bauklötzchen zu Hilfe genommen werden. Für S-o-nn-e braucht man ☐ ☐ ☐ ☐ (vier) Klötzchen.

In der Schule stützen sich gezielte Interventionen im Wesentlichen auf nichts anderes als das, was im guten Unterricht ohnehin geleistet werden sollte. Walter (1996) hat Studien gesammelt, in denen Interventionen bei Lese- und Rechtschreibschwierigkeiten sich als wirksam gezeigt haben (siehe auch Mannhaupt 1994). Aus solchen Studien lassen sich Prinzipien für mehr oder weniger unterrichtsnahe Fördermaßnahmen ableiten. Zunehmend können auch computergestützte Trainings eingesetzt werden, von denen zumindest das Programm ALPHI systematisch evaluiert wurde (z.B. Masendorf & Kullik 1993). Je länger die Lese-Rechtschreibschwierigkeiten andauern oder je später damit begonnen wird, sie gezielt zu mindern, desto häufiger werden unterstützend auch motivationale, klinische und sozialökologische Maßnahmen notwendig werden.

13.3 Verhaltensstörungen allgemein betrachtet

13.3.1 Definition und Beschreibung

Verhaltensstörungen bei Kindern und Jugendlichen stellen für Eltern, Erzieher und Lehrer eine ständige Herausforderung dar. Es steht außer Zweifel, dass sie in vielen Fällen diese Herausforderung allein nicht bestehen können und professioneller Hilfe bedürfen. Aber bereits die Antwort auf die zunächst einfache Frage, wie viele Kinder und Jugendliche eigentlich einer Hilfe bedürfen, stellt sich bei näherem Hinsehen als äußerst schwierig heraus. Sonderpädagogen schätzen die Prävalenzraten interventionsbedürftiger Verhaltensstörungen zwischen 15% und 35% ein (Myschker 1993, S. 64-

71). Eine für die Bundesrepublik repräsentative Befragung von etwas mehr als 1000 Eltern erbrachte Prävalenzraten für psychische Auffälligkeiten von Kindern zwischen 13% und 28% (Lehmkuhl et al. 1998). Wie kann es zu solchen Schwankungen kommen?

Fragt man Lehrer, so erhält man (nach Bach, Knöbel, Ahrens-Morch & Rosner 1986) folgende Schätzungen für die fünf häufigsten Verhaltensstörungen:

22,4% Unkonzentriertheit
21,8% Ungenauigkeit
16,3% Faulheit
15,2% motorische Unruhe
14,7% mangelndes Interesse

Schaut man in die kinderärztliche Literatur, findet man bei Schmidt und Esser (1985, S. 32) die folgenden fünf häufigsten Verhaltensschwierigkeiten:

20% Schlafstörungen
20% Konzentrationsschwierigkeiten
19% Hypermotorik
15% Nägelkauen
15% Essstörungen

Bereits diese beiden kurzen Beispiele zeigen, dass es offensichtlich bedeutsam ist, wer in welchem Kontext in welchen Begriffen davon spricht, dass ein Kind oder ein Jugendlicher Verhaltensschwierigkeiten aufweist. Die Benennung einer Verhaltensweise als Störung erscheint auf diese Weise als relativ unverbindlich und beliebig. Diese Unverbindlichkeit kann, in Grenzen, durch eine Definition eingegrenzt werden. In Analogie zur Definition von Lernschwierigkeiten lässt sich formulieren:

„Von Verhaltensstörung im Schulalter soll gesprochen werden, wenn soziale und/oder emotionale Verhaltensweisen eines Schülers jenseits von tolerierbaren Abweichungen von idealen, sozialen und funktionalen Bezugsnormen liegen und wenn sie zur Beeinträchtigung des Schülers selbst und/oder seiner sozialen Umwelt führen." (Langfeldt & Tent 1999, S. 219)

- *Ideale Bezugsnormen* bestehen aus Regeln und Vorschriften, aus Geboten und Verboten (z.B. „Du sollst nicht jemanden absichtlich verletzen"). Ideale Normen können explizit oder auch nur implizit formuliert sein. Im letzteren Fall kommt es darauf an, dass ein Kind trotzdem lernt, wie „man" sich zu verhalten hat.

- *Soziale Bezugsnormen* beschreiben das in einer Kultur „durchschnittliche" Verhalten. In der Literatur wird diese Bezugsnorm auch als „statistische Norm" benannt.
- *Funktionale Bezugsnormen* bewerten das Verhalten dahingehend, ob oder inwieweit es zur Erreichung eines Verhaltenszieles funktional (förderlich) oder dysfunktional (hinderlich) ist. Beispielsweise ist unkonzentriertes Verhalten dysfunktional in Bezug auf das Ziel befriedigender Lernleistungen.

Was vor dem Hintergrund unterschiedlicher Bezugsnormen (noch) als angemessenes Verhalten gilt, unterliegt (sub-)kulturellen Einflüssen. Innerhalb einer Kultur herrscht eine höhere Übereinstimmung darüber, was als Verhaltensstörung zu bewerten ist, als über verschiedene Kulturen hinweg. In vielen Kulturen sehen Lehrerinnen und Lehrer die nach außen gerichteten Verhaltensstörungen als gravierender an, als die nach innen gerichteten. Dabei scheinen jedoch Lehrer und Lehrerinnen asiatischer Kulturen aggressivem Schülerverhalten toleranter gegenüberzustehen als Lehrerinnen und Lehrer in der westlichen Welt (Langfeldt 1992). Eltern und/oder Klinische Psychologen (bzw. Psychiater) teilen diese Sichtweise nicht unbedingt. Für sie ist auch das regressive Verhalten potentiell ein gestörtes Verhalten (Beilin 1959). Eltern scheinen eher als Lehrer geneigt zu sein, ein Kind als „verhaltensauffällig" zu charakterisieren (Steinhausen, Rentz & Göbel 1983). Bei einzelnen Symptomen (wie z.B: „lügen", „schwätzen" oder „ängstlich") lassen sich geschlechtsspezifische Effekte im doppelten Sinne nachweisen. Es spielt eine Rolle, ob das Verhalten von einem Jungen oder einem Mädchen gezeigt wird und ob dieses Verhalten von einem Lehrer oder einer Lehrerin bewertet wird (Borg & Falzon 1990).

13.3.2 Risiken und Intervention

Die Definition von Verhaltensstörungen macht deutlich, dass sie nicht nur ein individuelles, sondern stets auch ein soziales Problem sind. Dementsprechend vielfältig sind die Perspektiven, unter denen man das Problem und dessen Lösung betrachten kann. Generelle Risiken für die Entstehung und Aufrechterhaltung von Verhaltensstörungen liegen in (vgl. Steinhausen 2000, S. 22-33)

1. biologischen Faktoren (genetische und konstitutionelle Bedingungen, Störungen des Zentralnervensystems, körperliche Erkrankungen)
2. psychosozialen Faktoren (Persönlichkeit, Erfahrungen in der sozialen Interaktion im Elternhaus, Schule und näherer Umwelt)
3. soziokulturellen Faktoren (Sozialschicht, Migration, materielle Lebensbedingungen).

So wie diese Faktoren Risiken darstellen, können sie aber auch bei entsprechend günstiger Ausprägung als Schutzfaktoren wirken, die ein Entstehen von Verhaltensstörungen verhindern, mindern oder überwinden helfen. Sie können damit auch Ansatzpunkte für Präventions- und Interventionsmaßnahmen bieten.

Unvorhersehbar dagegen sind die Wirkungen einzelner Situationen, die im Einzelfall ein hohes Potential an Risiken entfalten können. Der Verlust eines geliebten Spielzeugs, ein Fahrradunfall, ein schreckhaftes Erlebnis usw. können Akutzustände auslösen, die sich unter ungünstigen Umständen zu Verhaltensstörungen verfestigen können.

Eine gesellschaftlich weitgehend akzeptierte schulpädagogische Intervention stellt die Beschulung in speziellen Sonderschulen („Schulen für Erziehungshilfe") dar. Weniger als 1% der Kinder und Jugendlichen eines schulpflichtigen Jahrgangs besuchen eine entsprechende Sonderschule (Langfeldt & Kurth 1994, S. 156-164). Zumindest aus schulischer Sicht handelt es sich bei diesen Schülern und Schülerinnen um solche mit ernsthaften Störungen. Die Umschulung in eine Schule für Erziehungshilfe setzt die gutachterliche Stellungnahme und eine Umschulungsempfehlung einer speziell ausgebildeten Lehrkraft für Sonderschulen voraus. Eine Inhaltsanalyse dieser Stellungnahmen zeigt, dass darin im Wesentlichen zwei Gruppen von Schülern und Schülerinnen beschrieben werden: solche, die unkonzentriert und unruhig sind und solche, die durch aggressives Verhalten auffallen (Langfeldt, im Druck). Aufmerksamkeitsstörungen und Aggressivität sind aus dieser Perspektive *die* zentralen Verhaltensstörungen in der Schule.

13.4 Aufmerksamkeitsstörung

13.4.1 Definition und Beschreibung

Eine Zusammenschau empirischer Befunde ab den Fünfzigerjahren (Tiedemann 1977, S. 107; Berg 1987, S. 66) zeigt für Aufmerksamkeits- bzw. Konzentrationsstörungen schwankende Häufigkeitsangaben zwischen 10% und 45%. Im Diagnostischen und Statistischen Manual Psychischer Störungen DSM-IV (American Psychiatric Association 1998) wird die Prävalenzrate mit 3 bis 5% dagegen deutlich niedriger eingeschätzt. Die „Faustregel" von Lauth und Schlottke (1994, S. 263), dass pro Schulklasse mit einem konzentrations-/aufmerksamkeitsgestörten Kind zu rechnen sei, stimmt mit dieser Schätzung in etwa überein.

Lehrpersonen und außerschulische Experten unterscheiden sich demnach in ihrer Wahrnehmung und Beurteilung des aufmerksamen Verhaltens deutlich. Ein wesentlicher Grund für diese Unterschiede dürfte auch die Unbestimmtheit der Begriffe Aufmerksamkeit und Konzentration bzw. Aufmerksamkeits- und Konzentrationsstörung sein. In der Laiendiagnose werden wahrscheinlich auch Verhaltensweisen erfasst, die mit Konzepten wie beispielsweise Leistungsmotivation, Kausalattribution oder Interesse besser zu erklären wären.

Zunehmend werden zur Beschreibung und Definition von Aufmerksamkeitsstörungen Standardisierungen üblich, wie sie z.b. im DSM-IV vorgenommen werden. Hier wird der Begriff *Aufmerksamkeits-/Hyperaktivitätsstörung* verwendet (vgl. Tab. 13-2).

Tab. 13-2: Diagnostische Kriterien für Aufmerksamkeitsdefizit-/Hyperaktivitätsstörung im DSM-IV

Entweder Punkt (1) oder Punkt (2) müssen zutreffen:

1. sechs (oder mehr) der folgenden Symptome von Unaufmerksamkeit sind während der letzten sechs Monate beständig in einem mit dem Entwicklungsstand des Kindes nicht zu vereinbarenden und unangemessenen Ausmaß vorhanden gewesen:

Unaufmerksamkeit

a) beachtet häufig Einzelheiten nicht oder macht Flüchtigkeitsfehler bei den Schularbeiten, bei der Arbeit oder bei anderen Tätigkeiten,
b) hat oft Schwierigkeiten, längere Zeit die Aufmerksamkeit bei Aufgaben oder beim Spielen aufrechtzuerhalten,
c) scheint häufig nicht zuzuhören, wenn andere ihn/sie ansprechen,
d) führt häufig Anweisungen anderer nicht vollständig durch und kann Schularbeiten, andere Arbeiten oder Pflichten am Arbeitsplatz nicht zu Ende bringen (nicht aufgrund oppositionellen Verhaltens oder Verständnisschwierigkeiten),
e) hat häufig Schwierigkeiten, Aufgaben und Aktivitäten zu organisieren,
f) vermeidet häufig, hat eine Abneigung gegen oder beschäftigt sich häufig nur widerwillig mit Aufgaben, die länger andauernde geistige Anstrengungen erfordern (wie Mitarbeit im Unterricht oder Hausaufgaben),
g) verliert häufig Gegenstände, die er/sie für Aufgaben oder Aktivitäten benötigt (z.B. Spielsachen, Hausaufgabenhefte, Stifte, Bücher oder Werkzeug),
h) lässt sich öfter durch äußere Reize leicht ablenken,
i) ist bei Alltagstätigkeiten häufig vergesslich;

2. sechs (oder mehr) der folgenden Symptome der Hyperaktivität und Impulsivität sind während der letzten sechs Monate beständig in einem mit dem Entwicklungsstand des Kindes nicht zu vereinbarenden und unangemessenen Ausmaß vorhanden gewesen.

Hyperaktivität

a) zappelt häufig mit Händen oder Füßen oder rutscht auf dem Stuhl herum,
b) steht in der Klasse oder in anderen Situationen, in denen Sitzen bleiben erwartet wird, häufig auf,
c) läuft häufig herum oder klettert exzessiv in Situationen, in denen dies unpassend ist (bei Jugendlichen oder Erwachsenen kann dies auf ein subjektives Unruhegefühl beschränkt bleiben),
d) hat häufig Schwierigkeiten, ruhig zu spielen oder sich mit Freizeitaktivitäten ruhig zu beschäftigen,
e) ist häufig „auf Achse" oder handelt oftmals, als wäre er/sie „getrieben",
f) redet häufig übermäßig viel;

Impulsivität

g) platzt häufig mit den Antworten heraus, bevor die Frage zu Ende gestellt ist,
h) kann nur schwer warten, bis er an der Reihe ist,
i) unterbricht und stört andere häufig (platzt z.B. in Gespräche oder in Spiele anderer hinein).

Lauth und Schlottke (1994, S. 266) beschreiben „*Aufmerksamkeitsstörungen als Ergebnis einer komplexen Entwicklung*, die mit fünf hierarchisch aufeinander bezogenen Ebenen charakterisiert werden kann ...:

- psycho-physische Störungsgrundlagen
- eine eingeschränkte Verhaltensregulation
- eine Beeinträchtigung des Planungsverhaltens sowie des Inhalts- und Regelwissens (Einschränkung der Verhaltensorganisation) und
- negative Umweltreaktion durch Eltern, Lehrer und Gleichaltrige sowie
- eine negative Erlebnisverarbeitung."

Damit sind sowohl biologische als auch psychosoziale Risikofaktoren angesprochen.

13.4.2 Diagnostik

Jegliche Erfolg versprechende Interventionsmaßnahme setzt eine umfangreiche und komplexe Diagnose voraus, bei der das Leistungsverhalten selbst und die begleitenden biologischen und psychosozialen Risikofaktoren geprüft werden müssen. Dabei können Lehrer und Lehrerinnen durch sorgfältige Beobachtung im Unterricht Anhaltspunkte dafür gewinnen, ob eine interventionsbedürftige Störung vorliegen könnte. Grundschullehrerinnen können im Rahmen systematischer Einschulungsberatung dazu beitragen, frühzeitig entsprechende Maßnahmen einzuleiten, um so eventuell eine längere Leidensgeschichte des Schulkindes zu verhindern.

Für Schüler der zweiten bis sechsten Klassenstufe lässt sich ein standardisierter Test anwenden, der die Konzentrationsanforderungen einer Schulstunde simuliert. Es handelt sich dabei um die Testreihe zur Prüfung der Konzentrationsfähigkeit (TPK) von Kurth & Büttner (1999). Sie besteht aus drei Untertests mit unterschiedlichen, aber schulnahen Aufgabenstellungen, die in 45 Minuten zu bearbeiten sind. Im ersten Untertest ist in zehn Minuten ein einfacher Text abzuschreiben („Die Eiche sagte zum Schilfrohr: ‚Die Natur hat dich ungerecht behandelt...'"). Die Kinder sollen möglichst schnell, gleichzeitig aber auch möglichst sorgfältig (d.h. ohne Fehler) arbeiten. Beim zweiten Untertest handelt es sich um eine rezeptive Aufmerksamkeitsprobe, bei der eine Geschichte vorgelesen wird, in der 31 Tiere genannt sind („Peter fährt zu seiner Oma, die auf dem Lande wohnt. Sie hat einen Hund und eine Katze. Im Stall steht eine Kuh, ..."). Die Kinder sollen sich möglichst viele Tiere merken und anschließend aufschreiben. Der dritte Untertest ist ein Rechentest, bei dem zehn Minuten lang einfache gemischte Additions- und Subtraktionsaufgaben zu lösen sind (9-5+2=__). Auch hier ist möglichst schnell und möglichst sorgfältig zu arbeiten.

In allen drei Untertests wird die Leistungsmenge ausgewertet. Beim Abschreibtest und beim Rechentest wird zusätzlich die Leistungsgüte (prozentualer Anteil der Fehler) erfasst. Darüber hinaus können in diesen beiden Untertests auch Leistungsschwankungen (Unterschiede in der Leistungsmenge im zweiminütigen Abstand) erhoben werden. Zusätzlich ist eine qualitative Profildarstellung möglich, aus der ersichtlich wird, bei welchen Aspekten von Konzentrationsleistungen ein Kind relative Stärken und Schwächen hat.

Entsteht der begründete Verdacht einer Konzentrationsstörung, dann sollten die Lehrkräfte bereit und fähig sein, Kontakte zwischen Eltern und Therapeuten herzustellen und mit ihnen zu kooperieren.

13.4.3 Intervention

Inzwischen gibt es eine Reihe etablierter Therapie- und Trainingsprogramme für Kinder und Jugendliche mit Aufmerksamkeitsstörungen. Dabei sind Akzente der Indikation und der Therapieziele jeweils etwas verschieden. Die bekanntesten sind das

- Marburger Konzentrationstraining (Krowatschek 2002)
- Training mit aufmerksamkeitsgestörten Kindern (Lauth & Schlottke 2002)
- Therapieprogramm für Kinder mit hyperkinetischem und oppositionellem Problemverhalten (Döpfner, Schürmann & Frölich 2002).

Praxisnahe Beschreibungen dieser Programme finden sich in Langfeldt (2003). Diese Programme werden außerschulisch in Beratungsstellen oder psychologischen Praxen durchgeführt.

Das *Marburger Konzentrationstraining* wendet sich an Kinder mit *impulsivem Arbeitsstil*. Kinder der Klassenstufen eins bis drei, bzw. bis sechs können einzeln oder in kleinen Gruppen trainiert werden. Vorgesehen sind sechs bis acht Trainingssitzungen, die einmal wöchentlich stattfinden. Die Vorgehensweise im Programm beruht auf drei grundlegenden Techniken:

1. Verbale Selbstinstruktion („inneres Sprechen") zum Aufbau einer angemessenen Eigensteuerung des Arbeitsverhaltens.
2. Entspannungstechniken zur Minderung der inneren Unruhe und Impulsivität.
3. Verhaltensmodifikation zum Aufbau erwünschter und zum Abbau unerwünschter Verhaltensweisen.

Außerhalb der Trainingssitzungen müssen die Kinder bestimmte Aufgaben erledigen. Auf Elternabenden soll sichergestellt werden, dass die Eltern nicht Verhaltensweisen des Kindes fördern oder gar fordern, die den Trainingszielen zuwiderlaufen.

Trainings dieser Art greifen in die Handlungskontrolle und Selbststeuerung ein. Sofern Interventionen auf der biologischen und/oder psychosozialen

Ebene als notwendig erscheinen, sind diese durch solche Programme nicht zu ersetzen. Auch hier gilt, dass in der Regel mehrere Maßnahmen über einen längeren Zeitraum gleichzeitig und/oder nacheinander durchgeführt werden müssen. Trainingsprogramme können nur ein Baustein sein.

Aber auch Lehrerinnen und Lehrer haben Möglichkeiten zur Problemminderung. Wird aufmerksamkeitsgestörten Kindern erlaubt, auf intensiv buntem Papier zu arbeiten, erhöht sich (zumindest kurzfristig) die Qualität ihrer Schreibleistungen (Imhof & Prehler 2001). Einige Prinzipien der Trainingsprogramme lassen sich in den Unterricht integrieren (Wagner 1984) und führen so zu einem förderlichen Arbeitsklima für alle Schüler und Schülerinnen.

13.5 Störung des Sozialverhaltens

13.5.1 Definition und Beschreibung

Wenn ein Schüler seinen Mitschüler verprügelt, ihn mit einem Schlagring bedroht, ihn in Angst und Schrecken versetzt oder seine Schulsachen zerstört und beschmutzt, wenn er ihn aufs Übelste beschimpft, dann ist dies zweifelsfrei ein nicht tolerierbares Verhalten, auf das in angemessener Weise unmittelbar reagiert werden muss. Wenn die Situation sich wieder etwas beruhigt hat, stellt sich die Frage, wie konnte es dazu kommen? Und wie werden sich zukünftig vergleichbare Situationen vermeiden lassen? Auf den zweiten Blick handelt es sich also auch um eine langfristige pädagogische Aufgabe, die es notwendig macht, sich mit Risiken und Interventionsmöglichkeiten auseinander zu setzen.

Das Leitsymptom der Störung des Sozialverhaltens ist Aggressivität (und Delinquenz). Angesichts der unterschiedlichsten Theorien wird es aussichtslos sein, eine allseits akzeptierte Definition von „Aggression" zu finden. (vgl. dazu die Definitionsversuche in Hilke & Kempf 1982). Für die Alltagsbewältigung von Aggressionen eignet sich pragmatisch eine Definition von Selg (1982, S. 352). Sie lautet: *„Eine Aggression besteht in einem gegen einen Organismus oder ein Organismussurrogat gerichteten Austeilen schädlicher Reize ('schädigen' meint beschädigen, verletzen, zerstören und vernichten; es impliziert aber auch ... schmerzzufügende, störende, Ärger erregende und beleidigende Verhaltensweisen, welche der direkten Verhaltensbeobachtung schwerer zugänglich sind); eine Aggression kann offen (körperlich, verbal) oder verdeckt (phantasiert), sie kann positiv (von Kultur gebilligt) oder negativ (missbilligt) sein."*

Für die pädagogische Tätigkeit sind aus der Vielzahl möglicher Aggressionsformen diejenigen handlungsrelevant, die in der Terminologie dieser Definition als *offen* und *kulturell missbilligt* bezeichnet werden. Damit lassen sich auch die in der neueren Literatur verwendeten Begriffe, wie „Gewalt in der

Schule", „Bullying", „Mobbing" oder „Schikanieren in der Schule" (z.B. Kraak 1997; Schäfer 1996) erfassen. So definierte Aggressionen fallen in die DSM-IV-Kategorie „Störung des Sozialverhaltens" (vgl. Tab. 13-3).

Tab. 13-3: Diagnostische Kriterien für Störung des Sozialverhaltens im DSM-IV

A. Es liegt ein repetitives und anhaltendes Verhaltensmuster vor, durch das die grundlegenden Rechte anderer und wichtige altersentsprechende gesellschaftliche Normen oder Regeln verletzt werden. Dies manifestiert sich durch das Auftreten von mindestens drei der folgenden Kriterien während der letzten zwölf Monate, wobei mindestens ein Kriterium in den letzten sechs Monaten aufgetreten sein muss:
Aggressives Verhalten gegenüber Menschen und Tieren
1. bedroht oder schüchtert andere häufig ein,   2. beginnt häufig Schlägereien,   3. hat schon Waffen benutzt, die anderen schweren körperlichen Schaden zufügen können (z.B. Schlagstöcke, Ziegelsteine, zerbrochene Flaschen, Messer, Gewehre),   4. war körperlich grausam zu Menschen,   5. quälte Tiere,   6. hat in Konfrontation mit dem Opfer gestohlen (z.B. Überfall, Taschendiebstahl, Erpressung, bewaffneter Raubüberfall),   7. zwang andere zu sexuellen Handlungen;
Zerstörung von Eigentum
8. beging vorsätzlich Brandstiftung mit der Absicht, schweren Schaden zu verursachen,   9. zerstörte vorsätzlich fremdes Eigentum (jedoch nicht durch Brandstiftung);
Betrug oder Diebstahl
10. brach in fremde Wohnungen, Gebäude oder Autos ein,   11. lügt häufig, um sich Güter oder Vorteile zu verschaffen oder um Verpflichtungen zu entgehen (d.h. „legt andere herein"),   12. stahl Gegenstände von erheblichem Wert ohne Konfrontation mit dem Opfer (z.B. Ladendiebstahl, jedoch ohne Einbruch, sowie Fälschungen):
Schwere Regelverstöße
13. bleibt schon vor dem 13. Lebensjahr trotz elterlicher Verbote häufig über Nacht weg,   14. lief mindestens zweimal über Nacht von zu Hause weg, während er noch bei den Eltern oder bei einer anderen Bezugsperson wohnte (oder nur einmal mit Rückkehr erst nach längerer Zeit),   15. schwänzt schon vor dem 13. Lebensjahr häufig die Schule.

Aggressives Verhalten (Gewalt, Bullying, Mobbing) in der Schule ist auch ein populäres Thema der Medien. Einzelne erschreckende Vorkommnisse eignen sich gut für empörte Schlagzeilen mit dem Tenor, dass die Gewaltbereitschaft von Kindern und Jugendlichen (nahezu explosionsartig) zunähme. Hinsichtlich der Vorkommenshäufigkeit von Aggressionen in der Schule führen epidemiologische Erhebungen (z.B. Greszik, Hering & Euler

1995; Schwind, Roitsch & Gielen 1995; Vieluf 1993) eher zur Verwirrung als zur Klärung. Entscheidende Gründe dafür liegen in der uneinheitlichen Verwendung des Begriffes Aggression und den teilweise unzulänglichen Methoden der Datenerhebung. Die Frage, in welchem Maße Aggressionen zugenommen haben, lässt sich nicht schlüssig beantworten. Zwar geben Lehrer und Lehrerinnen an, die Gewalt in der Schule habe zugenommen (z.B. Breitenbach & Reuter 1995). Es ist jedoch offensichtlich, dass solche Aussagen auch auf einer veränderten Sensibilität des Lehrpersonals begründet sind. Als gesichert kann dagegen gelten, dass physisches aggressives Verhalten von Jungen häufiger gezeigt wird als von Mädchen. Mädchen zeigen eher nicht-physisches aggressives Verhalten wie üble Nachrede, Verbreiten von böswilligen Gerüchten, Stören von Freundschaftsbeziehungen (Essau, Petermann & Ernst-Goergens 1995).

13.5.2 Diagnostik

In der Diagnostik sozialer Störungen geht es um mindestens zwei zusammenhängende Bereiche:

1. die situativen Bedingungen, die aggressives Verhalten auslösen
2. das individuelle Verhalten des Kindes oder Jugendlichen.

Von Lehrern und Lehrerinnen kann man erwarten, dass sie in ihrem beruflichen Alltag sorgfältig beobachten, wer sich wann in welcher Situation wie verhält. Dabei ist es sicherlich nützlich, solchen Verhaltensweisen ein besonderes Augenmerk zu widmen, die in standardisierten Kriterienkatalogen (z.B. im DSM-IV) aufgeführt sind. Aus solchen Beobachtungen von Lehrpersonen lassen sich wertvolle Hinweise auf auslösende Situationen des aggressiven Verhaltens gewinnen. Damit sind grundsätzlich erste Schritte zur Prävention möglich. Eine differenzierte Diagnose, ob oder inwieweit bei einem Schüler oder einer Schülerin eine soziale Störung vorliegt, sollte den psychologischen und/oder kinderpsychiatrischen Experten überlassen bleiben.

13.5.3 Risiken und Intervention

Die Risiken von Störungen des Sozialverhaltens sind vielfältig. Sie liegen im Individuum selbst, in der Familie, in der sozialen Umwelt und in den gesellschaftlichen Bedingungen. In diesen Bereichen liegen aber auch die Schutzfaktoren, welche die Risiken vermindern können. Risiko- und Schutzfaktoren sind in Tabelle 13-4 zusammengefasst.

Tab. 13-4: Risiko- und Schutzfaktoren für Störungen des Sozialverhaltens (aus Steinhausen 2000, S. 200)

Individuum	Familie	Soziale Umwelt	Gesellschaft
Risikofaktoren			
Genetische und neurophysiologische Faktoren
Prä- und perinatale Risikofaktoren
Schwieriges Temperament
Männliches Geschlecht
Belastende Lebensereignisse
Zeuge von Gewalt
Drogenmissbrauch
Lernstörungen
Niedriges Selbstbewusstsein	Disharmonie der Partner
Trennung/Scheidung
Vernachlässigung/ Misshandlung
Dysfunktionale Erziehung
Mangelnde Problemlösungsfertigkeiten und Kommunikation
Psychische Störungen, speziell Alkohol- und Drogenmissbrauch
Kriminalität einschließlich Duldung von Delinquenz
Ökonomische Belastungen
Familiengröße/ dichte Geburtenfolge	Wohndichte und -qualität
Mangel an sozialen Diensten
Soziale Desintegration
Schlechte Schulen/niedriges Bildungsangebot
Dissoziale Freunde/ Jugendbanden
Hohe Kriminalitätsbelastung
Verfügbarkeit von Drogen	Ökonomische Strukturveränderungen
Arbeitslosigkeit
Armut
Reduzierte Sozialhaushalte
Ghettoisierung
Unkritische Gewaltdarstellung in den elektronischen Medien
Kulturelle Begünstigung von Gewalt
Schutzfaktoren			
Autonomie
Soziale Kompetenz
Problemlösungsfertigkeiten
Reflexivität/ Impulskontrolle
Anpassungsfähigkeit
Selbstwert
Intelligenz
Sensibilität/ Empathie
Altruismus
Höheres Bildungsniveau	Stabile Partnerschaft
Fürsorge und Unterstützung
Emotionale Zuwendung und Disziplin
Belastbarkeit und positive Kommunikation
Hohe Erwartungen
Stabile finanzielle Verhältnisse
Familiengröße > 4 Personen
Genügend Wohnraum	Versorgung und Unterstützung
Dichtes Netz sozialer Dienste und Angebote
Soziale Integration/ Bürgerbeteiligung
Hohe Erwartungen
Niedrige Kriminalitätsbelastung
Fehlender Drogenhandel	Versorgung und Unterstützung
Ökonomische Sicherheit
Soziale Integration/ Bürgerbeteiligung
Wirksame Sozialpolitik
Strikte Gesetzesanwendung
Vermittlung von Gewaltlosigkeit (Medien)

Präventions- und Interventionsmaßnahmen können grundsätzlich in allen Risikobereichen durchgeführt werden. Eine einzelne Person wird jedoch niemals in der Lage sein, überall zu intervenieren. Kinder- und Jugendtherapeuten arbeiten vorwiegend in den Risikobereichen „Individuum" und „Familie", Sozialarbeiterinnen in den Bereichen „Familie" und „soziale Umwelt". Lehrer und Lehrerinnen sind Teil und aktive Gestalter der sozialen Umwelt. Daran setzt das in Skandinavien entwickelte und erfolgreich angewendete Programm „Gewalt in der Schule" von Olweus (1995) an. Gestaltungsmöglichkeiten von Lehrkräften werden auf drei Ebenen gesehen.

Auf der *Schulebene* geht es darum, sich zunächst ein genaues Bild über die Art und das Ausmaß von Gewalt in der eigenen Schule zu machen. Es muss eine generelle und verbindliche Übereinkunft über konkrete Maßnahmen in der Schule (z.B. eine bessere Aufsicht auf dem Schulhof, an der Schulbushaltestelle usw.) getroffen werden.

Auf der *Klassenebene* müssen klare Regeln aufgestellt werden, die zur uneingeschränkten Intoleranz gegenüber Gewalt führen. Dazu sind konkrete Verhaltensvorschläge für die Schüler notwendig, die in regelmäßigen Klassengesprächen diskutiert werden.

Auf der *persönlichen Ebene* sind Gespräche mit den beteiligten Tätern und Opfern der Gewalt und deren Eltern zu führen. Sie sollen ein gemeinsames und akzeptiertes Vorgehen aller Beteiligten ermöglichen.

Es ist ein besonderes Verdienst des Interventionsprogrammes, dass es sich nicht nur einseitig an die Täter richtet, sondern sich auch den Opfern zuwendet. Sie bedürfen in besonderem Maße der Fürsorge und Unterstützung durch Eltern, Lehrer und Mitschüler.

Lehrkräfte können im Einzelfall durch einen Perspektivwechsel zur Prävention beitragen. Als Teil der sozialen Umwelt der Täter sollten sie sich fragen, inwieweit sie selbst Auslöser oder Stabilisatoren von Gewalt in der Schule sein könnten. Das Anschreien von Schülern, die öffentliche Bloßstellung, das Beschimpfen oder ironische Abwertungen sind verbale Aggression, die ein aggressionsförderliches Klima in den Klassen schaffen! Leider kommen solche Verhaltensweisen in der Schule immer noch vor. Häufig sind sie ein Zeichen dafür, dass die entsprechende Lehrkraft durch die störende und aggressionsgeladene Situation überfordert ist.

Die eigene Kompetenz, solche Situationen im Unterricht besser zu bewältigen, lässt sich durch das Trainingsprogramm „KTM kompakt" (Humpert & Dann 2001) erhöhen. Es handelt sich um eine praxisnahe „kompakte" Weiterentwicklung des „Konstanzer Trainingsmodells (KTM)" von Tennstädt, Krause, Humpert & Dann (1987), das bereits viele tausend Lehrkräfte in Deutschland, Österreich und der Schweiz durchgearbeitet haben.

Der zentrale methodische Grundsatz besteht im Trainieren in „Tandems". Damit ist gemeint, dass das Training von jeweils zwei Partnern gemeinsam absolviert wird. Die beiden Tandempartner entscheiden selbst, welchen der angebotenen Trainingsbausteine sie gemeinsam erarbeiten möchten. Sie besuchen sich gegenseitig im Unterricht und planen, beobachten, registrieren und diskutieren ihr eigenes Verhalten und die begleitenden Gedanken und Gefühle. Der Zusammenschluss zu einem Tandem setzt Freiwilligkeit, gegenseitige Sympathie und Vertrauen voraus.

Inhaltlich orientiert sich das Programm an zehn Gesichtspunkten für einen besseren Unterricht (Humpert & Dann 2001, S. 142-149):

1. Verbesserung der Beobachtungsfähigkeit für das Handeln der Schülerinnen und Schüler
2. Mehrdimensionale Sichtweisen von Ursachen
3. Vermeiden vorschneller Schuldzuweisungen
4. Verstehen der „Botschaften" der Schülerinnen und Schüler
5. Zeit für angemessene Reaktionen gewinnen
6. Bieten positiver Anreize
7. Hemmung unerwünschter Verhaltensweisen
8. Verminderung negativer Anregungen
9. Förderung erwünschten Verhaltens
10. Langfristige Änderung der persönlichen Bewertung und Sichtweisen.

Das Programm wird in Weiterbildungsveranstaltungen angeboten. Dabei erhalten die Teilnehmer einen angeleiteten Einstieg in das Training. Außerdem können mehrere Tandems in regelmäßigen Abständen ihre Erfahrungen diskutieren. Es ist allerdings auch möglich, das Training im Tandem selbstständig und eigenverantwortlich durchzuführen. Auf diese Weise wird es zum echten „Selbsthilfeprogramm".

13.6 Zusammenfassung und Resümee

1. Lern- und Verhaltensschwierigkeiten von Schülern und Schülerinnen stellen eine hohe Herausforderung für die Lehrkräfte dar. In diesem Kapitel werden zunächst Lernschwierigkeiten allgemein diskutiert. Daran anschließend werden Lese-Rechtschreibschwierigkeiten als besonders prominentes Beispiel behandelt.
2. Bei den Verhaltensstörungen folgt nach einer allgemeinen Diskussion die Beschreibung zweier Störungen, die im Schulalltag gegenwärtig als besonders gravierend angesehen werden: Aufmerksamkeitsstörung und soziale Störung.

3. In jedem Abschnitt wird das Phänomen beschrieben und definiert, werden Fragen der Diagnostik angesprochen und werden Risiken und Interventionsmöglichkeiten vorgestellt.
4. Lern- und Verhaltensschwierigkeiten können stets unter verschiedenen Perspektiven betrachtet werden. Aus der gewählten Perspektive heraus ergeben sich jeweils spezifische Sichtweisen auf Risiken und Schutzfaktoren sowie auf die Wahl geeigneter Interventionsmaßnahmen.
5. Um Handlungsmöglichkeiten für die Lehrkräfte im schulischen Alltag aufzuzeigen, wird in diesem Kapitel eine pädagogisch-psychologische Perspektive gewählt. Es ist jedoch vor der Illusion zu warnen, es gäbe die einzige richtige Betrachtungsweise von Lern- und Verhaltensschwierigkeiten. Sehr viel wahrscheinlicher ist es, dass im Einzelfall mehrere Perspektiven mit jeweils unterschiedlichem Gewicht relevant sind. Lern- und Verhaltensschwierigkeiten können einen hohen Grad von Komplexität erreichen, der ein mühsames und häufig ein lang andauerndes Engagement erfordert. Wer glaubt, er habe bei einem konkreten Schüler eine eindeutige, einfache und zugleich kurzfristige Lösung gefunden, irrt sich wahrscheinlich.

Teil V: Wissenschaftliche Grundfragen

14. Methoden der Datengewinnung

Stellen Sie sich vor, Sie sollen herausfinden, wie und warum es am Montagmorgen auf dem Pausenhof immer wieder zu scheinbar unmotivierten Gewaltausbrüchen kommt! – Wie gehen Sie vor?

Wie kommen wir zu den notwendigen Informationen, wenn wir in der Forschung grundlegende Erkenntnisse über menschliches Verhalten gewinnen oder wenn wir in der Praxis einen Einzelfall richtig einschätzen wollen? Der erste Schritt ist Offenheit für die Wirklichkeit: Informationen sollen unvoreingenommen beobachtet werden. Die Beschreibung des Beobachteten muss klar von Beurteilung und Bewertung unterschieden werden. Als Handwerkszeug brauchen wir Beobachtungsmethoden. Dazu greifen wir Themen der Informationsgewinnung aus Kapitel 3 vertiefend auf und behandeln sie anhand folgender Leitfragen:

Wie wird bei der Datengewinnung vorgegangen? – Die Frage nach Strategien.

Woher kommen die Informationen? – Die Frage nach Informationsquellen.

Womit werden die Informationen erfasst? – Die Frage nach Hilfsmitteln.

Schließlich gehen wir nochmals auf die Frage nach den Kriterien für die Brauchbarkeit von Erhebungsverfahren ein, die uns an verschiedenen Stellen dieses Buches beschäftigt. Weiterführende Hinweise und Anleitungen finden Sie in kompakter Form bei Wosnitza und Jäger (2000).

14.1 Informationen gewinnen: Strategien („WIE?")

Wir hatten in Kapitel 3 bereits vier grundlegende Strategien kennen gelernt: Beobachtung, Befragung, Test und Experiment. Wir wollen hier diese Ansätze vertiefen und konkrete Möglichkeiten der Informationsgewinnung an Beispielen verdeutlichen.

14.1.1 Beobachtung

Manche Informationen drängen sich uns fast auf. Ohne Absicht werden wir auf Verhaltensweisen, Bedingungen und Folgen aufmerksam, erahnen oder erkennen Zusammenhänge. Unser pädagogisch-psychologisches Interesse oder unsere wissenschaftliche Neugier werden geweckt. *Unsystematische Gelegenheitsbeobachtungen* waren in der Wissenschaftsgeschichte schon häufig Ausgangspunkt produktiver Forschungsprogramme und neuartiger

Erkenntnisse. Auch in der Praxis geben Auffälligkeiten im Alltag oft einen Anstoß, um sich näher mit einem bestimmten Verhalten zu beschäftigen.

Wenn dagegen klare Fragestellungen vorliegen, geht man diesen durch *systematische Beobachtung* mit genau festgelegten Beobachtungskriterien nach (vgl. den Vertiefungstext „Schülerbeobachtung und -beurteilung" in Kap.11). Beobachtungen im natürlichen sozialen Umfeld nennt man *Feldbeobachtungen*. Es gibt systematische Beobachtungssysteme, die – nach einem Training der Beobachter – in ganz unterschiedlichen Situationen eingesetzt werden können, beispielsweise das System der Interaktions-Prozess-Analyse von Bales (1950; pädagogisch-psychologische Forschungsergebnisse zu diesem Verfahren s. Trolldenier 1985). Dabei werden bestimmte Kategorien vorgegeben, beispielsweise

- Zeigt Solidarität, unterstützt die anderen, hilft, belohnt
- Gibt Zustimmung, nimmt passiv hin, gibt nach, versteht
- Bittet um Vorschläge, Anleitung
- Zeigt Feindseligkeit, setzt andere herab, verteidigt sich

Die Beobachter haben die Aufgabe, bei jedem beobachteten Verhalten zu prüfen, welcher Kategorie es zuzuordnen ist, und dies entsprechend in Protokollbögen zu registrieren. Vergleichbare Beobachtungskategorien für Lehrer- und Schülerverhalten haben Sie bereits in Kap. 8.3.4 kennen gelernt. Jede Beobachtungssituation birgt Risiken der Täuschung und Verfälschung. Über mögliche Beobachtungs- und Beurteilungsfehler informiert der Vertiefungstext „Schülerbeobachtung und -beurteilung" (Kap. 11.5).

14.1.2 Befragung

Felderhebungen basieren auf systematischen Befragungen über Erfahrungen, Einstellungen, Ziele usw. Beispielsweise werden Umfragen über die Wichtigkeit von Erziehungszielen wie Selbständigkeit, Kritikfähigkeit, Disziplin usw. gemacht. Oder Eltern und Kinder werden über Erziehungsstile von Vater und Mutter befragt (vgl. Kap. 12.3). Oder Lehrkräfte sollen über positive und negative Erfahrungen mit Gruppenarbeit berichten.

Drei Formen von Befragungen
1. Offene oder unstrukturierte Befragung: Nur das Gesprächsthema wird vorgegeben. Die gestellten Fragen und deren Abfolge ergeben sich erst aus dem Verlauf des Gesprächs. Eine Befragung zum Thema Erziehungsziele könnte beispielsweise beginnen mit der Frage

„Worauf sollten Eltern bei der Erziehung besonders achten?".

Unstrukturierte Befragungen lassen den befragten Personen viel Spielraum, um die eigene Position zu formulieren. Es ergeben sich jedoch Probleme der mangelnden Vergleichbarkeit, da der Gesprächsverlauf sehr unterschiedlich sein kann. Unstrukturierte Befragungen sind dann angebracht, wenn der zu untersuchende Themenbereich noch kaum erforscht ist und eine erste Orientierung gesucht wird.

2. *Halbstrukturierte Befragung:* Der Interviewer hat einen Gesprächsleitfaden mit vorformulierten Themen oder ausformulierten Fragen. Die Reihenfolge der Fragen ist nicht unbedingt festgelegt. Oft handelt es sich um offene Fragen, die Spielraum für frei formulierte Antworten lassen. In Abhängigkeit von den Antworten können vertiefende oder ergänzende Fragen gestellt werden. Beispielsweise sind vorgegeben:

„Was sind für Sie wichtige Erziehungsziele?" (aufzählen lassen)
„Können Sie diese Ziele nach ihrer Wichtigkeit in eine Rangreihe bringen?"

Halbstrukturierte Befragungen sind angebracht, wenn einerseits wesentliche Teilaspekte des Themas schon klar sind, andererseits Spielraum für individuelle Schwerpunkte erhalten bleiben soll. Das Problem der Vollständigkeit kann durch einen umfassenden Themenkatalog des Interviewleitfadens gelöst werden; wegen der offenen Fragen oder der Möglichkeit des Nachfragens ist aber die Vergleichbarkeit der Ergebnisse eingeschränkt.

3. *Standardisierte oder strukturierte Befragung:* Die Fragen sind wörtlich vorgegeben, die Reihenfolge vorgeschrieben. Meist werden geschlossene Fragen gestellt, bei denen die Art der Beantwortung festgelegt ist (s. Beispiel 14-1; vgl. auch Familien- und Klassenklima, Kap. 10.4.2). Standardisierte Interviewleitfäden oder Fragebögen garantieren Vollständigkeit und Vergleichbarkeit. Individuelle Schwerpunkte und Meinungsnuancen werden jedoch nicht berücksichtigt.

Beispiel 14-1: Fragen zur Zukunftsorientierung Jugendlicher
(13. Shell Jugendstudie; Deutsche Shell 2000)

„Man kann ja die Zukunft, wie das Leben in unserer Gesellschaft weitergehen wird, eher düster oder eher zuversichtlich sehen. Wie ist das bei Dir?
eher düster ☐
eher zuversichtlich ☐
Glaubst Du, dass Du Deine persönliche Zukunft nach Deinen eigenen Vorstellungen gestalten kannst?
glaube ich sicher ☐   wahrscheinlich ☐   wahrscheinlich nicht ☐   sicher nicht ☐

Befragungen in der pädagogischen Praxis
Unsere Beispiele bezogen sich auf Befragungen zu Forschungszwecken. Befragungen werden jedoch auch in pädagogischen Situationen eingesetzt. Über eine *offene Befragung* von Eltern versuchen beispielsweise Erziehungsberater etwas über Verhaltensprobleme zu erfahren, über das Zusam-

menleben in der Familie oder über Erziehungsgrundsätze. Derartige klärende Gespräche in Beratungssituationen heißen *Explorationen* oder offene Interviews. Fragen lauten z.B.:

„Was fällt Ihnen am Verhalten Ihres Kindes auf?"
„Wie äußert sich die Impulsivität konkret?"
„Wie reagieren Sie auf das störende Verhalten?"

Bei *halbstrukturierten Befragungen* existiert ein Leitfaden mit Themen zur Beschreibung der Lebenssituation. Die Fragen richten sich beispielsweise auf die in der Familie lebenden Personen, auf die Wohnverhältnisse (insbesondere eigenes Zimmer oder Arbeitsplatz für Hausaufgaben), auf die Freizeitgestaltung (Fernsehkonsum, gemeinsame Familienaktivitäten). Von *Anamnese* spricht man, wenn die bisherige Entwicklung des Kindes systematisch erfragt wird: Komplikationen bei der Geburt, Laufen und Sprechen lernen, Kindergartenbesuch, frühere Verhaltensauffälligkeiten.

Strukturierte Befragungen sind im Schulalltag selten, in der Erziehungsberatung jedoch verbreitet. Bei Verdacht auf das „Zappelphilipp-Phänomen" Hyperaktivität, werden Eltern oder Lehrer beispielsweise mit dem Conners-Fragebogen (vgl. Kap. 3.2.3) über Symptome ihrer Kinder befragt. Standardisierte Befragungen von Eltern oder Kindern werden auch verwendet, um Einstellungen, Persönlichkeitsmerkmale oder das Erziehungsklima zu erfassen (vgl. Kap. 10.4.3).

14.1.3 Tests

Bei psychologischen oder pädagogischen Tests werden Untersuchungsbedingungen in Form von Instruktion und Testaufgaben gestaltet und die Reaktionen erfasst. Wenn sich die Antworten, Verhaltensweisen oder Leistungen voneinander unterscheiden, dann liegt das an unterschiedlichen Merkmalen. Die individuellen Merkmalsausprägungen werden mit den Daten einer repräsentativen „Eichstichprobe" verglichen. Eine Aussage aufgrund eines Testergebnisses könnte beispielsweise lauten: „Im Konzentrationstest erreicht Dieter einen Standardwert von 90, das entspricht einem Prozentrang von 16; das heißt, Dieter übertrifft mit seiner Konzentrationsleistung 16 Prozent der Schüler seiner Altersgruppe". Testaufgaben haben Sie in diesem Buch an verschiedenen Stellen kennen gelernt. Weitere Beispiele finden Sie im Abschnitt 14.3.

14.1.4 Experiment

Das psychologische *Experiment* ist dadurch gekennzeichnet, dass ein Versuchsleiter aufgrund einer wissenschaftlichen Fragestellung planvoll und möglichst genau bestimmte Untersuchungsbedingungen herstellt und variiert. Er registriert die Reaktionen, Verhaltensweisen, Ausdruckserscheinungen oder Erlebnisberichte, die unter den experimentellen Bedingungen auftreten. Durch eine Auswertung der Daten überprüft er schließlich bestimmte Hypothesen über die kausale Abhängigkeit der Ergebnisse von den zuvor hergestellten Bedingungen (nach Preiser 1977). In der Literatur werden meist drei zentrale Kennzeichen des Experiments genannt:

1. Willkürlichkeit: Die Bedingungen werden planmäßig unter der Kontrolle des Versuchsleiters hergestellt, werden also von ihm willkürlich gestaltet.
2. Wiederholbarkeit: Genau festgelegte Durchführungsbedingungen erlauben eine beliebige Wiederholung des Experiments.
3. Variierbarkeit: Die relevanten Bedingungen werden variiert, um deren kausale Wirkungen analysieren zu können.

Forschungsbeispiel: Musik bei den Hausaufgaben – eine alte Streitfrage. Es ist ein klassisches Streitthema zwischen Eltern und Kindern, ob Musikhören bei den Hausaufgaben zur Leistungssteigerung oder zur Leistungsminderung führt (vgl. Kap. 3.3.3). Musik könnte eine Leistungssteigerung bewirken, weil sie zur Aktivierung des Organismus führt und so die Aufmerksamkeit erhöht. Musik könnte aber auch leistungshemmend wirken, da sie Aufmerksamkeit beansprucht und deshalb von der Aufgabenbearbeitung ablenkt. In einem Experiment lässt man Schüler und Schülerinnen während einer Unterrichtsstunde drei mal 10 Minuten lang mathematische Aufgaben bearbeiten; einmal ohne Musik, einmal mit leiser und einmal mit lauter Musikdarbietung. Erfasst wird jeweils die Anzahl richtiger Lösungen. Die Art der Musikdarbietung wird „*Unabhängige Variable (UV)*" genannt, weil sie vom Versuchsleiter unabhängig von anderen Untersuchungsbedingungen und Merkmalen hergestellt und variiert wird. Die Anzahl richtiger Lösungen wird „*Abhängige Variable (AV)*" genannt, weil untersucht wird, inwieweit diese Variable von der Musikdarbietung abhängig ist. Das Kriterium der *Willkürlichkeit* ist gegeben, da der Versuchsleiter anhand eines Untersuchungsplanes solche Untersuchungsbedingungen erzeugt, die eine Antwort auf seine Fragestellung erlauben. Das Kriterium der *Wiederholbarkeit* ist ebenfalls gegeben, wenn der Versuchsleiter die Musikstücke, die jeweilige Lautstärke, die Altersgruppe der Schülerinnen und Schüler und die Art der Aufgaben genau dokumentiert. Die Ergebnisse können jederzeit durch andere Forscher überprüft werden. Das Kriterium der *Variierbarkeit* ergibt sich aus der Möglichkeit, die Art der Musikdarbietung zu variieren. Die einfachste Variation besteht in der Alternative: Musikdarbietung ja oder nein. Die Variation der Lautstärke – mit beliebig feinen Abstufungen – erlaubt beispielsweise die Beantwortung der Frage, ob bestimmte Lautstärken leistungsfördernd wirken, während allzu laute Musik möglicherweise leistungsmindernd ist. Weiterhin lässt sich natürlich auch die Art der Musik variieren, die Stilrichtung, der Bekanntheitsgrad, die Instrumentierung usw. Auch die AV lässt sich variieren: Ist der Effekt der Musik unterschiedlich, je nachdem ob es sich um einfache oder um anspruchsvolle Denkaufgaben, um sprachliche oder mathematische Aufgaben handelt?

Um Effekte experimenteller Bedingungen nachweisen zu können, ist es nicht nur notwendig, diese Bedingungen genau herzustellen und die Rahmenbedingungen zu kontrollieren. Im Regelfall braucht man zur Analyse neben der Versuchsgruppe auch eine *Kontrollgruppe*, die der experimentellen Bedingung nicht ausgesetzt wird, deren Verhalten aber dennoch registriert wird. Unterscheiden sich Versuchs- und Kontrollgruppe systematisch, so wird der Unterschied auf den Einfluss der experimentellen Bedingung zurückgeführt. Dieser Schluss ist aber nur zulässig, wenn sichergestellt ist, dass sich Kontroll- und Versuchsgruppe nicht von vornherein unterscheiden. Zu einem Experiment gehört deshalb, dass die Teilnehmer nach Repräsentativitätskriterien ausgewählt und zufällig auf Versuchs- und Kontrollgruppe aufgeteilt werden. Ist dies nicht möglich, zum Beispiel weil sich nur bestimmte Schulklassen den experimentellen Bedingungen aussetzen wollen, spricht man von einem Quasi-Experiment. Auf die Kontrollgruppe kann man verzichten, wenn alle Versuchsteilnehmer unter allen Versuchsbedingungen beobachtet werden. Die Situation, in der die experimentelle Bedingung (im obigen Beispiel die Musikdarbietung) nicht eingeführt wird, fungiert dann als *Kontrollbedingung*.

Ein Experiment unter kontrollierten Rahmenbedingungen in einer künstlich hergestellten Situation heißt *Laborexperiment*. Die Versuchsteilnehmer wissen dabei, dass sie an einem Experiment teilnehmen. Man kann jedoch auch in einer natürlichen Alltagssituation systematisch Bedingungen variieren. Die beteiligten Personen merken möglicherweise gar nicht, dass es sich um ein Experiment handelt. Beispielsweise kann man im Schulhof unterschiedliche Arten von Musik über Lautsprecher als Pausenunterhaltung abspielen und überprüfen, ob sich unterschiedliche Musikstile auf die Häufigkeit von Körperverletzungen bei Schülerinnen und Schülern auswirken. Es könnte ja sein, dass bestimmte Musikarten beruhigen, während andere Musikstile motorische und psychische Erregung und Spannung fördern. Derartige Experimente in natürlichen Situationen heißen *Feldexperimente*. Ein Beispiel für Quasi-Feldexperimente sind die Erziehungsstiluntersuchungen von Lewin, Lippitt und White (Kap. 12.3.1).

Im pädagogischen Alltag gibt es experimentelle Situationen, die der pädagogischen Einflussnahme dienen. Man kann beispielsweise mit einem Kind, das durch viele Flüchtigkeitsfehler auffällt, vor schriftlichen Übungsarbeiten Entspannungsübungen durchführen. Man kann dann feststellen, ob nach einer Entspannungsphase die Anzahl der Fehler geringer ist als ohne Übung. Sollte es tatsächlich systematische Unterschiede geben, beruht die Aufmerksamkeitsstörung dieses Kindes auf einer zu hohen inneren Spannung, die durch regelmäßige Entspannungsübungen abzubauen ist. Gezielt eingesetzte Maßnahmen zur pädagogischen Beeinflussung wie die erwähnten Entspannungsübungen werden *pädagogische Interventionen* genannt.

14.1.5 Der Prozess wissenschaftlicher Informationssammlung

Datensammlung folgt in der Regel einem bestimmten Ablaufschema, welches in besonderer Weise charakteristisch für experimentelle Untersuchungen ist, jedoch mit geringfügigen Modifikationen auch für andere Strategien der Informationssammlung gilt. Speziell für die Schülerbeobachtung und -beurteilung finden Sie ein vergleichbares Prozessmodell in Kap. 11.5.

Tab. 14-2: Der Prozess wissenschaftlicher Informationssammlung

1. Fragestellung
   - Problemanalyse: Worum geht es eigentlich? Wo besteht Erkenntnisbedarf?
   - Ableitung von Vermutungen oder Hypothesen: Wie ist das Problem möglicherweise entstanden? Welche Einflussfaktoren können eine Rolle spielen?
   - Formulierung der Fragestellung: Was soll konkret untersucht werden?

2. Versuchsplanung
   - Zusammenstellung der zu untersuchenden Variablen: Welche Variablen werden als potentielle Bedingungen analysiert oder experimentell hergestellt („Unabhängige Variable")? Welche Variablen werden als mögliche Auswirkungen erfasst („Abhängige Variable")? Welche zusätzlichen Variablen werden kontrolliert, d.h. im Experiment konstant gehalten oder bei der Erhebung miterfasst („Kontrollvariablen")?
   - Planung der Untersuchungsstichprobe: Für welche Bevölkerungsgruppe sollen die Ergebnisse gültig sein? Wie wird die Stichprobe ausgewählt? Wie werden die Untersuchungsteilnehmer zum Mitmachen motiviert?
   - Planung des Untersuchungsablaufs: Unter welchen räumlichen und zeitlichen Rahmenbedingungen soll die Untersuchung stattfinden? Wie werden die eigentlichen Untersuchungsbedingungen hergestellt? Welche Hilfsmittel zur Gestaltung der Situation und zur Erfassung der Daten werden eingesetzt? Wie werden die Teilnehmer instruiert?

3. Versuchsdurchführung
   - Instruktion der Teilnehmer: Worauf sollen sie achten? Was sollen sie tun?
   - Darbietung der experimentellen Bedingungen, des Befragungsinstrumentes oder des Tests
   - Registrierung der Verhaltensweisen und Antworten der Teilnehmer: Was tun, reden oder schreiben sie? Wie nehmen sie die experimentellen Bedingungen wahr?

4. Auswertung
   - Ordnen und Zusammenfassen der Daten (deskriptive Statistik)
   - Wahrscheinlichkeitstheoretische Absicherung und Verallgemeinerung der Ergebnisse (schlussfolgernde Statistik) vgl. Kap. 15

5. Interpretation
   - Beantwortung der Fragestellungen und Stellungnahme zu den Hypothesen: Bieten die Ergebnisse eine Antwort? Waren die Hypothesen angemessen?
   - Theoretische Einbettung: Lassen sich die Ergebnisse theoretisch erklären? Müssen theoretische Annahmen modifiziert werden?
   - Praktische Schlussfolgerungen: Lassen sich aus den Ergebnissen problemlösende Maßnahmen ableiten?

14.2 Informationsquellen und Hilfsmittel der Informationssammlung („WOHER?" und „WOMIT?")

Die Nutzung von Informationsquellen, der Zugang zu den Daten und das Festhalten der Informationen zum Zwecke der Weiterverarbeitung werden durch Hilfsmittel erleichtert, beispielsweise durch Protokollbögen oder technische Registriervorrichtungen. Die folgende Aufstellung soll einige Anregungen geben. Dabei unterscheiden wir (nach Cattell 1978) drei Arten von Daten: Lebenswelt-, Befragungs- und Testdaten.

14.2.1 Lebenswelt- und Umweltdaten (L-Daten)

L-Daten: Ohne Zutun und ohne Beeinflussung der betreffenden Personen erhobene Daten aus dem alltäglichen Leben, beispielsweise Verhalten und Verhaltensspuren in natürlichen Situationen, Dokumente, Fremdauskünfte durch Dritte. Informationen über den räumlichen, materiellen, sozialen und kulturellen Hintergrund, sofern diese Daten durch direkte Umweltbeobachtung gewonnen wurden, z.B.

- Systeme zur Dokumentenanalyse, z.B. Auswertungsanweisungen, die es erlauben, die „Differenziertheit" von politischen Stellungnahmen zu klassifizieren

- Systeme zur Analyse von „Verhaltensspuren", z.B. Klassifikationssysteme für die Verschmutzung in Schulen, Jugendzentren oder Universitätsräumen.

- Fragebogen oder Anamnesebogen zur Erhebung „objektiver" Lebenslaufdaten, das sind Daten, die vermutlich nicht durch die Befragungssituation oder durch subjektive Einstellungen verfälscht werden (z.B. Familienstand, Kinderzahl, Wohnort).

- Hilfsmittel zur Verhaltens- und Ausdrucksbeobachtung, z.B. Videorecorder zur Registrierung von Mundbewegungen oder Körperhaltungen, Protokollbögen, in die bestimmte Verhaltensweisen (z.B. aggressives Verhalten oder Beiträge zum Unterricht) eingetragen werden (vgl. das Beobachtungsverfahren für aggressionsbezogene Interaktionen, Kap. 8.3.4, sowie Kap. 11.5).

- Systeme zur Analyse physikalischer Umwelten nach objektiven Kriterien wie Temperatur, Helligkeit, Lautstärkepegel, Raumgröße, Distanz bis zur Bibliothek (vgl. Kap. 10)

- Verfahren zur Analyse sozialer Strukturen wie Familienkonstellation

- Verfahren zur Analyse von Organisationsstrukturen, z.B. Fragen nach der Größe von Schulklassen, nach Informationskanälen

- Analysesysteme und Beschreibungsdimensionen für den kulturellen Hintergrund

- Erfassungsbögen für die häusliche Umwelt, z.B. Verfügbarkeit von Bastelmaterialien, Nachschlagewerken (vgl. Kap. 10).
- Einholung von Auskünften oder Beurteilungen bei einer dritten Person. Beispielsweise kann eine Erziehungsberatungsstelle – mit Einverständnis der Betroffenen – eine Beurteilung durch Lehrkräfte einholen. Als Hilfsmittel wurde z.b. die Conners-Skala zur Beurteilung des Aufmerksamkeits-Defizit-Syndroms bereits vorgestellt (vgl. Kap. 3.2.3). Für Zwecke einer eindeutigen Diagnose wurden Verhaltenskriterien in den Systemen ICD-10 (Dilling, Mombour & Schmidt 1993) und DSM-IV (American Psychiatric Association 1998) in weitgehend identischer Form zusammengestellt (vgl. Kap. 13.4.1).

14.2.2 Fragebogen- und Befragungsdaten (F-Daten)

F-Daten: Auskünfte der betreffenden Personen über sich selbst, beispielsweise Selbsteinschätzungen, Fragebogenantworten. Standardisierte Fragebögen werden auch als subjektive Tests bezeichnet, z.B.

- Gespräch über persönliche Einstellungen des Befragten, die subjektive Sicht der eigenen Vergangenheit und der Umwelt, das Selbstbild, Wünsche und Interessen
- Persönlichkeitsfragebogen in Form von Einzelaussagen über die eigene Person, z.B.
- „Vor Prüfungen kann ich nicht gut schlafen. ❏ Ja   ❏ Nein"
- Selbstbeurteilungsskalen in Form von Schätzurteilen über die eigene Persönlichkeit, z.B.

   Kreativität: schwach ausgeprägt 1 2 3 4 5 6 7 stark
   Selbstsicherheit   schwach ausgeprägt 1 2 3 4 5 6 7 stark

- Einstellungsfragebogen, das sind Fragen oder Aussagensammlungen, die eine persönliche Stellungnahme der Befragten zu bestimmten Themen verlangen (vgl. Beispiel 9-2 in Abschnitt 9.3.3).

14.2.3 Objektive Tests (T-Daten)

T-Daten: Ergebnisse von Tests, die nicht auf subjektiven Selbstauskünften beruhen, z.B.

- Intelligenztests (vgl. Kapitel 9.5)
- Aufmerksamkeitstests, z.B. die Aufgabe, in einem Text alle „n" durchzustreichen (Beispiel 14-3).

Beispiel 14-3: Aufmerksamkeitstest (Textauszug aus Müsseler 2000, S. 154)

Sie finden im Folgenden einen kurzen Text zum Thema Aufmerksamkeit Lesen Sie diesen Text durch und streichen Sie alle „e" und alle „n" durch! Sie haben zwei Minuten Zeit.

Begrifflichkeiten

Der wichtigste Aspekt der Aufmerksamkeit umschreibt unsere Fähigkeit, aus dem vielfältigen Reizangebot der Umwelt einzelne Reize oder Reizaspekte auszuwählen und bevorzugt zu betrachten, andere dagegen zu übergehen und zu unterdrücken. Würden vom Organismus alle Reize mit der gleichen Priorität verarbeitet, wäre aufgrund eines sensorischen Reizüberangebots ein geordnetes Handeln unmöglich. Innerhalb der Psychologie der Informationsverarbeitung betrachtet man daher Aufmerksamkeit vorrangig unter dem Gesichtspunkt der Selektion (selektive Aufmerksamkeit) – man widmet sich also den Mechanismen, die eine mehr oder weniger große Einengung des Reizangebots (auch in unserer subjektiven Erlebniswelt) nach sich ziehen. Daneben wird in anderen Bereichen der Psychologie der Aufmerksamkeitsbegriff bisweilen auch als allgemeine Zustandsbeschreibung verwendet. So unterliegt das Aktivationsniveau mit seinen beiden Extremen Wachen und Schlafen zeitlichen Aufmerksamkeitsschwankungen und erfasst unsere generelle Wahrnehmungsbereitschaft. In diesem Zusammenhang ist der Begriff der Vigilanz (Wachsamkeit) zu nennen, der die Fähigkeit zur genauen Wahrnehmung und zur Reaktionsbereitschaft auf bestimmte Reize, insbesondere über längere Zeiträume hinweg, erfasst (Daueraufmerksamkeit, Konzentration).

Zur Auswertung zählen Sie, wie weit Sie in den zwei Minuten gekommen sind: Die Anzahl der bearbeiteten Zeilen ist ein Maß der Mengenleistung, Dann prüfen Sie nochmals genau und in Ruhe, wie viele „e" oder „n" Sie vergessen haben: Die Anzahl der Auslassungen ist ein Maß für die Leistungsgüte.

- Eignungs- und Fähigkeitstests, das sind Tests zur Messung bestimmter Leistungspotentiale, beispielsweise im Bereich der Wahrnehmungsgeschwindigkeit, Feinmotorik usw.
- Wissens- und Fertigkeitstests, beispielsweise Kenntnistests für Geografie oder Mathematik
- Objektive Interessen- und Motivationstests. Sie basieren auf gesetzmäßigen Zusammenhängen, die zwischen Interessen und Motiven einerseits und bestimmten Verhaltensweisen oder Reaktionen andererseits bestehen. Interesse für ein bestimmtes Thema führt beispielsweise zu einer Sensibilisierung für Hinweisreize. Wenn Bilder aus verschiedenen Gebieten (z.B. Autos, Tiere) nur für Sekundenbruchteile projiziert werden, werden Gegenstände aus bevorzugten Interessengebieten leichter erkannt als Gegenstände, für die man sich nicht interessiert. Aus der Wahrnehmungsgeschwindigkeit kann man also auf die Stärke des Interesses schließen.

- „Projektive" Tests, das sind Verfahren mit mehrdeutigen Reizen (z.B. Klecksbilder), bei deren Wahrnehmung sich eigene Einstellungen niederschlagen und gleichsam in das unstrukturierte Reizmaterial „hineinprojiziert" werden.
- Physiologische Messungen unter standardisierten Bedingungen, z.B. Erfassung von Pulsfrequenz, Blutdruck, Hautwiderstandsänderungen usw. während einer Prüfung.
Bei den meisten Menschen erhöhen sich Blutdruck und Pulsfrequenz, wenn sie unter innerer Anspannung stehen. Innere Erregung führt auch dazu, dass die Schweißdrüsen aktiviert werden, wodurch sich die Leitfähigkeit der Haut für schwache elektrische Ströme erhöht. Durch kontinuierliche Messung kann man deshalb erschließen, in welcher Prüfungssituation oder bei welcher Art von Aufgaben Schüler unter Druck geraten. Der so genannte „Lügendetektor" arbeitet ebenfalls nach diesem Prinzip: Man kann feststellen, bei welchen Reizen Menschen als Zeugen oder als Beschuldigte innerlich erregt werden.

14.3 Qualitätsanforderungen für Erhebungsverfahren

Wenn Informationen über Personen oder deren Umwelt erhoben werden, interessiert man sich für Unterschiede zwischen den Personen oder Umweltbedingungen. Gütekriterien sollen sicherstellen, dass die Varianz einer Variablen auf tatsächlichen Unterschieden beruht und nicht auf Störeinflüssen.

14.3.1 Gütekriterien

Drei zentrale Gütekriterien für die Qualität eines Tests, Beobachtungs- oder Befragungsverfahrens sind Objektivität, Zuverlässigkeit und Gültigkeit (vgl. Kap. 3.2.4).

Objektivität
Ein Erhebungsverfahren ist umso objektiver, je mehr diejenige Fehlervarianz ausgeschaltet wird, die durch die Person des Untersuchers hervorgerufen wird. Je weniger die individuellen Unterschiede zwischen Anwendern bzw. Auswertern die Ergebnisse beeinflussen, desto objektiver ist das Verfahren.

Die Objektivität von Aufsatzbenotungen wird beispielsweise überprüft, indem zwei Lehrer eine Reihe von Aufsätzen unabhängig voneinander benoten. Die beiden Datenreihen werden dann miteinander in Beziehung gesetzt. Ein statistisches Maß für die Objektivität einer Datenerhebung (Test, Schulnoten, Personenbeurteilung nach Schätzskalen usw.) ist der *Objektivitätskoeffizient*: ein Korrelationskoeffizient, der die Beziehungen zwischen den beiden Messreihen von zwei Untersuchungen über mehrere Untersuchungsobjekte (z.B. Personen oder Situationen) erfasst. Je höher der Kennwert, desto größer die Objektivität des Verfahrens.

Wir haben die Objektivität bei der Benotung von Diplomarbeiten überprüft, indem die Notenvorschläge von je zwei unabhängig voneinander urteilenden Gutachtern miteinander verglichen wurden. Tabelle 14-4 zeigt einen Ausschnitt aus den Ergebnissen (Zwischennoten waren zulässig).

Tab. 14-4: Notenvorschläge zweier Gutachter über 6 Diplomarbeiten in Psychologie (Daten nach Preiser 1976)

Kandidat	Notenvorschlag	
	1. Gutachter	2. Gutachter
An	2.3	1.3
Gr	1.3	1.3
Ho	3.0	3.0
Th	1.3	1.3
Ha	1.7	2.0
Mo	1.0	1.0

Je nach der Stellung im Untersuchungsablauf unterscheidet man drei Unterformen der Objektivität: *Durchführungsobjektivität* besagt, inwieweit die erhobenen Daten unabhängig von der Person sind, die diese Daten erhebt. *Auswertungsobjektivität* besagt, inwieweit die verarbeiteten (codierten, verrechneten, bewerteten) Daten unabhängig von der Person des Auswerters sind. *Interpretationsobjektivität* besagt, inwieweit die Schlussfolgerungen, die Prognosen, Entscheidungen oder Maßnahmen unabhängig von der Person des Untersuchungsleiters sind, der diese Schlussfolgerungen zieht. Durchführungsobjektivität wird durch Standardisierung der Datenerhebungssituation ermöglicht, Auswertungsobjektivität durch Standardisierung der Auswertungsregeln oder durch Training der Auswerter, Interpretationsobjektivität durch Formalisierung des Entscheidungsprozesses.

Zuverlässigkeit

Unter der Zuverlässigkeit (auch Reliabilität) eines Erhebungsverfahrens versteht man das Ausmaß, in dem diejenige Fehlervarianz ausgeschaltet wird, die durch den Einfluss der Verfahrenstechnik und der Anwendungsbedingungen hervorgerufen werden kann. Je weniger die Erhebungsergebnisse durch Schwankungen oder Veränderungen der Situation und der innerpsychischen Randbedingungen bei der Anwendung (wie z.B. Ermüdung) beeinflusst werden, umso reliabler ist das Verfahren.

Ein statistisches Maß für die Zuverlässigkeit einer Datenerhebung ist der Reliabilitätskoeffizient: ein Korrelationskoeffizient, der die Beziehungen zwischen mehreren Messreihen erfasst, welche mittels der gleichen Erhebungsverfahren an denselben Untersuchungsobjekten erhoben wurden. Die Reliabilität eines Intelligenztests wird beispielsweise überprüft, indem ein Test durchgeführt und nach einem bestimmten Abstand – beispielsweise acht Wochen – an denselben Personen nochmals angewendet wird. Die beiden Messreihen werden nunmehr miteinander in Beziehung gesetzt.

Um auch ein Umweltmerkmal zu erwähnen: Die Reliabilität der Erfassung der Lärmbelastung, der Menschen an ihrem Arbeitsplatz ausgesetzt sind, wird überprüft, indem die Lärmwerte an den einzelnen Arbeitsplätzen mehrmals zu verschiedenen Zeitpunkten bzw. in verschiedenen Situationen erhoben und miteinander verglichen werden.

Die Reliabilität wird kontrolliert, indem wiederholte Messungen mit demselben Instrument an derselben Stichprobe durchgeführt werden *(Wiederholungs-Reliabilität),* indem vergleichbare Formen des Erhebungsverfahrens an derselben Stichprobe angewandt werden (*Paralleltest-Reliabilität*), indem ein Test durch zufällige Aufteilung aller Einzelaufgaben in zwei vergleichbare Hälften zerlegt wird, die dann miteinander verglichen werden (*Halbierungs-Reliabilität*). Wenn alle Einzelaufgaben eines Erhebungsverfahrens – welches ein einziges, in sich homogenes Merkmal erfasst – miteinander in Beziehung gesetzt werden, geht es um die *innere Konsistenz*, d.h. um die Frage, ob die einzelnen Testaufgaben gleichsinnig zur Erfassung eines bestimmten Merkmals beitragen.

Gültigkeit

Die Gültigkeit (Validität) eines Erhebungsverfahrens bezieht sich auf die Frage, ob es das misst, was es messen soll. Wenn ein hypothetisches Konstrukt erfasst werden soll wie z.B. Intelligenz oder Lernmotivation, können nur empirische Indikatoren gemessen werden, die mit dem hypothetischen Konstrukt in Beziehung stehen. Intelligenztestleistungen sind beispielsweise empirische Indikatoren für das Konstrukt Intelligenz.

Unter Gültigkeit eines Erhebungsverfahrens versteht man den Grad des Zusammenhangs zwischen dem empirischen Indikator und dem hypothetischen Konstrukt. Je mehr der in einem bestimmten Erhebungsverfahren gewonnene Indikator mit anderen Indikatoren des hypothetischen Konstrukts zusammenhängt, umso valider ist dieses Verfahren.

Ein statistisches Maß für die Validität eines Erhebungsverfahrens ist der *Validitätskoeffizient*: ein Kennwert, der die Korrelation zwischen den erhobenen Daten und einem Indikator für das in Frage stehende Konstrukt gilt. Die Validität eines Eignungstests für ein bestimmtes Hochschulstudium wird beispielsweise überprüft, indem die Testergebnisse jeder Person mit den späteren Examensnoten verglichen werden.

Wichtig für jede Validitätsprüfung ist die Wahl eines objektiven, reliablen und vor allem relevanten „Kriteriums"'. Es werden z.b. folgende Formen der Validitätsbestimmung unterschieden:

Vorhersage-Validität: Stimmen die Untersuchungsergebnisse mit einem vorherzusagenden Erfolgskriterium (z.b. Studienerfolg) überein? Wie groß ist beispielsweise die Übereinstimmung zwischen den Ergebnissen eines Auto-Fahr-Tests und der späteren Unfallhäufigkeit?

Außenkriteriums-Validität: Stimmen die Untersuchungsergebnisse mit einem gleichzeitig erhobenen, als relevant erachteten Außenkriterium überein (z.b. einem messbaren Leistungsresultat, einer kompetenten Beurteilung durch Lehrer)?

14.3.2 Normierung

Unter der Normierung eines Erhebungsverfahrens versteht man die Festlegung von Maßstäben, welche die Klassifizierung von Ergebnissen und den Vergleich verschiedener Ergebnisse ermöglichen. Um mehrere Mess- bzw. Datenreihen miteinander vergleichen zu können, müsste ein einheitlicher Maßstab verwendet werden bzw. mehrere Maßstäbe (z.b. für Test und Kriterium) müssten in eine eindeutige Beziehung gebracht werden. Diesen Vorgang der Festlegung nennen wir Normierung.

Verteilungsnormierung
Die Verteilungsnormierung, besteht in der Eichung einer Variablen an einer repräsentativen Stichprobe aus der Grundgesamtheit, für die das Verfahren gedacht ist. Der Messwert der geeichten Skala (Standardskala) ergibt sich dabei beispielsweise aus dem Prozentsatz der Personen der Eichstichprobe, die ein bestimmtes Ergebnis erzielt haben.

Es gibt es verschiedene Standardskalen, die man zum Zwecke der Vergleichbarkeit umrechnen muss (und kann). Man braucht eine sogenannte Transformationsgleichung, ähnlich wie bei der Umrechnung verschiedener physikalischer Maße. Beispielsweise kann man, wenn man die Transformationsregeln kennt, Temperaturangaben von Fahrenheit oder Kelvin in Celsius-Grade umrechnen.

Wie in der Physik, so gibt es auch bei den psychologischen Standardskalen Transformationsgleichungen. Abbildung 14-5 zeigt die vergleichende Darstellung gebräuchlicher Standardskalen. Skalenwerte können entweder direkt in der Grafik miteinander verglichen (die senkrecht übereinanderstehenden Werte sind einander äquivalent) oder mittels der Transformationsgleichung umgerechnet werden.

Die Abbildung ist folgendermaßen zu lesen: In der obersten Zeile findet sich eine Skala mit einem beliebigen Maßstab (X-Skala). Jede normalverteilte Variable kann mittels der rechts am Rand stehenden Transformationsgleichung in die jeweilige Standardskala transformiert werden. Die Werte dieser X-Skala lassen sich beispielsweise durch eine so genannte z-Transformation in z-Werte umrechnen, indem die Abweichung jeden X-Wertes vom Mittelwert M durch die Standardabweichung SD dividiert wird. Die Transformationsgleichungen erlauben auch eine Umrechnung von einer Skala in die andere.

Umrechnungsbeispiel: Ein Schüler hat in einem verbalen Intelligenztest einen Intelligenzquotienten von 115 erhalten (IQ = 115). In einem sprachfreien Intelligenztest erhält er einen C-Wert von 5. Ein Wert von C = 5 entspricht einem IQ von 100. Die verbale Intelligenz ist also besser ausgeprägt als die sprachfreie.

Abb. 14-5: Vergleichende Darstellung verschiedener Standardskalen

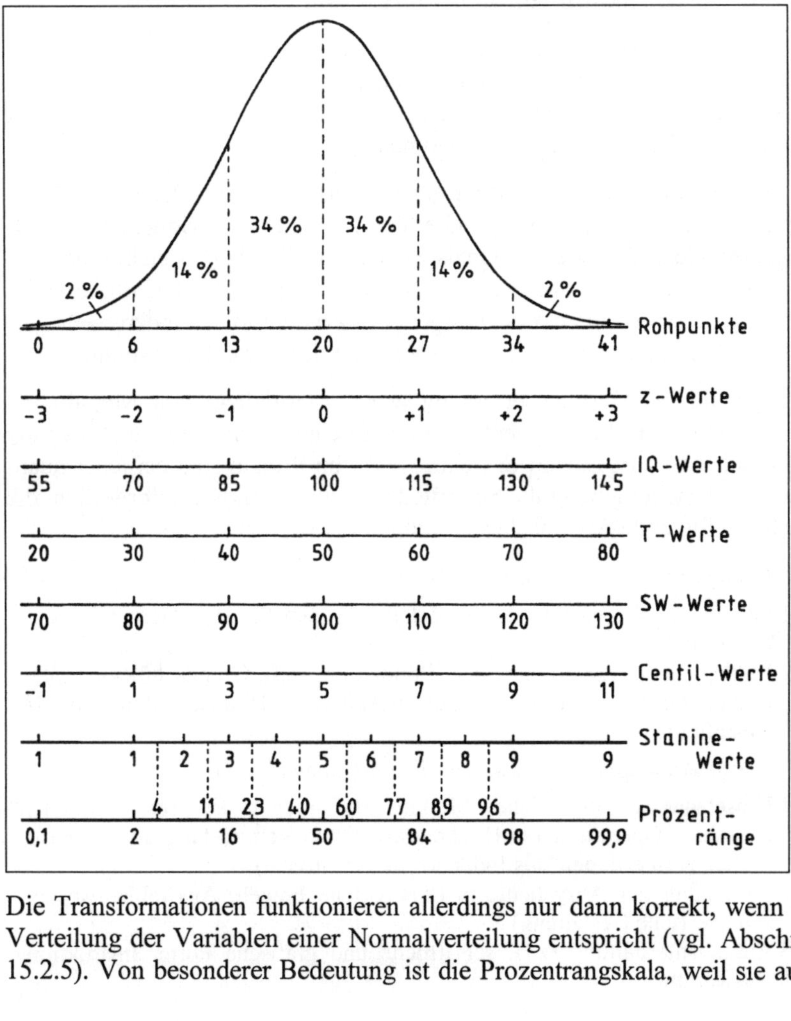

Die Transformationen funktionieren allerdings nur dann korrekt, wenn die Verteilung der Variablen einer Normalverteilung entspricht (vgl. Abschnitt 15.2.5). Von besonderer Bedeutung ist die Prozentrangskala, weil sie auch

für Laien und mathematisch ungeübte Personen leicht verständlich ist. Sie gibt an, wie viel Prozent der Eichstichprobe ein bestimmtes Ergebnis erreicht oder übertroffen haben. (Laut obiger Grafik haben 90% aller Personen einen IQ von 80 oder mehr; 50% haben einen IQ von 100 oder mehr).

Kriteriumsnormierung
Bei der Kriteriennormierung wird (normativ oder aufgrund empirischer Untersuchungen) definitiv festgelegt, welche Bedingungen erfüllt sein müssen, um eine bestimmte Schlussfolgerung zu ziehen. Bei Prüfungen kann beispielsweise festgelegt werden, wie viele Punkte (nach einem vorgegebenen Bewertungsschlüssel) erreicht werden müssen, um eine bestimmte Note zu erhalten.

14.3.3 Konstruktion von Erhebungs- und Messverfahren

Da Tests in der psychologischen, pädagogischen und bildungspolitischen Literatur eine große Rolle spielen und auch in der Umgangssprache häufig auftauchen, soll kurz gezeigt werden, auf welchen Konstruktionsschritten solide psychodiagnostische Tests beruhen.

Ein psychodiagnostischer Test ist ein wissenschaftliches Datenerhebungsverfahren, welches eine Aussage über den jeweiligen individuellen Ausprägungsgrad eines Personenmerkmals ermöglicht. Ein Test besteht einerseits aus Aufgabenmaterial und Aufgabenstellung, um ein beobachtbares oder registrierbares Verhalten der Testperson hervorzurufen, andererseits aus Regeln für die Auswertung und Interpretation der Verhaltensresultate.

Jede quantitative Merkmalserfassung setzt als Grundlage eine Messtheorie voraus, die in der „klassischen" Testtheorie eine spezifische Ausgestaltung erfahren hat (s. z.B. Lienert & Raatz 1998). Im Prinzip sind bei jeder quantifizierten Datenerhebung die Schritte der Testkonstruktion erforderlich, die durch das folgende Ablaufschema verdeutlicht werden:

1. *Festlegung der Zielsetzung des Tests*
1.1 Inhaltliche Abgrenzung des zu untersuchenden Personenmerkmals (z.B. Kreativität, Stimmung)
1.2 Festlegung der Zielgruppe oder „Population" (z.B. Grundschüler)
1.3 Festlegung der gewünschten Genauigkeit (z.B. Unterscheidung von 10 Abstufungen)
2. *Konstruktion und Sammlung von Testaufgaben (Items)*
2.1 Umsetzung der inhaltlichen Merkmalsdefinition in konkrete, empirisch erfassbare Operationen (z.B. „ungewöhnliche Verwendungsarten für Büroklammern erfinden" als Indikator für Kreativität)
2.2 Festlegung der Aufgabenform (z.B. offene Fragen, Auswahlantworten, zeichnerische Gestaltung)
2.3 Aufgabengestaltung (z.B. schriftliche und grafische Form, Instruktion, Auswertung)

3. *Durchführung der vorläufigen Testform an einer ersten Analysestichprobe*
4. *Aufgabenanalyse: Errechnung von Kennwerten für jedes einzelne Item*

   4.1 Schwierigkeitsindex: Prozentsatz der Testpersonen in der Stichprobe, die das Item im Sinne einer hohen Merkmalsausprägung beantwortet haben.

   4.2 Trennschärfeindex: Korrelation des Punktwertes der Testitems mit dem Gesamtpunktwert der Skala.
   Dieser Index erlaubt eine Aussage darüber, welchen Beitrag das einzelne Item zur Unterscheidung verschiedener Ausprägungsgrade leistet.

   4.3 Gütekriterien (Objektivität, Reliabilität, Validität) für die einzelnen Items.

5. *Aufgabenmodifikation und -auswahl*

   Anhand der Ergebnisse der Aufgabenanalyse werden ungeeignete Testaufgaben entfernt, beispielsweise Aufgaben, die zu leicht oder zu schwer oder zu wenig trennscharf sind. Manchmal kann man ungeeignete Aufgaben noch „retten", indem man missverständliche Formulierungen überarbeitet. Mit den übriggebliebenen Testaufgaben wird die endgültige Testform zusammengestellt.

6. *Durchführung der endgültigen Testform an einer zweiten Analysestichprobe*

7. *Testanalyse: Bestimmung von Objektivität, Reliabilität und Validität des Gesamttestes*

   Bei unzureichendem Ergebnis ist eine erneute Aufgabenmodifikation und -auswahl (Schritt 5) und erneute Überprüfung erforderlich, gegebenenfalls auch die Konstruktion neuer Aufgaben (Schritt 2).

8. *Eichung und Normierung*

   Anhand der Daten einer repräsentativen Eichstichprobe werden Vergleichsdaten zusammengestellt, welche die Transformation eines individuellen Testergebnisses in eine Standardskala erlauben.

14.4 Zusammenfassung

1. Strategien der Informationssammlung in Forschung und Praxis beinhalten Beobachtung, Befragung, Tests und Experiment, die jeweils in einem mehrstufigen Prozess umgesetzt werden.
2. Informationsquellen liegen in der Lebenswelt von Personen, in Selbstauskünften bei persönlichen Befragungen und Fragebogenerhebungen, in objektiven Testergebnissen. Protokollbögen, Kategoriensysteme und technische Hilfsmittel ermöglichen eine systematische Erfassung.
3. Erhebungsverfahren müssen bestimmten Gütekriterien gehorchen, insbesondere Objektivität, Zuverlässigkeit und Gültigkeit. Außerdem müssen sie zum Zwecke der Vergleichbarkeit normiert werden.
4. Die Konstruktion von Erhebungs- und Messverfahren erfolgt in einem mehrstufigen Prozess, der insbesondere die Qualitätsanforderungen sicherstellen soll.

15. Methoden der Datenauswertung

„Die Statistik ist wie eine Laterne im Hafen. Sie dient dem betrunkenen Seemann mehr zum Halt als zur Erleuchtung." – *Hermann Josef Abs (1901-1994), deutscher Bankier*

„Traue keiner Statistik, die du nicht selbst gefälscht hast!"

Derartige Sprüche signalisieren Unbehagen gegenüber statistischen Methoden. Tatsächlich bieten statistische Auswertungs- und Darstellungsmethoden eine Vielzahl von Fehler- und Verfälschungsmöglichkeiten. Nur wer die Arbeitsweise der Statistik in ihren Grundzügen verstanden hat, ist in der Lage, die Fallen der Statistik und die Fallgruben ihres möglichen Missbrauchs zu erkennen. Unser Text will jedoch nicht nur auf Fehlerquellen aufmerksam machen, sondern auch zeigen, wie statistische Verfahren in der Psychologie und in anderen Sozialwissenschaften nützliche Hilfestellungen für wissenschaftlich und praktisch bedeutsame Analysen und Entscheidungen bieten. Weiterführende Hinweise und Anleitungen finden Sie in kompakter Form bei Wosnitza und Jäger (2000).

15.1 Grundfragen und Grundbegriffe der Statistik

15.1.1 Was sind die Aufgaben der Statistik?

Anwendungsbeispiele: Wenn Sie mitteilen wollen, wie eine Klassenarbeit ausgefallen ist, können Sie eine Liste mit allen einzelnen Notenwerten zusammenstellen. Sie können jedoch auch einfach den Durchschnitt angeben. Mit einem „Notenspiegel" machen Sie deutlich, wie sich die Noten über die Notenskala verteilen (Vgl. Kap. 3.2.5).

Wenn Sie wissen wollen, wie Ihre geistige Leistungsfähigkeit von der Tageszeit abhängt, können Sie ein kleines Experiment machen: Bearbeiten Sie mehrere vergleichbare Lehrbuchtexte am Vormittag und am Abend. Schreiben Sie die Zeit auf, die Sie benötigen, um den Text zu verstehen! Vergleichen Sie die durchschnittlich benötigten Zeiten miteinander! Wenn Sie am Vormittag weniger Zeit benötigen als am Abend, ist Ihre Leistungsfähigkeit am Vormittag höher. Um dieser Aussage trauen zu können, brauchen Sie allerdings eine größere Anzahl von Beobachtungen. Sie müssen nämlich sicherstellen, dass der unterschiedliche Zeitbedarf nicht von der unterschiedlichen Schwierigkeit der Texte oder von zufälligen Schwankungen hervorgerufen wurde. Es gibt statistische Methoden, um die Vertrauenswürdigkeit ihrer Ergebnisse abzuschätzen.

Mit diesen beiden Beispielen haben Sie die zwei Hauptaufgaben statistischer Methoden kennen gelernt:

1. Zusammenfassende Darstellung von beobachteten Daten in übersichtlicher Form, beispielsweise als Mittelwert oder als Verteilung. Die statistischen Methoden hierfür gehören zur beschreibenden oder deskriptiven Statistik.
2. Überprüfung von Hypothesen aufgrund empirischer Daten. Sie vergleichen statistische Ergebnisse untereinander oder mit theoretisch abgeleiteten Erwartungen. Auf der Basis der Wahrscheinlichkeitsrechnung prüfen Sie sodann, ob die theoretisch abgeleiteten Annahmen ihre Berechtigung haben oder ob Ihre Ergebnisse auch allein durch Zufall zustande gekommen sein können. Die entsprechenden Methoden gehören zur so genannten „Prüfstatistik" (auch schlussfolgernden Statistik oder Inferenzstatistik).

15.1.2 Was bedeutet Messen in den Sozialwissenschaften?

Messen bedeutet, die Ausprägung von Merkmalen nach bestimmten Methoden und Regeln festzustellen. Messobjekte können Ereignisse, Personen oder Gruppen sein. In den Sozial- wie in den Naturwissenschaften werden nicht Objekte gemessen, sondern deren Eigenschaften. Merkmale mit unterschiedlichen Ausprägungen heißen *Variablen*.

Messen ist die Zuordnung von Zahlen zu Objekten nach bestimmten Regeln. Die Relationen zwischen den beobachteten Merkmalsausprägungen sollen durch die Beziehungen zwischen den Zahlen in eindeutiger Weise abgebildet werden. Alle Schüler mit der Note 3 sollen beispielsweise auf einem vergleichbaren Leistungsniveau liegen; Schüler mit der Note 2 sollten besser und mit der Note 1 noch besser sein. Diese Forderung wird durch die Regeln der Zuordnung von Zahlen zu Objekten sichergestellt. Die numerischen Werte einer Variablen bilden eine *Skala*. Bei mathematisch-statistischen Auswertungen ist es üblich, die Variablen mit Großbuchstaben X, Y usw. zu symbolisieren. In mathematischer Schreibweise steht dann X_i für den Messwert der Variablen X bei der Person i (oder allgemeiner: bei dem Objekt i). In der Psychologie und in anderen Sozialwissenschaften werden Merkmale von Personen, Umweltaspekte, Kennzeichen von Ereignissen und von sozialen Systemen (z.B. Familien, Gruppen, Schulen, Wohnvierteln) gemessen.

Die durch Messung gewonnenen Zahlenwerte können tabellarisch oder graphisch dargestellt oder mittels Berechnungen weiter verarbeitet werden. Was man mit den Messergebnissen macht, hängt von der Zielsetzung ab.

15.1.3 Warum soll gemessen werden?

Hinter jeder systematischen Datenerhebung (empirische Erfassung von Merkmalen), hinter jedem Messvorgang (Zuordnung von Zahlen) und hinter jeder Auswertung steht eine inhaltliche Fragestellung. Wo man keine Fragen hat, soll man auch keine Daten erfassen und auswerten – aus Gründen der Sparsamkeit, der Überschaubarkeit und des Datenschutzes.

Bei der Schullaufbahnberatung werden beispielsweise als Variablen die bisherigen Schulnoten erfasst und in Zweifelsfällen Schulleistungen und Intelligenz mittels Testverfahren gemessen, um Prognosen und Empfehlungen aus den bisherigen und den derzeitigen Leistungen und aus der allgemeinen intellektuellen Leistungsfähigkeit abzuleiten.

In einer Familienberatungsstelle werden beispielsweise routinemäßig die Anzahl, das Geschlecht und das Alter der Geschwister erfragt. Dahinter steht die Frage nach den Lebensbedingungen der ratsuchenden Klienten. Man geht davon aus, dass die Anzahl und die Art der Personen, mit denen jemand zusammenlebt, Einfluss auf Verhaltens- oder Beziehungsstörungen ausüben kann. Hinter der Frage nach den Geschwistern steht also die Frage, welche Personen aus dem Umfeld möglicherweise in die Störung involviert sind.

15.1.4 Skalenniveaus

Von der Art der beobachteten Variablen und von der Fragestellung hängt es ab, welche Eigenschaften des Zahlensystems auf die empirischen Daten anzuwenden sind.

1. Manchmal unterscheidet man nur, ob ein Merkmal vorhanden ist oder nicht: Z.B. fragt man, ob eine Frau schwanger ist (sie kann nicht mehr oder weniger schwanger sein).
2. Bei anderen Variablen unterscheidet man, ob die Merkmalsausprägung bei einer Person größer oder kleiner ist als bei einer anderen: Z.B. kann man fragen, welcher Lehrer später als ein anderer zur Konferenz kommt.
3. Manchmal werden Abstände zwischen den Merkmalsausprägungen bestimmt: Z.B. wird registriert, um wie viele Minuten Schüler ihre Arbeiten später als der Schnellste abgeben.
4. Schließlich kann man bei manchen Variablen nicht nur die Abstände zwischen den Merkmalsausprägungen erfassen, sondern auch noch deren Relationen: Z.B. fehlt ein Lehrer doppelt so oft unentschuldigt in Konferenzen als ein anderer.

Wir haben damit vier unterschiedliche Arten von Vergleichsaussagen kennen gelernt:

1. Aussagen über das Vorliegen oder Nichtvorliegen eines Merkmals,

2. Aussagen über größer-kleiner-Relationen,
3. Aussagen über Abstände und
4. Aussagen über zahlenmäßige Verhältnisse.

Dem entsprechen vier *Skalenniveaus.* Vom Skalenniveau hängt ab, welche mathematischen Operationen mit diesen Zahlen zulässig und sinnvoll sind.

1. *Nominalskala:* Die einfachste Eigenschaft des Zahlensystems ist die Unterscheidung von Gleichheit und Ungleichheit der Zahlen. Wenn empirische Merkmale so erfasst werden, dass gleichen Merkmalen gleiche Zahlenwerte zugeordnet werden, handelt es sich um eine Messung auf Nominalniveau. Welche Zahlen (oder andere Symbole) welchen Merkmalsausprägungen zugeordnet werden, wird willkürlich festgelegt.

Beispiele:

- Geschlecht: 1 = männlich, 2 = weiblich
- Studienrichtung: 1 = Jura, 2 = Wirtschaftswissenschaften, 3 = Soziologie usw.

2. *Rangskala oder Ordinalskala:* Größer-kleiner-Verhältnissen zwischen den Zahlen entsprechen größer-kleiner-Relationen zwischen den Merkmalsausprägungen.

Beispiele:

- Eine Lehrerin bringt ihre 24 Schülerinnen in eine Rangreihe nach der subjektiv wahrgenommenen Unterrichtsbeteiligung: Die aktivste Schülerin erhält den Rangplatz 1, die zweitaktivste den Rangplatz 2 usw., die am wenigsten aktive Schülerin den Rangplatz 24.
- Sobald ein Schüler fertig ist, nimmt der Lehrer dessen Rechenaufgaben entgegen und nummeriert sie fortlaufend. Diese Nummer ist ein Maß für die Bearbeitungsgeschwindigkeit.

Bei der Rangskala wird also vorausgesetzt, dass die Reihenfolge der Rangplätze immer auch der Größe der Merkmalsausprägungen entspricht. Ob die Rangplätze aufsteigend oder absteigend vergeben werden, muss natürlich bei der Interpretation berücksichtigt werden. Die Abstände zwischen benachbarten Rangplätzen sind nicht unbedingt gleich groß. Im letztgenannten Beispiel erhalten zwei Schüler benachbarte Rangplätze, egal ob sie im Abstand von 2 Sekunden oder von 2 Minuten ihre Arbeiten fertiggestellt haben.

3. *Intervallskala:* Bei einer Messung auf Intervallskalenniveau ist eine Maßeinheit für die zu untersuchende Eigenschaft festgelegt. Bestimmten Abständen auf der Messskala entsprechen immer gleichwertige Unterschiede bei den Merkmalsausprägungen.

Beispiele:

- Wir messen zu verschiedenen Tageszeiten.

- Ein Lehrer erfragt für alle Schüler die Uhrzeit, zu der sie am Vortag ins Bett gegangen sind.

Die Abstände zwischen den verschiedenen Temperaturmaßen bilden Differenzen zwischen den Temperaturangaben ab. Wenn morgens 16° Celsius und mittags 26° Celsius gemessen werden, dann ist es im Laufe des Tages um 10° wärmer geworden. Dasselbe trifft zu, wenn ein anderes Mal morgens 10° gemessen werden und mittags 20°. Die Differenz ist gleich und nur über diese kann eine Aussage gemacht werden. Es wäre Unsinn zu sagen, dass es bei 20° Celsius „doppelt so warm" sei wie bei 10° Celsius. Verhältnisse zwischen den Messwerten ergeben nur einen Sinn, wenn die Skala einen absoluten Nullpunkt hat. Dies ist aber bei den Temperaturskalen von Celsius, Fahrenheit und Reaumur ebenso wenig der Fall wie bei Uhrzeiten oder bei den meisten psychologischen Testwerten. Wer um 22 Uhr ins Bett geht, bleibt nicht etwa 10% länger auf als jemand, der um 20 Uhr ins Bett gegangen ist. Die Note 4 ist nicht etwa doppelt so schlecht wie die Note 2.

4. *Verhältnisskala:* Verhältnisskalen sind Intervallskalen mit einem absoluten Nullpunkt. Bei ihnen macht die Angabe von Zahlenverhältnissen (doppelt so viel, halb so stark, 20% mehr usw.) einen Sinn. Die meisten physikalischen Variablen wie Längen, Zeit, Gewicht usw. werden auf Verhältnisskalenniveau gemessen, ebenso alle Häufigkeiten.

Beispiele:
- Biologisches Lebensalter
- Dauer des Schulbesuchs
- Gewicht, das eine Schülerin hochstemmen kann
- Anzahl der Fragen, die eine Lehrerin während einer Unterrichtsstunde stellt
- Häufigkeit, mit der ein Schüler wegen aggressiven Verhaltens aufgefallen ist.

Die meisten pädagogisch-psychologisch relevanten Variablen sind auf Rangskalenniveau zu erfassen; Intervallniveau wird vielfach angestrebt (z.B. bei Leistungsmaßen), aber nur näherungsweise erreicht. Je nach Skalenniveau sind unterschiedliche statistische Operationen zulässig. Höhere Skalenniveaus schließen jedoch die mathematischen Eigenschaften aller niedrigeren Niveaus ein, wie Abbildung 15-1 zeigt; deshalb sind auch die entsprechenden Auswertungsverfahren anwendbar.

Abb. 15-1: Skalenniveaus und zulässige mathematische Operationen (Beispiele)

Verhältnis- skalenniveau:	• Abstände von absoluten Nullpunkt feststellen • Zahlenverhältnisse zwischen den Merkmalsausprägungen berechnen
Intervall- skalenniveau:	• Abstände zwischen Merkmalsausprägungen ermitteln • Mittelwert berechnen • Abstände vom Mittelwert feststellen
Ordinal- skalenniveau:	• Rangreihe aufstellen • Größer-kleiner-Vergleiche durchführen
Nominal- skalenniveau:	• Identität feststellen • Häufigkeiten zählen

15.1.5 Grundgesamtheit und Stichprobe

Die Gesamtheit aller Beobachtungseinheiten (Personen, Ereignisse, soziale Systeme usw.) einer Untersuchung heißt *Grundgesamtheit* oder *Population*. Grundgesamtheit können beispielsweise alle Menschen dieser Welt, alle Schüler Deutschlands, alle Schulanfänger eines Jahres, alle Klienten von Frankfurter Familienberatungsstellen sein. Die Grundgesamtheit muss am Beginn einer Untersuchung definiert werden.

In den seltensten Fällen kann man alle Objekte einer Grundgesamtheit untersuchen, meist muss man sich mit *Stichproben* begnügen, d.h. einer Auswahl von Objekten. Von den Ergebnissen einer Stichprobe auf die geschätzten Ergebnisse der Population zu schließen, ist Aufgabe der Inferenzstatistik (s. Abschnitt 15.3). Diese Schlussfolgerung ist umso weniger fehlerbehaftet, je größer und je repräsentativer die Stichprobe für die Grundgesamtheit ist. Die *Repräsentativität* von willkürlich zusammengestellten Stichproben ist schwer abzuschätzen. Eine mögliche Form der Stichprobenzusammenstellung ist die *Quotenstichprobe*. Dabei versucht man sicherzustellen, dass wichtige Merkmale (z.B. Alter, Geschlecht, Wohngegend) in der Stichprobe gleich ausgeprägt sind wie in der Population. Sofern man dabei keine systematischen Fehler macht, kommt diese Art der Stichprobenauswahl der Forderung nach Repräsentativität relativ nahe. Wirklich repräsentativ sind jedoch nur reine *Zufallsstichproben*, bei denen jedes Mitglied der Population die gleiche Chance hat, in die Stichprobe aufgenommen zu werden, z.B. indem man die zu untersuchenden Personen per Los auswählt.

15.2 Auswertungsverfahren der deskriptiven Statistik

Wer über Personen viele Informationen sammelt, um diese Personen gut einschätzen und angemessen pädagogisch betreuen zu können, verliert leicht den Überblick. Aufgabe der beschreibenden Statistik ist es, größere Datenmengen übersichtlicher und damit handhabbarer zu machen. Dazu werden hier vier Möglichkeiten vorgestellt:

- Tabellarische und graphische Darstellung
- Kennwerte der zentralen Tendenz
- Kennwerte der Variabilität
- Kennwerte des Zusammenhangs zwischen zwei oder mehr Variablen.

15.2.1 Tabellarische und graphische Darstellung

Zusammenstellung von Rohdaten in einer Urliste
Wir beginnen mit einem oben bereits erwähnten Beispiel einer Datensammlung: In einer Familienberatungsstelle werden jeweils die Geschwister der Kinder und Jugendlichen erfragt. Die Daten sind nützlich für die individuelle Beratung, sofern die Information über die Anzahl der Geschwister zum Verständnis des Einzelfalls beiträgt. Die Ergebnisse für 14 Personen sind in Tabelle 15-2 aufgeführt. Wenn die Daten ungeordnet zusammengestellt werden, wie sie anfallen, handelt es sich um eine *Urliste*. Die Zahlenwerte, die beim Beobachtungs- bzw. Messvorgang direkt erfasst werden, bezeichnet man als *Rohdaten*.

Tab. 15-2: Geschwisterzahlen als Beispiel für eine Urliste mit Rohdaten.
ä = ältere; j = jüngere; B = Brüder, S = Schwestern

Name:	Anzahl der Geschwister			
	äB	äS	jB	jS
Doris	0	1	0	0
Emil	1	1	0	0
Anne	0	0	0	0
Nena	usw.			

Häufigkeitstabelle
Solange wir uns nur für den Einzelfall interessieren, reicht es, die Rohdaten in einer Urliste zusammenzustellen oder in den einzelnen Akten der Klienten aufzuführen. Wenn wir jedoch unser Klientel (oder in der Schule unsere Klasse) insgesamt beschreiben möchten, müssen wir unsere Daten übersichtlicher anordnen. Beispielsweise ist es von Interesse, ob Klienten einer Familienberatungsstelle häufig aus Familien mit vielen Kindern stammen. Der erste Schritt zur Beantwortung derartiger Fragen ist die zusammenfas-

sende Darstellung von Daten in einer *Häufigkeitstabelle*. Dabei wird über eine Strichliste (oder über ein Computerprogramm) ausgezählt, welche Merkmalsausprägung wie häufig vorkommt. Die entsprechenden Häufigkeiten werden in einer Tabelle zusammengestellt (vgl. Tabelle 15-3).

Tab. 15-3: Häufigkeitstabelle mit Strichliste

Anzahl der Geschwister X		Häufigkeit $f(X)$
0	||||	4
1	|||||	5
2	||	2
3	|	1
4	|	1
5	|	1
n		14

Dabei bedeuten:

X = Ausprägung des Merkmals X (Anzahl der Geschwister)

f(X) = Häufigkeit der Merkmalsausprägung von X (von engl. frequency)

n = $\Sigma f(X)$ = Stichprobenumfang, Anzahl der Messwerte (von engl. number)

Graphische Häufigkeitsverteilung

Illustrierende graphische Darstellungen statistischer Daten finden sich zunehmend häufiger in Zeitungen, Zeitschriften, Prospekten, Fernsehsendungen, Schul- und Lehrbüchern. Man muss jedoch auch erst lernen, derartige Grafiken richtig zu lesen. Dann kann man sich auch dagegen wehren, durch irreführende Darstellungen manipuliert zu werden.

Eine Graphik gibt die zahlenmäßige Verteilung der verschiedenen Ausprägungsgrade anschaulich wieder. Übliche Darstellungsformen sind das *Säulendiagramm* (auch Histogramm), das *Kreisdiagramm* (auch Tortendiagramm) und das *Liniendiagramm* (auch Polygon).

Säulen- und Kreisdiagramm sind bei allen Skalenniveaus zulässig. Polygone (wörtlich: Vielecke) unterstellen einen kontinuierlichen Verlauf der Variable und dürfen deshalb nur bei Intervall- und Verhältnisskalen angewandt werden, bei denen auch Zwischenabstufungen denkbar sind (z.B. 1½ Stunden Hausaufgabenerledigung).

Abb. 15-4: Graphische Häufigkeitsverteilungen

Säulendiagramm:	Kreisdiagramm:	Liniendiagramm (Polygon):
Beobachtete Klassengrößen in einer Untersuchung	Studienrichtung der Teilnehmer einer Lehrveranstaltung	Für Hausaufgaben aufgewendete Zeit in Stunden

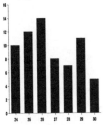

Kinder pro Klasse

L1: Grundschullehrer
L2: Haupt- und Realschullehrer
L3: Gymnasiallehrer
L4: Berufsschullehrer
L5: Sonderschullehrer
S: Sonstige

Anzahl der Stunden

Exkurs: So lügt man mit Statistik

Säulen- und Liniendiagramme lassen sich nicht nur für Häufigkeiten, sondern auch für andere Daten, z.B. Summen- oder Mittelwerte erstellen. Abbildung 15-5 zeigt die – relativ stagnierende – Umsatzentwicklung eines Unternehmens über 10 Jahre. Wie man durch einfache Tricks einen völlig anderen Eindruck vermitteln kann, zeigen die folgenden Varianten dieser Grafik (aus Krämer 1997, S. 30-32). Zunächst wird der untere Teil des Diagramms abgeschnitten und die senkrechte Achse feiner unterteilt. Dann wird die senkrechte Achse gestreckt. Weiterhin wird der relative Umsatzeinbruch im 7. und 8. Jahr dadurch eliminiert, dass hier jeweils drei Jahre zusammengefasst werden. Schließlich wird die Decke der Grafik gestaucht und die nunmehr (scheinbar!) stetig steigende Umsatzentwicklung noch mit einem dynamischen Pfeil nach oben versehen.

Abb. 15-5: Grafische Darstellung der Umsatzentwicklung über zehn Jahre und deren manipulative Verfälschung

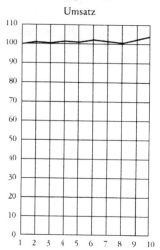

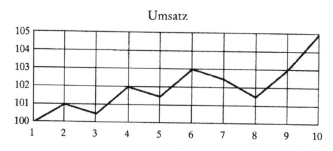

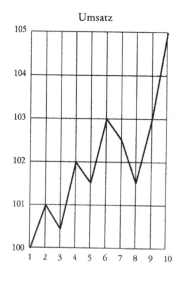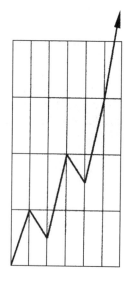

15.2.2 Kennwerte der zentralen Tendenz

Manchmal ist es sinnvoll, mehrere Messwerte in einem einzigen Kennwert zusammenzufassen. Der individuelle Notendurchschnitt eines Schülers gibt dessen persönliches Schulleistungsniveau in einem einzigen Zahlenwert wieder; der Notendurchschnitt bei einer Klassenarbeit gibt Auskunft darüber, wie gut oder wie schlecht eine Arbeit ausgefallen ist. Die Übersichtlichkeit wird allerdings dadurch erkauft, dass Unterschiede (zwischen Fächern bzw. zwischen Schülern) vernachlässigt werden.

Kennwerte, die den allgemeinen Trend für die Ausprägung von Merkmalen ausdrücken, heißen Kennwerte der zentralen Tendenz. Wir unterscheiden *Modalwert*, *Median* und *arithmetisches Mittel*.

Modalwert oder Modus:
Der Ausprägungsgrad einer Variablen, der am häufigsten vorkommt, heißt Modalwert. Wenn zwei oder mehr Messwerte gleich häufig vorkommen, handelt es sich um eine *bimodale* oder *multimodale* Verteilung; es gibt dann mehrere Modalwerte. In Tabelle 15-3 beträgt der Modalwert 1, d.h. die Geschwisterzahl 1 kommt am häufigsten vor. Der Modus kann für alle Skalenniveaus berechnet werden.

Median und Prozentränge:
Der Median ist der Messwert, der genau in der Mitte einer Messwertverteilung steht, wenn die Messwerte der Größe nach geordnet sind. Für den Median gilt also, dass 50% der Stichprobe einen höheren (oder gleich hohen) und 50% einen niedrigeren Wert erreichen. In unserem Beispiel beträgt der Median für die Geschwisterzahl 1.

Mittels des Medians lässt sich für jede einzelne Person sagen, ob sie mit ihrer Merkmalsausprägung zu der oberen oder der unteren Hälfte der Stichprobe gehört. *Prozentränge* erlauben eine genauere Klassifikation: Prozentränge sind Angaben darüber, wie viel Prozent einer Stichprobe von einem bestimmten Messwert übertroffen werden. Wenn eine Studentin bei einer Lernkontrolle einen Prozentrang von 90 erhält, heißt das, dass sie bessere oder gleich gute Leistungen erzielt hat als 90% der Vergleichsgruppe (und nur noch von 10% übertroffen wird). Der Median entspricht einem Prozentrang von 50.

Median und Prozentränge lassen sich für Ordinalskalen und höhere Skalenniveaus (Intervall- und Verhältniskala) ermitteln.

Arithmetisches Mittel
Das arithmetische Mittel M (umgangssprachlich: Durchschnittswert oder Mittelwert) lässt sich nur auf Intervall- und Verhältniskalenniveau errechnen, indem die Summe aller Messwerte durch die Anzahl der Werte divi-

diert wird. Als mathematische Formel wird das folgendermaßen ausgedrückt:

$$M = \frac{\sum_{i=1}^{n} X_i}{n} \quad \text{(oder in vereinfachter Schreibweise:)} \quad M = \frac{\sum X}{n}$$

Dabei bedeuten:

M = arithmetisches Mittel	n = Anzahl der Beobachtungen (Daten)
X = einzelne Messwerte	
X_i = Messwert der Beobachtungseinheit i	$\sum$ = Summenzeichen (griech. Sigma)

Das arithmetische Mittel für die Geschwisterzahl in Tabelle 15-3 beträgt 21/14 = 1,5.

15.2.3 Kennwerte der Variabilität oder Streuung

„Ich stehe Statistiken etwas kritisch gegenüber. Denn laut Statistik haben ein Millionär und ein armer Schlucker je eine halbe Million." – Franklin D. Roosevelt (1882-1945), 32. Präsident der USA (1933-45)

Internationale Vergleiche zeigen, dass das durchschnittliche Einkommen der Bewohner eines Staates keine eindeutige Auskunft darüber gibt, wieviel Armut in diesem Land herrscht. Die Kennwerte der zentralen Tendenz reichen also nicht aus, um eine Datenmenge sinnvoll zu beschreiben. Einen Unterschied macht auch, ob ein Notendurchschnitt von 2,5 dadurch zustande kommt, dass der Schüler gleich häufig Zweier und Dreier in seinem Zeugnis hat, oder ob dieser Durchschnittswert aus einer Bandbreite zwischen 1 und 5 hervorgegangen ist. Ähnliches würde für die Verteilung von Noten in zwei Schulklassen gelten; der Notendurchschnitt sagt nichts über die Heterogenität der Leistungen aus. Hierfür können Kennwerte der Variabilität ermittelt werden. Wir führen hier die *Variationsbreite*, die *Varianz* und die *Standardabweichung* ein.

Variationsbreite oder Range
Die Variationsbreite V ist die Differenz zwischen dem größten und kleinsten empirischen Wert einer Verteilung. $V = X_{max} - X_{min}$.
In Tabelle 15-3 beträgt die Variationsbreite $V = 5 - 0 = 5$. Dieser Kennwert hat den Nachteil, dass er ausschließlich von den beiden Extremwerten bestimmt wird.

Varianz

Die Varianz einer Stichprobe von Daten für die Variable X wird als Durchschnitt der quadrierten Abweichungen aller Messwerte X vom arithmetischen Mittel M errechnet. Die Abweichung eines Messwertes X vom arithmetischen Mittel M wird auch mit x symbolisiert, d.h. $x = X - M$.

$$\text{Varianz} = s^2 = \frac{\sum (X-M)^2}{n} \quad \text{oder} \quad s^2 = \frac{\sum x^2}{n}.$$

Wie das folgende Rechenbeispiel demonstriert, ist die durchschnittliche (nicht quadrierte) Abweichung aller Messwerte vom arithmetischen Mittel immer gleich 0, weil das arithmetische Mittel in der Mitte der Verteilung liegt. Durch die Quadrierung werden Abweichungen nach oben und nach unten gleichermaßen berücksichtigt. Außerdem werden durch die Quadrierung größere Abweichungen stärker berücksichtigt als kleinere Abweichungen, was allein aufgrund von Plausibilitätsüberlegungen sinnvoll erscheint. Der eigentliche Grund für diese mathematische Definition der Varianz ist jedoch, dass dieser Kennwert mathematische Vorzüge für weitere Berechnungen und für die Interpretation aufweisen.

Tab. 15-6: Rechenbeispiel Varianzbestimmung für die Variable Geschwisterzahl:

X	$x = X - M$	$x^2 = (X-M)^2$
0	-1,5	2,25
0	-1,5	2,25
1	-0,5	0,25
1	-0,5	0,25
1	-0,5	0,25
2	+0,5	0,25
2	+0,5	0,25
5	+3,5	12,25
Summe: 12	0,0	18,00

$s^2 = \dfrac{\sum x^2}{n} = \dfrac{18}{8} = 2,25$ Die Varianz s^2 für die Geschwisterzahl beträgt 2,25.

Standardabweichung

Die Standardabweichung *SD* (oder s nach dem englischen *standard deviation*, oft auch einfach als Streuung bezeichnet) ist die Quadratwurzel aus der Varianz. Im Beispiel beträgt die Streuung *SD* = 1,5.

$$\text{Standardabweichung } SD = \sqrt{s^2} = \sqrt{\frac{\sum x^2}{n}}.$$

Alle drei Variabilitätsmaße setzen Intervall- oder Verhältnisskalenniveau voraus.

15.2.4 Korrelationen:
Zusammenhänge zwischen zwei oder mehr Variablen

Zahlreiche Fragen in den Sozial- und Erziehungswissenschaften betreffen die Beziehungen zwischen zwei oder mehr Variablen. Beispielsweise interessiert man sich für Zusammenhänge zwischen Ängstlichkeit und Prüfungsleistung oder zwischen Intelligenz und Schulnoten.

In Tabelle 15-7 wird nach Zusammenhängen zwischen Vor- und Hauptdiplomnote gefragt: Erlaubt die Vordiplomnote eine Prognose auf die Hauptdiplomnote? In einer *bivariaten Häufigkeitsverteilung* wird eingetragen, wie häufig bestimmte Kombinationen von Vor- und Hauptdiplomnote sind. Ein *Korrelationsdiagramm* wurde bereits in Kapitel 3.3.2 vorgestellt; darin wird jede empirisch festgestellte Kombination von Merkmalsausprägungen durch einen Punkt gekennzeichnet. Die tabellarische Darstellung lässt bereits einen deutlichen – wenn auch nicht vollständigen – Zusammenhang erkennen: Gute Vordiplomnoten lassen in der Regel gute Hauptdiplomnoten erwarten; Analoges gilt für schlechte Noten.

Tab. 15-7: Bivariate Häufigkeitsverteilung

Y \ X	1	2	3	4	5	f(Y)
5				1	3	4
4		1	2	4	1	8
3		3	7	1		11
2	3	5	4	3		15
1		2				2
f(X)	3	11	13	9	4	n = 40

X = Vordiplomnote *Y* = Hauptdiplomnote

Korrelationskoeffizienten als Kennwerte des Zusammenhangs

Korrelationskoeffizienten sind ein Maß für die Enge des Zusammenhangs zwischen zwei Messwertverteilungen. Sie erlauben mit einer gewissen Genauigkeit die Vorhersage der Messwerte einer Variablen, sobald die Messwerte der anderen Variablen bekannt sind. Korrelationskoeffizienten (symbolisiert durch r) variieren zwischen -1.00 und $+1.00$.

Dabei bedeuten:

$r = +1.00$ = eindeutiger Zusammenhang: Je größer die Ausprägung des einen Merkmals bei einer Person, desto größer ist auch die Ausprägung des anderen Merkmals. Jeder Wert der einen Variable kann aus dem Wert der anderen Variable eindeutig abgeleitet werden.

$r = -1.00$ = eindeutiger umgekehrter Zusammenhang: Je größer die eine Merkmalsausprägung, desto kleiner die andere.

$r = 0.00$ (meist nur .00 geschrieben): Es besteht kein linearer Zusammenhang zwischen den beiden Variablen.

Alle Zwischenabstufungen sind möglich. Ein Korrelationskoeffizient erlaubt nur bei linearen Beziehungen eine sinnvolle Interpretation.

Korrelationskoeffizienten unterscheiden nicht zwischen „abhängigen" und „unabhängigen Variablen"; sie erlauben keine kausale Interpretation. Ein korrelativer Zusammenhang zwischen den Variablen X und Y kann auf verschiedene Weise zustande kommen:

X beeinflusst Y: $X \quad Y \longrightarrow$

Y beeinflusst X: $X \quad Y \longleftarrow$

X und Y beeinflussen sich gegenseitig: $X \quad Y \longleftrightarrow$

Z (eine dritte, möglicherweise gar nicht gemessene Variable) beeinflusst gleichzeitig sowohl X als auch Y: $X \quad Y$
$\searrow \swarrow$
Z

Beispiel Intelligenz und Schulnoten: Wenn beispielsweise die Korrelation zwischen den Merkmalen Intelligenz und Schulnoten -0.50 beträgt, so kann man aufgrund von Intelligenztestwerten die Schulnoten von Schülerinnen und Schülern mit einer gewissen Genauigkeit vorhersagen (obgleich alle Vorhersagen immer mit einem Schätzfehler behaftet sind): Je höher die Testwerte liegen, desto niedriger (d.h. besser) müssten im allgemeinen die Durchschnittsnoten ausfallen. Aus dem Korrelationskoeffizienten lässt sich aber keine ursächliche Beziehung ableiten: Die Schulnoten können zwar von der Intelligenz abhängen, doch ist es auch denkbar, dass der schulische Lernerfolg Einfluss auf die Intelligenztestleistungen hat oder sich beide Merkmale wechselseitig beeinflussen. Auch andere Variablen (wie die Motivation) können sich sowohl auf die Schulnoten als auch auf die Intelligenz auswirken.

Die Produkt-Moment-Korrelation
Wenn beide Variablen auf Intervallskalenniveau gemessen wurden, wenn beide Häufigkeitsverteilungen einem bestimmten Typ (der „Normalverteilung") entsprechen und wenn die Zusammenhänge linear sind, dann kann der *Produkt-Moment-Korrelationskoeffizient* berechnet werden. Er berücksichtigt, wieweit die jeweiligen Abweichungen der Merkmalsausprägungen vom jeweiligen Mittelwert – bezogen auf die jeweiligen Streuungen – miteinander korrespondieren:

$$r = \frac{\sum (X - M_x) \cdot (Y - M_y)}{n \cdot SD_X \cdot SD_Y} \text{ oder in Kurzform } r = \frac{\sum x \cdot y}{n \cdot SD_X \cdot SD_Y}.$$

Die Division durch die Standardabweichungen ist erforderlich, um Variablen mit unterschiedlichen Streuungen direkt miteinander vergleichen zu können. Der Korrelationskoeffizient wird nach dieser Formel positiv, wenn bei der Mehrzahl der Merkmalsträger die zugehörigen Abweichungen der X- und der Y-Werte vom jeweiligen arithmetischen Mittel in die gleiche Richtung (nach oben oder nach unten) gehen. Wenn die Abweichungen der X- und der Y-Werte vom jeweiligen arithmetischen Mittel vorwiegend in entgegengesetzte Richtung gehen, ergibt sich ein negativer Korrelationskoeffizient.

Auch auf Rangskalen- und Nominalniveau gibt es Maße für Zusammenhänge zwischen zwei Merkmalen.

Der Determinationskoeffizient
Der *Determinationskoeffizient* ist bei linearen Zusammenhängen das Quadrat des Korrelationskoeffizienten. Dieser Wert ist ein Maß für den gemeinsamen Varianzanteil der beiden korrelierenden Variablen.

Bei einem Korrelationskoeffizienten von 0.50 beträgt der Determinationskoeffizient (-0.50) · (-0.50) = 0.25. Dieser Wert gibt an, welcher Prozentsatz an Varianz der einen Variablen aus der anderen Variablen vorhergesagt werden kann bzw. wie viel Prozent der Varianz des einen Merkmals durch die Varianz des anderen Merkmals determiniert wird. Es lassen sich nur 25% der Varianz der Schulnoten aus den Intelligenzunterschieden der Schülerinnen und Schüler vorhersagen (bzw. mittels der intellektuellen Unterschiede erklären). 75% der Varianz sind dagegen auf andere Einflüsse (Motivation, Zufall usw.) zurückzuführen.

Von einem mittelstarken Zusammenhang könnte man erst bei Korrelationskoeffizienten ab etwa ± 0.70 sprechen. Der Determinationskoeffizient beträgt dann 0.49; d.h. jeweils die Hälfte der Varianz des einen Merkmals hängt von der Streuung des anderen Merkmals ab.

15.2.5 Typische Verteilungen

Verteilungen beinhalten die Information, welche Merkmalsausprägungen wie häufig vorkommen. Graphische Häufigkeitsverteilungen haben wir bereits vorgestellt (Abschnitt 15.2.1). Zwei typische Verteilungen sind die *Poisson-* und die *Normalverteilung*.

Poisson-Verteilung:
Seltene Ereignisse verteilen sich – entsprechend den Gesetzen der Wahrscheinlichkeitsrechnung – nach der Poisson-Verteilung, die beispielsweise als Säulendiagramm dargestellt wird.

Abb. 15-8: Poisson-Verteilung

Beispiel Sitzenbleiben: Es wird die Anzahl der Schülerinnen und Schüler erfasst, die an einem Gymnasium mit 1000 Schülern eine Jahrgangsstufe wiederholen. Die Häufigkeiten von Klassenwiederholungen entsprechen der Poisson-Verteilung (vgl. Abbildung 15-8). Die meisten Schüler (830) wiederholen keine Jahrgangsstufe. 155 wiederholen einmal, 14 wiederholen zum zweiten Mal und nur ein Schüler wiederholt mit Ausnahmegenehmigung ein drittes Mal. Abweichungen von der theoretischen Verteilung würden darauf hinweisen, dass an dieser Schule überzufällig häufig Kinder eine Jahrgangsstufe wiederholen (aus welchen Gründen auch immer).

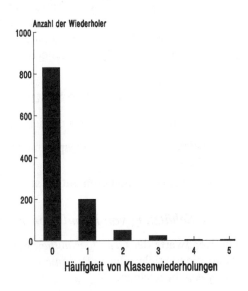

Normalverteilung
Die Normalverteilung (Gauß'sche Glockenkurve) ist eine bei biologischen, psychologischen und soziologischen Variablen empirisch häufig zu beobachtende Idealform einer Häufigkeitsverteilung mit folgenden Kennzeichen (vgl. Kap. 3.2.5; 14.3.2, Abb. 14-5):

- Glockenförmiger Verlauf
- Symmetrie
- Modalwert, Median und arithmetisches Mittel fallen zusammen
- Die Wendepunkte der Kurve liegen bei $M \pm 1\ SD$, d.h. vom Mittelwert aus im Abstand von einer Streuungseinheit nach oben und unten. Wendepunkte sind die Stellen, an denen eine Kurve ihre Richtung ändert.

- Durch arithmetisches Mittel und Standardabweichung ist der gesamte Verlauf der Normalverteilung vollständig definiert.
- Es lässt sich vorhersagen, wie viele Fälle in einem bestimmten Bereich der Normalverteilung liegen: im Bereich $M \pm 1\ SD$ liegen beispielsweise 68,27% aller Fälle; im Bereich $M \pm 2\ SD$ liegen 95,45% aller Fälle, d.h. außerhalb dieses Bereichs sind nur noch 4,55% zu finden.

Die Normalverteilung wird in der Regel als ein Liniendiagramm mit stetigem Verlauf dargestellt. Sie lässt sich auch als Säulendiagramm zeichnen, in dem jeweils die Höhe der Säule anzeigt, wie viele Personen eine bestimmte Merkmalsausprägung aufweisen. Die Normalverteilung ist eine theoretisch begründbare Verteilungsform, die zu erwarten ist, wenn eine Variable von zahlreichen Faktoren beeinflusst wird, wobei diese Einflussfaktoren voneinander unabhängig sind und additiv zusammenwirken. Dies gilt beispielsweise für Schulleistungen oder Intelligenz.

15.3 Schlussfolgernde Statistik

Wir lernen hier zwei Aufgaben der schlussfolgernden Statistik kennen:

1. Schätzung von Populationsparametern auf Grund von Stichprobenergebnissen,
2. Prüfung von Hypothesen mittels statistischer Tests.

15.3.1 Schätzung von Populationsparametern

Die Kennwerte der *Grundgesamtheit* heißen *Parameter*. Statistische Kennwerte einer Stichprobe (z.B. arithmetisches Mittel) werden auch kurz als *Statistiken* bezeichnet.

Der Begriff Statistik hat demnach mindestens drei unterschiedliche Bedeutungen:

1. Tabellarische Zusammenstellung statistischer Daten (umgangssprachliche Bedeutung)
2. Gesamtheit statistischer Methoden und Verfahren als Wissenschaftsgebiet
3. Kennwerte einer Stichprobe.

Parameter können nur bei einer Totalerhebung direkt erfasst werden; ansonsten werden sie aufgrund der Stichprobenergebnisse (Statistiken) hochgerechnet, d.h. es werden aufgrund von Stichprobenergebnissen Aussagen darüber gemacht, welche Populationsparameter erwartet werden können.

Die beste Schätzung für das *arithmetische Mittel* der Population ist das arithmetische Mittel einer Stichprobe (oder mehrerer Stichproben), d.h. man kann vom Stichprobenmittelwert direkt auf den Populationsmittelwert schließen. Allerdings ist diese Schätzung immer mit einem *Schätzfehler*, d.h. einer gewissen Unsicherheit, behaftet.

Es lässt sich mathematisch und empirisch zeigen, dass die Varianz einer Population systematisch unterschätzt wird, wenn sie aufgrund einer Stichprobenvarianz geschätzt wird. Dieser Effekt ist bei kleinen Stichproben besonders hoch. Man kann diesen Unterschätzungseffekt korrigieren, indem man die Stichprobenvarianz mit dem Faktor *n/(n-1)* multipliziert. Es ergibt sich dann für die geschätzte Populationsvarianz:

$$s^2 = \frac{\sum(X-M)^2}{n} \cdot \frac{n}{n-1} = \frac{\sum(X-M)^2}{n-1}$$

Die beste Schätzung für die Populationsvarianz ist also die Summe der quadrierten Abweichungen aller Stichprobenmesswerte vom arithmetischen Mittel, geteilt durch den um 1 verminderten Stichprobenumfang (*n*-1).

Jede Schätzung ist mit einem Schätzfehler behaftet, selbst wenn die Stichprobe repräsentativ und relativ groß ist. Die Inferenzstatistik erlaubt es, die Größe dieses Fehlers abzuschätzen. Diese *Fehlerschätzung* erfolgt in Form von Wahrscheinlichkeitsaussagen über den Bereich, in dem der geschätzte Parameter erwartet werden kann. Dieser Bereich wird *Konfidenz- oder Vertrauensintervall* genannt.

Anwendungsbeispiel Konzentration: Mittels eines Konzentrationstests haben wir beispielsweise bei 25 Schülerinnen und Schülern einen Stichprobenmittelwert von 17,2 Testpunkten erhalten. Die Standardabweichung beträgt SD = 2,5. Falls diese Stichprobe als repräsentativ gelten kann, lässt sich aufgrund statistischer Berechnungen, die wir hier nicht darstellen wollen, annehmen, dass der Populationsmittelwert mit einer Wahrscheinlichkeit von 95% oder mit einer 95-prozentigen Sicherheit zwischen 16,2 und 18,2 liegt. Die Wahrscheinlichkeit, dass der Populationsmittelwert außerhalb dieses Vertrauensintervalls liegt, beträgt also weniger als 5%. Mit anderen Worten: Wenn man postuliert, dass der Populationsmittelwert zwischen 16,2 und 18,2 liegt, nimmt man eine Irrtumswahrscheinlichkeit von 5% in Kauf. Das Vertrauensintervall lässt sich auch für eine Wahrscheinlichkeit von 99% (und eine Irrtumswahrscheinlichkeit von 1%) ermitteln: In unserem Fall können wir den Populationsmittelwert mit 99-prozentiger Sicherheit im Vertrauensintervall zwischen 15,9 und 18,5 erwarten.

Das Konfidenzintervall des arithmetischen Mittels ist um so kleiner, je kleiner die Varianz des gemessenen Merkmals ist. Je größer die Varianz, desto eher ergeben sich zufällige Schwankungen bei Stichprobenmittelwerten. Der Schätzfehler ist weiterhin um so kleiner, je größer die Stichprobe ist. Hätten wir im obigen Beispiel nicht nur 25 Schüler, sondern 2500 untersucht und ebenfalls ein arithmetisches Mittel von 17,2 Punkten und eine Standardabweichung von 2,5 erhalten, läge das Vertrauensintervall bei einer 5-prozentigen Irrtumswahrscheinlichkeit zwischen 17,1 und 17,3 Testpunkten. Vertrauensintervalle lassen sich für jede Parameterschätzung berechnen.

15.3.2 Prüfung von Hypothesen mittels statistischer Tests

Bei einem statistischen Test wird gefragt, ob eine Hypothese beibehalten werden kann oder als ungerechtfertigt verworfen werden muss. Dabei werden empirische Statistiken (also statistische Kennwerte) mit theoretisch abgeleiteten *Erwartungswerten* verglichen. Es wird geprüft, wie wahrscheinlich eine bestimmte Abweichung der empirischen Werte von den theoretischen Erwartungswerten ist.

Beispiele für Hypothesenprüfungen: Es wird gefragt, ob sich die Mittelwerte zweier Stichproben (z.B. Jungen und Mädchen) bezüglich einer bestimmten Variablen (z.B. aggressives Verhalten) nur zufällig voneinander unterscheiden, oder ob ein systematischer Unterschied zwischen Jungen und Mädchen vorliegt. Oder es wird gefragt, ob eine Korrelation von 0.22 zwischen Leistungsdruck im Elternhaus und Neurotizismus nur per Zufall von Null abweicht oder ob ein systematischer Zusammenhang angenommen werden kann.

Der Chi-Quadrat-Test (χ^2-Test):
Das Prinzip statistischer Hypothesentestung wird am Beispiel des χ^2-Tests – demonstriert, bei dem empirische Häufigkeiten mit erwarteten Häufigkeiten verglichen werden.

Forschungsbeispiel Altersrangposition und Berufswahl: Die Familienkonstellationstheorie von Toman (1991) besagt, dass frühe Erfahrungen mit altersnahen Personen (z.B. Geschwistern) spätere soziale Beziehungen beeinflussen. Unter anderem wurde nachgewiesen, dass die Ältesten in einer Geschwisterreihe eher als die Jüngsten dazu tendieren, Führungspositionen anzustreben. Es soll geprüft werden, ob auch die Wahl des Lehrerberufs mit der Altersrang-Position variiert. Unter 90 Studierenden für ein Lehramt in einer Einführungsveranstaltung waren 23 Älteste und 17 Jüngste. Da in der Population Älteste und Jüngste genau gleich häufig sind, können wir sagen, welche Häufigkeiten zu erwarten wären, wenn die Altersrangposition keinen systematischen Einfluss auf die Wahl des Lehrerberufes hätte. Dann wären jeweils 20 Älteste und 20 Jüngste zu erwarten.

Statistische Hypothesenprüfungen arbeiten mit einem Kunstgriff: Es wird probeweise postuliert, es gäbe in Wirklichkeit keinen systematischen Effekt (in unserem Beispiel: kein Einfluss der Geschwisterposition auf die Berufswahl). Diese Annahme heißt *Nullhypothese*. Wir prüfen, ob sich die empirischen Ergebnisse aus wahrscheinlichkeitstheoretischer Sicht noch mit dieser Nullhypothese in Einklang bringen lassen. Dabei akzeptieren wir vorsichtigerweise auch noch relativ unwahrscheinliche Ergebnisse, um wissenschaftliche Aussagen möglichst frei von Zufallseinflüssen zu halten. Erst wenn die empirischen Zahlen unter der Annahme der Nullhypothese nur mit einer sehr geringen Wahrscheinlichkeit zu erwarten sind (5%, 1% oder noch weniger), verwerfen wir die Nullhypothese. Wir unterstellen dann, dass mit großer Wahrscheinlichkeit doch ein systematischer Einfluss existiert.

Unter der Annahme der Nullhypothese würden wir also jeweils 20 Älteste und 20 Jüngste unter den Lehrerstudenten erwarten. Für die übrigen Altersrang-Positionen können wir von vornherein keine Gleichverteilung erwarten. Wir könnten diese Positionen nur dann in unsere Analyse aufnehmen, wenn wir wüssten, wie hoch die zu erwartenden Häufigkeiten in der Population sind.

Aus der Gegenüberstellung von beobachteten Häufigkeiten b und erwarteten Häufigkeiten e können wir den χ^2-Wert als statistische Prüfgröße errechnen (vgl. Tabelle 15-9).

Tab. 15-9: Ergebnisse und Erwartungswerte

	b	e
Älteste	23	20
Jüngste	17	20
Summe	40	40

Chi-Quadrat = χ^2 = Summe der quadrierten Differenzen zwischen beobachteten und erwarteten Häufigkeiten, jeweils dividiert durch die erwarteten Häufigkeiten:

$$\chi^2 = \sum_{i=1}^{i=k} \frac{(b_i - e_i)^2}{e_i} \text{ oder kurz: } \chi^2 = \sum \frac{(b-e)^2}{e}$$

Dabei bedeuten:

b = beobachtete Häufigkeiten
e = erwartete Häufigkeiten (unter der Annahme der Nullhypothese)
k = Anzahl der analysierten Kategorien.

Wir ermitteln folgenden Wert:

$$\chi^2 = \frac{(23-20)^2}{20} + \frac{(17-20)^2}{20} = \frac{9}{20} + \frac{9}{20} = \frac{18}{20} = 0{,}9.$$

Dieser Wert dient uns als statistische Prüfgröße. In einer χ^2-Tabelle (vgl. Tabelle 15-10) finden wir Angaben darüber, wie wahrscheinlich es ist, dass sich ein bestimmter Wert allein per Zufall ergibt. In der ersten Zeile bedeutet ein Wert von 3,84 in der mit „5%" überschriebenen Spalte, dass ein Wert in dieser Höhe mit einer Wahrscheinlichkeit von 5% zufällig zustande kommen kann. Ein höherer χ^2-Wert ist mit einer noch geringeren Wahrscheinlichkeit per Zufall zu erwarten. Wenn ein empirischer χ^2-Wert den kritischen Wert in der Tabelle erreicht oder überschreitet, können wir die Nullhypothese zurückweisen. Allerdings besteht immer noch eine gewisse *Irrtumswahrscheinlichkeit (5%)* – eben weil dieser Wert in 5% aller Fälle auch per Zufall zustande kommen kann.

Tab. 15-10: Auszug aus der χ^2-Tabelle

Freiheitsgrade	Wahrscheinlichkeit*			
df	10%	5%	1%	0,1%
1	2,70	3,84	6,63	10,82
2	4,60	5,99	9,21	13,81
3	6,25	7,81	11,34	16,26
4	7,77	9,48	13,27	18,46

*) Wahrscheinlichkeit für den in der Tabelle angegebenen oder einen höheren χ^2-Wert

Ergebnisse mit einer Irrtumswahrscheinlichkeit von 5% und weniger werden als bedeutsam akzeptiert; man sagt, das Ergebnis sei *statistisch signifikant*. Ergebnisse mit einer Irrtumswahrscheinlichkeit von 1% und weniger werden als statistisch hoch-signifikant bezeichnet.

In welcher Zeile der Chi-Quadrat-Tabelle die statistische Prüfgröße gesucht werden muss, hängt von der Anzahl der analysierten Kategorien k ab. Sie bestimmt die Anzahl der *Freiheitsgrade* (df = degrees of freedom). Diese Kenngröße ist für viele statistische Prüfverfahren bedeutsam. Bei unseren Daten haben wir es mit 2 Kategorien zu tun: Älteste und Jüngste. df ist in unserem Fall $k - 1 = 1$. Die Begründung: Die Summe der erwarteten Häufigkeiten ist immer gleich der Summe der beobachteten Häufigkeiten. Deshalb ist der letzte (der k-te) Erwartungswert durch die übrigen ($k - 1$) Erwartungswerte bereits festgelegt; deshalb gibt es nur $k - 1$ Freiheitsgrade für die Erwartungswerte.

Unser Chi-Quadrat-Wert liegt mit 0,9 weit unterhalb der kritischen Grenze. Unser Ergebnis ist also nicht signifikant; die Wahrscheinlichkeit, dass die Abweichungen von den Erwartungswerten durch Zufall zustande gekommen sind, beträgt mehr als 5% (wie die Tabelle zeigt, sogar mehr als 10%).

15.3.3 Schritte bei der statistischen Hypothesenprüfung

Hypothesenprüfungen lassen sich auf ganz unterschiedliche Fragestellungen anwenden:

- Unterscheiden sich zwei Stichprobenmittelwerte voneinander (beispielsweise Kennwerte der Leistungsmotivation bei Haupt- und bei Realschülern)?
- Unterscheiden sich zwei Stichprobenvarianzen voneinander (beispielsweise Kennwerte des Sprachverständnisses bei Jungen und Mädchen)?
- Gibt es systematische Beziehungen (Korrelationen) zwischen zwei oder mehr Merkmalen (beispielsweise zwischen Ängstlichkeit und Schulleistung)?
- Weichen empirische von erwarteten Häufigkeiten ab (siehe obiges Beispiel)?
- Weicht die empirische Verteilung eines Merkmals von einer Normalverteilung ab?

Für jeden Typ von Fragestellungen gibt es unterschiedliche statistische Prüfverfahren. Gemeinsam ist allen jedoch folgendes Vorgehen:

1. Aufstellung einer Hypothese (über systematische Unterschiede, Zusammenhänge usw.)
2. Formulierung der Nullhypothese (kein systematischer Zusammenhang bzw. kein Unterschied) und Ermittlung der wahrscheinlichen Erwartungswerte bei Geltung der Nullhypothese
3. Erhebung empirischer Daten
4. Berechnung der Unterschiede zwischen beobachteten und erwarteten Daten
5. Zusammenfassung dieser Unterschiede zu einem Kennwert als statistischer Prüfgröße
6. Beurteilung der Prüfgröße nach folgendem Gedankengang: Wenn die Hypothese falsch ist, dann schwanken die Daten nur zufällig; dann dürfte es auch nur zufällige Abweichungen von den aus der Nullhypothese abgeleiteten Erwartungswerten geben. Die Wahrscheinlichkeit bestimmter Abweichungen lässt sich errechnen (so wie man die Wahrscheinlichkeit von bestimmten Würfen beim Würfeln errechnen kann, obwohl jeder Wurf rein zufällig ist)
7. Entscheidung über die Zurückweisung oder Beibehaltung der Nullhypothese mit einer vorher festgelegten Irrtumswahrscheinlichkeit. Wird die Nullhypothese zurückgewiesen, ist die eigentliche Hypothese (oft als Alternativhypothese bezeichnet) zwar nicht verifiziert. Es bestehen dann jedoch gute Gründe, diese Hypothese als sinnvoll zu akzeptieren.

15.4 Zusammenfassung

1. Messen bedeutet, die Ausprägung von Merkmalen nach bestimmten Methoden und Regeln festzustellen. Messobjekte können Ereignisse, Per-

sonen oder Gruppen sein. Merkmale mit unterschiedlichen Ausprägungen heißen Variablen. Messungen erfolgen – je nach Art der Variablen – auf unterschiedlichen Niveaus: Nominal-, Ordinal-, Intervall- und Verhältnisskala.

2. Statistische Methoden haben zwei Hauptaufgaben: Zusammenfassende Darstellung von Daten in übersichtlicher Form (beschreibende oder deskriptive Statistik) und Überprüfung von Hypothesen aufgrund empirischer Daten („Prüfstatistik", auch schlussfolgernde Statistik oder Inferenzstatistik).

3. Formen der deskriptiven Statistik sind tabellarische und grafische Darstellungen, Kennwerte der zentralen Tendenz, der Streuung und des Zusammenhangs zwischen Variablen sowie Häufigkeitsverteilungen.

4. Mittels der Inferenzstatistik werden Kennwerte für die Grundgesamtheit aufgrund von Daten aus Stichproben geschätzt und deren Verlässlichkeit bestimmt.

5. Die Inferenzstatistik vergleicht weiterhin statistische Ergebnisse untereinander oder mit theoretisch abgeleiteten Erwartungen und prüft mittels Wahrscheinlichkeitsrechnung, ob die theoretisch abgeleiteten Annahmen ihre Berechtigung haben oder ob die Ergebnisse auch allein durch Zufall zustande gekommen sein können.

16. Theorie und Praxis in der Pädagogischen Psychologie
(Dieter Schmidt)

Was halten Sie von dem Rat „erfahrener" Praktiker, die im Studium vermittelten Theorien möglichst bald wieder zu vergessen, da „die Realität völlig anders" sei? Oder haben Sie sich schon gefragt, warum sich Theorien in der Psychologie teilweise widersprechen und es nicht nur eine „wahre" oder „richtige" Theorie gibt?

Auf diese und ähnliche Fragen werden Sie im Folgenden Antworten finden, die Ihnen die Orientierung im Dschungel psychologischer Theorien erleichtern und die Nützlichkeit wissenschaftlich-psychologischer Erklärungsansätze für die alltägliche Erziehungs- und Unterrichtspraxis aufzeigen sollen.

16.1 Funktionen, Merkmale und Bewertungskriterien von Theorien

16.1.1 Keine Praxis ohne Theorie

Jede bewusste Praxis, die nicht nur auf Routine beruht, ist theoriegeleitet. Naive Verhaltenserklärungen sind häufig die Voraussetzung dafür, dass wir überhaupt handeln können. Welche Rolle dabei die subjektiven Erfahrungen, Überzeugungen und Erklärungsmuster („Alltagstheorien") des Einzelnen spielen, wurde bereits einleitend in Kap. 1 erörtert.

Doch die Unterschiede zu wissenschaftlichen Theorien sind relativ. Außerhalb ihres Fachgebietes sind auch Wissenschaftler und Wissenschaftlerinnen Laien. Psychologen und Pädagogen verbinden in ihrem beruflichen Handeln oft wissenschaftliche Erkenntnisse mit ihren privaten Alltagstheorien (Flammer 1996, S. 12f.). Bereits Beobachtung und Experiment werden durch Theorien geleitet. Begründer und Vertreter psychologischer Theorien sind in ihren Grundauffassungen geprägt von persönlichen Überzeugungen, ideologischen Vorlieben und vom „Zeitgeist". Sie gehen explizit oder implizit von einem bestimmten *Menschenbild* aus (vgl. Kap. 2.2.1), das die Praxis ihrer Forschung und Theoriebildung erheblich mitbestimmt. „Theorie" geht also jeder – auch der wissenschaftlichen – Praxis voraus!

16.1.2 Was ist eine wissenschaftliche Theorie?

Die Beschäftigung mit dem komplizierten „Fachchinesisch" wissenschaftlicher Theorien führt Studierende oft zur Ansicht, dass die Begriffe „Theorie" und „Unverständlichkeit" nahezu gleichbedeutend seien. Eigentlich sollten erfahrungswissenschaftliche Theorien Beobachtungsdaten geordnet zusammenfassen und verständlich erklären, Voraussagen über neuartige Phänomene erlauben und Möglichkeiten gezielter Beeinflussung eröffnen. Diese grundlegenden Aufgaben jeder empirischen Wissenschaft sind bereits in Kap. 3 detailliert behandelt worden.

Obgleich erfahrungswissenschaftliche Theorien möglichst eng mit beobachtbaren Phänomen verknüpft sein sollten, bilden Theorien nicht einfach die Realität ab. Sie sind vielmehr *gedankliche Konstruktionen* über die Wirklichkeit, von Wissenschaftlern ausgedacht, um die Komplexität der realen Welt zu reduzieren und Zusammenhänge besser zu verstehen. Damit erfüllen sie eine wichtige *Orientierungsfunktion*, vergleichbar einer Landkarte, die ebenfalls nicht identisch ist mit der geografischen Realität. Vor allem geben Theorien Antworten auf das Warum von empirischen Sachverhalten, indem sie Phänomene auf Ursachen, Bedingungen und hypothetische Einflussfaktoren zurückführen.

Da Erfinder wissenschaftlicher Theorien in ihren Erklärungen allgemeingültige Aussagen über die „Wirklichkeit" anstreben, gehen sie über die tatsächlich vorliegenden Erlebnis- und Verhaltensdaten hinaus. Durch *Induktion* (Verallgemeinerung) leiten sie aus einer begrenzten Zahl von Beobachtungen allgemeingültige Aussagen über *gesetzmäßige Zusammenhänge* zwischen Variablen in Form von Wenn-Dann-Sätzen ab (Erklärungen erster Ordnung). Diese Gesetzmäßigkeiten führen sie wiederum auf vermittelnde, nicht direkt beobachtbare Einflussgrößen zurück (Erklärungen zweiter Ordnung). Solche untereinander logisch verknüpften Aussagen in Form erklärender Konzepte sind gemeint, wenn man von einer Theorie spricht (Nolting & Paulus 1999, S. 180). Die Merkmale einer Theorie lassen sich mit Miller (1993, S. 22) in folgender *Definition* zusammenfassen:

> „Eine vollständige, formalisierte wissenschaftliche Theorie ist nach Miller ein System von voneinander abhängigen Aussagen, von Definitionen, Axiomen, Postulaten, hypothetischen Konstrukten, dazwischentretenden Variablen, Gesetzen, Hypothesen und so weiter."

Theoretische Aussagen unterscheiden sich hinsichtlich ihres *Abstraktionsgrades* bzw. ihrer Distanz vom beobachtbaren Verhalten. Auf der höchsten Abstraktionsstufe finden sich ganz allgemeine Grundannahmen (Axiome, Postulate), die ohne Prüfung als gegeben vorausgesetzt werden (etwa der angeborene Aggressionstrieb in der klassischen Psychoanalyse). Relativ beobachtungsnah sind spezifische Konstrukte (z.B. sprachliche Intelligenz), aus denen durch *Deduktion* (Schluss vom Allgemeinen auf das Besondere) überprüfbare Hypothesen abgeleitet werden können. Im Unterschied zu den klassischen Naturwissenschaften werden psychologische Theorien in der Regel nicht in einer formalen Sprache dargestellt (Miller 1993, S. 23).

Theorien unterscheiden sich zum Teil deshalb, weil es prinzipiell unmöglich ist, aus der Fülle beobachtbarer Phänomene alles zugleich zu erfassen. Darüber hinaus hängt es von Zielen und Interessen des einzelnen Forschers ab, welche Phänomene er für wichtig hält und welche Schlüsse er aus seinen Beobachtungen zieht. Verschiedene Theorien lenken somit die Aufmerksamkeit auf unterschiedliche Ausschnitte der beobachteten Realität. Beispielsweise lassen sich verschiedene Lernformen nur durch verschiedene Theorien erklären. In solchen Fällen ist theoretischer Pluralismus zweckmäßiger, als sich nur für ein Konzept zu entscheiden.

16.1.3 Anforderungen an „gute" Theorien

Im Hinblick auf das Theorie-Praxis-Verhältnis wird häufig eine These zitiert, die mit dem Namen von Kurt Lewin verbunden ist, sinngemäß aber bereits früher formuliert wurde (Langfeldt 1993): *„Nichts ist so praktisch wie eine gute Theorie."* Wie lässt sich jedoch eine „gute" Theorie von einer schlechten unterscheiden?

Eine Entscheidungshilfe bieten formale Anforderungen (Gütekriterien), denen jede Theorie genügen sollte (z.B. Flammer 1996, S. 13f.). Sie sollte

- in sich logisch konsistent sein, d.h. keine Aussagen enthalten, die sich widersprechen;
- umfassend sein, d.h. viele Phänomene erklären und voraussagen können;
- einfach und sparsam sein in den Grundannahmen, Konstrukten und Konzepten;
- empirisch belegt sein und nicht im Widerspruch zu Beobachtungstatsachen stehen;
- leicht überprüfbar sein durch möglichst präzise Voraussagen;
- eine heuristische Funktion haben, indem sie auf Phänomene hinweist, die andernfalls unbeachtet blieben;
- sich in der Praxis bewähren.

Psychologische Theorien erfüllen diese Kriterien nur selten optimal. Von konkurrierenden Theorien, die für ein und denselben Realitätsausschnitt unterschiedliche Erklärungsmuster anbieten, sollte man diejenige vorziehen, die vergleichsweise mehr Phänomene erklärt, einfacher ist, durch mehr Beobachtungsdaten gestützt wird oder leichter zu überprüfen ist. Doch auch Wissenschaftler halten gern an einmal entwickelten Theorien trotz berechtigter Einwände fest. Spötter behaupten daher, dass Theorien erst mit ihren Erfindern aussterben (Flammer 1996, S. 14).

Das zentrale Bewertungskriterium erfahrungswissenschaftlicher Theorien ist ihre empirische Bestätigung: Die aus einer Theorie abgeleiteten Hypothesen werden im Experiment auf ihre Richtigkeit geprüft *(Verifikationsprinzip)*. Gegen dieses klassische Vorgehen erhebt der Erkenntnistheoretiker Karl Popper (1902–1994) grundsätzliche Einwände und fordert, sich stattdessen am *Falsifikationsprinzip* zu orientieren. Das veranschaulicht er mit der berühmten Analogie von den weißen Schwänen:

Beispiel: Angenommen, jemand hat im Laufe der Zeit eine große Anzahl von Schwänen an vielen verschiedenen Seen beobachtet und festgestellt, dass alle Schwäne weiß waren. Er schließt daraus: „*Alle* Schwäne sind weiß." Dieser legitime Induktionsschluss – Verallgemeinerung aus einer begrenzten Zahl von Beobachtungen – bleibt jedoch unabhängig von der Anzahl übereinstimmender Beobachtungen grundsätzlich unsicher. Ein einziger schwarzer Schwan würde genügen, die Hypothese zu widerlegen.

Eine Theorie ist nach Popper niemals immun gegen Kritik und kann daher nur versuchsweise formuliert werden. Aufgabe der Wissenschaft ist es, nach empirischen Gegenbeispielen zu suchen, um theoretische Annahmen ggf. widerlegen (falsifizieren) und durch bessere ersetzen zu können. Durch Überwinden von Irrtümern kann sich Wissenschaft allmählich der „Wahrheit" annähern. Eine Theorie erweist sich als gut oder *nützlich*, solange kein empirisches Gegenbeispiel gefunden wird. Es ist jedoch nicht möglich, zu erkennen, ob eine Theorie absolut wahr oder *richtig* ist, da immer eine Restwahrscheinlich bleibt, dass sie eines Tages widerlegt werden könnte (Näheres z.B. in Chalmers 1999).

16.1.4 Theorienüberblick als Orientierungshilfe

Die Vielzahl psychologischer Erklärungsansätze lässt sich vier Grundströmungen oder „Schulen" (1-4) sowie zwei disziplinübergreifenden Ansätzen (5-6) zuordnen:

1. Assoziationspsychologische und behavioristische Ansätze
2. Tiefenpsychologische Theorien
3. Kognitive Erklärungsmodelle
4. Konzepte der Humanistischen Psychologie
5. Systemtheoretische Erklärungen
6. Konstruktivistische Ansätze.

Aus diesen sechs Theoriefamilien werden im folgenden Überblick bevorzugt die klassischen Modelle dargestellt, da sich Grundpositionen hier schärfer herausarbeiten lassen als in aktuellen Weiterentwicklungen und Verzweigungen dieser Ansätze. Selbst wenn heute viele Kontroversen aus der Gründerzeit der Theorien überwunden sind, ist es gerade für Studienanfänger lohnend, sich zunächst mit den ursprünglichen Konzepten zu beschäftigen. Es fällt dann leichter, bestimmte Grundauffassungen auch in modernem Gewand wiederzuerkennen und die Gründe für die Weiterentwicklung zu verstehen. Wie sollen Studierende z.b. das Konzept der „Kognitiven Verhaltenstherapie" verstehen, wenn sie weder die Ursprünge des Behaviorismus noch die der Kognitiven Psychologie kennen? Die Ideengeschichte nachzuvollziehen und sich mit „Holzwegen" zu beschäftigen, schult das wissenschaftliche Denken mehr, als nur die „Endprodukte" eines Prozesses zur Kenntnis zu nehmen.

16.2 Assoziationspsychologie und Behaviorismus

16.2.1 Grundzüge der Assoziations- und Bewusstseinspsychologie

Nachdem sich die Psychologie gegen Ende des 19. Jahrhunderts als eigenständige Wissenschaft von der Philosophie gelöst hatte, wurde sie in ihrer Theoriebildung noch längere Zeit durch Modellvorstellungen aus der *Assoziationsphilosophie* dominiert, die im 17. und 18. Jahrhundert im englischen *Empirismus* (z.B. Locke, Berkeley, Hume) ihre Blütezeit hatten. Noch jahrzehntelang teilte man die aus der Philosophie abgeleiteten Grundüberzeugungen, dass

- komplexe und „höhere" Bewusstseinsvorgänge (Wahrnehmen, Denken usw.) sich aus einfachen, nicht mehr weiter teilbaren Basiseinheiten (psychischen Elementen) aufbauen *(elementaristisches Prinzip)*;
- die Wahrnehmung auf aktive Verarbeitung vermuteter einfacher „Empfindungen" („roher Sinnesdaten") zurückgeführt werden kann *(reduktionistisches Prinzip)*;
- der Mensch ursprünglich ein unbeschriebenes Blatt (tabula rasa) ist und alle Bewusstseinsinhalte aus der sinnlichen Erfahrung stammen *(empiristisches Prinzip)*;
- der Mensch ein „passiver Empfänger" dieser sinnlichen Eindrücke ist *(mechanistisches Prinzip)*;
- die Verbindungen (Assoziationen) zwischen den psychischen Elementen durch Erfahrung unter den Bedingungen raum-zeitlicher Nähe (Kontiguität) und Wiederholung zustande kommen *(assoziationistisches Prinzip)*.

Auch in den benachbarten Naturwissenschaften dominierte damals eine atomistische oder elementaristische Forschungshaltung: die Suche nach den vermeintlich kleinsten Bausteinen der Natur, den Atomen in der Physik oder den Körperzellen in der Biologie. Wirklich neu in der Frühzeit der Psychologie war, dass man erstmals den Versuch machte, mit naturwissenschaftlichen Methoden Bewusstseinsphänomene zu erforschen. Neben dem Experiment und sog. psychophysischen Messverfahren war die klassische *Introspektion* (eine Form der Selbstbeobachtung) bevorzugtes Untersuchungsverfahren.

Mit den neuen Methoden wollte man die Gültigkeit der älteren spekulativen Annahmen überprüfen. Die Vertreter der *Bewusstseinspsychologie* (bes. Wilhelm Wundt) und verwandter Richtungen sahen ihre Aufgabe darin, Bewusstseinsprozesse in die hypothetisch angenommenen Elemente zu zergliedern, die Verbindungen zwischen den Elementen zu analysieren und die Gesetzmäßigkeiten zu studieren, nach denen die Verbindungen entstehen. Man glaubte, dass jedes beliebige Bewusstseinselement mit jedem anderen assoziiert werden kann, unabhängig von Logik oder anderen Sinnzusammenhängen (Beliebigkeitshypothese).

Prototypisch für die experimentelle Untersuchung des Assoziationsvorgangs ist die Pionierarbeit von Hermann Ebbinghaus (1885). In Selbstversuchen prägte er sich unter wechselnden Bedingungen Reihen sinnloser (*besser:* sinnarmer) Silben ein (wie nol, sit oder hok). Bei der Paar-Assoziationsmethode waren die Silben einander paarweise zugeordnet. Nach der Lernphase musste zum jeweils ersten Glied eines Paares die Partnersilbe erinnert werden. Entstehen und Wirkung einer assoziativen Verbindung veranschaulicht das Modell in Abb. 16-1: Treten zwei Phänomene A und B (Wahrnehmung zweier Objekte, Ereignisse, Vokabeln, Silben usw.) im Bewusstsein räumlich und zeitlich nahe beieinander auf, bilden sich im Gedächtnis die Spuren a und b aus, die sich unter dem Einfluss wiederholter Erfahrung miteinander verbinden (assoziieren). Nimmt man zu einem späteren Zeitpunkt ausschließlich Ereignis A wahr, wird zunächst die Spur a aktiviert (Wiedererkennen von A), jedoch führt die Assoziation mit b auch automatisch zur Reaktivierung der Spur b (freie Erinnerung an B).

Abb. 16-1: Lernen und Erinnern nach dem Assoziationsmodell

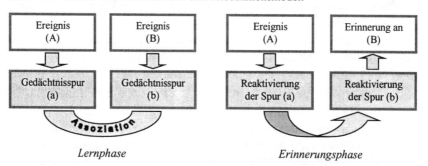

Lernphase *Erinnerungsphase*

Höhere geistige Prozesse wie das Denken werden als eine Kette von im Prinzip zufällig entstandenen Assoziationen zwischen einzelnen Vorstellungen interpretiert. In analoger Weise sollen beim Einüben von Fertigkeiten aus einzelnen Bewegungselementen motorische Ketten entstehen.

16.2.2 Grundzüge des Behaviorismus

Wichtige Beiträge zur Weiterentwicklung assoziationstheoretischer Modellvorstellungen lieferten die tierpsychologischen Lernexperimente und Erklärungsansätze von E.L. Thorndike *(Lernen am Erfolg)* und I.P. Pawlow *(klassisches Konditionieren)*, die beide als bedeutende Vorläufer und Wegbereiter des Behaviorismus bzw. der *Reiz-Reaktions-Psychologie* gelten. Später hat Skinner, der prominenteste Vertreter des Behaviorismus, die Konzepte von Pawlow und Thorndike in seiner „deskriptiven" Konditionierungstheorie zusammengefasst (vgl. Kap. 5.2.2).

Der Begründer des Behaviorismus, John B. Watson, vollzog mit seiner 1913 veröffentlichten programmatischen Schrift „Psychologie, wie sie der Behaviorist sieht" einen radikalen Bruch mit der europäischen Bewusstseinspsychologie und dem Strukturalismus in den USA. Watson war überzeugt, dass es möglich sei, für sämtliche psychischen Prozesse, einschließlich der innerseelischen Vorgänge, objektive Untersuchungs- und Darstellungsformen zu finden. Mit seinem Appell, die Psychologie zu einer objektiven, an den Methoden der Naturwissenschaften ausgerichteten Wissenschaft zu machen, legte er den Grundstein für eine Entwicklung, die rund ein halbes Jahrhundert die methodische und theoretische Ausrichtung vor allem der amerikanischen Psychologie prägte.

Zu den wichtigsten von Watson angeregten Leitmotiven und Grundprinzipien des orthodoxen Behaviorismus zählen:

- Untersuchungsgegenstand der Psychologie ist ausschließlich beobachtbares *Verhalten*, da Bewusstseins- oder Erlebnisinhalte als subjektive Phänomene einer wissenschaftlichen Erforschung nicht zugänglich sind.
- Die Psychologie darf sich nur objektiver Methoden der *Verhaltensbeobachtung* – insbesondere des Experiments – bedienen, da die aus der Bewusstseinspsychologie stammende Methode der Selbstbeobachtung mit zu vielen Fehlerquellen behaftet und daher wissenschaftlich unbrauchbar ist.
- Verhaltensänderungen sind eine Funktion veränderter Reizbedingungen. Verhalten darf deshalb nur in den Termini von *Stimuli* (S) und *Reaktionen* (R) analysiert werden. Alle Begriffe, die sich auf Erlebnisinhalte (Wahrnehmen, Denken, Fühlen, Wollen usw.) beziehen, sind aus der Psychologie zu verbannen.
- Grundlegende Erkenntnisse über Lernprozesse lassen sich aus der experimentellen *Tierverhaltensforschung* gewinnen, da zwischen Menschen und höher entwickelten Tieren (z.B. Tauben und Ratten) keine prinzipiellen Unterschiede in den grundlegenden Verhaltensmustern bestehen.
- Innerpsychische Vorgänge spielen sich in der „Black Box" ab (s. Abbildung 16-2). Sie sind insofern zu berücksichtigen, als sie zwischen S und R „intervenierend" (dazwischentretend) Reiz-Reaktions-Zusammenhänge modifizieren können. Im Sinne *hypothetischer Konstrukte* lassen sich in-

tervenierende Variablen jedoch nur aus der äußeren Verhaltensbeobachtung erschließen.

Abb. 16-2: Modifiziertes Black-Box-Modell

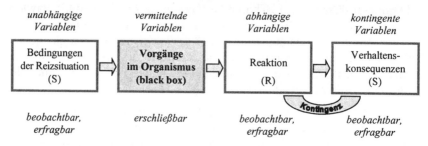

Erläuterung: Das Modell drückt bildlich aus, dass sich zwischen den Bedingungen der Reizsituation (Input) und der Verhaltensänderung (Output) innerpsychische Prozesse abspielen, die nicht direkt beobachtbar sind, da man in das Innere des schwarzen Behälters nicht hineinsehen kann. Im Hinblick auf das operante Konditionieren wurde das Modell um die Komponente der Verhaltensfolgen erweitert. Damit ist es auch kompatibel mit der von Kanfer eingeführten *Verhaltensformel* S-O-R-K-C (Stimulus – Organismus – Response – Kontingenz – Consequenz). *Kontingenz*, ein wichtiger Begriff in Skinners Theorie, steht für die Enge der Verknüpfung von Reaktion und Verhaltensfolge (Verstärkung oder Bestrafung).

Die Abkehr der Behavioristen von der Bewusstseinspsychologie beschränkte sich auf die Einengung des Gegenstandes und auf die Ablehnung der *Introspektion*. Andere Grundüberzeugungen wurden – teilweise in neuer Begrifflichkeit – ungeprüft aus der Assoziationstheorie übernommen: die Prinzipien des Elementarismus, Empirismus, Mechanismus und Assoziationismus. Der extreme Milieuoptimismus Watsons kommt in folgender, viel zitierter Äußerung zum Ausdruck (Watson 1968, S. 123):

„Gebt mir ein Dutzend gesunder, wohlgebildeter Kinder und meine eigene Umwelt, in der ich sie erziehe, und ich garantiere, dass ich jedes nach dem Zufall auswähle und es zu einem Spezialisten in irgendeinem Beruf erziehe, zum Arzt, Richter, Künstler, Kaufmann oder zum Bettler und Dieb, ohne Rücksicht auf seine Begabungen, Neigungen, Fähigkeiten, Anlagen und die Herkunft seiner Vorfahren."

Typisch für seine radikal behavioristische Position ist der Versuch, höhere geistige Prozesse wie das Denken auf rein motorische Reaktionen zurückzuführen. Denken, so nahm er an, sei eine Form des inneren Sprechens, das als Funktion feiner Kehlkopfbewegungen verstanden werden könne.

16.2.3 Kritische Bewertung

Es lässt sich nicht bestreiten, dass es zahlreiche Beispiele für die von Assoziationspsychologen und Behavioristen beschriebenen Phänomene gibt (mechanisches Auswendiglernen von Fakten, Aufbau von Verhaltensgewohnheiten, blindes, vom Zufall geleitetes Lernen am Erfolg usw.). Doch der ursprüngliche Gültigkeitsanspruch dieser Theorien musste aufgrund zunehmender Kritik, neuer Forschungsergebnisse und besserer Erklärungskonzepte immer mehr eingeschränkt werden. Die *restriktive Gegenstandsbestimmung* (Verhalten) und *Methodologie* (Verhaltensbeobachtung) ließ sich nicht aufrecht erhalten. Die Beschäftigung mit kognitiven Prozessen rückte auch in der amerikanischen Psychologie immer mehr ins Zentrum des Interesses (s. 16.4). Das *Robotermodell*, das den Menschen zu einem seelenlosen Reiz-Reaktions-Mechanismus degradiert hatte, erwies sich als ebenso verfehlt wie die Forschungsstrategie, komplexe Verhaltensphänomene in möglichst kleine Einheiten zu zerlegen. Immer mehr eingeschränkt werden musste die extrem *empiristische Grundhaltung*: Experimentelle Befunde zeigen, dass selbst bei einfachen Lernarten biologische und kognitive Einflussfaktoren mit darüber entscheiden, wie leicht etwas gelernt und wie dauerhaft es behalten werden kann (Zimbardo & Gerrig 1999, S. 227ff.; weitere kritische Hinweise in 16.4-16.7).

16.3 Tiefenpsychologie

16.3.1 Zur Entstehungsgeschichte

Die Psychoanalyse („Seelenzergliederung") wurde von dem Wiener Arzt Sigmund Freud (1856-1939) begründet, dessen erste größere Veröffentlichung „Die Traumdeutung" im Jahr 1900 erschien. Auf die Psychoanalyse lassen sich alle anderen tiefenpsychologischen Konzepte zurückführen. Der Begriff *Tiefenpsychologie* kennzeichnet eine Forschungsrichtung, die sich nicht auf die „Oberfläche" bewusster Aspekte des menschlichen Erlebens beschränken, sondern in die unbewusste „Tiefe" psychischer Prozesse vordringen will. Die Vertreter dieser Schule stimmen in der Annahme überein, dass es starke innerpsychische Kräfte (Bedürfnisse, Antriebe, Motive, Konflikte) gibt, die unser Wahrnehmen, Denken, Fühlen und Handeln entscheidend mitbestimmen, unserem Bewusstsein jedoch nur eingeschränkt zugänglich sind.

Freud gehört zu den ganz großen Denkern des 20. Jahrhunderts. „Niemand in der Geschichte der Psychologie hat die existierende Wissenschaft durch eigenwilliges geniales Denken und eine kreative Theorie so sehr herausgefordert wie Sigmund Freud mit der Psychoanalyse", schreiben Zimbardo und Gerrig (1999, S. 530).

Freuds Theorie, in deren Mittelpunkt die *Sexualität* als bedeutsamste Grundlage menschlicher Motivation und Quelle psychischer Konflikte steht, wirkte auf seine Zeitgenossen provozierend und schockierend, auch auf die medizinische und psychologische Fachwelt. Besonders empört reagierte man auf die Behauptung, dass bereits Kinder sexuelle Bedürfnisse hätten und menschliches Verhalten durch irrationale unbewusste Vorgänge beeinflusst sei. Freuds Ideen spiegeln auch das intellektuelle Klima seiner Zeit wider, in der Sexualität ein tabuisiertes Thema war.

Als Arzt hatte sich Freud auf Physiologie und Neurologie spezialisiert. Besonders faszinierte ihn die Hysterie, zu deren typischen Symptomen Lähmungen und Krampfanfälle gehören. Bei dem berühmten Pariser Psychiater Jean Charcot lernte er als neue Therapieform die *Hypnose* kennen. Der Wiener Arzt Josef Breuer, mit dem Freud jahrelang zusammenarbeitete, entdeckte, dass hysterische Symptome oftmals verschwanden, wenn traumatische Erlebnisse, die dem Wachbewusstsein nicht mehr zugänglich waren, in Hypnose wiedererinnert und unter heftiger Gefühlsbeteiligung abreagiert wurden. Freud und Breuer kamen zum Schluss, dass das Wiedererleben der traumatischen Erfahrung eine *kathartische Funktion* (*gr.* kathársis = Reinigung, Läuterung) habe und die eigentliche Ursache für die therapeutische Wirkung sei. Gleiche therapeutische Effekte konnte Breuer bereits durch eine „Redekur" erzielen, bei der die Patienten über emotional besetzte Kindheitserfahrungen sprechen konnten.

Aus dieser Methode entwickelte Freud das Verfahren der *freien Assoziation*, bei dem der Patient aufgefordert wird, seinem Gedankenfluss freien Lauf zu lassen, auch wenn er noch so abwegig oder banal erscheint. Die zentralen Konzepte seiner Theorie leitete Freud aus Befunden ab, die er mit diesem Verfahren gewonnen hat, ergänzt durch Erkenntnisse aus der *Traumdeutung*. Er glaubte, dass beim freien Assoziieren und im Traum die Kontrolle und Zensur unbewusster Vorgänge gelockert würde, so dass es möglich sei, aus scheinbar unzusammenhängenden Assoziationsketten und oft bizarren Trauminhalten Hinweise über „verdrängte" frühkindliche Traumata (*gr.* trauma = Verletzung) zu erhalten. Das Wiedererinnern und erneute bewusste Durchleben der traumatisierenden Situation sollte den krankheitsauslösenden Konflikt und damit die neurotischen Symptome auflösen.

Aus seinen Erfahrungen mit psychisch gestörten Klienten leitete Freud weitreichende Schlüsse auch über das „normale" Seelenleben und die Natur des Menschen ab. Da er seine Konzepte ständig weiterentwickelte, umformte und revidierte, unterscheiden und widersprechen sich teilweise seine Aussagen in verschiedenen Veröffentlichungen.

Freud versammelte im Laufe der Zeit einen Kreis von Schülern und Gleichgesinnten um sich, mit denen er seine Konzepte weiter ausbaute. Vor allem Alfred Adler und Carl Gustav Jung unterstützten viele Jahre die von Freud gegründete psychoanalytische Bewegung, bis es wegen zunehmender theoretischer Differenzen mit beiden zum Bruch kam. Adler kritisierte vor allem die zentrale Rolle der Sexualität in Freuds Theorie.

16.3.2 Grundannahmen der Klassischen Psychoanalyse

Grundlegend für Freuds Theorie ist die Annahme *unbewusster Prozesse*, die unser Erleben und Verhalten unbemerkt in erheblichem Maße beeinflussen. Zentral ist weiterhin der *dynamische Ansatz*: Alles Verhalten ist durch innerpsychische Vorgänge motiviert, die ihre Energie aus angeborenen Trieben beziehen und darauf abzielen, Lust zu gewinnen und Unlust zu vermeiden (hedonistisches Prinzip). Freuds Motivationstheorie gehört zu den „homöostatischen" Gleichgewichtsmodellen: Triebregungen (wie Hunger, Durst, Sexualität) werden als „Störreize" empfunden, deren Beseitigung (Entladung) als „Befriedigung" empfunden wird und den früheren Gleichgewichtszustand (Homöostase) wieder herstellt.

In der revidierten Fassung seiner *Trieblehre* wird menschliches Verhalten durch zwei antagonistische (widerstreitende) Grundtriebe gesteuert: durch den *Eros* (Lebenstrieb, Sexualtrieb, Selbsterhaltung, Liebe), dessen Energie mit Libido bezeichnet wird, und den *Destruktionstrieb* (Todestrieb oder Thanatos), aus dem Freud den Aggressionstrieb ableitet. Auf diese Grundtriebe führt Freud alle menschlichen Bedürfnisse zurück. Auch geistige Antriebe und Kulturleistungen gehen aus „sublimierter" (umgewandelter) psycho-sexueller Energie hervor, die nicht direkt ausgelebt werden kann.

Die *Struktur der Persönlichkeit* gliedert Freud in drei Bereiche: Das *Es* ist der unbewusste „dunkle, unzugängliche Teil unserer Persönlichkeit" (1933a, S. 511). Dieser Teil umfasst vor allem die angeborenen Triebe. Er arbeitet irrational und drängt nach dem „Lustprinzip" auf unmittelbare Befriedigung. Demgegenüber repräsentiert das *Über-Ich* (Gewissen und Ich-Ideal) die verinnerlichten Verhaltensnormen, Moral- und Wertvorstellungen der Gesellschaft. Das *Ich* steht zwischen dem Es und der Außenwelt. Ihm kommt die Rolle zu, im ständigen Konflikt zwischen den Es-Impulsen und den Anforderungen des Über-Ich zu vermitteln, das Verhalten zu kontrollieren und an die Anforderungen der Realität anzupassen. Zusammen mit dem Über-Ich folgt es dem „Realitätsprinzip".

Gelingt es dem Ich nicht, im Konflikt zwischen Es und Über-Ich einen realistischen Kompromiss herzustellen, kann es zur Abwendung eigener Bedrohung *Abwehrmechanismen* einsetzen. Das sind realitätsverzerrende Mechanismen, mit denen ungelöste Konflikte, tabuisierte Triebregungen, peinliche Wünsche, Gefühle oder angstbesetzte Erinnerungen aus dem Bewusstsein verbannt werden: Dazu gehören neben den bereits erwähnten Vorgängen der Verdrängung (motiviertes Vergessen) und Sublimierung (Energiewandlung) die Projektion (Verlagerung eigener Impulse nach außen) oder Regression (Rückfall auf eine primitivere Entwicklungsstufe).

Nach Freud sind die ersten Lebensjahre für die Persönlichkeitsentwicklung die wichtigsten. Neurotische Erkrankungen haben ihren Ursprung in Konflikterfahrungen der frühen Kindheit. Aus der Analyse seiner Patienten rekonstruierte Freud eine biologisch determinierte Abfolge von fünf *Stufen psychosexueller Entwicklung*, die er nach den erogenen Zonen benannte, auf die sich die Triebimpulse richten (z.B. orale, anale und genitale Phase).

16.3.3 Kritische Bewertung und Weiterentwicklung

Die Ideen Freuds haben, zwar nicht immer direkt erkennbar, die gesamte Psychologie nachhaltig geprägt. Selbst viele Vertreter der empirischen Psychologie haben sich mit seinen Konzepten beschäftigt, sei es auch nur mit dem Ziel, sie zu widerlegen. Über die Psychologie und viele Nachbarwissenschaften hinaus hat die Psychoanalyse durch ihre Popularisierung viele Bereiche des gesellschaftlichen und kulturellen Lebens beeinflusst.

Von Seiten der empirischen Psychologie wurde heftige, häufig polemische Kritik an verschiedenen Aspekten der orthodoxen Psychoanalyse geübt (vgl. Miller 1993, S. 145ff., Zimbardo & Gerrig 1999, S. 536f.):

- *Mangelnde Überprüfbarkeit:* Vage formulierte Begriffe und Hypothesen, die schwer zu operationalisieren sind.
- *Spekulative Triebtheorie:* Die Annahme eines „Todestriebes" wurde selbst von vielen Neo-Analytikern zurückgewiesen (s. Nolting 1999).
- *Unzureichende Methodologie:* Einzelfallanalysen aufgrund von Kindheitserinnerungen und Traumanalysen sind anfällig für Beeinflussungen durch den Analytiker.
- *Reduktionismus (lat.* reductio = Zurückführung): Alle Motive werden auf nur zwei Grundtriebe „zurückgeführt". Kognitive Bedürfnisse wie Neugier können jedoch nicht nach dem Triebentspannungsmodell erklärt werden (s. 16.4-16.6).
- *„A-soziales" Konzept:* Überbetonung von Sexualität und Aggression, Vernachlässigung sozialer Aspekte.
- *Pessimistisches Menschenbild:* Nach Freud kommt die „wahre Natur" des Menschen im Krieg zum Vorschein (1933b).
- *Selbstimmunisierung:* Vielfach bestreiten Analytiker jedem das Recht, die Theorie zu kritisieren, der nicht selbst psychoanalytische Erfahrung hat.

Weitgehend akzeptiert wird heute – teilweise in abgewandelter Terminologie oder theoretischer Deutung –, dass unbewusste und irrationale Prozesse unser Wahrnehmen, Denken und Handeln beeinflussen; dass unbewältigte Konflikte zu psychischen und körperlichen Störungen führen können; dass es Indizien für Abwehrmechanismen gibt, die das seelische Gleichgewicht sichern und dass die frühe Kindheit für die Persönlichkeitsentwicklung große Bedeutung hat.

Frühere Schüler, Anhänger und Nachfolger haben die Grundlagen der psychoanalytischen Theorie erweitert, modifiziert oder zu eigenständigen Theorien weiterentwickelt. Neben den Beiträgen von Anna Freud, Otto Rank, Karen Horney, Erik Erikson sind besonders die *Individualpsychologie* Alfred Adlers und die Komplexe oder *Analytische Psychologie* Carl Gustav Jungs hervorzuheben. Der Terminus Individualpsychologie soll im Gegensatz zu Freuds „zerlegender" (analytischer) Psychologie die Unteilbarkeit (*lat.* dividere = teilen) der menschlichen Persönlichkeit betonen (Lück 2002). Adlers Ansatz ist eine sozialpsychologische Theorie, in der neben Macht- und Geltungsstreben das Bedürfnis nach menschlicher Gemeinschaft und die Ausbildung eines „Gemeinschaftsgefühls" eine große Rolle spielen. Seiner Zeit weit voraus war die Annahme, dass Verhalten weniger durch vergangene Ursachen wie bei Freud, sondern durch *Lebensziele* bestimmt wird (finalistische vs. kausalistische Perspektive). Im Ansatz von Jung ist besonders das allen Menschen gemeinsame *kollektive Unbewusste* von Bedeutung.

16.4 Kognitive Theorien

16.4.1 Kognitive Psychologie

Die Kognitive Psychologie, ein in sich nicht geschlossenes System von theoretischen Teilansätzen, betrachtet den Menschen als *informationsverarbeitendes System*, das auf Reize nicht passiv reagiert, sondern die Welt aktiv wahrnimmt, zielorientiert handelt und die Folgen seines Handelns reflektieren kann. Es bestehen Beziehungen zu handlungstheoretischen Modellen, an denen sich auch das Konzept dieses Buches orientiert (vgl. Kap. 2.1.3 und 3.1.3).

Das Etikett kognitiv ist zu einem Modebegriff geworden, der sich auf drei Aspekte bezieht, die allerdings nicht immer klar unterschieden werden:

1. *Inhaltsaspekt:* Kognitionen umfassen alle Formen des Erkennens und Wissens (z.B. Wahrnehmen, Lernen, Behalten, Denken, Urteilen, Sprechen).
2. *Prozessaspekt:* Kognitive Prozesse sind die Grundlage dafür, dass wir die Welt erkennen, verstehen und planvoll handeln können.
3. *Theorieaspekt:* Kognitive Theorien werden als Modelle der Informationsverarbeitung häufig den behavioristischen Ansätzen gegenübergestellt.

Die Kognitive Psychologie ist seit Beginn der siebziger Jahre zur dominierenden Richtung in der Psychologie geworden (s. Kap. 4 und 5). Vor allem in der bis dahin vom Behaviorismus dominierten amerikanischen Psychologie hatte sich damals eine radikale Umorientierung vollzogen, die als *Kognitive Wende* bezeichnet wird. Viele Einflüsse hatten dazu beigetragen, den Behaviorismus als Sackgasse psychologischer Forschung zu überwinden:

- die radikale Kritik an Skinners behavioristischer Spracherwerbstheorie durch Noam Chomsky (1957),
- die intensivere Beschäftigung mit Jean Piagets Arbeiten zur kognitiven Entwicklung,
- Einflüsse aus der Informationstheorie und Kybernetik,
- die Wiederbelebung gestalttheoretischen Denkens (z.B. durch Neisser 1967/1974),
- die Entwicklung der Computer-Technologie.

16.4.2 Gestalttheorie

Zur Entstehungsgeschichte
Die Gestaltpsychologie ist ebenfalls als Gegenbewegung gegenüber der Bewusstseins- bzw. Assoziationspsychologie entstanden. Ihre Kritik richtete sich jedoch nicht wie im Behaviorismus gegen Methode (Introspektion) und Gegenstandsbestimmung (Bewusstsein), sondern gegen die Forschungsstrategien und theoretischen Grundprinzipien der älteren Psychologie. Den elementaristischen Auffassungen stellte sie ihren *ganzheitlichen Ansatz*, den mechanistischen Vorstellungen ihren *dynamischen Ansatz* entgegen, nach dem geordnete Strukturen und Vorgänge aus Selbstorganisationsprozessen hervorgehen können. Gestaltpsychologen standen von Anfang an auch in direkter Konfrontation zum Behaviorismus, der die assoziationistischen Grundauffassungen ungeprüft übernommen hatte (s. 16.2).

Zwei von Max Wertheimer 1912 veröffentlichte Arbeiten – über das Denken von Naturvölkern und über Scheinbewegung – markieren das Geburtsjahr der Gestaltpsychologie. Ihre Weiterentwicklung verdankt sie der jahrelangen fruchtbaren Zusammenarbeit Wertheimers mit Kurt Koffka, Wolfgang Köhler und Kurt Lewin. Ihre Blütezeit hatte die Gestaltpsychologie bis zum Beginn der Naziherrschaft in Deutschland. Nacheinander emigrierten alle führenden Vertreter in die USA. Dort fanden sie mit Ausnahme Lewins nur sehr begrenzte Einflussmöglichkeiten.

Bekannt wurde die Gestaltpsychologie zunächst durch bahnbrechende Beiträge zur Wahrnehmungspsychologie (s. Metzger 1975a) und zum einsichtigen Denken (Köhler 1921; Wertheimer 1964; vgl. auch Kap. 5.1.3). Kurt Lewin legte mit zahlreichen Arbeiten die Grundlagen für die moderne Leistungsmotivationsforschung (s. Kap. 6). Auf dem Gebiet der Sozialpsychologie (s. Kap. 8) leistete er Pionierarbeit mit Untersuchungen zu Führungsstilen und Konflikten sowie mit seinen Beiträgen zur Gruppendynamik und Handlungsforschung. Der gestaltpsychologische Ansatz wurde in fruchtbarer Weise auch auf pädagogische und didaktische Probleme übertragen (Guss 1975; 1977a) und hatte Einfluss auf die Psychotherapie (Walter 1975). Die von Fritz Perls begründete „Gestalttherapie" sowie die daraus abgeleitete „Gestalt-Pädagogik" sind zwar von der Gestaltpsychologie beeinflusst, gehören jedoch eher zur Humanistischen Psychologie (s. 16.5).

Der ganzheitliche Ansatz
Der Begriff *Gestalt* wurde 1890 von dem Prager Philosophen Christian von Ehrenfels eingeführt. Er verstand darunter eine psychische Ganzheit, die sich durch *Übersummativität* und *Transponierbarkeit* auszeichnet. Beispielsweise sei eine Melodie mehr als die Summe ihrer einzelnen Töne. Sie kann heiter, beschwingt oder traurig klingen, niemals aber einer ihrer Einzeltöne. Eine Melodie ist transponierbar, weil sie beim Wechsel in eine andere Tonart trotz Änderung aller Einzeltöne erhalten, d.h. wiedererkennbar bleibt. Diese Gestalteigenschaften, die ihre Grundlage in den Relation der Teile (z.B. Einzeltöne) untereinander haben, erschienen Ehrenfels als additive Ergänzung zur Summe aller Einzelteile.

Wertheimer ging den entscheidenden Schritt weiter und fragte nach dem *Verhältnis von Teil und Ganzem* und betonte, dass bei einer Gestalt nicht nur etwas Neues hinzukommt. Im Gestaltzusammenhang können Teile oder deren Eigenschaften verloren gehen (z.B. die Eigenschaften von Natrium und Chlor in der Verbindung Natriumchlorid = Kochsalz). Teile können innerhalb eines Ganzen Eigenschaften (Rollen, Bedeutungen, Funktionen) annehmen, die sie als selbständige Einzeltatbestände nicht hatten. Es sind demnach zwei Gruppen von Gestalteigenschaften zu unterscheiden: *Ganz- und Teileigenschaften*. Das entscheidende Merkmal von Gestalten ist deshalb nicht die Übersummativität, sondern ihre *Nichtsummativität*. Das bedeutet: Das Ganze ist etwas anderes als die Summe seiner Teile!

Beispiel 16-3: Ganz- und Teileigenschaften

Schauen Sie sich die folgende Reihe von 10 Zeichen von links nach rechts an (als letztes „OMO"): Ihre Aufgabe ist es herauszufinden, nach welchem Prinzip diese Reihe aufgebaut ist. Lassen Sie sich mindestens fünf Minuten Zeit, bevor Sie weiterlesen!
M ♡ 8 ⊞ ŏ ŏŏ ⊬ 88 ⊗ OMO
Wenn Sie das Aufbauprinzip bis jetzt nicht erkannt haben, decken Sie mit einem Stück Papier nacheinander jeweils die linke Hälfte jedes Zeichens ab. Vergleichen Sie nun Ganz- und Teileigenschaften.

Auch der einzelne Mensch ist als Ganzheit etwas anderes ist als die Summe seiner Teileigenschaften (z.B. der Gewohnheiten), und jeder kann selbst Teil *überindividueller Ganzheiten* (Gruppen, Familien, Schulklassen) sein, die etwas anderes sind als die Summe aller Einzelcharaktere. Es gibt hier ebenfalls Eigenschaften des Ganzen (z.B. Gruppen- oder Klassenklima) und der Teile (wie Rollenverhalten und soziale Bedürfnisse), die von der jeweiligen Funktion im sozialen Zusammenhang abhängen.

Der dynamische Ansatz

Wahrnehmungsgegenstände sind keine passiven Abbilder der äußeren physischen Dinge, sondern Gestalten, die ihr Entstehen *dynamischen Ordnungsprinzipien* verdanken: z.B. den Tendenzen zur Nähe, Einfachheit, Symmetrie, Geschlossenheit, Ähnlichkeit oder zum glatten Verlauf. Diese Selbstordnungstendenzen tragen dazu bei, dass sich die bei den gegebenen Reizverhältnissen größtmögliche Ordnung verwirklicht und das Wahrnehmungsfeld klar gegliedert erscheint. Das grundlegende dynamische Ordnungsprinzip ist die *Tendenz zur Prägnanz* oder *zur guten Gestalt*. Bei Widerstreit verschiedener Ordnungsgesichtspunkte setzt sich in der Regel der jeweils stärkere Gestaltfaktor durch (Beispiel 16-4). Lässt das Reizmuster zwei strukturell (annähernd) gleichwertige Fassungen zu (Beispiel 16-5), kommt es spontan zu *Umstrukturierungen*, wie sie auch für das einsichtige Problemlösen typisch sind (s. Kap. 5.1.3).

Beispiel 16-4: Gestaltgesetze der Wahrnehmung

Nach dem *Gesetz der Nähe* gruppieren sich in Bild A die sechs Linien zu drei Paaren oder Streifen, in Bild C die sechs unregelmäßigen Formen zu zwei Dreiergruppen. Durch Zufügen von vier weiteren Linien ändern sich in Bild B die Zusammenhangsverhältnisse schlagartig: Sie sehen jetzt zwei Quadrate und zwei nicht mehr dazugehörige Einzellinien. Das *Gesetz der Geschlossenheit* siegt über das der Nähe. In Bild D ist es der *Faktor der Ähnlichkeit*, der sich über den der Nähe durchsetzt.

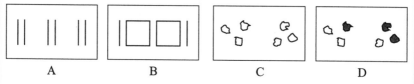

A   B   C   D

Suchen Sie nun bei der gespiegelten Zahlenreihe (Abb. 16-1) nach den Zusammenhang stiftenden Gestaltgesetzen (Geschlossenheit, gerader Verlauf usw.).

Beispiel 16-5: Zwei Zeichnungen eines Würfels

Beim „Neckerschen Würfel" (Bild A) wechseln bei längerer Betrachtung Vorn und Hinten miteinander ab. Die räumliche Wirkung beruht auf der *Tendenz zur Rechtwinkligkeit*, die aus der zweidimensionalen Zeichnung einen regelmäßig aufgebauten (prägnanten) Körper entstehen lässt. In Abbildung B fehlt die Tiefenwirkung, da das Muster bereits in der Ebene regelmäßig ist.

Die elementaristische Auffassung, dass sich durch assoziative Verknüpfung bzw. *Konditionierung* in beliebiger Weise alles mit allem zu komplexeren Einheiten verbinden lasse (s. 16.2), ist nicht haltbar. Nicht nur in der Wahrnehmung, auch im Lernen, Gedächtnis, Wissensaufbau, Denken, Sozialverhalten, Handeln und in der Persönlichkeitsentwicklung bilden sich unter geeigneten Bedingungen spontan Prozesse und Strukturen mit prägnanten Ordnungseigenschaften aus. Ohne solche Ordnungstendenzen wäre eine Orientierung und ein sinnvolles Handeln in der Welt gar nicht möglich. Das dynamische Konzept, das mit Grundannahmen der Feldtheorie in der Physik und der Systemtheorie in der Biologie in Einklang steht, gilt als der wichtigste Beitrag der Gestalttheorie (Näheres in 16.6).

Anti-Empirismus
Fundamentale Kritik übten Gestaltpsychologen am Empirismus, der Überbetonung von Erfahrungswirkungen in der Assoziationspsychologie und im Behaviorismus (s. 16.2). Insbesondere stellten sie den Erklärungswert des Erfahrungsbegriffs infrage. Bis heute neigen Psychologen, Soziologen oder Pädagogen dazu, psychische Sachverhalte (z.B. Wahrnehmungsgesetze, Intelligenz- oder geschlechtstypische Unterschiede) pauschal damit zu „erklären", dass man sie auf früher gemachte „Erfahrungen" (Erziehung und Sozialisation) zurückführt. Ein solcher Verweis nach rückwärts ist eine Scheinerklärung, solange nicht die Entstehungsbedingungen geklärt sind, unter denen ein Verhalten erstmals auftritt (Müller 1964, S. 135). Die empiristische Theorie wurde auch durch den experimentellen Nachweis erschüttert, dass sich Vorerfahrung und Übung auf nachfolgendes Lernen und Denken leistungsmindernd auswirken können (Duncker 1935; Luchins 1971). Die Empirismus-Kritik hat Gestaltpsychologen zu Unrecht in den Ruf gebracht, eine nativistische Position (Überbetonung genetischer Einflüsse) zu vertreten. Ihre Grundhaltung lässt sich treffender als „antiempiristisch" charakterisieren.

Methodologische Prinzipien
Erlebnisinhalte und Verhalten sind für Gestaltpsychologen gleichberechtigte Sachverhalte. Während elementaristische Richtungen in der Forschung den Weg von unten nach oben, d.h. von den kleinsten zu komplexeren Analyseeinheiten, beschreiten (*Bottom up*), erfordert der ganzheitliche Ansatz den umgekehrten Weg von oben nach unten (*Top down*): Welcher Ausschnitt aus größeren Zusammenhängen zum Gegenstand der Forschung gemacht werden soll, ergibt sich aus der sachlichen oder natürlichen Ordnung im Gesamtzusammenhang. Bei fortschreitender Aufgliederung von Ganzen in Untereinheiten gehen früher oder später bedeutsame Eigenschaften verloren und alles zerfällt in isolierte einzelne Bruchstücke.

Beispiel Sinfonie: Zur Analyse einer Sinfonie könnte man einen einzelnen Satz, das Grundmotiv oder sogar Motivfragmente herausgreifen, solange sie für die Komposition typisch sind. Bei weiterer Aufgliederung bis hin zum einzelnen Ton bleibt nichts mehr von dem übrig, was für die Sinfonie kennzeichnend ist (Metzger 1975c, S. 2).

Für Gestaltpsychologen ist die unvoreingenommene Erlebnisbeschreibung oder *Phänomenologie* eine unverzichtbare Erkenntnisquelle (nicht identisch mit der philosophischen Schule Husserls). Vom erkenntnistheoretischen Standpunkt der Gestaltpsychologie (s. 16.7) gehören zur phänomenalen Wirklichkeit nicht nur die „inneren Erlebnisse" (z.B. Gefühle, Gedanken), sondern auch die scheinbar objektive äußere Welt der Wahrnehmungsgegenstände, Ereignisse und anderen Personen. Psychologisches Experiment und phänomenologische Analyse verbinden sich deshalb in der Gestaltpsychologie zu einer sinnvollen Einheit (Näheres bei Kebeck & Sader 1984).

16.4.3 Kritische Bewertung

Vieles von dem, was heute die Kognitive Psychologie kennzeichnet, haben Gestaltpsychologen bereits vor Jahrzehnten ausgearbeitet. Beide Richtungen kamen von verschiedenen Ausgangsorten zu ähnlichen Ergebnissen (Flores d'Arcais 1975). Gestaltpsychologische Beiträge wurden nicht nur in der amerikanischen Fachwelt bis heute völlig unzureichend rezipiert, so dass die sog. Kognitive Wende nur halbherzig vollzogen wurde (Tholey 1988, S. 249).

Kognitive Psychologie als Gegenbegriff zum Behaviorismus erscheint aus theoretischer Sicht wenig angemessen. Günstiger wäre es, die ganzheitliche Perspektive als Gegensatz zum Elementarismus zu betonen. Es besteht auch die Gefahr, in einen einseitigen „Kognitivismus" abzugleiten, in dem alle anderen psychischen Funktionen (z.B. Gefühle, Motivation, Moral) auf kognitive Prozesse reduziert werden. Selbst Kognitive Psychologen streben noch immer nach scheinbarer Objektivität, indem sie im Experiment die äußere Situation konstant halten, statt anhand von Phänomenberichten zu prüfen, ob die *kognitive Repräsentanz* der Situation für alle Versuchsteilnehmer vergleichbar ist (vgl. auch 16.7).

Gestaltpsychologische Forschung hat sich insbesondere in den Gebieten der Wahrnehmung, des Lernens und Denkens als fruchtbar erwiesen. Für andere Bereiche hat sie eine wichtige heuristische Funktion, die noch weitere Forschungsarbeit erfordert. Vernachlässigt wurde bisher die Beschäftigung mit Formen gestörten Verhaltens, so dass der Eindruck eines idealistischen Menschenbildes entsteht. Auch die Zielgerichtetheit psychischen Geschehens müsste noch stärker berücksichtigt werden.

16.5 Humanistische Psychologie

Die Humanistische Psychologie ist ebenfalls kein in sich geschlossenes Theoriengebäude, sondern eher eine Bewegung, zu der sich Vertreter verschiedener theoretischer Richtungen zusammengeschlossen haben. Sie verbindet das Ziel, den sich selbst bewusst erlebenden, aktiv und eigenverantwortlich handelnden Menschen in den Mittelpunkt zu stellen.

16.5.1 Entstehungsgeschichte und Menschenbild

Als Geburtsstunde der Humanistischen Psychologie gelten die Jahre 1961/62. Unter maßgeblicher Beteiligung von Abraham Maslow wurde 1961 die Zeitschrift „Journal of Humanistic Psychology" gegründet und ein Jahr später eine Schule ins Leben gerufen, die sich „American Association of Humanistic Psychology" (AAHP) nannte. Zu den Gründungsmitgliedern zählen neben den Amerikanern Maslow und Carl R. Rogers insbesondere europäische Immigranten, die der Diktatur des Dritten Reiches entflohen waren, wie Charlotte Bühler, Kurt Goldstein, Fritz Perls, Viktor E. Frankl, Erich Fromm und Ruth Cohn.

Ziel dieser Organisation war es, dem orthodoxen Behaviorismus und der klassischen Psychoanalyse eine *Dritte Kraft* (Maslow) gegenüberzustellen. Sie wandte sich gegen die von beiden Richtungen vertretenen mechanistischen Menschenbilder. Man war es leid – so Bugental, der erste Präsident der AAHP im Jahre 1967 –, den Menschen „als eine größere weiße Ratte" oder „als einen langsameren Computer" zu betrachten (nach Quitmann 1996).

Dem stellte die Humanistische Psychologie ihr von der Gestaltpsychologie (16.4) beeinflusstes *ganzheitlichen Menschenbild* gegenüber: Das Individuum als bio-psycho-soziale Einheit. Zu seiner Wesensbestimmung gehörten neben der grundlegenden *Kraft des Guten* (Rogers) individuelle Freiheit, Eigenverantwortlichkeit sowie aktives Streben nach Selbsterfüllung, sozialer Zugehörigkeit und Selbstverwirklichung (Kollbrunner 1995; Quitmann 1996).

Wesentliche Einflüsse auf dieses Menschenbild übten philosophische und psychologische Strömungen aus, die von den Immigranten aus Europa in die USA mitbracht wurden:

- philosophische Konzepte des Humanismus und des Existenzialismus (z.B. Kierkegaard, Jaspers, Heidegger, Buber, Sartre);
- Gestalt- und Individualpsychologie, Konzepte mehrerer Neo-Freudianer (z.B. Perls, Cohn und Fromm);
- Einflüsse aus asiatischen Philosophien (Buddhismus, Taoismus, Zen).

Der Anspruch der Humanistischen Psychologen ging über eine Reform und Weiterentwicklung der etablierten Psychologie hinaus. Man wollte einer wachsenden Kulturkrise (sozialer Entfremdung, Technikangst) in der amerikanischen Gesellschaft entgegentreten und dem Menschen helfen, im *Hier-und-Jetzt* ein sinnerfülltes Leben zu gestalten. Das Bestreben der Humanistischen Psychologen hatte auch „revolutionären" Charakter: Mit dem Entwurf einer „Gegenkultur" wollte man vom Individuum aus die Gesellschaft verändern, Menschlichkeit und soziale Verantwortung fördern.

Die Bewegung der Humanistischen Psychologie breitete sich in den 10 Jahren nach ihrer Gründung in der ganzen Welt aus. Unter ihrem Einfluss entstanden neue *Beratungs- und Therapieformen*, andere wurden aus ursprünglich psychoanalytischen Konzepten weiterentwickelt: Zu den einflussreichsten zählen die Gesprächspsychotherapie von Carl Rogers, die Gestalttherapie von Fritz Perls und die Themenzentrierte Interaktion (TZI) von Ruth Cohn. Sie alle betonen die Gleichrangigkeit von Therapeut und Klient, wollen Selbstwahrnehmung, Selbsterkenntnis und Autonomie des Einzelnen fördern und so seine „Selbstheilungskräfte" mobilisieren.

Humanistische Psychologen werfen der etablierten Psychologie Methoden-Fetischismus und ein Ausweichen vor Alltagsproblemen vor (Lück 2002). Sie selbst vertreten eine *problemzentrierte Forschungshaltung:* Nicht die verfügbaren Methoden dürfen das Forschungsziel bestimmen, sondern die Forschungsfragen sollen die Methoden bestimmen. Das Experiment lehnen sie zwar nicht grundsätzlich ab, halten es aber für nicht ausreichend, um das Wesen des Menschen zu erfassen. Bevorzugte Forschungsmethoden sind Fremd- und Selbstbeobachtung, eine an Husserl orientierte Phänomenologie sowie Lebenslauf- und Einzelfallanalysen.

16.5.2 Das hierarchische Motivationsmodell von Maslow

Maslow gilt als der bedeutendste Humanistische Psychologe. Der Kontakt mit der Tiefenpsychologie und Gestaltpsychologie führte ihn zu einer Abkehr vom naturwissenschaftlich orientierten Wissenschaftsverständnis des Behaviorismus. Charakteristisch für diese Wende ist das folgende Zitat (Goble 1979, S. 23):

> „Unser erstes Kind änderte mich als Psychologen. (...) Ich blickte auf dieses kleine, mysteriöse Wesen und kam mir so dumm vor. Ich war wie betäubt von dem Mysterium und von dem Gefühl, es nicht wirklich unter Kontrolle zu haben. (...) Ich würde sagen, dass niemand, der ein Kind hat, ein Behaviorist sein kann."

Seine Theorie menschlicher Bedürfnisse legte Maslow in den Büchern „Motivation und Persönlichkeit" (1954/1981) sowie „Psychologie des Seins" (1973) dar. Sein Ansatz ist stark von Konzepten des Neurologen und Psychiaters Kurt Goldstein beeinflusst, der in Frankfurt jahrelang mit Max Wertheimer zusammengearbeitet hatte. Maslow wendet sich vor allem gegen die Einseitigkeit von Spannungsabfuhr-Theorien, die in der Herstellung eines Ruhegleichgewichts (Homöostase) durch Triebreduzierung das Ziel motivierten Handelns sehen (s. 16.3.2). Durch aktives Handeln werde auch Spannung aufgebaut. So könne ein Bedürfnis nach Liebe nicht durch Befriedigung abgebaut werden, sondern wachse ständig weiter (Kollbrunner 1995). Ohne Spannungssteigerung seien Kreativität, Wachstum und Selbstverwirklichung nicht möglich. Diese Tendenz zur *Selbstverwirklichung* wird zum zentralen Thema in Maslows Theorie.

In seinem hierarchischen Modell menschlicher Bedürfnisse, das häufig als Pyramide dargestellt wird, unterscheidet er zwei Klassen von Motiven: Mangel- und Wachstumsbedürfnisse (vgl. Abb. 16-6). Die jeweils nächsthöhere Motivklasse wird nur dann aktiviert, wenn die darunter stehenden hinreichend befriedigt sind. Die Motive sind im Wesen des Menschen begründet, also angeboren. Umweltabhängig ist nur der Grad ihrer Befriedigung.

Abb. 16-6: Hierarchie der Bedürfnisse nach Maslow

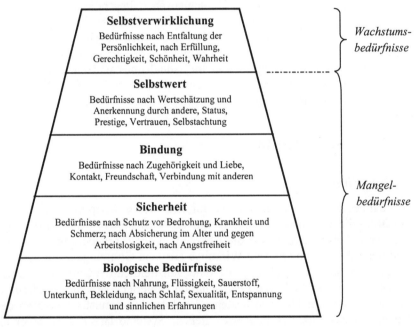

Das *Homöostase-Prinzip* der Spannungsreduktion ist allein auf die *Mangelbedürfnisse* anwendbar, die physisches Überleben, Schutz, soziale Geborgenheit und Selbstwert sichern. Erst ausreichende Befriedigung der Grundbedürfnisse baut Spannung auf und befreit zu aktivem Handeln. Jetzt können sich die *Wachstumsmotive* voll entfalten und den Menschen im Prozess der Selbstverwirklichung sowie im Austausch mit der sozialen Welt zu größerer Autonomie und Selbsterfüllung führen.

16.5.3 Kritische Bewertung

Maslows Motivationsmodell hat besonders in der Organisationspsychologie Verbreitung gefunden und zur Weiterentwicklung angeregt. Es hat durchaus heuristischen Wert, ist jedoch empirisch nicht ausreichend begründet. Beispielsweise stimmt die Abfolge, in der verschiedene Motive aktiviert werden, nicht immer mit Maslows Annahmen überein.

Über ihren Einfluss auf Beratung und Therapie hinaus hat die Humanistische Psychologie in der Kommunikationspsychologie und in Erziehungskonzepten stärkere Beachtung gefunden. Insgesamt blieb ihr Einfluss auf Grundlagen und Methoden der Psychologie begrenzt (Lück 2002). In ihren Grundannahmen finden sich Übereinstimmungen mit der Kognitiven Psychologie (16.4) und der Systemtheorie (16.6), jedoch werden kognitive Prozesse zugunsten einer Überbetonung von Emotionen und Motiven vernachlässigt.

Häufig wird die Methodik der Humanistischen Psychologie als unzureichend kritisiert und die mangelnde empirische Absicherung ihrer Ergebnisse bemängelt. Kritiker werfen der Humanistischen Psychologie auch vor, sie betone zu sehr Intuition und Subjektivität in der Wissenschaft, wolle die Welt verbessern und fördere dabei Individualismus und ein Abgleiten in Rücksichtslosigkeit bis zum „Ego-Trip" (Kollbrunner 1995). Der letzte Vorwurf trifft zumindest auf das Konzept von Maslow nicht zu.

16.6 Systemtheorie

16.6.1 Einführung

Systemtheorie ist ein Sammelname für eine Reihe disziplinübergreifender Ansätze, die in Übereinstimmung mit der Gestalttheorie (16.4) eine gemeinsame Perspektive haben: die Abkehr von der Zergliederung der „Welt" und dem klassischen Ursache-Wirkungs-Denken. Grundlegend für systemisches oder *vernetztes Denken* ist eine ganzheitlich-dynamische Betrachtungsweise, in der nicht die Eigenschaften isolierter Elemente, sondern die in Gesamtzusammenhängen bestehenden Interaktionsmuster zwischen den Teilen im Zentrum des Interesses stehen. Systeme lassen sich daher als komplexe *Ganzheiten* verstehen, in denen sich die untereinander vernetzten Komponenten wechselseitig beeinflussen.

Die Grundlagen der *Allgemeinen Systemtheorie*, einer Art Universalwissenschaft, wurden von dem österreichischen Biologen Ludwig von Bertalanffy (1953, 1998) bereits in den 30er Jahren entwickelt. Disziplinübergreifend suchen Wissenschaftler nach übereinstimmenden Prinzipien und Gesetzmäßigkeiten in Aufbau und Verhalten komplexer physikalischer, technischer, biologischer, kognitiver oder sozialer Systeme. Systemische Konzepte und systemisches Denken spielen auch in der Psychologie eine immer größere Rolle.

Auf Bertalanffy geht auch das Konzept der *offenen Systeme* zurück. Als offen gegenüber ihrer Umwelt gelten Systeme, die mit ihrer Umgebung ständig Energie, Materie oder Information austauschen. Das sind insbesondere alle lebenden, auch sozialen Systeme. Werden die Austauschprozesse unterbrochen, bricht ein System zusammen. *Geschlossene Systeme*, in denen es keinen Austausch mit der Umwelt gibt, finden sich nur in physikalischen Extrembereichen (z.B. chemische Reaktionen in isolierten geschlossenen Behältern). Relative (sog. operative) Geschlossenheit gibt es unter bestimmten Umständen z.B. in sozialen Systemen, wenn die Interaktionen mit der Umwelt stark eingeschränkt sind (vgl. Kriz 1999, S. 116ff.).

Da Systeme ineinander verschachtelt sind (vgl. z.b. das Modell von Bronfenbrenner in Kap. 10.2), hängt es vorwiegend vom Erkenntnisinteresse des Betrachters (Forschers, Beraters, Therapeuten, Pädagogen) ab, was als Systemgrenze definiert wird. Es liegt nahe, den einzelnen Menschen als natürliche Systemeinheit zu betrachten. Bereits der physische Organismus ist ein äußerst komplexes Teilsystem, das wieder eine Reihe von *Untersystemen* (z.B. Zentralnervensystem, Immunsystem, Hormonsystem, Körperorgane) umfasst, die miteinander interagieren. Auf der psychologischen Ebene kann die individuelle Persönlichkeit als System verstanden werden, in dem personale Dispositionen und Funktionen in einem dynamischen Wechselwirkungsverhältnis stehen. Gleichzeitig sind Individuen auf der sozialen Ebene als Partner, Elternteile, Kinder oder Schüler Subsysteme überindividueller sozialer Einheiten (Familie, Schulklasse usw.), deren Mitglieder durch Interaktion und Kommunikation verbunden sind und sich wechselseitig beeinflussen.

16.6.2 Merkmale offener Systeme

Offene, insbesondere biologische und soziale Systeme zeichnen sich durch eine Reihe von Eigenschaften aus, auf die teilweise schon in anderen Zusammenhängen hingewiesen wurde (s. Kap. 2.2, 10 und 16.4):

Ganzheitlichkeit
Nichtsummativität als grundlegende Eigenschaft von Gestalten oder Systemen beruht auf dem dynamischen Wechselwirkungsverhältnis zwischen den Teilen oder Einzelvorgängen des Systems (vgl. 16.4.2). Da fast „alles mit allem zusammenhängt", bleibt die Wirkung einer lokalen Einwirkung oder Störung nur selten auf ihren Ort beschränkt, sondern pflanzt sich durch das Ganze fort.

Verhaltensauffälligkeiten oder psychische Störungen lassen sich als Indikatoren für gestörte Interaktionsmuster im betreffenden sozialen System verstehen, in dem der Einzelne zum Symptomträger wird. Krank ist nicht die Person, sondern das System. Wird durch gezielte Intervention das Verhalten eines „schwierigen" Kindes positiv verändert, ist es möglich, dass ein anderes Familienmitglied auffällig reagiert.

Zielgerichtetheit (Finalität)
Systeme sind zielgerichtet. Sie streben aufgrund ihrer Eigendynamik spontan strukturell ausgezeichnete (prägnante) End- oder Gleichgewichtszustände an (s. 16.4.2). Die prägnanten Endzustände können von verschiedenen Ausgangszuständen her erreicht werden *(Prinzip der Äquifinalität)*.

Werden statische Systeme, deren Normalzustand die Ruhe ist, durch Störungen aus dem Gleichgewicht gebracht, haben sie die Tendenz, zum *Ruhegleichgewicht* zurückzukehren *(Beispiel:* glatte Oberfläche eines Sees). Offene Systeme tendieren zu *Fließgleichgewichten* in den Austauschprozessen mit ihrer Umwelt. Obgleich sie sich in diesen Prozessen stetig verändern und erneuern, halten sie charakteristische Gleichgewichtszustände und Strukturmerkmale aufrecht und erscheinen von außen betrachtet als beständig *(Beispiele:* Körperform, -gewicht und -temperatur; persönliches Identitätsbewusstsein).

Das dynamische Gleichgewichtsmodell erklärt die Möglichkeit spontaner Aktivität, die nicht durch innere Triebspannung (vgl. Psychoanalyse) oder äußere Reizung (vgl. Behaviorismus) veranlasst werden muss. Nicht Ruhe, sondern die Aufrechterhaltung eines mittleren Aktivitätsniveaus ist der Normalzustand eines Systems. Neugier, Bewegungs- und Betätigungsdrang sind Beispiele für dieses nicht nur menschliche Bestreben.

Dynamische Ordnung
Bereits 1920 hatte Köhler gezeigt, dass es zwei mögliche Formen von Ordnung gibt (vgl. Kap. 12.2.2): erzwungene Zielerreichung (Zwangsordnung) und freie Zielerreichung (dynamische Ordnung).

Freie dynamische Ordnungen finden sich in vielen Bereichen der belebten und unbelebten Natur *(Beispiele:* Wasserkreislauf in der Natur, Fettaugen auf der Suppe), teilweise auch in Verbindung mit auferlegten Ordnungen (im Organismus z.B. das Immunsystem, das nicht wie das Kreislaufsystem an feste Leitungsbahnen gebunden ist). In Familien, Schulklassen und anderen Sozialsystemen regeln gruppendynamische Prozesse in Verbindung mit Absprachen, Normen und Regeln das gemeinsame Handeln.

Freie Ordnungen sind das Ergebnis von *Selbstorganisationstendenzen,* die aus der inneren Interaktionsdynamik von Systemen hervorgehen (Kriz 1999, S. 53ff.). Selbststeuerung führt nicht nur dazu, dass sich prägnante Ordnungen und Strukturen spontan ausbilden. Die gleiche Dynamik sorgt auch dafür, dass diese Ordnungen aufrecht erhalten bleiben und sich bei äußeren Störungen – innerhalb bestimmter Grenzen – selbst wieder herstellen können *(Beispiele:* Selbstheilung im Organismus; Überwindung einer Denkblockade nach einer Prüfung).

Hierarchische Strukturierung
Darüber hinaus haben offene Systeme die *Fähigkeit zur Höherentwicklung*. Unter der Bedingung einer Abgrenzung nach außen (operationale Geschlossenheit) können sich Systeme zunehmend ausdifferenzieren und in ihren Funktionen spezialisieren. Dabei gehen sie zu immer weniger wahrscheinlichen Zuständen über, d.h. die jeweils höheren Entwicklungsstufen lassen sich nicht aus den vorausgehenden Bedingungen ableiten. Dabei steigern sie ihre Eigenkomplexität und bilden Subsysteme aus (*Beispiele:* Individualentwicklung und Evolution, Entwicklung einer kreativen Idee oder Rollendifferenzierung in Gruppen).

Damit Ausdifferenzierung und Spezialisierung nicht den Zusammenhalt im System gefährden, müssen sich gleichzeitig übergeordnete Kontroll- und Steuerungsmechanismen entwickeln (*Beispiele:* Zentralnervensystem in biologischen oder Leitungs- und Führungsstrukturen in sozialen Systemen). Kammermusiker können noch ohne Dirigenten spielen, ein Sinfonieorchester nicht mehr!

Rückkoppelung
Dynamische Systeme verändern oder stabilisieren sich selbstregulierend durch Rückkoppelungsprozesse („Feedback"), indem Effekte auf ihre Ursache zurückwirken. *Negative Rückkoppelung* ermöglicht die Selbststabilisierung des Systems, indem interne oder externe Störungen kompensiert und abgewehrt werden. (*Beispiele*: Regulierung der Raumtemperatur durch einen Thermostaten oder der Körpertemperatur durch Schwitzen bzw. Gänsehaut; Ausgleich erhöhter Arbeitsanforderung durch vermehrte Anstrengung). Durch *positive Rückkoppelung* (Selbstverstärkung) kann sich ein Anfangstrend in einem System immer mehr aufschaukeln und die Stabilität des Systems bedrohen (*Beispiele:* Rüstungsspirale oder eskalierende Konflikte).

Zirkuläre Kausalität
Innerhalb von Systemen sowie zwischen ihnen und ihrer Umgebung bestehen komplexe zirkuläre (kreisförmige) Wirkungszusammenhänge, in denen Ursache und Wirkung, Anfang und Ende nicht zu trennen sind (s. Abb. 16-7).

Abb. 16-7: Lineare vs. zirkuläre Kausalität

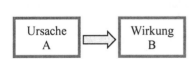
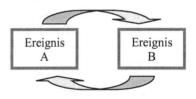

Lineare Kausalität   *Zirkuläre (nicht-lineare) Kausalität*

Die systemische Sichtweise unterscheidet sich von anderen Perspektiven darin, dass die „Ursache" für ein auffälliges Verhalten (z.B. Unterrichtsstörungen eines Schülers) nicht einseitig auf personaler Ebene (Der Schüler ist undiszipliniert) oder auf interpersoneller Ebene beim Interaktionspartner (Der Vater ist streng, der Lehrer autoritär) gesucht wird. Vielmehr fragt man, welche Funktion die Auffälligkeit im sozialen System hat. Auf der systemischen Ebene gibt es keine isolierten Ursachen oder Schuldzuweisungen, jedoch eine Mitverantwortung aller Beteiligten, die sich wechselseitig beeinflussen und in ihrem Verhalten stabilisieren (Hennig & Knödler 1998). Das autoritäre Lehrerverhalten wird möglicherweise durch die Unterrichtsstörungen ebenso verstärkt wie umgekehrt der Schüler auf das Lehrerverhalten reagiert. Beide sind in einem *Teufelskreis* gefangen. Vielleicht versucht der Schüler auch unbewusst, über seine schulischen Probleme die Beziehung zwischen seinen Eltern zu retten (vgl. auch Beispiel 16-8).

Beispiel 16-8: Zirkuläre Kausalität

„Junge, hab ich diesen Kerl schon konditioniert! Jedes Mal wenn ich den Hebel herunterdrücke, wirft er Futter herein." (Aus: Pervin 1987, S. 365).

Fähigkeit zur Neuanpassung
Für Systeme ist es überlebenswichtig, vorbeugend oder rückwirkend Störungen des Fließgleichgewichts auszugleichen. Innere und äußere Einflüsse machen immer wieder *Kalibrierungen* (Neueinstellungen des Gleichgewichts) notwendig, die sich häufig in „Sprüngen" vollziehen (*Beispiele:* Erhöhung der Körpertemperatur bei einem Infekt; Anpassung der Interaktionsmuster in der Familie nach Geburt eines Kindes). „Gesunde" Systeme verhalten sich gegenüber vielen Änderungen sehr robust und stabil, während in labilen Systemen bereits geringfügige Veränderungen (zusätzliche Belastungen) zu irreversiblen Störungen oder gar zum Zerfall des Systems (z.B. Scheidung oder Tod) führen können.

16.6.3 Kritische Bewertung

Der systemische Ansatz gewinnt in neuerer Zeit in allen Zweigen der Human- und Sozialwissenschaften zunehmend an Bedeutung, häufig in Verbindung mit *konstruktivistischen Auffassungen* (s. 16.7). In der Psychologie hat er die Ökologische bzw. Umweltpsychologie (Kap. 10), die Organisationspsychologie und insbesondere die Beratungspraxis und Psychotherapie stark beeinflusst (Entwicklung von Paar-, Familien-, Gruppentherapien). Für Lehrer und Erzieher ist die systemische Sicht von Schule, Familie und Familienentwicklung (Schneewind 1998) von besonderem Interesse. In vielen ihrer Grundannahmen stimmen der systemische und der gestalttheoretische Ansatz (16.4) so gut überein, dass man die Gestaltpsychologie für einen – auf psychologische Sachverhalte spezialisierten – Zweig der Systemtheorie halten könnte, wenn beide nicht von verschiedenen Ursprüngen ausgegangen wären (Guss 1977b, S. 19).

Eine Universalwissenschaft wie die Systemtheorie steht grundsätzlich in Gefahr, die spezifische Eigenart von Phänomenen aus verschiedenen Einzeldisziplinen zugunsten abstrakter Strukturähnlichkeiten zu vernachlässigen. Der systemtheoretische Ansatz wird unangemessen verabsolutiert, wenn selbst psychiatrische Störungen wie die Schizophrenie „nur" als Symptom bestimmter Kommunikationsmuster aufgefasst werden. Die systemische Perspektive sollte durch andere Betrachtungsebenen ergänzt werden, so dass auch biologische, personale und andere Bedingungen – einschließlich ihrer jeweiligen Eigendynamik – berücksichtigt werden können (vgl. dazu den Ansatz von Kriz 1999, S. 120ff.).

16.7 Konstruktivismus und Kritischer Realismus

„Wie wirklich ist die Wirklichkeit?" Dieser Buchtitel Watzlawicks (1996) fasst Fragen nach den Möglichkeiten und Grenzen menschlicher Erkenntnis zusammen, die Philosophen von Platon bis heute beschäftigen. Nach Piaget (1992), einem der bekanntesten Vertreter des Konstruktivismus in der Psychologie, gehören Erkenntnistheorie und Psychologie eng zusammen, da beide nach Bedingungen des Erkennens, dem Wissensaufbau und dem Verhältnis zwischen erkennendem Subjekt und Erkenntnisobjekt fragen (vgl. Kap. 4 und 5).

16.7.1 Der Konstruktivismus und seine Vorläufer

Zur Erkenntnisfrage finden sich in der Philosophiegeschichte zwei gegensätzliche Positionen: *Empirismus* (vgl. 16.2.2) und *Rationalismus* (Descartes, Spinoza, Leibnitz). Während die Empiristen behaupten, die Welt bilde sich über die Sinne passiv in uns ab und die Erfahrung sei einzige Quelle unseres Wissens, vertreten die Rationalisten die Auffassung, dass es angeborene Kategorien der Vernunft gäbe, mit denen wir zur Erkenntnis der Welt gelangen könnten. Kant (1724-1804) verband beide Erkenntnisquellen in seiner Kritischen Philosophie: Erkenntnis gehe immer aus der Verarbeitung sinnlicher Eindrücke durch angeborene Formen des Anschauens und Denkens hervor. Die Erfahrung „roher Sinneseindrücke", und damit das „wahre Wesen der Dinge an sich" blieben uns stets verborgen.

Auf Kant und andere philosophische Vorläufer beruft sich der moderne *Radikale Konstruktivismus,* Etikett für einen interdisziplinären Ansatz, an dem Philosophen, Psychologen, Soziologen, Biologen, Hirnphysiologen, Linguisten, Physiker und Mathematiker arbeiten. Sie vereint die Einsicht, dass das, was wir für die Wirklichkeit halten, nicht mit einer äußeren („objektiven", „absoluten") Realität identisch, sondern das Ergebnis geistiger Prozesse ist. „Radikal" ist dieser Konstruktivismus vor allem deswegen, weil er jegliche Übereinstimmung zwischen dem Weltbild, das uns die Sinne vermitteln, und der objektiven Wirklichkeit bestreitet. Er vertritt die These, „dass wir die Welt, in der wir zu leben meinen, uns selbst zu verdanken haben" (Glasersfeld 1995, S. 17), dass die Welt ein Produkt kognitiver Konstruktion sei (S. 27), dass „Erkennen und Wissen nicht der Niederschlag eines passiven Empfangens sein können, sondern als Ergebnis von Handlungen eines aktiven Subjekts entstehen" (S. 30).

Dieses Konzept stellt unsere alltägliche Auffassung von Realität ebenso radikal infrage wie das Selbstverständnis der meisten Wissenschaftler. Wenn alle Erkenntnis Produkt geistiger Aktivität ist, dann ist die Auffassung, dass Naturwissenschaftler mit ihren Methoden die Gesetze der Natur „entdecken" und „wahrheitsgetreu" erkennen und beschreiben könnten, nicht haltbar (Glasersfeld 1995, S. 19). Schon Kant hatte festgestellt, dass der Verstand seine Gesetze nicht aus der Natur schöpft, sondern sie ihr vorschreibt. Wir gehen hier nicht näher auf die heterogenen und teils widersprüchlichen Beiträge zum Konstruktivismus ein und stellen stattdessen ein Konzept vor, dass die Schwächen anderer Ansätze vermeidet.

16.7.2 Das Modell des Kritischen Realismus

Der Kritische Realismus, eine auf den Gestaltpsychologen Köhler (1929) zurückgehende erkenntnistheoretische Grundhaltung, fragt ebenfalls danach, ob das, was wir wahrnehmen, tatsächlich so ist, wie wir es wahrnehmen. Sie ist „kritisch", weil sie streng unterscheidet zwischen dem, was objektiv existiert und was subjektiv wahrgenommen wird.

Abb. 16-9 zeigt einen bewusstseinsbegabten Organismus, der mit seinen Sinnesorganen seine Umwelt und sich selbst wahrnimmt. An zwei Beispielen soll demonstriert werden, dass diese Wahrnehmungen nicht die objektive Realität widerspiegeln und dass sich bei der Frage, wo sie eigentlich ihren Ort haben, Widersprüche zwischen Alltagserfahrung und Erkenntnissen der Neurophysiologie ergeben.

Von allen Sinnesorganen (z.B. vom Auge und vom Finger) führen Reizleitungen in verschiedene, untereinander vernetzte Bereiche des Großhirns, die Köhler als *psychophysisches Niveau (PPN)* bezeichnet. Der Begriff PPN verdeutlicht die Funktion dieser Hirnbereiche: Es ist die Nahtstelle zwischen physiologischen und psychischen Prozessen:

1) Hier wird das Physische (Nervenerregungen) psychisch, d.h. zu einer bewussten Wahrnehmung (Sehen, Hören, Riechen, Schmecken, usw.) oder Körperempfindung (Berührung, Schmerz, Hunger, Durst usw.).

2) Umgekehrt wird das Psychische auch physisch: Von dort ausgehend verlaufen Nervenbahnen zur gesamten Skelettmuskulatur (in Abb. 16-9 nicht eingetragen). Willentlich ausgelöste Impulse steuern in ständigem Wechselspiel mit den aus den Sinnesorganen eintreffenden Informationen unseren Bewegungsapparat und machen es möglich, angemessen auf die Umwelt zu reagieren.

Abb. 16-9: Das Modell des Kritischen Realismus
(in Anlehnung an Tholey & Utecht 1997, S. 141)

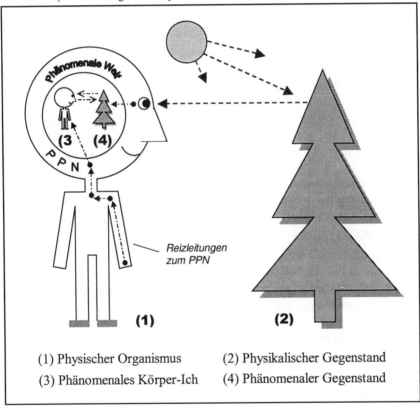

(1) Physischer Organismus (2) Physikalischer Gegenstand
(3) Phänomenales Körper-Ich (4) Phänomenaler Gegenstand

Das PPN ist auch der Ort, an dem sich alle anderen psychischen Prozesse (Gefühle, Gedanken, Urteile oder Bewertungen) abspielen, es ist der „Sitz" unseres Bewusstseins. Das alte Leib-Seele-Problem, wie aus materiellen Prozessen Bewusstsein entsteht und aus Psychischem körperliche Prozesse hervorgehen, lässt sich wahrscheinlich nie klären. Hirnprozesse und Bewusstsein sind zwei Seiten der gleichen Medaille.

Widerspruch zwischen Innen und Außen
Beispiel 16-10: Gegenstandswahrnehmung

> Wie kommt die Wahrnehmung eines Baumes zustande und wo wird dieser Baum wahrgenommen? Abb. 16-9 zeigt den Weg von der Sonne über den realen Baum, das Auge und die Bahn des Sehnerven bis zum Gehirn. Das im Sehzentrum der Großhirnrinde (PPN) eintreffende Erregungsmuster ist das unmittelbare physiologische Korrelat des wahrgenommenen Baumes. Aus diesen Hirnprozessen entsteht der anschauliche oder phänomenale Baum (4), der nicht identisch ist mit dem in der äußeren Welt existierenden physikalischen Baum (2).
>
> Die vorgelagerten Prozesse sind nicht einmal notwendig, damit ich einen Baum wahrnehmen kann, sofern der Wahrnehmungsbegriff auch Vorstellungs- und Traumbilder einschließt. Ich kann mir den Baum noch bildlich vorstellen, wenn es dunkel ist, der Baum nicht existiert, das Auge oder der Sehnerv geschädigt ist. Ist jedoch das primäre Sehzentrum in der Hirnrinde beidseitig – infolge eines Unfalls oder Tumors – zerstört, wird jede Art von visueller Wahrnehmung unmöglich, der Betreffende leidet an *Rindenblindheit*.

Aus Beispiel 16-10 folgt: Allein entscheidend für die Objektwahrnehmung sind die nervösen Vorgänge im PPN, in dem nur interne Signale verarbeitet werden, unabhängig vom Ort ihrer Entstehung. Wenn dort wie im Traum Erregungsmuster spontan entstehen, sind ihnen gleiche Phänomene zugeordnet wie bei externer Sinnesreizung. Die in der Regel vorgeschalteten Zwischenglieder sind zwar für eine angemessene Orientierung in der Umwelt notwendig, nicht aber für das Zustandekommen von Wahrnehmungen überhaupt!

Diese Erkenntnisse legen den Schluss nahe, dass Wahrnehmungsobjekte dort wahrgenommen werden müssten, wo sich die zugeordneten nervösen Prozesse abspielen, nämlich im PPN unseres Gehirns. Dem physiologischen Tatbestand steht jedoch die alltägliche Erfahrung entgegen, dass wir Wahrnehmungsgegenstände nicht im Kopf, sondern in der Außenwelt lokalisieren. Es entsteht ein *Widerspruch zwischen Innen und Außen*.

Beispiel 16-11: Schmerzempfindung

> Wie kommt bei einer Verletzung am Finger eine Schmerzempfindung zustande und wo spüre ich den Schmerz? Schmerzrezeptoren sind freie Nervenendigungen unter der Haut, die auf eine große Zahl von schädigenden Reizen ansprechen. Die Reizleitung vom Finger (1) zum Gehirn (3) ist in Abb. 16-9 dargestellt. Hier laufen vergleichbare neurophysiologische Prozesse ab wie bei der visuellen Wahrnehmung. Die Erregung erreicht nur einen anderen Bezirk des PPN (das sensorische Zentrum in der hinteren Zentralwindung des Großhirns).

Hier entsteht der gleiche Widerspruch: Warum tut es im Finger weh und nicht im Kopf, wenn die entscheidenden psychophysiologischen Prozesse wieder im Großhirn zu suchen sind?

Auflösung des Widerspruchs
Der Widerspruch erweist sich nach Köhler (1929) als *Scheinproblem*, wenn man von einer „Verdoppelung der Welt" ausgeht und konsequent unterscheidet zwischen der transphänomenalen (erfahrungsjenseitigen) und der phänomenalen (subjektiv erlebten) Welt (vgl. die Übersicht 16-12).

Übersicht 16-12: Transphänomenale und phänomenale Welt

Transphänomenale Welt

(1) **transphänomenaler physischer Organismus:**
unser objektiv existierender Körper mit allen sich darin abspielenden physikalischen und chemischen Prozessen (z.B. einer Verletzung am Finger)

(2) **transphänomenale physikalische Umgebung:**
die objektiv existierende Umwelt physikalischer Objekte, anderer Organismen, Vorgänge oder Prozesse (z.B. der physikalische Baum)

Phänomenale Welt

(3) **phänomenales Körper-Ich:**
alle Körperempfindungen, aus denen sich unser Körperbild aufbaut, i.w.S. auch alle Gedanken, Gefühle, das Ich-Bewusstsein, Selbstbild usw. (z.B. eine Schmerzempfindung im Finger)

(4) **phänomenale Umgebung:**
alle in der Außenwelt erlebten Gegenstände, Personen, Lebewesen, Ereignisse, Vorgänge usw. (z.B. der anschauliche Baum)

Die Ausgangsfrage, warum wir die Außenwelt (4) und uns selbst (3) nicht in unserem Kopf (1) erleben, war falsch gestellt: Damit war unausgesprochen vorausgesetzt, dass der physische Organismus (1) in seiner objektiven Existenz erfahrbar sei. Da uns die reale Welt verschlossen ist – hier wäre der Begriff *Black Box* (vgl. 16.2) wirklich angemessen! –, ist es nicht möglich, irgendein Phänomen in dieser Welt zu lokalisieren.

Der Widerspruch löst sich auf, wenn wir die räumlichen Beziehungen innerhalb der beiden Welten betrachten und anerkennen, dass nur die Beziehung zwischen (3) und (4) unserem Bewusstsein zugänglich ist:

- Der physische Körper (1) befindet sich in der physikalischen Umwelt (2).
- Das erlebte Körper-Ich (3) befindet sich innerhalb der phänomenalen Umwelt (4).

Dabei wird – in Einklang mit physiologischen Erkenntnissen – vorausgesetzt, dass im PPN Innen- und Außenweltprozesse funktionell getrennt sind.

Tatsächlich, so muss man schließen, spielen sich alle psychophysischen Vorgänge der Gegenstandswahrnehmung (4) und Körperempfindungen (3) in unserem physischen Kopf (1) ab. Jedoch ist dies nicht bewusstseinsfähig!

16.7.3 Folgerungen und Kritische Bewertung

1) Kritischer vs. naiver Realismus: Der Kritische Realismus erschüttert unsere „naive" Weltanschauung, dass Wahrnehmungsgegenstände und physikalische Realität identisch seien. Stabilität und Verlässlichkeit der uns umgebenden Welt scheinen verloren zu gehen, wenn wir nur in einer subjektiven Welt leben und die objektive Realität nie erfahrbar ist. Das konsequente *Denken in zwei Welten* ist sicher unbequem, doch unumgänglich zur Vermeidung weitreichender Fehlschlüsse.

2) Naive Erkenntnistheorie des Behaviorismus: Es ist ein Irrtum, dass es durch Beschränkung auf physikalisch Messbares möglich sei, eine objektive Wissenschaft zu begründen.

3) Doppeldeutiger Reizbegriff: Der Reizbegriff wird noch immer in zwei Bedeutungen verwendet, die strikt zu trennen sind: (a) als objektiv-physiologischer Sachverhalt (physikalisch-chemische Einwirkung auf Sinneszellen) und (b) als Sachverhalt der phänomenalen Welt, für die Metzger (1986, S. 136) die Ausdrücke „Anreiz" oder „Anreger" vorgeschlagen hat.

4) Kritik des Konstruktivismus: Der Konstruktivismusbegriff ist unangemessen, weil er die Vorstellung eines fiktiven *Konstrukteurs* impliziert. In Konzepten, die Tholey (1986, S. 156) als „aktiven Konstruktivismus" kritisiert, hat diese fiktive kognitive Instanz sogar explizit die Rolle eines zweiten erkennenden Subjekts, das vor dem eigentlichen Beobachter steht, Informationen „verarbeitet" und „weiterleitet", seine eigene Welt „aktiv konstruiert", „erfindet", „aufbaut" oder „erschafft" (Glasersfeld 1995). Dabei handelt es sich um einen *Homunculus* (ein künstliches Männchen) im Sinne von Müller (1984).
Aus Sicht der Gestaltpsychologie sind prägnante Wahrnehmungsstrukturen dagegen das Ergebnis dynamischer *Selbstorganisationsprozesse* (s. 16.4), die keinen Organisator voraussetzen (Tholey 1986). Davon zu unterscheiden sind bewusste Formen geistiger Aktivität, etwa das reflektierte Lösen von Problemen oder die „Erfindung des Radikalen Konstruktivismus" (Nüse, Groeben, Freitag & Schreier 1995).

5) Zur objektiven Wirklichkeit: Radikale Konstruktivisten lehnen es oft ab, überhaupt eine bewusstseinsfremde Realität anzunehmen bzw. etwas darüber auszusagen, weil man ihre Existenz nicht verifizieren könne. Da Strukturen und Funktionen von Organismen jedoch das Ergebnis evolutionärer Anpassung an Bedingungen der physikalischen Welt sind, lassen sich daraus auch Hinweise auf diese Realität ableiten (Goethe:

„Wär' nicht das Auge sonnenhaft, die Sonne könnt' es nie erblicken"). Durch Eingriffe in die eigene Anschauungswelt können wir auch die Erfahrungswelten anderer Menschen verändern, beispielsweise eine Brücke bauen, über die andere gehen können (Metzger 1975b, S. 46f.).

6) Erklärungsumfang: Hinsichtlich Plausibilität, Erklärungsumfang, Flexibilität und heuristischer Fruchtbarkeit ist das kritisch-realistische Modell neueren konstruktivistischen Konzepten überlegen. Viele Sachverhalte lassen sich zwanglos und widerspruchsfrei einfügen, die in anderen Ansätzen bisher keine einleuchtende Erklärung gefunden haben (s. Metzger 1986, S. 137f.):

- Alle Erlebnisinhalte haben eine *psychische Realität,* unabhängig davon, ob es dafür objektive Reizgrundlagen oder andere nachweisbare körperliche Grundlagen gibt: Gefühle, Gedanken, Träume, Halluzinationen oder Phantomschmerzen.

- *Gruppenphänomene* (wie Sympathie oder Klassenatmosphäre) sind anschaulich reale Eigenschaften überindividueller Ganzheiten, die aus dynamischen Wechselwirkungen zwischen Selbst- (3) und Außenweltwahrnehmungen (4) in den PPNs aller Interaktionspartner hervorgehen (s. Doppelpfeil in Abb. 16-9).

- Es gibt *viele phänomenale Welten,* aber nur eine physikalische Welt. Erlebnis- und Verhaltensunterschiede resultieren aus strukturellen und funktionellen Verschiedenheiten der PPNs und Sinnesorgane (in Abhängigkeit von genetischer Ausstattung, Entwicklungsstand, Lerngeschichte, aktueller Befindlichkeit usw.).

- Die *Grenzen zwischen Ich und Umwelt* sind veränderlich. Werkzeuge oder Schreibgeräte werden häufig als Erweiterung des Körper-Ichs, ein „eingeschlafener" Arm dagegen als Fremdkörper erlebt. Drogen, Hirngifte oder Psychosen verändern die phänomenale Außen- (4) und Innenwelt (3) oft radikal bis zur völligen Verzerrung von Form und Zusammenhang des eigenen Körpers (z.B. Sacks 2001).

- Zwischenmenschliche Kommunikation wird dadurch möglich, dass die PPNs des Menschen in der Regel *strukturähnlich* sind. Andere Organismen leben in artspezifisch verschiedenen Welten. Bienen z.B. reagieren auf ultraviolettes Licht, Schlangen auf infrarote Strahlung und Fledermäuse auf Ultraschall.

- Fazit: Lehrer und Erzieher sollten stets beachten, das Kinder und Jugendliche in *„anderen Welten"* leben, sich selbst und ihre Umgebung anders wahrnehmen, andere Bedürfnisse haben und anders reagieren als Erwachsene!

16.8 Zur Praxisrelevanz der Pädagogischen Psychologie

16.8.1 Das Verhältnis von Theorie und Praxis

So wie Praxis immer theoriegeladen ist (s. 16.1), sind auch Theorien nie ohne Praxisbezug, da sie in konkreten Beobachtungen ihre Erfahrungsgrundlage haben. Ursprünglich „gute" Theorien können jedoch in der überlieferten Praxis allmählich verwässert oder durch neue Erkenntnisse überholt werden. Praxis verliert dann die Fähigkeit, sich selbst zu korrigieren. Andererseits können sich Theorien verselbständigen und von der empirischen Basis immer mehr entfernen, so dass sie an Erklärungswert verlieren. Die notwendige permanente Verzahnung von Theorie und Praxis hat Heckhausen (1974, S. 577) in zwei eingängigen Formeln zusammengefasst: „Praxis ohne Theorie macht auf die Dauer dumm" sowie „Theorie ohne Praxis macht auf die Dauer blind".

Die Rückbindung der Theorie an die Praxis sollte sich nicht darauf beschränken, aus der Theorie Hypothesen abzuleiten, die in der Praxis geprüft werden. Hypothesen müssen sich durch die praktische Erfahrung auch verändern können und zu veränderten Fragestellungen in der Wissenschaft beitragen. Das Theorie-Praxis-Verhältnis ist deshalb als ein ständiger, hierarchisch abgestufter Prozess wechselseitiger Beeinflussung, Kontrolle und Anregung zu verstehen. Dies ist in Abb. 16-13 in vereinfachter Form veranschaulicht:

Abb. 16-13:   Hierarchisches Prozessmodell des Theorie-Praxis-Verhältnisses

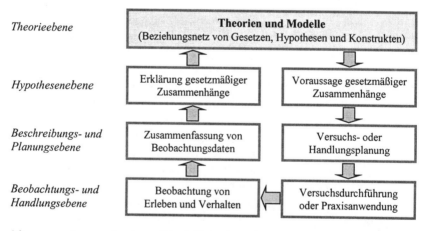

Als anwendungsorientierte Disziplin stützt sich die Pädagogische Psychologie auch auf eigenständige *Grundlagenforschung* im „pädagogischen Feld" und macht Erziehungs- und Unterrichtsprozesse unmittelbar zum Gegenstand von Forschung und Theoriebildung (s. Kap. 1.2.3). Keine der im vorausgehenden Überblick dargestellten Theorien ist eine in diesem Sinn pädagogisch-psychologische Theorie. Die Relevanz dieser Ansätze für die pädagogischen Praxis ist daher sehr unterschiedlich zu bewerten. Praxisnähe oder Praxisferne hängen davon ab, welches Menschenbild den Theorien zugrunde liegt (z.B. der Mensch als passiver Empfänger vs. aktiver Gestalter), wie sie ihren Untersuchungsgegenstand definieren (z.B. beobachtbares Verhalten vs. unbewusste Prozesse), welche Forschungsstrategien sie verfolgen (z.B. Detailanalysen vs. ganzheitliche Phänomenerfassung) und welche Methoden sie anwenden (z.B. tierexperimentelle Studien vs. Einzelfallanalysen gestörten Verhaltens).

16.8.2 Vom praktischen Nutzen einer „guten" Theorie

Erzieher und Lehrende erwarten von der Psychologie häufig unmittelbare Hilfe zur Verbesserung der pädagogische Praxis durch wissenschaftlich begründete Handlungsanweisungen in Form von „Rezepten". Auf Fragen wie „Was kann ich tun, damit Schüler effektiver lernen?" oder „Macht Fernsehen aggressiv?" gibt es jedoch keine einfachen Antworten!

Theorien haben die Funktion, die Komplexität der Wirklichkeit zu reduzieren, so dass ihre Aussagen immer abstrakt und allgemein formuliert sind (s. 16.1). Sie erfassen nur grundlegende Einzelaspekte aus der Praxis, während in der Praxis eine Vielzahl konkreter Besonderheiten zusammenwirkt. Praxissituationen sind so komplex, dass es unmöglich erscheint, sie jemals wissenschaftlich völlig aufklären zu können. Im Alltag besteht gewöhnlich auch keine Zeit, zuerst aufwendige Analysen durchzuführen, bevor man entscheiden und handeln kann. Es bleibt dann keine andere Wahl, als sich wenigstens zum Teil auf Intuition und Alltagstheorien zu stützen und dieses Spannungsverhältnis zwischen Theorie und Praxis auszuhalten.

Theorien haben deshalb nur eine mittelbare praktische Relevanz. Dennoch ist es für Pädagogen nützlich, sich mit Methoden, Ergebnissen und Theorien der Pädagogischen Psychologie nicht nur im Studium, sondern auch in der beruflichen Fortbildung auseinander zu setzen. Welche Hilfen die Psychologie für die pädagogische Praxis bieten kann, wurde bereits in Kap. 2.4 angesprochen. „Gute" Theorien können helfen, die Wahrnehmung für Phänomene und Prozesse in Unterricht und Erziehung zu schärfen, Eigenarten und Bedürfnisse von Kindern und Jugendlichen besser zu verstehen, begründete Hypothesen zur Erklärung auffälligen Verhaltens zu liefern, das eigene pädagogische Handeln zu reflektieren, Handlungsstrategien systematisch zu planen, Lehrmaterialien und Medien unter psychologisch-didaktischen Gesichtspunkten auszuwählen und einzusetzen oder bestimmte Erziehungsmittel zu bevorzugen und auf andere aus guten Gründen zu verzichten. Dazu etwas beizutragen, war Anliegen dieses Buches.

Es sind jedoch noch vielfältige *Hindernisse* zu überwinden, um die Kluft zwischen psychologischer Theorie und pädagogischer Praxis zu verringern:

- Abbau von Kommunikationsbarrieren zwischen Theorie und Praxis (z.B. durch Vermeidung des vielfach unnötig komplizierten Fachchinesisch von Theorien);
- Verringerung der Praxisferne vieler Wissenschaftler (z.b. durch engere Kooperation mit der Praxis und durch Anreize, „Wissenschaft weiterzugeben");
- Abbau von Ressentiments in der Praxis gegenüber der Theorie bzw. von Widerständen, neue Ergebnisse überhaupt zur Kenntnis zu nehmen (z.b. durch Verpflichtung zur regelmäßigen Fortbildung);
- Verminderung der Schwierigkeiten vieler Praktiker, aus abstrakten Theorien konkrete Folgerungen abzuleiten (z.b. durch verstärkte Praxisanleitung in Studium und Fortbildung);
- Immunisierung von Praktikern gegenüber der Versuchung, bei ersten Misserfolgen „gute" Theorien wieder durch naive Verhaltenstheorien zu ersetzen (z.b. durch „Auffrischung" theoretischer Kenntnisse in der beruflichen Fortbildung).

16.9 Zusammenfassung

1. Wissenschaftliche Theorien bestehen aus einem Beziehungsgeflecht allgemeingefasster Aussagen zur Beschreibung, Erklärung und Voraussage von Beobachtungsdaten.
2. Nichts ist so praktisch wie eine „gute" Theorie. Ihre Nützlichkeit lässt sich aufgrund formaler Kriterien und praktischer Bewährung beurteilen.
3. In Grundzügen werden sechs Theorierichtungen vorgestellt und bewertet: (1) Behaviorismus, (2) Tiefenpsychologie, (3) Kognitive Theorien, (4) Humanistische Psychologie, (5) Systemtheorie und (6) Konstruktivismus.
4. Die Verzahnung von Theorie und Praxis, d.h. der Weg von der Beobachtung zur Theorie und zurück in die Praxis, wird anhand eines Prozessmodells erläutert.
5. Abstrakte Theorien können für konkrete Praxissituationen nur eine mittelbare Relevanz haben. Verschiedene Hindernisse sind zu überwinden, um die Diskrepanz zwischen Theorie und Praxis zu minimieren.

Literatur

Adams, R. S. (1969). Location as a feature of instructional interaction. Merrill Palmer Quarterly, 15, 309-322.
Aebli, H. (1983). Zwölf Grundformen des Lehrens. Stuttgart: Klett-Cotta.
Ainsworth, M. D. S., Blehar, M. C., Waters, E. & Wall, S. (1978). Patterns of attachment: A psychological study of the strange situation. Hillsdale: Erlbaum.
Alexander, R., Rose, J. & Woodhead, C. (1992). Curriculum organization and classroom practice in primary schools. London: HMSO.
Alibali, M. W., Flevares, L. M. & Goldin-Meadow, S. (1997). Assessing knowledge conveyed in gesture: Do teachers have the upper hand? Journal of Educational Psychology, 89, 183-193.
Allport, G. W. (1935). Attitudes. In C. Murchison (Ed.), A handbook of social psychology (pp. 798-844). Worchester: Clarl University Press.
Allport, G. W. & Odbert, H.S. (1936). Trait names: A psycholexical study. Psychological Monographs, 47, 1,whole No. 211.
Althof, K. & Thielepape, M. (1995). Psychologie in der Verwaltung (5. Aufl.). Hamburg: Maximilian.
Amabile, T. (1983). The social psychology of creativity. New York: Springer.
Amato, P. R. & Keith, B. (1991a). Parental divorce and the well-being of children: A meta-analysis. Psychological Bulletin, 110, 26-46.
Amato, P. R. & Keith, B. (1991b). Parental divorce and adult well-being: A meta-analysis. Journal of Marriage and the Family, 53, 34-58.
Amelang, M. (2000). Anlage- (und Umwelt-)Faktoren bei Intelligenz- und Persönlichkeitsmerkmalen. In M. Amelang (Hrsg.), Determinanten individueller Unterschiede. Enzyklopädie der Psychologie C/VIII, Bd. 4 (S. 49-128). Göttingen: Hogrefe.
Amelang, M. & Bartussek, D. (1997). Differentielle Psychologie und Persönlichkeitsforschung (4., überarb. und erw. Aufl.). Stuttgart: Kohlhammer.
American Psychiatric Association. (1998). Diagnostisches und Statistisches Manual Psychischer Störungen, DSM-IV (2., verb. Aufl., Deutsche Bearbeitung: Saß, H., Wittchen, H. U. & Zaudig, M.). Göttingen: Hogrefe.
Ames, C. (1984). Achievement attributions and self-instructions under competitive and individualistic goal structures. Journal of Educational Psychology, 76, 478-487.
Ames, C. (1992). Classrooms: Goals, structures, and student motivation. Journal of Educational Psychology, 84, 261-271.
Anderman, L. & Anderman, E. M. (1999). Social predictors of changes in students' achievement goal orientations. Contemporary Educational Psychology, 25, 21-37.
Anderson, J. R. (2000). Learning and memory (2nd ed.). New York: Wiley.
Anderson, J. R. (2001). Kognitive Psychologie (3. Aufl.). Heidelberg: Spektrum.
Andrews, G. R. & Debus, R. L. (1978). Persistence and the causal perception of failure: Modifying cognitive attributions. Journal of Educational Psychology, 70, 154-166.

Andrisani, P. J. & Nestel, G. (1976). Internal-external control as contributor to and outcome of work experience. Journal of Applied Psychology, 61, 156-165.
Angermeier, M. (1970). Legasthenie – Verursachungsmomente einer Lernstörung. Weinheim: Beltz.
Apeltauer, E. (2000). Nonverbale Aspekte interkultureller Kommunikation. In H. S. Rosenbusch & O. Schober (Hrsg.), Körpersprache in der schulischen Erziehung (S. 100- 165). Hohengehren: Schneider.
Argyle, M. (1972). Soziale Interaktion. Köln: Kiepenheuer & Witsch.
Arnold, K.-H., Froberg, A., Schmaeck, J., Schröder-Begohin, Ä., Schubert, S. & Vogel, W. (2000). Integrierte Leistungsbeurteilung in der Orientierungsstufe und Sekundarstufe I. Abschlussbericht Schulbegleitforschungsprojekt 87. Bremen: Senator für Bildung und Wissenschaft.
Asch, S. (1956). Studies of independence and conformity. A minority of one against an unanimous majority. Psychological Monographs, 70 (No. 9).
Atkinson, J. W. (1964). An Introduction to motivation. Princeton: Van Nostrand.
Atkinson, R. C. & Shiffrin, R. M. (1968). Human memory: A proposed system and its control processes. In K. W. Spence & J. T. Spence (Eds.), The psychology of learning and motivation: Advances in research and theory (vol. 2, pp. 90-197). New York: Academic Press.
Ausubel, D. P. (1968). Educational psychology: A cognitive view. New York: Holt, Rinehart & Winston.
Auth, A. (1999). Die Bewältigung von Lebensenttäuschungen – Eine Chance zur persönlichen Entwicklung? Unveröffentl. Diplomarbeit, Johann Wolfgang Goethe-Universität Frankfurt am Main.
Axtell, R. E. (1994). Reden mit Händen und Füßen: Körpersprache in aller Welt. München: Knaur.
Bach, H., Knöbel, R., Arenz-Morch, A. & Rosner, A. (1986). Verhaltensauffälligkeiten in der Schule. Berlin: Marhold.
Baddeley, A. D. (1986). Working memory. Oxford: Oxford University Press.
Baddeley, A. D. (1999). Essentials of human memory. Hove: Psychology Press.
Bales, R. F. (1950). Interaction process analysis. A method of the study of small groups. Reading: Addison-Wesley.
Baltes, P. B. & Baltes, M. M. (1990). Psychological perspectives on successful aging: The model of selective optimization with compensation. In P. B. Baltes & M. M. Baltes (Eds.), Successful aging. Perspectives from the behavioral sciences (pp. 1-34). New York: Cambridge University Press.
Bandura, A. (1969). Principles of behavior modification. New York: Holt, Rinehart & Winston.
Bandura, A. (1993). Perceived self-efficacy in cognitive development and functioning. Educational Psychologist, 28, 117-148.
Bandura, A. (1997). Self-efficacy. New York: Freeman.
Barker. R. G. (1968). Ecological Psychology. Concepts and methods for studying the environment of human behavior. Stanford: Stanford University Press.
Baumert, J. & Lehmann, R. (1997). TIMSS – Mathematisch-naturwissenschaftlicher Unterricht im internationalen Vergleich: Deskriptive Befunde. Opladen: Leske + Budrich.
Becker, G. E. (1994). Planung von Unterricht: Handlungsorientierte Didaktik, Teil 1. Weinheim: Beltz.

Bedford, V. H. (1993). Geschwisterbeziehungen im Erwachsenenalter. In A. E. Auhagen & M. v. Salisch (Hrsg.), Zwischenmenschliche Beziehungen (S. 119-141). Göttingen: Hogrefe.
Beilin, H. (1959). Teachers' and clinicians' attitudes toward the behavior problems of children: A reappraisal. Child Development, 39, 9-25.
Bennett, N. & Dunne, E. (1992). Managing classroom groups. London: Simon & Schuster.
Berg, D. (1987). Konzentrationsstörungen bei Schulkindern. In R. Horn, K. Ingenkamp & R. S. Jäger (Hrsg.), Tests und Trends (Bd. 6, S. 65-102). Weinheim: Beltz.
Bernfeld, S. (1973). Sisyphos oder die Grenzen der Erziehung (Nachdruck, Erstauflage 1925). Frankfurt am Main: Suhrkamp.
Bertalanffy, L. v. (1953). Biophysik des Fließgleichgewichts. Braunschweig: Vieweg.
Bertalanffy, L. v. (1998). General System Theory. Foundations, Development, Applications. New York: Braziller.
Betz, D. & Breuninger, H. (1996). Teufelskreis Lernstörungen. Theoretische Grundlegung und Standardprogramm (4. Aufl.). Weinheim: PVU.
Binet, A. & Simon, T. (1905). Methodes nouvelles pour le diagnostic du niveau intellectuel des anormaux. L'Année Psychologique, 11, 191-244.
Block, J. H. & Burns R. B. (1976). Mastery Learning. In L. S. Shulman (Hrsg.), Review of research in education (Vol. 4, pp. 3-49). Itasca: Peacock.
Bloom, B. S. (1956). Taxonomy of educational objectives. Handbook 1 – Cognitive Domain. New York: McKay.
Bloom, B. S. (1964). Stability and change in human characteristics. New York: Wiley.
Bloom, B. S. (1968). Learning for mastery. Evaluation comment. Los Angeles: University of California, Center for the Study of Evaluation.
Böger-Huang, X. (1996). Von Konfuzius zu Picasso. Kreativitätserziehung in chinesischen Grundschulen. Dissertation, Johann Wolfgang Goethe-Universität Frankfurt am Main.
Borg, M. G. & Falzon, J. M. (1990). Teachers' perception of primary schoolchildren's undesirable behaviours: The effects of teaching experience, pupil's age, sex and ability stream. British Journal of Educational Psychology, 60, 220-226.
Borkenau, P. & Ostendorf, F. (1993). NEO-Fünf-Faktoren Inventar. Göttingen: Hogrefe.
Borsch, F., Jürgen-Lohmann, J. & Giesen, H. (2002). Kooperatives Lernen in Grundschulen: Leistungssteigerung durch den Einsatz des Gruppenpuzzles im Sachunterricht. Psychologie in Erziehung und Unterricht, 49, 172-183.
Bower, G. H. & Hilgard, E. R. (1981). Theories of learning (5th ed.). Englewood Cliffs: Prentice Hall.
Bransford, J. D. & Johnson, M. K. (1972). Contextual prerequisites for understanding: Some investigations of comprehension and recall. Journal of Verbal Learning and Verbal Behavior, 11, 717-726.
Brauchlin, E. (1990). Problemlösungs- und Entscheidungsmethodik: Eine Einführung. Bern: Haupt.
Breitenbach, E. & Reuter, A. (1995). Veränderte Kinder – veränderte Schule? Befragung von LehrerInnen der Schulen zur individuellen Lernförderung

(Sonderschulen für Lernbehinderte) im Regierungsbezirk Unterfranken. Heilpädagogische Forschung, 21, 186-193.

Bromme, R. (1997). Kompetenzen, Funktionen und unterrichtliches Handeln des Lehrers. In F. E. Weinert (Hrsg.), Psychologie des Unterrichts und der Schule. Enzyklopädie der Psychologie D/I, Bd.3 (S. 177-212). Göttingen: Hogrefe.

Bronfenbrenner, U. (1977). Toward an experimental ecology of human development. American Psychologist, 32, 513-531.

Bronfenbrenner, U. (1981). Die Ökologie der menschlichen Entwicklung. Natürliche und geplante Experimente. Stuttgart: Klett-Cotta.

Brophy, J. E. (1981). Teacher praise: A functional analysis. Review of Educational Research, 51, 5-32.

Brophy, J. E. (1987). On motivating students. In D.C. Berliner, & B. V. Rosenshine, (Eds.), Talks to teachers (pp. 201-245). New York: Random House.

Brophy, J. E. & Good, T. L. (1976). Die Lehrer-Schüler-Interaktion: Das Wechselspiel von Erwarten, Verhalten und Erfahren im Klassenzimmer. Folgerungen für Unterricht, Forschung und Lehrerausbildung. München: Urban & Schwarzenberg.

Brown, G. & Wragg, E. C. (1993). Questioning. London: Routledge.

Brown, S. & McIntyre, D. (1993). Making sense of teaching. Buckingham: Open University Press.

Bruner, J. S. (1964). The course of cognitive growth. American Psychologist, 19, 1-15.

Brunner, E. J. (2001). Lehrer-Schüler-Interaktion. In D. H. Rost (Hrsg.), Handwörterbuch der Pädagogischen Psychologie (2., überarb. u. erw. Aufl., S. 381-387). Weinheim: PVU.

Bühler, Ch. (1933). Der menschliche Lebenslauf als psychologisches Problem. Leipzig: Hirzel.

Bühler, Ch. & Hetzer, H. (1961). Kleinkindertests. Entwicklungstests vom 1. bis 6. Lebensjahr (3. Aufl.). München: Barth.

Bull, P. E. (1987). Posture and gesture. Oxford: Pergamon.

Butler, R. (1987). Task-involving and ego-involving properties of evaluation: Effects of different feedback conditions on motivational perceptions, interest, and performance. Journal of Educational Psychology, 79, 474-482.

Cattell, R.B. (1971). Abilities: Their structure, growth and action. Boston: Houghton Mifflin.

Cattell, R. B. (1978). Die empirische Erforschung der Persönlichkeit (2., überarb. Aufl.). Weinheim: Beltz.

Charlton, M., Feierfeil, R., Furch-Krafft, E. & Wetzel, H. (1980). Konfliktberatung mit Kindern und Jugendlichen. Eine Einführung in sozial-kognitive Beratungsstrategien. Weinheim: Beltz.

Chase, W. G. & Simon, H. A. (1973). The mind's eye in chess. In W. G. Chase (Ed.), Visual information processing (pp. 215-281). New York: Academic Press.

Chomsky, N. (1957). Syntactic structures. The Hague: Mouton

Chalmers, A.F. (1999). Wege der Wissenschaft. Einführung in die Wissenschaftstheorie (4. Aufl.). Berlin: Springer.

Cicirelli, V. G. (1994). The longest bond: The sibling life cycle. In L. L'Abate (Ed.), Handbook of developmental family psychology and psychopathology (pp. 44-59). New York: Wiley.

Collins, A., Brown, J. S. & Newman, S. E. (1989). Cognitive apprenticeship: Teaching the crafts of reading, writing and mathematics. In L. B. Resnick (Ed.), Knowing, learning and instruction (pp. 453-494). Hillsdale: Erlbaum.

Conners, C. K. (1973). Rating scales for use in drug studies with children. Psychopharmacology Bulletin (Special Issue, Pharmacotherapy of Children), 24-29.

Covington, M. V. & Teel, K. M. (1996). Overcoming student failure: Changing motives and incentives for learning. Washington: American Psychological Association.

Craik, F. I. M. & Lockhart, R. S. (1972). Levels of processing: A framework for memory research. Journal of Verbal Learning and Verbal Behavior, 11, 671-684.

Craven, R. G., Marsh, H. W. & Debus, R. L. (1991). Effects of internally focused feedback in enhancement of academic self-concept. Journal of Educational Psychology, 92, 17-27.

Cronbach, L. J. & Snow, R. E. (1977). Aptitudes and instructional methods: A handbook for research on interactions. New York: Irvington.

Czeschlik, T. (1998). Temperament und Erziehung. In D. H. Rost (Hrsg.), Handwörterbuch Pädagogische Psychologie (2., überarb. u. erw. Aufl., S. 705-709). Weinheim: PVU.

Daniels, D. H, Kalkman, D. L. & McCombs, B. L. (2001). Young children's perspectives on learning and teacher practices in different classroom contexts: Implications for motivation. Early Education & Development, 12, 253-273.

Deci, E. L. (1971). Effects of externally mediated rewards on intrinsic motivation. Journal of Personality and Social Psychology, 18, 105-115.

Deci, E. L., Netzlek, J. & Sheinman, L. (1981). Characteristics of the rewarder and intrinsic motivation on the rewardee. Journal of Personality and Social Psychology, 40, 1-10.

Deci, E. L. & Ryan, R. M. (1985). Intrinsic motivation and self-determination in human behavior. New York: Plenum Press.

Deci, E. L. & Ryan, R. M. (1987). The support of autonomy and the control of behavior. Journal of Personality and Social Psychology, 53, 1024-1037.

Deci, E. L. & Ryan, R. M. (1993). Die Selbstbestimmungstheorie der Motivation und ihre Bedeutung für die Pädagogik. Zeitschrift für Pädagogik, 39, 223-238.

Deutsche Shell (Hrsg.). (2000). 13. Shell Jugendstudie (Bd. 1). Opladen: Leske + Budrich.

Deutsches PISA-Konsortium (Hrsg.). (2000). PISA 2000. Basiskompetenzen von Schülerinnen und Schülern im internationalen Vergleich. Opladen: Leske + Budrich

Devolder, P. A. & Pressley, M. (1989). Metamemory across the adult lifespan. Canadian Psychology, Psychology of aging and gerontology, 30, 578-587.

Dilling, H., Mombour, W. & Schmidt, M. H. (Hrsg.). (1993). Internationale Klassifikation psychischer Störungen ICD-10, Kapitel V (F). In Klinisch-diagnostische Leitlinien (2., korr. u. bearb. Aufl.). Bern: Huber.

Dillon, A. & Gabbard, R. (1998). Hypermedia as an educational technology: A review of the quantitative research literature on learner comprehension, control, and style. Review of Educational Research, 69, 217-259.

Döpfner, M., Schürmann, S. & Frölich, J. (2002). Das Therapieprogramm für Kinder mit hyperkinetischem und oppositionellem Problemverhalten (THOP). (3., vollst. überarb. Aufl.). Weinheim: PVU.

Dollase, R. (1973). Soziometrische Techniken. Weinheim: Beltz.

Dollase, R. (1984). Grenzen der Erziehung. Anregung zum wirklich Machbaren in der Erziehung. Düsseldorf: Schwann.
Dollase, R. (1985). Entwicklung und Erziehung. Stuttgart: Klett.
Dollase, R. (2001). Soziometrie. In D. H. Rost (Hrsg.), Handwörterbuch der Pädagogischen Psychologie (2., überarb. u. erw. Aufl., S. 679-685). Weinheim: PVU.
Doucet, F. (1971). Forschungsobjekt Seele. München: Kindler.
Dowaliby, F. J. & Schumer, H. (1973). Teacher-centered versus student-centered mode of college classroom instruction is related to manifest anxiety. Journal of Educational Psychology, 64, 125-132.
Dreesmann, H. (1994). Zur Psychologie der Lernumwelt. In B. Weidenmann & A. Krapp (Hrsg.), Pädagogische Psychologie (3. Aufl., S. 447-491). Weinheim: Beltz.
Dresel, M. (2000). Motivationsförderung im schulischen Kontext: Effekte der Inhaltsvariation und Sequenzierung attributionalen Feedbacks. Unveröffentlichte Dissertation, Ludwig-Maximilians-Universität München.
Dresel, M., Ziegler, A. & Heller, K. A. (1999). MatheWarp. Ein Mathematik-Lern- und Übungsprogramm mit integrierter Motivationsförderung. CD-ROM und Handbuch für Schüler(innen) [Computer Software]. München: BTA. Erhältlich unter: http://www.mathewarp.de.
Duncker, K. (1935). Zur Psychologie des produktiven Denkens (3. Aufl., Neudruck 1974). Berlin: Springer.
Dunkin, M. J. & Biddle, B. J. (1974). The study of teaching. New York: Holt, Rinehart & Winston.
Dweck, C. S. & Elliot, E. S. (1983). Achievement motivation. In E. M. Hetherington, (Ed.), Socialization, personality, and social development (4th ed., pp.643-691). New York: Wiley.
Dweck, C. S. & Leggett, E. L. (1988). A social-cognitive approach to motivation and personality. Psychological Review, 95, 256-273.
Ebbinghaus, H. (1885). Über das Gedächtnis. Leipzig: Duncker & Humblot.
Eckensberger, L. H. & Römhild, R. (2000). Kulturelle Einflüsse. In M. Amelang (Hrsg.), Determinanten individueller Unterschiede. Enzyklopädie der Psychologie C/VIII, Bd.4 (S. 667-731). Göttingen: Hogrefe.
Eckert, H. & Laver, J. (1994). Menschen und ihre Stimmen. Weinheim: PVU.
Edelmann, W. (2000). Lernpsychologie (6. Aufl.). Weinheim: PVU.
Eder, F. (2001). Schul- und Klassenklima. In D. H. Rost (Hrsg.), Handwörterbuch Pädagogische Psychologie (2., überarb. u. erw. Aufl., S. 578-586). Weinheim: PVU.
Edwards, D. & Mercer, N. (1987). Common knowledge: The development of understanding in the classroom. London: Methuen.
Ellgring, H. (2000). Nonverbale Kommunikation. In H. S. Rosenbusch & O. Schober (Hrsg.), Körpersprache in der schulischen Erziehung (S. 9-53). Hohengehren: Schneider.
Elliot, A. J. & Harackiewicz, J. M. (1996). Approach and avoidance goals and intrinsic motivation: A mediational analysis. Journal of Personality and Social Psychology, 70, 461-475.
Engelkamp, J. (1991). Das menschliche Gedächtnis. Das Erinnern von Sprache, Bildern und Handlungen (2. Aufl.). Göttingen: Hogrefe.

Epstein, J. (1989). Family structure and student motivation: A developmental perspective. In C. Ames & R. Ames (Ed.), Research on motivation in education (Vol. 3, pp. 259-295). San Diego: Academic Press.
Erikson, E. H. (1980). Identität und Lebenszyklus. Drei Aufsätze (6. Aufl., Original erschienen 1959). Frankfurt am Main: Suhrkamp.
Erikson, E. H. (1982). Kindheit und Gesellschaft (8. Aufl., Original erschienen 1950). Stuttgart: Klett-Cotta.
Erikson, E. H. (1988). Jugend und Krise. Die Psychodynamik im sozialen Wandel (3. Aufl., Original erschienen 1966). Stuttgart: Klett-Cotta.
Ernst, C. & Angst, J. (1983). Birth order. New York: Springer.
Essau, C. A., Petermann, F. & Ernst-Goergens, B. (1995). Aggressives Verhalten im Jugendalter. Verhaltenstherapie, 5, 226-230.
Evertson, C. M. & Green, J. M. (1986). Observation as inquiry and method. In M. C. Wittrock (Ed.), Handbook of research on teaching (pp. 162-213). New York: Macmillan.
Eysenck, H. J. (1947). Dimensions of personality. London: Routhledge & Kegan Paul.
Facaoaru, C. (1985). Kreativität in Wissenschaft und Technik. Operationalisierung von Problemlösefähigkeiten und kognitiven Stilen. Bern: Huber.
Fahrenberg, J. (1995). Biopsychologische Unterschiede. In M. Amelang (Hrsg.), Verhaltens- und Leistungsunterschiede. Enzyklopädie der Psychologie C/VIII, Bd.2 (S. 139-193). Göttingen: Hogrefe.
Faßnacht, G. (1995). Systematische Verhaltensbeobachtung. (2., völlig neu bearb. Aufl.). München: Reinhardt.
Fast, J. (1979). Körpersprache. Reinbek: Rowohlt.
Fend. H. (1977). Schulklima. Weinheim: Beltz.
Fend, H. (1990). Vom Kind zum Jugendlichen. Der Übergang und seine Risiken. Bern: Huber.
Fend, H. (2000). Entwicklungspsychologie des Jugendalters: Ein Lehrbuch für pädagogische und psychologische Berufe. Opladen: Leske + Budrich.
Fichter, M. & Warschburger, P. (2000). Essstörungen. In F. Petermann (Hrsg.), Lehrbuch der Klinischen Kinderpsychologie und -psychotherapie (4., vollst. überarb. u. erw. Aufl., S. 561-585). Göttingen: Hogrefe.
Fischer, F. & Mandl, H. (2002). Lehren und Lernen mit neuen Medien. In R. Tippelt (Hrsg.), Handbuch Bildungsforschung (S. 623-637). Opladen: Leske + Budrich.
Flammer, A. (1996). Entwicklungstheorien. Psychologische Theorien der menschlichen Entwicklung (2., vollst. überarb. Aufl.). Bern: Huber.
Flanders, N. A. (1970). Analyzing teaching behavior. Reading: Addison-Wesley.
Flavell, J. H. (1972). The analysis of cognitive-developmental sequences. Genetic Psychology Monographs, 86, 279-350.
Flores d' Arcais, G. B. (1975). Einflüsse der Gestalttheorie auf die moderne kognitive Psychologie. In S. Ertel, L. Kemmler & M. Stadler (Hrsg.), Gestalttheorie in der modernen Psychologie (S. 45-57). Darmstadt: Steinkopff.
Forgas, J. (1999). Soziale Interaktion und Kommunikation (4. Aufl.). Weinheim: Beltz.
Fox, R. (1995). Development and Learning. In C. Desforges (Ed.), An Introduction to Teaching (pp. 55-71). Oxford: Blackwell.

Fraser, B. J., Walberg, H. J., Welch, W. W. & Hattie, J. (1987). Syntheses of educational productivity research. International Journal of Educational Research, 11, 145-252.

Freud, S. (1933a). Neue Folge der Vorlesungen zur Einführung in die Psychoanalyse. In: Studienausgabe (Nachdruck der 8. Auflage 1989). Bd. I. Frankfurt am Main: Fischer.

Freud, S. (1933b). Warum Krieg? In: Studienausgabe (Nachdruck der 8. Aufl. 1989), Bd. IX. Frankfurt am Main: Fischer.

Frey, S. (1999). Die Macht des Bildes. Bern: Huber.

Gage, N. L. & Berliner, D. C. (1996). Pädagogische Psychologie. (5., vollst. überarb. Aufl.). Weinheim: Beltz.

Gardner, H. (1983). Frames of mind. New York: Basic Books.

Gardner, H. (2000). Intelligence reframed: Multiple intelligences for the 21th century. New York: Basic Books (zitiert nach Klauser 2001a).

Gaude, P. (1989). Beobachten, Beurteilen und Beraten von Schülern. Frankfurt am Main: Diesterweg.

Gergen, K. J. & Gergen, M. M. (1978). Attribution im Kontext sozialer Erklärung. In D. Görlitz, W. U. Meyer & B. Weiner (Hrsg.), Bielefelder Symposium über Attribution (S. 221-223). Stuttgart: Klett-Cotta.

Giesler, M. (2001). Kreativität und organisationales Klima. Entwicklung und Validierung eines Fragebogens zur Erfassung von Kreativitäts- und Innovationsklima in Betrieben. Unveröffentl. Dissertation, Johann Wolfgang Goethe-Universität Frankfurt am Main.

Gießler-Fichtner, O., Freimann, M., Frey, F., Menzel, S. & Petermann, U. (2000). Verhaltensbeobachtungsbogen Schule (VBS-L). Psychologie in Erziehung und Unterricht, 47, 307-317.

Glasersfeld, E. v. (1995). Einführung in den radikalen Konstruktivismus. In P. Watzlawick (Hrsg.), Die erfundene Wirklichkeit (S. 16-38). München: Piper.

Glass, G. V. & Smith, M. L. (1978). Meta-analysis of research on the relationship of class-size and achievement. Boulder: Far West Laboratory for Educational Research.

Glöckel, H. (1996). Vom Unterricht: Lehrbuch der allgemeinen Didaktik (3. Aufl.). Bad Heilbrunn: Klinkhardt.

Goble, F. (1979). Die Dritte Kraft. A.H. Maslows Beitrag zu einer Psychologie seelischer Gesundheit. Freiburg: Olten.

Gold, A. & Opwis, K. (1992). Methoden zur empirischen Analyse von Chunks beim Reproduzieren von Schachstellungen. Sprache & Kognition, 11, 1-13.

Goldberg, L. R. (1993). The structure of phenotypic personality traits. American Psychologist, 48, 26-34.

Goldin-Meadow, S., Kim, S. & Singer, M. (1999). What the teacher's hands tell the student's minds about math. Journal of Educational Psychology, 91, 720-730.

Goleman, D. (1996). EQ – Emotionale Intelligenz. München: Hanser.

Good, T. L. & Brophy, J. E. (1997). Looking in classrooms. New York: Longman.

Gordon, T. (1991). Lehrer-Schüler-Konferenz. Wie man Konflikte in der Schule löst (3. Aufl.). Hamburg: Hoffmann und Campe.

Gottfried, A. E. (1985). Academic intrinsic motivation in elementary and junior high school students. Journal of Educational Psychology, 77, 631-645.

Graumann, C. F. (1973). Grundzüge der Verhaltensbeobachtung. In C. F. Graumann & H. Heckhausen (Hrsg.), Pädagogische Psychologie, Reader zum Funkkolleg (Bd. 1, S. 14-41). Frankfurt am Main: Fischer.

Graves, D. (1983). Writing: Teachers and children at work. Exeter: Heinemann.

Grell, J. (1990). Techniken des Lehrerverhaltens (13. Aufl.). Weinheim: Beltz.

Greszik, B., Hering, F. & Euler, H. A. (1995). Gewalt in Schulen – Ergebnisse einer Befragung in Kassel. Zeitschrift für Pädagogik, 41, 265-284.

Greve, W. & Wentura, D. (1997). Wissenschaftliche Beobachtung. Weinheim: PVU.

Grimm, H. & Schöler, H. (1991). Heidelberger Sprachentwicklungstest (2. Aufl.). Göttingen: Hogrefe.

Grissemann, H. (1990). Förderdiagnostik von Lernstörungen. Bern: Huber.

Gruber, H., Prenzel, M. & Schiefele, H. (2001). Spielräume für Veränderung durch Erziehung. In A. Krapp & B. Weidenmann (Hrsg.), Pädagogische Psychologie. Ein Lehrbuch (4., vollst. überarb. Aufl., S. 99-135). Weinheim: PVU.

Guilford, J. P. (1971). Persönlichkeit: Logik, Methodik und Ergebnisse ihrer quantitativen Erforschung (5. Aufl.). Weinheim: Beltz.

Guilford, J. P. (1973). Kreativität. Vortrag des Präsidenten der American Psychological Association am 5.9.1950. In G. Ulmann (Hrsg.), Kreativitätsforschung (S. 25-43). Köln: Kiepenheuer und Witsch.

Guilford, J. P. & Hoepfner, R. (1976). Analyse der Intelligenz. Weinheim: Beltz.

Gump, P. V. (1974). Operating environments in schools of open and traditional design. School Review, 4, 575-593.

Guss, K. (Hrsg.). (1975). Gestalttheorie und Erziehung. Darmstadt: Steinkopff.

Guss, K. (Hrsg). (1977a). Gestalttheorie und Fachdidaktik. Darmstadt: Steinkopff.

Guss, K. (1977b). Einführung in die Gestalttheorie. In K. Guss (Hrsg.), Gestalttheorie und Fachdidaktik (S. 1-25). Darmstadt: Steinkopff.

Haack, J. (2002). Interaktivität als Kennzeichen von Multimedia und Hypermedia. In L. J. Issing & P. Klimsa (Hrsg.), Information und Lernen mit Multimedia (3. Aufl., S. 127-136). Weinheim: PVU.

Hameister, H. (2001). Das dumme Männer-Chromosom. Frankfurter Rundschau (11.12.2001), S. 24.

Hammer, P.-M. (2001). Das Aufmerksamtkeitsdefizitsyndrom in Kontext der häuslichen Umwelt. Unveröffentl. Dissertation, Johann Wolfgang Goethe-Universität Frankfurt am Main.

Hanisch, G. (1988). Integrierte Gesamtschulen – eine Bilanz. Wien: Jugend und Volk.

Hanisch, G. (2001). Schulsystemvergleiche. In D. H. Rost (Hrsg.), Handwörterbuch Pädagogische Psychologie (2., überarb. u. erw. Aufl., S. 615-622). Weinheim: PVU.

Hanke, B., Mandl., H. & Prell, S. (1974). Soziale Interaktion im Unterricht (2. Aufl.). München: Oldenbourg.

Hany, E. (2001). Förderung der Kreativität. In K. J. Klauer (Hrsg.), Handbuch Kognitives Training (2., überarb. u. erw. Aufl., S. 262-291). Göttingen: Hogrefe.

Hasebrook, J. (2001). Multi-Media. In D. H. Rost (Hrsg.), Handwörterbuch Pädagogische Psychologie (2., überarb. u. erw. Aufl., S. 483-489). Weinheim: PVU.

Hasselhorn, M. & Hager, W. (2001). Kognitives Training. In D. H. Rost (Hrsg.), Handwörterbuch Pädagogische Psychologie (2., überarb. u. erw. Aufl., S. 343-351). Weinheim: PVU.

Hasselhorn, M., Schneider, W. & Marx, H. (Hrsg.) (2000). Diagnostik von Lese-Rechtschreibschwierigkeiten. Tests und Trends, Neue Folge (Bd. 1). Göttingen: Hogrefe.

Havighurst, R. J. (1956). Research on the developmental task concept. School Review. A Journal of Secondary Education, 64, 215-223.

Havighurst, R. J. (1982). Developmental tasks and education. New York: Longman.

Heckhausen, H. (1974). Bessere Lernmotivation und neue Lernziele. In: F.E. Weinert, C.F.Graumann, H. Heckhausen, M. Hofer u.a. (Hrsg.), Pädagogische Psychologie (S. 575-601). Frankfurt am Main: Fischer.

Heckhausen, H., Gollwitzer, P. M. & Weinert, F. E. (Hrsg.). (1987). Jenseits des Rubikon: Der Wille in den Humanwissenschaften. Berlin: Springer.

Heidemann, R. (1996). Körpersprache im Unterricht. Wiesbaden: Quelle & Meyer.

Hellbrück, J. (1993). Umweltpsychologie. In A. Schorr (Hrsg.), Handwörterbuch der Angewandten Psychologie. Die Angewandte Psychologie in Schlüsselbegriffen (S. 690-696). Bonn: Deutscher Psychologen Verlag.

Helmke, A. (1992). Selbstvertrauen und schulische Leistungen. Göttingen: Hogrefe.

Helmke, A. & Renkl, A. (1992). Das Münchner Aufmerksamkeitsinventar (MAI): Ein Instrument zur systematischen Verhaltensbeobachtung der Schüleraufmerksamkeit im Unterricht. Diagnostica, 38, 130-141.

Helmke, A., Schneider, W. & Weinert, F. E. (1986). Quality of instruction and classroom learning outcomes: The German contribution to the IEA Classroom Environment Study. In Teaching / Teacher Education (Vol 2, pp. 1-18). UK: Elsevier.

Helmke, A. & Weinert, F. E. (1997). Bedingungsfaktoren schulischer Leistungen. In F. E. Weinert (Hrsg.), Psychologie des Unterrichts und der Schule. Enzyklopädie der Psychologie D/I, Bd.3 (71-176). Göttingen: Hogrefe.

Hennig, C. & Knödler, U. (1998). Problemschüler – Problemfamilien. Ein praktisches Lehrbuch zum systemischen Arbeiten mit schulschwierigen Kindern (5., überarb. Aufl.). Weinheim: PVU.

Hesse, F. W., Garsoffky, B. & Hron, A. (2002). Netzbasiertes kooperatives Lernen. In L. J. Issing & P. Klimsa (Hrsg.), Information und Lernen mit Multimedia (3. Aufl., S. 283-298). Weinheim: PVU.

Hetzer, H. (1929). Kindheit und Armut. Psychologische Methoden in Armutsforschung und Armutsbekämpfung. Psychologie der Fürsorge. Nachdruck 1967 in H. Hetzer/ J. P. Ruppert (Hrsg.), Zur Psychologie des Kindes. Werke und Abhandlungen (S. 1-232). Darmstadt: WBG.

Hetzer, H. (1971). Entwicklungstestverfahren. Aufbau, Ausbau und praktische Anwendung (4. Aufl.). Weinheim: Beltz.

Hilke, R. & Kempf, W. (Hrsg.). (1982). Aggression: Naturwissenschaftliche und kulturwissenschaftliche Perspektiven der Aggressionsforschung. Bern: Huber.

Hoff, E.-H. (1998). Frühes Erwachsenenalter: Arbeitsbiographie und Persönlichkeitsentwicklung. In R. Oerter & L. Montada (Hrsg.), Entwicklungspsychologie. (4., korr. Aufl., S. 423-438). Weinheim: PVU.

Hoffmann, D. D. (2000). Visuelle Intelligenz. Wie die Welt im Kopf entsteht. Stuttgart: Klett-Cotta.

Hofmann, H. & Pekrun, R. (1999). Lern- und leistungsthematische Emotionen. In W. Friedlmeier & M. Holodynski (Hrsg.), Emotionale Entwicklung. Funktion, Regulation und soziokultureller Kontext von Emotionen (S. 114-132). Heidelberg: Spektrum.

Hofstätter, P. R. (1977). Persönlichkeitsforschung. Stuttgart: Kröner.

Holle, B. (1987). Motorische und perzeptuelle Entwicklung des Kindes. München: PVU.

Honzik, M. P., Macfarlane, J. W. & Allen, L. (1948). The stability of mental test performances between two and eighteen years. Journal for Experimental Education, 17, 309-324.

Huarte, J. (1575). Examen de ingenios para las sciencias (Deutsch: Prüfung der Köpfe zu den Wissenschaften, zitiert nach Doucet, 1971).

Humpert, W. & Dann, H. D. (1988). Das Beobachtungssystem BAVIS. Göttingen: Hogrefe.

Humpert, W. & Dann, H.D. (2001). KTM Kompakt: Basistraining zur Störungsreduktion und Gewaltprävention für pädagogische und helfende Berufe auf der Grundlage des „Konstanzer Trainingsmodells". Bern: Huber.

Imhof, M. & Prehler, C. (2001). Qualitative Veränderungen der Schrift bei hyperaktiven Kindern durch unspezifische Farbstimulation. Psychologie in Erziehung und Unterricht, 48, 38-48.

Issing, L. J. & P. Klimsa, P. (Hrsg.). (2002). Information und Lernen mit Multimedia (3. Aufl.). Weinheim: PVU.

Jäger, A.O. (1984). Intelligenz-Strukturforschung: Konkurrierende Modelle, neue Entwicklungen, Perspektiven. Psychologische Rundschau, 35, 21-35.

Jäger, R. S. (1997). Gütekriterien in der Pädagogischen Diagnostik. In R. S. Jäger, R. H. Lehmann & G. Trost (Hrsg.), Tests und Trends (Bd. 11, S. 146-165). Weinheim: Beltz.

Jäger, R. S. (2000). Von der Beobachtung zur Notengebung: Diagnostik in der Aus-, Fort- und Weiterbildung. Landau: Verlag Empirische Pädagogik.

Jansen, H., Mannhaupt, G., Marx, H. & Skowronek, H. (1999). Bielefelder Screening zur Früherkennung von Lese-Rechtschreibschwierigkeiten (BISC). Göttingen: Hogrefe.

Jensen, A. R. (1998). The g factor. The science of mental ability. Westport: Praeger.

Jerusalem, M. (1997). Schulklasseneffekte. In F. E. Weinert (Hrsg.). Psychologie des Unterrichts und der Schule. Enzyklopädie der Psychologie D/I, Bd. 3. (S. 253-278). Göttingen: Hogrefe.

Jerusalem, M. & Mittag, W. (1999). Selbstwirksamkeit, Bezugsnormen, Leistung und Wohlbefinden. In M. Jerusalem & R. Pekrun (Hrsg.), Emotion, Motivation und Leistungen (S. 223-245). Göttingen: Hogrefe.

Johnson, D. W. & Johnson, R. T. (1994). Learning together and alone: Cooperative, competitive, and individualistic learning (4th ed.). Boston: Allyn & Bacon.

Jürgen-Lohmann, J., Borsch, F. & Giesen, H. (2001). Kooperatives Lernen an der Hochschule: Evaluation des Gruppenpuzzles in Seminaren der Pädagogischen Psychologie. Zeitschrift für Pädagogische Psychologie, 15, 74-84.

Kagan, S. (1985). Learning to cooperate, cooperating to learn. New York: Plenum.
Kaiser, C. (1998). Körpersprache der Schüler: Lautlose Mitteilungen erkennen, bewerten, reagieren. Neuwied: Luchterhand.
Kanning, U. P. (1999). Psychologie der Personenbeurteilung. Göttingen: Hogrefe.
Kaplan, A. & Maehr, M. L. (1997). School cultures. In H. Walberg & G. Haertel (Eds.), Psychology and educational practice (Chapter 16, pp. 342-355). Berkeley: McCutchan.
Kasten, H. (1993). Die Geschwisterbeziehung (Bd. 1). Göttingen: Hogrefe.
Kebeck, G. & Sader, M. (1985). Phänomenologisch-experimentelle Methodenlehre. Ein gestaltpsychologisch orientierter Versuch der Explikation und Weiterführung. Gestalt Theory, 6, 193-245.
Kerner, R. (1995). Das kreative Arbeitsklima im Kindergarten und dessen Bedeutung für kreatives Denken und Handeln bei den Kindern. Unveröffentl. Diplomarbeit, Johann Wolfgang Goethe-Universität Frankfurt am Main.
Klaghofer, R. & Oser, F. (1987). Dimensionen und Erfassung des religiösen Familienklimas. Unterrichtswissenschaft, 15, 190-206.
Klauer, K. J. (1989). Denktraining für Kinder I. Ein Programm zur intellektuellen Förderung. Göttingen: Hogrefe.
Klauer, K. J. (1991). Denktraining für Kinder II. Ein Programm zur intellektuellen Förderung. Göttingen: Hogrefe.
Klauer, K. J. (Hrsg.). (2001a). Handbuch kognitives Training (2., überarb. u. erw. Aufl.). Göttingen: Hogrefe.
Klauer, K. J. (2001b). Training des induktiven Denkens. In K. J. Klauer (Hrsg.), Handbuch kognitives Training (2., überarb. u. erw. Aufl., S. 165-210). Göttingen: Hogrefe.
Klauer, K. J. (2001c). Intelligenz und Begabung. In D. H. Rost (Hrsg.), Handwörterbuch Pädagogische Psychologie (2., überarb. u. erw. Aufl., S. 280-285). Weinheim: PVU.
Klauer, K. J. & Lauth, G. W. (1997). Lernbehinderungen und Leistungsschwierigkeiten. In F. E. Weinert (Hrsg.), Psychologie des Unterrichts und der Schule. Enzyklopädie der Psychologie D/ I, Bd. 3. (S. 707-770). Göttingen: Hogrefe.
Klockhaus, R. & Habermann-Morbey, B. (1986). Psychologie des Schulvandalismus. Göttingen: Hogrefe.
Knapp, M. L. & Hall, J. A. (1997). Nonverbal communication in human interaction. Fort Worth: Harcourt Brace College Publishers.
Koch, J. J., Cloetta, B. & Müller-Fohrbrodt, G. (1972). Konstanzer Fragebogen für Schul- und Erziehungseinstellungen, KSE. Weinheim: Beltz.
Köhler, W. (1920). Die physischen Gestalten in Ruhe und im stationärem Zustand. Braunschweig: Vieweg.
Köhler, W. (1921). Intelligenzprüfungen an Menschenaffen (3. unveränderte Aufl.). Berlin: Springer.
Köhler, W. (1929). Über ein altes Scheinproblem. Die Naturwissenschaften, 17, 395-401.
Köller, O. (1998). Different aspects of learning motivation: The impact of interest and goal orientation on scholastic learning. In L. Hoffmann, A. Krapp, K. A. Renninger & J. Baumert (Eds.), Interest and learning (S. 94-101). Kiel: Institut für die Pädagogik der Naturwissenschaften an der Universität Kiel.

Kohlberg, L. (1995). Die Psychologie der Moralentwicklung. Frankfurt am Main: Suhrkamp.
Kollbrunner, J. (1995). Das Buch der Humanistischen Psychologie (3. Aufl.). Frankfurt am Main: Klotz.
Kounin, J. S. (1976). Techniken der Klassenführung. Stuttgart: Klett.
Kraak , B. (1997). Bullying, das Quälen von Mitschülern. Psychologie in Erziehung und Unterricht, 44, 71-77.
Krämer, W. (1997). So lügt man mit Statistik. (7., überarb. u. erw. Aufl.). Frankfurt am Main: Campus.
Krapp, A. & Weidenmann, B. (Hrsg.). (2001). Pädagogische Psychologie (4., vollst. überarb. Aufl.). Weinheim: PVU.
Krauthausen, G. & Scherer, P. (2001). Einführung in die Mathematikdidaktik. Berlin: Spektrum.
Kriz, J. (1999). Systemtheorie für Psychotherapeuten, Psychologen und Mediziner. Eine Einführung. Wien: Facultas Universitäts-Verlag.
Kröber-Riel, W. (1993). Bildkommunikation. München: Vahlen.
Krohne, H. W. (1996). Angst und Angstbewältigung. Stuttgart: Kohlhammer.
Krohne, H. W. & Hock, M. (1994). Elterliche Erziehung und Angstentwicklung des Kindes. Untersuchungen über die Entwicklungsbedingungen von Ängstlichkeit und Angstbewältigung. Bern: Huber.
Krohne, H. W. & Hock, M. (2001). Erziehungsstil. In D. H. Rost (Hrsg.), Handwörterbuch Pädagogische Psychologie. (2 überarb. u. erw. Aufl., S. 139-146). Weinheim: PVU.
Krohne, H. W. & Pulsack, A. (1995). Das Erziehungsstil-Inventar (ESI). Manual. Göttingen: Beltz.
Krowatschek, D. (2002). Marburger Konzentrationstraining. Dortmund: Borgmann.
Krug, S. & Hanel, J. (1976). Motivänderung: Erprobung eines theoriegeleiteten Trainingsprogrammes. Zeitschrift für Entwicklungspsychologie und Pädagogische Psychologie, 8, 274-287.
Kühn, R. (1987). Welche Vorhersage des Schulerfolgs ermöglichen Intelligenztests? Eine Analyse gebräuchlicher Verfahren. In R. Horn, K. Ingenkamp & R. S. Jäger (Hrsg.), Test und Trends 6: Jahrbuch der pädagogischen Diagnostik (S. 26-64). München: PVU.
Küspert, P. & Schneider, W. (1998). Würzburger Leise Leseprobe. Göttingen: Hogrefe.
Küspert, P. & Schneider, W. (1999). Hören, lauschen, lernen. Sprachspiele für Kinder. Göttingen: Vandenhoek & Ruprecht.
Kun, A. & Weiner, B. (1973). Necessary versus sufficient causal schemata for success and failure. Journal of Research in Personality, 7, 197-207.
Kurth, E. & Büttner, G. (1999). Testreihe zur Prüfung der Konzentrationsfähigkeit (TPK) (2. neubearb. Aufl.). Göttingen: Hogrefe.
Kyriacou, C. (1995). Direct Teaching. In C. Desforges (Ed.), An Introduction to Teaching (pp. 115-131). Oxford: Blackwell.
Landerl, K. (1996). Legasthenie in Deutsch und Englisch. Frankfurt am Main: Lang.
Landerl, K. & Wimmer, H. (1994). Phonologische Bewußtheit als Prädiktor für Lese- und Schreibfertigkeiten in der Grundschule. Zeitschrift für Pädagogische Psychologie, 8, 153-164.

Landerl, K., Wimmer, H. & Moser, E. (1997). Salzburger Lese- und Rechtschreibtest (SLRT). Göttingen: Hogrefe.
Langfeldt, H.-P. (1992). Kulturelle Unterschiede zwischen deutschen und koreanischen Lehrkräften bei der Beurteilung von erziehungsschwierigem Verhalten. Heilpädagogische Forschung, 18, 105-109.
Langfeldt, H.-P. (1993). „The Practical Theorist" – wer war es? In H. E. Lück & R. Miller (Hrsg.), Illustrierte Geschichte der Psychologie (S. 96). München: Quintessenz.
Langfeldt, H.-P. (Hrsg.). (2003). Kognitive Förderprogramme für Kinder und Jugendliche – ein Kompendium für die Praxis. Weinheim: PVU.
Langfeldt, H.-P. (im Druck). „Zappel-Philipp" und „Friederich der Wüterrich": Prototypen verhaltensgestörter Kinder. Eine Inhaltsanalyse von Gutachten. Psychologie in Erziehung und Unterricht.
Langfeldt, H.-P. & Kurth, E. (1994). Sonderpädagogische Förderung in den neuen Bundesländern und Berlin (Ost) – Eine quantitative und qualitative Beschreibung. In Bundesministerium für Bildung und Wissenschaft (Hrsg.), Studien – Bildung – Wissenschaft (Bd. 122). Bad Honnef: Bock.
Langfeldt, H.-P. & Tent, L. (1999). Pädagogisch-psychologische Diagnostik, Band 2: Anwendungsbereiche und Praxisfelder. Göttingen: Hogrefe.
Lauth, G. W. & Schlottke, P. F. (1994). Konzentrations- und Aufmerksamkeitsstörungen. In M. Hautzinger (Hrsg.), Kognitive Verhaltenstherapie bei psychischen Erkrankungen (S. 263-289). München: Quintessenz.
Lauth, G. W. & Schlottke, P. F. (2002). Training mit aufmerksamkeitsgestörten Kindern (5., erw. und überarb. Aufl.). Weinheim: PVU.
Lehmkuhl, G., Döpfner, M., Plück, J., Berner, W., Fegert, J. M., Huss, M., Lenz, K., Schmeck, K., Lehmkuhl, U. & Poustka, F. (1998). Häufigkeit psychischer Auffälligkeiten und somatischer Beschwerden bei vier- bis zehnjährigen Kindern in Deutschland im Urteil ihrer Eltern – ein Vergleich normorientierter und kriterienorientierter Modelle. Zeitschrift für Kinder- und Jugendpsychiatrie, 26, 83-96.
Lepper, M. R., Greene, D. & Nisbert, R. E. (1973). Undermining children's intrinsic interest with extrinsic rewards: A test of the overjustification hypothesis. Journal of Personality and Social Psychology, 28, 129-137.
Leutner, D. (2002). Adaptivität und Adaptierbarkeit multimedialer Lehr- und Informationssysteme. In L. J. Issing & P. Klimsa (Hrsg.), Information und Lernen mit Multimedia (3. Aufl., S. 115-125). Weinheim: PVU.
Leutner, D. & Brünken, R. (2000). Neue Medien in Unterricht, Aus- und Weiterbildung. Münster: Waxmann.
Levin, J. R., Anglin, G. J. & Carney, R. N. (1987). On empirically validating functions of pictures in prose. In D. M. Willows & H. A. Houghton (Eds.), The psychology of illustration (vol. 1, pp. 51-85). New York: Springer.
Lewalter, D. (1997). Kognitive Informationsverarbeitung beim Lernen mit computerpräsentierten statischen und dynamischen Illustrationen. Unterrichtswissenschaft, 25, 207-222.
Lewin, K. (1935). A dynamic theory of personality. New York: McGraw-Hill.
Lewin, K., Lippitt, R. & White, R. K. (1939). Patterns of aggressive behavior in experimentally created social climates. Journal of Social Psychology, 10, 271-299.

Lienert, G. A. & Raatz, U. (1998). Testaufbau und Testanalyse (6. Aufl.). Weinheim: Beltz.
Lind, G. (2000). Ist Moral lehrbar? Berlin: Logos.
Linder, M. (1951). Über Legasthenie (spezielle Leseschwäche). Fünfzig Fälle, ihr Erscheinungsbild und Möglichkeiten der Behandlung. Zeitschrift für Kinderpsychiatrie, 18, 97-143.
Linné, C. v. (1735). Systema naturae.
Lorenz, K. (1935). Der Kumpan in der Umwelt des Vogels. Journal für Ornithologie, 83, 137-213 und 289-413.
Luchins, A. S. (1971). Mechanisierung beim Problemlösen. Die Wirkung der „Einstellung". In G. F. Graumann (Hrsg.), Denken (S. 171-190). Köln: Kiepenheuer & Witsch.
Lück, H. (2002). Geschichte der Psychologie. Strömungen, Schulen, Entwicklungen (3., überarb. Aufl.). Stuttgart: Kohlhammer.
Lukesch, H. (1975). Erziehungsstile. Pädagogische und psychologische Konzepte. Stuttgart: Kohlhammer.
Mackworth, N. H. & Bruner, J. S. (1970). How adults and children search and recognize pictures. Human Development, 13, 149-177.
Maehr, M. L. & Midgley, C. (1991). Enhancing student motivation: A schoolwide approach. Educational Psychologist, 26, 399-427.
Majoribanks, K. (1973). Umwelt, soziale Schicht und Intelligenz. In C. F. Graumann & H. Heckhausen (Hrsg.), Pädagogische Psychologie, Reader zum Funkkolleg (Bd. 1, S. 190-200). Frankfurt am Main: Fischer.
Mandl, H., Gruber, H. & Renkl, A. (2002). Situiertes Lernen in multimedialen Lernumgebungen. In L. J. Issing & P. Klimsa (Hrsg.), Information und Lernen mit Multimedia (3. Aufl., S. 139-148). Weinheim: PVU.
Mannhaupt, G. (1994). Deutschsprachige Studien zur Intervention bei Lese-Rechtschriebschwierigkeiten: Ein Überblick zu neueren Forschungstrends. Zeitschrift für Pädagogische Psychologie, 8, 123-138.
Marcia, J. E. (1980). Identity in adolescence. In J. Adelson (Ed.), Handbook of adolescent psychology (pp. 159-187). New York: Wiley.
Markowitsch, H. J. (1999). Gedächtnisstörungen. Stuttgart: Kohlhammer.
Marshall, H. & Weinstein, R. S. (1984). Classroom factors affecting students' self-evaluations: An interactional model. Review of Educational Research, 54, 301-325.
Marx, H. (1998). Knuspels-Leseaufgaben (KNUSPEL-L). Göttingen: Hogrefe.
Masendorf, F. & Kullik, U. (1993). Erfolgskontrolle des computerunterstützten Rechtschreibtrainings ALPHI 2.0 unter globaler und individueller Bezugsnorm. Psychologie in Erziehung und Unterricht, 40, 225-229.
Maslow, A. (1973). Psychologie des Seins. (2. Aufl.). München: Kindler.
Maslow, A. (1981). Motivation und Persönlichkeit. Reinbek: Rowohlt (Original erschienen 1954).
Mayer, R. E. (1992). Cognition and instruction: Their historic meeting within Educational Psychology. Journal of Educational Psychology, 84, 405-412.
McCall, R. B. (1981). Early predictors of later IQ: The search continues. Intelligence, 5, 141-147.
McClelland, D. C., Atkinson, J. W., Clark, R. A. & Lowell, E. L. (1953). The achievement motive. New York: Appleton-Century-Crofts.

McCrae, R. R. & Costa, P. T. (1987). Validation of the five-factor model of personality across instruments and observers. Journal of Personality and Social Psychology, 52, 81-90.
McNeill, D. (1992). Hand and mind: What gestures reveal about thought. Chicago: University of Chicago Press.
Meichenbaum, D. (1977). Cognitive behavior modification: An integrative approach. New York: Plenum.
Mertens, D. (1974). Schlüsselqualifikationen: Thesen zur Schulung für eine moderne Gesellschaft. Mitteilungen aus der Arbeitsmarkt- und Berufsforschung, 7, 36-43.
Metzger, W. (1962). Schöpferische Freiheit (2., umgearb. Aufl.). Frankfurt am Main: Kramer.
Metzger, W. (1975a). Gesetze des Sehens (3., völlig neubearb. Aufl.). Frankfurt am Main: Kramer.
Metzger, W. (1975b). Psychologie. Die Entwicklung ihrer Grundannahmen seit der Einführung des Experiments (5. Aufl.). Darmstadt: Steinkopff.
Metzger, W. (1975c). Was ist Gestalttheorie? In K. Guss (Hrsg.), Gestalttheorie und Erziehung (S. 1-17). Darmstadt: Steinkopff.
Metzger, W. (1976). Psychologie in der Erziehung (3., rev. Aufl.). Bochum: Kamp.
Metzger, W. (1986). Der Geltungsbereich gestalttheoretischer Ansätze. In M. Stadler & H. Crabus (Hrsg.), Gestalt-Psychologie. Ausgewählte Werke aus den Jahren 1950-1982. (S. 134-144). Frankfurt am Main: Kramer.
Metzger, C. (1999). Lern- und Arbeitsstrategien. Aarau: Sauerländer.
Metzig, W. & Schuster, M. (2000). Lernen zu lernen (5. Aufl.). Berlin: Springer.
Meyer, H. (1999). Unterrichtsmethoden, Band II: Praxisband. Frankfurt am Main: Scriptor.
Meyer, J. (1971). The impact of the open space school upon teacher influence and autonomy. The effects of an organizational innovation. Standford: Stanford University Press.
Mietzel, G. (1998). Pädagogische Psychologie des Lernens und Lehrens. Psychologie in Erziehung und Unterricht (5. Aufl.). Göttingen: Hogrefe.
Miller, P. H. (1993). Theorien der Entwicklungspsychologie. Heidelberg: Spektrum.
Möller, J. & Köller, O. (1998). Leistungs- und geschlechtsbezogene Vergleiche in der Schule. Empirische Pädagogik, 17, 119-131.
Montada, L. (1998a). Fragen, Konzepte, Perspektiven. In R. Oerter & L. Montada (Hrsg.), Entwicklungspsychologie. (4. korr. Aufl., S. 1-83). Weinheim: PVU.
Montada, L. (1998b). Die geistige Entwicklung aus der Sicht Jean Piagets. In R. Oerter & L. Montada (Hrsg.), Entwicklungspsychologie. (4. korr. Aufl., S. 518-560). Weinheim: PVU.
Moos, R. H. (1973). Conceptualization of human environments. American Psychologist, 28, 652-665.
Moos, R. H. & Moos, B. S. (1986). Family Environment Scale (2nd ed.). Palo Alto: Consulting Psychologists Press.
Moreno, J. L. (1996). Die Grundlagen der Soziometrie: Wege zur Neuordnung der Gesellschaft (unveränd. Nachdruck der 3. Aufl.). Opladen: Leske + Budrich.

Moreno, R. & Mayer, R. E. (2000). A coherence effect in multimedia learning: The case for minimizing irrelevant sounds in the design of multimedia instructional messages. Journal of Educational Psychology, 92, 117-125.
Morgan, N. & Saxton, J. (1991). Teaching, questioning and learning. London: Routledge.
Mühlen-Achs, G. (1993). Wie Katz und Hund: Die Körpersprache der Geschlechter. München: Frauenoffensive.
Mühlum, A. (1986). Die ökosoziale Perspektive: Folgerungen für eine Handlungstheroie. In A. Mühlum, H. Olschowy, H. Oppl & W. R. Wendt (Hrsg.), Umwelt, Lebenswelt. Beiträge zur Theorie und Praxis ökosozialer Arbeit (S. 208-249). Frankfurt am Main: Suhrkamp.
Müller, K. (1964). Denken und Lernen als Organisieren. In R. Bergius (Hrsg.), Lernen und Denken. Handbuch der Psychologie, Bd. 1,2 (S. 118-143). Göttingen: Hogrefe.
Müller K. (1984). Über die Verbreitung der Homunculus-Sprache in der Psychologie. Gestalt Theory, 6, 185-192.
Müsseler, J. (2000). Aufmerksamkeit. In G. Wenninger (Red.), Lexikon der Psychologie in fünf Bänden (Bd. 1, S. 154-156). Heidelberg: Spektrum.
Mund, H. A. (1992). Partner-Unterricht oder kleinere Klassen? Zum flexiblen Einsatz freier Ressourcen. Empirische Pädagogik, 6, 257-292.
Murray, H. A. (1938). Explorations in personality: A clinical and experimental study of 50 men in college age. New York: Oxford University Press.
Musch, J. (1999). Die Gestaltung von Feedback in computergestützten Lernumgebungen: Modelle und Befunde. Zeitschrift für Pädagogische Psychologie, 13, 148-160.
Myschker, N. (1993). Verhaltensstörungen bei Kindern und Jugendlichen. Stuttgart: Kohlhammer.
Neill, A. S. (1960). Summerhill. A radical approach to child rearing. New York: Hart.
Neill, S. (1991). Classroom nonverbal communication. London: Routledge.
Neisser, U. (1974). Kognitive Psychologie. Stuttgart: Klett (Original erschienen 1967).
Niggli, A. (1987). Untersuchungen über Zusammenhänge zwischen dem religiösen Erziehungsstil der Eltern und religiösen Entwicklungsstufen ihrer Kinder. Unterrichtswissenschaft, 15, 177-189.
Nolting, H.-P. (1999). Lernfall Aggression. Wie sie entsteht, wie sie zu vermindern ist (vollst. überarb. Neuaufl.) Reinbek: Rowohlt.
Nolting, H.-P. & Paulus, P. (1999). Psychologie lernen. Eine Einführung und Anleitung (2., vollst. überarb. Neuaufl.). Weinheim: Beltz.
Norden, I. (1956). Binetarium. Hilfsmittel zur Intelligenzprüfung nach Binet-Bobertag. Göttingen: Hogrefe.
Nuding, A. (1997). Beurteilen durch Beobachten. Hohengehren: Schneider.
Nüse, R., Groeben, N., Freitag, B. & Schreier, M. (1995). Über die Erfindung des Radikalen Konstruktivismus. Kritische Gegenargumente aus psychologischer Sicht (2. Aufl.). Weinheim: Deutscher Studien-Verlag.
Oerter, R. (1998). Kultur, Ökologie und Entwicklung. In R. Oerter & L. Montada (Hrsg.), Entwicklungspsychologie. (4. korr. Aufl., S. 84-127). Weinheim: PVU.

Oerter R. & Dreher, E. (1998). Jugendalter. In R. Oerter & L. Montada (Hrsg.), Entwicklungspsychologie. (4., korr. Aufl., S. 310-395). Weinheim: PVU.
Oerter, R. & Montada, L. (Hrsg.) (1998). Entwicklungspsychologie. Ein Lehrbuch (4., korr. Aufl.). Weinheim: PVU
Oerter, R. & Montada, L. (Hrsg.) (2002). Entwicklungspsychologie. Ein Lehrbuch (5., neu bearb. Aufl.). Weinheim: PVU.
Olweus, D. (1995). Gewalt in der Schule. Was Lehrer und Eltern wissen sollten – und tun können. Bern: Huber.
Opp, G. & Wenzel, E. (2002). Eine neue Komplexität kindlicher Entwicklungsstörungen – Ko-Morbidität als Schulproblem. In U. Schröder & M. Wittrock, S. Rolus-Borgward & U. Tänzer (Hrsg.), Lernbeeinträchtigung und Verhaltensstörung (S. 15-23). Stuttgart: Kohlhammer.
Opwis, K. & Plötzner, R. (1996). Kognitive Psychologie mit dem Computer. Heidelberg: Spektrum.
Oser, F. (2001). Moralentwicklung und Moralförderung. In D. H. Rost (Hrsg.), Handwörterbuch Pädagogische Psychologie (2. überarb. u. erw. Aufl., S. 471-477). Weinheim: Beltz.
Oser, F. & Gmünder, P. (1984). Der Mensch. Stufen seiner religiösen Entwicklung. Zürich: Benziger.
Oswald, F., Pfeifer, B., Ritter-Berlach, G. & Tanzer, N. (1989). Schulklima. Wien: Universitätsverlag.
Parkin, A. J. (2000). Erinnern und Vergessen. Bern: Huber.
Pawlik, K. & Buse, L. (1979). Selbst-Attribuierung als differentiellpsychologische Moderatorvariable: Nachprüfung und Erklärung von Eysencks Astrologie-Persönlichkeit-Korrelationen. Zeitschrift für Sozialpsychologie, 10, 54-69.
Pekrun, R. & Schiefele, U. (1996). Emotions- und motivationspsychologische Bedingungen der Lernleistung. In F. E. Weinert (Hrsg.), Psychologie des Lernens und der Instruktion. Enzyklopädie der Psychologie D/I, Bd. 2 (S. 153-180). Göttingen: Hogrefe.
Perrez, M., Huber, G. L. & Geißler, K. A. (1994).Psychologie der pädagogischen Interaktion. In B. Weidenmann & A. Krapp (Hrsg.), Pädagogische Psychologie (3. Aufl., S. 361-446). München: PVU.
Perry, R. P., Penner, K. S. (1990). Enhancing academic achievement in college students through attributional retraining and instruction. Journal of Educational Psychology, 82, 262-271.
Pervin, L. A. (1987). Persönlichkeitstheorien (2., überarb. Aufl.). München: Reinhardt.
Petermann, F. (2000). Grundbegriffe und Trends der Klinischen Kinderpsychologie und Kinderpsychotherapie. In F. Petermann (Hrsg.), Lehrbuch der Klinischen Kinderpsychologie und -psychotherapie (4. vollst. überarb. u. erw. Aufl., S. 9-26). Göttingen: Hogrefe.
Petillon, H. (1980). Soziale Beziehungen in Schulklassen. Weinheim: Beltz.
Piaget, J. (1973). Das Erwachen der Intelligenz beim Kinde (2. Aufl.). Stuttgart: Klett.
Piaget, J. (1992). Einführung in die genetische Erkenntnistheorie (5. Aufl.). Frankfurt am Main: Suhrkamp.
Pintrich, P. R. & Schunk, D. H. (1996). Motivation in education: Theory, research and application. Englewood Cliffs: Simon & Schuster.

Preiser, S. (1970). Autoritätsverhältnisse und Konflikte im Familienleben. Ihre Abhängigkeit von frühen Erfahrungen und von der aktuellen Situation. Unveröffentl. Dissertation, Friedrich-Alexander-Universität Erlangen-Nürnberg.
Preiser, S. (1976). Anfänge und Fortschritte von Experiment und Test. In H. Balmer (Hrsg.), Die europäische Tradition. Tendenzen, Schulen, Entwicklungslinien. Die Psychologie des 20. Jahrhunderts, Bd. 1 (S. 820-848). Zürich: Kindler.
Preiser, S. (1977). Die experimentelle Methode. In G. Strube (Hrsg.), Binet und die Folgen. Die Psychologie des 20. Jahrhunderts, Bd. 5 (S. 102-150). Zürich: Kindler.
Preiser, S. (1979). Personwahrnehmung und Beurteilung. Darmstadt: WBG.
Preiser, S. (1980). Individuelle Differenzen, Umweltdifferenzen und deren Erfassung. In Studieneinheit Differentielle Psychologie 1, Kapitel 2. Tübingen: Deutsches Institut für Fernstudien.
Preiser, S. (Hrsg.). (1982). Kognitive und emotionale Aspekte politischen Engagements. Weinheim: Beltz.
Preiser, S. (1986). Kreativitätsforschung (2. Aufl.). Weinheim: WBG.
Preiser, S. (1988). Kontrolle und engagiertes Handeln. Entstehungs-, Veränderungs- und Wirkungsbedingungen von Kontrollkognitionen und Engagement. Göttingen: Hogrefe.
Preiser, S. (1989). Zielorientiertes Handeln: Ein Trainingsprogramm zur Selbstkontrolle. Heidelberg: Asanger.
Preiser, S. (1992). Beurteilungen in sozialen Interaktionen. In R. Selbach & K.-K. Pullig (Hrsg.), Handbuch Mitarbeiterbeurteilung (S. 3-38). Wiesbaden: Gabler.
Preiser, S. (1994). Überzeugungen und Einstellungen: Weltanschauliche, religiöse und politische Glaubenssysteme. In K. A. Schneewind (Hrsg.), Psychologie der Erziehung und Sozialisation. Enzyklopädie der Psychologie D/I, Bd. 1 (S. 345-373). Göttingen: Hogrefe.
Preiser, S. (1996). Kreativitätsfreundliche Lern- und Arbeitsklimata in Schulen. Forschungs- und Gestaltungsinstrumente im Prozess schulischer Organisationsentwicklung. Schule und Beratung, 6, 15-19.
Preiser, S. (1997). Körperliche Gewalt: Täter-, Opfer- und Erzieherperspektive. Report Psychologie, 22, 596-601.
Preiser, S. (2002). Jugend und Politik: Anpassung – Partizipation – Extremismus. In R. Oerter & L. Montada (Hrsg.), Entwicklungspsychologie (5., neu bearb. Aufl., S. 874-884). Weinheim: PVU.
Preiser, S. & Buchholz, N. (2000). Kreativität. Ein Trainingsprogramm in sieben Stufen für Alltag und Beruf. Heidelberg: Asanger.
Preiser, S., Gasch, B. & Kugemann, W. F. (1973). Training von Führungskräften in Personalbeurteilung. Psychologie und Praxis, 17, 1-15.
Preiser, S. & Wannenmacher, W. (1983). Kognitive Bedingungen sozialen und politischen Handelns. In S. Preiser (Hrsg.), Soziales und politisches Engagement. Kognitive und sozio-ökologische Bedingungen (S. 107-168). Weinheim: Beltz.
Quitmann, H. (1996). Humanistische Psychologie. Zentrale Konzepte und philosophischer Hintergrund (3., überarb. u. erw. Aufl.). Göttingen: Hogrefe.
Rathvon, N. (1999). Effective school interventions: Strategies for enhancing academic achievement and social competence. New York: Guildford Press.

Reich, K.H. (1987). Religiöse und naturwissenschaftliche Weltbilder: Entwicklung einer komplementären Betrachtungsweise in der Adoleszenz. Unterrichtswissenschaft, 15, 332-343.

Remplein, H. (1958). Die seelische Entwicklung des Menschen im Kindes- und Jugendalter (7. Aufl.). München: Reinhardt.

Rennen-Allhoff, B. & Allhoff, P. unter Mitarb. von E. Hany u. U. Schmidt-Denter (1987). Entwicklungstests für das Säuglings-, Kleinkind- und Vorschulalter. Berlin: Springer.

Rheinberg, F. (1980). Leistungsbewertung und Lernmotivation. Göttingen: Hogrefe.

Rheinberg, F. (2000). Motivation (3., überarb. u. erw. Aufl.). Stuttgart: Kohlhammer.

Riediger, M., Freund, A. M. & Baltes, P. B. (1999). Strategien adaptiver Lebensbewältigungen: Eine Sprichwortstudie zur Untersuchung der Übereinstimmung von naiv-psychologischem Wissen und wissenschaftlicher Konzeption. Fribourg (Schweiz): Poster präsentiert auf der 14. Tagung der Fachgruppe Entwicklungspsychologie.

Rosenbusch, H. S. (2000a). Nonverbale Kommunikation im Unterricht – Die stille Sprache im Klassenzimmer. In H. S. Rosenbusch & O. Schober (Hrsg.), Körpersprache in der schulischen Erziehung (S. 166-203). Hohengehren: Schneider.

Rosenbusch, H. S. (2000b). Schweigen als kommunikative Handlung im Unterricht. In H. S. Rosenbusch & O. Schober (Hrsg.), Körpersprache in der schulischen Erziehung (S. 207-214). Hohengehren: Schneider.

Rosenholtz, S. J. & Simpson, C. (1984). The formation of ability conceptions: Developmental trend or social construction? Review of Educational-Research, 54, 31-63.

Rosenshine, B. (1987). Direct Instruction. In M. J. Dunkin (Ed.), The international encyclopedia of teaching and teacher education. Oxford: Pergamon Press.

Rosenshine, B. V. & Stevens, R. (1986). Teaching functions. In M. C. Wittrock (Ed.), Handbook of research in teaching (pp. 376-391). New York: Macmillan.

Rost, D. H. (Hrsg.). (1993). Lebensumweltanalyse hochgabter Kinder. Göttingen: Hogrefe.

Rost, D. H. & Schermer, F. J. (2001). Leistungsängstlichkeit. In D. H. Rost (Hrsg.), Handwörterbuch Pädagogische Psychologie (2., überarb. u. erw. Aufl., S. 405-413). Weinheim: PVU.

Rost, D. H. & Schilling. (2001). Attraktive Schüler und Schülerinnen. In D. H. Rost (Hrsg.), Handwörterbuch Pädagogische Psychologie (2., überarb. u. erw. Aufl., S. 29-35). Weinheim: PVU.

Runco, M. A. (Ed.). (1997). The creativity research handbook (Vol. 1). Cresskill: Hampton Press.

Runne, S., Rambow, R., Moczek, N. & Preiser, S. (2000). Uns geht's gut! Impulse für eine neue Mobilität. Kita Aktuell HRS, 9, 189-192.

Sacks, O. (2001). Der Tag, an dem mein Bein fortging (11. Aufl.). Reinbek: Rowohlt.

Saldern, M. v. (1992). Metaanalysen zur Klassengröße – eine Kritik. Empirische Pädagogik, 6, 293-314.

Saldern, M. v. (2001). Klassengröße. In D.H. Rost (Hrsg.), Handwörterbuch Pädagogische Psychologie (2., überarb. u. erw. Aufl., S. 326-331). Weinheim: PVU.

Saldern, M. v. & Littig, K.E. (1987). Landauer Skalen zum Sozialklima. Weinheim: Beltz.

Salomon, G. (1984). Television is „easy" and print is „tough": The differential investment of mental effort as a function of perceptions and attributions. Journal of Educational Psychology, 76, 647-658.

Scarr, S. (1992). Developmental theories for the 1990s: Development and individual differences. Child Development, 63, 1-19.

Scarr, S. (1993). Biological and cultural diversity: The legacy of Darwin for development. Child Development, 64, 1333-1353.

Schacter, D. L. (1999). Wir sind Erinnerung. Reinbek: Rowohlt.

Schaefer, E. S. (1959). A circumplex model for maternal behavior. Journal of Abnormal and Social Psychology, 59, 226-235.

Schaefer, E. S. (1961). Converging conceptual models for maternal behavior and for child behavior. In J. C. Glidewell (Ed.), Parental attitudes and child behavior (pp. 124-146). Springfield: Thomas.

Schäfer, M. (1996). Aggression unter Schülern. Report Psychologie, 21, 700-711.

Schandry, R. (1996). Psychophysiologische Erhebungsmethoden. In K. Pawlik (Hrsg.), Grundlagen und Methoden der Differentiellen Psychologie. Enzyklopädie der Psychologie C/VIII, Bd. 1 (S. 543-576). Göttingen: Hogrefe.

Schaumburg, H. (2001). Neues Lernen mit Laptops? Ein Überblick über Forschungsergebnisse zur Nutzung mobiler Computer in der Schule. Zeitschrift für Medienpsychologie, 13, 11-21.

Scheerer-Neumann, G. (1997). Lesen und Leseschwierigkeiten. In F. E. Weinert (Hrsg.), Psychologie des Unterrichts und der Schule. Enzyklopädie der Psychologie D/I, Bd. 3 (S. 279-326). Göttingen: Hogrefe.

Schiefele, H., Hausser, K. & Schneider, G. (1997). „Interesse" als Ziel und Weg der Erziehung. Überlegungen zu einem vernachlässigten pädagogischen Konzept. Zeitschrift für Pädagogik, 25, 1-20.

Schlee, J. (1976). Legasthenieforschung am Ende? München: Urban & Schwarzenberg.

Schmalt, H. D. (1986). Motivationspsychologie. Stuttgart: Kohlhammer.

Schmidt, M. & Esser, G. (1985). Psychologie für Kinderärzte. Stuttgart: Enke.

Schnabel, K. (2001). Psychologie der Lernumwelt. In A. Krapp & B. Weidenmann (Hrsg.), Pädagogische Psychologie. Ein Lehrbuch (4., vollst. überarb. Aufl., S. 467-511). Weinheim: PVU.

Schnabel, U. (1998). Prüfungsangst und Lernen. Münster: Waxmann.

Schneewind, K. A. (1975). Auswirkungen von Erziehungsstilen. Überblick über den Stand der Forschung. In H. Lukesch (Hrsg.), Auswirkungen elterlicher Erziehungsstile (S. 14-27). Göttingen: Hogrefe.

Schneewind, K. A. (1980). Elterliche Erziehungsstile: Einige Anmerkungen zum Forschungsgegenstand. In K. A. Schneewind & T. Herrmann (Hrsg.), Erziehungsstilforschung. Theorien, Methoden und Anwendung der Psychologie elterlichen Erziehungsverhaltens (S. 19-30). Bern: Huber.

Schneewind, K. A. (1991). Familienpsychologie. Stuttgart: Kohlhammer.

Schneewind, K. A. (1998). Familienentwicklung. In R. Oerter & L. Montada (Hrsg.), Entwicklungspsychologie. (4., korr. Aufl., S. 128-166). Weinheim: PVU.
Schneewind, K. A., Beckmann, M. & Engfer, A. (1983). Eltern und Kinder. Umwelteinflüsse auf das familiäre Verhalten. Stuttgart: Kohlhammer.
Schneewind, K. A., Beckmann, M. & Hecht-Jackl, A. (1985). Familiendiagnostisches Testsystem. Forschungsberichte aus dem Institutsbereich Persönlichkeitspsychologie und Psychodiagnostik (Bd. 1/1985 bis 9.2/1985). München: Institut für Psychologie.
Schneewind, K. A. & Pekrun, R. (1994). Theorien der Erziehungs- und Sozialisationspsychologie. In K. A. Schneewind & Pekrun, R. (Hrsg.), Psychologie der Erziehung und Sozialisation. Enzyklopädie der Psychologie D/ I, Bd. 1 (S. 3-39). Göttingen: Hogrefe.
Schneewind, K. A., Vierzigmann, G. & Backmund, V. (1998). Scheidung. In R. Oerter & L. Montada (Hrsg.), Entwicklungspsychologie (4., korr. Aufl., S. 1101-1109). Weinheim: PVU.
Schneewind, K. A. & Weiß, J. (1998). Die Konsequenzen von Elternverlust für Kinder und Jugendliche. In R. Oerter & L. Montada (Hrsg.), Entwicklungspsychologie. (4., korr. Aufl., S. 1037-1044). Weinheim: PVU.
Schneider , K. & Schmalt, H. D. (2000). Motivation. (3., überarb. u. erw. Aufl.). Stuttgart: Kohlhammer.
Schneider, W. (1997). Rechtschreiben und Rechtschreibschwierigkeiten. In F. E. Weinert (Hrsg.), Psychologie des Unterrichts und der Schule. Enzyklopädie der Psychologie D /I, Bd. 3 (S. 327-364). Göttingen: Hogrefe.
Schneider, W. (2001). Gedächtnisentwicklung. In D. H. Rost (Hrsg.), Handwörterbuch Pädagogische Psychologie (2., überarb. u. erw. Aufl., S. 194-200). Weinheim: PVU.
Schneider, W. & Uhl, C. (1990). Metagedächtnis, Strategienutzung und Gedächtnisleistung: Vergleichende Analysen bei Kindern, jüngeren Erwachsenen und alten Menschen. Zeitschrift für Entwicklungspsychologie und Pädagogische Psychologie, 22, 22-41.
Schroder, H. M., Driver, M. & Streufert, S. (1975). Menschliche Informationsverarbeitung. Weinheim: Beltz.
Schuck, K. D. (1979). Familiäre Umwelt und kognitive Leistungen im Vorschulalter. Zeitschrift für Empirische Pädagogik, 3, 135-151.
Schulz von Thun, F. (2002). Miteinander reden. Störungen und Klärungen (Bd. 1, 36. Aufl.). Hamburg: Rowohlt.
Schunk, D. H. (1987). Peer models and children's behavioral change. Review of Educational Research, 57, 149-174.
Schunk, D. H. (1989). Social cognitive theory and self-regulated learning. In B. J. Zimmermann & D. H. Schunk (Eds.), Self-regulated learning and academic achievement (pp. 83-110). New York: Springer.
Schunk, D. H. (1991). Self-efficacy and academic motivation. Educational Psychologist, 26, 207-232.
Schwenkmezger, P., Eid, M. & Hank, P. (2000). Sozioökonomischer Status und Qualität der Umgebung. In M. Amelang (Hrsg.) Determinanten individueller Unterschiede. Enzyklopädie der Psychologie C/ VIII, Bd. 4 (S. 129-204). Göttingen: Hogrefe.

Schwind, H. D., Roitsch, K. & Gielen, B. (1995). Gewalt in Schulen. Kriminalistik, 49, 618-625.
Sebastian, R. J. & Ryan, E. B. (1985). Speech cues and social evaluation: Markers of ethnicity, social class, and age. In H. Giles & R. N. St. Clair (Eds.), Recent advances in language, communication, and social psychology (pp. 112-143). London: Lawrence Erlbaum.
Seel, N. M. (2000). Psychologie des Lernens. München: Reinhardt.
Selg, H. (1982). Aggressionsdefinitionen – und keine Ende? In R. Hilke & W. Kempf (Hrsg.), Aggression – Naturwissenschaftliche und kulturwissenschaftliche Perspektiven der Aggressionsforschung (S. 351-354). Bern: Huber.
Sherif, M. (1936). The psychology of social norms. New York: Harper & Row.
Siegel, L. S. (1989). Why we do not need intelligence test scores in the definition and analysis of learning disabilities. Journal of Learning Disabilities, 22, 514-518.
Skinner, B. F. (1953). Science and human behavior. New York: Macmillan.
Slavin, R. E. (1991). Educational psychology. Boston: Allyn & Bacon.
Slavin, R. E. (1995). Cooperative learning: Theory, research, and practice (2nd ed.). Boston: Allyn & Bacon.
Snow, R. E. (1977). Research on aptitude for learning. In L. S. Shulman (Ed.), Review of research in education (vol. 4, pp. 50-105). Itasca: Peacock.
Sommer, R. & Olson, H. (1980). The soft classroom. Environment and behavior, 12, 3-16.
Spada, H. (Hrsg.). (1990.) Lehrbuch Allgemeine Psychologie. Bern: Huber.
Spearman, C. (1923). The nature of intelligence and the principles of cognition. London: Macmillan.
Squire, L. R. & Kandel, E. R. (1999). Gedächtnis. Heidelberg: Spektrum.
Stapf, K. H., Herrmann, T., Stapf, A. & Stäcker, K. H. (1976). Psychologie des elterlichen Erziehungsstils. Komponenten der Bekräftigung in der Erziehung (2. Aufl.). Bern: Huber und Stuttgart: Klett.
Stein, M. I. (1974). Creativity and culture. I. Individual procedures. New York: Academic Press
Steiner, G. (2001a). Lernen (3. Aufl.). Bern: Huber.
Steiner, G. (2001b). Lernen und Wissenserwerb. In A. Krapp & B. Weidenmann (Hrsg.), Pädagogische Psychologie (4. vollst. überarb. Aufl., S. 137-205). Weinheim: PVU.
Steinhausen, H. C. (2000). Psychische Störungen bei Kindern und Jugendlichen. Lehrbuch der Kinder- und Jugendpsychiatrie (4., neu bearb. Aufl.). München: Urban & Fischer.
Steinhausen, H. C., Rentz, A. & Göbel, D. (1983). Kindliche Verhaltensauffälligkeiten im Eltern- und Lehrerurteil. Acta Paedopsychiatrica, 49, 61-71.
Stern, W. (1914). The psychological methods of testing intelligence. Educational Psychology Monographs, 13.
Stern, W. (1928). Die Intelligenz der Kinder und Jugendlichen und die Methoden ihrer Untersuchung. Leipzig: Barth.
Sternberg, R. J. (1988). The nature of creativity. Cambridge: Cambridge University Press.
Stoll, C. (2001). LogOut. Warum Computer nichts im Klassenzimmer zu suchen haben und andere High-Tech-Ketzereien. Frankfurt am Main: Fischer.

Strittmatter, P. (1993). Schulangstreduktion. Neuwied: Luchterhand.
Supersaxo, A., Perrez, M. & Kramis, J. (1986). Beeinflussung der kausalen Attributionstendenzen von Schülern durch Lehrerattributionen. Psychologie in Erziehung und Unterricht, 33, 108-116.
Tang, S. H. & Hall V. C. (1995). The overjustification effect: A meta-analysis. Applied Cognitive Psychology, 9, 365-404.
Tausch, R. & Tausch, A. (1998). Erziehungspsychologie. Begegnung von Person zu Person (11. korr. Aufl.). Göttingen: Hogrefe.
Tennstädt, K. C., Krause, F., Humpert, W. & Dann, H. D. (1987). Das Konstanzer Trainingsmodell (KTM). Ein integratives Selbsthilfeprogramm für Lehrkräfte zur Bewältigung von Aggressionen und Störungen im Unterricht. Bern: Huber.
Tergan, S.-O. (2002). Hypertext und Hypermedia: Konzeption, Lernmöglichkeiten, Lernprobleme und Perspektiven. In L. J. Issing & P. Klimsa (Hrsg.), Information und Lernen mit Multimedia (3. Aufl., S. 99-112). Weinheim: PVU.
Tholey, P. (1986). Deshalb Phänomenologie! Anmerkungen zur phänomenologisch-experimentellen Methode (im Anschluss an Kebeck und Sader sowie an Bornewasser und Bober.). Gestalt Theory, 8, 144-163.
Tholey, P. (1988). Gestaltpsychologie. In: R. Asanger, R. & G. Wenninger (Hrsg.). Handwörterbuch der Psychologie (4., völlig neu bearb. u. erw. Aufl., S. 249-255). München: PVU.
Tholey, P. & Utecht, K. (1997). Schöpferisch Träumen. Der Klartraum als Lebenshilfe (3. Aufl.). Eschborn: Klotz.
Thomas, A. & Chess, S. (1980). Temperament und Entwicklung. Stuttgart: Enke.
Thorndike, E. L. (1913). Educational psychology. The psychology of learning (vol. 2). New York: Columbia University, Bureau of Publications, Teachers College.
Thurstone, L. L. (1938). Primary mental abilities. Psychometric Monographs (Serial No. 1). Chicago: University of Chicago Press.
Tiedemann, J. (1977). Leistungsversagen in der Schule. München: Goldmann.
Tobias, S. (1994). Interest, prior knowledge, and learning. Review of Educational Research, 64, 37-54.
Tolman E. C. (1951). Purposive behavior in animals and men (2nd ed.). Berkeley: University of California Press.
Toman, W. (1991). Familienkonstellationen. Ihr Einfluss auf den Menschen und sein soziales Verhalten (5. Aufl.). München: Beck.
Toman, W. & Preiser, S. (1973). Familienkonstellationen und ihre Störungen. Ihre Wirkungen auf die Person, ihre sozialen Beziehungen und die nachfolgende Generation. Stuttgart: Enke.
Torgesen, J. K. (1989). Why IQ is relevant to the definition of learning disabilities. Learning Disabilities, 22, 484-486.
Trolldenier, H.-P. (1985). Verhaltensbeobachtung in Erziehung und Unterricht mit der Interaktionsprozessanalyse. Frankfurt am Main: Fachbuchhandlung für Psychologie.
Trommsdorf, G. (Hrsg.). (1989). Sozialisation im Kulturvergleich. Stuttgart: Enke.
Trudewind, C. (1975). Häusliche Umwelt und Motiventwicklung. Göttingen: Hogrefe.

Uexküll, J. v. (1909). Umwelt und Innenwelt der Tiere. Berlin: Springer.
Vieluf, U. (1993). Gewalt in Schulen? Ergebnisse einer Schulbefragung in Hamburg. Pädagogik, 45, 28-30.
Veroff, J. (1980). Social incentives. New York: Academic Press.
Wagner, J. (1984). Aufmerksamkeitsförderung im Unterricht. Frankfurt am Main: Lang.
Walter, H.-J. (1975). Der gestalttheoretische Ansatz in der Psychotherapie. In K. Guss (Hrsg.), Gestalttheorie und Erziehung (S. 227-256). Darmstadt: Steinkopff.
Walter, J. (1996). Förderung bei Lese- und Rechtschreibschwäche. Göttingen: Hogrefe.
Watson, J. B. (1968). Behaviorismus. Köln: Kiepenheuer & Witsch (Original erschienen 1930). Darin: Psychologie, wie sie der Behaviorist sieht (Original erschienen 1913).
Watson, J. & Rayner, R. (1920). Conditioned emotional reactions. Journal of Experimental Psychology, 3, 1-14.
Watzlawick, P. (1996). Wie wirklich ist die Wirklichkeit? Wahn, Täuschung, Verstehen (21. Aufl.). München: Piper.
Watzlawick, P., Beavin, J. & Jackson, D. D. (2000). Menschliche Kommunikation (10. unveränd. Aufl.). Bern: Huber.
Weidenmann, B. (2001). Lernen mit Medien. In A. Krapp & B. Weidenmann (Hrsg.), Pädagogische Psychologie (4., vollst. überarb. Aufl., S. 415-465). Weinheim: PVU.
Weiner, B. (1974). Achievement motivation and attribution theory. Morristown: General Learning Press.
Weiner, B. (1985). An attributional theory of achievement motivation and emotion. Psychological Review, 92, 548-573.
Weiner, B. (1986). An attributional theory of motivation and emotion. New York: Springer.
Weiner, B., Frieze, I., Kukla, A., Reed, L., Rest, S. & Rosenbaum, R. (1971). Perceiving the causes of success and failure. Morristown: General Learning Press.
Weinert, F. E. (1998). Vermittlung von Schlüsselqualifikationen – The teaching of basic qualifications. In S. Matalik & D. Schade (Hrsg.), Entwicklungen in Aus- und Weiterbildung. Anforderungen, Ziele, Konzepte (S. 23-42). Baden-Baden: Nomos.
Weinert, F. E. & Zielinski, W. (1977). Lernschwierigkeiten – Schwierigkeiten des Schülers oder der Schule? Unterrichtswissenschaft, 5, 292-304.
Weinrich, H. (1997). Lethe. Kunst und Kritik des Vergessens. München: Beck.
Weinstein, C. E. & Hume, L. M. (1998). Study strategies for lifelong learning. Washington: American Psychological Association.
Weinstein, C. E. & Mayer, R. E. (1986). The teaching of learning strategies. In M. C. Wittrock (Ed.), Handbook of research on teaching (3rd ed., pp. 315-326). New York: Macmillan.
Weiss, R. (1965). Über die Zuverlässigkeit der Ziffernbenotung bei Aufsätzen. Schule und Psychologie, 12, 257-269.
Wendt, D. (1997). Entwicklungspsychologie. Eine Einführung. Stuttgart: Kohlhammer.

Wendt, H. W. (1977). Lernjahreszeit und Persönlichkeitsentwicklung: Ein frühökologisches Modell. Psychologische Rundschau, 28, 266-293.
Wertheimer, M. (1964). Produktives Denken (2. Aufl.). Frankfurt am Main: Kramer (Original erschienen 1945).
White, R. W. (1959). Motivation reconsidered: The concept of competence. Psychological Review, 66, 297-333.
Winkelmann, W. (1975). Testbatterie zur Entwicklung kognitiver Operationen (TEKO). Braunschweig: Westermann.
Witt-Brummermann, M. (2001). Sonderschulbedürftigkeit. In D. H. Rost (Hrsg.), Handwörterbuch Pädagogische Psychologie (2., überarb. u. erw. Aufl., S. 647-650). Weinheim: PVU.
Wolf, B. (1980). Zum Einfluss der häuslichen Lernumwelt – der Chicagoer Ansatz. In D. H. Rost (Hrsg.), Entwicklungspsychologie für die Grundschule (2., überarb. u. erw. Aufl., S. 172-186). Bad Heilbrunn: Klinkhardt.
Wolf, B. (1991). Die Vorhersage kommunikativer Sprachleistungen von Kindergartenkindern aus Informationen zur häuslichen Lernumwelt. Psychologie in Erziehung und Unterricht, 38, 11-21.
Wolf, B. (2001). Lernumwelt/Ökologische Psychologie. In D. H. Rost (Hrsg.), Handwörterbuch Pädagogische Psychologie (2., überarb. erw. Aufl., S. 429-434). Weinheim: PVU.
Wosnitza, M. & Jäger, R. S. (Hrsg.). (2000). Daten erfassen, auswerten und präsentieren – aber wie? Eine elementare Einführung in sozialwissenschaftliche Forschungsmethoden, Statistik, computerunterstützte Datenanalyse und Ergebnispräsentation (3., aktual. u. korr. Aufl.). Landau: Verlag Empirische Pädagogik.
Wurzbacher, G. (1963). Sozialisation – Enkulturation – Personalisation. In G. Wurzbacher (Hrsg.), Der Mensch als soziales und personales Wesen. Beiträge zu Begriff und Theorie der Sozialisation (S. 1-34). Stuttgart: Enke.
Wygotski, L. S. (1977). Denken und Sprechen. Frankfurt am Main: Fischer.
Ziegler, A. (2001). Klassenraummanagement. In W. H. Honal (Hrsg.), Handbuch der Schulberatung (S.1-15). Landsberg: mvg.
Ziegler, A., Dresel, M. & Schober, B. (1999). Implicit theories of one's own intelligence and learning goal orientation. A longitudinal analysis of Dweck's Motivation-Process-Model. Vortrag auf der 8. Konferenz der European Association for Research on Learning and Instruction (EARLI) in Göteborg.
Ziegler, A. & Schober, B. (2000). Theoretische Grundlagen und praktische Durchführung von Reattributionstrainings. Regensburg: Roederer.
Zielinski, W. (1998). Lernschwierigkeiten (3. Aufl.). Stuttgart: Kohlhammer.
Zimbardo, P. G. & Gerrig, R. J. (1999). Psychologie (7., neu übers. u. bearb. Aufl.). Berlin: Springer.
Zimmerman, B. J. & Martinez-Pons, M. (1992). Perceptions of efficacy and strategy use in the self-regulation of learning. Hillsdale: Lawrence Erlbaum.
Zysno, P. (1998). Vom Seilzug bis Brainstorming: Die Effizienz der Gruppe. In E. H. Witte (Hrsg.), Sozialpsychologie der Gruppenleistung. Beiträge des 12. Hamburger Symposiums zur Methodologie der Sozialpsychologie (S. 184-210). Lengerich: Pabst Science.

Sachregister

Aberglaube 15
Abwehrmechanismen 417, 418
Adaptation 160, 162, 168, 179
Adaptivität 142, 301
Affektwechsel 126
Aggression, Aggressivität 60, 122, 252, 346, 352, 356, 358, 360, 418
Alltagserfahrung 15, 36, 434
Alltagsüberzeugungen, Alltagstheorien 11, 12, 15, 16, 57, 407, 441
Anerkennung 131, 141, 144, 181, 183, 297, 320, 332, 333, 336
Angst 129, 131, 221, 222, 223, 248, 260, 279, 282, 334, 339, 340, 396, 405
Anlage 163, 165, 166, 167, 219
Anpassung 159, 160, 161, 172, 178, 179, 326, 329, 331, 438
Anreiz 127, 223, 333, 438
Aptitude-Treatment-Interaction 215, 282, 320
Arbeitsgedächtnis 80, 83, 84, 87, 90, 102, 307
Arbeitshaltung, Arbeitsstrategien 217, 278, 319
Arbeitsplatz 238, 243, 245, 246, 250, 255, 256, 353, 377
Assoziation 100, 116, 412, 416
Assoziationspsychologie 411, 420, 423

Attribution 128, 130, 131, 134, 137, 138, 184
Aufmerksamkeit 84, 85, 86, 122, 132, 182, 186, 190, 198, 199, 200, 202, 223, 224, 242, 284, 286, 302, 303, 316, 352, 353, 361, 369, 374
Aufmerksamkeits-Defizit-Syndrom (ADS) 352, 361, 370
Autonomie 29, 135, 174, 175, 247, 252, 301, 306, 325, 326, 329, 331, 338, 341, 359, 426, 427

Befragung 48, 58, 190, 193, 365, 366, 367, 381
Begabung 128, 129, 139, 160, 208, 298
Begriffe 50, 76, 78, 88, 91, 92, 408
Behaviorismus 116, 239, 411, 413, 419, 420, 423, 424, 425, 426, 430, 438, 442
Belohnung 13, 131, 133, 139, 140, 143, 145, 183, 332, 333, 339, 340, 341
Beobachtung 18, 43, 48, 51, 52, 57, 58, 122, 123, 133, 153, 279, 309, 310, 311, 312, 314, 316, 317, 318, 319, 354, 365, 366, 381, 407
Bewertung 44, 65, 130, 203, 223, 289, 297, 317, 333, 361
Bewusstseinspsychologie 411, 412, 413, 414

469

Beziehung, soziale 181
Beziehungsbotschaften 196, 197, 199, 202
Bezugsnorm, individuelle 136, 141, 297
Bezugsnorm, soziale 142
Bezugsnormen 344, 350, 351
Bild-Überlegenheitseffekt 303
Bildungspolitik 257
Bildungsziele 38, 274
Bindung 191, 214, 248, 260
Black Box 413, 437

Codierung 185, 186, 300, 303
Computer 111, 261, 299, 301
Coping-Strategien 133
Curriculum 271, 280

Denken 20, 72, 81, 105, 106, 108, 111, 113, 160, 173, 178, 183, 227, 230, 232, 261, 266, 278, 345, 412, 413, 414, 415, 418, 419, 420, 438
Desorientierung 306
Differenzen, interindividuelle 58, 207, 235
Differenzen, intraindividuelle 50, 58, 208, 214, 235, 238
Differenzierung 135, 159, 160, 161, 162
Differenzierung, innere 255, 258

Einflussnahme 24, 31, 44, 46, 64, 65, 151, 183, 370
Einsicht 109, 334
Elaborationen 88, 132, 287
Elternverlust 248
Empirismus 27, 411, 414, 423, 433

Entwicklung 147, 321
Entwicklungsaufgabe 158, 177
Erfolgskontrolle 44, 46, 64
Erinnern 71, 72, 74, 75, 76, 77, 90, 97, 412
Erkenntnistheorie 433, 438
Erklärung 15, 18, 19, 33, 36, 43, 52, 60, 61, 63, 93, 151, 160, 316, 317, 439, 441, 442
Erwartungs-Wert-Modell 126, 127, 131, 144
Erziehen 10, 321
Erziehungseinstellungen, Erziehungsideologie 51, 53, 217, 219, 329, 336, 337
Erziehungsmethoden 11, 12, 30, 31, 37, 38, 219, 327, 333, 334, 336, 441
Erziehungspraktiken 17, 218, 243, 260, 337
Erziehungsstil 34, 35, 51, 59, 61, 224, 238, 252, 261, 335
Erziehungsziele 23, 30, 38, 151, 322, 326, 331, 337, 366, 367
Evaluation 44, 65, 66, 152, 281, 305, 309
Experiment 58, 61, 62, 153, 365, 368, 369, 370, 371, 381, 407, 411, 424

Fachkompetenz 212, 220
Fachwissen 191, 220, 277, 319
Fähigkeiten, kognitive 217, 261, 319
Falsifikation 410
Familienklima 237, 250, 251, 252, 253

Familienkonstellation 237, 247, 372
Feedback 134, 136, 137, 139, 140, 145, 203, 223, 279, 287, 294, 299, 301, 302, 305, 431
Förderprogramme, kognitive 111, 225, 345
Förderung 21, 23, 65, 106, 129, 132, 135, 136, 149, 151, 152, 153, 209, 252, 253, 254, 261, 321, 325, 327, 328, 329, 340, 341, 347, 348, 361
Fragen stellen 192, 273, 284, 286

Ganzheit 110, 241, 292, 421, 428, 429
Gedächtnis 69, 99
Gedächtnis, episodisches 77
Gedächtnis, prozedurales 91
Gesamtschule 66, 148, 259
Gestalt 108, 421, 422, 425
Gestaltgesetze, Gestaltpsychologie 108, 329, 420, 422, 423, 424, 425, 426, 428, 433, 438
Gruppenarbeit 199, 212, 246, 255, 273, 278, 280, 287, 289, 290, 291, 297, 311, 320, 328, 366
Gruppendiskussion 288, 289, 311, 320, 336
Gruppenstärke 290
Gruppenstrukturen 190, 204
Gütekriterien 53, 58, 310, 315, 319, 375, 381, 409
Gymnasium 258, 274

Handlungskompetenz 326

Häufigkeitsverteilung 54, 55, 57, 390, 396, 399
Hypermedia 306
Hypothese 62, 316, 402, 405, 408, 410

Identität 72, 147, 176, 177
Illustrationen 303
individualistisch 142, 145
Individualpsychologie 419, 425
Informationsverarbeitung 54, 69, 70, 71, 72, 77, 80, 81, 82, 83, 84, 85, 87, 89, 97, 101, 102, 103, 114, 115, 123, 124, 162, 224, 227, 315, 348, 349, 419
Informationsverarbeitung, phonologische 83, 348
Instruktion 112, 284, 286, 288, 297, 299, 301, 320
Intelligenz 51, 59, 60, 164, 210, 216, 224, 225, 226, 227, 228, 229, 230, 232, 236, 261, 262, 328, 347, 359, 379, 397, 423
Interaktion 21, 23, 105, 107, 167, 169, 186, 196, 205, 214, 241, 314, 429
Interaktivität 301, 306
Interesse 125, 130, 131, 132, 140, 178, 216, 218, 265, 280, 284, 286, 297, 306, 330, 374
Intervention 44, 46, 120, 343, 348, 351, 352, 355, 358, 429
Introspektion 76, 153, 294, 411, 413, 414, 420, 426
Ist-Analyse 43, 48, 49, 57

Kausalität 61, 431, 432

471

Klassengröße 16, 254, 255, 267, 274
Klassenklima 143, 224, 253, 255, 259, 421
Klassenraum 47, 50, 142, 143, 145, 199, 201, 202, 203, 220, 245, 246, 247, 273, 295
Klima, psychosoziales 267
Kognitive Psychologie, Kognitive Theorien 344, 345, 419, 424, 442
Kommentierungstechniken 137
Kommunikation 20, 96, 185, 186, 187, 188, 195, 196, 197, 200, 202, 203, 204, 300, 301, 359, 429, 439
Kommunikation, nonverbale 195, 196, 197, 198, 202
Kommunikationshygiene 201, 202
Kompetenz 129, 135, 136, 140, 141, 196, 197, 217, 296, 326
Kompetenz, soziale 167, 168, 217, 229, 271, 274, 288, 289, 319, 359
Komplementarität 172, 173
Komplexität 162, 172, 176, 233, 234, 235, 408, 441
Konditionierung 70, 100, 113, 116, 117, 118, 119, 120, 123, 124, 139, 413, 414, 423
Konditionierung, klassische 115, 116
Konditionierung, operante 117, 137
Konflikt 181, 234, 327
Konstanzer Trainingsmodell 360

Konstrukt 50, 59
Konstruktivismus 101, 240, 242, 433, 434, 438, 442
Kontiguität 117, 411
Kontingenz 118, 414
Kontrollierbarkeit 128
Konzentration 86, 352, 374
Konzentrationsstörung 352, 355
Körpersprache 196, 201, 285
Kreativität 231, 264
Kritik 139, 141
Kurzzeitgedächtnis 79, 86, 87, 97

Längsschnittuntersuchung 154
Langzeitgedächtnis 79, 80, 89
Lebensbezug 135
Lebensereignis, kritisches 150, 166
Lebenslauf 147, 148, 149, 150, 157, 326
Lebensweisheiten 10, 11, 13, 14, 15
Legasthenie 347
Lehrerkollegium 274
Leistungsbeurteilung 314
Leistungsdruck 61, 62, 222, 223, 224, 258
Leistungsfeedback 136, 141
Leistungsmotivation 125, 127, 262
Lernen 69, 99
Lernen am Erfolg 117, 413, 415
Lernen, computergestütztes 292, 299
Lernen, kognitives 101
Lernen, selbstgesteuertes 102, 217, 291, 306

Lernerfolgskontrolle 314
Lerninteressen 275
Lernort 272
Lernschwierigkeiten 343, 344, 345, 346, 347, 350
Lernstrategien 87, 103, 131, 132, 133, 138, 208, 217, 271, 281, 292, 303, 345
Lerntheorie, sozial-kognitive 122
Lerntransfer 70, 111, 112
Lernumwelt 100, 166, 168, 237, 238, 239, 245, 246, 262, 263, 272
Lernvoraussetzungen 29, 33, 152, 216, 275, 277, 282, 283, 307, 308
Lernzeit 129, 275, 319
Lernziele 30, 129, 130, 131, 134, 135, 136, 137, 271, 272, 281, 308, 319
Lese-Rechtschreibschwierigkeiten 347, 348, 349, 361
Lob 64, 118, 125, 138, 139, 140, 141, 145, 183, 333, 334, 340
Lokation 128

Magersucht 171
Mastery Learning 291, 292, 320
Medien 22, 273, 275, 276, 298, 299, 300, 301, 302, 304, 305, 306, 307, 308
Medien, neue 276, 298, 300, 307
Meisterlehre, kognitive 106
Menschenbild 26, 27, 28, 29, 30, 323, 328, 407, 418, 424, 425, 441
Modellierung 111, 133, 134, 284, 286, 307, 320
Modelllernen 133

Motivation 125, 126, 127, 131, 132, 133, 134, 135, 136, 139, 140, 141, 142, 143, 144, 145, 183, 211, 218, 265, 266, 278, 292, 293, 331, 346, 426, 427, 428
Motivation, extrinsische 125, 131, 265
Motivation, intrinsische 132, 140, 282
Motivationsförderung 125, 142, 305, 346
Multimedia 301

Netzwerk, semantisches 91
Neuigkeitsgehalt 136
Nichtsummativität 421, 429
Normalverteilung 56, 57, 226, 379, 398, 399, 400, 405
Normierung 378, 381

Objektivierbarkeit 311
Objektivität 310, 311, 375, 376, 381, 424
Operationen, formale 172
Organisation, kognitive 101
Organisieren 74, 75, 80, 87, 93, 102, 160, 161, 162, 220, 252

Performanzzielorientierung 129, 131, 143
Persönlichkeit 14, 15, 20, 21, 31, 33, 35, 207, 210, 211, 213, 223, 237, 321, 325, 329, 331, 341, 417, 419
Perspektive, klinische 345
Perspektive, motivationale 345
Perspektive, sozial-ökologische 345
Phase, sensible 152

Prägnanz 422
Prävalenz 349
Prävention 64, 66, 151, 178, 224, 295, 327, 341, 343, 348, 358, 360
Praxisrelevanz 440
Priming 77, 114, 115
Problemlösen 39, 45, 108, 109, 110, 111, 112, 121, 191, 230, 422
Problemsensibilität 42, 46, 47, 57, 151, 232
Prognose 43, 58, 151, 152, 223, 226, 396
Prüfung 221, 316
Prüfungsangst 217, 221, 222, 223
Psychoanalyse 408, 415, 417, 418, 425, 430
Psychologie, analytische 419
Psychologie, humanistische 425, 428, 442
Psychologie, ökologische 237
Puzzletechnik 290

Querschnittsuntersuchung 154

Rationalismus 161, 433
Reaktion 113, 116, 117, 119, 120, 190, 203, 307, 414
Realismus, kritischer 433
Reiz 63, 79, 84, 113, 114, 116, 117, 413, 415
Reiz-Reaktions-Psychologie 413
Reliabilität 54, 58, 310, 311, 375, 376, 377, 381
Ressourcen 121, 167, 168, 169, 179, 273
Risikofaktoren 167, 168, 169, 327, 354, 359

Risiko-Wahl-Modell 127
Ritual 199
Rückkoppelung 242, 431

Sachaspekte 198
Schema 88, 91, 94, 95, 96, 103, 104, 128
Schicht, Schichtzugehörigkeit 250, 255, 256, 261, 262
Schlüsselqualifikationen 112, 212, 289, 326, 341
Schulangst 49, 222, 253, 346
Schulentwicklung 144
Schülerbeobachtung 271, 309, 312, 320, 366, 371
Schülereigenschaften 199
Schüleremotionen 278, 279
Schülermotivation 274, 278
Schulklasse 184, 189, 193, 274, 279
Schulklima 41, 253, 264
Schulorganisation 143, 254
Schulreife 152, 163
Schulsystem 257, 258, 259, 273
Schutzfaktoren 351, 358, 359, 362
Selbstdarstellung 200
Selbstkonzept 176, 200, 253, 338
Selbstregulation, Selbststeuerung 27, 32, 102, 123, 166, 169, 213, 242, 292, 306, 321, 330, 340, 355, 430
Selbstverwirklichung 27, 331, 425, 427
Selbstwirksamkeit 132, 133, 134, 135, 139, 142, 167, 294
Sequenz 79, 155, 161, 162, 179, 276

Sinnesmodalität 300, 301, 304
Skalenniveau 385
Software 299, 305
Sozialisation 177, 178, 252, 257, 321, 322, 326, 340, 341, 423
Sozialverhalten 309, 356, 423
Soziogramm 193, 194
Sprachniveau 285
Stabilität 128, 149, 179, 226, 431, 438
Statistik, deskriptive 54, 389
Statistik, schlussfolgernde 58, 400
Stichprobe 54, 371, 377, 378, 388, 393, 395, 400, 401
Stimulus 116, 117, 413, 414
Stress 61, 253
Strukturierung 161, 162, 179, 198, 300, 302, 311, 318, 431
Systeme, geschlossene 429
Systeme, offene 431
Systemtheorie 31, 240, 423, 428, 433

Temperament 168, 208, 212, 213, 235, 359
Test 52, 153, 154, 354, 365, 368, 377, 378, 380, 402
Theorie 16, 43, 61, 62, 407, 408, 409, 410, 414, 415, 416, 417, 418, 423, 426, 440, 441, 442
Theorie und Praxis 407, 440, 441, 442
Tiefenpsychologie 415, 426, 442
Token 120, 139

Trainingsprogramm 345, 348, 360
Transparenz 224, 311
Triebtheorie 418
Tu-Effekt 201
Überlegitimierungseffekt 140
Übersummativität 421
Ultrakurzzeitgedächtnis 79
Umstrukturierung 108, 109, 162
Umwelt 238
Umweltmerkmale 49, 50, 372
Unterricht 271
Unterricht, gruppenorientierter 287
Unterricht, individualisierter 291
Unterricht, lehrerzentrierter 282
Unterricht, programmierter, phonologischer 291
Unterrichtsdurchführung 296
Unterrichtsmanagement 275, 295, 296, 297, 298, 320
Unterrichtsmaterialien 258, 275, 276, 319
Unterrichtsmethoden 26, 217, 271, 282, 283, 319, 320
Unterrichtsplanung 218, 271, 273, 275, 276, 278, 279, 280, 283, 307, 319
Unterrichtsstoff 275, 283, 285, 289, 297
Unterrichtsziele 26, 53, 211, 219, 271, 276, 278, 280, 281, 295, 319
Urteil, religiöses 172, 174
Urteilstendenzen 315, 317

Validität 18, 54, 58, 114, 242, 310, 311, 312, 375, 377, 378, 381, 412
Veranschaulichungsgrad 285
Vergessen 10, 71, 72, 83, 149, 417
Vergleichsmaßstäbe 344
Verhaltensänderung 21, 63, 99, 100, 124, 414
Verhaltensbeobachtung 123, 312, 313, 356, 413, 414, 415
Verhaltensmodifikation 120, 123, 355
Verhaltensstörung 349
Verifikation 410
Verstärkung 113, 118, 119, 122, 123, 138, 246, 291, 414
Volitionsprozesse 127
Vorbild 9
Vorkenntnisse 103, 135, 216, 217, 277, 285, 306, 307
Vorurteile 14, 15, 16, 17, 191, 216, 317

Wahrnehmung 20, 35, 36, 78, 84, 108, 109, 114, 115, 181, 182, 184, 186, 190, 240, 315, 316, 435, 436, 441
Werte 126, 144, 177, 178
Wissen, Wissenskonstruktion, Wissensrepräsentation 69, 70, 71, 74, 76, 80, 84, 88, 89, 90, 91, 93, 94, 95, 96, 97, 101, 103, 105, 106, 107, 109, 112, 121, 123, 124, 220, 231, 281, 285, 306, 307
Wissensrepräsentation, propositionale 93

Zeitmanagement 292
Zielstruktur, kompetitive 107, 145
Zielstruktur, kooperative 27, 107, 108, 145, 213, 219, 289, 335